中国社会科学院重大项目
中国社会科学院创新工程学术出版资助项目

当代国外民族分离主义与反分裂研究

刘 泓 等著

中国社会科学出版社

图书在版编目(CIP)数据

当代国外民族分离主义与反分裂研究/刘泓等著.—北京:中国社会科学出版社,2016.10
ISBN 978-7-5161-9122-4

Ⅰ.①当… Ⅱ.①刘… Ⅲ.①民族分离主义—研究—国外 Ⅳ.①D091.5

中国版本图书馆 CIP 数据核字(2016)第 252564 号

出 版 人	赵剑英
责任编辑	安 芳
责任校对	王 斐
责任印制	李寡寡

出 版	中国社会科学出版社
社 址	北京鼓楼西大街甲 158 号
邮 编	100720
网 址	http://www.csspw.cn
发 行 部	010-84083685
门 市 部	010-84029450
经 销	新华书店及其他书店
印 刷	北京君升印刷有限公司
装 订	廊坊市广阳区广增装订厂
版 次	2016 年 10 月第 1 版
印 次	2016 年 10 月第 1 次印刷
开 本	710×1000 1/16
印 张	36.75
字 数	620 千字
定 价	128.00 元

凡购买中国社会科学出版社图书,如有质量问题请与本社营销中心联系调换
电话:010-84083683
版权所有 侵权必究

目　录

引言 ……………………………………………………………………（1）

第一编　民族分离势力研究

第一章　英国的北爱尔兰问题 ……………………………………（33）
  第一节　民族分离势力成长的土壤 …………………………（33）
  第二节　民族分离势力的形成与发展的历史考察 …………（42）
  第三节　民族分离势力的影响 ………………………………（52）
  第四节　民族分离势力的发展趋势 …………………………（61）

第二章　西班牙的加泰罗尼亚问题 ………………………………（79）
  第一节　民族分离势力成长的土壤 …………………………（79）
  第二节　民族分离势力的形成与发展的历史考察 …………（81）
  第三节　民族分离势力的影响 ………………………………（84）
  第四节　民族分离势力的发展趋势 …………………………（88）

第三章　前南斯拉夫的科索沃问题 ………………………………（92）
  第一节　民族分离势力成长的土壤 …………………………（92）
  第二节　民族分离势力的形成与发展的历史考察 …………（94）
  第三节　民族分离势力的影响 ………………………………（98）
  第四节　民族分离势力的发展趋势 …………………………（102）

第四章　格鲁吉亚的阿布哈斯问题 …………………………（107）
  第一节　民族分离势力成长的土壤 …………………………（108）
  第二节　民族分离势力的形成与发展的历史考察 …………（111）
  第三节　民族分离势力的影响 ………………………………（114）
  第四节　民族分离势力的发展趋势 …………………………（116）

第五章　库尔德人问题 ………………………………………（120）
  第一节　民族分离势力成长的土壤 …………………………（120）
  第二节　民族分离势力的形成与发展的历史考察 …………（122）
  第三节　民族分离势力的影响 ………………………………（125）
  第四节　民族分离势力的发展趋势 …………………………（135）

第六章　加拿大的魁北克问题 ………………………………（139）
  第一节　民族分离势力成长的土壤 …………………………（140）
  第二节　民族分离势力的形成与发展的历史考察 …………（145）
  第三节　民族分离势力的影响 ………………………………（151）
  第四节　民族分离势力的发展趋势 …………………………（161）

第七章　南苏丹的分离问题 …………………………………（166）
  第一节　民族分离势力成长的土壤 …………………………（167）
  第二节　民族分离势力的形成与发展的历史考察 …………（171）
  第三节　民族分离势力的影响 ………………………………（172）
  第四节　民族分离势力的发展趋势 …………………………（182）

第八章　当代国外民族分离主义的主要内涵与策略 ………（194）
  第一节　当代民族分离主义兴起的原因 ……………………（194）
  第二节　民族分离主义的主要理论 …………………………（202）
  第三节　当今国外民族分离主义的主要策略 ………………（206）

第二编　反分裂策略研究

第九章　反分裂策略的形成与发展 (213)
第一节　反分裂环境的营造 (214)
第二节　"软性防范"战略的提出与实施 (216)
第三节　国际社会反分裂联合行动的困境与出路 (221)

第十章　反分裂的政治和社会基础研究 (233)
第一节　反分裂政治和社会基础的构成 (234)
第二节　反分裂政治和社会基础的产生与发展 (235)
第三节　反分裂政治和社会基础的功能 (240)

第十一章　反分裂的政府机制研究 (249)
第一节　反分裂政府机制的构成 (249)
第二节　反分裂政府机制的产生与发展 (250)
第三节　反分裂政府机制的功能 (263)

第十二章　反分裂的国际合作研究 (278)
第一节　反分裂国际合作的构成 (279)
第二节　反分裂国际合作的产生与发展 (295)
第三节　反分裂国际合作的功能 (315)

第十三章　反分裂的理论和法理研究 (327)
第一节　反分裂理论与法理的历史透视 (327)
第二节　民族分离势力的主要理论观点 (331)
第三节　民族主义思想和民族自决权原则的适用性 (340)
第四节　反分裂的正当性与合理性的基础理论 (343)
第五节　多民族国家视阈下的少数人权利保护 (346)

第十四章　国际反分裂经验与我国反分裂斗争 ················（390）
　　第一节　国际反分裂经验与教训 ····························（390）
　　第二节　我国反分裂策略建设的优势 ······················（433）
　　第三节　我国借鉴国际反分裂经验的现实意义 ············（449）
　　第四节　我国借鉴国际反分裂经验的方式与方法 ·········（460）

结语　民族主义与民族—国家建构
　　　　——从经典理论到当代认识的发展 ··················（466）

参考文献 ···（532）

引　言

民族分离主义是当今多民族国家民族问题的极端表现和偏执诉求，它以分裂主权国家为最终目标，不仅严重影响有关国家的社会稳定和民族团结，而且对地区安全和国家关系、世界和平与发展都构成重大威胁和挑战。当代国家95%以上是多民族国家，而一些大国几乎无一例外都是多民族国家，且大多面临民族分离主义问题。因此，反对民族分离主义对主权国家的分裂，是许多国家和国际社会的当务之急。在反分裂的斗争中，理论和策略研究十分重要。这既包括对民族分离主义理论和策略的研究，也包括对反分裂的理论和策略的研究。本书将从这两个方面着眼，研究当今世界的民族分离主义的现实表现、发展趋势与活动特点，研究国际社会如何反对、遏制和打击民族分离主义，目的在于为我国反分裂斗争提供理论和策略参考。

一　研究缘起

在当代世界民族问题研究中，对民族分离主义和反分裂的研究是个薄弱环节，我国民族问题研究据有关材料显示，当今世界有60多个比较有影响的民族分离主义组织，并结合为所谓的联合国"无代表民族和人民组织"（The Unrepresented Nations and Peoples Organization，UNPO）。这些分离势力分布在几十个国家和地区，有的在国外公开建立"流亡政府"或"跨国组织"，有的则设立"地下组织"，还有的成立了合法或半合法的组织。本书拟选取20个左右突出案例进行研究，这些案例既包括发达国家，也包括发展中国家，它们是：欧洲的西班牙、法国、英国、塞浦路斯和俄罗斯等；美洲的加拿大、美国、巴西、秘鲁和尼加拉瓜等；亚洲的土耳其、斯里兰卡、印度、印度尼西亚、菲律宾、老挝、泰国和缅甸等；非洲的埃塞俄比亚、尼日利亚和苏丹等。这些案例可大体反映当前国际社会民族分离主义势力的主要类型。

目前，民族分离主义势力的现实表现、发展趋势与活动特点，因国别而异。在民主制度比较健全和社会政治比较稳定的国家，分离势力为得到民众支持、同情，避免激起包括分离势力所声称代表的民族民众的反对，基本不再采取或放弃暴力方式，而是采取和平诉说的方式，如"全民公决"和向有关国际组织递交诉求书等以争取分离独立。但在一些政治不民主、社会不稳定的发展中国家，借助暴力图谋分裂依然是时常发生的现象，并造成各种人间灾难。

鉴于中国民族政策深得各族人民的拥护，鉴于中华民族的强大凝聚力，我国的一些民族分离主义势力和组织，它们难以公开的暴力组织进行分裂活动，于是在采取地下活动方式的同时，也在采取"和平诉说"的方式，以求获得国际上一些反华势力的支持。如何对这些所谓"和平诉说"的民族分离主义进行批判和斗争，是我国目前反分裂斗争急需加强的工作。"争取各族人民群众、孤立民族分离主义者"，是反分裂斗争中最重要、最根本和最复杂的工程。在这方面，国际上是有一些成功经验可资借鉴的。本书将重点研究这些经验。学界素以对国家民族政策、民族和民族地区发展研究为中心，很少关注民族分离主义问题，更少关注反分裂研究，似乎这些只是政府和安全部门的事。本课题将有助于推动我国民族问题研究界关注对民族分离主义和反分裂斗争的学术研究，使民族问题学术研究与国家反分裂斗争更好地结合起来，拓展民族问题研究的领域。本书的最终成果水平不论达到何种程度，都会对我国民族问题研究界具有重要影响。

本书的研究重点是对民族分离主义的非理性进行揭示，对反分裂的合理性进行论述，进而帮助人们正确认识现代国家和公民社会条件下的民族差异政治。民族分离主义的危害世人皆知，但民族分离主义的理论诉说有时又很迷惑人；反分裂斗争是我国各族广大人民都拥护的，但对反分裂的道理却非人人都能说得清。本书将有助于人们从理论上认清民族分离主义，从道理上更好地理解反分裂斗争。

民族分离主义是当今世界许多多民族国家普遍存在的问题，其复杂性、重要性和敏感性具有超出一般社会问题的趋势,处理不当会造成国家和地区动乱不安乃至流血冲突。我国也面临民族分离主义势力的威胁,反分裂斗争将是我国的长期战略。本书对民族分离主义势力产生的根源的探讨,对民族主义和民族自决权原则的适用性的理论反思,对民族分离主义的分析批判,以及对有关国家反分裂的研究,首先可为我国反分裂斗争提供经验和教训参考,其次可为我国应对国际反华势力指责我国反分裂提供反驳材料。

二 当代国外民族分离主义的手段选择与表现形式

民族分离主义一般主要发生在拥有独立主权和完整领土的多民族国家内部。民族分离主义活动不仅存在于发展中国家,也存在于发达国家,具有一定的普遍性。但是,存在于现存主权国家内部的民族分离主义势力,基本上属于非主体民族或少数民族中的极端主义势力。它们往往自称代表本民族的利益,要求实践民族自决权利,从而形成对主权独立国家中央权威和领土完整的挑战。但是,由于非主体民族或少数民族在所在国中一般都属于"弱势群体",所以民族分离主义势力除在少数国家中表现为通过政治机制实现独立目标外,基本上都是通过匿名的、地下的方式制造事端,诉诸暴力恐怖活动。当代国外民族分离主义的手段选择与表现形式,大致可分为如下类型。

(一)暴力恐怖手段:北爱尔兰模式

暴力恐怖手段是民族分离主义采取的主要分离手段之一。据比较权威的《布莱克维尔政治学百科全书》的解释,暴力最基本的含义是"以杀戮、摧残或伤害而对人们造成威胁"。

1. 北爱尔兰模式

北爱尔兰问题由来已久,是英国历史上长期存在的爱尔兰问题的延续,也是西欧一个典型的民族问题。

北爱尔兰位于爱尔兰岛的东北部,面积14120平方公里,首府贝尔法斯特,人口约160万,其中60%是英国移民后裔,他们信奉基督教新教;其余40%是爱尔兰岛的土著后裔,信奉天主教。长期以来,他们分而聚居，互不往来。在北爱归属问题上，前者主张留在英国，后者则坚持回归爱尔兰。

爱尔兰问题在英国存在了700年。

1170年，英王亨利二世派兵入侵爱尔兰。从此，爱尔兰人开始了长达8个世纪的反英斗争。1534年，英王亨利八世派军残酷镇压爱尔兰人起义，开始向该岛大量移民，掠夺土地，强迫爱尔兰人皈依英国国教（新教），但大多数爱尔兰人仍坚持信奉天主教，从而使原有的民族矛盾带上宗教冲突的色彩。1649年英国资产阶级革命胜利后，克伦威尔又率军镇压爱尔兰人起义，并进行土地掠夺和宗教迫害，信奉天主教的大多数爱尔兰人备受歧视，丧失公民权。北美独立战争的胜利刺激了爱尔兰民族解放运动的兴起，迫使英国于1782年给予爱尔兰以立法上的独立权，但行政权仍为英国控制。1798年爱尔兰联合会领导爱尔兰人民举行大规模武装暴动后，英国当局决定剥夺爱尔兰的有限自治权，改为直接殖民统治。1801年，根据《英爱同盟条约》，爱尔兰正式并入英国版图，成立了"大不列颠及爱尔兰联合王国"。爱尔兰人多次进行民族独立战争，反抗殖民者，1886—1893年，在贝尔法斯特不断发生骚乱，不同信仰、不同政见的两个民族之间的暴力对抗使得上百人丧失生命。1905年新芬党成立，它的纲领是：采取包括暴力斗争在内的一切形式，以建立独立的爱尔兰共和国。1914年英国议会通过爱尔兰自治法。第一次世界大战爆发后，英国又宣布推迟实施自治法。1916年爱尔兰民族主义者发动了都柏林的复活节起义，起义是由激进的新芬党领导的，目的是争取爱尔兰独立，由于英军武装镇压，起义最终失败，几千名起义者牺牲。因此，1918年，英国举行大选，爱尔兰选出的议员大部分是争取民族独立的新芬党人。他们不去伦敦参加议会，在都柏林成立了自己的爱尔兰议会，并于1919年1月宣布成立爱尔兰共和国，组成临时政府，并组织成2000人的共和军，到处开展反英斗争，解放大片土地，同时派出代表与英政府谈判，要求承认爱尔兰独立。1921年12月，英国与爱尔兰临时政府签订和约，承认爱尔兰南部26郡为自由郡，北方6郡仍留在英国。英国国名由"大不列颠及爱尔兰联合王国"改为"大不列颠及北爱尔兰联合王国"。1937年，爱尔兰"自由邦"宣布建立共和国，但仍留在英联邦内。至此，爱尔兰一分为二，北爱尔兰问题基本形成。1932年大选获胜的共和党成为此后50多年间的爱尔兰执政党。该党继续为建立统一的爱尔兰国家而逐渐采用和平的方式来达到统一的目标。1937年爱尔兰宣布为独立主权国家。1948年12月21日，爱尔兰宣布正式脱离英联邦。1949年4月18日英国承认爱尔兰独立，爱尔兰共和国成立。但英国拒绝归还北方6郡，由此便产生了北爱尔兰问题。

英国对爱尔兰的分割，是爱尔兰族人一致反对的。爱尔兰政府自成立以来，一直提出和平统一南北爱尔兰的要求，但英国政府不予回应。这样，爱尔兰共和军就把武力争取南北爱的统一作为自己行动的唯一目标。一场为北爱尔兰而战的斗争延续至今，英国的爱尔兰问题变成了北爱尔兰问题。

北爱尔兰问题不仅是一个民族分属于两个国家的问题，也是宗教冲突、民族矛盾和种族歧视相互交织的社会问题。在北爱尔兰160万居民中，三分之一信奉天主教的爱尔兰人要求与爱尔兰统一，三分之二信奉新教的英国移民后裔则坚持北爱尔兰留在联合王国内。英裔新教徒的统一党主持政府事务，天主教徒则因为选举不公，难以通过竞选而参政。而且，政府中的职位和社会福利往往按民族人口分配，因此90%以上的地方官员也是新教徒，新教徒还控制着各种行业，在企业里实行种族歧视，天主教徒的失业率要远远高于新教徒。天主教徒一般都处于社会贫富分化的底层一端。另外，因为主要由新教徒担任的警察根据"预防性拘留法"可以任意逮捕天主教徒，爱尔兰的民族矛盾更加紧张。爱尔兰政府为此积极声援北爱同胞，英爱关系也经常恶化。

新芬党的武装组织爱尔兰共和军鉴于历届爱尔兰政府和平统一希望的破灭，开始使用暴力恐怖手段追求分离与合并。爱尔兰共和军成立于1919年，由民族主义军事组织"爱尔兰义勇军"改编而成，它的组织目标是建立独立的爱尔兰共和国，主要恐怖手段是以爆炸袭击英国军事、经济目标。爱尔兰这个名字被翻译得很优雅浪漫，其实它的本意却是"愤怒的土地"。在这样的土地上，为了爱尔兰以及后来的北爱尔兰的完全独立，爱尔兰共和军和英国进行了长久的对抗。他们进行的是暴力活动，主要手段则是制造爆炸事件，近30年来，有近2000人死于他们之手。

在追寻北爱尔兰独立的过程中，爱尔兰共和军内部也产生分化。主张非暴力合法斗争的一派为"正式派"，而"临时派"则继续选择暴力手段寻求南北爱尔兰的统一。暗杀、爆炸、绑架、纵火等恐怖行动越出北爱尔兰，扩大到爱尔兰、英国甚至世界其他国家和地区。而北爱尔兰新教徒则以自己的非法武装和暴力组织与之对抗，双方的冲突不断加剧。

围绕北爱尔兰问题，英国政府与爱尔兰共和国政府多次协商。1981年英爱政府首脑会晤，决定建立英爱政府间理事会以解决分歧和纠纷。最终双方商定按比例代表制原则举行北爱尔兰政府选举，新教徒与天主教徒势力相当，中断13年的北爱尔兰政府得以重建。1985年11月英爱政府签署关于北爱尔兰问题的决议，决定北爱尔兰人民自己决定自己的前途，北爱尔兰的政治、司法和安全问题由双方建立一个政府间会议予以处理，爱尔兰可以对北爱尔兰事务提出看法和建议，但不能损害两国的主权。协议同年生效。爱尔兰政府自1921年以来首次对北爱事务具备发言权。北爱和平进程有了希望。然而，北爱尔兰的对立双方均反对该协议，20世纪80年代末双方的暴力恐怖活动再度升级。1988年爱尔兰共和军在荷兰城市鲁尔蒙特两次袭击前往度假的英军士兵，造成3死3伤。1993年爱尔兰共和军在爱尔兰引爆炸弹，炸死十多人。北爱尔兰新教徒随之展开报复，枪杀7人，伤11人。频繁的暴力恐怖活动造成大量人员伤亡，耗费大量财力、物力。英国政府不堪重负。英国大多数人同意英军撤出爱尔兰，而北爱尔兰的新教徒又希望留在英国，爱尔兰政府也害怕无法解决北爱尔兰的经济危机，错综复杂的关系迫使各方重新开始谈判。1993年12月15日英国首相梅杰和爱尔兰总理雷诺兹签署《英国—爱尔兰唐宁街声明》：如果北爱尔兰大部分居民同意，英国准备放弃对北爱尔兰的主权；如果爱尔兰共和军永久放弃暴力，其政治组织新芬党可以参加关于北爱尔兰未来的谈判。1994年美国也表示，如果爱尔兰共和军放弃暴力，美国可以给其经济援助和政治支持。爱尔兰共和军为此于1994年宣布停止军事行动。然而事件的发展总是一波三折。1996年双方因为在谈判条件方面的分歧，爱尔兰共和军恢复暴力恐怖活动，英国也随之增兵北爱尔兰。1997年上台执政的布莱尔政府力主和谈，经过多方斡旋和艰苦的谈判，1997年7月19日，爱尔兰共和军终于再次宣布停火，1998年4月，北爱尔兰8个党派的领袖及英国首相布莱尔与爱尔兰总理埃亨达成北爱尔兰和平新协议。主要内容是：设立新教徒和天主教徒共享权力的北爱尔兰议会，选出拥有立法权和管治权的政府；北爱尔兰议会和爱尔兰政府代表组成跨边界的部长委员会；建立包括北爱尔兰、英国和爱尔兰三方代表的政府间咨询委员会；北爱尔兰两个敌对派别两年内解除武装；英国从北爱尔兰撤出部分军队；爱尔兰修改宪法中关于对北爱尔兰拥有主权的条款；等等。在双方互谅互让的情况下，北爱尔兰和平重现新曙光。爱尔兰共和军从此也开始了和英国政府漫长的政治谈判。2002年7月16日，他们正式为30年前制造的"血腥星期天"向遇难者家属道歉。北爱尔兰暴力冲突的结束实现了历史性的突破。

2. 科西嘉模式

科西嘉岛是法国东南沿海的一个岛屿，1768年为法国占领。该岛作为拿破仑的故乡在近现代历史上没有出现过重大事件。

但是，1976年该岛出现了"科西嘉民族解放阵线"（National Liberation Front of Corsica，FLNC），为维护科西嘉人的利益与非科西嘉农场主及政府发生冲突。1981年由于法国政府的残酷镇压，该阵线发动了恐怖主义报复行动，一夜之间在科西嘉和巴黎制造了45起爆炸案。其后，政府取缔了该组织并对其实施严厉打击，该组织也分裂为"科西嘉全国联盟"和"自决运动"等。这些组织都有各自的武装力量。它们一方面通过合法的政治途径——议会谋求权力，另一方面一直在进行着暴力恐怖活动。

20世纪90年代中期以后，谋求科西嘉独立的政治和暴力组织继续分化演变，形成了一系列地下武装组织，其中，"科西嘉民族解放阵线历史派系"成为西欧地区与爱尔兰共和军、"埃塔"齐名的恐怖主义组织。这些组织频繁制造爆炸、绑架、暗杀等恐怖主义事件，仅1988—1998年针对公共建筑物等设施的爆炸就有713起，纵火362起。恐怖主义特点十分突出。

3. 加泰罗尼亚模式

加泰罗尼亚（Cataluña）位于伊比利亚半岛东北部，是西班牙的一个自治区，从前是阿拉贡（Aragón）王国中的一个公国。12世纪，加泰罗尼亚和阿拉贡统一。

17世纪，加泰罗尼亚出现了分离势力。1640年加泰罗尼亚人不满西班牙统治，反动叛乱。17世纪50年代，叛乱被压制。1714年，加泰罗尼亚被波旁王朝征服，其宪法和自治被废止。

19世纪，加泰罗尼亚民族分离主义再度出现。从1850年起，为了唤醒民族意识，其新闻媒体和剧院都开始使用加泰罗尼亚语。1913年，加泰罗尼亚赢得了一个较小的自治权，1931年，加泰罗尼亚宣布独立。不久，与西班牙中央政府达成妥协，佛朗哥（Francisco Franco）政府执政时期，加泰罗尼亚人受到暴政统治。

2014年9月初，加泰罗尼亚大区主席马斯宣布将于2014年11月9日举行独立公投。西班牙众议院已否决了其公投请求。10月14日，马斯宣布取消原定于11月9日举行的加泰罗尼亚自治区独立公投。

（二）军事对抗手段：科索沃模式

民族分离主义军事对抗手段的特点是民族分离主义的独立建国活动主要在某一主权国家内部以战争方式进行。"民族分离主义势力已经拥有较强的军事对抗力量，具有稳定的控制区域，其政治活动和武装力量虽属非法但其势力已成为政府承认的谈判对手。"

1. 科索沃模式

科索沃是南联盟所辖塞尔维亚共和国的一个自治省。长期以来，塞、阿两族围绕科索沃问题摩擦不断。20世纪80年代至90年代初，科索沃的局势一直动荡不安。1992年，在原南斯拉夫解体过程中，阿族人宣布成立"科索沃共和国"。1997年"科索沃解放军"开始出现并通过暴力恐怖与军事对抗活动谋求分离出去。1998年2月，塞族警察部队与阿族武装分子发生武装冲突，科索沃的民族矛盾就此激化成军事对抗。其后南斯拉夫政府军对科索沃阿尔巴尼亚分离主义分子的镇压则遭到以美国为首的北约的干涉。北约为此于1999年发动了侵略南斯拉夫的战争。

科索沃战争后，根据联合国1244号决议规定，科索沃名义上属塞黑版图，实际上却由联合国和北约维和部队进行管理，其最终地位也将由联合国决定。然而，科索沃局势依然动荡不定。与此同时，马其顿的阿尔巴尼亚族分离主义分子又开始了分离主义活动，展开了武装对抗行动，希腊的阿尔巴尼亚族也存在着民族分离主义活动。所有这些分离势力都得到了阿尔巴尼亚国家的支持。

2. 库尔德模式

库尔德人是西亚最古老的原始居民之一，是中东地区仅次于阿拉伯、土耳其和波斯的第四大民族。"库尔德"这一名称可以追溯到公元7世纪，当时库尔德人被阿拉伯人征服，并开始信奉伊斯兰教，他们属于逊尼派穆斯林。库尔德人主要聚居在土耳其、伊朗和伊拉克三国的交界地区，同时也包括叙利亚和亚美尼亚的小部分地区，以高原和山地为主。目前世界上大约有3000万库尔德人，其中1800万人居住在土耳其境内，400万人居住在伊拉克，700万人居住在伊朗，此外黎巴嫩、阿塞拜疆和亚美尼亚也有百万之众。他们所居住的地域基本连成一片，历史上曾被称作"库尔德斯坦"。他们有共同的语言和宗教，但从未建立起真正的独立政治实体，没有独立建国的历史。然而，库尔德人采取军事对抗的手段寻求建立库尔德斯坦国的努力却从未停止过。

两次伊拉克战争使库尔德人成为美国的忠实盟友。美国人在战时倚重库尔德人，战后自然应该有所回报。然而问题的关键是库尔德人是否能够放弃一直以来追求的独立目标，按照美国人的意愿，安于现状。如果库尔德人独立运动加剧，不仅会使伊拉克陷入分裂和内战之中，而且会引起土耳其、伊朗和叙利亚等邻国的严重不安。

综合来看，库尔德人未必能一定实现自身希冀的政治目标。在未来"民主的联邦制"的新伊拉克，库尔德人还只能获得一定程度的自治。可以肯定的是，在伊拉克政局剧变的情况下，库尔德人的处境将获得很大改善。但是，由于内外因素，伊拉克的库尔德人只能是伊拉克人的一部分，不可能获得独立的政治地位。另外，由于库尔德人自身力量分散，各派别之间缺乏协作精神；斗争策略失当，过分依赖外部势力；政治目标不现实，不愿面对长期历史发展进程造成当年的库尔德斯坦已分属多国、各国国界难以改变的客观事实，因而它的民族分离与独立建国目标难以成功。它的唯一途径就是放弃独立建国目标，代之以各种形式的自治，所在国政府再调整民族政策，给予它们一定的自治权，或许库尔德民族能有所发展。

3. 南苏丹模式

南苏丹，曾经是原苏丹共和国的一部分。2011年2月16日，苏丹南部各政党领导人一致同意，把即将在苏丹南部地区创建的国家命名为"南苏丹共和国"。2011年1月，公民投票在苏丹南部地区举行，绝大多数选民都赞成南部地区从苏丹分离。2011年7月9日，根据苏丹南北内战双方2005年达成的《全面和平协议》和这次公投结果，南苏丹正式宣布独立。2011年7月14日，联合国大会以鼓掌方式一致通过决议，接纳南苏丹共和国为联合国第193个成员国。

4. 阿布哈兹模式

阿布哈兹译作"阿布凯西亚"，是格鲁吉亚的自治共和国。1992年7月23日阿布哈兹宣布独立。同年8月，格鲁吉亚军队进入阿布哈兹。1994年，在联合国的监督和俄罗斯主导的独联体干预下，双方停火。随后，俄罗斯军队以独联体维和部队的名义进驻阿布哈兹。但主权问题仍然悬而未决。由俄罗斯保护的分离主义势力控制阿布哈兹83%的领土，剩余17%的领土受自治共和国政府管理，并被格鲁吉亚政府承认。阿布哈兹问题是格鲁吉亚和俄罗斯的主要纠纷之一，是两国之间一系列紧张局势的源头之一。

长期的战争造成了大量的人道主义危机，大量平民无辜死亡，甚至出现过族裔间的屠杀，比如阿布哈兹分离主义势力曾经对境内的格鲁吉亚人施行"清洗"。2008年8月，阿布哈兹在俄罗斯军队的帮助下驱逐了领土上的所有格鲁吉亚军事力量，再次宣示其独立地位。但是，它不被格鲁吉亚及国际社会广泛承认。2014年4—6月，阿布哈兹陷入政治危机，反对派向政府发出最后通牒，要求实施改革。

此外，还有三种模式可以归于科索沃模式，即泰米尔模式、菲律宾模式和车臣模式。

其一，泰米尔模式。

斯里兰卡的"泰米尔伊拉姆解放猛虎"（Liberation Tigers of Tamil Eelam）领导建立的"泰米尔伊拉姆国"独立运动，亦称泰米尔模式。

斯里兰卡1972年前名称为锡兰，位于印度半岛南方偏东的印度洋上。主体民族为信奉佛教的僧伽罗人（约占全国人口的74%），大部分居住在人口最集中、经济最发达的西部和西南部沿海地区和中部山区，在政治上占主导地位。另一个较大的民族则是从南印度移入的泰米尔人,信仰印度教(约占全国人口的18%)。主要聚集在贾夫纳半岛和东部沿海地区,他们中有相当一部分是19世纪中叶,英国种植园主从南印度招来的工人,许多人至今没有斯里兰卡国籍,并且政治和社会地位相对较低。此外,还有伯格人、马来人、摩尔人、茨冈人等。从此,两个种族、两种语言、两种宗教的社会逐渐形成。两个民族在一起生活了两千多年,虽然时有摩擦,但是还能做到和平相处。

早期从印度南部进入斯里兰卡的泰米尔人曾于14世纪建立贾夫纳泰米尔王国,控制了斯里兰卡北部和东部沿海地区。英国殖民势力侵略斯里兰卡以后,又以劳工的方式从印度迁入许多泰米尔人。英国殖民势力对僧伽罗人和泰米尔人采取了"分而治之"的政策,有意扩大两族之间的差异,有目的地保留两族各自传统的、有碍两族关系的习惯并使之制度化,雇用泰米尔军人驻扎僧伽罗人居住区,僧伽罗军人驻扎泰米尔人地区,并且利用僧、泰之间的民族矛盾、宗教矛盾造成"以夷制夷"的统治氛围。英国殖民者还曾一度刻意提高泰米尔人的地位,使泰米尔人在教育水平和充任殖民政府职员等方面形成优势;而在僧伽罗人的佛教复兴和民族主义觉醒运动兴起以后,殖民统治势力的政治安排又使人口居于多数的僧伽罗人取得了更大的发言权。

斯里兰卡独立后,僧伽罗人以其在国家政治领域中具有的优势和"政治比丘势力"的入世,开始强化自身的政治和文化民族主义,1956年,斯里兰卡通过语言法,规定僧伽罗语为唯一官方语言。斯里兰卡还采取尊佛教为国教和在大学招生制度中采取优待僧伽罗考生和对泰米尔人提高分数线以及向北方和东北地区泰米尔人传统地区移民等抑泰强僧的民族政策,引起了泰米尔人强烈的不满,以致在20世纪50年代末爆发了第一次僧泰冲突。

自此以后,斗争不断,在20世纪70年代形成了民族独立运动。1972年,泰米尔三大政党合并为"泰米尔联合阵线",提出独立建国的目标。与此同时,"泰米尔新虎""泰米尔伊拉姆解放组织"等武装暴力组织也相继成立。1975年,"泰米尔新虎"改名为"泰米尔伊拉姆解放猛虎",并刺杀了贾夫纳市的市长,揭开了恐怖活动的序幕。此后,僧、泰民族矛盾不断激化,民间性的暴力活动频繁发生,骚乱不断。猛虎组织从成立起就一直试图在斯里兰卡北部的贾夫纳半岛建立一个"伊拉姆国"。1983年7月,"猛虎组织"向政府军发动武装袭击,揭开内战序幕。在不断的内战中,它不断发展壮大自己的武装力量。多年来,尽管在斯政府军的强大军事打击下,猛虎组织遭到重创,但是他们却从未放弃反政府的军事行动,不断采取刺杀政府要员、袭击军警基地等恐怖活动方式与政府军抗争。1987年印度应斯里兰卡的请求派出维和部队,但是这一外部干预行动不仅引起印度国内的泰米尔人的强烈反应,而且激起了猛虎组织更加强烈的抵抗和更加广泛的暴力恐怖活动(包括在印度)。

1990年,印军撤出斯里兰卡,1991年印度国大党主席、前总理拉吉夫·甘地被猛虎组织的人体炸弹刺杀身亡;1993年斯里兰卡总统拉纳辛·哈普雷马达萨在科伦坡被猛虎组织的人体炸弹炸得粉身碎骨。此外,斯里兰卡政党军队和内阁成员中有很多要员遭到猛虎组织的暗杀。1999年斯里兰卡总统库马拉通加夫人也险些遇难,造成眼部重伤。猛虎组织中还有专门从事恐怖活动的黑虎敢死队,这些男女敢死队员主要采取以人体炸弹为主要方式的暗杀活动。1999年,猛虎组织宣布,黑虎敢死队已经刺杀了147名政要官员。近几年来,面对猛虎组织的一系列活动,斯里兰卡政府采取政治与军事双重措施,试图早日结束内战。地方选举用来瓦解和孤立猛虎组织,军事清剿用来摧毁猛虎实力。

目前,虽然斯里兰卡冲突双方已经达成停火协议,但这只是脆弱的和平,还存在许多未来的变数。

其二,菲律宾模式。

菲律宾是一个群岛国家,分为三大部分,北为吕宋群岛,中为米沙鄢群岛,南为棉兰老岛。其中南部诸岛因地近马来西亚与印度尼西亚,故深受伊斯兰教文化之影响。岛上居民由于信仰伊斯兰教,承袭阿拉伯文化,因此与其他菲律宾人之信仰天主教,承袭西班牙和美国文化者形成强烈对比。

菲律宾独立后(1946),中央政府对南部伊斯兰教徒采取同化政策,并鼓励天主教徒移居棉兰老岛。结果引起伊斯兰教徒的恐慌与反抗,引发一连串的暴力事件。随后,南部的伊斯兰教徒于1969年成立了"摩洛民族解放阵线"。其目标是按照联合国倡导的民族自决原则在菲律宾南部13省伊斯兰地区建立独立国家。此后双方战事不断。1974年该组织正式发布了"创建摩洛民族共和国"宣言。菲政府为维护国家统一，1976年同意在棉兰老岛伊斯兰13省建立自治区。但实施过程十分艰难。1990年成立了棉兰老岛四省合一的自治区。在这一过程中，"摩洛民族解放阵线"内部也出现分化。1984年分化出"摩洛伊斯兰解放阵线""摩洛民族解放阵线——革新派"等一些极端势力。1991年分化出来的被称为"持剑者"的"阿布萨耶夫集团"就属此类。当然，因为中央政府与分离主义者之间的谈判，菲律宾南部的伊斯兰集团经历了一个可以从自治到独立再到自治的心理历程，目前矛盾稍有缓和。

民族分离主义采取的分离手段并不是一成不变的。他们往往是根据具体情境使用一种分离手段或者交错使用三种手段，以达到分离目标。不同的分离手段具有不同的表现模式，对民族分离主义分离手段的研究要根据具体情况具体分析。

其三，车臣模式。

车臣共和国是俄罗斯联邦21个共和国之一，位于高加索地区。1859年并入俄罗斯版图。车臣民族在历史上曾多次遭受外族的征服和统治，并在中亚和高加索地区伊斯兰化的过程中，皈依伊斯兰教。在18世纪俄罗斯征服中亚高加索地区的过程中，车臣多次反抗。俄国十月革命后车臣地区成为红军与白军的拉锯地区。1920年苏维埃政权得以巩固。1936年建立自治共和国。1944年共和国被撤销，车臣人被集体流放中亚、西伯利亚。苏共二十大之后，1957年恢复名誉，允许返回家乡。但是，原车臣地区已为俄罗斯移民所占据。车臣人和移民及政府之间的矛盾日益激化。苏联解体后，虽然车臣升格为俄联邦的共和国，但是历史积怨在现实极端主义和宗教极端势力的催化下，形成民族分离主义势力，并建立了军队，宣布脱离俄罗斯。1994年和1999年两次车臣战争也随之爆发。

（三）政治运动手段：魁北克模式

以政治运动手段进行的民族分离主义运动通常都有合法的政党领导，主要采取全民公决、议会斗争、地方政治压力等民主方式进行，并且在本民族内具有相当广泛的群众基础，所以基本上不需要采取极端、暴力和恐怖手段。而且，政治运动型的民族分离主义运动通常发生在政治高度民主化的国家。以政治运动为分离手段的典型案例当首推魁北克模式。

所谓魁北克模式，就是发生在加拿大魁北克省先后由魁北克自由党、魁北克党人等合法政党领导的魁北克独立运动。它是包容性的区域民族主义，而不是种族和部族性质的独立运动。

魁北克是加拿大最大的一个省份，面积约为154万平方公里，加拿大法国人后裔主要集中于该省，占当地700万人口中的83%。这个省是北美唯一讲法语的地区，也是世界上除法国之外最大的法语区。

魁北克问题作为英法争夺加拿大殖民地的产物，表现为英裔和法裔两个民族之间由来已久的政治、经济、语言的矛盾。早在17世纪，法国就在魁北克建立殖民地，大批法国移民来此定居。1763年英国在七年战争中夺得此地。为避免此地居民卷入北美独立战争，英国允许他们保留法兰西的语言、宗教和法律。长期以来，加拿大当局总试图以英格兰文化同化法裔居民及其他民族，但是这效果并不理想，反倒造成了民族之间的矛盾和对立。

20世纪60年代，国际社会出现殖民地民族解放运动之际，魁北克也兴起了民族独立运动。1960年，魁北克自由党在魁北克大选中获胜，形成了"重建魁北克"和要求自治权的运动。1966年，上台的魁北克"民族联盟"则提出主权独立，退出加拿大联邦的独立建国要求。1967年，法国总统戴高乐借出席蒙特利尔国际进出口博览会之际公开支持魁北克独立运动，使得魁北克独立运动受到鼓舞。这种公开的政治活动和来自母国的国际势力支持，使得魁北克独立运动日益激烈，甚至出现了主张暴力恐怖活动的"魁北克解放阵线"和"魁北克解放军"，并在1970年绑架了英国贸易专员和魁北克省政府大员。

由于语言的民族主义在魁北克表现得相当明显，因此，为缓和英裔和法裔居民的对立情绪，1969年联邦政府通过《正式语言法》，确认英语和法语为全国正式语言，联邦行政、立法、司法机构用英语和法语为公民服务。但是1980年，魁北克省仍在魁北克党人领导下组织了全民公决以决定魁北克命运，结果以40.44%的赞成率败北。

20世纪90年代以来，随着苏联东欧地区民族主义高涨和国家裂变，魁北克独立运动再次出现高潮，1995年的全民公决，结果以49.4%赞成率败北，独立运动从此回落，但卷土重来之势依然存在。不过，魁北克的独立目前还难以实现。因为许多投魁北克党人票的选民，内心并不完全赞成独立。国际社会对这次全民公决非常重视，但是几乎均不同情魁北克独立运动。1996年秋，联邦政府要求最高法院就下述三个问题做出司法裁决：第一，魁北克是否有权单方面宣布脱离加拿大？第二，根据国际法，魁北克是否拥有自决权？第三，如果国际法与国内法在这一问题上发生冲突，是国内法优先于国际法，还是国际法优先于国内法？这是联邦政府诉诸法律向分离主义运动宣战。

魁北克分离主义者主张，政治共同体应该坚持自由主义的正义规范，他们只是想要建立属于自己独立而自治的、吻合自由主义民主的政治共同体。类似魁北克这样通过公开合法的政治运动谋求独立的民族分离主义，在当代世界还有英国的苏格兰、威尔士和比利时的弗莱芒地区等。

三　国内研究状况评述

由于历史等原因，20世纪90年代之前，国内学术界对世界民族问题的研究，普遍关注的是反帝、反殖的民族独立解放运动，很少研究伴随着民族独立解放运动或受其影响而产生的对现代主权国家带来的民族分离主义问题。90年代以来，随着苏联和东欧一些国家的解体，国内学术界开始关注民族分离主义问题的研究，不断有一些著述发表。大部分学者关注的是对国内分裂势力的研究，同时，也有一些学者对国外民族分离主义进行研究，如对苏联和南斯拉夫解体的分析研究等。总的来看，我国学者对民族分离主义现象的研究成果还是比较薄弱的，对反分裂的理论和策略研究更加不足。

（一）关于民族分离主义现象的研究

国内学术界对民族分离主义的研究，大多采取的是一种历史主义和功利主义的方法和立场，泛泛地反对民族分离主义，而对民族分离主义的思想理论基础，民族分离主义诉求的非理性所在，现代主权国家和公民社会条件下民族问题的解决之道，民族政治生活的理性观念和未来方向是什么，很少从理性化和时代性的角度进行揭示。例如，我们反对"藏独""疆独"，常常讲西藏、新疆从什么时候开始就是中国的一部分，分离主义对各族人民多么有害无益（这当然有道理），但这并不能有效消除民族分离主义，甚至不是充分的理由。

历史上是一个国家，并不能说明不可分离；统一有好处，但民族分离主义者可能说我宁愿选择贫穷也要分离。这就是说，反对民族分离主义，不能仅限于历史主义和功利主义，还必须从理性化和时代性等方面对其进行全面的价值观批判，指出其反理性和反时代性的本质。当然，国内学术界也有这方面的论述，但理论深度还有待加强。例如，国内有学者对"民族自决权""民族自治"等为民族分离主义者所利用的观念虽有反思，但这种反思还只是初步的，而且，对这两种观念的否定不仅没有成为国内学术界的普遍共识，相反还有许多学者仍不论时空条件地坚持这两种观念的正确性。

（二）关于反分裂研究

反分裂是我国的长期战略任务，特别是《反分裂国家法》颁布后，国内学术界反分裂研究呈现出逐步加强的趋势。近年来，学术界有不少公开成果问世，对当代世界奉行暴力恐怖活动的民族分离主义进行了分类，揭示了产生民族分离主义的历史背景和现实原因。① 但从学术研究的角度说，其中相当多的成果多为急就章，不仅理论深度不够，对策性建议（内部报告除外）也往往是大而化之的。反分裂的学术研究，重在对分裂的非理性和非现实性进行理论论述，使各民族广大人民不仅从经验的角度认识分裂的危害性，而且能从理性的角度抵制分裂思想的影

---

① 参见郝时远《民族分裂主义与恐怖主义》，《世界民族》2002年第1期；朱伦《现代国家、公民社会与民族差异政治》，《中国社会科学内部文稿》2009年第5期；杨恕《分裂主义产生的前提及动因分析》，《世界经济与政治》2011年第12期；王英津《有关"分离权"问题的法理分析》，《世界经济与政治》2011年第12期；杨曼苏、张家栋《民族分离主义及其影响》，《国际观察》2002年第1期；丁诗传、葛汉文《对冷战后民族分离主义运动的几点思考》，《现代国际关系》2000年第11期；傅菊辉、陈传伟《从不同视角看冷战后民族主义新浪潮》，《当代世界与社会主义》2003年第4期。

响。在这方面,我国学术界任重道远。例如,如何从民族权利保障与现代国家统一的法理角度说明反分裂的正当性与合理性,如何对反殖、反帝的民族主义理论与分裂主权国家的分离主义诉说分别进行历史考察,如何以一种新的民族关系观念与民族分离主义观念进行理论对话,国内学术界的研究水平都有待提高。

总体说来,我国学术界有关民族分离主义、反分裂问题的研究,目前尚处在零散状态,缺乏系统、深入的研究,特别是深度成果较少。笔者所在的研究室专门从事世界民族问题研究,对民族分离主义和反分裂的研究虽有一些成果,但与现实需要相比还差很远,笔者相信,通过本书可以使我们的研究上一个台阶。

四 国外研究状况评述

20世纪80年代以来,特别是"9·11"事件发生后,民族主义的研究热潮开始在西方学界再度兴起。其中有关"自由民族主义"(liberal nationalism)思想观点的探讨尤为引人注目。令学者们普遍感到困惑的是,很难证明同时兼任自由主义者和民族主义者的双重身份是根本不可能的。[1] 于是,那些希望否认自由主义传统在实践上一直包含民族主义基本因素的人转而成为被攻击的对象。在这一过程中,"民族主义"似乎已无处不在的感触开始在一些学者内心深处生成。毋庸置疑,这部

---

[1] 参见 A. Buchannan and M. Moore, *States, Nation, and Borders: The Ethics of Making Boundaries*, Cambridge: Cambridge University Press, 2003; E. B. Hass, "What Is Nationalism and Why Should We Study It?", *International Organization*, Vol. 40, No. 3, 1986; Hans Khon, *The Idea of Nationalism: A Study of Its Origins and Background*, New York: The Macmillan Company, 1946; John Brueilly, *Nationalism and the State*, Chicago: The University of Chicago Press, 1982; C. F. Chien, A Dialogic Classroom: Facilitating the Interaction on Cross-Taiwan-Strait Issues Regarding the Reconceptualization of the Evolution of Marxist Theories, *International Education Studies*, 2011; CH Claassen, The Africanist Delusion: In Defence of the Realist Tradition and the Neo-Neo Synthesis, *Journal of Politics and Law*, 2011; J. Agnew, Capitalism, Territory and "Marxist Geopolitics", *Geopolitics*, 2011; R. Jones, M Whitehead, M. Huxley, J. Pykett, Interventions in the political geography of libertarian paternalism, *Political Geography*, 2011; C. Teelucksingh, B. Poland, Energy Solutions, Neo-Liberalism, and Social Diversity in Toronto, Canada, *International Journal of Environmental*, 2011; B. Kapferer, Legends of people, myths of state, *Slavic Studies*, 2010, Jan E. Leighley, *Strength in Numbers?: the Political Mobilization of Racial and Ethnic Minorities*, Princeton University Press, 2010。

分人常常会把民族主义与希特勒、墨索里尼、佛朗哥和东条英机等人联系起来。① 问题是,那些曾深受世人谴责的理念与实践为何能在现实中重现呢?

学者们给出的答案不尽相同,很少有人注意到后共产主义时代的东欧与两次世界大战期间德国的政治景观。其主要原因在于,20世纪90年代早期,人们对自由主义、共产主义的讨论基本集中于两个话题,即少数人权利和公民身份,第一个话题所关注的是共产主义认同的诸多特点,包括它们因族体与文化而生,特别是因少数人集团而生等。继金利卡(Kymlika)之后,许多自由主义理论家开始接受个体自治需要平等机制的观念,而先前他们所关注的往往只是在健康与文化语境下可能发生的价值选择。② 随着研讨的深入,自由主义理论家们对少数人权利的思考上升到少数民族(minority nation)权利与自决权的探讨。至于自由

---

① 参见 A. Eisenberg and J. Spinner-Halev (eds.), *Miy, Strength in Numbers?: the Political Mobilization of Racial and Ethnic Minorities*, Princeton University Press, 2010。参见 A. Eisenberg and J. Spinner-Halev (eds.), *Minorities in Minorities: Equality, Rights and Diversity*, Cambridge: Cambridge University Press, 2005; M. Setmour (ed.), *The Fate of Nation-State*, Montrea/Kingston: McGill-Queen's University Press。W. Safran, Diasporas in modern societies: myths of homeland and return, *A Journal of Transnational Studies*, 2011; K Tölölyan Rethinking diaspora (s): Stateless Power in the Transnational Moment*norities in Minorities: Equality, Rights and Diversity*, Cambridge: Cambridge University Press, 2005; M. Setmour (ed.), *The Fate of Nation-State*, Montrea/Kingston: McGill-Queen's University Press。W. Safran, Diasporas in Modern Societies: Myths of Homeland and Return, *A Journal of Transnational Studies*, 2011; K Tölölyan Rethinking diaspora (s): Stateless power in the transnational moment, *A Journal of Transnational Studies*, 2011。

② 参见 K. Popper, *The Poverty of Historians*, Lomdon: Routledge; T Winkler, On the Liberal Moral Project of Planning in South Africa, *Urban Forum*, 2011; James W. Baker, *Flourishing borders, prosperous nationalities*? C. V. Sirin & J. D. Villalobos, Political information and emotions in ethnic conflict interventions, *Journal of Conflict*, 2011; AmitavAcharya, Foundations of Collective Action in Asia: Theory and Practice of Regional Cooperation, American University - School of International Service, February 14, 2012, ADBI Working Paper No. 344, http://papers.ssrn.com/sol3/papers.cfm?abstract_id=2005473; RobertBedeski & Niklas Swanström (ed.), Eurasia's Ascent in Energy and Geopolitics: Rivalry or Partnership for China, Russia, and Central Asia? June 2012; Jose, A., *On The Future of European Integration: Idea, Economics, and Political Economy*, Tavareshttp://www.josetavares.eu/wp-content/uploads/2012/07/European-Integration-Dahrendorf-Tavares.pdf; SongRiHyon, Confidence Building Between the DPRK and the U. S.: The Foundation for Settling the Korean Issues, *ASIA PAPER*, August 2012; *A human security approach to identifying the underlying causes of ethnic conflict in China*, GEORGETOWN UNIVERSITY, 2011; Chol NamJong, Federation: A Comparative Study of European Integration and Korean Reunification, *ASIA PAPER*, August 2012。

主义者、共产主义者、共和主义者和其他各方人士对公民身份的讨论，则几乎涉及在多元化的现代社会中长期为人们所忽视的各种社会问题。同时，由此给人们带来的紧迫性与困难，激发了众人研究作为一种社会"黏结物"的民族认同的兴趣。应该说，至少在民族社会主义到来之前，自由主义理论家对多数人代表的民族文化的关注是很有限的。令人有些不解的是，西方人忽视了许多他们原本在书本上就可读到的事实。比如，他们在思考功利主义和民主参与时，常常忽视了有关民族主义的话题；而在谈论联邦主义时，仅仅将之视为有关自由与党派注册的条约，而非民族（国家）建构的蓝图。[①]

需要指出的是，西方人在20世纪末期针对民族主义展开的讨论大都属于概念性的思考。为自由民族主义的支持者们所谨慎推崇的民族主义形式或民族认同，与希特勒和墨索里尼所代表的民族主义形式几乎没有任何共同之处。可以说，自由民族主义的支持者与批判者之间在这一时期所展开的讨论，从某种意义上说还难以被视作一种讨论，因为支持者们并未支持批判者们所谴责的事情。

（一）关于民族概念和民族主义的界定

在20世纪90年代有关民族主义问题的研讨中，民族（nation）和民族主义（nationalism）成为大多数西方学者通常使用的核心概念，从某种意义上说，盖尔纳（E. Gellner）和安东尼·史密斯（A. Smith）等人在80—90年代出版的著述成为众人研习的初级教材。随着哈钦森和安东尼·史密斯等著名理论家著述的接踵问世，这些概念在人文社会科学界乃至整个社会引起了争议。哈钦森和亨廷顿在其编著的颇具影响力的《民族主义》一书中指出："或许研究民族和民族主义的核心困难

[①] 参见 The American Liberal Tradition Reconsidered: The Contested Legacy of Louis Hartz, *Journal of American History*, 2011; CR Hale, Comment on Arturo Escorbar's "LATIN AMERICA AT A CROSSROADS: ALTERNATIVE MODERNIZATIONS, POST-LIBERALISM, OR POST-DEVELOPMENT?" *Cultural Studies*, 2011; J. S. Mill, Considerations on Representative Government, 1861, in H. B. Acton (ed.), *Utilitarianism, Liberty, Representative Government*, London: Dent, 1972。

在于，发现足够的、得到公认的民族和民族主义这样的关键性概念。"①近来出版的有关民族主义的学术著作，往往将"什么是民族？"和"什么是民族主义？"设计为第一章论述的内容。但是，很少有人注意到这些是不同类型的问题。事实上，在所谓界定概念的章节中，真正有关定义本身的文字可能只是有限的几行，很多文字被用来解释理论家们在众所周知的"民族"一词上暂时达成共识的原因。所以，当人们要获得有关与"民族"一词相近的"民族主义"的简洁定义时，往往会感到茫然。

1. 关于民族概念的界定

20世纪80年代以来，西方理论家在著述中所阐释的有关"民族"的定义主要包括如下内容：

其一，民族是一种人们共同体（human community）。其二，尽管世界上存在着为数不多的民族—国家（nation-state），但是，民族这一概念的外延仍不能扩展至主权国家（state）；尽管世界上存在着一些同种同文化的民族（ethnic nation），许多民族认同（national identities）与族裔（ethnic）因素相关，但是民族并不等同于族群（ethnic group）。其三，尽管人们倾向于根据共同的祖居地、共同的传说、共同的记忆和共同的语言将之命名为各种共同体，但不能凭借具体某个或某几个的特性来加以识别。

继19世纪的米尔（J. L. Mill）和勒南（Renan），以及20世纪初期的韦伯（Weber）之后，当代大多数西方民族主义研习者也在强调国家地位（nationhood）形成的主观性。比如：

其一，民族是"感情"（sentiment）或"想象的"（imagined）共同体。其二，当共同体的大多数成员相信或感到他们组成了一个民族的时候，即由诸多个人组成的共同体中存在一个至关重要的群体，他们秉承特殊的民族认同，并且渴望自我治理（self-governing）的时候，该共同

---

① 参见 James W. Baker, *Flourishing Borders, Prosperous Nationalities? A Human Security Approach to Identifying the underlying Causes of Ethnic Conflict in China*, GEORGETOWN UNIVERSITY, 2011; C. V. Sirin & J. D. Villalobos, Political Information and Emotions in Ethnic Conflict Interventions, *Journal of Conflict*, 2011; J. Hutchinson and A. Smith (eds.), *Nationalism*, Oxford: Oxford University Press, 1993, pp. 3-4。

体便获得了被称为民族的资格。

盖尔纳进一步指出,"民族是有关人类利用坚定信仰、忠诚和团结一致打造成的人工制品。"[1]

今天,这些协议性的定义为人们提供了许多展开理性研讨的话题。比如,人们共同体具备何种特性才可称为民族?造就民族的力量究竟是什么?我们是否可以将民族区分为不同的类型(比如 ethnic 民族或 civic 民族)?如果可以,根据是什么?等等。

需要说明的是,当代几乎所有的西方民族主义理论家都认为,一个人们共同体成为民族的必要条件是,相信其具备民族的资格,并渴望自我治理和自决的人数应为其内部成员的绝对多数。其中雅各布·利维(Jacob Levy)的观点可能对我们进一步理解民族概念有所启示。利维指出:"'民族'并非民族主义计划中所描述的,以民族自决为诉求的那种共同体。一旦我们掌握了具有说服力的有关民族在哪里的社会学报告,我们就会发现,民族主义理论应该证实为正确的一种途径或其他政治动员,是我们已找出的这种共同体的一个组成部分。换言之,民族主义的政治计划从开始便铸就了民族的类型;而规范的理论研讨是可循环论证的(以一种观点证明另一观点,接着再用后一种观点反过来去证明前一观点)。"[2] 同许多政治哲学家的设想相比,利维对民族概念的主观含义和自省内容的理解似乎更能切中要害。

西方学者在民族概念理解上一直存有分歧,民族主义及其相关问题的讨论(比如民族主义的含义,多民族国家的民族建设,主权国家的宪政秩序,联邦主义与分离主义的关系,民族自治与地区自治的关系等问题)因而难以展开和深入。

2. 关于民族主义概念的界定

从概念界定角度说,西方学者对"民族主义"的界定比对"民族"的界定表现得更为混乱。用本体论的语言说,民族是社会存在,是一种东西。我们可以看到,所有的理论家都希望人们容许民族的存在,并且

---

[1] E. Gellner, *Nations and Nationalism*, Ithaca, NY: Cornell University Press, 1983, p. 7.
[2] J. Jevy, "National Minority without Nationalism", in A. Dicckhoff (ed.), *The Politics of Belonging: Nationalism, Liberalism, and Pluralism*, Lanham, MD: Lexington Press, 2004, p. 160.

承认它们是一种人们共同体。但是,"民族主义"一词尤其指称几类显然不同的事物,包括财产(properties)、精神状态(mental state)、抽象实体(abstract entity)和过程。史密斯曾列举了这一词语的诸多指称对象:

其一,建立和维护民族或民族—国家的过程;其二,一种民族归属意识,伴随着与安全和财产相关的感情与抱负;其三,一种有关"民族"及其地位的语言和象征符号;其四,一种观念心态,包括民族的文化宗旨、民族意愿,以及实现民族抱负和民族意愿的规章;其五,赢得民族目标和实现民族意愿的社会与政治运动。①

简言之,"民族主义"被用于指称一个过程,一种情感或认同,一种政治辩词,一种观念形态,一个或一系列原则,以及一种社会政治运动。而穆尔则认为,民族主义应是一场"规范的讨论",也是一种"规范的理论"②。显然,民族主义与多种因素相关,即使我们认为只有一种现象可以被视为民族主义。长期以来,似乎我们一直都在试图用形容词"民族主义的"(nationalist)来描述与民族主义相关的各种现象。由此种概念混乱引发的一系列对民族主义意识、民族主义政治运动和民族主义认同等问题的研讨,一直延续至今。所以,对民族主义做出一个比较精当的界定势在必行。

民族主义在哪里出现的?民族主义意味着什么?(不是重点)重点是有关民族主义的规范理论应包含哪些内容?简单的回答是:民族主义包括史密斯列出的各项内容。换个角度说,从这一民族主义概念出发,有关民族主义的规范理论应包括民族认同的性质,打造、影响民族认同的政治尝试,在开展这些尝试过程中被加以运用的理念和口号,以及民族主义者证明自己的政治诉求具有合理性所依据的原则。

在民族主义的诸多指称对象当中,究竟选取哪一种或哪几种比较合理?我们认为,如果民族主义这一术语只是用来界定史密斯所列举的一种或两种现象(史密斯本人将"民族主义"理解为一种意识形态运动),似乎比较利于问题的解决。同时,在使用民族主义一词时要格外慎重,因为

---

① A. Smith, *National Identity*, London: Penguin, 1991, p. 72.
② M. Moore, *The Ethics of Nationalism*, Oxford: Oxford University Press, 2001, p. 5.

一些人对民族主义的识别,往往是从试图建构某种民族主义政治学理论的狭隘目的出发,对史密斯所列举的某一现象提出的草率意见。

比如,盖尔纳就曾经说过:"民族主义主要体现为某种政治原则,政治与民族的结合体在其掌控下达到和谐统一状态。"① 假如我们比盖尔纳更严肃地看待相关族体成员的诉求,那么,一种规范的民族主义理论很可能被降低为提出民族自决原则的理由。此举是不够理智的。它很可能导致我们忽视民族主义政治中的一些有趣现象,比如民族主义运动可能在所谓的民族主义者主张代表的民族产生之前就已存在几代人的时间了,而其行为目的往往与建立民族与政治的结合体并无多少联系。少数民族当中的民族主义领导人可能通过批判中央政府的几乎所有政策,来激发人们对现实社会地位的不满。他们所使用的批判性语言基本停留在教育、健康等政策层面,但是,部分尝试性行为的结果让少数民族成员先前所持的对所在国和中央政府的忠诚感、信任度发生了改变。

在"民族主义"一词中,"主义(ism)"的意义何在?今天,"承认民族主义是迄今为止世界上最有势力的思想意识的人已不占少数"②。但是,在当今西方主要的几大政治观念或体系当中,只有它缺乏具有影响力的理论家。正如安德森所观察到的,民族主义理论家经常因民族主义的"政治理论"与其哲学贫困之间的巨大反差而困惑。③ 换言之,与大多数其他主义不同,民族主义并未塑造出属于自己的思想家,比如托马斯·霍布斯(Thomas Hobbes,1588—1679,英国政治学家、哲学家。英国理性主义传统的奠基人,近代第一个在自然法基础上系统发展了国家契约学说)。

3. 关于民族主义与联邦主义的认识

民族主义与联邦主义之间存在着一种根本区别。一般认为,民族主义要建立一种高于个人的认同(identidad),而联邦主义则把个人与不同的认同联系起来。各种民族主义,包括公民民族主义(nacionalismos

---

① E. Gellner, *Nations and Nationalism*, Ithaca, NY: Cornell University Press, 1983, p. 1.
② M. Hechter, *Containing Nationalism*, Oxford: Oxford University Press, 2000, p. 3.
③ D. Anderson, *Imagined Communities: Reflections on the Origins and Spread of Nationalism*, London: Verso, 1991, p. 5.

civicos）和族类民族主义（nacionalismos étnicos），都是要在公民或族类（etnicidad）的旗帜下推动一种民族爱国主义（patriotism nacional）。目前，宪政爱国主义（patriotism constitucional）掩盖了族类爱国主义（patriotism étnico）所发现的东西，即由一种语言到一种文化，由一种文化到一个民族，由一个民族到一个国家（estado），由一个国家到一个公民社会（ciudadanía）。如果民族主义想自我隐藏，或者想界定自己是公民民族主义，这个顺序也可以反过来说。区分公民民族（nación cívico）与族类民族（nación étnico）没有什么概念意义，因为它们是一枚硬币不可分割的两面。实际上，它们只是民族这一唯一概念的两种倾向，都认为随着民族国家（estado nacional）的形成与巩固，民族有其存在的历史原因。

相反，作为一种思想的联邦主义，则是保证平等之间的差异性（diversidad）。联邦主义的基础是个人自由，这种自由是在一定的生存空间中发展起来的，并得到了一个具体的社会和文化环境的认可。联邦主义承认并保护文化差异性，不区分什么是民族文化或统治文化和什么是亚民族（subnacional）文化、少数人文化或被统治文化。它的政治目标是通过对管辖领土的划分，把领土空间划小或者扩大，将不同的领土管理单位联合起来，以克服民族国家的古典模式。

这种领土多头政治（poliarquía territorial），现在是自由民主化所期待的革命，尽管它也提出了一个令人心绪不宁的问题：自由主义在产生时为什么与集权国家模式志趣相投，或者说走向了集权化？如果让自由主义或经济新自由主义来回答这个问题，它可能会预言民族国家的衰落不是向领土管理民主化的方向发展，而是在各种跨民族权力（transnacionales）强加的条件下，向一种更高的超国家（supraestatal）集权化的方向迈进。按照这个假说，我们就不会走向一种民主的联邦主义，而是会走向一种基于经济主义理由的新民族主义（neonacionalismo）。

民族主义是一种思想，这种思想的特点与其他可称为"经典的"思想大不相同。自由主义、社会主义、保守主义和其他各种"主义"，回答的问题是如何全面统治或应该怎样统治一个社会，因此，它们说的都是个人、社会与国家之间的关系是什么样或应该是什么样。民族主义回答的问题是组成社会的个人是谁，并在个人、社会—民族与国家之间确立一种认同关系。基于这个原因,许多种民族主义都涉及归属一个集体的感情(sentimiento)。随着这种感情与统治一定领土的问题联系起来,它的巨大力量就会导致出现权力合法化。这样,我们就找到了理解民族主义思想的两个关键因素:认同和将认同转变为权力的源泉。民族主义的政治力量所在,是它能够建立一种作为国家权力基础的认同感觉。

(二)有关民族分离主义研究的评述

国外学术界对民族分离主义的认识很不一致,研究者大致可以分为三类:一是"赞成者",这类人通常与具体的民族分离主义势力有染。二是"反对者",他们多从维护国家统一和社会秩序的角度反对暴力化的民族分离主义,而对和平的民族分离主义诉说则采取"宽容"态度。三是所谓"中立者"①。第三类学者最多,他们通常从现存制度、民族权利和民族认同的角度分析民族分离主义,他们虽然一般不支持民族分离主义,但对反分裂的态度则很含糊,特别是在涉及所谓专制国家中的民族分离主义时,往往采取双重标准,以维护"人权""民主""自由"等为由,更多地谴责有关国家的反分裂斗争。

国外对民族分离主义现象的研究主要有两个学科:一是政治学。政治学研究的一项基本内容是近现代民族主义和民族—国家现象,民族分离主义问题于是成为其关注的对象。主流的政治学研究者一般都反对民族分离主义。二是文化人类学(国内也称民族学)。该学科的情况比较复杂,虽然公开支持民族分离主义的不多,但该学科的特点是关注"族际"差异,许多著述在客观上为民族分离主义者所利用,成为民族分离主义者借以提出分离独立的理由,尽管这些论述的初衷不是如此。而有些民族学研究者及其著述,对"少数民族"(minority nationalities)、"民

---

① 参见 Elise Giuliano, *Secessionism from the Bottom Up: Democratization, Nationalism, and Local Accountability in the Russian Transition*, World Politics, 2006; N. Chandhoke A State OF One's Own: Secessionism and Federalism, Neera Chandhoke, 2006; Charles S. Watson, *From Nationalism to Secessionism*, Greenwood Press, 2005; D. Miodownik, RJ Eidelson Secessionism in Multicultural States: Does Sharing Power Prevent or Encourage it? *American Political Science Review*, 2004; A. Brownstein, *Beyond Separatism: Church*, JL & Politics, and State, 2002; Dawn Brancti, *Design over Conflict: Managing Ethnic Conflict and Secessionism Through Decentralization*, http://hdl.handle.net/10022/AC: P: 5225, 2003。

族群体"(national groups)甚至是"族群"(ethnic groups)则着意进行国族(nation)化建构,直接为民族分离主义提供了理论支持。

(三)有关反分裂研究的评述

在所有存在民族分离主义活动的国家,反分裂研究都是重要的现实课题。但这种研究的公开性著述则不多,特别是在涉及反分裂策略问题时多为政府委托课题,其成果也多是内部报告,难以学术成果的形式为世人所见。国外有关反分裂的理论论述,通常散见于对民族主义问题的研究著作中,把民族分离主义视为对民族主义误读、误用的表现,即认为民族主义并不适应一切时代和一切所谓的"民族"。也就是说,民族主义所追求的"民族—国家"目标,在现代主权国家与公民社会条件下,在当今世界的国际秩序下,已失去了其用武之地。这种认识,也是反分裂的理论基础和法理所在。[①]

由此,国外对反分裂的研究,也就集中于从理论上论述对既成国家的主权的维护,对公民社会政治行为准则的遵守。任何民族群体,都可以合法方式参与国家政治生活,但非法的分裂活动则不允许。但是,这种反分裂的理论论述,尚未触及民族主义理论本身存在的问题。

民族主义理论的经典论述,是建立在对民族同质性及其基于这种同质性的政治统一意志和利益保护期望基础之上的,那么,多民族国家的同质性是什么,不同民族怎样实现政治统一意志,国家对不同民族怎样进行利益保护,现在是需要深入研究的问题,这些问题不解决,民族分离主义就不会失去活力和诱惑力,反分裂就存在理论乏力的问题。在这方面,国外学术界同样在进行探索,并没有现成答案。国外对和平的民族分离主义诉求之所以采取容忍态度,主要是基于思想言论自由,但民族分离主义是否合理,国外也没有掌握理论和道义的制高点,或者说缺乏有力的反对民族分离主义的理论武器。

---

① 参见 R. Mark Beissinger, A New Look at Ethnicity and Democratization, *Journal of Democracy*, 2008; DuttaNandan, Nationalism and Otherness: Reading Nation in the Literature, *The Global South*, 2008; Richard Rosecrance, *The Rise of the Virtual State*, New York: Basic Books, 1999; Anthony D. Smith, *Nationalism: Theory, Ideology, History*, Polity Press, 2000; R. Ganguly*Ethnic, Conflict and Secessionism in South and Southeast Asia: Causes, Dynamics, Solutions*, Macduff, 2003。

五 研究的主要问题

本书研究的主要问题包括如下内容。

其一,民族分离主义的社会基础研究。民族分离势力或组织,大多依托于多民族国家内部的某个民族。无论它们以暴力形式还是以和平方式出现,都是以维护某个民族利益和尊严为借口的。因此,本课题将首先研究分离主义组织与其所依托的民族之间的关系,以正确评估民族分离主义组织的能量和影响力。

其二,民族分离主义组织的特点研究。在案例研究的基础上,本书将对当今民族分离主义组织的特点进行分析。与历史上反帝、反殖的民族独立解放运动可以动员全民族共同行动不同,在当代主权国家和公民社会条件下,民族分离主义活动只是一小部分人的诉求和行为,这决定了民族分离主义具有一些时代特点,包括组织结构、资金来源、活动方式等,认识这些特点是有效进行反分裂斗争的前提。

其三,民族分离主义与国情研究。现代主权国家的形成与建立过程以及民族结构不同,各国处理民族问题的政策制度也相互有别,这决定了民族分离势力在各国也有不同。研究和认识这一点,对于如何进行反分裂斗争十分重要。

其四,民族分离主义思想理念研究。民族分离主义之所以存在,并且有一定的号召力,是受一定的思想理念支配的,这就是近现代产生的民族主义和民族自决权原则。因此,反对民族分离主义对主权国家的分裂,就必须对民族主义和民族自决权原则的适用性进行解释。在反帝国主义、反殖民主义时代被视为积极进步的思想和原则,为什么不可以被当代多民族国家中的民族分离主义势力和组织运用呢?这是一个十分理论化的问题,说不清这个问题,反分裂斗争就缺乏足够的理论支持。

其五,国外反分裂研究。反分裂是一项综合性的工程,包括从政治、军事、社会、经济、法律、教育、舆论、国际合作等方面对分裂势力和活动进行全面的打击和防范,概括说有软硬两手。本书侧重于对"软性防范"的研究,且主要从民族问题的角度研究如何消除民族分离主义。当然,民族问题是社会总问题的一部分,如何处理好民族问题涉及方方面面。本书将从研究当代世界民族问题的基本特点和发展趋势出发，分析民族分离主义问题的现状和影响，为反对民族分离主义提供思想理论支持。

其六，国际反分裂经验借鉴研究。本书的主旨是为我国的反分裂提供国际借鉴。我国面对的一些民族分离主义势力与国际社会的民族分离主义的共同点与差异是什么？我国反分裂斗争的思想理论建设处于何种状态？我们如何在反分裂斗争中利用国际反分裂的思想理论来反驳一些国际势力对我们的指责？我国开展反分裂斗争的优势与不足是什么？国际反分裂经验对我国反分裂斗争的开展具有怎样的借鉴？所有这些问题，目前国内学术理论界的研究还是比较薄弱的。

本书试图在以下问题上有所突破。其一，指出当代民族分离主义对民族主义古典理论和民族自决权理论的误读与误用，包括对这两种理论本身存在的问题进行反思。这是我们研究的重点，也是难点和需要突破的首要问题。反对民族分离主义对主权国家的分裂，就必须对民族主义古典理论和民族自决权理论的适用性进行解释。当今一些民族分离势力，无论是以暴力形式还是以和平方式出现的，其理论基础和法理根据都是最近两百多年来风行世界的民族主义古典理论和民族（人民）自决权理论。因此，反分裂就必须对这两种理论或理念的适用性进行解释。在反帝国主义、反殖民主义时代被视为积极进步的思想和理论，为什么不可以被当代多民族国家中的民族分离主义组织运用呢？这是一个十分理论化的问题，本书将进行深入的研究，包括对这两种理论本身存在的问题进行反思。

其二，通过对民族分离主义势力的现状、特点、活动规律的研究，为反分裂战略建设提供依据。反分裂斗争，首先要做到"知彼"。我国的一些民族分离主义组织目前大都在国外活动，它们在分裂我国的活动中采取的是国际民族分离主义组织的一般理念、话语、手段和方式，研究国际民族分离主义势力的现状、特点和活动规律，对于认识我国的一些民族分离主义组织具有重要意义，是我国反分裂斗争的重要任务，可以为我们的反分裂斗争赢得主动权，本课题争取在这方面有所建树。

其三，探讨国际合作反对民族分离主义的现实性、必要性和可能性。目前，民族分离主义组织有走向国际合作的趋势，成立了所谓联合国"无代表民族和人民组织",它们遥相呼应;与此不同,世界各国的反分裂斗争,由于种种原因,目前不仅基本处于各自为战的状态,而且有的国家还出于本国利益明里暗里地利用民族分离主义势力牵制对方。这种局面不改变,反对民族分离主义就会受到干扰和阻碍。本书将通过对民族分离主义对世界各国、国际关系、地区和平的危害的揭示,为国际合作反对民族分离主义凝聚共识。

其四,从现代主权国家和公民社会建设的角度,探讨多民族国家内部民族政治的发展方向和理性选择,为反分裂提供正当性与合理性理由。民族分离主义以帝国时代的观念看待民族政治问题,把民族差异看得高于一切,对现代主权国家和公民社会建设提出了严重挑战。本书将研究在现代国家和公民社会条件下的民族差异政治问题,探讨多民族国家内部民族政治的发展方向和理性选择,为反分裂提供正当性与合理性理由,缩小民族分离主义的影响,使其失去民众支持的市场。

其五,为我国反分裂的理论宣传提供学术支持。国内反分裂的理论研讨和政策宣传,大多限于我国长期的历史统一述说和国家利益的一般宣示(当然是需要的),而从理论上与分离主义观念对话的意识和深度方面尚有欠缺。有鉴于此,本书将从理论上分析分离主义观念的非理性和非现实性,为反分裂理论宣传提供学术支持。

六 研究思路和研究方法

(一)研究思路

首先进行个案研究,拟选六个具有代表性的案例,由课题组成员分别承担,写出研究报告。每个研究报告按照统一设计撰写,内容包括两大部分:第一,有关国家的民族分离主义组织情况的研究;第二,有关国家反分裂情况的研究。与此同时,主编对研究报告进行综合分析,写出学术专著。

具体的研究思路,请参见目录中所体现的结构设计。

(二)研究方法

理论分析与实地调研相结合,是完成本书的基本方法。民族分离主义作为一种观念，它有其基本内容；反分裂，也有其基本理念支撑。本书将对二者进行理论分析，特别是对民族分离主义的研究，主要靠理论分析来完成。而民族分离主义作为一种社会政治现象，它有自己的实际行为；反分裂，也有其具体措施，这为我们进行实地调研提供了可能。我们这里所说的实地调研，主要通过访谈的形式进行，访谈对象主要是学者、官员和普通民众。

民族分离与反分裂问题研究是一个内容广泛的领域，国内外都很关注。就现实问题来说，国内现在多关注相关地区的社会、经济和文化如何发展繁荣，国家应该采取什么政策，以及如何实现民族关系和谐与社会政治稳定。这类研究，自应成为我们的主攻方向。但这不是反分裂问题的全部，甚至不是热点。反分裂问题还有一个如何看待和解决民族差异政治的问题，这个问题我们应该重视的，国际关注的热点。但在国内学术界，这似乎还是个敏感问题，相关的研究还比较有限。我们希望通过我们的研究，指出当代民族分离主义对民族主义古典理论和民族自决权理论的误读与误用，为反分裂提供正当性理由，为反分裂战略建设提供依据，为我国反分裂的理论宣传提供学术支持。

（刘　泓　朱　伦）

第一编 民族分离势力研究

第一章　英国的北爱尔兰问题

长期以来，英国的北爱尔兰问题一直是世人关注的一个热点。它不仅与该地区的政治局势和经济状况息息相关，而且对英国和爱尔兰两国关系的发展，对英国乃至西欧政局的稳定也至关重要。在北爱尔兰地区所发生的一系列民族间的暴力冲突，严重影响了当地社会、经济的发展和人民生活的安定。随着该地区各派武装力量的休战，北爱尔兰民族问题的发展前景如何，北爱尔兰将走向何方，成了东、西方共同关心的话题。

关于北爱尔兰问题的发展前景，中外人士众说纷纭，总地来说，"忧"多"喜"少。当然，"忧"有"忧"的根据，"喜"有"喜"的道理。一些专家已就此进行了见仁见智的论述。在此基础上，本书试图通过对北爱尔兰民族问题的产生、发展、解决及其启示，北爱尔兰的发展前景，英国政府的相关政策实施及其原因影响等做一粗略的探讨，以期为人们认识民族分离势力提供一方平台。

第一节　民族分离势力成长的土壤

北爱尔兰是英国的一个地区，位于爱尔兰岛的东北部，面积为14120平方公里。人口约180余万，人口密度每平方米约130人（2011年估算结果）。[①] 首府贝尔法斯特，有北爱尔兰三分之一的人口。城市化很强，工业发达。

---

① 参见维基百科"北爱尔兰人口"，http://zh.wikipedia.org/wiki/%E5%8C%97%E7%88%B1%E5%B0%94%E5%85%B0，2014年10月2日。

宗教对抗一直是北爱问题的表征。事实上，北爱尔兰问题从一开始就未曾带来任何教义上的冲突。从历史的角度来看，北爱尔兰问题绝不只是不同宗教信仰的矛盾。准确地说，问题的实质是不同的民族认同与国家认同之间的对抗。

北爱尔兰在历史上受到多次巨大的冲击。伊丽莎白一世时期它是爱尔兰民族主义运动的发源地。从1605年开始许多苏格兰人移居这里。迄今为止这里不同的民族之间的矛盾依然非常大，有些居民点中只有一个民族生活。

一 英爱关系回溯

谈北爱问题，免不了要回溯大英帝国和爱尔兰之间的关系。

爱尔兰人是凯尔特人的后裔，世代住在爱尔兰岛上，6世纪时接受了罗马的天主教。数个世纪前，英国吞并了爱尔兰，随即大量殖民并屠杀当地居民，迫使不少爱尔兰人流亡北美，以至于20世纪初爱尔兰南部独立时，爱尔兰北部的英国人数量超过了爱尔兰人。

北爱尔兰和南爱尔兰同时诞生于1921年。南爱尔兰立刻改名为爱尔兰自由邦。根据1921年的《英爱条约》规定，爱尔兰共和国独立后北爱尔兰可以自主决定是否参加爱尔兰共和国。北爱尔兰决定留在英国。大多数爱尔兰人（联合派）希望留在英国，但少数派（民族派）希望加入爱尔兰共和国。20世纪60—90年代两派之间的斗争武装化。1972年北爱尔兰的自治权为此被取消。从90年代中期开始，两派的主要半军事组织达成一个不十分可靠的停火协定。

1972年，北爱尔兰议会被取消后，北爱尔兰没有正式的官方旗帜。联合派人士一般使用英国国旗或北爱尔兰过去的"红手旗"，民族派人士一般使用爱尔兰国旗。两派人士有时也使用他们归属的党派或宗教的旗帜。一些非中立组织使用圣帕特里克旗作为他们的旗帜，但一些极端的民族主义者认为这也是一面保皇派的旗帜，因此迄今为止没有公认的北爱尔兰的旗帜，同样北爱尔兰没有自己的州歌。在英联邦运动会上，北爱尔兰代表队使用《伦敦德里小调》（*Londonderry Air*），而在足球赛上则使用国歌。

1998年4月10日，天主教包括社民工党（SDLP）、新芬党（Sinn

Fein)和新教的厄斯特联合党(UUP)以及其他党派在北爱首府贝尔法斯特签署协议。很凑巧地,签署当天正是星期五耶稣受难日,所以这项历史性的和平协议又称"受难日协议"或"星期五和平协议"(Good Friday Agreement)。当年的诺贝尔和平奖也颁给了北爱和谈的两位功臣——社民工党修姆(John Hume)与厄斯特联合党党魁特林伯(David Trimble),表彰他们达成了一项"不可能的任务"。但是,从后来北爱尔兰不断爆发基督教徒与天主教徒的严重冲突来看,存留在这块土地已整整几世纪之久的冲突与恐怖主义,似乎还没准备好与过去的历史同葬。

爱尔兰归信基督教相传是素称"爱尔兰的圣徒"的圣派屈克(St. Patrick)极力宣教所致。英、爱两地宗教的冲突则启自16世纪英皇亨利八世脱离天主教会,以自创英国国教开始。17世纪英国开始借由新教的移民,希望能加强对爱尔兰的控制。之后,克伦威尔建立共和国,也大举向爱尔兰进兵,压制爱尔兰人。然而,爱尔兰还是遥奉罗马天主教为正统,并未积极接纳新教。但是,英国对爱尔兰实行的压抑,已使得双方的隔阂渐深,而成为日后爱尔兰脱离、独立的要因。

二 民族与民族认同

根据北爱尔兰人自己的认知,他们的民族结构大致是以天主教徒、新教徒作为分歧的界线。① 据统计,1961—2001年北爱尔兰的天主教徒人口数已从503724人增加到759535人;而新教徒人口数则从903195人减少到859067人。②因此,即使是无神论者,也要区分到底是属于天主教徒还是新教徒,可见宗教代表的是民族认同。③ 目前两个族群的人

---

① 以长老教会、圣公会(爱尔兰教会)人数为最多,其次是美以美教会、浸信会。圣公会在其他国家比较接近天主教,在北爱尔兰则属于新教。Duncan Morrow, "Churches, Society and Conflict in Northern Ireland", in Arthur Aughey & Duncan Morrow, eds., *Northern Ireland Politics*, London: Longman, 1996, p. 193.

② http://www.geocities.com/pdni/demog.html.

③ Richard Rose, *Northern Ireland: Time of Choice*, Washington, D.C.: American Enterprise Institute of Public Policy Research, 1976, p. 13.

口比率分别是 45% 与 51%。① 长期以来，他们分而聚居，互不往来。

天主教徒主要分布在边陲的西部，新教徒则分布于以贝尔法斯特为中心的都会区。② 此外，爱尔兰还有一些少数族群，分别是华人 3125—5125 人、印度人 1050 人、巴基斯坦人 641 人、旅行者 1366 人和其他 88 人。③ 其实，宗教信仰在北爱尔兰又与国家定位，以及国家认同，甚至与社会经济地位高度相关，也就是相互强化的二分法：天主教徒—民族主义者—爱尔兰人；新教徒—联合主义者—英国人。④ 事实上，学者在研究民族主义以及联合主义选民之际，还是习惯于用天主教徒以及新教徒作为人数的指标。⑤

天主教徒是爱尔兰人的后裔，自认为是本地人（natives），新教徒则是随着英国征服爱尔兰而来的垦殖者（settlers），大多是从 1607 年就陆续前来的低地苏格兰人，或是英格兰人的后裔；照说，爱尔兰人与苏格兰人有地缘关系、历史渊源，语言文化相近，⑥ 却因宗教差异而被以夷制夷（天主教徒—长老会新教徒），最终造成民族认同也南辕北辙，到

---

① 这是根据 1991 年人口普查推算出来的，而且调整过"不愿回答者"的数字；1991 年人口普查的百分比为 38.4% 和 50.6%。见 "Political Demography in Northern Ireland"（2001）对于"不愿说"或是"不敢说"的详细讨论。见 Paul Doherty, "The Numbers Game: The Demographic Context of Politics", in Arthur Aughey, and Duncan Morrow, eds., *Northern Ireland Politics*, London: Longman, 1996, p. 201。

② 参见 Paul Doherty, Paul Doherty, "The Numbers Game: The Demographic Context of Politics", in Arthur Aughey, and Duncan Morrow, eds., *Northern Ireland Politics*, London: Longman。

③ http://www.community-relations.org.uk/progs/train/res_eth.htm。

④ 参见 Duncan Morrow: Duncan Morrow, "Churches, Society and Conflict in Northern Ireland", in Arthur Aughey & Duncan Morrow, eds., *Northern Ireland Politics*, London: Longman, 1996, p. 196。

⑤ 参见 Paul Doherty, "The Numbers Game: The Demographic Context of Politics", in Arthur Aughey, and Duncan Morrow, eds., *Northern Ireland Politics*, London: Longman。

⑥ 爱尔兰语是一种 Q-Celtic 语（或是 Goidelic），与苏格兰的盖尔语（Scottish Gaelic）、曼岛（Isle of Man）的盖尔语相近，与三种 P-Celtic 语关系较远，也就是威尔斯语、康瓦尔语（Cornish）以及布列塔尼语（Breton）。Dónall Ó Riagáin, "Language Rights as Human Rights in Europe and in Northern Ireland", in John J. Kirk, and Dónall P. Ó Baoill, eds., *Language and Politics: Northern Ireland, the Republic of Ireland, and Scotland*, Queen's University Belfast, 2000, pp. 65 – 73。

19世纪中叶,两个族群已经泾渭分明。① 既然新教徒都是在北爱尔兰土生土长,已经很难将他们视为外来者。事实上,一直到1920年,新教徒还会自认为"既是爱尔兰人,也是英国人",天主教徒的民族认同则是"是爱尔兰人,不是英国人"。不过,南北爱尔兰在1921年分开后,新教徒就开始不愿意承认自己是爱尔兰人,顶多是"北爱尔兰人"②;战后,他们的"英国人"身份也时常不能得到英国本土认同,因此,所谓"新教徒"与其称为宗教信仰,不如视作世俗的民族认同或政治认同。③

宗教信仰之所以会成为北爱尔兰的民族识别的标志,主要是因为爱尔兰人在被英国人征服后,整个社会崩解、贵族精英溃散,只剩下天主教会还能苟延残喘,扮演维系命脉的角色,特别是开办教会学校。

大体而言,北爱尔兰天主教徒认为北爱尔兰的症结在于国家定位,新教则认为宗教才是主因,也就是他们对于天主教的排拒;天主教徒的民族认同比新教徒明确。一般而言,天主教徒大多支持北爱尔兰应该与爱尔兰共和国统一,这种政治立场被称为"爱尔兰民族主义者"(Nationalist),新教徒则多主张留在英国(联合王国,即 United Kingdom),因此称为"联合主义者"(Unionist)。根据《北爱尔兰和平协议》,每个北爱尔兰议员当选后必须登录自己的认同是民族主义者、联合主义者还是其他,以便计算法案的通过是否符合"同步共识",还是"特别多数"。④

三 语言结构

英语是北爱尔兰最常用的语言,北爱尔兰的英语方言受到许多苏格兰语的影响,它的发音和用词都与标准的英语有区别。

按照"星期五和平协议",爱尔兰语和苏格兰语在北爱尔兰也是官

---

① Paul Arthur, *Government and Politics of Northern Ireland*, Burnt Mill, Harlow, Essex: Longman, 1980, pp. 2 - 3.

② 1968年,仍有20%的新教徒自认为爱尔兰人;到了1986年,比例降为3%,连自认为北爱尔兰人的人数也在下降之中。

③ Duncan Morrow, "Churches, Society and Conflict in Northern Ireland," in Arthur Aughey & Duncan Morrow, eds., *Northern Ireland Politics*, London: Longman, 1996, pp. 190 - 198.

④ Margaret D. Sutherland, "Problems of Diversity in Policy and PracticeCeltic Languages in the United Kingdom", *Comparative Education*, Vol. 36, No. 2, 2000 (EBSCOHost).

方语言。一般联盟派人士对爱尔兰语比较反感,因为他们将它与爱尔兰共和国和新芬党连在一起。北爱尔兰的苏格兰语与苏格兰本来的语言也有些不同。有人认为它已经发展为一种独立的语言了,但也有人认为苏格兰语本身就是英语的一种方言。

从英王亨利八世1541年抵临爱尔兰到19世纪为止,① 爱尔兰语始终被当作是当地叛乱语言,英国费尽心思加以打压、查禁。② 到1713年,爱尔兰人大致被通盘同化,只剩下一些文盲农民还会讲"方言"。

英国于1831年在爱尔兰设立所谓的"国民学校"(national school),使用英文教学;学校不教爱尔兰语,学生如果用爱尔兰语交谈,会被老师嘲笑、羞辱、处罚,一直延续到20世纪初期。③ 不过,在19世纪下半叶,天主教士受到西欧的启蒙运动以及日耳曼的浪漫式民族主义的影响,相信文化差异是独立运动的利器,因而开始着手语言的自我保护;然而,对于支配政治的新教徒来说,爱尔兰语几乎就是天主教或是爱尔兰民族主义的同义字,心生恐惧而加紧压制,造成两极化。④

根据1991年的人口普查,目前北爱尔兰会说爱尔兰语的人数只有131974人,约占8.8%,特别是在南区以及西区,不过,人数最多的还是在贝尔法斯特,有27430人,其次是在第二大都会区德里,有9731人;在一些"地方政府区域",会讲爱尔兰语的人超过30%甚至一半以上。⑤ 进一步考察会说爱尔兰语者的个人特色,89.4%是天主教徒⑥,

---

① 英国首度出兵爱尔兰是在1169年。有关英国与北爱尔兰的恩怨情仇史,参见 Richard Rose, *Northern Ireland: Time of Choice*. Washington, D. C. : American Enterprise Institute of Public Policy Research, 1976。

② Margaret B. Sutherland, "Problems of Diversity in Policy and Practice: Celtic Languages in the United Kingdom", *Comparative Education*, Vol. 36, No. 2, 2000, p. 7.

③ Camille O'Reilly, "Nationalists and the Irish Language in Northern Ireland: Competing Perspective", in Aodán Mac Póilin, ed. , *The Irish Language in Northern Ireland*, 1997. http://cain. ulst. ac. uk/issues/language/oreilly 97. htm.

④ Liam Andrews, "Northern Nationalists and the Politics of the Irish Language: The Historical background", in John J. Kirk, and Dónall P. Ó Baoill, eds. , *Language and Politics: Northern Ireland, the Republic of Ireland, and Scotland*, Queen's University Belfast, 2000, pp. 43 – 63.

⑤ D. MacGiolla Chriost, "The Irish Language and Current Policy in Northern Ireland", *Irish Studies Review*, Vol. 8, No. 1, 2000.

⑥ Ibid. .

可见语言与族群认同/宗教信仰相关；也就是说，虽然天主教徒不一定会讲爱尔兰语，不过，会讲爱尔兰语的人有很大的可能是天主教徒。此外，天主教徒普遍对于公领域的双语（爱尔兰语/英语）相当支持，譬如一般场所72.5%、上班地方60.0%，而新教徒的支持率分别是30.0%、13.3%；至于私领域的双语，天主教徒赞成的高达90.0%，新教徒只有63.3%。①

值得注意的是，在这些会讲爱尔兰语的人当中，44岁以下的人占了78.1%，45岁以上的人只占了21.8%，会说写的有59.9%，只会说的占34.4，可见爱尔兰语的教育有相当的成就。② 细究那些会讲爱尔兰语者的社会经济背景，31.8%从事管理或是科技的职业，33.8%担任非手工的技术人员，不一定是低收入或是不识字的乡下人。③

不过，有资料表明④是否会使用或支持爱尔兰语，与国家认同、民族认同甚至政治冲突并没有直接关系，换言之，不会使用爱尔兰语者的"天主教认同"或"爱尔兰民族认同"意识未必比会使用爱尔兰语者的淡薄。事实上，有23%的新教徒认为中学应该有爱尔兰语言、文化的课程。当然有些民族主义者相信爱尔兰语可以跨越族群间的鸿沟，也就是即使无法使新教徒改变宗教信仰，却可以改变他们的国家认同。⑤ 尽管如此，那些愿意学习爱尔兰语的人的新教徒，可能只是想透过语言/文化来确认自己在爱尔兰这块土地的定位，也就是"北爱尔兰人"的认同，而非表示支持爱尔兰民族主义。

最近的人口普查结果表明，北爱尔兰有许多华人，他们互相之间也说汉语，这使得汉语成为北爱尔兰第二大语言。

---

① D. MacGiolla Chriost, "The Irish Language and Current Policy in Northern Ireland", *Irish Studies Review*, Vol. 8, No. 1, 2000.
② Ibid..
③ Ibid..
④ Ibid..
⑤ Gordon McCoy, "Protestant Learners of Irish in Northern Ireland", in Aodán Mac Póilin, ed., *The Irish Language in Northern Ireland*, http://cain.ulst.ac.uk/issues/language/macoy97.htm.

四 政党与政治

北爱尔兰的政党可以分为两层：民族派的政党有社会民主工党（SDLP）、新芬党和其他一些小党，联合派的政党有北爱尔兰统一党（UUP）、民主统一党（DUP）和其他一些小党。

新芬党理论上是一个极端的社会主义革命党，它的目标是建立一个全爱尔兰的社会主义共和国，它与爱尔兰共和军（IRA）有联系。它的选民传统地主要来自城市里的天主教工人阶层和一些农村地区。自从20世纪90年代IRA停火开始，它的影响力扩大了很多，并从传统的SDLP选民中获得了许多新的支持者。它参加政府的经验使它失去了一些极端革命的尖角，在欧洲议会中它一般与欧洲左派/北欧绿色左派联合阵线相连，但不是阵线中的一员。

SDLP名义上是一个标准的社会民主党，它是欧洲社会党和社会党国际的一员。但北爱尔兰的党派一般不基于社会阶层和经济阶层的分类，因此它的选民是多层的，它也拥有一个中层阶级的选民。SDLP支持爱尔兰合并，但反对使用武力。在过去十年中SDLP失去了许多支持者。党内目前有更加趋向新芬党的民族主义派别和放弃民族主义派别的斗争。

在联邦派中有类似的趋势，比较极端的DUP在过去一段时间里比比较传统的UUP更占上风。UUP是一个超阶层的大众党派，从它建立到1972年，一直是北爱尔兰的执政党。从70年代DUP建立开始，它的主要支持者是中层阶级。UUP在欧洲议会中的成员属欧洲人民党。

DUP的成员非常杂，既有农村虔诚的支持者，也有城市里无宗教信仰的工人支持者。在堕胎、死刑、欧洲联盟和女权等问题上是右派，在同性恋权利问题上似乎比较开明。DUP的政治一般比较趋向于帮助它的工人和农村选民，比如老年人可以免费乘车，欧洲联盟对农业的资助等。DUP在近年来获得了不少支持，它是唯一一个反对"星期五和平协议"的大党。在欧洲议会中它的成员不属于任何团体，但与民主与多元欧洲（EDD）比较接近。

北爱尔兰共和军成立于1997年，成员多是从爱尔兰共和军分裂出来的恐怖分子，反对和英国政府达成任何形式的停火协议。1998年，该组织在北爱尔兰小镇奥马制造了一次汽车炸弹袭击，炸死29人。这是北爱历史上最恶性的恐怖炸弹案。此外，该组织还在英国制造了数起爆炸案，其中包括2001年BBC总部爆炸案。

大多数北爱尔兰人属于两个不同的政治派别：联合派或民族派。外部的媒介往往用这两个派别的主要宗教信仰来区别它们。大多数联合派人士是新教徒，大多数民族派人士是天主教徒。但并非所有天主教徒支持民族派，也非所有新教徒支持联合派。与欧洲其他地区相似，在北爱尔兰，近几十年中教徒的数目骤减，但这并没有减少两个派别之间的分歧。

总的来说，自从北爱尔兰和平过程开始以来，比较极端的新芬党和DUP发展得比较快。但也有比较乐观的人认为，在欧洲联盟中，北爱尔兰独立的问题会越来越不重要。

1920年北爱尔兰成立时，它的地理位置使得那里的联合派为多数人。联合派人士怕假如北爱尔兰加入爱尔兰的话他们的地位会受到威胁，因此他们反对加入爱尔兰，但从此以后天主教徒的比例加大，而新教徒的比例减小。

大多数天主教徒支持与爱尔兰合并，但民意调查证明也有不少人支持留在英国，虽然他们继续支持民族派的党派。在过去15年中，这个少数派人不断地减少到20%。支持与爱尔兰合并的新教徒为3%—5%，但其人数变化不大。也有不少人，尤其是天主教徒，对北爱尔兰今后地位的回答不十分明确。

虽然在新闻报道中北爱尔兰的选举经常被看作对北爱尔兰地位的民意调查，但这个看法过分简化了当地的情况。选民在选举中往往也考虑到通过选举来提高自己的社会地位或加强他们社团的力量。

五　地理和气候

在上一次冰川时期，北爱尔兰几乎完全被冰雪覆盖。北爱尔兰的中心是内伊湖，面积392平方公里，是英伦三岛最大的湖。在北爱尔兰的西部还有上厄恩湖和下厄恩湖。北爱尔兰的山区产金、大理石和花岗岩。最高点海拔848米。北爱尔兰河流地区的平原非常富饶多产，丘陵地带则适合畜牧业。

整个北爱尔兰是温和的海洋气候，西部比东部潮湿。气候变化无常。虽然北爱尔兰有四季，但不十分分明。贝尔法斯特1月平均气温为6.5℃，7月平均气温为17.5℃。潮湿的气候和16世纪、17世纪的伐木使今天的北爱尔兰大多数地区成为富饶的草原。

第二节　民族分离势力的形成与发展的历史考察

北爱尔兰问题由来已久，是英国历史上长期存在的爱尔兰问题的延续，也是西欧的一个典型的民族问题。

北爱尔兰的问题最早可追溯至1169年，从英王亨利二世率兵征服由克尔特人（Celtic）建立的爱尔兰开始。16世纪，英王亨利八世创立英国国教（the Anglican Church），自任英格兰教派之主；并欲将英国国教（新教）推行至爱尔兰，但爱尔兰地区仍信奉罗马公教（旧教），双方因此产生隔阂与冲突。之后，英国鼓励新教徒移民爱尔兰，希望爱尔兰人效忠英国王室，熟习英国文化与法律，信仰英国国教，结果却使宗教问题和政治结合，成为英国与爱尔兰间的主要冲突来源。

1541年，亨利八世自称为爱尔兰王，率兵入侵；1603年控制爱尔兰全岛。清教徒革命期间，克伦威尔发动对爱尔兰及苏格兰地区的侵略行动。1650年之后，由于政治主导权握于英国国教派手中，许多信奉罗马公教的教士、百姓遭到歧视与迫害。随着越来越多的新教徒移居爱尔兰北部厄斯特地区（Ulster），英国王室于1782年准许他们成立议会机构。然而至1802年英国正式吞并爱尔兰，成立"大不列颠及爱尔兰王国"（The Kingdom of Great Britain and Ireland），虽然爱尔兰在英国国会中拥有席次，其代表却没有一个是罗马公教徒，自然更加引起爱尔兰人民的反感。

19世纪中期，爱尔兰的激进分子开始鼓吹独立自治运动，希望英国王室能给予爱尔兰内政上的自治，然而这样的请求接二连三遭到拒绝。1905年，爱尔兰天主教民族主义分子组成新芬党（Sinn Fein），为爱尔兰最大政党，并与新教徒支持的联合党互相对立。由于英国人对于爱尔兰人提出的独立诉求都采取严厉镇压，使爱尔兰人民大为反感；在

1918 年成立临时政府，宣布独立；1919 年爱尔兰共和军（Irish Republican Army）成立，企图以武装暗杀方式争取独立。

1921 年英爱双方签订《英爱条约》，结果造成爱尔兰南北分治，引起了民族主义者的不满。

一　从爱尔兰问题到北爱尔兰问题

1921 年，共和军宣布自己不再属于自由邦，成立了独立的单位，选出了自己的领袖，并从 1 月起展开了争取南北爱统一的斗争。

北爱尔兰在 6 月召开了第一次议会，成立自治政府。英国对爱尔兰的分割，是爱尔兰族人一致反对的。爱尔兰政府自成立以来，一直提出和平统一南北爱尔兰的要求，但英国政府不予理睬。这样，爱尔兰共和军就把武力争取南北爱的统一作为自己行动的唯一目标。一场为北爱尔兰而战的斗争延续至今，英国的爱尔兰问题演变成了北爱尔兰问题。

被第一次世界大战弄得虚弱不堪的英国，无力再打一场国内战争，被迫于 12 月与爱尔兰临时政府签订和约，承认爱尔兰南部 26 郡为自由郡，北方 6 郡仍留在英国。这时英国国名"大不列颠及爱尔兰联合王国"改为"大不列颠及北爱尔兰联合王国"。

英国允许爱尔兰南部 26 郡成立"自由邦"，享有自治权，而把北部 6 郡仍留在英国，因而引起主张爱尔兰和北爱尔兰统一的人民的不满。爱尔兰历届政府都要求英国归还北爱，以实现爱尔兰的南北统一。英爱政府曾就北爱问题举行过多次会谈。

1937 年，爱尔兰"自由邦"宣布建立共和国，但仍留在英联邦内。1848 年 12 月 21 日，爱尔兰宣布正式脱离英联邦。1949 年 4 月 18 日，英国承认爱尔兰独立，但拒绝归还北方 6 郡，由此便产生了北爱尔兰问题。北爱尔兰留在英国是与爱尔兰大多数人的意愿相违背的，新芬党党内也产生分歧。部分领袖和共和军战士坚决反对 1921 年和约。但是，这时爱尔兰的分割已成定局。当时在北方 6 郡，由于英国几个世纪的移民，英格兰和苏格兰的后裔已占多数，他们坚决主张北爱尔兰留在英国。

二 暴力冲突时期

从1968年起，主张北爱尔兰脱离英国的天主教徒与愿意继续留在英国的新教徒以及英国当局之间的暴力冲突不断升级，后双方经过艰苦谈判终于达成协议。8月，"北爱尔兰民权协会"举行了第一次要求公民权利的和平游行，在游行中与部分警察和新教徒发生激烈冲突，导致了一场持续一年多的流血事件。

1969年，英国军队进驻北爱尔兰，爱尔兰共和军用暴力驱逐英军。

1972年，政府宣布暂停北爱地方议会的活动，由英国实行直接统治。

1973年6月，北爱选出了新的议会，并于11月筹组起第一个由英爱两族"温和派"分掌权力的地方联合政府。

1985年11月，爱尔兰和英国政府就北爱尔兰问题达成一项协议，规定组成两国政府间部长会议，爱尔兰政府有权就北爱事务提出看法和建议。

1990年2月26日，根据《英爱协议》，英爱议会间组织在伦敦成立，旨在为双方政治家提供对话机会，以消除对抗和取得谅解。

1992年2月，爱尔兰总理雷若兹赴英国就北爱问题同梅杰首相会晤，并达成协议，同意就北爱问题举行定期会晤，以保持通过政治谈判解决北爱问题的冲突势头。

1993年，爱尔兰共和军政治代表新芬党领导人亚当斯和天主教温和派领袖约翰·休姆联合宣布了一项和平计划。12月，两国政府首脑签署了关于北爱问题的"联合宣言"，确定了北爱主张搞暴力的各派永远放弃暴力，实现持久和平为第一步目标，北爱的所有政党，只要停止暴力，都可以参加有关北爱前途的谈判。双方同意通过协议和合作的方式结束爱尔兰南北的分裂局面。爱尔兰政府同意修改其宪法中有关北爱领土问题的条款，但表示应将其作为整个政治解决的一部分。同月15日，英国和爱尔兰共同签署了一项具有历史意义的《唐宁街协议》，该协议设定了若干框架，成为北爱和平进程正式启动的标志。

三 北爱尔兰和平进程

1994年8月31日,在北爱尔兰进行了长达25年的暴力活动后,爱尔兰共和军发表声明,宣布从午夜起实行"无条件的和不限期的"停火,这为北爱尔兰问题的"公正和永久的解决"提供了机会。

1995年2月22日,英爱两国政府宣布达成"新框架协议",其内容包括建立一个北爱议会,拥有有限行政和立法权;两国承诺修改关于北爱地位的法建;根据北爱多数人意愿决定北爱的地位;建立跨边界机构,由两国政府授予其咨询、协调和行政权力等。3月22日至4月21日,英国从北爱尔兰撤出驻军共800人。爱尔兰政府也多次释放爱尔兰共和军犯人作为对爱尔兰共和军宣布停火的回报。5月10日,英国北爱尔兰事务部国务大臣迈克尔·安克拉姆和新芬党第二号人物马丁·麦吉尼斯进行了会晤。但由于北爱尔兰的主要政党、英国和爱尔兰政府以及在北爱尔兰事务中发挥重要作用的美国都力图使和平进程按自己的意愿发展,各方争执不下,和平进程进展缓慢。下半年爱尔兰共和军及其政治组织新芬党同英政府及北爱统一党在如何处置共和军武器问题上发生严重分歧,双方相持不下,北爱和平进程陷入僵局。11月28日,英国首相和爱尔兰总理布鲁顿在伦敦举行会晤,双方为打破陷入僵局的北爱尔兰和平进程,提出了一项"双轨制"新建议,但北爱尔兰主要政党对"双轨制"反应冷淡。12月21日,英国和爱尔兰领导人在爱尔兰首都都柏林再次会晤,双方决心共同推进北爱尔兰和平进程。

1995年年底至1996年年初,北爱尔兰发生了一系列的谋杀事件。

1996年1月24日,负责监督北爱尔兰对立武装组织解除武装进程的国际委员会公布了有关北爱解除武装步骤的建议报告,试图打破已持续7个月的北爱和平进程僵局,但这一建议报告被否定。后来英国和爱尔兰政府又提出了建议,但都没有达成一致。英国和爱尔兰两国政府原来达成的于2月底举行有关北爱尔兰的政治谈判计划化为泡影。2月9日,爱尔兰共和军中止长达17个月的停火,在伦敦制造了一起爆炸袭击事件,造成2人死亡,100多人受伤。这是自1994年8月31日爱尔兰共和军在北爱尔兰宣布停火以来,在英国发生的第一起严重爆炸事件。北爱尔兰和平进程受到了严重打击。2月28日,英爱达成协议,确定6月10日为多党谈判日期，新芬党在爱尔兰共和军恢复停火前可同英政府低于部长级的官员对话，并参加北爱地区的选举。此后，由于英政府在爱尔兰共和军必须先交出武器后新芬党才能进入多党谈判问题上寸步不让，双方未能打破僵局。5月22日，英国和爱尔兰未能就北爱尔兰对立武装组织的缴械程序问题达成协议。6月10日，在美国前参议员乔治·米切尔的撮合下，英国、爱尔兰和除新芬党之外的北爱尔兰各主要政党代表参加的有关北爱尔兰政治前途的和平谈判在北爱尔兰首府贝尔法斯特举行，会谈没有取得实质性成果。会谈期间，15日，还发生了曼彻斯特爆炸事件。

1997年5月16日，英国新首相布莱尔前往贝尔法斯特，提出重新与新芬党接触，这次对话由于爱尔兰共和军五天后在北爱尔兰杀害两名警察而再次受挫。6月25日，布莱尔确定将于9月开始会谈计划，他提议，裁军谈判和多方会谈同时进行，并表示在爱尔兰共和军宣布停火一个半月后让新芬党参加谈判。7月19日，爱尔兰共和军发表声明，宣布从20日中午起开始正式停火。20日停火决定正式生效，给长期陷入僵局的北爱尔兰和平进程带来新的契机。7月28日，新芬党和英国政府举行了共和军停火后的首次会谈。9月9日，新芬党正式签署了一项关于放弃暴力的宣言。9月15日，北爱尔兰问题多方会谈在北爱的斯托蒙特举行，北爱尔兰五个亲英国的政党抵制了这次会谈，新芬党自1921年以来首次应邀同英国直接会谈。10月7日，多党和平谈判在北爱首府贝尔法斯特举行，标志着北爱多党谈判终于进入实质性阶段。这是自1921年北爱尔兰6个郡划归英国以来，8个政党参加的首次直接谈判。英国首相布莱尔和新芬党领导人亚当斯就北爱尔兰和平问题举行会谈。这是76年来英国首相与新芬党领导人首次在伦敦举行会谈。12日，新芬党领袖亚当斯在英国伦敦首相府受到英国首相布莱尔的接见，这是70年来的第一次。12月27日，新教好战领袖被杀，引发了一连串宗教仇杀事件，和谈面临夭折的危险。12月底，北爱尔兰发生了3起暴力事件，给北爱尔兰的和平蒙上了一层阴影。

1998年1月9日，英国北爱尔兰事务大臣莫勒姆在北爱尔兰首府贝尔法斯特附近的梅茨监狱，同关押在那里的亲英派政治犯举行了一个小时的会谈，并最终说服他们支持北爱和谈继续进行。两日后北爱尔兰各政党和冲突双方参加了在贝尔法斯特举行的和会。17日,新芬党首席谈判代表拒绝接受英爱关于北爱前途的建议。19日,布莱尔首相与新芬党领导人亚当斯举行了会谈,商讨政治解决北爱危机等问题。2月20日,英国和爱尔兰两国政府宣布,爱尔兰共和军的政治组织新芬党由于参与了上周的两次暗杀行动,因此不能参加北爱和平谈判。3月21日,爱尔兰共和军政治组织新芬党宣布,将于23日重新加入有关北爱尔兰问题的多党和平谈判。4月10日,北爱尔兰和平谈判主席乔治·米切尔在北爱的贝尔法斯特宣布,北爱冲突各方通过不懈努力,终于达成一项旨在结束长达30年流血冲突的历史协议。根据该协议,北爱尔兰继续留在英国,但将与爱尔兰建立更加紧密的关系,北爱将成立新议会和负责协调同爱尔兰关系的"南北委员会"。同时,英国和爱尔兰都将修改宪法等。4月18日,北爱尔兰最大的亲英组织"北爱统一党"的执行委员会以540票赞成,210票反对,投票通过了和平协议,为定于下月举行的全民公决铺平了道路。4月27日,应北爱尔兰新芬党的要求,英国首相布莱尔与新芬党领导人亚当斯进行了90分钟的会谈,商讨了如何执行4月10日达成的和平协议等问题。5月10日,英国爱尔兰共和军的政治组织新芬党通过了上月达成的北爱尔兰和平协议,并表示愿意参加根据协议即将成立的北爱议会。5月22日,英国的北爱尔兰地区和爱尔兰共和国举行历史性全民公决,并分别以71%和94.4%的投票结果通过了4月10日达成的北爱和平协议。6月27日,英国北爱尔兰地区议会选举结果揭晓,在新议会108个席位中,支持北爱和平协议的候选人获得了80个席位,反对和平协议的候选人获得了28个席位。新芬党领袖亚当斯当选为北爱尔兰议会议员。这一选举结果为和平协议的贯彻落实提供了有利条件。7月1日,北爱议会举行第一次会议,分别选举北爱统一党领导人特林布尔和社会民主工党副主席马伦为北爱议会内阁(地方行政委员会)的第一、第二部长。7月5日,英国北爱尔兰波塔当市的约5万名新教徒在游行中受到警察的阻拦,双方各不相让,处于僵持状态,使北爱和平进程面临自1998年4月签署和平协议以来最严峻的考验(自1807年以来,奥林人每年夏天都要举行游行,以庆祝他们的祖先在17世纪的一次战役中打败了天主教徒。而当地的天主教徒则认为这是歧视性的游行,因此强烈反对游行经过他们居住的地区。在过去的两年中,此类游行已引发多次冲突)。至8日,北爱已发生了430起骚乱，包括12起枪击事件和25起爆炸事件，警察局2次遭袭击，40多名警察受伤，另外有数十辆汽车被劫持和烧毁，十余所教堂和住宅被焚烧，北爱首府贝尔法斯特交通一度中断。12日，宗教极端分子在凌晨纵火焚烧了巴利莫尼的一处天主教住宅，致使该住宅的三兄弟（年龄分别为7岁、9岁和10岁）被烧死。7月10日，北爱尔兰游行危机双方新教派和天主教派接受了英国政府提出的谈判建议，并定于次日上午9时在北爱进行危机爆发6天以来的首次会谈，但直到8月3日，双方才就游行问题达成协议。根据协议，新教徒的游行将如期举行，但仅有13名代表到这个城市的战争纪念碑前献花圈。8月1日，北爱尔兰首府贝尔法斯特以南发生一起汽车炸弹爆炸事件，使35人受伤，为北爱和平进程蒙上了一层阴影。8月9日，北爱尔兰一新教徒激进组织宣布停火，英国政府对此表示谨慎欢迎。这支亲英志愿军是尚未在北爱和平协议上签字的唯一一个新教徒准军事组织。8月15日，北爱尔兰小城奥马下午发生了一起汽车炸弹爆炸事件，造成至少28人死亡和220多人受伤。这起爆炸事件是北爱尔兰历史上最严重的一次爆炸事件，它使刚刚起步的北爱和平进程再次面临严峻考验。8月19日，爱尔兰共和军的分裂组织"真正的爱尔兰共和军"在承认对奥马爆炸案负责的同时宣布停止军事行动。8月22日，英国北爱尔兰地区一极端组织"爱尔兰民放解放军"在贝尔法斯特宣布实行全面停火。至此，北爱地区仅剩"延续的爱尔兰共和军"这一极端组织尚未宣布停火。9月10日，英国北爱尔兰地区政治对立的统一党和新芬党在北爱首府贝尔法斯特举行两党领袖自1922年以来的首次直接会晤。会晤持续了80分钟，尽管没有取得具体进展，但舆论认为此举将推进北爱和平进程。9月11日，因卷入北爱冲突而遭监禁的6名囚犯提前获释，成为北爱和平协议签订后首批获释的囚犯。次日，英国政府宣布从本日起，英国士兵不再在北爱首府贝尔法斯特进行军事巡逻，成为北爱和平进程取得的又一新进展。10月1日，英国北爱尔兰地区对立的统一党领导人特林布尔和新芬党领导人亚当斯在贝尔法斯特举行第三次直接会晤，但未就军事组织解除武装问题达成协议，使北爱和平进程陷入僵局。同月19日，英国首相布莱尔与新芬党和统一党两党领导人就解除北爱尔兰军事武装问题举行会谈，但由于两党均未做出让步，使得此次会谈陷入僵局。12月18日，英国北爱尔兰地区内阁第一部长、新教派领导人特林布尔宣布，北爱新教派和天主教派已就北爱地方政府机构的设立和爱尔兰岛南北合作等问题达成协议，该协议的达成将为1999年春天将地方管理权力从国家议会转移到北爱地方议会铺平道路。根据协议，新成立的北爱地方政府将设立10个部门和6个跨北爱与爱尔兰边界的合作委员会。

1999年3月8日，由于北爱新教派和天主教派在缴械问题上的分歧没有得到解决，英国北爱尔兰事务大臣莫勒姆宣布将原定于3月10日向北爱地方政府移交权力的最后期限推迟到29日。5月15日，英国首相布莱尔确定6月30日为建立北爱政府的"不容更改"的最后期限。6月24日，英爱领导人举行会晤，冲突各方承诺在2000年5月前解除游击队武装。6月27日，北爱各派同布莱尔和爱尔兰总理埃亨在贝尔法斯特举行马拉松式会谈。7月2日，为挽救陷入僵局的北爱和平进程，英国和爱尔兰两国政府就下一阶段如何实施1998年签署的北爱和平协议提出一项新计划。根据这一计划，北爱尔兰于7月15日建立由各派分享权力的地方政府；从7月18日开始，伦敦向北爱转移地方管理权限；北爱准军事组织在数日内开始解除武装，并于第二年5月完成缴械，缴械过程由独立的国际委员会监督和仲裁。为确保新计划的实施，英国政府又于12日公布了一项防范措施。同月14日，布莱尔做出让步，承诺交出武器的北爱组织将得到安全保证。15日，由于北爱统一党拒绝出席北爱议会选举地方政府的特别会议，使原定于当日开始实施的北爱和平新计划宣告破产。同日，北爱内阁第二部长的天主教派最大政党社会民主工党副主席马伦宣布辞职。11月17日，北爱新芬党准军事组织爱尔兰共和军宣布，愿在北爱联合地方政府组建后任命代表同负责解除武装的国际中立机构就缴械问题举行谈判。27日，北爱统一党以58%的多数票通过决议，支持特林布尔与新芬党领导人亚当斯达成的北爱和平方案，使这一和平方案闯过关键性一关。11月29日，北爱议会选举产生权力共享（由新教徒和天主教徒联合组成）的北爱地方政府执行机构，正式吸纳新芬党进入北爱地方政府。30日，英国议会上下两院相继通过了北爱事务大臣曼德尔森提交的地方管理权力法案。12月1日，英国女王伊丽莎白二世批准该法案，完成了向北爱地方政府移交管理权力的所有法律程序。12月2日，北爱历史上第一个由原先对立的新教徒和天主教徒联合组成的地方政府开始运作，标志着英国政府对北爱长达27年的直接统治正式宣告结束；当日，爱尔兰议会对宪法进行了修改，决定正式放弃对北爱尔兰长达几十年的领土要求。12月5日，爱尔兰共和军与国际中立机构开始就缴械问题进行正式谈判。13日，爱尔兰总理伯蒂·埃亨率内阁成员在北爱尔兰中心城市奥马与来自北部和南部的另外24名部长共同组建了一个跨境机构"南北部长委员会"，并举行了首次会议。建立该机构的目的是促进爱尔兰全岛范围内从贸易到旅游业的发展。总之，在英国、爱尔兰和美国等国的共同努力下，包括爱尔兰共和军在内的北爱各方签署了《复活节停火协议》。协议包括成立权力共享的北爱地方议会、释放准军事组织囚犯和解除军队武装等。但爱尔兰共和军却多次没有兑现诺言，和平进程也多次陷入僵局。

2000年1月31日，负责监督解除北爱准军事组织武装的国际中立机构主席德沙特兰分别向英国和爱尔兰政府提交了一份关于爱尔兰共和军缴械情况的评估报告，声称爱尔兰共和军并没有开始缴械。该报告引发了北爱尔兰冲突各方在解除准军事组织武装问题上的又一次激烈争执，使北爱和平进程再度陷入僵局。

2001年10月，爱尔兰共和军的政治组织新芬党呼吁爱尔兰共和军放下武器。爱尔兰共和军于是宣布开始解除武装，并将部分武器置于"不使用状态"，但是解除武装行动不久后中止。

2002年7月，在英国的北爱尔兰地区以及爱尔兰共和国境内共有3600人在暴力冲突中丧生，爱尔兰共和军及其他组织至少应对其中2000人的死亡负责。10月，北爱各党派出现严重分歧，权力分享的北爱自治政府被迫停止运作，和平进程搁浅。

2005年1月，爱尔兰共和军在北爱首府贝尔法斯特谋杀了共和党人罗伯特·麦卡特尼，还涉嫌卷入贝尔法斯特的一起大规模银行抢劫案。所有这些行为受到国际社会的普遍谴责，使其承受了很大的压力。与此同时，美国民众的态度转变也促使爱尔兰共和军改弦更张。此前爱尔兰共和军的武装活动曾得到不少美国人支持，但随着极端分子近几个月频繁发动恐怖袭击，这些支持者态度有所改变。在这样的态势下，爱尔兰共和军成员悄悄就该组织未来发展方向展开了一系列秘密谈判。2月2日，爱尔兰共和军发表声明，宣布收回关于加速上缴武器的承诺，令北爱和平进程一波三折。7月，伦敦爆炸事件在客观上对爱尔兰共和军造成了极大压力。布莱尔"不向恐怖主义低头"的誓言以及随后实行的新的反恐措施都表明，曾在英国国内被列为头号恐怖组织的爱尔兰共和军如果不放弃暴力行动，将难保在英国的生存空间。7月28日，北爱尔兰民兵组织爱尔兰共和军出人意料地宣布：从当日下午4时起，其下属全部武装组织停止所有武装斗争，转而通过政治运动实现最终目标。但声明表示组织不会解散。爱尔兰共和军公开宣布加入和平进程的举动受到国际社会的广泛欢迎。英国首相布莱尔称之为"北爱历史上前所未有的一步，是北爱尔兰建立民主政府的开始"。爱尔兰总理埃亨认为这预示了一个"新时代"的到来。毫无疑问，这将是北爱尔兰和平进程的重要转机。爱尔兰共和军发表的声明说，所有爱尔兰共和军成员必须放弃使用武器，通过和平方式参与政治民主建设。面对爱尔兰共和军的这份声明，无论是布莱尔，还是埃亨，都在表示欢迎之余留有余地，认为爱尔兰共和军能否言行一致，仍需一段时日来检验。在北爱尔兰，与爱尔兰共和军敌对的党派领导人表示，共和军"历史性"地宣布停火和解除武装都已不是第一次，关键在于它能否切实履行承诺；此外，声明缺乏透明度，没有说明完全放弃武器，更没有提到放弃一切有组织的犯罪活动。也有人认为，爱尔兰共和军能否解除武装还得视独立监督委员会有关的监督报告而定。如果这个机构在2005年10月和2006年1月发表的两份报告确实表明爱尔兰共和军已放弃武装，停止各种犯罪活动，北爱各方则可以启动下一步政治谈判。7月29日，英国政府做出回应：宣布将减少驻北爱军事设施（英国政府在北爱尔兰有一万多驻军），并开始撤除在北爱和爱尔兰边界上的几个安全岗哨和瞭望塔，英国还将关闭一个军事基地。这是英国减少在北爱驻军的第一步。英国还表示，很快将公布新的安全正常化方案。当局还准备在2006年秋天提出议案，允许那些在逃的准军事人员返回家园。9月10—11日，由传统"奥伦治游行"路线问题引发的北爱尔兰新教派与警方的暴力冲突造成至少32名警察和2名平民受伤。警方认为，这是近年来北爱发生的最严重的一起暴力事件。11日，北爱尔兰地方警察局局长休·奥德在贝尔法斯特举行的新闻发布会上将这一事件定性为"骚乱"。他说，新教派中的"奥伦治派"对此负有不可推卸的责任。"奥伦治派"上周早些时候曾说,当局改变游行路线的决定"侵蚀了新教文化",剥夺了"奥伦治派"成员的权利,因此号召支持者参加游行。舆论认为,"奥伦治游行"引发的大规模暴力冲突事件对英国政府逐渐削减驻军方面的努力无疑是沉重的一击。9月26日,在包括爱尔兰政府的各方努力下,爱尔兰共和军解除了武装,使北爱和平进程向前迈出了重要一步。在此基础上,爱尔兰政府最近又顺水推舟,允许亲英国的北爱新教徒在都柏林游行,也是为了做出一种和解的姿态,试图进一步推进北爱的和平进程。

2006年2月25日,一场突如其来的骚乱在爱尔兰首都都柏林爆发,14人因此住院,37人被捕。骚乱与北爱尔兰强硬派新教徒计划在都柏林游行有关,并且已证实有数百名爱尔兰共和军的支持者参与了此次骚乱。这次事件也为北爱尔兰和平进程再次蒙上了一层阴影。

2007年5月8日,民主统一党和新芬党达成协议后,四党组成的联合政府宣誓就职,这意味着北爱正式恢复分权自治政府。

2010年7月12日,北爱尔兰首府贝尔法斯特发生骚乱,造成警察受伤、遭到枪击。骚乱因当地主张北爱尔兰脱离英国的天主教徒阻挠主张北爱留在英国的新教徒游行而引发。

第三节 民族分离势力的影响

探询北爱尔兰分离势力的影响,不仅是我们进一步了解该问题的必要条件,也是探讨该问题的解决方式和未来发展趋向的基本前提。国内学者一般认为,占北爱1/3人口的天主教徒与占2/3人口的新教徒长期难以打破的双方实力上的相对平衡是北爱问题久存不解的根本原因。但是,问题的关键在于,所谓的"实力上的相对平衡"究竟是如何产生的?我们认为,如果不能回答这个问题,则难以客观认识和理解"症结"及其根源。任何问题的产生都有其历史与现实的原因。事实上,西方学者已经从经济、政治、军事、宗教、历史、文化等诸方面对上述问题进行了许多研讨,但是从政府政策视角出发对问题加以分析的专门著述还不多见,据此,本节试图通过对英国政府对北爱尔兰政策的探讨,为人们进一步了解和把握北爱尔兰分离势力的影响提供参考。

对立的民族关系的形成

存在8个世纪之久的北爱尔兰问题错综复杂。政治因素,加上民族认同、宗教信仰、语言差异等不同的认知理念,导致北爱尔兰注定走上矛盾与对立一路。如此扑朔迷离的问题的产生,皆源于历史上大英帝国的专制统治、在政经地位上压迫歧视爱兰人。民族分离势力的发展,进而推动了对立的民族关系的形成。英国政府对北爱尔兰实行的诸多政策,可以比较明显地说明相关问题。

(一)应对民族冲突的出发点

1. 政治上,实行由新教徒长期掌控北爱尔兰政府的政策

对英国政府而言,由"英国人"管理"爱尔兰人"的传统由来已久。直至19世纪,爱尔兰语被当作叛乱反动分子使用的语言,不断受到英国政府的打压查禁;甚至明定学校一律以英语教学,禁止使用爱尔兰语;因此,几乎只剩下不识字的乡村居民还会使用爱尔兰语,而他们也都信仰天主教。然而,北爱民族主义者认为,语言及文化是独立运动的利器,开始进行对爱尔兰语的保护与推广,自然造成掌握政治大权的新教徒心中的恐惧,爱尔兰语似已成为天主教徒、北爱尔兰民族主义激进分子的同义词。仅仅因为信仰天主教,连稍富的人也被限制不得雇用两名以上的学徒、不能在大学申请学位和奖学金。至于穷苦人所受的歧视就更严重了。大多数人长时期都被扣上"教皇党徒"的帽子。镇压迫害引起人民不断斗争。1829年,英国政府把爱尔兰选民的财产资格由40先令提高到10英镑。1830年,当局表面宣布停止收取教会什一税,实际上是将其合并于地税之中;同时又颁布《济贫法》,使之成为劳动者的"巴士底狱"。

1921年,英国同意对爱尔兰进行分割,让西南方的26个郡成立"爱尔兰自由邦"①(Irish Free State),北方的6个郡继续留在联合王国(United Kingdom)里面,有自己的内阁制区域政府(Stormont),由新教徒依多数决定所控制。

---

① 性质是英国的"自治领"(self-governing dominion)。他们在1949年成立爱尔兰共和国脱离英国。

1921—1972年，在政治参与、教育以及就业上对天主教徒百般歧视，因而强化了原本彼此在国家定位以及国家认同上的歧异。① 英爱民族融合的过程虽然开始很早，但由于统治者对不同种族、不同宗教信仰者的歧视，加之地区经济发展太不平衡，阶级剥削和压迫加重，民族团结与国家统一便产生了危机。

表面上看，从1921年北爱成立到1968年"民权运动"爆发前的这段时期，英国政府一直都在给予北爱地区充分的自主权；但事实上，则是将权力交由新教统一党政府，从而有意无意地忽略了天主教的利益，对该地区冲突起到了推波助澜的作用。这种权力下放政策符合英国二元政体的要求，使两个相对独立的政体并存。伦敦权力中心控制国家要事，特别是国防和外交。作为附属体的北爱尔兰也有处理一切内部事务的相对独立性。但值得一提的是，这种二元政体实际上使伦敦在地方事务中过多地依赖地方政府。

半个多世纪以来，北爱地方政府一直是由亲英国的新教政党"北爱统一党"执政。该党的核心宗旨是保持与英国的统一，排斥任何与英分离或独立的意识。占人口近40%的爱尔兰人在政府内几乎没有自己的代表，在议会内也始终处于弱势。爱尔兰人在就业、住房、教育、社会福利等方面也普遍受到歧视。统一党政府还努力扶植和鼓励各种新教政治团体的活动。一些激进的新教政治团体也鼓吹在北爱建立"纯粹新教"的奥伦治秩序。在这种政治环境下，新教和天主教两派之间的民族和宗教矛盾不断发展。尤其在各大中城市，两派教徒逐渐分头聚居，形成很多相互对立的社区。

2. 军事上，长期支持北爱尔兰新教徒反对天主教徒的斗争

在英国中央政府的支持下，北爱新教力量比天主教力量在军备上占有优势。它不但拥有近1000支不合法枪支及约128500件合法武器，而且还有一支由2万全副武装人员组成的治安部队。这种军备力量在保护北爱新教徒"利益"中发挥了重要作用。比如，当新教庆祝"奥伦治

---

① 英国在1972年开始接管北爱尔兰，由伦敦任命"北爱国务卿"（Secretary of State for Northern Ireland），参见 Michael Cunningham, *British Government Policy in Northern Ireland*, Manchester: Manchester University Press, 2001。

日"游行队伍穿过天主教社区时,他们可以推开愤怒的天主教徒,为游行队伍开道。面对爱尔兰共和军具有威胁力的军备(虽然只由随时应征的300—400名志愿者和数千名同情者组成,但却是一支组织精良的队伍,目标坚定明确。军械库也颇为可观:拥有超过一吨的可塑炸弹,1500多支步枪和机关枪以及10万发子弹。另外还有数枚防空导弹),其战斗力有增无减。

自1969年英政府派维和部队进驻北爱尔兰至今,已有400个团、1.8万兵力分布在这块弹丸之地。不幸的是,维和部队不但没有维护及促进和平,反而使冲突更加激化。为了搜查爱尔兰共和军及其暗藏的武器弹药,英军可根据英政府制定的"反恐怖令"对天主教家庭进行挨户搜查,随意抓人。抓走并监禁无辜者的事也常有发生。结果,天主教徒常用扔石头和用催泪瓦斯奋起反击。他们对英军已完全失望。暴力活动迅速加剧并扩大。维和部队到来前的五年中,在双方冲突中的死亡人数逐年增加,北爱充满了流血事件。

正是由于双方军备实力相当,裁军成了北爱和谈的一个重要内容。鉴于统一党坚持先裁军后会谈,而新芬党也咬定只有各方特别是北爱军队也同时裁军,它才能同意接受以上条件。随之,一场"持久战"开展也是情理中事。

需要说明的是,北爱尔兰的新教和天主教阵营都有坚强的后盾。前者的后盾当然是英国,后者的后盾有爱尔兰、美国等国。当今,有4000万爱尔兰人后裔生活在美国,其社会作用不容忽视。他们对爱尔兰人的直接或间接的支持,具有重要意义。比如,克林顿总统(在竞选中得到爱裔支持)曾不顾英国政府的反对,批准新芬党领导人查理·亚当斯访美。

事实上,1968年以来新旧教徒民兵组织间的恐怖攻击行动,使两个对立民族间的仇恨与冲突得以不断加深。

3. 文化上,采取排他性的民族化政策

到1972年为止,北爱政府在文化上一直采取排他性的民族化政策,将新教徒的政治支配贯彻在文化活动中。实际上,由新教徒所掌控的北爱政府既不想团结天主教徒,也不想改变他们的信仰;虽不禁止天主教徒的文化活动,但不准其出现在公共场所,譬如禁止用爱尔兰语当街道名称①；同时，刻意扶植新教徒的单一文化特色。在这种环境中，学习爱尔兰语就是一种政治行为，说爱尔兰语就是表达自己的爱尔兰人认同。在北爱尔兰，20世纪50年代，在公开场合使用爱尔兰语的现象基本已不见。60年代，有11个家庭决定在家中使用爱尔兰语。②

北爱政府采取的这种政策自然要引起天主教徒的反感，爱尔兰共和军甚至以直接暴力来对抗结构性暴力。

（二）解决民族冲突的方式

英国政府以高压强权手段统治爱尔兰人由来已久。正如爱德华·卡森（1854—1935年，律师和政治家，被誉为"北爱尔兰无冕之王"，领导北爱尔兰粉碎了英国政府想在整个爱尔兰实行地方自治的企图）所言："我要正告我的国民党同僚和政府：你们从来也没想赢得北爱尔兰的民心，从来也没想了解其立场。"③ 亨利二世在1172年以武力征服了爱尔兰，此后英王成为爱尔兰合法的封建领主。但广大人民直到18世纪中期并未享受到英国资产阶级民主的任何好处。"人身保护法"不适用于他们；相反，"惩治法典"却规定：未主动登记的神甫随时可能被定以叛国罪，占人口绝大多数的天主教徒被"排斥在土地、军队、选举、贸易和法律保护之外"。进入19世纪后，经济上的自由竞争，使爱尔兰仅有的少数企业被英格兰摧垮；1846年"谷物法"的废除，外国廉价的粮食大量涌入不列颠市场，爱尔兰的农业呈现一片萧条；加上自然灾害的影响，19世纪中叶，人口由800多万锐减至500万。爱尔兰已变为"一个完全赤贫的民族""真正的人间地狱"。

北爱尔兰问题事实上是在英国存在了700年的爱尔兰问题的继续。

英国以高压强权的手段统治北爱尔兰，许多不合理、不平等的法规与命令，加深了北爱尔兰人民对英国当局的不满与怨恨。1886—1893

---

① 根据1949年通过的《公共卫生暨地方政府法》，参见 Tony Gallagher, n. d. , "Culture and Conflict in Northern Ireland", http: // www. coe. int/T/E/Cultural_ Co-operation/Culture/Other_ projects/Intercultural_ Dualogues_ a…。

② Ken Hale, Anna Ash & Jessie L. D. Fermino, Diversity in Local Language Maintenance and restoration: a reason for optimism. , inLeanne Hinton & Ken Hale, eds. , *The Green Book of Language Revitalization in Practice*, San Diego: Academic Press 2001.

③ 参见上海报业集团旗下网站，http: //www. news365. com. cn/wxpd/jy/yxsjjcdjy/200409/t20040903_ 202750. htm。

年，在贝尔法斯特不断发生骚乱，不同信仰、不同政见的两个民族之间的暴力对抗使百人丧失生命。1916年爆发了新芬党领导的都柏林的复活节起义，目的是争取爱尔兰独立，由于英军武装镇压，起义最终失败，几千名起义者牺牲。

爱尔兰共和军便是这种暴力统治下的产物。爱尔兰共和军是英国北爱尔兰天主教派最大的准军事组织，成员分布于爱尔兰和英国的北爱尔兰地区，总部设在爱尔兰首都都柏林。在12世纪中叶，英国入侵爱尔兰。19世纪初，根据《英爱同盟条约》，爱尔兰正式并入英国版图，成为英国的第一块殖民地。为反对英国的殖民统治，爱尔兰天主教派于1913年建立了爱尔兰义勇军。从1916年起，义勇军支持在爱尔兰民族独立运动中占领导地位的新芬党。1919年，爱尔兰义勇军改建为爱尔兰共和军。1919年至1921年，爱尔兰共和军对英国进行了三年战争，并成为新芬党的军事机构。1921年12月，英国同爱尔兰签订条约，允许爱尔兰南部26郡成立"自由邦"，享有自治权，北方6郡划归英国，即北爱尔兰。1937年爱尔兰宣布"自由邦"为共和国。爱尔兰共和军则宣布继续为实现南北统一而斗争，并开展暴力活动。1969年新芬党分裂，爱尔兰共和军也分裂成"正式派"和"临时派"。正式派主张搞合法斗争，临时派主张用暴力手段实现爱尔兰统一，并在爱尔兰设有多处训练基地，经常在北爱尔兰进行爆炸、袭击英国军人等活动。

同样，新教派也有自己的武装组织，"北爱尔兰防卫协会"则是新教派最大的准军事力量，其成员目前维持在1万人左右。其他活动较多的新教激进组织还有"北爱尔兰自由战士""奥伦治志愿者协会"等。新教和天主教教会中的极端势力也一直在北爱骚乱中起着推波助澜和指导性作用，其中以伊恩·佩斯利为代表的原教旨主义教会势力的影响最为突出，被认为是北爱新教极端派和暴民政治的代表。佩斯利历来反对同爱尔兰天主教做任何妥协，1970年他创建了民主统一党并当选为下院议员。他领导的"北爱新教志愿者协会"经常举行反天主教游行。90年代以来，佩斯利和他的政党对北爱和谈也一再设置障碍，要求伦敦在北爱未来地位问题上放弃模糊政策，而明确将其定为英国领土不可分割的一部分。同样，爱尔兰天主教会中的一些势力对共和军的活动和发展亦给予很大支持。其中最突出的是，天主教会当局对共和军正统派向左派方向发展极度不满而暗中支持共和军临时派等各种爱尔兰"防卫组织"的成立。

从1968年起,北爱天主教徒与新教徒以及英国当局之间的暴力冲突不断升级,最终导致了一场持续一年多的流血事件。1969年,北爱尔兰居民中的天主教徒和忠于英国的新教徒发生冲突,英国军队进入北爱尔兰。爱尔兰共和军随即成立,并宣称保护天主教团体。

随着北爱天主教居民中民权运动的发展,北爱地区新教徒与天主教徒居民之间的矛盾激化,以及大规模的流血冲突和骚乱的爆发,英国政府派大量军队前往镇压,并于1972年宣布撤销北爱议会和政府,由中央政府对北爱实行直接统治。虽然英国耗费巨资,试图依靠武力在北爱恢复秩序。在70年代动乱的高峰时期,在北爱的英国军警人数曾达到2.2万多人,但收效甚微。爱尔兰共和军针对英国军警和政界要人的恐怖活动以及他们同新教徒准军事组织之间的仇杀、暴力冲突频繁,还不时酿成群众性的骚乱。暴力浪潮甚至蔓延到英国和爱尔兰本土。据统计,自1969年到2000年,北爱尔兰问题一共造成北爱尔兰3372人死亡,1万多人受伤,并造成英国、爱尔兰与欧洲其他地区共235人死亡。[1] 英、爱两国为防范暴力活动支付的费用,每年都在4亿英镑以上。[2] 从北爱尔兰冲突发展可以看出,暴力并不能使冲突得到缓解和彻底解决。冲突双方的民众对多年的暴力冲突已经感到了厌倦,希望能停止暴力,实现最终的和解。

(三)解决民族冲突的态度

在解决北爱问题的过程中,英国政府的态度通常是采取被动的权宜之计。这些治表的措施和旨在给予新教徒更多利益的改革,大都无助于北爱问题的彻底解决。总地来说,英国政府对北爱政策大都缺乏解决问题的积极性、诚信度和一贯性,随意性比较强。

在解决北爱民族分布问题方面:为了保证新教徒占多数,1922年将北爱尔兰从爱尔兰中分离出来,使天主教人口感到他们遭到占多数的

---

[1] Darby, John, *Conflict in Northern Ireland: the Development of aPolarised Community*, Dublin: Gill & Macmillan, 1976, pp. 62 – 64.

[2] 王振华:《北爱尔兰问题的历史性突破》,《欧洲》1998年第4期。

基督教人口的压迫。从地区的人口分布来看，多数派新教并不占绝对优势。新教只在弗尔纳和蒂龙两郡占有绝对多数，可在伦敦德里、奥马和当这三个郡，新教和天主教人口各占一半（在伦敦德里，后者甚至超过一半）。在首府贝尔法斯特，也有相当一部分天主教徒。鉴于这种不够悬殊的人口分配，英政府曾考虑过把天主教人口多的郡划归当时的爱尔兰自由邦，以使该地区的新教人口占绝对压倒的优势。但控制北爱议会的统一党采取"我们已得到的土地就绝不出让"的态度而拒绝重新划分界线的提议。结果，1969 年 8 月，正是在两派力量相当的伦敦德里和贝尔法斯特首先发生了天主教徒反抗新教徒的暴动。

在解除爱尔兰共和军武装方面：在长期持续的暴力冲突之后，冲突双方曾达成了一个休战协定，规定执行一项新的政治妥协，希望由此结束民间的暴力冲突。这个休战协定目前岌岌可危，因为，在转变的关键时刻，基督教人口的代表坚持主张，爱尔兰共和军是为天主教徒的权利而斗争的武装，应该在被看作其政治分支的新芬党可能被接纳到临时政府之前正式解除武装，而爱尔兰共和军则争辩说，只有政治妥协得到彻底实施之后，其才会放下武器。在北爱尔兰，左翼一般对爱尔兰共和军不愿此刻放下武器表示同情，他们觉得时机还不成熟，而更保守的势力却往往认为这是政治进程的一个基本的前提条件。而中央政府出于自身利益考虑，始终没有做出明确的、可行的决定。

在对待公民投票决定北爱前途方面：英国政府尊重北爱尔兰人民的自治权，由北爱尔兰人民以公民投票的方式解决北爱前途问题，而以天主教为首的反对派以拒绝参加公民投票为由，然而，在经历北爱共和军二十年来的武装斗争过程中，英国政府从未片面召开北爱和平进程会议和单方举行公民投票。直到 1998 年天主教徒与新教徒真正愿意坐下来和谈，英国政府才真正召开北爱和平会议，北爱才真正看到了和平的曙光。

权宜之计不胜枚举：1921 年英政府曾计划牺牲统一党的利益，促使爱尔兰统一，使之成为英联邦成员之一。1940 年，为了在第二次世界大战中争取爱尔兰的支持，英政府提出以爱尔兰的统一为交换条件。这种为了自身政治需要而不顾及原来同盟者利益的做法使北爱统一党对伦敦权力中心产生疑虑，甚至不信任。这也就是 80 年代英政府在北爱问题上转而寻求与爱尔兰政府合作的原因之一。1968年后，北爱尔兰的动乱局势危及伦敦时，英国虽然不再袖手旁观，但两党的基本政策还是权力下放，保持一定的距离。1974年工党政府在直接统治北爱尔兰一段时间后又提出"分权"方案，在该地区设立"分权委员会"也是一个例子。因迫于某方压力而随意改变政策的做法时有发生：面对近年来发生的一次新教徒的游行，英政府曾发表讲话表明支持警方反对新教徒游行。但因为此前北爱各地连续发生了暴力事件，新教徒还威胁说，如英方不改变主意，将会出现更严重的麻烦。结果，伦敦的政策果然出现了根本转变。

英政府这种被动的短期行为无疑给北爱问题的解决增加了难度。在英国政府对北爱尔兰实行直接统治后不久，就开始试图推动北爱尔兰的和平进程。为此，英国政府做出一个妥协姿态，英国政府承认爱尔兰政府对北爱尔兰事务具有利益相关性，但必须承认英国对北爱尔兰的主权。为此1973年12月，英国与北爱尔兰支持联合政府的政党以及爱尔兰政府在伯克希尔（Berkshire）的太阳谷谈判。但是太阳谷会议的谈判出现了各方对于北爱尔兰宪政地位的分歧和冲突。与会的联合主义者希望民族主义者能在爱尔兰宪法第二条与第三条条文争议上让步，承认北爱尔兰与英国的宪政联合，并加强与爱尔兰合作打击恐怖主义；然而，爱尔兰当局基于国内反对党强烈的民族主义之压力与限制，无法与联合党达成共识，民族主义者则希望建立一个兼具行政的全爱尔兰机构，最终实现南、北爱尔兰的统一，改革北爱尔兰皇家警察，并释放政治犯。双方互不让步，特别是新教徒及其政党不满英国政府在会谈中要成立爱尔兰理事会，认为这将有可能导致南、北爱尔兰的统一。随后联合主义者组成"统一厄联会"，联合反对联合政府，以及后来新教徒的阿尔斯特工会发动了著名的阿尔斯特工会大罢工，这次会议及其组成的联合政府的计划不告而终。

英国政府、新教徒及其政党要求新芬党先放下武器始能进行和谈，并坚持和英国的宪政联合。而爱尔兰政府、天主教徒及其政党则主张，要实现南、北爱尔兰的统一，爱尔兰共和军和新芬党的理想模式是英国先撤军，而后才能和谈妥协，并且也不愿在和谈前放下武器。冲突双方的主张泾渭分明，响应措施强硬，冲突持续不断。

20世纪70年代,英国两大党对北爱尔兰问题都没有太大的作为。在1974年10月召开的第二次国会大选中,工党仅以极小差距获得胜利。而为了取得厄联党议员支持,两大党纷纷采取亲联合主义者的立场。北爱尔兰民族主义者面对英国政府的亲联合主义者倾向也毫不示弱,他们采取更为激进的民族主义目标逼迫英国同意支持爱尔兰统一,并要求英国承诺从北爱尔兰撤军。为了消除激进民族主义者带来的压力,英国朝野双方转而对社会民主工党承诺英国将继续推动联合政府计划。[①]

第四节 民族分离势力的发展趋势

1972年后,英国曾四度提出解决北爱争议的方案,却无法有效处理双方的分歧,北爱尔兰依旧处于流血与暴力之中。1985年,英国与爱尔兰签署《盎格鲁—爱尔兰协议》,给予爱尔兰政府在一些关于北爱的事务上一个代表天主教徒的咨询角色。之后,暴动、镇压、冲突仍然不断,时常造成彼此之间紧张的气氛。1993年,英国首相梅杰与爱尔兰总理雷诺得发表了《唐宁街宣言》,这是一份共同发布的主动性和平宣言。美国随后也加入了北爱和平问题的纷争行列,但北爱尔兰依旧处在打打停停的重复之中,直到1998年《北爱和平协议》的出现,这一连串自古以来的动乱似乎才告一段落。

一 英国政府对北爱尔兰政策的转变

总的来说,自20世纪80年代以来,英国政府对北爱尔兰政策的转变,对北爱尔兰问题缓和态势的出现起到了至关重要的作用。这些政策转变主要体现在如下方面:

(一)文化上,关注民族关系的改善

20世纪70年代,英国一面力促北爱作政治妥协,同时出兵扫荡IRA,却始终徒劳无功。到80年代,才开始着手致力于改善北爱尔兰地

[①] Ruane, Joseph and Todd, Jennifer, *The Dynamics of Conflict in Northern Ireland: Power, Conflict and Emancipation*, New York: Cambridge University Press, 1996, p. 275.

区的民族关系。

首先，承认民族间存在差异的事实，不再限制天主教徒的文化表现。英国政府在关注文化议题的重要性的同时，开始觉得应将文化差异"正常化"。鼓励北爱尔兰地区两个民族之间的接触、交往，鼓励对于多元文化的包容，促进机会均等。[1] 在 1985 年签订的《英爱协议》（*Anglo-Irish Agreement*）当中，双方同意为了调和北爱尔兰两个族群的权利、认同，保障其人权，以及避免歧视而作共同努力。[2]

其次，设立专门机构鼓励使用、学习和研究爱尔兰语。当前北爱尔兰政府设有三个有关语言政策的部门："文化、艺术与休闲部"（Department of Culture, Arts, and Leisure, DCAL）；"语言多元处"（Linguistic Diversity Branch），负责推动"欧洲区域或少数族群语言宪章"的落实；"第一总理/副总理办公室"（Office of the First Minister/Deputy First Minister, OFM/DFM），关注如何促进民族间的和谐，以及民族平等。"教育部"（Department of Education）下面设有"爱尔兰语学校理事会"，掌管各级学校以爱尔兰语为学习用语的课程；1990 年成立的"族群关系理事会"，下面设有"文化多元计划"（Cultural Diversity Programme），负责拨款筹办相关活动。另外，根据《北爱尔兰和平协议》，1999 年成立"北/南语言单位"（North/South Language Body），直接向"北/南部长理事会"负责，下面分别设置"爱尔兰语言局"以及"北爱苏格兰语言局"，负责爱尔兰语与北爱苏格兰语（Ulster - Scots）的推广，鼓励在公私场合使用爱尔兰语/北爱苏格兰语，向公共机构或志愿部门提供谘商、经费以鼓励对爱尔兰语进行研究，资助以爱尔兰语/北爱苏格

---

[1] Tony Gallagher, "Culture and Conflict in Northern Ireland", http：//www.coe.int/T/E/Cultural_ Co-operation/Culture/Other_ projects/Intercultural_ Dualogues_ a….

[2] Article 4 (a) In relations to matters coming within its field of activity, the Conference shall be a framework within which the Irish Government and the United Kingdom Government working together (i) for the accommodation of the rights and identities of the two traditions exist in Northern Ireland; Article 5 (a), The Conference shall concern itself with measures to recognize and accommodate the rights and identities of the two traditions in Northern Ireland, to protect human rights and to prevent discrimination. Matters to be considered in this area include measures to foster the cultural heritage of both traditions, change in electoral arrangements, the use of flags and emblems, the avoidance of economic and social discrimination and the advantages and disadvantages of a Bill of Rights in some from in Northern.

兰语为学习用语的教学。①

最后,以"宪章"的形式确定使用、学习、研究爱尔兰语的合法性。2001 年,英国签署了《欧洲区域或少数民族语言宪章》,同意将爱尔兰语列为 Part Ⅲ 的地位。② 该宪章具有广泛的实质效力,特别是具体对于教育、司法、行政暨公共服务、媒体、文化活动与设施、经济与社会生活以及跨国交换等的积极推广措施。相对的,北爱苏格兰语只获得 Part Ⅱ 的象征性地位,也就是原则性的承认、尊重、推广、鼓励、维护、发展、教学、研究以及交换。

(二)政治上,通过法律化解民族冲突

当然,这种政策的转变不是一朝一夕完成的,其间曲折重重。

1985 年 11 月签订的《英爱协议》是英国政府从民族和解的动机出发签订的一项协议;但是,由于英国政府并未与北爱尔兰冲突双方充分协商以得到他们的同意,特别是双方极端派普遍对协议表示不满,他们普遍认为这项协议是英爱政府强加到北爱尔兰人民身上的,尤其是关于协议对北爱尔兰地位的规定,北爱尔兰冲突双方都感到不满意。根据协议,爱尔兰正式承认北爱尔兰人(实质上是新教徒)有权决定自己的去留,也就是未经北爱多数公民的同意,其在英国宪法中的地位不能变更,这一点是爱尔兰对英国做出的妥协;爱尔兰也取得北爱尔兰事务的合法咨询地位;同时,成立政府间会议,由两国政府代表定期集会,讨论两国跨国性的治安、文化与社会等事务合作事宜,并由爱尔兰代表北方同胞,讨论其包括政治、法律、认同与文化传统、差别待遇以及跨国合作等议题上的利益。这是在英国享有北爱尔兰主权的情况下,有助于推动南、北爱尔兰的合作。虽然该协议在联合国取得登记,并且获得美国、加拿大等国的背书,得到了国际社会的好评,但是北爱尔兰冲突双方都感到不满意。联合主义者认为,英国在与爱尔兰谈判中做了太多让步,而使《英爱协议》设立"政府间会议"以及允许爱尔兰当局涉足北爱地方事务,新教徒认为"这是英国政府的出卖行为",担心会成为

---

① 施正锋:《北爱尔兰的语言政策》,施正锋编《各国语言政策:多元文化与族群平等》,(台北)前卫出版社 2002 年版,第 214—215 页。

② 当然,还包括使用在北爱尔兰以外的威尔斯语以及苏格兰盖尔语。

爱尔兰岛最终统一的前奏。几乎所有新教徒都反对爱尔兰统一，并支持以某种形式维持与英国的联合关系，而绝大多数的新教徒反对爱尔兰以任何形式介入北爱尔兰事务，其主要原因是新教徒认为这是在为南、北爱尔兰统一铺路。

事实再一次表明，"英国无法将任何政策强行施加到北爱尔兰人民身上"①。北爱尔兰和平进程必须得到冲突各方的同意才能实现，仅仅依靠政府的推动还是难以实现的。在推动北爱尔兰的和平进程中，内部的民意支持也是一个重要的条件。

梅杰执政时期也很想推动北爱尔兰的和平进程，但是保守党在议会中只比工党多出 4 席，很多议案须依靠北爱的联合党议员的支持才能通过，而联合党议员坚持新芬党必须先保证共和军缴械以后才能坐上谈判桌，而支持联合主义者之内阁阁员与厄联党议员站在同一战线。联合党坚持新芬党参加谈判的态度使得梅杰坚持爱尔兰共和军必须先缴械才能参加和谈的立场。而爱尔兰共和军在缴械这个问题上不肯妥协。这也意味着北爱和平进程的重大突破难以在保守党当政期间完成。

在 20 世纪 80 年代末期，英国政府开始将语言议题纳入政治问题加以考虑。语言政策的目标不再单纯地定位于文化资源的保存，而是被寄望能发挥化解政治冲突的功能。②

在 90 年代，北爱尔兰的和解脚步加速。随着英国与爱尔兰政府在 1995 年签署《新架构协议》（New Framework for Agreement），双方同意合作的四个原则，包括自决、被统治者的同意、民主及和平的途径，尊重以及保障两个族群的权利及认同，以及促成"平等的尊重暨待遇"③。

---

① Paul Dixon, *Northern Ireland: the Politics of War and Peace*, Basingstoke and New York: Palgrave, 2001, pp. 204 – 214.

② D. MacGiolla Chriost, "The Irish Language and Current Policy in Northern Ireland", *Irish Studies Review*, Vol. 8, No. 1. (EBSCOHost) 2000; "Planning Issues for Irish Language Policy: 'An Foras Teanga' and 'Fiontair Teanga'", 2000, http://cain.ulst.ac.uk/issues/languages/macgiollachriost00.htm.

③ They take as guiding principles for their co-operation in search of this agreement: … (iv) that any new political arrangements must be based on full respect for, and protection and expression of, the rights and identities of both traditions in Ireland and even-handedly afford both communities in Northern Ireland…

这些精神的法制化是由双方在 1998 年签订的《北爱尔兰和平协议》确定的。该协议同意将上述精神法制化，根据平等的原则，也就是伙伴关系、机会平等、不受歧视以及相互尊重彼此的认同下，签署者承认"尊重、了解以及容忍语言多元的重要性，而爱尔兰语、北爱苏格兰语以及各种族群的语言，都是整个爱尔兰岛上的文化财产"。可见，《北爱尔兰和平协议》的基本目标是化解两个族群间的龃龉。它对于未来的语言政策也做出了相当详细的规范。目前，英国政府除了同意将尽快签署《欧洲区域或少数民族语言宪章》（European Charter for Regional or Minority Languages 1992），还特别应允"在适当的情况下以及百姓的要求下"，采取积极行动来推广爱尔兰语，鼓励爱尔兰语在公私场合的说写，解除对于爱尔兰语维护发展的限制，提高操爱尔兰语社群与官方的联系，训示教育部鼓励以爱尔兰语教学，探寻英国及爱尔兰广播机构的合作，资助爱尔兰语电影及电视的制作。试图以此提高爱尔兰语的工具性，希冀在无形中降低敏感的象征性意味。

　　为落实和平协议，英国国会在 1998 年通过《人权法案》（Human Rights Act 1998）以及《北爱尔兰法》（Northern Ireland Act 1998）。虽然语言权并未被列入基本人权的清单，不过，紧接着成立的"北爱尔兰人权委员会"（Northern Ireland Human Rights Commission）被训令尽快进行欧洲理事会《少数民族架构规约》（Framework Convention for the Protection of National Minorities 1995）的核准①，同时着手起草一个《权利法案》，语言权被包含在内；并就在人权委员会下面设置"语言权工作小组"（Language Rights Working Group）问题提出了较详尽的建议案。

　　经过谈判各方的努力，特别是在美国的大力斡旋之下，参与谈判的英爱政府以及北爱尔兰主要政党在 1998 年 4 月签署了和平协议。主要

---

① Article 14. 1. The parties undertake to recognize that every person belonging to a national minority has the right to learn his or her minority language. 2. In areas inhabited by persons belonging to national minorities traditionally or in substantial numbers, if there is sufficient demand, the parties shall endeavour to ensure, as far as possible and within the framework of their education systems, that persons belonging to those minorities have adequate opportunities for being taught the minority language or for receiving instruction in this language. parity of esteem and treatment, including equality of opportunity and advantage.

内容包括：（1）暂时不改变北爱尔兰的政治归属，仍然为联合王国的一个部分，都柏林甚至允诺修改宪法第二条及第三条，不再坚持厄斯特为爱尔兰共和国领土不可分割的部分。但当多数人民决议回归爱尔兰时，伦敦也不会反对。（2）成立一个"北爱尔兰公会"，选举108名议员，为北爱尔兰的最高立法机构。伦敦不再控制北爱政治事务而由公会中的多数党执政；公教徒的代表权则受到保障。（3）成立一个部长级的"南北委员会"，由爱尔兰国会及北爱尔兰公会之议员推派代表组成，协商共同议题如交通建设、观光业及农业合作等。这个部长级会议可以制造一个统一的印象，受到许多政治团体的肯定。（4）制定权利法案，确保少数族群之政治权利，并修改警察制度，以确保民众权益。（5）新政府将组织一个委员会，重新审视在骚动期间因牵涉恐怖活动入狱的人犯，并于合法范围内加速释放。（6）制定办法，于两年之内收缴并销毁民间所藏枪械。

经过多年的流血与暴力，借着1998年《北爱尔兰和平协议》的通过与公投，似乎相互对立的两方已逐渐愿意以合作的态度、和平的手段来进行沟通与谈判。和平协议的签订、公投结果的显示，存在已久的北爱尔兰问题有好转、乐观的发展趋向，似乎曙光已经出现，离光明的康庄大道已经不远了。正如一位北爱尔兰新教徒所言："我们所有人必须生活在一起，所有人都希望和平继续下去。"相信这是所有北爱尔兰人民共同的心声与盼望。

与此同时，英国政府还将相当多的行政和自治权力下放到北爱尔兰地方政府。北爱尔兰行政机构由立法会选举首席大臣和副大臣，其他大臣按政党在立法会中的比例进行分配。大臣们在以下方面承担责任：财政和人事；企业、贸易和投资；地区发展；教育；高等教育和再教育、培训和雇佣；环境；社会发展；文化、艺术和休闲；卫生、社会服务和公共安全；农业和农村发展。首席大臣与副大臣建立民事论坛，由60人组成，成员来自产业、工会和志愿者。根据1998年贝尔法斯特协议，北爱尔兰多数居民同意时可以自由决定是留在不列颠还是与爱尔兰联合。

英国工党1997年执政后，其在第一任内对英国宪法制度所做的重大改革之一，是向北爱尔兰等地下放权力。该项改革措施在北爱尔兰等地通过公民投票批准得到了实施。

1999年12月，北爱尔兰立法会（目前有106名议员）开始行使完全的立法权和原来由北爱尔兰民事事务署行使的行政职权。在不违反《欧盟法》和《欧洲人权公约》以及不带歧视的情况下，北爱尔兰地区可制定独立的法律。中央政府保留的事项是警察与刑事审判。在英国，地方政府提供的职能根据地方政府类型和其在英国位置的不同而有所不同。郡负责提供义务教育、个人社会服务、消费者保护。垃圾处理是属于郡的事务，但垃圾收集属于区的事务。区和自治市有自己的专门职能，如选民登记、保健、住宅、卫生、公墓和火葬场。它们也与郡分担其他事项的管理。在北爱尔兰，地方政府负责有限的事务：街道清扫；垃圾收集和处理；娱乐、社会和文化设施；促进经济发展；旅游开发；公墓和火葬场。另外，它们还负责某些调整性的职能。

（三）军事上，削减、解除各方武装力量

布莱尔执政之后，在北爱尔兰和平进程这个问题上采取了更多灵活的政策和措施，在军事上体现为积极致力削减、解除各方武装力量。

首先，英国政府在北爱尔兰的宪政和共和军缴械问题上做出了积极的努力。英爱两国政府对北爱尔兰的宪政体制问题提出了一个双方互为让步的方案：都柏林放弃对北爱尔兰的领土要求，伦敦则以立法的方式承认南北爱尔兰统一的可能，前提是必须得到北爱尔兰大多数人民的支持。1997年9月15日，英爱两国政府在和谈开始的当天早晨同时申明：北爱尔兰宪制的任何重大改变必须建立在北爱尔兰人民赞同的原则基础上。1997年6月24日，英爱两国政府就北爱尔兰各方放弃武装发表联合文件，呼吁建立"解除武装委员会"，确保各方武装的解除与北爱尔兰和谈同时进行，不把爱尔兰共和军的缴械作为新芬党参加和谈的先决条件。布莱尔改变前保守党政府坚持的共和军先缴械再谈判的立场，允许其在参与多党会谈时，平行进行解除武装，促使爱尔兰共和军在1997年7月宣布"永久停火"，9月新芬党加入和谈，从而为最终达成协议铺平了道路。

其次，反复强调爱尔兰共和军尽快解除武装。2005年，在爱尔兰共和军发表结束武装斗争的声明后，爱尔兰总理埃亨说："今天的事件对爱尔兰岛的全体人民预示了一个新的时代。"他表示支持爱尔兰共和军做出的结束武装斗争和完全使用和平手段的承诺。英国首相布莱尔也立即在伦敦首相官邸发表谈话表示欢迎，称赞这一举措是爱尔兰共和军迈出的"空前巨大的一步"，希望声明是"北爱尔兰建立民主政府的开始"。布莱尔同时强调，爱尔兰共和军必须尽快解除武装。

应该指出的是，就目前形势来看，英政府将派驻在北爱尔兰的军队撤走是完全不可能的，增兵倒成了一种可能性。当爱尔兰共和军于1994年提出停火后，英政府虽然也随即宣布只要停火协议能持续下去，它将逐步从北爱尔兰撤走全部兵力。但是，从维和部队自身角度而言，其难以维和的主要原因在于他们高度情绪化的、带有较强敌对情绪的态度。这使北爱问题具有了非理性色彩并更趋复杂化。

二　英国政府转变对北爱尔兰政策的原因

英国政府对北爱尔兰政策的转变始于20世纪80年代中期，90年代末取得重大进展。回顾其发展历程，可以清楚地感到这种转变是多种因素合力作用的结果。

首先，要求和平、结束动乱和发展经济成为北爱尔兰地区各族民众的强烈要求。

在北爱尔兰两族的长期对立中，居民自行区隔，双方互不通婚，学校也泾渭分明，经常发生冲突。30年来，三千多人死于与恐怖活动相关的事件，受伤者10倍于此，财产损失更不可胜数。厄斯特地区居民对长期以来的流血冲突已经感到厌烦，受难者家属也不断呼吁各界正视民族和谐，新生代对旧日仇恨大都可以抱宽容的态度，只希望能生活在没有恐惧的气氛中。为此，宗教、各国政治领袖及人权团体都提出呼吁，希望能达成和平。1998年公投的结果，也显示"和平协议"获得了高度的支持。在北爱尔兰地区人民中，赞成者共679966人，占71.1%；反对者共274879人，占29.9%。其中天主教徒约有99%投赞成票，基督教徒则投了五成的赞成票、五成的反对票。爱尔兰共和国的投票结果显示，赞成者共1442583人，占94.4%；反对者85748人，占5.6%。此次投票率为81%，创历年来最高。

其次，北爱尔兰对立教派、政党能顺应民心，彼此做出重大让步，最终达成和平协议。

许多激进领导人，比如72岁的牧师佩斯立（Ian Paisley）逐渐失去民众，新的领袖人物开始认真思索"和平共处"的重要。他们因而寻求与共和军对话，企图寻求和平。在各方关切下，共和军也多次与当局达成停火协议。在全民公决中，爱尔兰94.4%、北爱71%的选民对"和平协议"投了赞成票；在北爱地方议会选举中，选民们首次打破教派界限，把票投给那些支持和平协议的政党的候选人。① 1998年4月9日，爱尔兰总理埃亨（Bertie Ahern）同意修改爱尔兰宪法，放弃对北爱的主权要求，10日，北爱统一党领导人特林布尔决定在议会问题上做出重大让步，允许南北机构拥有较大的独立权力，同意新芬党成员参加未来的北爱内阁。接着，新芬党在跨边界合作机构问题上做出让步。

　　再次，来自国际社会的压力促使英国政府开始做出妥协的姿态。

　　和平与发展成为时代的主题，缓和的国际大背景为美国政府全力促成英国政府对北爱尔兰政策的转变提供了可能，也为英国政府全力推进和平进程提供了重要的推动力。美国境内有4000万爱尔兰裔居民（克林顿总统也自称有部分爱尔兰血统）。1992年克林顿在竞选总统时，为得到爱尔兰裔美国人的支持，表示要对爱尔兰问题付出较多心力，并因此有意改变美国过去一直执行的对北爱不干涉的政策，一再呼吁英国加快北爱和平进程。他当选之后开始关切北爱问题，不断对伦敦及都柏林施压，希望能通过谈判达成和平。为促成各方了解，克林顿政府不顾伦敦抗议，于1994年发给北爱新芬党领袖亚当斯（Gerry Adams）赴美签证，并在其访美期间多方沟通，使亚当斯改变了原本强硬反伦敦的立场，愿意有条件地接受调解。1995年，克林顿又走访伦敦、贝尔法斯特及都柏林等地，使各方开始思考和谈的可能，成为第一位出访北爱的美国总统。克林顿还应布莱尔的请求依次打电话给亚当斯、休姆、埃亨和特林布尔，敦促他们抓住这次和平机会，表示美国一定会支持他们的努力，使和谈渡过了危机。此外，美国还承诺对北爱的经济发展提供"实质性的援助"。美国前参议员米契尔（George Mitchell）则自愿充当调解人，锲而不舍地敦促各界坐到谈判桌前。

---

① 凯文·卡伦：《漫长艰难的爱尔兰和平之路》，《参考消息》1998年5月21日。

最后，英国政府从自身利益出发，有意着力转变对北爱尔兰的诸多政策。

回顾多年的矛盾冲突的发展里程，英国政府认识到单纯依靠政府分别对于两个民族的文化活动挹注、忽略彼此的政治权力失衡，只会更加强化原本的隔阂，治本之道是想办法达成"平等尊重"。

当然，如前所言，其发展过程也不乏被动因素。例如保守党基础不稳，北爱尔兰选出的国会议员可以利用关键少数的地位，影响政府对北爱的政策。前首相梅杰就因受各方压力，而被迫向华盛顿强烈表达不得发给北爱新芬党领袖亚当斯赴美签证的希望。

但1997年工党大获全胜后，不必仰赖北爱议员的支持，也更能够独立、客观地面对保守党政府无法克服的政治议题。正因如此，首相布莱尔就特别表示可以感到"历史之手就放在我的肩膀上"。

在这种情况下，英国政府开始弱化在北爱主权问题上的争端。从坚持和平解决北爱问题，保持良好的合作关系出发，在尊重北爱的自治权的前提下，关注人口占少数的广大天主教民众对政治经济权利的要求。在谈判过程中注意兼顾各方的利益和愿望，寻求利益的平衡点。尤其是布莱尔执政后把解决天主教民众的政治经济地位问题作为推动和平进程的切入点，提出了广泛的政府宪政改革计划，力图通过地方分权来缓和矛盾，改善地方与中央的关系。主要内容包括：建立拥有广泛实质性权力的北爱地方议会和英爱两国政府间委员会，组建以北爱地方议会代表与爱尔兰政府的部长为成员的部长级委员会，负责制定管理北爱地区的具体政策，保证天主教徒的平等权利等，从而使天主教徒在北爱事务中拥有相当大的自治权、支配权以及政治经济上的平等权利成为可能，为北爱尔兰问题的缓解，甚至是和平解决创造了条件。

三　北爱尔兰民族问题的和平解决

（一）和平解决北爱尔兰民族问题的途径

北爱尔兰民族问题最终能否得以和平解决？和平解决的可能性是大是小？这是讨论北爱尔兰民族问题的发展前景时必须回答的问题。笔者认为，通过非暴力的和平方式解决北爱尔兰民族问题的可能性较大，其具体途径大致有两种：

1. 实现"多重保护机制"

"多重保护机制"的主要内容包括：

（1）建立一个得到天主教徒和新教徒共同首肯的政府，改革现行的北爱尔兰政治体制，正式修改1937年的北爱尔兰宪法和1920年英国对北爱尔兰颁布的法令。

（2）建立新的选举制度，以便政权充分体现"民有""民治"和"民享"的特点。即使不能建立一个正式的新教徒和天主教徒的联合政府，对于新教徒多数派所享有的颇具争议的参政权也须予以修正，使选举制度更为公正、合理。同时，必须保证少数派天主教徒享有广泛而有效的参政、议政权。

（3）通过立法，在北爱尔兰建立起民族平等的机制。这一举措包括颁布《权利法案》，以保护有着不同宗教信仰和不同文化、使用不同语言的所有公众的正当权益不受侵犯；建立公平的"雇佣制度"；重新组建北爱尔兰的警察队伍；并使两个民族有均等的参与改革和社会发展的机会；等等。

（4）建立一个民主的、切实负责的"跨界机构"，这一机构需得到各派力量的认可，对北爱尔兰政府负有咨询、指导之责。它的建立有可能导致在南、北爱尔兰之间，在不列颠各岛之间，甚至在欧盟成员国之间形成具有深远意义的邦联机制。这样的机构可能使北爱尔兰积重难返的诸多棘手问题得到较为圆满的解决，如解散并妥善处理众多的军事武装力量；促使英国撤回它在北爱尔兰的军事力量；尽快释放那些被英军逮捕的无辜者；建立一支能有效地维护社会稳定的警察队伍；等等。

这种"多重保护机制"的突出作用在于，无论将来发生什么情况，南、北爱尔兰统一也好，北爱尔兰继续留在英国也好，北爱尔兰独立也好……这种机制都会对维护北爱尔兰地区的和平局势，保护该地区天主教徒和新教徒的正当权益提供有效的保障。

应该指出的是，"多重保护机制"的实施，需要得到南、北爱尔兰大多数人的支持。这就要求该机制必须能够反映不同民族的利益，使不同民族的利益均能从中得以体现。该机制的运行将有助于各派力量之间形成"均势"。"多重保护机制"的操作若不遵循上述原则，通过实现这一机制和平解决北爱尔兰民族问题的构想便会成为空想。

2. 建立一个由英国和北爱尔兰分享权力的政府

各派力量间多次磋商失败后,这一解决问题的方式即被英、爱两国领导人纳入和谈内容。

在先前北爱尔兰交战双方停火后,一些学者为打破和谈中出现的僵局也提出过这一设想。①

"分享权力"需划分英、爱两国政府以及北爱尔兰人各自的权力范围,它是英、爱两国政府在北爱尔兰民族问题的解决方式上彼此妥协、达成共识的产物,它可以为北爱尔兰两个不同民族集团的利益提供持久的保障。"持久性"是该途径很可能被采用并生效的主要原因。有人证实,北爱尔兰天主教徒的数量正在不断增长,而且不久即可能成为北爱尔兰居民中的"大多数"。② 笔者认为,如果"分享权力"得以实现,即使天主教徒在北爱尔兰仍占少数,他们也会留在原地,因为天主教徒们会把"分享权力"看作实现南、北爱尔兰统一的奠基石,并且这种意识很可能会在天主教徒中产生强烈的共鸣。英、爱两国政府从各自的利益出发,可能不会迅速将这一解决问题的方式付诸实施,但这一可能性也蕴含着一种潜在的动力,两国政府的迟缓态度会激励北爱尔兰的天主教徒和新教徒们依靠自己的力量去寻求解决问题的更佳方案。

如果北爱尔兰的军事停火状态能持续下去,北爱尔兰各党派、英国政府以及爱尔兰政府间所进行的磋商、谈判必将为实现上述两种目标而努力。

(二) 和平解决北爱尔兰民族问题的条件

应该相信,北爱尔兰民族问题最终会得以和平解决。和解不仅是饱受战乱之苦的北爱尔兰各族人民的愿望,也是世界各国人民的共同祈盼。和平、合作与发展已成为当今国际社会的主题。英、爱两国政府领导人以及北爱尔兰各派力量的代表们从其自身的利益出发,不会置民意于不顾,继续在谈判中坚持原有的态度与立场。在彼此做出一定让步的情况下,关于和平解决北爱尔兰民族问题途径的意见会较迅速地趋于

---

① 参见 John McGarry and Brendan O'leary, eds., *The Politics of Ethnic Conflict Regulation: Case Studies of Protracted Ethnic Conflics*, London, 1993。

② 参见 Brendan O'leary, *Introduction: Reflections on Cold Peace*, Routledge, 1995。

一致。

在我们讨论有关北爱尔兰和平前景的构想时，不容忽视的是，争取该地区民族问题的和平解决（有人称为"重建北爱尔兰"①）绝非轻而易举之事。主要原因如下：

第一，北爱尔兰的两个民族从各自的利益出发，可能会对上述和平解决问题的途径提出异议。

从理论上讲，上述方案是可以被新教徒们接受的，因为它们并不意味着南、北爱尔兰的迅速统一。这些方案亦应当能被天主教徒们接受，因为它们可以使天主教徒们感到，即使他们还是少数派，也会得到与现在的新教徒们同样的保护。但天主教徒们也可能会以"多重保护机制"的内容"不甚翔实、明确"为理由而拒绝接受它。他们可能反对成立任何形式的"跨界机构"，认为这些机构是"特洛伊木马"。长期以来他们在北爱尔兰一直处于不利地位，为建立民族平等的法律机制进行了不懈的努力。可是当其理想中的机制可能来临时，他们又对"梦想成真"倍加怀疑。新教徒们可能会反对改变目前北爱尔兰的权力结构，反对与天主教徒分享权力。其中的激进分子可能继续坚持原有的立场，强调北爱尔兰从来就不是爱尔兰共和国的一部分。他们可能坚持这样的立场：即使北爱尔兰大多数人同意南、北爱尔兰统一，北爱尔兰也不应脱离母国而独立。所以，对他们来说，任何可能导致南、北爱尔兰统一的意向都是不可接受的。如果北爱尔兰的天主教徒和新教徒都坚持上述立场、观点，且彼此不做任何让步，对爱尔兰民族问题的和平解决无疑是不利的。

第二，北爱尔兰两个民族的某些传统观念对"重建北爱尔兰"具有阻碍作用。

对北爱尔兰人来说，在实现和平的道路上会遇到许多艰难险阻，但也许他们并无觉察，有些羁绊是来自其自身的。在北爱尔兰，不少人对文化歧见、政治冲突和枪声、炮声似乎已习以为常。"固执己见"会导致战火重燃，这对一些北爱尔兰人来说似乎无足轻重。天主教徒和新教徒中都有这样一部分人，他们以"战斗"为乐趣和事业，对"智取"

---

① 参见 Brendan O'leary, *Introduction: Reflections on Cold Peace*, Routledge, 1995。

的"谋略"津津乐道。那些试图退出战场、做出和解举动的人往往会遭到责难。在一些人眼里，受贿者应该被绑在火刑柱上，接受中世纪异教徒所受的那种"待遇"。① 从某种意义上说，这些因素对推动北爱尔兰的和平进程具有相当大的阻碍作用。

第三，各方领导人在推动和平进程中若措施不当也会干扰北爱尔兰民族问题的和平解决。

比如具体的管理措施不善，各派力量间的妥协、合作节奏迟缓等。在这种情况下，北爱尔兰很可能出现平而不和的僵持局面。

第四，一些"别有用心的人"有可能采取行动，拖延北爱尔兰的和平进程。

这些人数目不大，但的确存在。他们不代表除他们自己以外任何人的利益，终日以"斡旋者"的面目游说于各派力量之间。北爱尔兰持久和平的到来，将使他们无所事事。他们深知此理，所以在北爱尔兰踏上持久和平的道路之前，他们从切身利益考虑，很可能做出一些有悖众望的事。虽然这部分人的力量不大，但也不可不防备他们对和平进程的干扰。

"重建北爱尔兰"的道路可能会很坎坷，但前途是光明的。北爱尔兰完全由英国人统治，或完全由爱尔兰人统治，都不能给该地区带来和平。如不建立民族平等的法律机制，北爱尔兰两个民族间的冲突很可能会重新爆发。无论是新教徒还是天主教徒，他们都必须面对这一事实。在饱受了长期战火所带来的苦难，以及冗长无果的和谈所引致的困扰后，他们中多数人已认识到，拖延北爱尔兰的和平进程，最受伤害的是他们自己。同时，诸方谈判代表已感受到来自各方的舆论压力。从切身利益出发，相信谈判各方会做出必要的让步。

（三）北爱尔兰的发展前景

北爱尔兰民族问题若通过和平方式得以解决的话，对于北爱尔兰的发展前景，我们可以做出如下估测：

其一，天主教徒的人口数量将保持连续增长的势头，由此可加快北爱尔兰的两个民族从对抗走向合作的步伐。

据统计，1971—1991 年，北爱尔兰西部、南部和农村地区的天主

---

① 参见 N. F. Cantor, *The Medieval World*, Macmillan, 1968。

教徒人口，均有较大幅度的增长。近年来，天主教徒人口已占北爱尔兰总人口的约40%，在基督教徒中，天主教徒所占的比例约是45%。① 有人认为，在21世纪的头十年中，贝尔法斯特很可能成为天主教徒占多数的城市。② 天主教徒人口不断增长的势头，会因持久和平的到来而日益迅猛。局势的稳定，以及不离开家园亦可谋求诸多升迁机会，使得天主教徒向外移民的人数不断减少。同时，较合理的雇佣劳动制度的实施，体现民族平等精神之法令的施行，也将成为激励天主教徒们继续在原地生活的重要因素。天主教徒人数不断增长的政治意义在于，它将为北爱尔兰两个敌视的民族创造平等的对话机遇，加快两个民族实现合作的步伐。对生活在同一特定地区的两个民族而言，当他们的经济和政治实力旗鼓相当时，其中任何一个集团都难以对它的邻者进行统治。虽然北爱尔兰的两个民族距离实现经济和政治上的平等还有相当长的时间，但那一时刻将会随着天主教徒人口数量的不断增长而越来越近。这种形势将会有力地推动北爱尔兰实现权力分享和民族平等。我们估计，北爱尔兰的两个民族实现真正的平等与合作，还需要半个世纪左右的时间。在今后的日子里，北爱尔兰共和军所制造的恐怖事件将日趋失去民心，失去意义。天主教徒的党派将赢得50%的选票。在下个世纪到来之前，北爱尔兰的那些小党派将处于"均势"。

其二，新教徒所获得的选票数将继续增长，至少目前乃至今后的几年内是如此。

更有把握的是，联合起来的新芬党和社会民主与劳动党所得的选票数会不断增长，虽然选举的性质和方式可能出现这样或那样的变化。这与1969年以来北爱尔兰诸党派在选举中所获选票数涨跌曲线表③所反映的状况是一致的。新教徒们已越来越真切地意识到，选举箱的价值要远远胜过枪炮。

其三，在持久和平的条件下，新教徒和天主教徒集团都将可能缓慢地出现组织松散的状况。

---

① 参见 Table of the Northerm Ireland Census of Population。
② 参见 O'leary, Introduction: Reflections on Cold Peace, Routledge, 1995。
③ 参见 MclTarry and O. Leary, Explaining Northern Ireland: Broken Images, Oxford, 1995。

有关和平解决北爱尔兰民族问题的政策和措施的实施，将会使一部分天主教徒和新教徒淡化不断加强各自集团内部成员间团结与联系的意识。因此在其总的组织结构上出现松散状态便不可避免。

一般来说，一个种族或者民族面临的政治压力越大，其自身的凝聚力就越强。相反，当某个种族或者民族无安全之虞时，其凝聚力便会相应地减弱。在这种情形之下，多元化的政治很可能从中产生。估计这种情况可能会在北爱尔兰的两个民族集团中出现。

当然，我们也不应夸大这种可能性。北爱尔兰两个民族间因长期对抗而积存下来的问题，不可能在短时间内得到彻底解决。两个民族已经或将要开始松散的组织结构有可能再度聚合，两族间的战火有可能复燃。

其四，英国保守党在北爱尔兰还会保持自己的势力，但不大可能出现繁荣之势。英国工党的势力在北爱尔兰也不太可能有大的发展。

英国目前正忙于应对恐怖威胁，爱尔兰共和军暴力活动的结束有望成为布莱尔任期内的重要政治遗产。正如爱尔兰共和军的政治组织新芬党领袖亚当斯所说，爱尔兰共和军发表放弃武装斗争的声明是勇敢和坚定的一步，它代表着在北爱尔兰寻求持久和平和公正进程中一个决定性的时刻。时任联合国秘书长安南已呼吁北爱各方抓住机遇。他认为，如果爱尔兰共和军的声明能够落实，这将是"北爱的分水岭"。

应该指出的是，在北爱尔兰的基本矛盾没有彻底解决之前，对北爱尔兰问题尚不可过早乐观，局势还可能会出现反复，永久的和平还远没有到来。北爱尔兰最大的问题实际就是新教和天主教之间的矛盾冲突。爱尔兰共和军是天主教派的组织，它要求回归爱尔兰，与爱尔兰统一，抵抗英国的统治；其真正目标是实现北爱尔兰完全独立，但英国政府和爱尔兰政府都不会答应这一要求。迄今为止，新教和天主教的这一矛盾并没有完全解决。虽然目前爱尔兰共和军的人员数量和武器装备已经有所下降和削弱，但它仍然有可能转而走向地下。尤其是在"9·11"事件之后，反对势力仅仅少数几个人，就可达到以前一支军队所能达到的威力。爱尔兰共和军在表示缴械的同时也表示不会正式解散，也许就是为今后的行动留出一定空间。2006年年初骚乱的爆发，再次反映了爱尔兰社会的深刻矛盾和在北爱问题上的各方分歧，几百年的恩恩怨怨很难立刻化解，矛盾的消除还需要更长时间和更多努力。和平与发展已经成为北爱进程的主流,对于这次骚乱,包括新芬党领导人亚当斯在内的爱尔兰政要纷纷予以谴责。不可否认,和平对话与合作仍是今日北爱政治发展的主流。双方内部的主和力量仍占据上风。

总之,北爱尔兰民族问题的解决途径将很可能沿着和平、"非暴力"的轨迹发展。虽然在北爱尔兰赢得真正的、持久的和平之前,还会遇到一些艰难险阻,北爱尔兰的局势今后还有可能会出现新的反复,但我们相信,和平趋势已不可逆转,历史的伤疤总有一天会愈合。"和平最终代替战争、政治最终代替恐怖",一个和平、美好的北爱尔兰会在不久的将来出现在西欧。

英国对北爱尔兰和平进程的处理是一个值得借鉴的例子。北爱尔兰新教与天主教的斗争是一场数百年来的争斗。这场斗争不仅造就了今日爱尔兰与北爱尔兰的分裂,也引发了该地区自1960年之后数以千计的人员死伤。至今,虽然离北爱问题的解决还有相当的路程,但是敌对各方共同参加宪政过程开始,以及北爱共和军终于交出武器,为北爱尔兰的和平带来希望。

政府如果单纯通过暴力解决民族冲突,可能会"应急",但难以治本。事实上,政府作为公共权威机构,正是冲突社会化的产物,从根本上化解冲突是政府的基本职责。在民族冲突中的弱势者通常希望政府能成为冲突的调解者,并得到政府的保护或补偿。因此,政府在对民族冲突的各方的生存权与宗教、文化等方面的基本要求加以保护的同时,应该尽力去平衡这些冲突中不同民族的主张,制定和实施能够最大限度包容各方主张的法律与政策。

民族冲突各方如均不能摒弃前嫌,一味追究对方的过失而强调自身的利益,结果往往会加剧冲突,进而导致各方利益的损失与情感的伤害。对民族冲突各方来说也是如此,民族冲突各方的对立关系往往表现在诸多方面,比如民族认同意识,宗教、文化观念,经济、政治和社会地位等。如果单纯强调本民族的利益和要求,最终很可能将是各民族共同沦陷于血雨腥风之中并难以自拔。英国政府、新教徒及其政党,爱尔兰政府、天主教徒及其政党等参与北爱尔兰和平进程的各方,必须做出一定的妥协,才能推进北爱尔兰朝着和平的方向发展。

民族冲突的化解还需要各方学会相互合作和妥协。"合作或更高超的协调人类行为的艺术，是任何复杂而发达社会存在的基本前提。"北爱尔兰按照权力共享的政治架构使双方得以实现政治上的妥协，不失为谋求实现北爱尔兰和平的对策。在北爱尔兰的民族构成中，新教徒要多于天主教徒，如果简单实行多数决定的民主体制，天主教徒很可能被排除在社会、经济、文化及政治等有关决策之外，难以得到公正的待遇，由新教徒掌控的北爱尔兰地方政权也难以得到天主教徒的认同。而权力共享是用法律的形式肯定了该地区民族构成的现实，意味着在该地区生活的两个民族共同实施对本地区的管理。如果这一问题得到解决，北爱尔兰冲突双方的和解难点（关于北爱尔兰未来地位的认识分歧；关于双方准军事组织，特别是爱尔兰共和军的武装缴械的问题的认识分歧）将不攻自破。当然，在长期的历史发展中积累的冲突能量不可能随着和平协议的签订在短时期内得到释放，特别是双方认同的分歧也不可能轻易地被弥合。但是在这种合作和妥协的机制之下，北爱尔兰各族人民开始尝试相互了解、相互信任、共享权力、共建家园，这一不争的事实表明，该地区的和平开始进入了一个新的阶段。

在一个以强权统一的国度中，如果不顾及地区和民族差别，结果相对落后的民族就会为比较发达的民族所左右，民族国家的安全因此将受到严峻挑战。压迫与反抗的"孪生性"无数次警示人们，置地区与民族差别于不顾，过分追求主体民族的利益，将大大增加主权国家的分裂系数。"日不落"帝国昔日用武力将爱尔兰沦为英格兰的殖民地。马克思在1840年曾认为，"爱尔兰从英国分离出去是不可能的"；但是二十多年后，看到民族压迫的现状，他又得出了"分离是不可避免的"新的结论。后来发生的历史事实对经典作家语言的印证，让我们不得不对相关问题进行认真的反思。

《北爱尔兰和平协议》之所以能够成功，其关键因素在于协议的内容符合双方的利益与要求。虽然，英国仍然对北爱尔兰有统治权，但是，未来任何有关北爱尔兰地位的安排，只要是从该地区多数人民的利益出发所做出的决定，都会得到各民族的普遍支持，推动民族冲突的化解和该地区长治久安局面的形成。

（刘　泓）

第二章 西班牙的加泰罗尼亚问题

目前，西班牙不仅面临严重的经济危机，同时也深陷于微妙的政治迷宫当中：在加泰罗尼亚，分离主义诉求的增强直接威胁到西班牙的完整性（integridad）。在加泰罗尼亚，一些社会派别包括自治政府和地方议会的大多数议员现在提出，独立是摆脱经济危机最合适的道路。但是，加泰罗尼亚人要求建立一个自己的国家，却有着更为深刻和复杂的原因。

第一节 民族分离势力成长的土壤

作为法兰克帝国和阿拉伯帝国之间的边界，加泰罗尼亚这个"民族实体"（realidad nacional）是在9世纪开始其形成过程的。1148—1245年，随着反对伊斯兰教运动的发展，加泰罗尼亚这个特殊的民族实体，其势力范围扩展到了穆尔西亚地区和巴利阿里群岛。当时，巴塞罗那"伯爵领地"（Casa Condal）的内部结构包括三大单位：加泰罗尼亚公国（Principado）、瓦伦西亚王国和马洛卡王国。加泰罗尼亚社会的形成，是建立在这些地方的土生居民基础上的，但在不同时期也吸收了来自奥克、阿拉贡、穆尔西亚和安达卢西亚的移民。

在中世纪早期的几个世纪里，巴塞罗那伯爵领地一直行使一种真正的主权。但从1137年开始，由于王室联姻的关系，巴塞罗那历代伯爵也成了阿拉贡王国的国王。自1516年起，同样由于王室联姻，加泰罗尼亚—阿拉贡和卡斯蒂利亚始有同一个国王，这意味着加泰罗尼亚—阿拉贡开始被并入卡斯蒂利亚。但应该指出的是，加泰罗尼亚—阿拉贡仍保持相当程度的自治，拥有自己的一套行政体系、法律、财政、货币和经济。

　　1640 年至 1652 年，在法国帮助下，加泰罗尼亚为自己的独立打响了"分裂战争"（Guerra de Secesiòn）。1659 年签订的《比利牛斯条约》（Tratado de los Pirineos）确立了和平条款，其中包括西班牙国王把加泰罗尼亚北部割让给法国国王。今天，这个地方仍属法国。西班牙"王位继承战争"（Guerra de Secesiòn，1702—1714）结束后签订的《乌得勒支条约》（Tratado de Utrecht）规定，加泰罗尼亚各地区归西班牙治下，而米诺卡岛（Menorca）则割让给英国王室。1714 年，现被 300 年后的人们重新提起，成为加泰罗尼亚在 2014 年推动公投独立的噱头。

　　从 1714 年起，国家集权与自治主义诉求（自己的经济和行政管理，保护当地语言等）之间的张力，从来没有缓和过。19 世纪 30 年代末期，加泰罗尼亚出现了文化复兴运动（Renaixença），当时，这种具有民族特点的运动在欧洲许多地方都被掀起来了。1873 年 3 月 5 日，"加泰罗尼亚国"（Estado Catalàn）宣布成立，但只存在了两天。不过，这不是最后一拼。1892 年，加泰罗尼亚主义联盟（Uniòn Catalanista）大会通过了《曼雷沙基本主张》（Bases de Manresa），这其实是加泰罗尼亚宪法的一个草案，但它没有最终成文。

　　第一次世界大战之后，1919 年，加泰罗尼亚向西班牙政府提交了一份自治条例草案，但因普里莫·德·里维拉将军的独裁打压而胎死腹中。1931 年经市政选举后，西班牙宣布建立第二共和国，弗朗西斯科·马西亚[①]也借机宣布建立"加泰罗尼亚共和国"；但在与西班牙共和国临时政府多次谈判后，加泰罗尼亚共和国最后更名为"加泰罗尼亚自治政府"（Generalidad de Cataluña）。自治政府制定出了一份自治条例草案，在付诸公投时得到了绝大多数加泰罗尼亚选民的支持。但是，在与中央政府讨论的过程中，一些极端条款被删除了，最后在 1932 年获得了西班牙国会（Cortes）的通过。

---

　　① 弗朗西斯科·马西亚·玉萨（Francisco Macià Llusà，1859 – 1933）是持共和主义思想的西班牙政治家和军人，也是加泰罗尼亚独立主义者，曾任陆军中校、加泰罗尼亚自治政府主席，是加泰罗尼亚国家党（Estat Catalàn）和加泰罗尼亚共和联盟党（Esquerra Republicana de Catalunya）的创始人之一。

西班牙内战（1936—1939）结束后，获胜的佛朗哥将军废除加泰罗尼亚自治，实行一种残酷镇压的政策，把当时的大部分政治领导人、工会领导人及知识分子判处死刑或将其流放。加泰罗尼亚语也被严禁使用。

1975年佛朗哥死后，西班牙在1978年通过了民主宪法，这为恢复加泰罗尼亚自治打开了道路，自治再次得到广大加泰罗尼亚人民的支持。新的自治条例有效保证了加泰罗尼亚在国家体制内和睦相处，使其对国家管理发挥了积极作用。尽管有一些张力，但总的来看，社会各界绝大多数人对西班牙的国家体制一直是给予正面评价的；但在最近几年，由于分歧激化，加上经济危机，这使加泰罗尼亚的不满情绪日益累积，未来难料。

第二节 民族分离势力的形成与发展的历史考察

现行的《加泰罗尼亚自治条例》是2006年6月18日经公民投票通过的，它取代了1979年制定的自治条例。[①] 在加泰罗尼亚议会，88%的议员投了赞成票；这些赞成票来自加泰罗尼亚社会主义党（PSC）、团结与联盟（CIU）、加泰罗尼亚共和党（ERC）和多党联盟（ICV-EuiA，包括"加泰岁尼亚创新党""绿党""左派联盟"和"抉择"）。人民党（PP）投了反对票。后来，当加泰罗尼亚议会制定的这个自治条例草案遭到西班牙国会删改后，"加泰罗尼亚共和体制"退出了上述多数派。在国会大会投票中，该自治条例获得了189张赞成票和159张反对票。投赞成票的有西班牙社会主义工人党（PSOE）、团结与联盟、左派联盟（IU）、巴斯克民族主义党（PNV）、加利西亚民族主义联盟（BNG）和加那利联盟（CC）；投反对票的是人民党、加泰罗尼亚共和党和巴斯克互助联盟（Euzko Alkartasuna）。

加泰罗尼亚的大多数政党认为，1979年的自治条例限制太多，不

[①] 西班牙自我定义为"自治制国家"，包括17个自治共同体，另有休达和梅利利亚两个自治市。实行两种制度。三个"历史民族"拥有更多的职权。其他自治共同体的职权相对较少，尽管可以按照规定程序扩大其职权。

合时宜；因此，他们希望推动一个新条例文本，用以调整加泰罗尼亚与国家管理之间一直存在的职权冲突。新文本最主要的特点是，它为新的自治财政模式确定了基础。此外，该文本还有一种附加安排，让国家必须投入更多资金用于基础设施建设。

新条例的前言部分，记述了加泰罗尼亚议会的一次投票（1989年12月12日，无反对票）曾宣布加泰罗尼亚是一个"国族"（nación）。这一点一直饱受争议。主张文本要符合宪法的人们坚持认为，这个前言缺乏法律效力。新文本第八条本身也说："加泰罗尼亚作为一个'民族'（nacionalidad），如同第一条所言，拥有旗帜、节日和颂歌等民族象征（sìmbolos nacionales）。"

对新文本部分内容的意见分歧，导致有关方面向"宪法法院"[①]提出了七项诉讼，认为新文本的一些条款违宪。上诉者主要是人民党（认为有114条违宪）和"人民辩护律师"协会[②]（认为有112条违宪）。人民党认为，此一新自治条例其实就是一部平行宪法，这是西班牙现行法律制度所不可容忍的。尽管有这些诉讼，在长达4年的审理期间，加泰罗尼亚政府却是我行我素，依据该自治条例发布了许多法律（60多项），有些法律涉及前述七项诉讼提到的事情。

2010年3月，宪法法院做出长达881页的判决书，结束了对2006年提出的七项诉讼的审理过程；判决书指出："宪法只承认西班牙国族（nación），不承认其他国族"，从而排除了最具争议的问题之一，尽管这在加泰罗尼亚引起了特别强烈的反对。但判决书也指出，使用"国

---

① 宪法法院是执行解释1978年西班牙宪法的最高司法机构，其管辖权包括整个西班牙领土。宪法法院由12名大法官组成，经国王依据以下提名加以任命：（1）包括由两院组成的国会提名：众议院和参议院各提4人；被提名人须分别获得所在议院五分之三议员的赞成票。由参议院提名的人选，必须是其"自治共同体立法大会"建议的候选人。（2）政府提名：2人。（3）最高司法权力委员会提名：2人；被提名人须获得五分之三委员的赞成票（《司法权力组织法》第107条第2款规定）。宪法法院成员的选举取决于政治权力：在12名成员中，有10人是由政治权力直接提名的，另外2人由最高司法权力委员会提名；最高司法权力委员会在其行为上是独立的机构，但其组成则是由政治权力选举的。对各项宪法规定之最终解释权，属于宪法法院；这种解释包括指明各项规定的适用范围和界限。

② "人民辩护律师"协会是受瑞典议会监察专员制度影响而设立的，主要职责是确保1978年宪法第一章对公民权利（尽管实际上扩展到所有宪法权利）的保障，为此甚至可以监督政府部门的行为。

族"这个术语虽然不具法律含义,但从观念、历史或文化意义上把这个术语限于表达"一个民族集体的自我表现"(auto-representaciòn de una colectividad nacional),这也是合法的,可以完全合法地在民主秩序内得到包容,只是不要由此而引申出更多的意涵(如要求自决权)。总之,虽然宪法法院的判决认定在新自治条例的序言中使用"国族"不具法律效力,但却为使用这个术语背书了。

针对新自治条例的第八条,判决书指出,新自治条例不能否定宪法规定的"西班牙国族不可分裂的统一性",自治条例可以确立自己的民族象征,但不能因此对西班牙国族的象征形成竞争或矛盾。

加泰罗尼亚各党派推动新自治条例的重要原因之一,是旨在防止国家的"职权入侵"(invasiòn competetncial),因为国家与各自治共同体共享的职权通常是由国家进行立法的。新条例指出,这种立法只能"按照法律范畴的规范,依据基于宪法和本条例确定的法条",才可进行。宪法法院判决这一条(第111条)的大部分内容不符合宪法,指出自治条例不能解释国家对共享职权的立法应该遵守的规范范畴。

宪法法院还宣布新自治条例试图建立财政节制(esfuerzo fiscal)的条款无效。加泰罗尼亚试图防止的问题是:一个共同体有可能基于选举目的而降低税收,导致其资金出现严重短缺,这样一来,其他共同体就不得不出来为其填补窟窿。但判决书说,只有国家才具有为每个共同体确立财政节制程度的权能(potestad)。这样,由于认为财政节制的权能只属于国家且只能由国家行使,由地方单位确定和规定各自税赋的努力被宣布无效了。

相反,宪法法院赞同国家在加泰罗尼亚的投资,应与加泰罗尼亚地区生产总值对西班牙生产总值的贡献保持一致。

另一个问题是,宪法法院否决了建立"加泰罗尼亚司法理事会"作为该地区司法权行使机关的条款。

判决书有5张特殊票:4名保守派法官投票反对通过判决,1名激进派法官认为判决书自相矛盾、前后不连贯。

这样,经过加泰罗尼亚议会和西班牙国会通过并得到加泰罗尼亚人公投多数支持的自治条例,最后以7票对5票的宪法法院判决结果令其进行修改。支持这个自治条例的力量,感到他们为争取加泰罗尼亚在西班牙的新地位的努力失败了；当然，这种努力在很大程度上是为加泰罗尼亚人民（pueblo catalàn）而赌博，为其争取自我决定未来权利的机会；此外，也有一些人显然是为独立而赌博。

第三节 民族分离势力的影响

一 财政赤字

近年来，加泰罗尼亚一直呼吁中央政府签署一份解决"财政赤字"问题的协议。那问题是什么呢？答案是加泰罗尼亚的贡献与从国家得到的回报之间的差距；换句话说，国家在加泰罗尼亚获得的税收，与国家在加泰罗尼亚的开支之间存在问题。根据不同的计算方法，加泰罗尼亚政府认为这种差距占其生产总值的5.8%—8%。许多民族主义者认为，这是加泰罗尼亚没有得到公平对待的证据。在他们看来，财政赤字就是在加泰罗尼亚的公共资本投入少，基础设施和服务设施投入不如其他地区多，这对加泰罗尼亚生产总值的增加产生了负面影响。一些分析人士认为，如果这种财政赤字降低到加泰罗尼亚生产总值的5%，加泰罗尼亚的人均财富将提高35%—59%，这将使加泰罗尼亚人的收入高于欧元区的平均水平。[①]

中央政府拒绝了这种申辩，其依据是：税收不是地区而是个人缴纳的。[②]加泰罗尼亚的富裕程度高，税收也就多；如果同意签署这样的协议，尤其是考虑到贫困地区与富裕地区的差距日益扩大，就难以保证为地区间互助提供足够的资金。

自治共同体的财政模式，一直是引起中央政府和自治政府之间争吵不休的原因。简单来说，这个模式就是国家征税，自治共同体按照收到的转移支付进行消费。根据加泰罗尼亚自治政府的统计，2009年，加泰罗尼亚的财政赤字占其生产总值的8.4%，约合164.09亿欧元。居

[①] 拉蒙·德莱莫沙—巴尔塞斯：《反对增长的互助》，《加泰罗尼亚经济杂志》2005年第28期，第81—104页。

[②] 安赫尔·德·拉富恩特：《黑天鹅还是老母鸡？加泰罗尼亚财政赤字前瞻》，SEPI基金会，2012年10月号。

住在加泰罗尼亚的公民上缴的税收，占中央政府收入的19.5%，但只获得14%的转移支付。在中央政府看来，这一赤字问题可以通过中央政府对加泰罗尼亚财政给予额外补助来解决，但加泰罗尼亚要求制定另一种模式的协议则有点过分，尽管中央政府不否定加泰罗尼亚的贡献。

中央不同意加泰罗尼亚的经济盘算，加剧了主权冲突的爆发。加泰罗尼亚政府提出走向独立之路的诉求，或至少走向建立一种联邦政府，其最重要的理由之一，就是经济因素（掠夺、财政协议、经济协调、自治财政改革）。

团结与联盟（CIU）现在是加泰罗尼亚政府的执政党，在其还是加泰罗尼亚政府反对党的时候，其领导人阿图尔·马斯曾与西班牙政府前首相、西班牙社会主义工人党领袖萨帕特罗达成协议，双方商定泰罗尼亚财政制度的定稿留待加泰罗尼亚自治条例改革时一并通过。也就是在宪法法院对加泰罗尼亚自治条例改革方案进行修改时，团结与联盟利用与萨帕特罗达成的这个财政协议作为最重要的选战砝码之一，赢得了在加泰罗尼亚各地的选举。这个协议（pacto）确定的加泰罗尼亚的财政制度，实际上与巴斯克地区的《经济协定》（*Concierto Econòmico*）相同。人民党否定这个协议，一开始就建议财政自治制度的改革必须一揽子解决，尽管人民党后来又纠正了自己的建议，及至完全放弃了。

应该指出，西班牙的自治共同体（17个）并非一律实行相同的财政制度。比如巴斯克地区和纳瓦拉，就不实行通常的财政规制，根据宪法规定，这两个共同体拥有另外和不同的财政制度。在巴斯克地区，这一制度被称为《经济协定》，这种制度的基本特点是：巴斯克各省的管理机构"议员团"（diputaciones）收缴各种税收，然后支付由国家提供的不是巴斯克地区职权范围的各种服务的开支。支付的数额叫"份子钱"（cupo）。估算份子钱是多少，经常引起争执。实行这种财政制度的结果，是这两个自治共同体享有更多的人均资源；由此，这两个自治共同体在"经济合作与发展组织"（OECD）的排名中位于前列。该组织是由最发达国家组成的，发达的标准包括教育或卫生开支等。

根据安赫尔·德·拉富恩特的估计，该制度每年可为巴斯克地区带来约45亿欧元的好处，几乎占其年产总值的7%。这归因于该协定使巴斯克地区不需向"自治共同体平衡制度"提供资金，而这种平衡制度则使其他自治共同体都有可能需要做出贡献；这还归因于按照对国家职责的评估而支付的份子钱通常是向下调，以及归因于对巴斯克地区与中央行政管理之间的增值税（IVA）分配，实行的是价值不对等的估算。所有这些，使巴斯克和纳瓦拉两个地区享受到的人均财政比实行一般财政制度的其他地区的平均水平高出60%。

团结和联盟坚持的财政协议，同样试图使自治政府掌握在加泰罗尼亚收缴的所有税收，然后再支付国家在加泰罗尼亚提供的服务费用。这样，加泰罗尼亚就可以决定本地区税收的用途。与巴斯克地区《经济协定》不同的是，加泰罗尼亚提出的财政制度包括向"地区间互助"（solidaridad entre regiones）提供资金，但额度不能超过加泰罗尼亚生产总值的4%这一底线。

人们经常援引的参考标准是德国的财政制度，该制度规定富裕国家的人均财政占有量（recursos financieros）不应低于欧盟平均水平。这就是说，加泰罗尼亚对地区互助的贡献应有限度。加泰罗尼亚自治条例的修订之所以纷争不已，最重要的原因之一，就是在财政制度模式上采取德国标准，以此限定加泰罗尼亚对地区互助的贡献。加泰罗尼亚自治政府的初衷是，在经过国家政策的财政平衡后，不要使加泰罗尼亚的人均财富排名下降。专家和商界人士认为，不应把自治财政与人均财富联系在一起，或许应该像德国那样，把自治财政与人均财政联系起来。不管采取哪种方式，根据阿方索·乌第亚和安娜·罗雷两位教授的研究，如果实行一种类似于德国的经济制度，最大的受益者将是最富裕的地区。[①] 如果采纳团结与联盟领导下的自治政府所希望的财政制度，那么，所有自治共同体之间享有服务平等这一条，将会受到损害。

安赫尔·德·拉富恩特是研究自治财政制度的专家，他的估计是：如果赋予加泰罗尼亚一种类似于巴斯克地区的人均财政制度，这将导致其他自治共同体减少160亿欧元的收入。这个数量意味着其他自治共同体的人均财政将下降12%左右。不过，由于加泰罗尼亚的岁入水平低

---

① 阿方索·乌第亚、安娜·罗雷：《自治共同体财政平衡制度的可行性：德国和加拿大模式在西班牙的应用研究》，参见 http://eprints.ucm.es/6797/1/0218.pdf，最后访问日期：2013年9月6日。

于巴斯克地区，加泰罗尼亚的财政增量实际可能在110亿欧元左右，这样，其他地区的人均财政下降幅度便是8%左右。

但是，考虑到国家职权如能正确行使（不像在巴斯克地区那样），加泰罗尼亚的财政增量可能会减少10亿欧元。但安赫尔·德·拉富恩特认为，如同在巴斯克地区发生的那样，政治压力无论如何都会对财政收入的估算产生影响；因此，需要其他自治共同体承担的费用会在110亿欧元左右。这位专家说，如若实行巴斯克地区那样的《经济协定》，这将会导致产生一种悖论：一个其收入高于西班牙平均水平的自治共同体，反倒可能从国家其他地方获得净补贴（subvenciòn neta）。

加泰罗尼亚自治条例的最近改革是推动自治财政制度的变化，结果将会使加泰罗尼亚的人均财政占有量，从低于全国平均水平而一跃高于全国平均水平。根据初步测算，新的财政制度将会使加泰罗尼亚成为继巴利阿里群岛和马德里共同体之后，财政状况比以前大大改善的第三个自治共同体，其人均财政占有量将比全国平均水平高出1.5%。如果这个新的财政制度"一飞冲天"（velocidad de crucero），安赫尔·德·拉富恩特的研究结果就是如此。

二 语言浸透

新自治条例提出西班牙语和加泰罗尼亚语在权利和义务上平等。自治条例文本规定，如同西班牙语一样，人们有义务"认识"（conocer）加泰罗尼亚语，以巩固加泰罗尼亚语作为加泰罗尼亚公共管理部门的"正式用语和优先用语"的地位，以及作为"交流和教学正式用语"的地位。条例还规定，加泰罗尼亚语和西班牙语在加泰罗尼亚地区是共同官方语言（lenguas co-oficiales），所有人都有权利使用这两种语言。

这种规定也引起了争论。最高法院在判决书中没有提及将加泰罗尼亚语视为"自己的语言"（lengua propia）的概念问题，但否决了"认识加泰罗尼亚语的义务"之规定，理由是这个义务与宪法对西班牙语确定的义务不可相提并论。

新自治条例第25条说的是教学中的语言权利。该条款规定加泰罗尼亚语应作为交流语言和学习语言得到正式使用，确定学生在义务教育阶段结束后，有权利和义务在读写两方面同时熟练掌握加泰罗尼亚语和西班牙语。

《加泰罗尼亚教育法》的通过（135 名议会成员中仅有 17 票反对），使加泰罗尼亚语教学"浸透模式"（modelo de inmersiòn）获得了支持，而对人们指责这是要"放弃"（desterrar）西班牙语在加泰罗尼亚课堂上的教学不理不睬。相反，教育法解释说，这是一种保护性反应，旨在防止加泰罗尼亚语的衰落，保证学生完全掌握两种语言。1994 年，宪法法院批准了这种教学模式，将其纳入积极歧视的措施之列，认为这是纠正语言传承不平衡状况的有效办法。1998 年通过的《语言政策法》为保证西班牙语的学习，规定每周 3 小时学习加泰罗尼亚语、2 小时学习西班牙语。根据官方数据，2011—2012 学年，只有约 4600 名加泰罗尼亚学生申报西班牙语教育课程。而在 2012—2013 学年，则仅有 17 个家庭为其子女申报用西班牙语授课。

2007 年的《国际学生阅读能力报告》（Informe Pisa）证明①，"经济合作与发展组织"国家的平均分数是 477 分。在西班牙，中小学生的西班牙语阅读能力是 461 分。但加泰罗尼亚的中小学生分数较高，其西班牙语阅读能力是 477 分；另外两个有自己语言的地区加利西亚和巴斯克的情况也类似，分别是 487 分和 479 分。由此可见，围绕语言教学的辩论现在过于政治化了，远离了本该优先考虑的教育学标准。

第四节　民族分离势力的发展趋势

加泰罗尼亚独立还是保持联邦西班牙？上述这些分歧加之经济危机及其产生的影响，导致加泰罗尼亚政府与中央政府之间的不和日趋严重。2012 年 9 月 11 日，加泰罗尼亚举行"民族日"（La Diada）庆祝活动，其中提到了 1714 年加泰罗尼亚失去独立一事；巴塞罗那有 100 万—200 万民众，举行了要求独立的游行示威。

从中央政府方面说，复归集权之声和西班牙民族主义的高涨，很难

---

① 参见 http://www.feteugt.es/data/images/2007/Documentos-Informes/DOCINF13 - 2007.pdf，最后访问日期：2013 年 9 月 6 日。

找到双方对话的空间。那些重任在肩的政党和中央媒体，发动了激烈的反加泰罗尼亚运动，及至发生对加泰罗尼亚产品的抵制。这对本已降低的互信是火上浇油，造成了难以修复的情感裂痕。

面对集中制与独立之争，其他解决方案如联邦制西班牙，现在似乎都已失去了其吸引力。在加泰罗尼亚，也仅有加泰罗尼亚社会主义党（PSC）支持联邦制西班牙的方案。从某种程度上来说，当前的危机也是20世纪政治加泰罗尼亚主义之危机；政治加泰罗尼亚主义一直主张把自治制国家改为联邦制国家，调整1978年的法律—宪法框架对各个历史民族（nacionalidades històricas）的地位规定。

尽管"联邦"的字面意思是另一种统一方式，但不少人认为，从自治制国家向联邦制国家转变，意味着西班牙向解体又迈出了一步。但无论如何，要维护政治—领土统一，则需要进行能够重塑信任和忠诚的新设计。反之，如今处在萌芽期的政治危机，很可能向不可逆转的方向发展。

西班牙几个地区的民族主义出现于20世纪初期，在佛朗哥的近40年独裁统治下一度沉寂之后，到70年代再度强势回归；这在很大程度上归因于中央政府倾向建立统一的生活方式和使用一种语言（西班牙语）的负面政策的影响。此外，也归因于佛朗哥采取鼓励西班牙人移居加泰罗尼亚以使该地区西班牙化的政策。现在，这些人中的许多人或他们的后代，都热情地拥抱加泰罗尼亚主义理想。

加泰罗尼亚是西班牙最为活跃的经济体之一。加泰罗尼亚是西班牙第一旅游目的地，其经济总量占西班牙经济总量的20%左右；加泰罗尼亚的出口贸易额超过国家出口贸易总额的四分之一，而吸引外资的能力在西班牙17个自治共同体中遥遥领先。西班牙的注册企业，加泰罗尼亚几乎占20%，全国排名第一。加泰罗尼亚若独立，将会给西班牙带来严重的财政预算问题，也会给欧元区造成很大的负面影响。

加泰罗尼亚的独立主义是和平和民主的，例如，它没有像巴斯克政治那样产生了埃塔组织（ETA）的暴力问题。2006年自治条例改革（74%的市民投票赞成）的失败，导致了分离主义情绪的高涨。多项调查结果显示，赞成分离主义的市民现占加泰罗尼亚市民总数的50%

（2005 年不到 15%）。这种变化不仅仅是经济危机造成的，而且有更为深刻的原因。马德里和巴塞罗那的政治议程，现在是背道而驰。这需要靠宪法和政治规则来解决。

西班牙宪法不允许某个自治共同体举行全民公决使自己脱离西班牙。无论是政府还是议会，现都不会考虑修改这一宪法规定。然而，加泰罗尼亚政府有可能在 2014 年举行全民公决，甚至在英国的苏格兰之前举行，以避免苏格兰的全民公决结果给自己带来不利影响。加泰罗尼亚也许会推迟举行全民公决，将其作为 2016 年的选举动员之一提交给市民决定。

参考文献：

Alland, Alexander, Jr., *Catalunya, one nation, two States. An ethnographic study of nonviolent resistance to assimilation*, Palgrave MacMillan, New York, 2006.

Anguera, Pere; Duch Plana, Montserrat, *Los gobiernos de la Generalitat, de Macià a Maragall*, Editorial Síntesis, Madrid, 2008.

Coll, Joaquín; Fernández, Daniel, *A favor de España y del catalanismo. un ensayo contra la regresión política*, Edhasa, Barcelona, 2010.

García Rovira, Anna Maria, *España, ¿nación de naciones?*, Marcial Pons, Madrid, 2002.

Gimeno Ugalde, Esther, *La identidad nacional catalana. Ideologías lingüísticas entre 1833 y 1932*, Iberoamericana Vervuert, Madrid, 2010.

Ortiz Heras, Manuel. *Culturas políticas del nacionalismo español. Del franquismo a la transición. La Catarata*, Madrid, 2009.

Moreno Luzón, Javier. *Izquierdas y nacionalismos en la España contemporánea*, Fundación Pablo Iglesias, Madrid, 2011.

Pont, Albert, *Escucha, Sefarad. Los motivos que llevaron a la independencia de Cataluña, Ediciones Invisibles*, Barcelona, 2013.

Pujol, Jordi, *El caminante ante el desfiladero. Cuando todo es difícil y necesario*, Barcelona, Proa, 2012.

Rama, Carlos M., *La crisis española del siglo XX*, FCE, México, 1990.

Saz, Ismael y Archilés, Ferrán, *Estudios sobre nacionalismo y nación en la España contemporánea*, Prensas Universitarias de Zaragoza, Zaragoza, 2011.

Solé Tura, Jordi, *Nacionalidades y nacionalismos en España：autonomías*, *federalismo*, *autodeterminación*, Alianza Editorial, Madrid, 1985.

Vidal-Folch, Xavier,*¿Cataluña independiente?* La Catarata, Madrid, 2013.

（［西］徐利奥撰，朱伦译）

第三章 前南斯拉夫的科索沃问题

2008年2月17日，科索沃总理塔奇宣布科索沃从塞尔维亚独立。一时间，科索沃再度成为世人关注的热点。在科索沃宣布独立之后的第二天，美国和欧洲几个大国纷纷予以承认，而以俄罗斯为代表的若干国家则表示坚决反对。科索沃独立问题的背后隐藏着的大国博弈迅速凸显。于是，有关科索沃独立是否符合国际法、美国等西方大国的霸权计划和科索沃问题产生的历史原因等问题的研讨将人们的目光逐渐聚拢起来。

科索沃为什么要独立？除了外界因素的推动（比如米洛舍维奇时代所实施的压制少数民族的民族政策，美国等西方国家的不断干预等）外，科索沃地区的阿尔巴尼亚人自身的原因是什么？科索沃独立的症结是什么？科索沃问题应如何解决？人们从法学、政治学和历史学角度所作出的相关考虑，并没有对上述问题给出比较明晰的答案。故此，我们试图从民族学的视角入手，通过探讨科索沃阿尔巴尼亚民族主义与地区建构的相互关系，为人们进一步认识和理解相关问题提供点滴可以借鉴的东西。

第一节 民族分离势力成长的土壤

科索沃是原南联盟塞尔维亚共和国的自治省。位于塞尔维亚南部，面积1.1万平方公里，碳、铅、锌、铬和银含量丰富。首府为普里什蒂纳。人口为200万，其中90%的居民为阿尔巴尼亚族人，其余多为塞尔维亚族人和黑山族人。语言为阿尔巴尼亚语。塞尔维亚语现在很少用。

从20世纪80年代末起,科索沃的阿尔巴尼亚族人一直在谋求科索沃独立。自1999年以来,科索沃一直在联合国的托管之下。科索沃的地位问题一直随东西方代表不同文明的大国的关系而起伏不定。阿尔巴尼亚族人把它视为自己的"摇篮",而塞尔维亚人则认定它是自己的"圣地",这种斗争延续长达近千年。

阿尔巴尼亚族人是巴尔干半岛上的本地居民,罗马帝国时期信奉基督教,奥斯曼帝国统治时期皈依了伊斯兰教。塞尔维亚族人是南下到巴尔干的斯拉夫人与当地人融合而成的南部斯拉夫人,拜占庭帝国时期信奉东正教。在奥斯曼帝国统治巴尔干的五百年中,阿尔巴尼亚人主导着科索沃。两次巴尔干战争和第一次世界大战之后,塞尔维亚人在同宗(都是斯拉夫人)、同教(都信东正教)的俄国人支持下控制了科索沃。第二次世界大战期间,阿尔巴尼亚族人在德国的支持下试图建立一个大阿尔巴尼亚,但随第三帝国的灭亡也化为泡影。到战后的两个南斯拉夫时期,阿尔巴尼亚族人只能是非主体民族,科索沃也只是受塞尔维亚共和国控制的一个自治省。然而,对于这些阿尔巴尼亚族人始终难以接受。南联邦解体之前,阿尔巴尼亚族人试图以政治手段实现"自己成为主体民族,科索沃升格为共和国"的要求,科索沃地位问题表现为政治危机;南联邦解体之后,阿尔巴尼亚族激进分子开始试图以武力手段实现这些要求,科索沃地位问题逐渐演变成暴力冲突。随着南联邦、南联盟和塞黑的先后解体,塞尔维亚族的可控范围越来越小,但是,在科索沃独立问题上仍然坚定地坚持以往的立场。

在科索沃境内到底还居住着多少塞尔维亚人,目前并没有准确的统计。一般的估计认为,科索沃有200万阿尔巴尼亚人,塞尔维亚人可能在10万—20万人。在靠近科索沃与塞尔维亚交界的北部地区,塞尔维亚人居多。特别是北部城镇米特罗维卡,塞尔维亚人占绝对多数。在科索沃其他地区也散布着塞尔维亚人。

从历史上看,科索沃是塞尔维亚人的发源地。12—14世纪,塞尔维亚人生活在科索沃地区,并在科索沃境内留下了许多著名的宗教文化建筑。在土耳其帝国统治科索沃时期,塞尔维亚人大批离开科索沃,前往北部地区。而科索沃阿族人的出生率一直很高。由此导致了科索沃阿族人逐渐增多。随着时间的推移,科索沃地区逐渐被阿尔巴尼亚人占据，塞尔维亚人就成为科索沃地区的少数族裔。在科索沃，随处可以见到的景象都显示出这里长期盘旋的暴力阴影。北约军队、联合国的武装守卫以及科索沃警察无处不在，控制着很可能一触即发的紧张局势。在一些较小的城市如奥拉霍瓦克等，塞维亚尔族和阿尔巴尼亚族仍然共同生活在同一个城市内，但是塞尔维亚族通常聚居在与阿尔巴尼亚族人分开的街区。科索沃的塞尔维亚族人也因为害怕遭到辱骂或袭击而很少前往城中的阿尔巴尼亚族聚居区。

第二节 民族分离势力的形成与发展的历史考察

从理论上讲，民族是一种"对他而自觉为我"的社会分群形式，也是一种"想象的政治共同体"，并且是被想象成范围有限、享有主权的共同体。[①] 作为民族的信条，民族主义强调民族与国家的关系，本质是民族国家的内部事务或国家的基本属性，内涵主要包括从本族利益出发的社会和政治运动、属于本族的情感或意识、本族的语言和符号体系以及国家的建立和发展过程等。[②] 国家是民族的代表，国家利益是民族意志的体现。民族主义的内涵是国家属性，民族主义的表现形式往往以国家的面目出现。在地区建构的进程中，民族利益的动力主要体现在它的建构作用上。

民族利益是一个难以给出明确界定的概念。它涉及的内容十分丰富，其构成要素不具有可操作性。就其界定和实施途径而言，在理论和实践上都存在许多值得探讨的东西。但其内涵所指的内容则是公认的——涉及国家存亡的因素通常都应属于它所包含的范畴。

在族际关系中，民族之间的互动关系不仅塑造着族际关机的结构，而且塑造着民族利益。参与地区化进程，是因为民族在族际互动关系中建构了共同利益。共同利益是民族利益的叠合，是其对族际环境和族际问题享有相近观点的产物。共同利益包括政治安全、经济利益、意识形

[①] 本尼迪克特·安德森：《想象的共同体：民族主义的起源与散布》，吴叡人译，上海人民出版社2001年版，第5—6页。

[②] Anthony D. Smith, *Nationalism: Theory, Ideology, History*, Polity Press, 2001, pp. 6–7.

态和宗教文化等方面。共同观念是产生共同利益的基础。共同的敌人可以让民族走向联盟或联合，共同的威胁可以让不同的民族加强合作。民族利益的地区建构作用因此得以形成。

在当今族际关系下，民族利益的地区建构作用主要包括如下内容：其一，地区化的地域性。在地理相近的诸民族中，族际间的观念具有更大的相似性。在传统传播方式的时代，这一规律至关重要。同一地区的不同国家具有相似的传统文化，这是共有知识产生的主要条件，因此也成为合作与共同利益的基础。地域性因此成为地区化的首要特征。其二，在当今族际关系下，任何民族都是地区体系中的一员，若要实现民族利益，就必须融入地区化进程。其二，共有观念使民族之间能够产生相互信任，即使它们之间存在冲突性利益，也会选择以平等合作的方式解决问题和冲突。共同的安全政策和经济政策就有出现的可能。

地区化的形成过程也是民族利益的重新界定过程，这是地区对民族的反作用的表现。地区建构既然是民族利益的体现，地区主义则理应成为民族决策的重要环节。民族利益的形式和内涵就超越了民族的居住地范围，并纳入了"跨族"因素。族内政治与族际政治的互动关系由此越发密切。仅仅关注本族利益并不能真正促进民族利益，也不符合地区发展的必然要求。于是，地区问题、地区利益就演变为民族决策制定过程中的重要构成要素。在地区化、全球化语境下，地区主义或地方主义逐渐成为世界潮流，民族越来越重视通过"地区"来促进民族利益，地区间的竞争态势也逐渐发展成为族际竞争之外的重要形式。地区建构进程往往伴随着民族权利观念的变化及其重新界定。

长期以来，阿尔巴尼亚民族主义和前南斯拉夫国家利益既与宗教、语言、历史传统和领土纠纷等密切相关，也深受外部势力对其渗透和争夺左右。

从理念上讲，社会稳定与经济繁荣应是科索沃地区利益的重中之重。具体来说，科索沃地方政府应建立相关机制，形成健全的货币流通体系和稳固而具有透明度的财政制度，以便使科索沃出现可持续性的经济发展，有效地运用各国的援助资金和物资；应优先考虑提高政府的行政能力、教育、卫生保健、基础设施建设、恢复经济秩序及地区开发等方面的投入。

然而，民族主义的表现形式和本质内容对地区利益的内涵具有相当的规范作用。事实上，理念上的地区利益的内涵与现实社会中各民族对国家利益的认知存有差距。阿尔巴尼亚民族主义特有的表现形式，界定了不同民族主义在国家重建中的具体目标指向，以及多民族地区内部的不同民族集团的利益疆界。作为各民族利益叠合的国家利益（包括政治安全、经济福利、意识形态、宗教文化等），对科索沃地区各民族而言是一个模糊的、不确定的概念，一种尚未被全体人民所认同的思想理念。各民族对本族体的忠诚往往会超越对国家的忠诚，他们将对本族利益的获得与保护放在首位，而将地区利益（各民族的共同利益的反映）束之高阁。

1. 民族主义的表现形式

学术界对于民族主义这一术语的界定，至今没有达成共识。可基本认同的是，因各国历史、文化、宗教等方面的差异，民族主义的表现形式形形色色，其特征也不尽相同。大体说来，科索沃阿尔巴尼亚民族主义的表现形式主要包括：

其一，大民族主义。强调科索沃地区的人口大族阿尔巴尼亚人的政治、经济、社会和文化权利。比如本族成员在法律方面的平等、共同的公民文化与意识形态等，较少考虑其他少数民族的利益。主要体现为在地方权力和资源的分配中，通常以忽视或无视塞尔维亚等少数民族的利益诉求为代价。他们虽然宣布独立，力图控制科索沃的统治权，但没有任何迹象反映出他们能够制定和实施一套可以使各族人民安康幸福的政策和措施。按照设想，独立后的科索沃应该按照民主价值而非种族来建立军队。但是在筹备成立科索沃独立后军队的一所军校，学生中并没有塞族人。24岁的军校生卡德里·波利沙说："我们的军队不存在歧视。"这群军校生的指导员贝拉特·沙拉上尉也解释说："我们试图招募塞族人，我们去高中与他们谈话，但是没有塞族人感兴趣。"最后一轮谈判破裂后，数以万计生活在科索沃的塞族人因害怕可能发生的动荡和种族清洗，纷纷准备逃离科索沃。距科索沃首府普里什蒂纳以北十多公里的巴宾莫斯特村生活着200多户塞族和50户阿族。17岁的塞族女学生玛丽亚·尼科利奇告诉《每日电讯社》记者："我担心会出现暴力事件。因为过去的战争，阿族人恨塞族人。如果（科索沃）宣布独立，我将看不到未来，找不到工作，没有自由。"尼科利奇说，塞族人担心他们会丧失一切。"谁会买我们的房子？卖都卖不出去。"阿族人知道，他们早晚会得到。驻守在科索沃北部的北约部队副司令尼尔斯·托埃明上校认为，科索沃独立将导致科索沃塞族人大批逃离。米特罗维察镇位于科索沃塞族地区。25岁的塞族女大学生塔尼娅说，她的朋友们都已经打好行囊，随身带好护照，随时准备逃离。

其二，民族权利主义。其主要依据是血缘和语言，目标是寻求本民族地方独立。如在阿尔巴尼亚族中存在的分离主义分子和独立运动。许多周边国家与阿在经济发展水平上的明显差异，对阿尔巴尼亚族产生了强烈的诱惑，进 步引发了他们对现实处境的不满，接受境外"友人"的"援助"，与之结成"同盟"便成为自然而然的事。

2. 民族主义与国家利益的悖逆

民族主义与国家利益之间存在着密切的联系。通常说来，民族主义是建构民族利益的文化符号和政治思想，国家利益是民族主义存在和发展的衡量物，是决定民族对外决策行为的原动力，是构成族际关系的内在动因。地区获取合法性的基础是，它作为政治经济组织存在的实质体现为，服务于地区中的每个人，为其提供不可划分的、普遍的利益。换言之，地区应该体现民族意志，促进民族利益。在民族与地区的相互建构中，地区获得了统治人民的合法性，民族集团获得了可以代表他们利益的归宿。

那么，阿尔巴尼亚民族主义和科索沃地区利益之间的关系如何？可以说，长期以来，阿民族主义和国家利益始终没有摆脱对抗状态，主要表现如下：

（1）民族主义成为分离国家主权的重要理念。

随着阿尔巴尼亚大民族主义的盛行，民族权利主义理念和实践得以不断发展，并形成一定规模。一些阿尔巴尼亚族激进分子开始认为，只有主权才能使其免受塞尔维亚族的压迫并张扬其民族文化，主张通过建立本民族控制的政府来寻求能够充分体现自身价值的最理想的管理形式。

（2）民族主义为国家利益的实现设置了重重障碍。

个人与民族融为一体的民族具有强大的生命力，强大的民族方能建立强大的国家。这一点对于阿各民族而言，无疑是其在相当长的时间里所应树立和追寻的信念与理想。在阿民族主义框架下，人民并未成为国家政治的组成部分。他们可以为本民族利益流血牺牲，但难以将地区视为本族和个人的意志及命运的精神体现。维系各族集团成员个人与地区间心理纽带的赢弱、纤脆，致使地区失去了稳定的结构和力量基础。

（3）民族主义未能为国家取得合法性提供有效力量。

国家的存在和发展要求个人对国家的忠诚。这既是地区政权获得合法性的基础，也是地区力量和效率的体现。国家的凝聚力和人民对它的忠诚，取决于地区保证个人利益的能力。事实上，阿尔巴尼亚民族主义未能为地区提供取得合法性的有效力量。在阿尔巴尼亚民族主义框架下，人民国家的忠诚严重缺失。他们大多认为国家是抽象的、遥远的，而家族和民族才是具体和最值得效忠的。

第三节 民族分离势力的影响

阿尔巴尼亚民族主义不同的表现形式和本质内容，界定了不同的具体目标指向和族裔利益，同时，地区利益的模糊也为民族主义运动提供了损害地区利益的理由，从而使民族主义与地区利益之间的关系呈现对抗状态。其中的动因是什么？能否找到其中的答案，是塞尔维亚和国际社会能否应对由这种"悖论"引发出的各种问题和困难的基本前提。

阿尔巴尼亚民族主义与国家利益之间的关系为什么是悖逆的？归纳起来，其主要内容大致包括：

一 维系各民族经济联系的纽带十分脆弱

地区化产生于大量的区内根源。其基本根源是，在国家拥有的疆域内现代化大生产及其造成的统一的国内市场的出现。而这一切对科索沃而言至今还只是"乌托邦"。旷日持久的内战如无人理睬的血腥厮杀，使原本贫穷落后的国家几乎到了无路可走的地步。在科索沃战争中，大部分基础设施遭到破坏，只有农业有望收获。科索沃是南斯拉夫最贫穷的省之一，也是欧洲最穷的地区之一。据美国《时代周刊》报道，科索沃战争造成5000名南军警丧生，1500平民被炸死，数以万计的军人和平民受伤致残。这一数字是北约轰炸前阿族和塞族相互冲突造成

2000 人死亡的 3 倍多。据联合国难民署的报告，战后有 24 万塞族和其他非阿族难民逃离科索沃。

二　建构地区认同的政治基础薄弱、残缺

长期以来，在与"盟友"的关系不断加强的同时，阿尔巴尼亚族人与塞尔维亚的关系正在逐步疏远。当科索沃总理塔奇宣布科索沃从塞尔维亚独立时，欢呼的阿尔巴尼亚人手中挥动的是美国的星条旗。

各族集团实力的有限以及对其共同利益的淡漠，民众反政府情绪的高涨及其对能够代表其利益政党的渴望，为各类政党和政治家登台亮相提供了契机。这就使得其举措难以不违背地区利益和各族人民的共同利益、不带有极端主义的倾向。有人甚至指出，科索沃各党领导人"不断膨胀的私欲是阿战火长燃的唯一驱动力"。任何"民族党"的"民族"涵盖面都是有限的，它无法吸纳本民族的全部成员，无法阻止其他"民族党"的形成，更无法改变其与生俱来的"少数人"的身份和地位，地区利益从而受到巨大危害。

或许屡受侵略的经历塑造了阿尔巴尼亚人好战的性格，在相对封闭的地域内形成的种族、部族和家族是科索沃社会最基本的结构和联系网络。

三　"大民族"的缺失

多民族国家的建构过程是一个不断增进权力共管、国家统一、文化同质的过程，其他社会、政治力量的意向难免与之相悖。非主体民族集团与主体民族集团必须寻找到诸民族利益的结合点并以之为行为准绳，以对地区或国家的忠诚代替对民族的忠诚，是多民族国家生存的基本条件。在地区化过程中，主体民族必须不断地完善自己，使自己有能力采取向非主体民族倾斜的政策，有实力为各民族共同利益的发展主动做出必要的利益让步。

塞尔维亚各民族中一直没有出现一个可以将各民族统一起来的"大民族"①。塞尔维亚人不是这样的民族。其一，经济发展状况尚不足以

---

① 参见恩格斯《致卡·考茨基（1882 年 2 月 7 日）》，《马克思恩格斯全集》第 28 卷，人民出版社 1980 年版。

决定其在多民族国家中的"大族"地位。塞尔维亚国内的纷争与动荡是其经济能力欠缺的突出表现。自独立以来，塞尔维亚经济始终没有走出低谷。塞尔维亚族人内部不同利益集团间的矛盾冲突不断削弱着自身的凝聚力和整体实力。其二，文化上并非得到国内其他民族的充分认同。如阿尔巴尼亚人依然热衷沿袭原有的生活方式。其三，从民族意识上看，各利益集团之间矛盾重重。从整体上讲，他们对自身的存在、地位、利益、价值和文化传统的自觉，尚未达成共识。

四 为科索沃独立创造了条件

阿尔巴尼亚民族利益与国家建构的悖逆，为科索沃独立提供了种种条件，也使得塞尔维亚人维持国家统一的努力举步维艰。主要表现如下：

第一，推动了几大派系对科索沃的染指。

科索沃独特的地理位置使其具有重要的战略地位，各国都希望在这里扩大自己的影响；而因民族利益与地区建构的种种悖逆所引发的分离国家主权活动，国家稳定结构和力量基础以及人们对地区忠诚的缺失，政府保证人民个人利益的有限性等问题，又为几大派系染指科索沃问题提供了契机。在处理科索沃独立问题过程中，塞尔维亚政府和人民应始终掌握主导权，而其他各方应充分尊重其主权独立和领土完整。但几大派系为实现自己的政治、经济利益，不断插手科索沃问题，实际上已使科索沃再度沦为大国争夺的战场。

科索沃独立牵动有关方面的政治神经和现实利益。除与塞尔维亚和科索沃阿族直接关联外，科索沃问题也引起了美国、俄罗斯和欧盟的高度关注。美国和多数欧盟国家支持科索沃在国际社会监督下实现独立，并表示只有科索沃独立才能保证巴尔干地区的稳定。出于地缘政治利益的考虑，俄罗斯反对科索沃单方面宣布独立。科索沃这块不足9000平方公里的弹丸之地缘何引起大国的关注？从地理位置看，科索沃所在的西巴尔干的战略地位极其重要，历来是大国角逐的重要场所，例如，俄罗斯反对科索沃独立就有对未来新的能源渠道的考虑。从历史的角度看，科索沃所在的整个巴尔干地区是名副其实的"火药桶"，即使"冷战"结束后，强国争夺势力范围在该地区的斗争始终没有停止，例如，美国迫切希望在该地区进行民主改造计划的实验。从现实形势看，科索沃的民族宗教问题错综复杂，例如，前南斯拉夫地区分裂的"后遗症"依然存在，刺激巴尔干地区的许多民族重新需要树立民族认同感。基于上述考虑，有人评价说，科索沃是反映当前世界政治"地图"深刻改变的一份晴雨表。

第二，阻碍了国际人道主义援助。

处理科索沃独立问题是一项长期的综合工程，不可能一蹴而就，需要国际社会做出长期的努力，需要联合国继续发挥积极的协调作用。国际社会对科索沃能否给予有力而持久的支持，直接关系到科索沃民族和解、社会稳定和经济发展的真正实现。

科索沃宣布独立后，首先将面临的就是严重的经济问题，科索沃境内的大部分用电是靠塞尔维亚输送，塞尔维亚目前已经部分拉断了通往科索沃的电网，科索沃未来有可能陷入黑暗。另外，可以预计塞尔维亚将会对科索沃实施封锁，科索沃也会在短时间内遇到粮食困难。科索沃百姓的生活可能只遇到短时间的困难，因西方社会会从各方面给予支援。对于科索沃，最重要的是缺乏管理人才，尤其是国家体制、司法方面的人才以及技术人才，但这不是马上就能得到解决的。为保持地区经济的稳定，科索沃目前并不会立即发行自己的货币，而是继续选择使用塞尔维亚货币作为流通和结算工具，这将能最大限度地保持科索沃经济稳定，并能有效地保护科索沃居民们的财富。科索沃议会议员卡姆—克拉斯尼奇在接受记者采访时称，科索沃议会此前已经召开了紧急会议，就组建独立的国防力量一事进行了表决通过。虽然科索沃议会就组建国防军达成了一致，但截至目前，尚未最终确定科索沃军队的规模、装备体系以及训练模式等。

那些要对科索沃实施人道主义援助的国家，从维护自身国家利益出发，对其所要提供的具体援助难以不持谨慎态度，不大可能在目前其前景未定的情况下采取实质性的援助措施。而国际社会如不能尽快提供切实有效的帮助，科索沃前景将面临严峻的考验。

第三，推动了内部纷争的持续存在。

当民族主义成为分离国家主权的重要理念时，各种力量的持续对抗便顺理成章地获得了存在的前提。科索沃各方力量常常能便捷地接受边界外国际"朋友"的帮助,从中获得继续对抗的力量。科索沃问题,参与者很多。塞尔维亚和科索沃虽然是当事双方,但它们却决定不了自己的命运,手握决定权的却是欧美俄三方。

第四节　民族分离势力的发展趋势

认同是一个学科交叉术语。它的生成意义在于构建有关"我们是谁""我们与他人差异"方面的概念。民族认同是国族认同的基础,国族认同是国家利益的重要组成部分,从某种意义上说,是国家存在和延续的关键。实现从民族认同到国族认同的转变过程,也是民族的国族化过程。认同理论有两种,即个人认同和集体认同。

实现塞尔维亚的统一是科索沃地区利益的重中之重。但迄今为止,这个问题并未得到科索沃各族的普遍认同。事实上,地区利益的重塑成为塞尔维亚捍卫国家统一的当务之急。这便意味着科索沃各族应完成从民族认同到地区认同的转变。

一　调整民族认同

民族认同虽然具有形成后的惯性和稳定性,但不是一成不变的,可根据环境和条件的变化而不断自我调整。民族认同是集体认同的基本对象,但不是终极指向。随着经济的发展,民族难以完全满足其成员的多元化的诉求。以地区认同取代民族认同,意味着认同的层次多元化的出现。这是多层次、多维度的族际关系与国家关系发展的必然要求。民族主义可以利用民族利益、民族安危等词句去动员人民服从地区这个集体。

民族利益与利益观念的变化与扩展,可使地区认同的出现成为可能。地区认同是以传统文化符号作工具,通过民族集团的组织和制度化建立起来,可通过民族集团政策加以引导和塑造。民族间共有观念的形成,既是历史的产物,也是民族地区化及其互动的结果。换言之,地区化是现代民族促进民族利益的手段,地区认同也是民族利益的建构结果,在族际互动过程中形成的共同利益观念建构着地区认同。

实现从民族认同到国家认同的转变,既是主权国家的基本属性和必然要求，也是科索沃各族人民从其民族主义自身特性出发所做出的客观选择。

从科索沃民族构成和民族主义的表现形式看，在科索沃作为主权国家的一部分的发展进程中，地区认同赖以生存的基础始终是脆弱的、不完整的，民族的地区化始终难以完成。换言之，主权国家的属性和功能因为民族认同的脆弱和不完整而难以得到体现与释放。这便是科索沃长期动荡的关键所在。

可见，实现从民族认同到地区认同的转变，是塞尔维亚捍卫国家统一的基本前提，是塞尔维亚作为主权国家的基本属性和谋求生存发展必然要求。

实现民族认同向地区认同的转变，是塞尔维亚作为多民族国家针对其民族主义的上述特征，谋求生存和发展的客观选择。多民族国家的建立过程是一个不断增进权力共管、国家统一、文化同质的过程，其他社会、政治力量的意向难免与之相悖。实现民族认同向地区认同的转变意味着，非主体民族集团与主体民族集团必须寻找到诸民族利益的结合点并以之为行为准绳，以对国家的忠诚代替对民族的忠诚。在这一过程中，主体民族必须不断完善自己，使自己有能力采取向非主体民族倾斜的政策，有实力为各民族共同利益的发展主动做出必要的利益让步，从而使多民族国家获得生存的基本条件。

二 调整原则

国家认同的形成要求国族属下各民族人民改变传统的认同方式，在认同层次中纳入"国族"观念，并且将之作为新型的认同对象，支持本民族归属的国家政策，挑战曾经作为最高认同对象的"民族"。

从本质上说，实现民族认同向地区认同的转变过程，是民族集团、主权国家政府协调个人利益、民族利益和国家利益的过程。集团越大，个体获得集体收益的份额就越小，即使集团能够获得一定量的集体物品，其数量也是远低于最优水平；任何个体或集团子集从集体物中获得的收益很可能不足以抵消他们为此所支出的成本，而获得集体物所要跨越的障碍却要增多。当这些利益相抵触时，民族集团、主权国家政府应当遵循的原则是：个人利益、民族利益与国家利益间尽可能兼顾和协调；民族利益与国家利益间尽可能兼顾和协调；在确实难以充分兼顾和协调的场合，这三类利益应有轻重缓急次序，当依据具体情况而非抽象原则来确定。同时，应较多地关注人类共同体利益或全球安全，它们尚无足够有力和独立的权威代表，需予以格外关照。

三 调整途径

实现从民族认同向地区认同的转变是理性化活动。在这一过程中，"通过给予人民一套符号，使狭小和局部的认同，归属于一个更大的认同，以允许统治者获得合法性……有效地管理整个国家"[1]。而地位与文化是这种集体认同构建的基本因素。对力图维护科索沃统一的塞尔维亚而言，可通过以下途径来实践上述原则：

其一，改善不同群体、不同阶级、不同阶层之间的不平等地位，以及不公平和不合理的社会现象。

包括通过营造适应现代化的政治、经济和文化氛围；提高社会"弱势群体"和"边缘人群"的收入；实行法律面前人人平等；尊重和承认少数民族使用本族语言的权利和合法性等措施，使其客观认识和解决自身发展的困难，正确对待现存的国际政治经济秩序，等等。以此增加上述人群改善社会地位的机会，消除不同地位集团之间的壁垒。

其二，建立能够容纳不同民族利益观念的文化体系。

通过保存和发展族裔框架下的体现血缘意义的本土文化，构建公民框架下体现共享的法律意义的公共文化，将民众的族裔共同体与地域政治共同体相融合，在国族领土范围内将公民共同体相联合，并使之融入为各族成员所认同的文化共同体中。民族国家的理想和结构，民族国家与国族认同的统一因此得到巩固和强化。

在多民族国家中，国家利益应是各民族利益的叠合，是不同民族集团对国内问题和国际环境享有一致或相近认知的产物。民族利益的建构作用通过各民族因应对共同的非安全因素而组建的联盟或联合而得以

---

[1] Ernst B. Hass, *Nationalism, Liberalism, and Progress* (Vol.1): *The Rise and Decline of Nationalism*, Cornell University Press, 1997, p.30.

形成。

　　民族主义的表现形式和本质内容对国家利益的内涵具有相当的规范作用。在当今的科索沃社会，理念上的地区利益的内涵与现实中各民族对地区利益的认知差距甚远，各族往往将对本族利益的获得与保护放在首位，对自己族体的忠诚超越于对民族国家的忠诚。阿尔巴尼亚民族主义特有的表现形式，界定了不同民族主义在地区建构中的具体目标指向，也界定了不同民族集团的利益疆界。

　　民族主义与现代主权国家是共生关系。从人们共同体的发展进程看，在今后相当长的时间里，主权国家仍将长期充当国际关系中的行为主体，民族主义因此并非全球化所能取代的过时的观念，其存在和发展的合理性不会因其具有变态的表现形式而丧失。

　　科索沃各民族利益的重塑已成为塞尔维亚维护国家统一的当务之急。民族认同是地区认同的基础，地区认同是地区利益的重要组成部分，从某种意义上说，是主权国家存在和延续的关键。地区利益的重塑将通过实现从民族认同到地区认同的转变完成。这既是主权国家的基本属性和必然要求，也是科索沃各族人民从其民族主义自身特性出发所做出的客观选择。从本质上说，实现民族认同向地区认同的转变过程，是民族集团、主权国家政府协调民族利益、地区利益和国家总体利益的过程，也是一种理性化的活动。对重建中的阿富汗而言，其实践途径主要包括改善不同群体、不同阶级、不同阶层之间的不平等地位，以及不公平和不合理的社会现象；同时，建立能够容纳不同民族利益观念的文化体系。

　　多民族国家自身的问题还需靠自己解决，塞尔维亚的统一需要动员国内各民族的力量，政府和各族人民应当始终掌握主导权。他国的干涉往往会加剧问题的复杂性和尖锐性，国际社会应充分尊重其主权独立和领土完整。同时，塞尔维亚的统一需要国际社会做出长期努力，需要联合国继续发挥积极的协调作用。科索沃各方力量在接受来自国际社会的人道主义援助的同时，应对接受几大派系所提供"外援"的利与弊有清醒的认识：这类"外援"几乎都是有"条件"的；在获得"外援"的同时，很可能会失去更多。

　　从历史上看，一个地区能不能独立成一个新的国家，是与该地区所属的母国的力量和稳定密切相关的，三次民族国家独立浪潮都是原先的政治结构瓦解的结果，只要所在母国强大稳定，就不易出现分裂的情况。

一个新的民族政治国家宣布独立，除了领土、人口、政权这些基本要素，最重要的是得到国际承认。联合国只有接受一个国家为会员国的权力，并没有承认一个国家独立的权力。实际上，科索沃宣布独立，是前南斯拉夫解体后，该地区变化的一个尾声，只具有这个局部地区的意义，从现在的欧洲、亚洲、非洲和美洲等各大洲的地缘政治版图来看，基本都是相当稳定的，全球并没有哪个地区的政治秩序出现巨大变化的表现，因此科索沃独立不可能是什么新的国家独立浪潮的导引，也不可能被模仿。

确立人权优先的理念，如同守护自己的权利一样尊重他人的权利，善于换位思考，坚持以和为贵，这应当作为现今人类文化的特有内涵，并成为各国政府和人民立于世界的应有形象。

（刘　泓）

第四章 格鲁吉亚的阿布哈斯问题

"高加索"一词不仅指高加索山脉本身，而且包括山脉两侧的广大地区，它自西北向东南横贯于黑海、亚速海和里海之间，总面积约44万平方公里。高加索北部多是草原，南部多是山区。高加索南部有两条山脉，即北边的大高加索山脉和南边的小高加索山脉。大高加索山脉以北称"北高加索"（又称"前高加索"），面积约25万平方公里；大高加索山脉以南直至小高加索山脉南麓地区称"南高加索"（又称"外高加索"），面积约19万平方公里。外高加索地区北面是俄罗斯北高加索地区，南面是土耳其、伊朗。

高加索地区位于欧亚大陆连接处，属于麦金德所称的欧亚大陆的心脏地带，地缘战略位置重要，早在两个多世纪前，这里就是俄罗斯、土耳其和波斯三大帝国的必争之地。高加索地区以资源丰富著称，很早就是沙皇俄国和苏联重要的石油、天然气和粮食供应地，石油化工工业较发达，多条石油管道和天然气管道通往俄罗斯、乌克兰、黑海港口。20世纪后期，其东侧的里海又发现了数百亿吨的石油和数万亿立方米的天然气资源，被称为"当今世界最后一片尚未开发的油气丰富蕴藏地"①。

苏联解体前，高加索地区曾是苏联的领土范围。苏联解体后，这里从政治上分成了截然不同的两个地区。北高加索地区，位于俄罗斯境内西南部，主要包括俄罗斯联邦克拉斯诺达尔边疆区和斯塔夫罗波尔边疆区，以及俄罗斯的几个少数民族自治共和国，它们是：车臣共和国、印古什共和国、塔吉斯坦共和国、卡巴尔达—巴尔卡尔共和国、北奥塞梯共和国等；南高加索地区，是苏联解体后新独立国家——格鲁吉亚、阿

---

① 《"管道斯坦"》2003年12月24日，香港亚洲时报在线。

塞拜疆和亚美尼亚三国所在地。由于居住在高加索地区的民族很多，其宗教信仰也存在很大的差异——大部分原住居民主要信仰伊斯兰教，因而随着这里的政治变动，该地区的局势也就变得动荡起来。

第一节 民族分离势力成长的土壤

阿布哈兹是格鲁吉亚共和国境内的民族自治共和国，位于黑海之滨，是格鲁吉亚重要的工业基地和出海口，面积8600平方公里，总人口约54万（1991年），现人口18万。其中，主体民族阿布哈兹人9.2万，占17%，格鲁吉亚人占44%，俄罗斯人占16%，亚美尼亚人占15%。[①] 早在苏联时期，阿布哈兹就有意脱离格鲁吉亚，其原因与历史上格鲁吉亚政府对该地区的民族政策有关。据有关资料记载，1921年，阿布哈兹族在当地占人口总数的80%，后来由于格鲁吉亚政府的强制移民政策，致使阿族人口大大减少，到1992年仅占17%，从而使得阿布哈兹族对格当局的民族政策一直心怀不满。

20世纪80年代末期，随着苏联迅速泛起的各种民族主义思潮，阿布哈兹也很快出现了要求独立的运动。1989年3月，阿布哈兹提出脱离格鲁吉亚，要求以自治共和国的身份加入俄罗斯，或升格为加盟共和国，直属苏联。此举遭到了格鲁吉亚人的强烈反对，4月初在格鲁吉亚首都第比利斯市发生了反对阿布哈兹人民族分离行为的大规模群众示威游行。4月8日，该游行进一步升级发展成反苏活动，要求格鲁吉亚退出苏联，成为主权国家。1990年8月，阿布哈兹发布共和国主权宣言，自行升格为主权共和国，并宣布退出格鲁吉亚。[②] 此后，两个民族之间的敌视情绪和冲突程度愈发强烈。1990—1991年加姆萨胡尔季阿当政期间，由于上层集团内部的矛盾和斗争，放松了对阿布哈兹的控制，阿布哈兹民族分离分子得到了进一步的发展。

1992年7月23日，乘苏联土崩瓦解、各加盟共和国一片混乱之机，阿布哈兹宣布独立，欲成为主权国家，这个决定随即遭到以谢瓦尔德纳

---

① 高放主编：《万国博览》（亚洲卷），新华出版社1998年版，第364页。
② 李静杰、郑羽主编：《俄罗斯与当代世界》，世界知识出版社1998年版，第235页。

泽为首的格鲁吉亚当局的反对。7月25日,格当局宣布阿布哈兹的决定"没有法律效力",并决定在全国"恢复政权"。8月11日,格鲁吉亚内务部长格文察等人在去该国西部与前总统加姆萨胡季阿的支持者讨论民族和解问题时,被扣为人质并被送到阿布哈兹关押。在交涉无效的情况下,格政府决定以武力营救人质,进而解决阿布哈兹分裂问题。8月14日,格政府军越过因古里界河攻进阿布哈兹首府苏呼米。格鲁吉亚的这次行动导致政府军与阿地方武装之间发生了大规模武装冲突,从此,格鲁吉亚进入内战状态。1992年9月3日,俄罗斯总统叶利钦邀请格鲁吉亚和阿布哈兹领导人到莫斯科举行会晤,双方达成停火和格鲁吉亚撤军等协议。但事后这项协议并未得到遵守,双方之间冲突不断,规模越来越大。9月28日,俄罗斯与格鲁吉亚领导人再次会晤,重新确定了三方监督委员会的工作日程。俄方表示要扩大俄罗斯驻阿布哈兹的俄罗斯军队力量以保障铁路运输的通畅,而格鲁吉亚领导人则认为正是俄罗斯"某些势力"对阿布哈兹的支持,才使得战争愈演愈烈,所以格方要求俄罗斯撤军,格俄矛盾开始凸显出来。1993年3月,俄罗斯军用飞机在阿布哈兹袭击了格鲁吉亚的武装力量,使格俄之间的矛盾激化,阿布哈兹的局势也更加复杂。5月14日,俄罗斯又促成格阿双方商议停火,但并没有起到约束作用。7月2日,格阿冲突再度爆发,双方都动用了重型武器,数百人在战斗中丧生。为此,俄罗斯又再度出面调解,促成双方在7月27日达成停火协议,由俄罗斯派出观察员和军队监督停火协议的执行。格鲁吉亚政府开始从阿布哈兹撤出部分士兵和武器,阿布哈兹迎来了短暂的和平。

然而,和平并未维持多久。1993年9月中旬,在经过一年的停停打打后,阿布哈兹地方武装决定展开决战。他们以重兵进攻阿首府苏呼米,很快就打败了格鲁吉亚政府军,并于9月30日又占领了政府军控制的奥恰姆和加利两点据点。实际上控制了阿布哈兹共和国全境。12月2日,在俄政府的干预下,格阿双方在日内瓦签订一项关于停火问题的备忘录,紧张局势趋于缓和。1994年5月14日,格阿双方代表在莫斯科正式签署了隔离双方武装力量的协议,由3000名俄罗斯军人以维和部队的名义进驻阿布哈兹地区。1994年9月,俄罗斯总统叶利钦在索契会晤格阿双方领导人,要求冲突双方尽量保持克制,寻求共识,并就长期停火达成协议。

尽管如此，阿布哈兹执意要脱离格鲁吉亚独立的步伐还是没有停止。1994年11月26日，阿布哈兹最高苏维埃通过《阿布哈兹宪法》，宣布阿布哈兹为"主权的民主国家"。同一天，阿布哈兹最高苏维埃在一个声明中说"阿布哈兹并非要中断与格鲁吉亚间的谈判过程，而是希望能通过它建立一个拥有两个平等主题的联邦国家，并建议加强这个过程"①。阿尔津巴先生于1994年12月6日"就任"了阿布哈兹"共和国总统"。

1996年4月17日，格鲁吉亚议会通过一项《关于解决阿布哈兹冲突的措施》的决议，从中指示格鲁吉亚外交部应重申设在第比利斯的阿布哈兹自治共和国最高委员会和部长议会乃是唯一合法的国家权力和行政机关，并代表阿布哈兹人民的利益。② 阿布哈兹领导人阿尔津巴先生指出这一决议只为企图妨碍和平进程，并表示阿与格鲁吉亚仅仅要建立一种"联邦式联合体"。③

1996年11月23日，阿总统阿尔津巴先生宣布将进行新一届的"议会选举"。尽管国际社会多次呼吁，在就阿布哈兹的政治地位达成尊重格鲁吉亚主权和领土完整协议之前，不要进行这样的选举，但"议会选举"如期进行，第二轮选举将在12月7日举行。

1997年4月14日，格鲁吉亚总统谢瓦尔德纳泽和阿布哈兹领导人阿尔津巴在第比利斯举行会晤。双方就和平解决相互之间的争端问题达成一致意见，签订了《格鲁吉亚和阿布哈兹双方会晤声明》。声明指出，双方决心结束武装冲突，恢复和平生活及相互尊重的关系；双方承诺不使用武力解决存在的矛盾和问题，并保证在任何情况下要避免再发生流血事件。但是，有关阿布哈兹的政治地位等根本性问题并没有达成一致意见。停火协议签订一年后，1998年2月，在第比利斯发生了刺杀总统谢瓦尔德纳泽的事件，5月阿布哈兹民族分离分子借机在加利地

---

① 联合国安理会1995年S/1995/1（6 January 1995）号关于格鲁吉亚阿布哈兹局势的报告。
② 联合国安理会1995年S/1996/507（1 July 1996）号关于格鲁吉亚阿布哈兹局势的报告。
③ 同上。

区制造事端，同格武装人员发生冲突，造成人员伤亡。此后在俄罗斯和国际社会的干预下，5月25日，格阿双方代表在加格拉又签订《关于停火和撤离武装编队的议定书》。格鲁吉亚与阿布哈兹双方于1998年7月23日至25日在日内瓦举行第二次会议。

时至今日，双方虽尚未发生大的冲突。但对于阿布哈兹在格鲁吉亚未来政治地位这一根本问题没有取得任何进展。阿布哈兹的分离运动也没有得到很好的遏制。同时，由于武装冲突造成的大量难民至今都没有得到妥善解决和安置。

第二节 民族分离势力的形成与发展的历史考察

除掉历史的恩怨，只有9万阿布哈兹族人口的小国敢与格鲁吉亚分庭抗礼，其身后当然有一定背景，而这个背景与俄罗斯有关又不言而喻。

对阿布哈兹来说，早在苏联时期，阿布哈兹与莫斯科的来往就多于自己首都的第比利斯。阿布哈兹作为一个温水海洋的出海口，其绮丽的风光让俄罗斯人几十年来一直把这里当成度假的好去处。每到旺季，阿布哈兹几个沿海城市的大街小巷、海岛酒吧都挤满了前来旅游、度假的俄罗斯人。有人还在这里购置不动产，建造别墅，使人感到阿布哈兹已经完全融入了俄罗斯人的生活。几十年来，阿布哈兹与俄罗斯的关系一直非常融洽，并长期处于俄的保护之下，在经济上也更加依赖于俄罗斯。

对俄罗斯来说，格鲁吉亚本是苏联的一个加盟共和国，是俄的势力范围，但格的民族情绪却特别强烈。在苏联解体过程中，最早宣布独立的是波罗的海沿岸三个加盟共和国，而紧随其后的就是格鲁吉亚。1991年12月独联体成立时，唯独格的代表只以观察员身份参加会议。这一点令俄罗斯感到十分不快，并一直耿耿于怀。其原因如下：

其一，从国家安全和军事战略上来说，这些国家就像是一道天然的屏障，在俄罗斯和北约成员国土耳其之间形成了一个重要的缓冲地带，对俄南部安全意义重大。

从这个角度出发，俄罗斯不希望看到苏联的三个"外高加索"（又称"南高加索")国家发展成强有力的独立国家。而阿布哈兹的独立要求正好为俄干预格鲁吉亚内部事务、制约格鲁吉亚提供了一个契机。俄通过阿布哈兹危机，迫使格政府不得不把莫斯科作为自己的一个不可绕过的伙伴。

最终，格鲁吉亚不得不忍受俄军在它的领土上占有四个重要的军事基地，即瓦济阿尼、古达乌塔、阿哈尔卡拉基和巴统。根据格俄协议：瓦济阿尼和古达乌塔已于2001年7月1日撤出；另两个基地的命运还在继续谈判之中。

2008年8月26日，俄罗斯总统梅德韦杰夫签署命令承认南奥塞梯和阿布哈兹独立。2008年9月10日，俄罗斯与阿布哈兹建立正式外交关系。2008年12月23日，俄罗斯外长拉夫罗夫宣布，俄罗斯在2009年与阿布哈兹签署一份军事合作与边境防护协定。2010年2月17日，俄罗斯与阿布哈兹签署一项协定，俄将在阿布哈兹建立一个大型的永久性的军事基地。这项决议将为阿布哈兹以一个独立国家的身份发展奠定基础。

至今，在阿布哈兹，驻有一支3000人的俄军"维和部队"和400多个武器装备。① 显然，它既威慑住了格鲁吉亚，又把阿布哈兹纳入了俄罗斯的管辖圈内，延长了俄罗斯的黑海海岸，保障了它的安全。阿布哈兹是打开格鲁吉亚的钥匙，格鲁吉亚是打开高加索的钥匙，如今这两把钥匙都捏在了俄罗斯的手中。

其二，从石油地缘政治的角度看，这些国家可以为里海和中亚的大量石油资源提供运输通道。

早在苏联时期，阿塞拜疆的首府巴库的石油曾在俄罗斯的经济发展中占有重要地位。它始终是一些国家，主要是英国和土耳其垂涎的目标。随着外高加索三国的独立，石油问题自然又成了主要问题。许多国家对里海新发现的石油很感兴趣，如果油价适当的话，这些油田的预计产量能够促进欧洲和亚洲一部分地区的经济发展。然而，随着苏联的解体，这些石油如何过境，由哪个国家来控制等成了新的争夺

---

① 米哈伊尔·维格南斯基：《俄罗斯与格鲁吉亚将在撤军问题上讨价还价》，俄罗斯《新闻时报》2004年1月15日。

对象。

在这里，苏联时代遗留下来的那些石油基础设施对俄罗斯很有利。输油管是通往北方的。但莫斯科在这方面遇到了两个问题。第一个问题是这些设备已经老化，设备陈旧，而且加工能力有限。第二个问题是这些输油管道都是通过塔吉克斯坦和车臣的，苏联时代有许多规模很大的炼油厂，其中一家就在车臣首府格罗兹尼。

在这种情况下，从20世纪90年代中期美欧石油公司投资开发里海油气资源开始，美国政府就着手策划未来的油气输出的走向。并先后推出巴库—第比利斯—杰伊汉石油管道和土库曼斯坦—跨里海—阿塞拜疆—格鲁吉亚—土耳其天然气管道两个带有浓厚政治色彩的方案。美的战略意图是通过这个计划在里海和高加索地区建立起一条完全由美控制的"东—西向能源运输走廊"。美之所以选定外高加索作为过境路线，首先是为了绕过南部的伊朗和北部的俄罗斯，其次是为了把沿线国家的经济通过该走廊联系在一起，并牢牢控制在自己手中。这是美国控制在中亚和外高加索整体战略中的重要内容。该计划也得到了安卡拉的支持，因为通过这项计划，它那"泛土耳其主义"的一些梦想就可能实现。然而，俄罗斯人反对这样做，它想绕过车臣从北面建一条新的输油管道。因为不论车臣的政治—军事问题如何解决，那里的旧设备已经不能再继续使用了。

从上述美设计推出的油气管道方案中我们不难发现，其中的任何一条管道都是途经格鲁吉亚的，可见格鲁吉亚在这两条路径中实际上都起了一种纽带连接作用。也就是说，在美的油气战略中，格鲁吉亚是一个不可绕开的国家。所以，俄罗斯从维护自身的经济利益出发，也不能视而不动，不能不对格鲁吉亚施加影响。因为，只有格鲁吉亚保持中立，俄罗斯才能腾出手来对付其他问题。

其三，南高加索独立国家的事态对仍属俄罗斯的北高加索谋求独立的地区，如车臣，产生重大影响。

从俄罗斯方面来说，它也不希望阿布哈兹发展成真正的独立国家。如果阿布哈兹真正独立成国的话，对仍属于俄罗斯的北高加索地区的一些山地民族寻求独立必将产生巨大影响。在紧随其后，俄罗斯境内北高加索发生的车臣危机中，俄罗斯更加坚定了这种想法。在阿布哈兹危机过程中，高加索山地民族曾组织了近万人的"高加索山地民族联盟"①支援阿布哈兹。而车臣的西部是奥塞梯，也是崇山峻岭，山区部落民风强悍，如果与车臣结盟，并联合巴尔卡尔等北高加索民族对抗俄罗斯，那么，自乌克兰独立后，俄罗斯仅剩的一段黑海海岸（大约300千米）将受到严重威胁。从这个角度出发，就不难理解，俄罗斯之所以用双重标准对待格鲁吉亚国内的分裂问题，一方面是为了控制格鲁吉亚北方阿布哈兹的200千米海岸，因为它不仅延长了俄国的黑海海岸，而且保障了它的安全。另一方面，阿布哈兹是牵制格鲁吉亚，使其受制于俄的砝码。

第三节　民族分离势力的影响

早在1904年，英国地缘政治学之父麦金德就表示，谁能控制高加索与中亚地区，谁就能主宰世界。美国著名战略学家布热津斯基也曾表示，美国想继续维持世界独霸局面，就必须介入该地区事务，并作为美国21世纪的外交政策。②

作为一个潜在的经济目标，南高加索作为大高加索不可分割的一部分，拥有丰厚的自然资源。据初步估算，这一地区蕴藏着大大超过科威特、墨西哥或北海的天然气和石油。除此之外，该地区还有横贯大陆的贸易通道——在连接远东、中亚、欧洲和中东的丝绸之路的复兴中发挥着战略性作用。③ 因此，得到其资源并分享其潜在的财富成了各方寻求的目标，多国利益在此发生碰撞也就不是偶然的了。

对俄罗斯而言，在苏联解体之前，进入该地区的途径完全由莫斯科所垄断。所有的铁路运输、油气管道，甚至航空运输都得通过莫斯科这个中心来运营。随着外高加索三国的独立，俄罗斯如何继续保持在这一地区的主导并获得资源，不再仅仅是一个简单的经济利益的问题。用俄

---

① B. 别德索夫斯基：《高加索山地民族联盟》，http：//www.nasledie.ru/oboz/。

② 布拉明·季米特洛夫：《中亚和高加索：俄罗斯与美国之间》，http：//cge.evrazia.org/。

③ 奥列格·格鲁帕伊：《南高加索：利益的转折关头》，俄罗斯《红星报》2006年10月18日。

罗斯地缘政治学家的话说，谁控制或主导进入该地区的途径，谁就可能赢得这一地缘政治和经济的大奖。①

对美国而言，该地区在地缘战略上对美国的含义是十分清楚的。虽然相距遥远，无法在欧亚大陆的这部分成为主导力量，但它的利益是在苏联解体之后的欧亚大陆保持地缘政治多元化，因而不能不参与这一地区事务。而这一地区的所有国家都认为，美国的参与对它们的生存是必要的。

从经济上来说，美国的首要利益是帮助确保没有任何一个大国单独控制这一地区的油气资源。保证全世界都能不受阻挡地在财政和经济上进入该地区，也就是说只有中东这一地区彻底实现经济全球化的时候，该地区的地缘政治的多元化才有可能变成一个持久的现实。

正是出于这种考虑，才使油气管道问题成为影响里海盆地的未来问题。如果连接这一地区的主要管道继续穿过俄罗斯领土到达俄国的黑海港口新罗西斯克，即使俄罗斯不公开炫耀实力，这种情况的政治后果也会自然地显现出来。这一地区仍将在政治上依附于俄罗斯，而俄罗斯在决定如何分配该地区的新财富问题上就会处于强有力的地位。反过来，如果有另一条管道穿过里海通到阿塞拜疆再经过土耳其到达地中海，或者还有一条管道经过阿富汗到达阿拉伯海，那么就不会有任何一个大国垄断进入该地区的途径了。因此，必须反对俄罗斯为垄断该地区的途径而做的努力。

20世纪90年代中期以来，美国先后出台了里海能源运输走廊计划，而其西欧盟友——欧盟几乎同时也搞出了一个欧盟—高加索—亚洲运输走廊计划。两个计划如出一辙，绕过俄罗斯途经外高加索，其根本用意都是弱化俄在交通方面的优势。阻止俄罗斯单独主导这个地区的地缘政治空间。美国这样做不仅是在谋求它更大的欧亚地缘战略目标，而且也通过争取丝毫不受限制地进入这个至今还封闭着的地区，维护其本身日益增长的经济利益以及欧洲和远东的利益。

从地理位置上来说，高加索地处欧亚大陆的心脏地带。它对于俄罗斯就像是自家后院，其重要性就像中美洲对于美国一样。因而，控制了

---

① 弗·穆欣：《俄罗斯的新地缘政治目标》，俄罗斯《独立报》2003年8月29日。

高加索,也就等于堵住了俄罗斯的后门,牵制住了俄罗斯。同时,它至少还对与其直接接壤的另外两个较强大的邻国土耳其和伊朗有重要意义。

基于上述原因,近十年来,按北约战略专家的说法,北约一直在以两种方式卷入高加索事务。一是通过欧洲侧翼地区常规武装力量协议;二是通过"和平伙伴关系"计划来限制俄在该地区的军事力量。① 北约的目的十分清楚:借苏联解体、俄罗斯内外交困之机,控制高加索,使其在政治、经济和军事意义上成为自己的势力范围。2000年5月,美国前国务卿奥尔布赖特曾明确表示,"援助地理位置具有战略意义而且能源资源十分丰富的中亚和高加索地区各民主国家,非常符合美国的国家利益"②。北约高级官员则更加直截了当:所有高加索和中亚国家将来都有可能加入北约。

北约在高加索的战略意图早已引起莫斯科的警惕。俄国家杜马的职业政治家们提出,克里姆林宫应实施"大高加索战略",奉行长期开发北高加索的政策;强化与苏联各加盟共和国的联系;理顺同伊朗、土耳其这些与高加索毗邻国家的关系;在"大高加索战略"框架内对俄黑海和里海政策做出通盘考虑和统一部署;建立统一的高加索安全体系,排除外来势力对高加索地区安全事务的干预。2001年1月9日,俄联邦总统普京访问阿塞拜疆,成为出访外高加索的第一位俄联邦总统。俄罗斯媒体一致认为,莫斯科终于确立了外高加索在俄对外政策中的优先地位。

第四节 民族分离势力的发展趋势

如果说阿布哈兹危机为俄干预格鲁吉亚内政提供了一个契机或突破口的话,那么,对于美国来说,阿布哈兹危机则为美国插手外高加索事

---

① 尤·彼得罗夫斯卡娅:《北约准备高加索战争》,俄罗斯《独立报》2004年8月13日。

② Пламен Димитров, Средняя Азия и Кавказ: Между россией и США. http://cge.evrazia.org/.

务提供了立脚点。

因为西方一直指望把格鲁吉亚和阿塞拜疆作为削弱俄罗斯在外高加索传统势力的立脚点。美国谋求在外高加索站住脚,它首先会依靠格鲁吉亚。在美国看来,格鲁吉亚显然是一把可以锁住整个高加索地区的钥匙。其现有的基础设施将有助于解决进入亚美尼亚的交通问题,确保里海油气资源的过境运输。其次,从其境内观察谋求加入核俱乐部的伊朗也十分便利。除此之外,美国甚至还可以通过格鲁吉亚把埃里温、巴库和德黑兰的内外政策引向自己需要的轨道。① 对美国而言,控制了这一地区,首先南可扼制伊朗、伊拉克、阿富汗和印巴次大陆,东可窥视中国,西可监控由黑海直通地中海的要道,北可以同北部争取加入北约的波罗的海三国遥相呼应,对俄罗斯形成"夹攻"之势;其次还能掌握了里海能源的主导权,真可谓"一箭多雕",其利无穷。

而从格鲁吉亚方面来说,它靠拢美国也不是仓促的决定。自从脱离苏联独立成国后,格鲁吉亚力图尽快摆脱俄罗斯的控制,迟迟不肯加入独联体,而是加大了向北约靠拢的步伐。在阿布哈兹危机中,虽说格鲁吉亚被迫加入了独联体,但其对俄的戒心和意见还是很大。格认为,如果当初没有俄某些势力插手,不是俄偏袒阿布哈兹的话,格不会出现今天这样的分裂局面,如果俄现在向阿布哈兹民族分立势力施压的话,问题很快就会得到解决,决定阿布哈兹归属的"钥匙"就在俄的口袋中。

有鉴于此,格鲁吉亚从自身的安全着想,也希望美国能够涉足高加索事务,借助美国来抗衡俄罗斯。用格鲁吉亚总统谢瓦尔德纳泽的话说,美国是大国,同它建立伙伴关系无疑使格获得了坚固的盾牌。② 从经济层面来说,格鲁吉亚也期望能够借助美国雄厚的资金帮助本国的经济走出困境。

正是看到了格鲁吉亚的需要,在阿布哈兹危机中,美国打着民主和维护人权的幌子,凭借雄厚的经济实力敲开了格鲁吉亚的大门。

"9·11"事件后,美国在"反恐"旗号下发动了阿富汗战争,并

---

① 奥列格·格鲁帕伊:《南高加索:利益的转折关头》,俄罗斯《红星报》2006年10月18日。

② http://kavkaz.meno.ru/.

在中亚的吉尔吉斯斯坦和乌兹别克斯坦建立军事基地。从 2002 年 2 月开始，美国开始向格鲁吉亚派遣军事人员，并提供战斗直升机等军事设备。布什总统说，美国的军事人员是应格总统的邀请而派去的。美国这样做的目的，显然是要抢占战略要地，完成其控制全球战略制高点的计划部署。作为回报，格鲁吉亚也得到了可观的财政补贴。例如，自"玫瑰革命"后，美国为格鲁吉亚拨款 15 亿美元作为援助。这些年，美国向格派遣了 150 名军事专家，在美国的"训练与装备"计划框架下，格鲁吉亚得到了逾 6400 万美元。根据"维护稳定行动"计划，美国 2005 年拨款 6000 万美元，2006 年又划拨了约 4000 万美元。与此同时，在军事援助框架下，格鲁吉亚每年从土耳其接受 4000 万美元。针对格、美的"亲密关系"，早在 2002 年 3 月 6 日，俄国家杜马通过一个声明，对美军进入格后的形势表示"严重不安"，对格无视俄提供援助的建议，转而求助于美国的做法"深表遗憾"①。

在美国没有干预高加索事务之前，格对俄的态度，本来比较克制，存有一份畏惧之心。然而，近年来，第比利斯由于感到西方在拿整个南高加索冒险的大游戏中把宝押在自己身上后，开始肆无忌惮地利用这一点，并致力于不惜一切代价合并分裂地区。从 2004 年起，格鲁吉亚将国家军事拨款增加了约 9 倍，提高到 5 亿美元，准备以武力快速地解决与南奥塞梯和阿布哈兹的冲突。而就在 2006 年，格鲁吉亚当局就将国防预算扩大了 1/3 以上，现在该国的军事开支超过了 3.36 亿美元，占整个国家预算的 16% 和国内生产总值的 5%。② 其次，在对待俄的态度上，由于感到有美国的撑腰，格鲁吉亚当局也开始强硬起来。特别是在 1999 年开始的第二次俄车战争中，激化了俄格矛盾。近年来，由于车臣非法武装利用车—格边境潘吉西峡谷山高地险的有利条件，把格当成了缓冲区。俄多次提醒格不要为恐怖分子创造条件，但都被格以各种借口搪塞过去。为了加大打击的力度，俄提出借用格领土对车臣境内的反政府武装进行军事打击的建议，遭到格的拒绝；鉴于格边防军力量有

---

① http://kavkaz.meno.ru/.
② 奥列格·格鲁帕伊：《南高加索：利益的转折关头》，俄罗斯《红星报》2006 年 10 月 18 日。

限，无法控制俄—车边境人员和武器出入，俄又提出俄边防人员从格方把守这段边境的建议，同样遭到了格的拒绝。针对格日益强烈的"不合作态度"，俄罗斯多次擅自越过格领空对格境内的车臣恐怖分子进行空中打击。美国出于自身的战略考虑，不仅表示将向格"提供全面援助"，而且表示支持格的"主权和领土完整"。美国并就此多次发表声明，反对俄军在格境内采取任何单边行动，指责俄军战机入侵格领空进行空袭。这种情况使俄罗斯更为不满。而针对格鲁吉亚当局坚决要求俄罗斯撤出驻格两个军事基地一事，进一步恶化了格俄关系。对此，俄罗斯的立场也相当强硬，俄国防部长谢尔盖·伊万诺夫表示："将不从格鲁吉亚撤出军事基地，不会像当时在德国那样。"[1] 而俄政治和军事分析研究所专家亚历山大·马尔科多诺夫认为"这个问题的最终解决办法根本不取决于第比利斯。因此十分明显，伊万诺夫的话主要是针对美国人说的，后者仍在打自己的政治牌"[2]。

总之，美国的介入打破了外高加索地区的战略平衡。特别是在格鲁吉亚的"颜色革命"之后，以美国为首的有关国家不仅要迫使俄罗斯从格鲁吉亚境内撤出军队，还要赶走确保阿布哈兹和南奥塞梯的稳定、防止这两个地区再次发生流血冲突的俄罗斯维和人员。将来，随着格鲁吉亚与大西洋体系不断融合，俄罗斯在该国的驻军完全有可能被西方军队所取代。[3] 毫无疑问，这就更平添了美、俄之间的争夺内容，加大了俄、格矛盾解决的难度和高加索地区形势的动荡。

（黄凌翅）

---

[1] 伊戈尔·普卢加塔廖夫：《伊万诺夫开创冷战新时代》，俄罗斯《独立报》2004年1月15日。

[2] 同上。

[3] 阿列克谢·马卡尔金：《格鲁吉亚当局寻找外敌》，俄新社，2006年9月30日。

第五章　库尔德人问题

库尔德人问题是历史上在一个特殊的环境里遗留下来的，是中东地区的两大民族矛盾之一，另一大民族矛盾是阿、以冲突。库尔德人问题虽然没有阿、以冲突那么突出，但它的情况也相当复杂，它长期困扰着伊拉克、土耳其和伊朗三个主要国家。目前，只是由于人们对中东地区担心得更多的是阿、以之间会不会再度爆发暴力冲突，因此库尔德人问题被相对冲淡了。可以预见，在今后相当长的历史时期内，存在于西亚多国的库尔德人问题将随着那里国际政治形势的变化而时起时伏，不可能得到彻底解决，因为这个问题涉及库尔德人内部各派政治力量的发展，以及库尔德人所在各国所推行的民族政策和西方大国的态度等一系列因素。

第一节　民族分离势力成长的土壤

库尔德人是西亚最古老的民族之一，属欧罗巴人种印度地中海类型。"库尔德人"一词最早大约于10世纪的阿拉伯史料中出现。据有关专家推测，"库尔德"词与波斯语"戈尔德"有关，意为"勇敢者"。

库尔德人主要居住在扎格罗斯山脉和托罗斯山脉地区：东起伊朗的克尔曼沙汉，西抵土耳其的幼发拉底河，北至亚美尼亚的埃里温，南达伊拉克的基尔库克，远及叙利亚的阿勒颇。该地区分属土耳其（40%）、伊朗（31.2%）、伊拉克（22.4%）和叙利亚（4.9%），少数散居在黎巴嫩、阿富汗、约旦、俄罗斯等国。如前所述，库尔德人在中东是一个人口仅次于阿拉伯、突厥和波斯民族的第四大民族。

库尔德语是库尔德人通用语言，属印欧语系，方言较多，主要分三种方言,即北部和西北部方言、南部方言、东南部方言。伊拉克的库尔德文字以阿拉伯字母为基础,土耳其和叙利亚的库尔德文字主要用拉丁字母,俄罗斯的库尔德文字以斯拉夫字母为基础。方言之间差别较大,不但许多词汇和发音不同,而且语法也不尽相同。其土语之多,就连不同地区的库尔德人之间也难以交流思想。① 库尔德语迄今没有统一的文字。语言和文字的不统一是发展民族事业的一大障碍。

库尔德人信奉伊斯兰教,多数人属正统的逊尼派,少数人属什叶派。在逊尼派四个教法学派中,他们又属于沙斐仪派,以此区别于周围的非库尔德人,但并非所有的库尔德人都属于逊尼派的沙斐仪派。在库尔德斯坦的南部和东南部,有几个相当大的库尔德部落属于什叶派的十二伊玛目支派。伊朗尊奉什叶派,故伊朗的什叶派库尔德人与北部逊尼派库尔德人的民族主义活动往往保持一定的距离。② 宗教因素虽然很重要,但在政治斗争中并未起决定性作用。

库尔德人的聚居地被称为"库尔德斯坦",主要指现今土耳其、伊朗、伊拉克三国交界地区,面积约 40 万平方公里,主要是山区,地理条件复杂,交通不便。库尔德人是该地区人口最多的一个民族。他们主要居住在土耳其东南部、伊拉克北部、伊朗西北部和叙利亚东北部这一战略地位十分重要的新月形的区域内。西方学者称这一地区为"库尔德斯坦",即"库尔德人之地"。"库尔德斯坦"一词最早大约于 12 世纪在阿拉伯著作中出现。在历史上,库尔德人于阿拉伯帝国后期曾建立过几个封建王朝,但从未有过真正独立的政治实体。突厥人和蒙古人曾多次侵入库尔德斯坦。亚美尼亚人、波斯人、拜占庭人及后来的土耳其人和阿拉伯人也曾先后成为该地区外来的异族统治者。库尔德人相传是古代亚述人的后代。两千多年来,一直都在库尔德斯坦的山区生活,过去过着游牧式生活。信仰伊斯兰教,多数属逊尼派,少数属什叶派。但近年已开始出现希望立国的声音,希望建立库尔德斯坦。1590 年,奥斯

---

① 参见 "The cultural situation of the Kurds", A report by Lord Russell-Johnston, Council of Europe, July 2006。

② 参见 "Scotland's Census 2011-National Records of Scotland, Language used at home other than English (detailed)", *Scotland Census*, Retrieved 29 September 2013。

曼帝国与波斯帝国签署协定,将库尔德人居住区分割在土耳其和波斯两地。1639 年,奥斯曼帝国和波斯帝国重新签署协定,将库尔德人居住地划归奥斯曼帝国。① 直到 19 世纪,库尔德人在奥斯曼帝国境内仍处于半自治状态,居住区是土耳其和伊朗之间的一个缓冲地带。

有学者认为,现在库尔德人口大致有 3000 万之多②,也有统计数据表明是 2800 万,③ 大多数分布在土耳其、伊拉克、伊朗接壤地带,少数生活在叙利亚和亚美尼亚。其中,伊拉克境内的库尔德人有 500 万—600 万,是伊拉克人口最多的少数民族,主要聚居在伊拉克北部,那里地势险要,石油产量占伊拉克全国一半以上,而且农、牧产品丰富。另外居住在土耳其、伊朗和叙利亚的库尔德人分别为 145 万、600 万和近 200 万。④ 库尔德人主要以农牧业为生,部分库尔德人从事石油生产。

第二节 民族分离势力的形成与发展的历史考察

库尔德人问题是在一个特殊的历史环境中遗留下来的。

历史上,库尔德人从未建立过独立的民族国家。西方学者认为,没有国家掌握武器的库尔德人基本上处于一种无政府状态。

1914 年第一次世界大战爆发,奥斯曼帝国战败,库尔德人赢得了独立的天赐良机,遗憾的是,他们没能把握住这个机缘。战后,英、法等协约国乘机扩大其在中东的存在与影响,大肆瓜分奥斯曼帝国领土,强迫奥斯曼帝国将其中东大部分领地割归英、法等国进行委任统治。协约国列强曾策划在原奥斯曼帝国的本土——安纳托利亚地区分别成立亚美尼亚国和库尔德国,但库尔德人内部各部落相互矛盾,自己对建立独立不结盟的"库尔德斯坦共和国"并不热心,加之其所居住的国家极力阻挠,因此失去了建立独立的民族国家的机会。根据 1923 年 7 月 24

---

① 参见"QS211EW - Ethnic group(detailed)", *nomis*, Office for National Statistics, Retrieved 3 August 2013。

② 解传广:《21 世纪的库尔德问题》,《阿拉伯世界》2002 年第 1 期。

③ 参见"Information from the 2011 Armenian National Census", *Statistics of Armenia* (in Armenian), Retrieved 27 May 2014。

④ 参见 *CIA Factbok*, http://en.wikipedia.org/wiki/Kurds。

日协约国与土耳其签署的《洛桑条约》的规定,土耳其将约 15 万平方公里的库尔德人居住区划归伊朗,约 8 万平方公里划归伊拉克,因而确定了延续至今的土耳其、伊朗和伊拉克的三国边界。这样,库尔德民族的利益让位于帝国主义的殖民利益,库尔德人自治和独立成为泡影。《洛桑条约》正式将库尔德斯坦划分在伊朗、土耳其、英属伊拉克、法属叙利亚以及苏联境内,库尔德人遭到第二次分割,库尔德人问题由此而生。

1925 年 2 月,在土耳其以赛义德为首的库尔德酋长领导东部各省举行起义。同年 4 月起义失败后,起义军首领均被处以极刑。1937 年,库尔德人再次发动大规模的武装暴动,震动了土耳其全国。第二年,暴动被平息,约有 7 万库尔德人丧生。从此,土耳其库尔德人的武装斗争暂时转入低潮。1974 年,伊拉克库尔德人的武装斗争赢得了半自治的权力,从而鼓舞了土耳其库尔德人进行武装斗争的信心。1978 年 11 月,由阿卜杜拉·厄恰兰领导的库尔德斯坦工人党正式成立。该政党提出的战略是通过武装斗争确保政府承认库尔德斯坦。他们的最终目标是要在位于土耳其、伊拉克、伊朗、叙利亚交界处的库尔德人居住区成立一个独立的、不结盟的"库尔德斯坦共和国"。1984 年到 1991 年,厄恰兰领导的武装力量由近百人增加到 1 万多人。他们当中的一小部分人在土耳其境内东部和东南部库尔德人居住的山区活动,其余大部分人在海湾战争后被安置在北纬 36 度以北的伊拉克北部靠近土耳其的边境地区以及其他一些邻国。

1942 年 9 月,伊朗 12 名库尔德人在马哈巴德建立秘密组织——"库尔德斯坦振兴协会",后改名为"库尔德斯坦民主党"。这个组织得到伊拉克苏莱曼尼亚的库尔德人秘密组织的支持和援助,并在那里设立分部。该党的政治主张是:要求在库尔德人地区实现民族自治;确定库尔德语为官方语言;通过选举产生立法议会;库尔德地区的地方政府官员由库尔德人担任;从库尔德地区征收的地方税应用于库尔德地区;等等。1946 年 1 月,"马哈巴德库尔德自治共和国"宣告成立。该政权得到苏联的支持。1947 年,伊朗政府对在其境内的库尔德民族自治政府采取了坚决镇压的手段。伊朗的库尔德民族运动转入低潮。1967 年,库尔德人在马哈巴德地区重新发动武装斗争,伊朗的库尔德运动再度高涨。1969年，在伊朗的库尔德人地区又出现了一个主要由思想激进的年轻人组成的左派组织"科马拉"。1979年君主政权被推翻后，库尔德斯坦民主党因抵制在伊朗建立伊斯兰共和国和关于颁布伊斯兰宪法的全民公决而被宣布为非法。1980年夏，霍梅尼发布教谕，宣布库尔德宗教领袖伊兹丁·侯赛尼为异教徒。两伊战争爆发后，伊拉克利用库尔德斯坦民主党武装进攻伊朗。1989年7月，该党领袖卡塞姆卢被暗杀后，伊朗的库尔德运动转入低潮。①

在伊拉克，1946年8月，库尔德人在穆斯塔法·巴尔扎尼的努力下，联合成立了"伊拉克库尔德民主党"（简称"库民党"）。1964年，库民党内部分歧表面化。1970年3月，总统萨达姆·侯赛因和库尔德领导人巴尔扎尼达成协议，共同发表了《三月宣言》，为解决库尔德问题做出了一定的贡献。宣言承认库尔德人的民族文化和民族权利。但1972年6月伊拉克石油公司实行国有化以后，双方关系又开始恶化。1980年9月，伊拉克入侵伊朗的胡齐斯坦省，伊朗发生库尔德人的反政府武装斗争。这一系列事件给伊拉克库尔德人重新掀起武装斗争带来契机。1983年夏，为了抵御伊朗军队的入侵，伊拉克政府提出与塔拉巴尼领导的库尔德斯坦爱国联盟武装停火。伊拉克政府答应的条件是给予库尔德人更大的自治权。1988年7月，按照联合国安理会598号决议，两伊战争实现停火后，伊拉克政府动用化学武器，又向库尔德地区发动了大规模追剿行动，再次将库尔德人的武装反叛残酷镇压下去，数十万库尔德人逃入伊朗和土耳其境内。1991年3月海湾战争刚结束，处于武装斗争低潮多年的伊拉克库尔德人趁萨达姆政权遭到沉重打击的有利形势，东山再起。伊拉克政府对这支武装力量进行了镇压。有200多万库尔德人逃离家园，涌入伊朗和土耳其，或滞留在土、伊边境，酿成震撼世界的"库尔德难民问题"。其中进入伊朗的约有100多万人，进入土耳其的约有45万人，此外还有数十万人滞留在土、伊边界一带。他们提出政治目标，要求自治，准备在控制区建立一个由库尔德人统治的临时政府。这次武装斗争有广大的库尔德人参加，并得到土耳其和伊朗或明或暗的支持。1991年4月，美、英、法等国在联合国的名义下

---

① 参见 David, McDowall, *A modern history of the Kurds*, London: I. B. Tauris, 2000。

为保护库尔德人，在伊拉克领土北纬 36 度以北划出了一块面积大约为 44 万平方公里的"安全区"，禁止伊拉克飞机或军队进入。自 1992 年 8 月 27 日起，以美国为首的西方国家宣布伊拉克南部北纬 32 度线以南地区为空中"禁飞区"，使它与北部的"安全区"遥相呼应。①

2007 年 2 月，土耳其库尔德工人党领导人阿卜杜拉·奥贾兰被捕并于 6 月被判处死刑。10 月 17 日，土耳其议会以 507 票赞成、19 票反对的表决结果，通过了政府提交的采取越境军事行动打击盘踞在伊拉克北部的库尔德工人党武装的决议。目前，土耳其在土伊边境地区部署了约 10 万部队。

围绕伊拉克境内的库尔德工人党武装一事，伊拉克和土耳其领导人展开新一轮"外交角力"。伊拉克强调通过外交途径解决争端，并计划派出高规格代表团与土耳其"紧急磋商"。美国和欧洲齐呼土耳其要"克制"。伊拉克和美国方面均反对土耳其军队越境发动大规模袭击。土耳其武装部队总参谋长亚沙尔·比于克阿纳特则说，土军现在越境进入伊拉克北部，对土耳其库尔德工人党武装发动全面军事行动"为时不晚"。

由来已久的库尔德人问题与中东就局势再次成为人们关注的焦点。

第三节 民族分离势力的影响

一般地说，跨界民族问题的产生是源于各民族之间某些方面的差距所造成的。同其他类型的人们共同体相比，跨界民族的可变性似乎更强一些。他们习惯于把边界另一边的同民族人当作自己精神和特质的后盾，并随时准备用这一与生俱来的优势保护自己，并为自己谋求利益，从而向世人昭示本民族与众不同的优势和力量。同时，他们还会以被分裂民族的身份出现，举起民族统一的旗帜，以期和同民族人一起建立自己的国家。

但就库尔德人问题久存不解而言，还有其特有的内在症结——库尔

---

① 参见 G. Asatrian, Prolegomena to the Study of the Kurds, *Iran and the Caucasus*, Vol. 13, 2009, pp. 1 – 58。

德人始终没有构建起"国族"的权势和地位。

近代以来在欧洲形成的国族概念,指以本民族为主体建立现代国家的民族,即民族国家的统治民族。国族的概念直接与国家的概念或至少在一定程度的自治观念相关联。民族与国族的区别在于,前者"不必有自治权及国家形态",后者"必须有国家的实质"。

国族的建构过程,也是民族的国族化过程。指那些无权建立自己国家的民族,把自己合并入统一的大民族——国族的过程。其实质是实现从民族认同到国族认同的转变。它意味着各民族和谐与稳定关系的产生与维护,其对抗与冲突的大幅缓解,有序与稳定的国内环境的营造,以及在此基础之上的共同利益的重新界定与发展,国家利益的形式和内涵超越民族的疆界而纳入"跨族"因素。近代以来的历史事实表明,民族国家的独立富强,必须以国族化的实现为基础。民族独立意味着国族获得国家主权,而不是一个地区或国家内部各族的分别独立。

一 库尔德人始终没有成为可以将该地区各民族统一起来的"大民族"

经济发展状况尚不足以决定其在多民族地区中的"大族"地位。

库尔德人聚居区的纷争与动荡是其经济能力欠缺的突出表现。该地区多为山地和高原,对外封闭,经济文化不发达,主要从事畜牧业。现今不少地方仍处于原始部落的自然经济状态,文盲率高达90%。

库尔德人没有统一的社会政治组织形式。一般来说,社会阶层大致分由三个部分组成——部落民、非部落民和游牧民。库尔德部落是一种以社会、政治、地域或经济来确定的单位。它是通过族内婚姻产生的一种父系社会,是由一个或几个以村落为单位的社区组成的,能抵御外来的入侵和保持传统的生活习惯及生活方式。[①] 特殊的地理环境使这种部落形式保留到今天。

由于库尔德斯坦地域辽阔,再加上各地的自然条件、经济发展水平

---

① 参见 J. Limbert, The Origins and Appearance of the Kurds in Pre-Islamic Iran. *Iranian Studies*, 1.2, 1968; J. T. Walker, *The Legend of Mar Qardagh: Narrative and Christian Heroism in Late Antique Iraq*, Berkely: University of California Press, 2006; BorisJames, Uses and Values of the Term Kurd in Arabic Medieval Literary Sources. *Seminar at the American University of Beirut*, 2006。

和历史因素不同，因此库尔德人没有统一的社会—政治组织形式。一般来说，大致分三个主要社会阶层：部落民、非部落民和游牧民。部落下面再分成许多小部落。由于库尔德人的流动性比较大及其他原因，因此三个社会阶层的人不是固定不变的，有时候游牧民定居下来就成了部落民；有时候一个农民因失去土地而成为游牧民或被雇佣者；有时候一些人聚集在一个新的获得成功的领袖人物周围，成为新的部落民；有时候一个普通人或一个下级发动政变，成为部落领导人"阿迦"。库尔德人的流动方向和流动性的大小是由各个时期的政治与经济形势决定的。随着工业特别是石油业的兴起和土地所有制变化进程的加速，一些地区的游牧民和半游牧民日趋减少。部落领导人分别由负责本部落事务的"阿迦"和宗教领袖"谢赫"（教长）或"毛拉"担任。

西方学者认为，手里握有武器但没有国家的库尔德人基本上处于一种无政府状态。由于历史原因，库尔德民族被认为是一个尚武的民族，他们的反政府武装凶猛善战，使政府军屡遭挫折。土耳其是西亚地区最大的库尔德人聚居区。第一次世界大战结束后，协约国列强曾策划在原奥斯曼帝国的本土——安纳托利亚地区分别成立亚美尼亚国和库尔德国，但库尔德人自己却对此并不热心，因此失去了建立独立的民族国家的机会。

土耳其民族运动领袖穆斯塔法·凯末尔曾得到库尔德人的热情支持，与库尔德人有着深厚的友谊和感情，因此在1920年4月由凯末尔主持的新的土耳其大国民议会中，库尔德议员在377个席位中占了72席。

根据1923年7月24日协约国与土耳其签署的《洛桑条约》的规定，土耳其将大约15万平方公里的库尔德人居住区划归伊朗，大约8万平方公里划归伊拉克，从而确定了延续至今的土耳其、伊朗和伊拉克三国的边界。

1923年10月29日土耳其共和国宣布成立，凯末尔被选为共和国总统。新政府制定的民族政策推行"民族同化"，试图在土耳其建立起一个单一的"土耳其人"的国家，在这个国家里，既没有主体民族，也没有少数民族。

1924年4月通过的《土耳其共和国宪法》第88条规定："凡土耳

其公民，不分种族、宗教，皆称为土耳其人。"宪法中同时又规定："凡土耳其人，必须进土耳其学校，学习土耳其语，不得有悖于土耳其的礼俗文化。"根据这一规定，在土耳其，以"山区土耳其人"取代了"库尔德人"这一称谓。政府不但不允许库尔德人自治，而且还向库尔德地区大批迁移土耳其人。库尔德人对政府的期望破灭了，并导致了1925年2月以赛义德为首的库尔德酋长领导的东部各省库尔德部落大起义。同年4月起义失败后，起义军首领均被处以极刑。

二 政治上，未出现可以代表各族体共同利益的政党

库尔德人内部不同利益集团间的矛盾冲突不断削弱着自身的凝聚力和整体实力。现今存在的几个主要的库尔德人政党亦无达成共识。传统的习惯法、部落惯例在其社会生活中占主导地位。它所实行的一系列以保护自身利益为出发点的政策和措施，尚未完成从对族体忠诚到对国家忠诚的转变，而这是民族国家构建中"大民族"应具备的一个基本素质。

政府的镇压并没有使库尔德人放下手中的武器和放弃民族独立、自治的要求。他们的武装斗争从1930年起再趋高涨，起义者在阿勒山区宣布阿勒为"库尔德斯坦的一个独立省"。1937年库尔德人再次发动大规模的武装反叛，震动了土耳其全国。第二年，暴动被平息，约有7万库尔德人丧生。从此，土耳其库尔德人的武装斗争暂时转入低潮。为防止国家分裂，1927年6月，土耳其大国民议会通过移民法律，试图把东部的库尔德人强行迁移到西部，并规定迁走的库尔德人不准穿本民族的服装。1930年以后，库尔德语被正式禁止使用。为了加速推行同化政策，土耳其大国民议会于1934年通过法律，使强行迁移合法化。①

从20世纪60年代起，土耳其政府采取的另一项同化政策是推行"更名换姓"措施，把原先使用的库尔德语人名和地名强行改换成土耳其语。新生儿一律使用土耳其人的名字。

---

① 参见 F. Robinson, *The Cambridge Illustrated History of the Islamic World*, Cambridge: Cambridge University Press, 1996。

1961年当选的土耳其总统古勒苏尔强调指出:"在世界任何国家里都不存在被称为库尔德的民族。"土耳其的一位总理埃里姆也曾声称:"我们不承认土耳其国内有其他民族存在,在这个国家里只有土耳其人。"

三 文化上,缺失建构族体认同的纽带

库尔德语是该民族的通用语言,属印欧语系,方言较多,主要分三种方言,即北部和西北部方言、南部方言、东南部方言。方言之间差别较大,不但许多词汇和发音不同,而且语法也不尽相同。其土语之多,就连不同地区的库尔德人之间也难于交流思想。库尔德语迄今没有统一的文字。语言和文字的不统一是发展民族事业的一大障碍。

库尔德人信奉伊斯兰教,多数人属正统的逊尼派,少数人属什叶派。在逊尼派四个教法学派中,他们又属于沙斐仪派,以此区别于周围的非库尔德人,但并非所有的库尔德人都属于逊尼派的沙斐仪派。[①] 在库尔德斯坦的南部和东南部,有几个相当大的库尔德部落属于什叶派的十二伊玛目支派。伊朗尊奉什叶派,故伊朗的什叶派库尔德人与北部逊尼派库尔德人的民族主义活动往往保持一定的距离。

20世纪40年代中期,伊朗的马哈巴德成为库尔德人的活动中心。这是自1938年土耳其库尔德人的武装斗争被平息后,库尔德人的活动逐渐转移到伊朗和伊拉克接壤地区的结果。1942年9月,12名库尔德人在马哈巴德建立秘密组织——"库尔德斯坦振兴协会",后改名为"库尔德斯坦民主党"。这个组织得到伊拉克苏莱曼尼亚的库尔德人秘密组织——"希望"的支持和援助,并在那里设立分部。该党的政治主张是:要求在库尔德人地区实现民族自治;确定库尔德语为官方语;通过选举产生立法议会;库尔德地区的地方政府官员由库尔德人担任;从库尔德地区征收的地方税应用于库尔德地区;等等。

1946年1月22日,"马哈巴德库尔德自治共和国"宣告成立,大学者穆罕默德出任总统。这个民族自治政权得到苏联的支持。2月,

---

① 参见 L. Kelly, *Kurdish Culture and Society: An Annotated Bibliography*, Greenwood Publishing Group, 2001.

一个以部落关系为基础的自治政府正式组成。自治政府赋予部落首领厄默尔·汗和雷希德以及伊拉克巴尔赞部落首领穆斯塔法·巴尔扎尼三人特别权力。巴尔扎尼率领的数万库尔德人于1945年9月在伊拉克政府军追击下从巴尔赞地区退入伊朗境内，由他领导的近万名武装人员便成为这个共和国武装力量的核心。伊朗政府是绝不能允许一个由苏联支持的库尔德民族自治政府在其境内存在的，因此采取了坚决镇压的手段。8月，伊拉克库尔德人的两个组织——"库尔德解放"和"革命"在穆斯塔法·巴尔扎尼的努力下，联合成立了"伊拉克库尔德民主党"（简称"库民党"）。1961年9月，伊拉克政府宣布取缔库民党，并对库尔德地区采取残酷的军事行动。库尔德人武装在巴尔扎尼的领导下最终粉碎了政府军的进攻。巴尔扎尼领导的武装力量还第一次同城市中的库尔德人做了一次联合的尝试，但因库民党内部发生意见分歧，所以直到与政府军作战后期，战斗的主力仍是巴尔扎尼的追随者及与他有联系的一些部落民，而生活在城市里的库尔德人却置身于起义之外。

1947年3月，穆罕默德等人被处死。不久，巴尔扎尼也离开伊朗，前往苏联避难。从此，伊朗的库尔德民族运动转入低潮。

其后，库民党内部分歧表面化，以塔拉巴尼为首的左翼知识分子不满巴尔扎尼的领导作风，甚至闹到最后退党的地步。

直到20世纪60年代后期，即1967年，一部分从伊拉克境内返回的库尔德人在马哈巴德地区重新发动武装斗争，伊朗的库尔德运动再度高涨。1969年，在伊朗的库尔德人地区又出现了一个主要由思想激进的年轻人组成的左派组织——"科马拉"。

20世纪70年代，库尔德斯坦民主党曾同伊朗的宗教领袖霍梅尼组成联合阵线，共同反对国王巴列维。

1968年，伊拉克复兴社会党再次掌权，从而为重新考虑少数民族问题带来希望。新政府认为，只要确立中央政府的权威和确保领土完整，就可以考虑给予库尔德人一定的自治权。经过多次协商，总统萨达姆·侯赛因和库尔德领导人穆斯塔法·巴尔扎尼于1970年3月达成协议，共同发表了《三月宣言》，为解决库尔德问题做出了一定的贡献。宣言承认库尔德人的民族文化和民族权利。但1972年6月伊拉克石油公司实行国有化以后，双方关系又开始恶化。

1974年3月11日，伊拉克政府单方面颁布了《库尔德斯坦自治法》，将库尔德地区严格置于中央政府控制之下。库尔德人认为，他们所要求的权利被大大地缩小了。由于未达成双方都能接受的政治解决方案，库尔德人于3月底发动了大规模武装反叛，并得到伊朗和美国的支持。

1975年3月，由于伊拉克和伊朗在阿尔及利亚首都阿尔及尔达成了《阿尔及尔协议》，伊朗从伊拉克库尔德地区撤军，中断了对巴尔扎尼的援助。美国也因失去伊朗作为武器转运中介而停止了对库尔德人的支持。巴尔扎尼在失去外援和面临强大的政府军进攻的情况下，同意停止抵抗。伊拉克库民党也因此而分崩离析，先后重新组合成"库尔德斯坦爱国联盟""库尔德社会主义党""库尔德斯坦民主人民党"等。分裂后的库尔德人内部出现了以马苏德·巴尔扎尼为首的库尔德民主党和以杰拉勒·塔拉巴尼为首的库尔德斯坦爱国联盟两大组织，互相之间经常发生激烈冲突。

1979年君主政权被推翻后，库尔德斯坦民主党因抵制在伊朗建立伊斯兰共和国和关于颁布伊斯兰宪法的全民公决而被宣布为非法。1980年夏，霍梅尼发布教谕，宣布库尔德宗教领袖伊兹丁·侯赛尼为异教徒。两伊战争爆发后，伊拉克利用库尔德斯坦民主党武装进攻伊朗。1989年7月，该党领袖卡塞姆卢被暗杀后，伊朗的库尔德运动转入低潮。

1980年9月，伊拉克入侵伊朗的胡齐斯坦省，伊朗发生库尔德人的反政府武装斗争。这一系列事件给伊拉克库尔德人重新掀起武装斗争带来契机。

1983年夏天，伊朗军队攻入伊拉克的库尔德地区。为了抵御伊朗军队的入侵，伊拉克政府提出与塔拉巴尼领导的库尔德斯坦爱国联盟武装停火。伊拉克政府答应的条件是给予库尔德人更大的自治权。同年9月，另一部分库尔德人和阿拉伯反对派组织组成了反对萨达姆的统一战线。伊拉克政府以前绝对不允许库尔德武装力量的存在，只是在不得已的情况下提出了与库尔德人武装力量停火的建议。发生在伊拉克北部的这场战争其实是两伊双方的库尔德代理人之间的一场战争，库尔德人内部冲突加剧、自相残杀,给库尔德人的民族事业造成了不可弥补的损失。两伊战争时期,伊拉克库尔德反政府武装在伊朗支持下占领了伊拉克北部边境的很大一部分土地。伊拉克政府虽利用了库尔德人的内部矛盾,但仍未能完全控制住局面。

1988年7月,按照联合国安理会598号决议两伊战争实现停火后,伊拉克政府动用化学武器,又向库尔德地区发动了大规模追剿行动,再次将库尔德人的武装反叛残酷镇压下去,数十万库尔德人逃入伊朗和土耳其境内。

1991年3月,海湾战争刚结束,处于武装斗争低潮多年的伊拉克库尔德人趁萨达姆政权遭到沉重打击的有利形势,东山再起,与伊拉克南部的什叶派穆斯林宗教势力遥相呼应,结成联盟,迅速发展。他们提出政治目标,要求自治,准备在控制区建立一个由库尔德人统治的临时政府。这次武装斗争有广大的库尔德人参加,并得到土耳其和伊朗或明或暗的支持。武装力量曾一度攻克基尔库克及其周围的一些城镇,伊拉克政府进行了镇压。这次武装斗争未得到大国力量的支持,美、英、法等西方国家默许了伊拉克政府军的镇压行动。因为"没有哪一个国家希望看到一个独立的库尔德斯坦",加之战线拉得太长,库尔德人又一次归于失败,前后有200多万库尔德人逃离家园,涌入伊朗和土耳其,或滞留在土、伊边境,酿成震惊世界的"库尔德难民问题"。其中进入伊朗的有100多万人,进入土耳其的约有45万人,此外还有数十万人滞留在土、伊边界一带。4月30日,美、英、法等国在联合国的名义下为保护库尔德人,在伊拉克领土北纬36度以北划出了一块面积大约为44万平方公里的"安全区",禁止伊拉克飞机或军队进入。

自1992年8月27日起,以美国为首的西方国家宣布伊拉克南部北纬32度线以南地区为空中"禁飞区",使它与北部的"安全区"遥相呼应。库尔德人的反政府武装斗争虽然被平息下去,但是由于国际社会的严厉谴责和大国的压力,萨达姆政权不得不做出希望通过和平谈判解决库尔德人问题的姿态。库尔德领导人也表示同意进行谈判,但提出了"完全自治"和"库尔德武装部队合法化"等一系列要求。萨达姆为了稳定国内局势和防止西方大国出面干涉,做出了让步,接受了库尔德人的大部分条件。8月中下旬，双方领导人就库尔德人自治问题达成协议草案。但库尔德人方面在所有党派共同讨论决定最后签署协议时，除了坚持要求获得基尔库克的主权外，还进一步提出了诸如由库尔德武装单独承担自治区防务、管理海关和谋求对外自主等带有独立倾向的条件。8月底，由于伊拉克政府拒绝了这些新提出的附加条件，谈判破裂。伊拉克的库尔德人问题之所以得不到解决，一方面是由于库尔德人内部各派分歧严重：得到西方大国支持的塔拉巴尼主张恢复武装斗争，以赢得真正的自治，而巴尔扎尼态度和缓，主张继续与政府和谈；另一方面是由于美国等西方国家出于战略考虑，不希望伊拉克被肢解并出现"另一个黎巴嫩"，更不愿意再出现一个亲伊朗的反美新政权。再者，美国也从来无意支持伊拉克库尔德人的独立，因此对伊拉克政府军的镇压行动采取了默许态度。除了西方大国的因素外，伊拉克周边国家对库尔德人问题也各有打算，从而使这一问题更加错综复杂。对于土耳其来说，假如伊拉克的库尔德人独立，必然影响到土耳其的库尔德人，造成对土耳其政府的冲击。而土耳其是美国的主要盟国之一，因此，当土耳其当局镇压库尔德人武装时，美国很少出面为库尔德人说话。西亚的库尔德人似乎永远被人操纵和利用，没有哪一个人真正去解决他们的问题。几十年前他们就已经悟出："库尔德人没有朋友"，只是"一个任人摆布的棋子"。

伊拉克北部库尔德人地区的两大库尔德人组织，即以杰拉勒·塔拉巴尼为首的亲伊朗的库尔德斯坦爱国联盟和以马苏德·巴尔扎尼为首的亲伊拉克的库尔德民主党，这两个对立的派别分别代表库尔德人的两个敌对的部落联盟，为了争夺对该地区的控制权，双方争斗了20年之久。

四 民族意识上，各利益集团矛盾重重

总体上讲，他们对自身的存在、地位、利益、价值和文化传统的自觉，尚未达成共识。库尔德人派别林立，内部纷争不断，不仅土耳其库尔德人和伊拉克库尔德人之间有分歧，就是伊拉克库尔德人内部长期来也一直争斗不休，虽经美国等西方国家极力调和，但分歧仍然很深。各国库尔德人斗争目标不一致，形不成整个民族的合力。建立独立的"库尔德斯坦"也并未成为所有库尔德人的共同目标，大多数库尔德人只希

望获得一定程度的自治，而且各国库尔德人的斗争目标还时有变化。伊拉克北部库尔德人地区的两大库尔德人组织，即得到西方大国支持的以德杰拉勒·塔拉巴尼为首的亲伊朗的库尔德斯坦爱国联盟和以马苏德·巴尔扎尼为首的亲伊拉克的库尔德民主党，这两个对立的派别分别代表库尔德人两个敌对的部落联盟，为了争夺对该地区的控制权，双方争斗了 20 年之久。① 自 1994 年 5 月以来，两派因权力分配问题又多次发生武装冲突。

1974 年，邻国伊拉克库尔德人的武装斗争赢得了半自治的权利，从而鼓舞了土耳其库尔德人进行武装斗争的信心。

1978 年 11 月，由阿卜杜拉·厄恰兰领导的库尔德斯坦工人党正式成立。该政党提出的战略是通过武装斗争确保政府承认库尔德斯坦。他们的最终目标是要在位于土耳其、伊拉克、伊朗、叙利亚交界处的库尔德人居住区成立一个独立的、不结盟的"库尔德斯坦共和国"。厄恰兰领导的武装力量由 1984 年的近百人增加到 1987 年的近千人，到 1991 年超过 1 万人。他们当中的一小部分人在土耳其境内主要是在东部和东南部库尔德人居住的山区活动，其余大部分人在海湾战争后被安置在北纬 36 度以北的伊拉克北部靠近土耳其的边境地区以及其他一些邻国。

1995 年 3 月 20 日土耳其政府出动大约 3.5 万人的军队，深入伊拉克北部境内 40 公里，向库尔德斯坦工人党武装的据点发动了一次大规模的攻势。

1996 年 9 月，土耳其政府提出，在伊拉克北部库尔德人地区建立一个"缓冲地带"，以便使库尔德斯坦工人党武装失去攻击土耳其的后方基地。这一计划遭到阿拉伯国家的一致反对。长期以来与土耳其有领土纠纷的叙利亚对土耳其的这一计划反应特别强烈，认为这一计划是一种包围策略。9 月 9 日，伊拉克派代表团前往安卡拉交涉，明确表示强烈反对实施这一计划。

---

① 参见 Hakan Ozoglu, Kurdish Notables and the Ottoman State: Evolving Identities, Competing Loyalties, and Shifting Boundaries, February 2004; LaçinerBal, Ihsan Bal, "The Ideological And Historical Roots Of Kurdist Movements In Turkey: Ethnicity Demography, Politics", *Nationalism and Ethnic Politics* 10 (3), 2004; Denise Natali, "Ottoman Kurds and emergent Kurdish nationalism", *Critique: Critical Middle Eastern Studies* 13 (3), 2004。

库尔德人的日臻成熟是解决其自身问题的基本前提。当然，库尔德人问题之所以长期得不到解决，也有其特定的外部条件。库尔德人所在各国均无意解决库尔德人问题，相关国家深知库尔德独立运动的结果只能是最终导致国家分裂，故而各国在此问题上始终坚持否定态度。它们虽然在领土、资源和宗教等问题上存有尖锐矛盾，但是在将库尔德人问题当成枪或盾这一问题上是一致的——相互利用对方国家库尔德人进行反政府活动。西方大国从自身利益出发，不支持库尔德人建立一个独立的库尔德斯坦国家。独立的库尔德斯坦国并不会给某一个西方大国带来什么"国家利益"，库尔德人问题因此只能是世界强权大国手里的一个筹码、一张牌。

由此可见，西亚地区的库尔德人问题是相互交织在一起的，任何一国想单独解决显然是不现实的。

第四节　民族分离势力的发展趋势

库尔德斯坦独特的地理位置使其具有重要的战略地位，各国都希望在这里扩大自己的影响。库尔德人的"弱势"与库尔德自1994年5月以来，两派因权力分配问题又多次发生武装冲突。1996年8月下旬，库尔德斯坦爱国联盟武装在伊朗的支持下，连连挫败库尔德民主党武装，深入伊拉克境内40多公里。为此，据库尔德民主党在巴黎的一位发言人说，巴尔扎尼8月22日在写给萨达姆的信中"要求他向埃尔比勒市派兵"。于是，伊拉克政府于8月31日凌晨出动了约4万人的部队，占领了由爱国联盟武装控制的埃尔比勒市。随后伊拉克部队又围攻爱国联盟武装在北部的最后一个要地——苏莱曼尼市，并于9月9日占领该市。伊拉克在"禁飞区"的行动触怒了美国，美国以"维护国家利益和地区安全与稳定"为由，对伊拉克再次进行导弹袭击。海湾战争后，土耳其和伊朗曾利用伊拉克被削弱的机会，多次越过边界进入伊拉克，打击和围剿在那里的库尔德武装。

库尔德人为争取独立或者为赢得更多的民族自主权，进行了长期不懈的斗争，与所在国不断发生冲突，并经常以另一国的库尔德地区作为活动基地，展开武装斗争。今天，不同地区的库尔德人处在不同的社会发展阶段，各政治派别之间时而互相支持，时而互相残杀。他们都希望得到西方大国的支持和援助，但又常常被西方大国利用和任意摆布，不能真正掌握自己的命运。个别库尔德领导人似乎更希望外国势力对该地区进行干预。对此，《阿迦，谢赫和国家——库尔德斯坦的社会政治结构》一书的作者马丁·凡·布鲁尼森在其著作中这样写道："M. 巴尔扎尼毛拉一再表示出对美国的热情，他甚至想使库尔德斯坦成为美国的第 51 个州。他愿意交出对库尔德斯坦地区石油的控制权以换取美国对他的支持。"这种想法不仅不切实际，而且也是十分可笑的。

从以上有关库尔德人问题的形成历史、发展过程和目前形势的介绍和分析中我们不难看出，库尔德人问题得不到解决大致有三个方面的原因。

其一，库尔德人自己因内部矛盾重重而没有能力全面解决库尔德人问题。今天的库尔德人社会仍处于比较落后的状态，社会组织形式不统一，经济相对落后，宗教与社会组织之间也不协调。各政治武装组织之间矛盾重重，互相制约，根本谈不上有什么共同的政治目标。因此，当个别头头提出要建立一个横跨西亚四国的独立民族国家时，我相信连他自己都会感到这一目标没有多少号召力。有的国家的库尔德人在争取民族权利时提出过高的要求而又不放弃武装斗争手段，因而造成社会动荡不安，也给外来势力插手提供了借口。

其二，库尔德人所在各国因相互牵制而无法有效地单独解决库尔德人问题。库尔德斯坦虽是一个连成一片的、以库尔德人为主的地域，但由于历史原因，这个地域已分属于几个不同国家。各个国家制定的民族政策是互不相同的，而且国家与国家之间的关系也不稳固，因此库尔德人时常被当作一国攻击另一国的工具，库尔德人问题成了库尔德斯坦周边各国手里的一杆枪或一个盾牌。一个跨国民族问题的解决需要各国的通力合作，互相支持。发生在一个国家里的这类民族问题一旦被另一国利用，那么处理起来就将十分复杂。

其三，西方大国因缺乏诚意而不想真正解决库尔德人问题。西方大国插手西亚的库尔德人问题使这一问题的解决更加困难重重。一个独立的库尔德斯坦国并不会给某一个西方大国带来什么"国家利益"，因此不会有哪个大国在西亚扶持一个新的独立的"库尔德斯坦国"。库尔德人问题只能是世界强权大国手里的一个筹码、一张牌。西亚库尔德人问题是历史上形成的，但其发展却受所在国政策及外来干涉的影响极大。库尔德人丧失了建立民族国家的时机。库尔德人要求获得民族地位和权利无可指责，但应该通过合法的谈判途径，诉诸武力无益于问题的解决，而只能使本地区陷入无休止的战乱。库尔德人当中的民族分裂主义者要求建立民族国家是不明智的，也是不现实的，更是应该加以谴责的。由于切实解决整个西亚地区的库尔德人问题的条件目前尚未成熟，因此要想单独解决西亚地区任何一个国家的库尔德人问题，至少在未来很长一段时间里可能性不大。全面解决整个地区的库尔德人问题更是十分渺茫。

库尔德斯坦周边国家对库尔德人独立建国的态度，为几大派系染指该地区提供了契机。事实上，库尔德人问题每次激化几乎都可以促使该地区沦为列强厮杀的战场。

美国出于自身利益并不支持库尔德人独立，只是将库尔德人作为插手干涉中东事务的一枚棋子。海湾战争前，美国承诺支持库尔德人反对萨达姆的斗争，帮助他们建立一个本民族的国家。海湾战争后，伊拉克库尔德人在北方发动暴动，占领了东北3个省和主要石油中心基尔库克。但他们并没有得到美国的进一步支持，因为当时美国需要利用萨达姆来制约伊朗。在萨达姆的镇压下，库尔德人的独立运动再遭失败。

土耳其、伊朗和叙利亚三国出于自身利益考虑，反对美国支持伊拉克库尔德人的独立。他们担心伊境内库尔德人的独立会给生活在其本国的库尔德人中产生示范效应，进而影响其国家安全。2003年，土耳其一再要求美国保证，不允许库尔德人独立，限制库尔德人在"倒萨"战争及"后萨达姆时代"的作用与地位。战争期间，只允许美国战时使用领空过境权，致使美国"北方战线"最终夭折。战争爆发后，土耳其要求伊拉克库尔德人不能进入伊石油重镇基尔库克和摩苏尔，以避免库尔德人控制两市，凭经济实力的增加为其分裂活动建立基础。在土耳其颁布针对库尔德工人党的特赦法令后，曾经引起广泛关注的库尔德分离主义运动一度呈现平静的态势。

伊拉克战争结束后，伊拉克北部的库尔德人崛起。随着他们与土耳其境内的库尔德人武装联合的趋势的增强，土耳其国家安全受到严峻的挑战。土耳其政府迫于来自国内各方的压力，打算采取越境行动。于是，在靠近伊拉克边界地区集结重兵，准备越境出击。

美国屡次警告土方不要进入伊境开展军事行动，土耳其政府没有示弱。美主要担心土方的军事行动，会加剧驻伊美军的负担，并打乱美在伊的战略部署。如土耳其强行越境，打击伊境内的库尔德分离主义武装，则有可能在伊拉克、伊朗和叙利亚等国库尔德人间和各国内部重新点燃宗教及民族冲突之火，使中东地区的动荡进一步深化。

在历史上，库尔德人于阿拉伯帝国后期曾建立过几个封建王朝，但是从未建立过真正独立的政治实体。突厥人和蒙古人曾多次侵入库尔德斯坦；亚美尼亚人、波斯人、拜占庭人及后来的土耳其人和阿拉伯人也曾先后成为该地区外来的异族统治者。直到19世纪，库尔德人在奥斯曼帝国境内仍处于半自治状态，库尔德人居住区是土耳其和伊朗之间的一个缓冲地带。居住在不同国家的库尔德人斗争目标并非一致，形不成整个民族的合力。建立独立的"库尔德斯坦"也并未成为所有库尔德人的共同目标，大多数库尔德人只希望获得一定程度的自治，而且各国库尔德人的斗争目标还时有变化。西方国家不支持库尔德人建立一个独立的库尔德斯坦国家。库尔德人问题实际上已成为西方国家干涉中东事务，谋取自身利益的一颗棋子。以美、英为首的西方国家深度介入该地区事务，实际上是在利用库尔德人问题插手、干涉中东地区和有关国家的内部事务，谋取自身利益。

西亚库尔德人问题是历史上形成的。库尔德人要求获得民族地位和权利无可指责，但应该通过合法的谈判途径，诉诸武力无益于问题的解决，而只能使本地区陷入无休止的战乱。不承认或不甘心接受民族分化现象，并从思想上和行动上力图再造"民族—国家"统一的思想、态度和行动，是一种以"跨界人民"为基础、以建立新的"多民族国家"为目标的非现实的和反历史的政治民族主义。目前，彻底解决中东地区的库尔德人问题的条件尚未成熟，任何一个国家单独解决该问题的可能性也很渺茫。

（刘　泓）

第六章 加拿大的魁北克问题

魁北克省（Quebec）位于加拿大国土东部，东临哈德孙湾，南接美国，是加拿大面积最大的省。其总面积约为154.68万平方公里，人口约790万，其中80%的人口为法国人后裔，通行法语，是北美地区的法国文化中心。1763年英法"七年战争"结束，英国夺取了法国在北美大陆的殖民地"新法兰西"①，魁北克的发展历史随之充满了民族分离主义的色彩，并在近代愈演愈烈。自20世纪90年代中期魁北克党人在全民公投中失败之后，魁北克分离主义逐渐跌落低潮，人们对加拿大国家的政治稳定与和谐渐趋乐观，"魁北克问题"也淡出国内学界的关注热点。然而，从2007年起，魁北克分离主义发生了新的变化。虽然，最近加拿大联邦大选对其产生了显著影响，但是，魁北克分离主义对加拿大国家的政治稳定与和谐的威胁依然存在。

---

① "新法兰西"指的是1607年英国在北美建立十三个殖民地后，法国为了与英国争夺北美的殖民利益，立即在圣劳伦斯河流域（今魁北克地区）开拓殖民地，同时为区别法国本土，并强调此地居民的法兰西血统，因此法国政府将这片殖民地命名为"新法兰西"，其中1608年法国人尚普兰（Samuel de Champlain）建立的魁北克殖民地，被公认为"新法兰西"的开端。参见 Cairns, Alan C., "The Governments and Societies of Canadian Federalism", *Canadian Journal of Political Science*, 1977, pp. 695 – 725。在此后的一百余年中，法国政府不断地向魁北克地区移民，到七年战争前夕，魁北克殖民地已有法裔居民6万余人。"新法兰西"建立后，其行政建制及宗教信仰完全比照法国，因此形成了绝大多数居民信仰天主教的天主教传统性社会，在此后的百余年中，天主教连同殖民政府、领主制构成了魁北克社会的三大支柱。参见 Edgar Mcloms, "Canada, A Political and Social History", Rinehart & Company, 1959, p. 71。

第一节　民族分离势力成长的土壤

17世纪初，英、法两国先后在北美建立了殖民地，但由于此时欧洲大陆各国之间的利益争夺十分激烈，因此，英、法两国并没有将注意力集中在新大陆之上。从17世纪初期到末期，两国虽然在北美大陆时常爆发冲突，但是由于地域有限，规模一直相对较小。进入18世纪之后，英、法通过一系列的对外战争，逐渐成为当时欧洲大陆上实力最强的两大国家。[1] 这种欧洲"旧世界"的两强对峙的局面，不可避免地蔓延到新大陆的殖民活动之中，英、法两国延续多年的矛盾迅速激化。

1756年，席卷整个欧洲的"七年战争"爆发，英、法两国作为两大军事集团的主要参战国，在世界各地的殖民地都爆发了剧烈的军事冲突。在北美，1758年7月，英军攻克了路易斯堡，随即又攻占了杜肯堡，并以时任英国首相的威廉·皮特的名字将其改名为"匹兹堡"。次年，英军接连攻占了尼亚加拉堡和魁北克。1760年，驻扎在蒙特利尔的法军被迫向英军投降。至此，英国完成了对加拿大的征服。"七年战争"的结果不仅重新划分了欧洲大陆的政治格局，对美洲大陆的历史进程的影响更是意味深远。1763年，英法签订《巴黎和约》（Treaty of Paris），规定法国将加拿大、布雷顿角、密西西比河以东的土地（东路易斯安那）划归英国所有。此举标志着新法兰西"这块原由法兰西帝国占领的北美土著人的故乡变为英帝国的殖民地，法裔居民由原来的统治者变为被统治者"[2]。至此，魁北克历史进入了英属北美殖民地时代。

然而，对于英国政府来说，治理魁北克殖民地也并非易事，在其广袤的"从不落日"的国土之中，还未曾有一地如魁北克一样，定居者

---

[1] 英国完成资产阶级革命后，其经济实力、海外贸易能力大为增强。英国议会于1651年颁布《航海条例》，并通过三次英荷战争，彻底消除了荷兰对英国的海上威胁，并夺去了荷属新尼德兰（今纽约），将荷兰势力彻底赶出北美。后联合法国打击西班牙势力，成为海上的头号强国。法国通过反哈布斯堡王朝的对外战争将西洛林大部分地区并入自己的版图，并迫使哈布斯堡王朝承认这些兼并，从而树立了其在欧洲大陆上的霸权。参见张芝联主编《法国通史》，北京大学出版社1989年版。

[2] Lower, J. A., *An Outline History of Canada*, *McGraw-Hill Ryerson*, Toronto, Montreal, 1991, pp. 12–17.

是来自其他欧洲国家的欧洲人。①

从1608年尚普兰在圣劳伦斯河沿岸建立第一个贸易据点开始,到1763年"七年战争"战败,军队被迫撤离,法国人在魁北克地区已经居住经营了150余年。对于那些定居在魁北克的"新法兰西人"而言,脚下的土地就是他们的故乡,而英国政府和军队就是入侵他们故土的侵略者。同时,魁北克地区传统的天主教社会伦理,已经成为被定居者广泛认可的社会共识,尤其是新法兰西的首府魁北克城,经过了百余年的建设,它早已"不仅仅是新法兰西的政治中心,它还是精神、文化和地理的中心。在它的内部和其周围形成了种族的、文化的、宗教的和语言的坚强传统,这些传统都成为魁北克人的向心力量"②。面对这些既不能被囚禁又不能被驱赶,更不可能自行离去的法裔居民,英国政府认识到,想要维持和平、稳定的社会局面,就必须采取行之有效的政策,与他们达成某种形式上的妥协,同时,淡化其独特的法兰西属性,促进其融入英国社会文化之中。

1763年10月,英国政府颁布《皇室公告》,要求魁北克组建地方议会,实行英国传统的代议制度;废弃法国法律施行英国法律;鼓励英国本土及英属北美13个殖民地的居民到魁北克地区定居;在允许法裔居民信仰天主教的同时,大力促进新教在魁北克地区的传播。③《皇室公告》旨在通过英国"旧臣民"向魁北克地区大量移民,将魁北克地区迅速同化为一个"其大多数居民被切实授予英国传统公民权利的殖民地"④。然而,英国政府显然低估了法裔居民在维护其传统生活方式和宗教信仰上的决心,整个魁北克社会的政治体系和经济生活依然按照原来的模式运行。虽然有来自英国本土和其他殖民地的"旧臣民"移居加拿大,但是多数都定居在西部或南方,极少迁入魁北克。因此魁北克

---

① Bayefsky, Anne, "Self-determination in International Law: Quebec and Lessons Learned", *The Hague*: *Kluwer Law International*, 2000.

② 格莱兹布鲁克:《加拿大简史》,山东大学翻译组译,山东人民出版社1972年版,第60页。

③ 参见Pitamber Kaur, "Federalism and Political Separatism", *South Asian Publishers*, 2000, p.32。

④ H. 布莱尔·尼特比:《加拿大的政党:一个时代的结束》,《加拿大文化的碰撞》,吉林教育出版社1992年版,第148页。

殖民地的法裔居民依然是占其社会总人口的绝大多数，他们拒绝采用英国法律，拒绝信仰新教，依然按照天主教传统方式生活。《皇室公告》在魁北克地区不但没有取得英国政府预计的效果，反而更加激化了法裔居民对英国的仇视和抵抗。

此时，北美13个殖民地独立的要求越来越迫切，为了巩固统治，避免魁北克被北美其他殖民地拉拢加入独立阵营，英国议会在1774年通过了《魁北克法案》（下称《法案》），规定重新划分魁北克殖民地的疆界；取消在魁北克建立代议制度，委任总督并成立立法委员会对其进行管理；魁北克辖区内并行英国刑法和法国民法；保留法国统治时期的庄园制度；承认天主教在魁北克的地位；法语和英语皆为官方语言。① 《法案》标志着英国对法裔居民的态度从一开始的强制同化转变为"以较宽容的方式允许魁北克保留某些法式传统，换取新法兰西人，特别是魁北克的上等人对英王的服从和忠诚"②。客观地说，《法案》确实在很大程度上缓和了法裔居民对英国政府的敌视态度，将魁北克留在了"日不落帝国"的版图之内。同时正是由于《法案》的施行使法裔居民传统的生活方式大部分得以保留，并在日后逐渐形成了其独特的民族性，这等于英国政府直接放弃了将法裔居民同化于英国社会的任何可能性。此后在加拿大的政治架构和经济生活中，英裔法裔两大语言性集团的合作势必更加困难。

美国独立战争后，约有4万亲英的"效忠派"从美国移居魁北克，这些人的迁入改变了魁北克地区的社会状况：法裔居民不再是该地区的绝大多数；新移民认为《法案》不能保证英裔群体的权利，提出与法裔分离，重新建立一个以英裔居民为主的新行政区。面对来自英裔法裔的双重压力，英国议会于1791年通过了新的《宪法法案》，该法案规定，将原魁北克省一分为二，以英裔居民为主为上加拿大省，以法裔居民为主为下加拿大省；省内实行何种法律可自行选定；魁北克省可保留

---

① 参见 Pit amber Kaur, "Federalism and Poltical Separatism", p. 32。
② Nielsen, Kai, "Secession: The Case of Quebec ", *Journal of Applied Philosophy*, Vol. 10, No. I, 1993.

庄园制度；承认天主教会的各项权利。① 《宪法法案》确立的"分而治之"政策理论上规避了帝国形式下的民族压迫，既缓和了英法族裔的民族矛盾，又加强了英国对殖民地的控制力。但同时"加拿大的二重特征从此保留了下来，两个有不同传统，并且相互不理解的民族注定要在一起生活下去"②。让英国政府没有想到的是，这样的二元社会结构的治理要比其建立复杂得多，一旦"对各民族的利益调节稍有不当时，便有可能招致民族关系紧张，继而引发民族分离主义诉求"③。19世纪30年代，在下加拿大省爆发的由议长帕皮诺（Louis Joseph Papineau）领导，试图以武力推翻英国统治集团，捍卫民族利益的起义并最终被镇压则又一次印证了这种"分而治之"社会结构的不稳定性。

1839年，加拿大新任总督德拉姆提交了一份名为《英属北美殖民地事务分析》（Report on the Affairs of British North America）的调查报告，他在报告中提出："英裔和法裔是一个国家中两个相互争斗的民族，他们之间不是原则斗争，而是种族的斗争；任何努力改善法律或机构都是徒劳的，必须终止下加拿大居民中英裔和法裔之间的敌意。"④ 他将下加拿大的动乱主要归咎于法裔居民，他称法裔人为"没有历史、没有文化、缺乏教育、停滞不前"的民族，因此，他提出应将上下加拿大省重新合并，实行按人口比例选举的代议制。让英裔人口成为魁北克的社会主体，从而让"优越发达"的英国文明同化魁北克人。在报告提出两年后，1841年英国议会通过新的《加拿大法案》，将上下两个加拿大重新联合，在省级议会席位分配上赋予英法裔同等数量的代表席位，意在加强英裔集团的政治影响力。可以想见，这种一厢情愿的政策落实到现实社会中必然出现意料之外的背离，在"整个联合时期，在议会中都有两组领导人，两个司法部长，两种独立的司法系统，每次会议单独通

---

① 参见 Edgar McInnis, "Canada: A Political and Social History", *Holt, Rinehart and Winston of Canada*, 1982, pp. 185–192。
② William Metcalfe, "Understanding Canada: A Multidisciplinary Introduction to Canadian Studies", *New York: New York University*, 1982.
③ 朱伦：《民族共治——民族政治学的新命题》，中国社会科学出版社2012年版，第228页。
④ Dawson, *The Government of Canada*, The University of Toronto Press, 1948, p. 15.

过与各自有关的法律，因此上、下加拿大的政治联合从未真正付诸实施"①。

19世纪中期，随着彼此贸易联系的增强，加拿大各殖民地间关系日益紧密，南北战争后重新统一的美国对领土扩张的欲望也愈加明显②，1864年前后，加拿大各地开始出现联合趋势。加拿大出现了一批律师和议员为代表的"联邦之父"，他们在各殖民地之间巡回演讲，并多次前往伦敦召开联合会议，经过协商和妥协，达成了一系列协议。他们以这些协议为基础，起草了《英属北美法案》，提交给英国议会。1867年3月29日，英国议会正式通过了这部法案，同年7月1日，法案正式生效。安大略省、魁北克省、新斯科舍省和新不伦瑞克省共同组成统一的加拿大自治领（Dominion），以约翰·麦克唐纳为总理的第一届自治领联邦政府同时宣布成立，这标志着加拿大联邦制的正式确立。

从1763年英国接管魁北克殖民地，到1867年加拿大自治领建立的一百余年中，英国对魁北克地区的统治政策一直在"同化"和"宽容"之间徘徊。客观上，英国政府是根据外部环境的变化来调整策略换取殖民地的稳定，但这种事实上时而分治时而合并的摇摆政策不但没有淡化魁北克人对其传统天主教生活方式的依赖，反而促进了定居在魁北克的魁北克人形成一个民族特性鲜明的封闭社会。他们与加拿大主流社会长期隔离，从最开始的被动承受到后来的积极进攻，甚至演化为愈演愈烈的分离活动。由此可见，英裔与法裔之间的民族矛盾一直是加拿大发展道路上一道既未解决也无法绕开的难题，也是加拿大采取联邦制建国的主要因素。

---

① Pitamber Kaur, "Federalism and Political Separatism", *South Asian Publishers*, 2000, p. 46.
② 自1850年以来，美国内战期间的国务卿威廉·瑟华德（William Seward）就是一名不折不扣的北美合并论者，他认为英属北美殖民地迟早要成为美国的一部分。在美国1864年的大选中，共和党就打出合并牌赢得美国爱尔兰人和土地贪欲者的支持。1865—1866年，"合并论"一度成为美国单方面取消互惠条约的一个因素。1866年7月，美国众议院甚至通过了一项《合并议案》，企图获得今天加拿大的所有地区。参见 Diane Francis, "Merger of the Century: Why Canada and America Should Become One Country", *Harper Collins*, 2013.

第二节 民族分离势力的形成与发展的历史考察

加拿大自治领建立的原则是责任制政府和殖民地联邦制的结合，《英属北美法案》依据分权制的原则划分了加拿大联邦政府与各省的权限。在加拿大"联邦之父"们看来，美国南北战争的根源在于美国宪法过度限制中央政府的权力，导致州权过大而引起联邦分裂。因此，《英属北美法案》在制定时就强调加强联邦政府的权力。[①] 另外，《英属北美法案》虽然规定了魁北克独享的29项自治权利，但并未明确表示加拿大联邦制的本质是法律地位平等的各省的联盟。这为之后魁北克省与联邦政府之间持续不断的矛盾埋下了伏笔。

一 加拿大联邦主义的挑战和演变

魁北克最初赞成加拿大建立联邦制的目的，是借此摆脱英国利用在上、下加拿大省联合对魁北克地区施行的"英国化"[②] 政策，期望借助其所处圣劳伦斯河沿岸的有利地形发展河运交通，成为连接广大西部内地与出海口的通道。然而在1867年到1896年的近30年中，加拿大政坛一直由麦克唐纳领导的保守党执政，此时的加拿大一直在执行"从大西洋到太平洋的大陆北半部领土全部并入加拿大版图"的既定国策。随着西部土地上各个新行省的陆续建立（曼尼托巴1870年、不列颠哥伦比亚1871年、艾伯塔1905年、萨斯喀彻温1905年）、横穿东西部的太平洋铁路的建设、西部地区的工农业产值的逐年增加，魁北克想要成为联邦东部经济中心的梦想破灭了，并且随着领土的扩张，英语使用范围的扩大，魁北克在联邦政府的地位和影响力也不再如以前一样突出了。

---

① 《英属北美法案》规定，联邦政府有权任命各省省督；有权复审各省法律；有权保留或驳回各省法律，并宣布其无效。可见，联邦政府通过复审、保留和驳回等权力拥有控制各省的手段，使各省在某些权力方面从属于联邦政府。而这实际上是不符合联邦制原则的。参见徐再荣《加拿大：民主与政制》，社会科学文献出版社1993年版；K. C. Whear, "Federal Government", Oxford Press, 1963.

② 一是向该地区大量迁入英国移民，以改变其人口成分；二是规定英语为联合省的唯一官方语言；三是魁北克要承担安大略省的债务，同时限制其选入议会的代表人数。

天主教会的权威影响着魁北克人传统社会生活的方方面面。对于魁北克社会的经济发展，天主教会坚持要以发展农业为主，"魁北克人的前途在于农业，工业化和都市化是对家庭和宗教信仰的一种威胁"①。因此，直到1867年加拿大联邦制建立时，魁北克依然是一个经济落后、人口稀少的农业社会，主要城市蒙特利尔和魁北克市的人口均不超过10万（蒙特利尔9万，魁北克市5.8万）。仅有的工业项目大部分设在蒙特利尔，且绝大多数都掌握在英裔居民的手中。因此在魁北克的历史上，19世纪的后半叶被称为"最沉痛"的时期之一。

1914年8月，英国对德宣战，属于英国自治领的加拿大亦被卷入第一次世界大战之中。魁北克自愿入伍的人数远远低于其他各省，魁北克人对联邦政府的征兵行为表现出很强烈的抵触态度，甚至在1918年3月魁北克省曾爆发了一次反征兵的暴乱。从表面上看，双方主要分歧在于：魁北克人抱怨军中没有独立的法语军团编制；法裔军官提升难度大；随军无天主教牧师等。但究其本质，是魁北克人生活在封闭的天主教传统社会之中，他们只关心魁北克地区的文化和权利，对于自治领的问题或者世界格局，他们毫无兴趣。正如一位法裔评论家所说："我们不要求我们讲英语的同胞帮助我们去更密切地接近法国，但他们没有权利依仗自居绝对多数而违背联合协约，并引诱我们去承受保卫大不列颠的额外负担。"② 这种观点将魁北克人孤立主义的心态清晰地展现了出来。

第一次世界大战后，加拿大经济得到快速发展，魁北克也开始了大规模的城市化工业化进程。1871年魁北克经济的77%是农业经济，至1920年已下降为经济总比重的37%；1921年魁北克城市人口达56%，到50年代末魁北克的农业人口仅占总人口的13%。③ 工商业的发展不仅促进了城市工人和薪金阶层的人数不断扩大，同时引起了社会结构的

---

① Bartlet Brebner, *Canada: A Modern History*, The University of Michigan Press, 1982, p. 515.
② Kenneth McNaught, "The History of Canada", Penguin Books; *Revised edition*, 1988, p. 210.
③ 参见徐再荣《当代魁北克民族主义初探》，姜梵主编《加拿大民主与政制》，社会科学文献出版社1993年版，第136页。

变化:一方面,随着工业化的发展,农业经济不断萎缩,导致法裔传统价值观和文化结构迅速解体,天主教会的权力和影响日渐衰弱;另一方面,新兴的法裔中产阶级日益不满所处的经济和政治地位,中央集权与地方分权、新教与旧教以及两种语言和文化形态的矛盾日趋激烈。魁北克新民族主义的增长为分离主义播下了火种。①

两次世界大战期间流行的"国民联盟"新主张,是加拿大社会经济转轨时期最有影响的思潮。其倡导人罗伯特·布拉萨是魁北克民族主义者的主要发言人。作为魁北克民族主义者,他反对加拿大参加布尔战争。布拉萨政治主张中的一个新因素是双重文化组合思想,即法语加拿大应当享有同英语加拿大完全平等的地位,在加拿大广阔的土地上形成一种新的双元文化。这种思想的内涵具有"联合"与"分离"平行发展的双重意思。他的"分离"思想远不同于20世纪中期企图用武装暴动推翻英国统治集团的约瑟夫·帕皮诺。帕皮诺的分离思想是不惜一切代价摆脱英国的殖民统治,甚至幻想投入美国怀抱。而布拉萨的分离思想是在加拿大联邦体制内的分离,是追求在联邦体制下完整的平等地位。第二次世界大战的爆发促进了这种思想的发展,揭开了战后魁北克分离运动的序幕。

二 魁北克民族主义的诉求

1960年,魁北克自由党人让·勒萨热(1912—1980)当选为魁北克省总理,他改变了自1944年以来,莫里斯·迪普莱西所领导的民族联盟党的政策,在魁北克省内开始推行"平静革命",即对本省的经济、政治和文化等方面进行改革,如降低选举年龄,取消竞选秘密基金;为增加城市选民代表,更改选举区划;增加政府机构,实施工会和社会改革等。1964—1965年,魁北克退出联邦制定的财务分摊规定,直接征收同量的税收,并建立本省的养老金计划;对私有电气公司实施国有化,并于1963年建立魁北克水电站,1964年组建钢铁工业公司;同年建立教育部,以取代天主教会长期对教育的垄断;调整了把法语作为第一语言的那些魁北克人的经济地位;1965年设立了社会保险和福

---

① 参见杨令侠《加拿大魁北克省分离主义的历史渊源》,《历史研究》1997年第2期。

利部。这些措施增强了魁北克人的自信心。"平静革命"后，天主教会进一步世俗化了，传统道德观念也随之转变，比如在礼拜仪式中以法语代替拉丁语，组织上采取民主制，与新教教派实现联合等。同时，"平静革命"还把法裔民族主义的主张和要求局限在魁北克省内，纠正了过去罗伯特·布拉萨将其扩展到魁北克省外的过激行为，以至到1970年，竟有41%的魁北克人认为本省应脱离加拿大而独立。①

分离运动煽起的民族主义情绪波及了整个加拿大的方方面面。比如，魁北克省出产的产品标签方式，加拿大国旗的设计，魁北克省和其他省法语课程的设置，学校中少数民族的待遇等。其中法语的使用是最核心的问题。本来，语言文字只不过是人与人之间用来交流的工具，但是它对于感到自己犹如生存在英语海洋中的魁北克人来说，则具有特殊的意义。因为在加拿大，讲法语的公民不过600万，讲英语的人却有1600万。魁北克人强调语言文字是一种构建民族大厦的黏合剂，是民族统一的载体，是维系法裔价值观、改善社会地位以及防止被人口激增的英语居民同化的保证。语言问题关系民族生存，这就是在魁北克将语言问题最终政治化的主要原因。

20世纪60年代，关于双语制和双元文化的讨论在加拿大十分激烈。主张双语和双元文化的人认为，加拿大既然主要有由英语和法语居民组成，联邦政府就应提倡双元文化和双语制。在这种争论的推动下，1963年加拿大总理莱斯特·皮尔逊成立了双语和双元文化皇家委员会，研究有关问题。1969年，联邦总理皮埃尔·特鲁多根据该委员会建议，制定了《官方语言法》，正式承认法语和英语同为官方语言。1969年，魁北克议会通过《63法案》，保证家长对于子女语言教育问题有自由选择的权利，并规定中学生必须通过法语口试和笔试后才能毕业。这个法案使英裔和法裔居民均感不满。1971年，特鲁多政府宣布改双元文化为多元文化政策后，立即遭到魁北克人的强烈抨击。魁北克人之所以欣赏双元文化，是因为它意味着加拿大两个主要民族间的平等，而多元文化含有各民族平等的意义，魁北克人就会被降至成为少数民族之一的地

---

① Nancy Wartik, *The Peoples of North America*: *The French Canadians*, New York, 1989, p. 14.

位。1974年，魁北克议会通过《22法案》，规定法语是魁北克省唯一的官方语言。1977年，勒维斯克（René Lévesque）领导魁北克人党赢得省选，他所主导的魁北克议会通过《法语宪章》（又称《101法案》），除确认法语是唯一官方语言外，还扩大了法语作为官方语言的使用范围，如官方文件、公共牌照、广告、文官晋升、公共场所、中小学教育等方面都须使用法语。一个民族讲本民族的语言，本是很正常的事情，但一而再地予以法律上的确立，这在世界文化史上则是不常见的。难怪一位非常关心魁北克问题的英裔加拿大史学家十分同情地说，"他们所剩下的只有语言了"①。尽管魁扎克人讲的不是地道的法语或巴黎法语，而是一种带有浓重的魁北克口音、掺杂着个别英语舶米语的"法语"，但由于法语是魁北克人最重要的民族特色之一，所以魁北克确立法语地位的立法就成了迈向激进民族主义的重要表现之一。

三 加拿大联邦政府的应对策略

早在加拿大联邦成立之前，英国政府就对在北美殖民地的法裔居民的民族主义情绪感到不安，并试图找出相应的对策以平息法裔的不满，从而巩固英裔的统治。在上、下加拿大联合期间，英国政府对以法裔居民为主的魁北克省实行了英国化的措施，一是向该地区大量迁入英国移民，以改变其人口成分；二是规定英语为联合省的唯一官方语言；三是魁北克要承担安大略省的债务，同时限制魁北克法裔居民入选议会的代表人数。

20世纪，为了平息魁北克民族主义浪潮，缓和英裔居民、法裔居民的对立情绪，加拿大联邦政府一再采取安抚政策。1963年7月，加拿大政府任命了一个双重语言、二元文化的皇家委员会，旨在维护英法两个"创始民族"文化的绝对平等。该委员会提出在联邦内实行"双语制"的报告，英语和法语同为官方语言。报告认为，"如果加拿大想要继续生存下去，那就必须在英裔和法裔之间建立一种真正的伙伴关系"②，得到全国的普遍支持。在这份报告的基础上，魁北克省政府也

---

① EliMandel & David Taras, *A Passion for Identity*, Canada Nelson Press, 1988, p. 247.
② 参见洪邮生《加拿大——追寻主权和民族特性》，四川人民出版社2003年版。

同意接受双语制，与联邦政府暂时达成协议。1969 年，加拿大议会通过了《官方语言法》，规定英语和法语两种语言在加拿大同为官方语言，一切政治文件、国家法令都必须使用英、法两种文字，联邦政府机构的工作都必须运用这两种文字进行。从而使加拿大成为唯一用立法形式明确规定实行双语制的国家。① 为了提高法裔居民的地位，联邦政府还任命了一批法裔人担任政府高级官员。加拿大总理特鲁多（Pirerre Trudeau）在一次记者招待会上解释说："要建立和保持一个团结有力的国家，就有必要使讲法语和讲英语的加拿大人在这个国家的所有地方都能满意。作为我们大语言团体的一员，他们的权利应该得到政府的尊重。这就是《官方语言法》和我们双语制政策的目的所在。"②

然而，加拿大政府的和平努力，并未使魁北克省的分离运动减弱。魁北克阵线宣称，"只有通过社会革命，才可能获得魁北克的独立"。到了 20 世纪 70 年代，围绕如何推行双语制的争论，英法两大民族关系又趋于恶化，致使魁北克民族主义运动又有新的发展，并由此导致分离主义运动的崛起。魁北克省的分离运动、加拿大联邦政府被迫宣布对法裔民族的政策保护以及魁北克省高于其他省的特殊地位，引起了土著和其他族裔人的共同不满。20 世纪 70 年代初，加拿大人口中，少数民族与英裔、法裔人已经各占 1/3，少数民族的文化素质、经济地位、民族意识都有所增强。他们向加拿大政府直言：既然政府能够保存魁北克人的独特的文化特征，那么其他民族集团为什么不可以一样照办呢？③ 他们批评政府，认为加拿大不仅仅是英裔、法裔两个民族的国家，对其他少数民族的文化也应予以保护。20 世纪 60 年代末，魁北克问题的白热化，土著居民和少数民族发起的保护本民族文化的呼声，使加拿大联邦政府陷入民族矛盾的困境中。加拿大政府领悟到，仅仅注重安抚魁北克法裔居民是不够的，应当赢得各民族对加拿大政府的支持。正是在上述背景下，1971 年 10 月 8 日，加拿大总理特鲁多在众议院的演讲中宣

---

① 周泓：《论加拿大魁北克民族问题》，《新疆师范大学学报》（哲学社会科学版）2003 年第 4 期。

② Mclnnis E. Canada, "A Political and Social History", *Toronto*: *Holt, Rinehart & Winston of Canada*, 1982, p. 683.

③ Mandel E. & Taras D., "A Passion for Identity", *Toronto*: *Menthuen Cltd*, 1987, p. 221.

布：联邦政府将实行一项新的国家政策，即多元文化主义政策。主要内容有：其一，各族裔文化平等，主张多元文化平等共存，而不是一种文化居于统治或者支配地位。其二，多元文化的双语框架，英语和法语仍是官方语言。因此政府要对不懂官方语言的少数民族进行培训，使他们克服广泛参与社会生活时遇到的文化障碍。①

第三节 民族分离势力的影响

多元文化主义的实施并未缓解魁北克法裔的分离主义情绪，反而让魁北克法裔的政治不满和疏离感愈益加重，各种形式的不满在魁北克蔓延开来。民众的幻灭情绪沿着两个通道表露出来：一是对现政府由失望到不满，二是期望魁北克政府职权更加强大，特别是法裔新中产阶级，希望魁北克政府深化改革，用政治权力和政府干预为法裔创造机会，使他们能参与更高层次的现代社会。于是，作为这种未能满足进一步变革要求的结果，"平静革命"后魁北克的"新思维"包含着对魁北克在加拿大联邦的重新定位，新魁北克要摆脱制约其愿望实现的宪法框架，拥有"完成内部革命所需的更多的钱、更多的宪法权力，和联邦和省的关系中更倾向于省的更高地位"②。

一 魁北克分离主义运动的发展

对于魁北克的未来，很多独立运动团体在最初的20世纪60年代前后悄悄地发表意见，后来在一些机会和场合，愈益公开和自信地宣扬其分离主义诉求。他们要求魁北克应被授予一个民族国家应有的权力和地位，这样才能保证法裔加拿大民族的繁荣。

1966年自由党下野后，魁北克分离主义领袖、魁人党的创始人勒维斯克（René Lévesque）在1967年4月提出"主权—联系"（Sov-

---

① Fleras A. & Elliott J., "The Challenge of Diversity Multiculturalism in Canada", *British Columbia*, 1992, p. 199.

② Joseph Ellot Magnet, *Official Languages of Canada*, Cowansville: Les Editions Yvon Blais Inc., 1995, pp. 24 – 25.

ereighty-Association)计划,第一次系统地阐述了魁北克人对主权的诉求。勒维斯克对于"魁北克主权"的描述实际上包含三方面含义,即必要性和内容,保持联系的必要性和魁北克分离主义选择的"双赢性"。出于以下几点原因,魁北克非常需要获得主权。

第一,有着独特认同的魁北克人生存状况堪忧。在勒维斯克等看来,魁北克人是一群具有独特认同的人类共同体。独特的历史塑造了他们自己的认同,这种认同是他们区别于其他北美人的根本。同时,这个基本"区别"是不能放弃的,因为"不能按自己本来的面目和方式去生活,这人是残缺的,或无异于行尸走肉"[①]。工业化的进展、技术的进步和经济制度的更新,瓦解了魁北克人得以过安宁生活的传统社会,城市化、交通、通信、电台、电影、电视正在带来新世界。魁北克人在发现自己无助地被不可阻挡的潮流冲击的同时,第一次意识到自己的经济、政治和社会的全面落后和语言文化的地位低下。魁北克的经济命脉为英裔主宰,包括加拿大英裔和美国人。在这个魁北克人占绝对多数的地方,却不可以自由地讲他们自己的语言,因为讲自己的母语意味着找不到工作,至少是找不到体面的工作,他们的语言处于二等地位。所以,魁北克人必须责无旁贷地振作起来,为自己创造一个适合的地方,建立一个合理的社会,"一方面保存我们的形象,更要在世界上争取最进步、最高效和最文明"[②]。

第二,在"平静革命"的几年里,魁北克人在"追赶"的道路上取得了一些进步,在社会领域,几年内在社会福利方面的进步超过了整个20世纪;在经济领域,实行了水电资源国有化、创建金融总公司等,魁北克人向着集体控制魁北克经济迈出了最初的一步;还开始了清理选举腐败,推动政治现代化。但是"平静革命"所做的只是一个开始,改革虎头蛇尾,草场收场,"平静革命"后的魁北克依然与邻省安大略甚至加拿大平均发展水平存在差距。所以,必须保持改革的动力和势头,将改革深化和进一步推进。

[①] Rene Levesque, *An Option for Quebec*, Toronto: McClelland and Stewart Limited, 1968, pp. 19 – 20.

[②] Ibid., p. 17.

第三，现行联邦框架带来的困难和障碍。勒维斯克等认为，有着百年历史的加拿大联邦主义不但制造了越来越多的困难，影响了两方之间的相互尊重和相互理解，而且阻碍了双方的变革和进步。特别是60年代后魁北克形势的发展，给魁北克人的文化稳定带来了威胁，所以魁北克人迫切需要保护他们的集体"人格"安全。但是现行加拿大联邦制度只是使得这些问题更加棘手，因为魁北克的立法不能自主，魁北克人在联邦的代表权形同虚设，魁北克的财政资源受制于联邦政府。此外，加拿大和魁北克机构重叠导致成本叠加，行政冲突导致经济社会问题不能果断高效地解决，使得魁北克人因为落后更加受到歧视。所以，魁北克人是现行加拿大联邦制度弊端的主要受害者，尽快除掉它再自然不过。①

第四，为保护魁北克人的集体文化安全，魁北克首先需要在以下领域得到行动不受掣肘的权利，虽然并不排除合作：移民、语言和大众文化传播（电视、电台、广播）。20世纪60年代来到魁北克的外来移民大约90%加入了魁北克的英语群体，魁北克的法语文化受到了不容忽视的威胁。所以，魁北克人首先必须得到立法权力来解决当前比较迫切的语言和文化问题。但是，在勒维斯克看来，只有经济自主并现代化才是文化繁荣的根本保障，"我们将首先争取在经济生活中占据主导，主宰了经济就足以保障我们的语言和民族认同的生存和弘扬"②。魁北克具有丰富的资源，但由于这些资源大多为外人控制，因此不能充分利用为魁北克人造福。例如，如果魁北克想把季节性剩余的电出售给美国纽约州，必须从加拿大联邦政府获得出口许可证；石英矿的开采和加工在很大程度上由美英资本控制；魁北克人有根深蒂固的储蓄习惯，魁北克社会闲散资本很多，但大多为英裔金融机构垄断吸纳，投入到魁北克以外的地方。魁北克必须恢复对自然资源和储蓄等最为关键的领域的控制，至少需要在以下方面得到新的职权：信托储蓄机构、工商业公司、所有魁北克的经济发展机构，以及适当控制内部资本流动和投资的权

---

① Rene Levesque, *An Option for Quebec*, Toronto: McClelland and Stewart Limited, 1968, pp. 20–21.

② Ibid., p. 29.

利。不仅如此，魁北克人党政府要担负起指导和管理经济的责任，使得边缘产业合理化，发展第二产业等。通过自主经济，特别是农业、工业、商业等部门，采取强力举措提升魁北克人的利益。

第五，魁北克人也不能容忍现在的社会保障和福利由外部（加拿大联邦政府）指导的状况，因为社会保障和福利十分密切地影响着一个民族。魁北克必须拥有足够的立法和资源来建立适合自己的社会保障和福利网络。此外，为保障魁北克人作为一个民族的形象和利益，魁北克还必须拥有足够的外交自主权。魁北克要作为加拿大的平等伙伴在加拿大首都设立大使馆，当然还在联合国、华盛顿、巴黎、伦敦、罗马、布鲁塞尔、莫斯科、布拉格等都有常驻大使；退出英联邦、北约和北美安全防务体系。

总之，魁北克人必须在立法、财政和外交方面获得足够的主权，这是"魁北克强迫现行加拿大政权接受的最低限度的变革"[①]。而且，为了魁北克人的福祉，魁北克人必须勇于为自己争得在魁北克的完全自由，一个独立国家基本的权利，即完全主宰所有领域的基本决策。[②]

魁人党的分离运动：1976 年 11 月，魁北克人党战胜自由党而成为省执政党，并且连续执政 10 年。这 10 年间，魁北克人党曾试图推行其脱离联邦的战略，但未能成功。1979 年勒维克政府就政治上独立、经济上合伙的主张发表了白皮书，其具体设想为：魁北克脱离加拿大联邦而成为一个主权国家，同时与加拿大共同建立以下几个机构：共同体委员会（community council）、书记处（secretariat）、金融当局（monefary authority）和法庭（court）。紧接着于第二年魁北克省就勒维克政府的主权联盟主张举行了公民投票。就下列问题表决："魁北克政府公开建议在民族平等的基础上与加拿大的其他部分就一项新的协议进行谈判。这项协议将使魁北克获得制定法律、管理税收和建立外交关系的绝对权力……但与加拿大保持经济伙伴的关系……任何变化……都将由人民通过投票来决定，你同意接受魁北克政府就上述建议进行谈判的权利吗？"

---

① Rene Levesque, *An Option for Quebec*, Toronto: McClelland and Stewart Limited, 1968, p. 26.

② Ibid., p. 27.

表决的结果以 64% 的反对票而宣告魁北克人党的政治分裂主张的失败。① 民意表明，大多数魁北克居民不赞成分裂，这不能不说是对分裂主义者们的一次打击。在随之而来的 1981 年的省选举中，魁北克人党为了再度当政，向选民许诺，如果它当选，将不在其任期内考虑魁北克的独立问题，结果中选。1981—1985 年的数次民意测验表明，魁北克人对独立问题的兴趣和对魁北克人党的支持渐呈下降趋势。1985 年 1 月，魁北克人党再次表示将在即将到来的省选举中暂不提及独立问题。但这并没有使其赢得同年 12 月的选举，权柄落到了自由党的手中。

二 宪政谈判的失败和主权运动的兴起

（一）宪政协议的失败

1867 年的《英属北美法案》是加拿大法律的基础，它实际上是加拿大的第一部宪法，而加拿大人正是把这部法律的公布作为自己民族的建国日的，这部法律是加拿大宪政制度的核心，影响深远②，该宪法是加拿大的建国领袖与英政府磋商的结果。其主要内容是确立了行政与立法的分离、建立联邦议会并确立议会的权力、行政权名义上属于女王则由总督代为执行。该法案通过之后，英属几个省份开始联合建成统一的加拿大，虽然加政府没有修宪权，但法律和政府机构的成立及版图的初步确立都标志着加拿大政府成立了。值得一提的是加拿大的建立既有内因也有外因，从内因上来说，加拿大一些"联邦之父"独立建邦的愿望非常强烈，这显然受美国独立的影响。同样作为殖民地，在美国独立近百年后，加拿大仍然是一片零零落落的省份。与美国人的叛逆和独立精神相比，加拿大人确实非常忠于英王室，这一点从加拿大没有大规模的反英民众运动可以看得出来。所以加拿大的建立与各省的一些政治精英的努力是分不开的，以麦克唐纳为代表的"联邦之父"们先后召开

---

① J. A. Lower, "An Outline History of Canada", *McGraw-Hill Ryerson, Toronto, Montreal*, 1991, p. 214.

② 汪习根、李蕾：《别具一格的加拿大宪法》，《当代法学》第 18 卷（第 4 期），第 131—135 页。

了夏洛特敦、魁北克、伦敦三次会议讨论建国事宜。① 由于对王室的忠贞，即使这些建国者们也不想建立一个独立于英国之外的加拿大，确切地说，他们是想建立一个统一的殖民地联合体，而其初衷也是为了发展经济。各加拿大省份经济之间的联系远远比不上与美国和英国之间的经济联系，而美国的建立则是英属十三州在经济联系紧密且具有独立经济实力之后发生的，由此，可见经济实力是政治力量和军事力量开展的基础，它甚至直接决定民族国家的建立。所以笔者以为一切力量均来源于经济力量，而唯一起作用的则是制度。促使加拿大统一的因素外因大于内因，英政府当局担心加拿大会被美国吞并所以支持殖民地联合壮大以抵御美国可能的蚕食。这种和平建国的缓慢历程是缺少大众参与的，因此在法律和宪法的制定修改上都依赖于英国政府。而建国后的百年时间内，由于魁北克经济的不发达，国内的民族矛盾并不是太激烈。

除了英国刚从法国人手中接过殖民地时，为了保护自己的文化，法裔魁北克人做了一些斗争外，此后的民族矛盾还不太引人注目。在加拿大刚建国的一段时间后，人们对加拿大这个国家还依然生疏，不感兴趣，民族意识和分裂主义更无从谈起。加拿大宪法制定的出发点主要是侧重于调解自治领和宗主国之间的关系以及联合起来应对美国扩张的问题，所以对于不太引人注目的民族问题当然没有给出明确的解决方案，而这正为日后的民族矛盾激化埋下了火种。正因为加拿大的建立外部因素起主要作用，特别是英国的鼓励帮助和美国的威胁扩张②，才为"联邦之父"们在没有民众支持的情况下完成了加拿大的奠基，显然这是英雄创造的历史。然而建国的顺利却没能使加拿大的民族矛盾消除，随着工业化的到来，魁北克地区的民族意识复苏，对英王室的感情一直是加拿大人感情的主要部分，加拿大政府似乎疏于对本国国民进行国家认同的政治教育。

由于加拿大的独立和建国一直在英国的主导下完成，所以当其政府

---

① 李丽颖：《试论加拿大的建国方式及其影响》，《宁夏社会科学》2006 年第 6 期，第 116—118 页。

② 王俊芳：《在"缝隙"中成长——加拿大建国过程中的英美因素》，《苏州科技学院学报》（社会版）2008 年 5 月第 25 卷第 2 期，第 93—97 页。

于1982年收回宪法立法和修订权后标志着加拿大成为独立的宪政主权国家，但是这部宪法却没能获得魁北克省的通过，因为宪法需要每一个省都签字才能生效，所以因魁北克的抵制从而引发了新宪法危机。魁北克因这部宪法没能满足自己二元原则的要求而抵触，所以至今加拿大仍无一部被所有人都公认的宪法，这是其宪法的尴尬之处。为了挽救宪法危机并说服魁北克签署新宪法，1987年联邦政府总理马尔罗尼与十省总理达成了《米奇湖协议》（Meech Lake Accord）。该协议的核心是承认魁北克是一个"特殊社会"并赋予魁省一些特权，在此条件下，魁北克同意签署1982年宪法。

（二）1995年魁北克主权—伙伴关系公投

1.《米奇湖协议》的签署及破产

为解决宪法危机，才有了《米奇湖协议》的诞生，而正是因为《米奇湖协议》所引起的其他少数族裔的不满才又有了为满足更多少数族裔需要的《夏洛特城协议》。在加拿大联邦政府转变其民族政策的背景下，政府当局和魁北克当局进行政治协商也就成了可能。《米奇湖协议》的签署反映了三个方面的问题：第一，它反映了加拿大政府承认民族差异、调整民族政策的时代背景。第二，它直接反映了加拿大宪法危机，而《米奇湖协议》签订的初衷就是联邦政府企图说服魁北克通过1982年宪法，这也是《米奇湖协议》出台的直接原因。第三，《米奇湖协议》从本质上来说是英裔和法裔历史恩怨、加拿大建国联合的一个历史产物，它上接1763年英国《王室公告》、1774年《魁北克法案》、1791年《宪法法案》、1867年《不列颠北美法案》直到《1982年宪法法案》等影响加拿大民族融合及发展的重大历史法案，又下接《夏洛特城协议》、2000年加拿大《公决明确法》（即《清晰法案》）。《米奇湖协议》是时任加拿大总理马尔罗尼与各省的总理达成的一个补救协议，以解决1981年联邦政府绕过魁北克与9个省达成宪法协议的遗留问题。《米奇湖协议》的主要内容有五项条件：魁北克省有权参与最高法院法官以及参议院议员的遴选过程；保证魁北克在最高法院有3位法官；限制联邦支出权力；魁北克省对本省移民控制正常化；承认加拿大语言双重性，并且宪法要宣布魁北克是个独特的社会。这个协议的实质是要加拿大人正式承认魁北克为特殊社会，并且在3年内在全国通过。

可以这么说，《米奇湖协议》是对1971年加拿大实行多元文化主义政策以来的第一次在法律上的检试，同时它也是检验多元文化主义政策是否在满足了少数族裔的要求后，从此联邦便其乐融融相安无事的试金石。可结果是协议破产，以及由此带来更大的民族冲突。

加拿大第一个在西方国家中实行多元文化主义政策。"1971年加拿大政府在西方国家中第一个宣布实行多元文化政策。《加拿大权利和自由宪章》第二十七条对保护多种文化遗产做了规定。作为加拿大政府官方的一项政策，鼓励加拿大的每一个民族保留它们各自的文化传统，并且与其他加拿大人共同分享。多元文化政策推动了加拿大人对民族多样性的现实态度，它所体现的自由、平等原则受到了广泛一致的肯定。多元文化为加拿大的未来发展提供了价值无穷的力量源泉，也从理论和实践上为世界其他国家认识和处理民族关系提供了范例"。

因此对多元文化主义政策的理解应始于1971年，因为此前无论对该政策进行何等的争论都没能使它上升到官方政策。"对多元文化主义更广泛的理解应始于1971年，因为此前的官方政策并没有发生根本的改变。"①

然而它不仅没有缓解英裔与法裔、英裔与其他族裔的紧张关系，甚至还引起了印第安裔与法裔两个少数族裔间的矛盾，最终在印第安及其他族裔的抗议下，《米奇湖协议》破产了，不仅没能解决加拿大宪法危机，甚至还使多元文化主义政策遭受沉重一击。因为《米奇湖协议》的出发点是承认法裔的特殊性，而这当然会激怒其他少数族裔。印第安裔认为，与法裔相比，他们才应该被承认特殊性，并保障其权利。在此争议下，《米奇湖协议》最终没有在各省议会通过而破产了。

对此，有人可能会认为，这是多元文化主义政策实施得不彻底，但随后马尔罗尼政府又将印第安等其他少数族裔的要求也加入进协议并重新举行谈判，最后形成《夏洛特城协议》交全国表决，这次的表决不再交各省议会而是在全国表决，但最终又一次失败了。

2. 1995年魁北克"主权—联系"公投的结果和影响

1994年9月12日，魁北克人党雅克·帕里索被选为魁北克总理后，

---

① Stephen Tierney, *Multiculturalism and the Canadian constitution*, UBC Press, 2007, p. 40.

决定就独立问题在省内进行公民投票。在 1995 年 10 月 30 日公民投票中，独立派以 49.4% 对 50.6% 败北。次日帕里索辞职。加拿大一分为二的政治险象仅以毫厘之差得以度过。魁北克 15 年来追求独立的期望又一次破灭。

魁北克分离运动的失败主要是出于国内政治和经济原因，当然也涉及国外政治和经济环境。魁北克独立派的最大困难在于，他们无力说服省内居民去接受他们所宣传的独立可带来经济利益的论点。魁北克的生产额为 167.09 亿加元，占加拿大生产总额的 22.3%；出口额为 38.6 亿加元，其中向美出口额为 31.56 亿加元。从这组数字看，魁北克若独立，加拿大所承受的经济损失将高达 1/4。魁北克总理帕里索所谓魁北克独立后仍可使用加元的说法，对于广大银行储户而言是不足信的，资本流失将是必然的结果。实际上，在公民投票前，魁北克许多大金融企业主唯恐独立局势带来不利影响纷纷抛售股票，寻求新市场，以致大量资金流出魁北克。1995 年 12 月，加拿大财政部长保罗·马丁曾宣称，"离婚的条件可以谈判，但在经济上的复婚条件则永不存在"[①]。这就是说，魁北克若独立，则无经济退路。企业主们怀疑独立后的魁北克在《北美自由贸易协定》的地位，例如过去魁北克依约享受免税优惠出口产品是否仍能免税进入美国，魁北克的纺织业及其他工业品是否还能得到《北美自由贸易协定》的保护？假如美国提出一些加入《协议》的条件，魁北克的前途恐难稳定，而且魁北克的财政状况也令企业主忧虑，魁北克 1995 年上半年度预算赤字高达 57 亿加元，人均负债额居全国之冠。除了省内 80% 的法裔居民对魁北克独立后的经济前景表示担忧外，14% 的英裔居民和 6% 的其他移民以及居住在魁北克远北部的本土居民因纽特人和居住在魁北克詹姆斯湾的印第安人克里族人也都忧心忡忡。何况早在 1995 年 2 月魁北克移民厅厅长兰德利就宣布："独立的魁北克将放弃渥太华促进多元文化的措施，省内少数民族团体领取的联邦经费将被取消。"甚至法裔居民中占 34% 的新不伦瑞克人也不愿魁北克脱离加拿大，他们害怕第一大省魁北克把他们同西部加拿大隔离开

---

① Jean Leonard Elliott, *Two Nations, Many Cultures-Ethnic Groups in Canada*, New York Press, 1983, p. 2.

来，因而提出了"不要抛弃魁北克以外100万操法语的居民"的口号。1996年1月，加拿大众议院改革党人普雷斯顿·曼宁宣称，"分离了魁北克就不能阻止省内其他地区的分离，正如美国内战期间西弗吉尼亚脱离南部同盟而加入美国联邦"。曼宁的言论是在警告魁北克独立派，该省境内的少数民族有可能造反或以少数民族的特殊举动威胁他们。魁北克投票揭晓后，帕里索在向沮丧的独立派发表演说时说，魁北克独立不成，应归咎于商界和少数民族。这引起了魁北克少数民族的极大不满。

从表面看，魁北克公民投票一事在国际上并未引起巨大的关注，但事后美国、英国和法国都暗自松了一口气，尽管他们各怀心思。联邦政府则认为家丑不可外扬，对这次"分家"之事，他们宁愿被国际媒体所忽视，也不愿看到美国等国的广播电视记者在蒙特利尔满街跑。出于对被同化的惧怕，一些魁北克人并不怕美国，而是怕他们讲英语的同胞。令人吃惊的是，在魁北克，表示愿意同美国合作的人竟占23%，而在加拿大其他地区只占14%。勒维斯克就说过："魁北克应该直接与美国打交道。否则的话，通过那个不能很好地代表魁北克、屈从于美国的渥太华去同美国相处，又有什么意义呢？"但是美国不希望它的最大贸易伙伴、统一的加拿大市场和原料供应地出现分裂。在空间相对缩小的当今时代，美国在北美没有像19世纪那样觊觎加拿大领土的必要，而经济利益上的扩张远比攻城略地更为有利，何况美国在魁北克的经济利益远逊于其以外的加拿大。美国与这些省份的贸易额年达123亿美元，5倍于同魁北克的贸易额。在正式官方场合，美国对于魁北克独立活动避免公开表态，但在私下或半官方场合，则发出警告。1995年1月，美驻加大使詹姆斯·布兰查德表示，若魁北克独立，它不能自动成为《北美自由贸易协定》的成员。他特别强调美国与完整加拿大联邦的重要性。1995年2月，美国总统克林顿访问加拿大时，有意淡化魁北克问题，在与加拿大总理克里斯蒂安会谈时，未谈及魁北克独立问题，反而极力赞扬甚至歌颂加拿大的多元文化政策。他称道加拿大是一个许多不同文化的民族能够在和平与理解中共同生活和工作的典范，美国应该向加拿大学习。与1967年法国总统戴高乐在蒙特利尔高呼"自由魁北克万岁"相比，克林顿在渥太华国宴上高呼"加拿大万岁"的声音似乎更响亮。克林顿虽然接见了魁北克总理雅克·帕里索与加拿大众议院第一反对党、魁北克人党领袖吕西安·布夏尔,但同时也接见了加拿大众议院第二反对党领袖魁曼宁,在表面上表现了不偏不倚的态度。

魁北克分离运动出自两个民族在政治、经济和文化上的撞击。加拿大作为一个多种族的移民国家,多元文化在政治上应表现其兼容性,在经济上应表现为"环球村"模式。联邦中央集权与地方分权的机制的改进,全国各地区经济发展的平衡,狭隘的民族心态的消除,以及争取抵制和摆脱来自美国的政治、经济以及文化上的支配,都是缓解魁北克分离运动的必备条件。同时,魁北克危机的一再出现也表明加拿大宪法改革的必要性。容忍性固然是加拿大政治的一大特色,它避免了许多尖锐问题的激化,但也避开了很多重大问题的及时解决。

第四节 民族分离势力的发展趋势

1995年二次公投之后,魁北克分离主义进入下滑轨道,先是魁北克人党主动搁置其分离主义追求,后来魁北克人党连同分离主义主张一同被魁北克选民抛弃。1995年公投之后,魁北克人党新党魁和魁北克省长布尚德(Lucien Bouchard)将发展经济置于优先地位,置分离主义追求于次要地位。他执掌的魁北克人党政府对魁北克的财政治理颇有成效,因而于1998年得以连选连任。2001年接替布尚德的兰德里(Bernard Landry)在任期间,因为促成议会通过了一些社会立法,使得魁北克人党的支持率有所增长,但在2003年省选中还是被沙雷(Jean Charest)领导的魁北克自由党击败。2005年上任的新党魁波斯莱相对布尚德走上了另一个极端,他高调张扬分离主义,宣称下一次省选将以全民公投为主题。结果,2007年3月魁北克省选中,魁北克人党的支持率降至1973年以来的最低(28.8%),并失去反对党的地位。至此,魁北克分离主义的力量和影响跌入低谷。

从社会群体来讲,影响魁北克分离主义兴衰的主要是法裔人口,因为法裔一直占魁北克总人口的80%左右。作为前法国殖民地居民的后裔,魁北克法裔居民长期的经济和社会低下地位、语言文化弱势,使得他们自20世纪60年代以来,逐渐形成一种特殊的少数心理:期望一个奉行干涉主义的"强权国家"能够反映和保护他们的利益。法裔族群的主要利益是社会经济地位和文化安全。魁北克人党、魁北克自由党和加拿大联邦当局主要围绕魁北克的社会计划和福利以及法语文化保护问题进行博弈。

1995年之后，一方面，魁北克人党愈益不能证明魁北克分离将有利于保护和提升法裔族群的利益；另一方面，魁北克自由党的话语和加拿大联邦当局的举措，使得魁北克法裔觉得加拿大联邦国家可以容忍和接受。

首先，魁北克人党执政和政纲往往偏执一端，左右摇摆，削弱了其主权诉求的影响和吸引力。1995年魁北克人全民公投之后，魁北克人党新党魁和省长布尚德集中精力于经济社会治理，几乎将分离主义追求搁置不顾，后来他公开表示，分离不能解决魁北克的财政危机和经济疲态。布尚德时期的魁北克人党实际上已与魁北克自由党没有什么区别。兰德里有意纠正布尚德的做法，但几乎无所作为。波斯莱则走上另一极端，强调为分离而分离。他谴责加拿大议会通过的旨在阻止魁北克分离的《清晰法》，坚称主权诉求不是魁北克的宪法地位问题，而是魁北克人党的政治目标；如果赢得下届魁北克省选，魁北克人党政府将立即举行关于独立的全民公投。这种极端主义主张和计划使法裔群体感到太多的风险和不确定，他们远离其极端分离主义、抛弃波斯莱的魁北克人党实属情理之中。

其次，魁北克自由党强调魁北克对联邦财政的依赖性。魁北克的社会计划和福利在加拿大是最慷慨的，但是，魁北克本身并不具备足够的经济实力支撑如此慷慨和昂贵的社会福利和计划，实际上自从20世纪80年代，魁北克经济"持续严重"落后于加拿大其他地区，1982年到2008年，加拿大平均GDP增长105%，最发达的安大略112%，而魁北克只有72%。在财政窘迫的环境下，魁北克政府一方面大量发行政府公债，另一方面只得靠加拿大联邦政府的财政平衡拨付应对赤字。自20世纪70年代联邦平衡拨付在魁北克省财政收入中的比例一直稳达20%以上，是魁北克医疗、教育等社会福利开支的重要来源。沙雷的魁北克自由党充分揭示魁北克的经济和财政困境，强调魁北克独立后经济上将无法自存；表示自由党政府会从联邦方面最大限度地为魁北克争取财政资源，以确保魁北克的社会计划和福利，从而证明现存联邦制度"有利可图"。自由党的"有利可图的"联邦主义话语令很多法裔公民特别是老年公民颇为信服，成为其不愿意支持分离的原因之一。

最后，加拿大联邦当局的积极举措。2006年11月，加拿大联邦保守党政府促成议会通过了承认魁北克特殊地位的"国中国"法案，魁北克政界及社会对法案表示欢迎，魁北克人党也表示接受。法案对魁北克法裔分离主义的冲动具有一定的安抚作用，法裔两个世纪以来一直声张的立国民族地位和二元文化诉求至少得到了象征性的满足。由此，加拿大联邦制度向魁北克法裔群体展示了其包容性、开放性和可接受性。

总之，在客观经济形势的影响下，魁北克分离主义在与加拿大联邦主义争取魁北克法裔选民的回合中败下阵来。分离主义令他们觉得多余和冒险，魁北克自由党和加拿大联邦制度更为安全和有保障。

2007年对魁北克人党和分离主义来说，都是一个转折点。3月魁北克人党惨败省选后，波斯莱辞职，保琳马华（Pauline Marios）继任党魁。当年9月，其支持率就开始攀升到33%；2008年3月，马华为魁北克人党制定了一个主题为"民族治理"的比较温和的分离主义政纲，宣称逐步为魁北克争取额外的权力，比如魁北克自己的宪法和公民权。10月，马华发表了她的"主权宣言"，宣布，"我们将完成前辈追求了40年的目标——将魁北克建成一个主权国家"。2008年12月魁北克大选，魁北克人党的支持率猛增，赢得支持率40.8%，紧逼自由党，恢复了议会反对党的地位。从此魁北克人党的支持率逐步攀升，至今稳稳超越自由党，最高曾达50%。2010年11月底的中期选举中，魁北克人党再胜自由党一席。魁北克人党看到了赢得省选的希望，魁北克分离主义的力量和影响在膨胀。之所以如此，是与马华的政治策略、魁北克自由党的施政效果和加拿大联邦当局与魁北克的语言立法冲突有关。

首先，马华为魁北克人党制定了颇有吸引力的政纲。她接管了领导权后不久声明，关于全民公投的讨论将被搁置；她主导制定的新党纲将魁北克的经济社会治理作为魁北克人党的首要目标，并提出了补助移民、提高最低工资、就大学学费进行谈判等具体主张。但是，新党魁并没有放弃其分离主义立场，"我将搁置关于公投的讨论，但不会搁置主权追求事业"。通过"主权宣言"，马华重申保护魁北克的语言文化、加强魁北克经济自主和加强国际地位的重要性。不过马华也比较明智地认识到，魁北克人党面临的最大挑战是重新说服魁北克民众赞同魁北克独立或主权会使他们的生活得到改善。为此马华教导法裔，主权和经济发展并不矛盾，独立将为魁北克提供更好的权力空间。

2011年5月2日，加拿大第41届联邦议会选举尘埃落定。哈珀领导的保守党在全国共赢得167席，成为哈珀执政以来的第一个多数党政府；其次是新民主党异军突起，夺得102席（上届只有37席），史无前例，晋身官方反对党；最后，魁北克人团在此次选举中惨败，只得4席（上届49席）。魁北克人团的惨败，对魁北克分离主义产生了不容低估的影响。

本届加拿大联邦大选对于魁北克分离主义来说，不亚于一场地震，它不仅导致魁北克人团这支联邦层面的推动力量崩塌，而且波及魁北克分离主义的主体——魁北克人党。1991年创立的魁北克人团一直是仅次于保守党和自由党的联邦第三大党。魁北克人团是法裔族群在联邦的"声音"，也是魁北克政治分离主义的重要推动力量，1995年的魁北克全民公决实际上就是由魁北克人团主导的。魁北克人团经历此败后，短期内将无法改变在加拿大政坛被边缘化的境况。魁北克人团的惨败无疑意味着加拿大联邦层面推动魁北克分离的一支重要力量几乎崩溃。

2014年4月在魁北克省议会选举中，魁人党不但没有成为多数党政府，并且以四十票的较大差距落败于自由党，马华本人的议席亦未能保住，无法再继续担任魁人党领袖。于是她当夜即宣布引咎辞职。本次魁省选举结果出来后，加拿大总理史蒂芬·哈珀（Stephen Harper）发表声明，称本届魁北克省选举结果反映魁北克人拒绝独立公投，要求政府集中精力在就业和经济上。

"魁独"此次失利，当然和魁北克人的"觉醒"有关。近三四十年来，出于对"魁独"的担忧，原先在魁省的英裔金融家、企业家及大量居民移出魁省，这造成了魁省人才流失、经济失血，金融业、制造业成长动力衰退，就业不足，反而被多伦多所"逆袭"。多数魁北克人都认识到，如果魁北克脱离加拿大联邦，它的损失将是巨大的，比如多民族聚集的蒙特利尔，可能会要求脱离魁北克，这是魁北克人难以承受的。更为直接的是，如果脱离联邦，魁北克将失去每年从联邦获得的160多亿加元的倾斜性补贴，这占到魁省预算的20%以上。离开这笔资金，魁省引以为荣的社会福利体制，恐怕将遭遇预算困难。所以，在经济现实之下，"魁独"的激情已然在消散。正如著名的魁北克政治评论人赫伯特所说，分离主义"可能没有寿终正寝，但难说是健壮有力了"。但是由此对加拿大国家的政治稳定与和谐抱过分乐观的看法是不现实的，因为无论在魁北克省还是在加拿大联邦层面仍存在魁北克分离主义难以消解甚至恶化的条件和可能性。

（张育瑄）

第七章 南苏丹的分离问题

苏丹位于北非，是非洲面积最大的国家，也是民族构成最为复杂的国家之一。由于国内民族矛盾的尖锐，苏丹在独立后的半个世纪里，仅仅度过了11年的和平时光。两次旷日持久的内战不仅使苏丹满目疮痍，沦为世界上最贫困落后的国家，而且造成南北分裂的局面。2011年7月9日，南苏丹在经历了长期的解放战争后终获独立，成为当今世界上最年轻的国家。苏丹的民族矛盾与南苏丹的最终分离有其历史的根源和现实的因素，苏丹政府执意推行的种族主义政策和强制同化的策略是导致战乱频仍的根本原因。就南苏丹而言，国际社会普遍对这个最年轻的国家的发展前景普遍不乐观，战略与国际研究中心（Center for Strategic and International Studies）对苏丹评估的报告认为，南苏丹在今后的10年里将努力保持最低限度的稳定。"稳定"在南苏丹意味着领土完整，为国民提供基本的安全，确保地方性的低烈度冲突不会演化为内战。① 美国中情局亦在2010年警告，"在今后的5年里，南苏丹是最有可能发生大屠杀或种族灭绝的地方"②。在南苏丹面临的众多挑战中，族际分裂和族体冲突是这个新生国家面临的最大威胁，极有可能将南苏丹拖入内战和军阀割据的深渊，变成另一个索马里。南苏丹创建统一的国家民族所具备的物质资源和历史文化资源极其贫乏，异族统治和长期内战又严重扭曲了南苏丹各民族发展的历史进程，强化了族际疆界，在各族体

---

① Richard Downie, "*Sudan: Assessing Risks To Stability*", Center for Strategic and International Studies, June, 2011.

② "Sudan: Transcending tribe", *Al Jazeera English*, Archived from the original on 17 March 2011. http://english.aljazeera.net/photo_galleries/africa/201111010324526960.html. Retrieved 30 April 2011.

中制造了仇恨和互不信任的情绪，为南苏丹未来的族际关系发展投下了浓重的阴影。学者詹米·格兰特称，族类分裂就埋藏在萌芽中的南苏丹国家的 DNA 中。①

第一节 民族分离势力成长的土壤

在南苏丹分离之前，苏丹人口约为 3500 万，有 19 个民族，597 个部落。官方语言为阿拉伯语，使用者占总人口的 60%，南部的大多数非洲居民使用自己的语言，英语则是通用语言。苏丹 70% 以上的居民为穆斯林，主要居住在北方，南方居民多奉行原始部落宗教及拜物教，约有 5% 的人信仰基督教。

在北部地区占主体地位的穆斯林集团是阿拉伯人，占全国人口的 40%，也构成了北方人口的绝大多数。苏丹阿拉伯人是由来到苏丹的阿拉伯人与努比亚人和土著黑人融合而成，在宗教信仰、文化和生活方式等方面已经阿拉伯化，但其形体和语言与阿拉伯半岛上的阿拉伯人有较大差异。阿拉伯人一直是苏丹的统治民族。苏丹的第二大穆斯林集团是努比亚人（Nubians），生活在埃及南部和苏丹北部地区，有几百万人口。努比亚人是埃及人与 4000 年前北上的中非或西非居民混血形成的族裔，他们与黑非洲人的相似程度大大超过了同阿拉伯苏丹人的相似程度。苏丹的东北部和西北部地区还分布着一些较小的穆斯林民族，包括红海沿岸的贝扎人（Beja）集团，以及西北地区的富尔人（Fur）、扎加瓦人（Zaghawa）、马萨利特人（Masalit）、达朱人（Daju）和贝蒂人（Beti）等族体。

南苏丹是黑人的家园，生活着二百多个族体，大多数族体属于苏丹尼格罗人种的尼罗特人，大约占南苏丹总人口的 3/4，所操语言亦同属尼罗—撒哈拉语系沙里—尼罗语族东苏丹语支的尼罗特支系。尼罗特各族体相互之间存在着联系，且很可能有着共同的祖先，其体貌特征和礼

---

① Jaimie Grant, "Sub-Ethnic Division is Being Embedded into the DNA of South Sudan's Emerging State", *Think Africa Press*, 11 January 2011. http://thinkafricapress.com/article/sub-ethnic-division-being-embedded-dna-south-sudan%E2%80%99s-emerging-state.

会经济文化均存在诸多相似之处。在经济上，南苏丹各族体均从事农业，不同的族体畜牧业、种植业、渔业所占的比例亦不尽相同。南苏丹是世界上最不发达的地区之一，基础设施极为落后，全国仅有 50 公里铺设沥青的道路。2008 年的人口约为 826 万，农村人口占 83%，仅有 1.9% 的人口完成了小学教育，识字率为 27%，85% 的成年人是文盲，婴儿死亡率接近 20%。2005 年后从苏丹北部返回的人口为 230 万。

丁卡和努埃尔是南苏丹两个最大的族体，其人口分别占全国人口的 40% 和 20%①，两族在南苏丹的战争和族类冲突中都处于旋涡的中心，两族间的关系对南苏丹的统一和稳定具有决定性意义。丁卡人广泛地分布在南苏丹的北部和中部地区，努埃尔人主要居住在中部地区，常常与丁卡人或其他族体比邻而居。努埃尔人骁勇善战，是少数几个直到 20 世纪后才被欧洲殖民者征服的非洲族体之一。丁卡人和努埃尔人都不是统一的政治实体，努埃尔人包括 10 个较大的支系，其下又由众多的小部落组成。英国人类学者普利斯查德对努埃尔人进行了长期的田野研究，认为努埃尔人是一个大型的国家性部落（nation-tribe），保持着"秩序井然的无政府状态"②。努埃尔人从未建立起国家，亲缘关系、同根同源、宗教仪式以及其他各种密切联系，将努埃尔人很好地整合在一起，使其一直保持着对自身领地的控制。丁卡人的社会组织形式与努埃尔人类似，由 25 个支系构成。

丁卡人和努埃尔人从来都不是界限固定的社会集团。两族世代通婚频繁，并通过口传的文化和习俗承认双方有着共同的祖先。19 世纪早期，努埃尔人的支系开始从故地沿着白尼罗河西岸向东进入丁卡人居住的地域。19 世纪末，这支努埃尔人抵达埃塞俄比亚边境地区，将其控制的区域增加了两倍，吸收、同化了数万丁卡族居民、战俘和移民。一名努埃尔人曾经这样总结这一同化进程："没有真正的努埃尔人，我们

---

① John Young: "The South Sudan DefenceForces in the Wake of theJuba Declaration", Small Arms Survey, Graduate Institute of International Studies, November, 2006.

② E. E. Evans Pritchard, "The Nuer of the Southern Sudan", in E. E. Evans-Pritchard M. Forde & E. E. Evans Pritchard, eds., *African Political Systems*, London: International African Institute, 1987, p. 276.

都是丁卡人。"①努埃尔人为了增强自己的势力、争夺部落的领导地位，努力吸引尽可能多的丁卡人附庸，争取他们的效忠，为此不惜慷慨地为其提供努埃尔妇女和牛群。在族类身份问题上，努埃尔人一直持比较宽容开放的态度，认为语言、文化、习俗、对共同体的参与，是决定一个人是否是努埃尔人的标准，即一个人只要符合努埃尔人的行为规范，就可以成为一个"Naath"（努埃尔人的自称，意即"真正的人"）。相比而言，丁卡人面临被努埃尔人同化的巨大压力，强调族类疆界，认为族类身份是由血统等先赋性的因素决定的。直到20世纪80年代，丁卡移民的后裔可以成为努埃尔人的酋长，但相反的情形却很少见。②

  南苏丹各族裔错杂居住，因为游牧集团的季节性迁徙，彼此间的边界常常没有明确划定。丁卡人与努埃尔人或周边其他族体常常因争夺水源、牧场或牛群发生冲突。异族入侵对南苏丹各族体之间的关系产生了极大的影响。丁卡人的某些支系受到殖民当局的宠用，努埃尔人则一直极力抵抗异族统治，从而导致两族也处于敌对关系。南苏丹的各族体都有调解冲突的传统机制。冲突发生后，长者在冲突双方之间进行调解。世袭的宗教人员和酋长是理想的调解人员，其他德高望重的长者也有资格调解纠纷。过错方对受害者进行赔偿。③各方在冲突中也会恪守一些道德准则，如一般不会蓄意地焚烧房屋、摧毁庄稼等，更不会屠杀、伤害老幼妇孺，认为这不仅是应当受到谴责的怯懦的行为，而且是对神的亵渎，会招致神怒，为杀人者及其直系家属带来重疾、暴亡或其他的灾难。尼罗特人是父系制的社会，妇女婚后是丈夫家庭的成员，孩子的族属是由父亲决定的，妇女的族属具有一定的模糊性，可以跨越族类疆界。在以往各族裔集团之间的劫掠行动中，有时会劫走年轻的妇女和儿童，他们往往被吸收进掳劫者的家庭。妇女在冲突中不仅不会成为攻击目标，而且常常同其丈夫、兄弟或孩子上战场，以便保护他们、搬运伤员。一名妇女如果将受伤的武士用自己的身体掩盖起来，交战的另一方

---

① Sharon Elaine Hutchinson, "*Nuer Ethnicity Militarized*", Anthropology Today, Vol. 16, No. 3 (Jun., 2000), pp. 6–13.
② Ibid..
③ Dr. Samson S. Wassara, "Traditional Mechanisms of Conflict Resolution in Southern Sudan", *Bergh of Foundation for Peace Support*, March 2007.

绝不会将其身下的伤者拖出来杀掉。① 无论是丁卡人还是努埃尔人，在长期以来一直恪守这些准则，以免冲突恶化失控。

在经济上，丁卡人和努埃尔人都是以牧牛为生，以较为原始的简单农业和渔业为补充。牛对于丁卡人和努埃尔人具有极为重要的意义，可以说是社会价值体系的根基，其社会制度、风俗习惯和日常生活的方方面面都与牛直接相关。在宗教仪式上，人们宰杀牛献祭给神灵和祖先，以祈福消灾。个人的财富和社会地位主要通过其拥有的牛群数量来衡量。牛是支付彩礼的手段，没有足够的牛，男性就无法娶妻成家，从而被社会承认为成年人，亲属关系和人际交往也通过牛的交换来体现。人们只有在献祭或在婚礼上宴客时才会宰杀牛，一般情况下会让牛自然死亡，在牲畜死后才食用其肉，除非是在发生饥荒不得已时才会主动杀牛。丁卡人和努埃尔人的经济高度自给自足，在前殖民时期，货币经济几乎不存在，人们采用实物交换的方式来满足自身需要。英国建立殖民统治后，招收人头税，迫使丁卡人和努埃尔人不得不出售自己的牲畜来换取货币交税。尽管阿拉伯商人深入丁卡人和努埃尔人居住地区进行贸易，也有一些丁卡人和努埃尔人从事商业，但贸易在丁卡人和努埃尔人的生活中一直未占据重要地位，市场的规模较为狭小。

赞德人（Zande，即阿赞德人 Azande）是南苏丹第三大族体，也是最大的非尼罗特人族体，操赞德语，人口约占全国人口的10%，分布在苏丹、刚果和中非共和国，属于跨界民族。阿赞德人大约在16世纪进入南苏丹，建立了该地区最大的国家，其统治一直延续到19世纪末英国人到来的时候。阿赞德人在政治上实现了统一，在文化上也不断趋同，族类整合进行得较为顺利，一体化程度较高。南苏丹其他较大的族体有托波萨人（占总人口的8%）、施鲁克人（占总人口的5%）、穆尔勒人（占总人口的4%）等，其余的族体为虽为数众多，但规模都比较小，在全国人口中所占的比例大多不足1%。②

---

① Sharon Elaine Hutchinson, "*Nuer Ethnicity Militarized*", Anthropology Today, Vol. 16, No. 3 (Jun., 2000), pp. 6–13.

② John Young, "The South Sudan Defence Forces in the Wake of the Juba Declaration", *Small Arms Survey*, Graduate Institute of International Studies, November 2006.

目前，南苏丹各族体的经济基本上都是自给自足的农牧业，商品经济和市场的发育程度都很低，缺乏能够将各族体和各地区联系起来的经济力量。各族体对土地和水源等自然资源的竞争激烈，相互之间的合作与依存却甚少存在。不仅各族体之间的联系薄弱，就是在丁卡和努埃尔这样的大族内部，整合程度也很低，努埃尔人的不同支系之间就经常发生冲突。

第二节　民族分离势力的形成与发展的历史考察

南北苏丹的分离标志着苏丹民族国家构建进程的失败，有其深刻的历史根源和现实因素。从民族构成和文明发展轨迹来看，南北苏丹之间的差异性远大于其同一性。北方的主要居民是阿拉伯人，属于伊斯兰文化圈，南方则是黑人的家园。作为一个政治实体和地理概念的苏丹直到19世纪20年代后才逐步建立起来。由于尼罗河上游存在着大沼泽这样的天然地理屏障，苏丹南北方一直处于相对隔绝的状态，处于各自独立的历史发展进程中。

1821年，埃及的统治者穆罕默德·阿里侵入苏丹，深入尼罗特人的地区，开展大规模的掠奴行动。苏丹阿拉伯人也积极参与掠奴活动，有些部落如巴加拉人还组织了自己的武装猎奴队，有些黑人部落被彻底灭绝了。掠奴行动不仅给南方带来了深重的灾难，而且催生了北方阿拉伯人歧视黑人的种族主义观念，黑人也由此对阿拉伯人形成了难以化解的怨恨和不信任情绪，为苏丹日后的民族矛盾种下了祸根。异族入侵激起了苏丹人民的反抗。苏丹北方在19世纪80年代兴起了马赫迪运动，推翻了埃及的统治，建立了马赫迪国家。南方的一些人为了摆脱受奴役的命运也投身马赫迪运动，但事与愿违，马赫迪统治者对自己的伊斯兰教信仰和阿拉伯文明深感骄傲，将南方黑人视为贫困落后的异教低等民族，认为奴隶制和掠买黑人奴隶的行为都是符合伊斯兰教教义的，这一时期是苏丹历史上掠奴行动最猖獗的时期。北方人普遍认为南方人是低等种族，居留在南方的北方商人常常称南方人为阿比德（Abeed），意思就是奴隶。这种种族主义态度也使南方人产生了对北方人难以化解的怨恨和不信任情绪，成为苏丹日后民族矛盾的根源。

19世纪末，英国镇压了马赫迪运动，重新征服并占领了苏丹。英国人将自己的种族主义观念引入了苏丹，认为非洲人处于原始、蛮荒的状态，在文化和社会发展方面都大大落后于北方。殖民当局借口保护非洲人免受奴隶贸易和阿拉伯人的影响，采取了分而治之的政策。殖民政府建立了一支南方军队——赤道军团，企图用非洲人对付北方的穆斯林。1922年，殖民当局颁布了"封闭区"法令，将南北方隔离开来，生活在南方地区以外的苏丹人只有在获得特别许可的情况下，才能进入南方。南方的行政官员不必参加每年在喀土穆举行的地方长官会议，却在肯尼亚和乌干达另行召开会议。阿拉伯商人被清除出南方，由希腊和叙利亚商人取而代之。英语被确定为南方的官方语言，学校和行政部门都不得使用阿拉伯语，讲阿拉伯语的北方和埃及官员被英国人和教会学校培养的非洲人所取代。天主教和新教传教士在南方开办教堂和学校，清真寺和穆斯林学校则被关闭。当局禁止非洲人穿戴阿拉伯式的服饰、使用非土著人的名字、沿袭阿拉伯的习俗。在巴赫尔—贾扎尔省的西部，英国人将穆斯林和讲阿拉伯语的族群强行驱逐到北方，人为地制造南北方之间的屏障，打断文化融合进程。

在英国统治下，苏丹的南北方不仅被隔绝开来，而且发展极不平衡，彼此间的差距进一步拉大。殖民当局借口维护非洲人利益，保持其传统社会形态，没有在南方进行任何投资和建设，使南方的经济和社会发展几乎处于停滞状态。在1956年苏丹独立时，南方人均生产总值不及全国人均总值的一半，仅为首都地区的1/10。在教育方面，南方也大大落后于北方，南方地区在第二次世界大战前没有一所中学，教育完全由教会负责，根本不能满足经济发展和社会管理的需求。英国殖民者推行的分而治之和分裂政策人为地中断了南北方的民族融合进程，加大了双方早已存在的差异，民族矛盾进一步加深。

第三节　民族分离势力的影响

在非洲的许多国家，反抗殖民统治、争取国家独立的民族主义运动都是增强凝聚力和促进国家整合的重要基础，但在苏丹，这一运动反而加深了南北方之间的裂痕。苏丹的民族主义运动从一开始就打上了种族的色彩，北方的精英阶层将苏丹视为一个阿拉伯和伊斯兰国家，力图使南方接受伊斯兰教和阿拉伯语言和文化。

第二次世界大战后成立的两个主要的北方民族主义政党，即国民党和国家统一党，在南部都没有建立分支机构。1948年，苏丹成立了立法会议。在北方的坚持下，最终通过的法令没有任何保护南方利益的条款，引起了受教育的南方人的强烈不满，视其为对南方的出卖。1953年，殖民政府在开罗召开讨论苏丹独立问题的大会，北方的所有政党都应邀参加，但南方人却未被邀请参加这个决定苏丹未来的重要会议。歧视南方的种族主义论调盛行于北方，宣称南方处于没有历史的黑暗、落后状态下，根本不能与北方平起平坐。

一　第一次苏丹内战

在苏丹自治政府成立后，北方人迅速填充了英国人撤离后留下来的职位。在800个官职中，仅给占总人口1/3的南方人留下6个次要职位（2个县长，4个副县长）。在议会选举中，南方党仅获得97个席位中的9席。北方领导人多次表示独立后的苏丹属于阿拉伯世界和伊斯兰文明圈，南方的非洲文化完全被弃置不顾。这种体制化的种族主义使南方的文化认同及其未来发展受到严重威胁。北方在独立过程中表现出来的沙文主义以及南方被排挤出政治决策圈的边缘化处境加深了南方的疑惧心理，他们担心北方人取代英国人成为南方新的殖民统治者，因而强烈要求建立联邦制。苏丹自治政府则予以断然拒绝，表示会采取一切手段防止国家分裂，即使诉诸武力也在所不惜。

苏丹独立前夕，南北方之间不断爆发冲突。驻扎在东赤道省特里特地区的南方防卫兵团的一支部队被命令前往首都喀土穆参加独立庆典。南方士兵本已对北方军官在英国人撤离后接管指挥权十分愤怒，他们担心这个命令是北方人企图解散南方部队并除掉他们的一个阴谋，为了自保而发动起义，并杀死了300多名北方的官员和平民，其中包括妇女、儿童。对北方人的袭击蔓延到赤道省的十多个城镇。苏丹政府宣布南方三省进入紧急状态，空降部队进行镇压和报复，处决了300余名南方人，将2000人送到北方的监狱服苦役，与此同时，军队焚毁南方人村庄和房屋，破坏庄稼，掠走牲畜。大批起义的南方士兵逃入了丛林，进行游击战，就此点燃了苏丹的内战之火，第一阶段的内战持续了17年之久。

在南北方互不信任乃至相互敌视、仇恨的阴影下，苏丹于1956年元旦正式宣布独立。自独立伊始，苏丹政府大力推行伊斯兰化和阿拉伯化政策，激起了南方人，特别是精英阶层的强烈不满。1958年，南方的紧张局势以及各种社会矛盾的尖锐化迫使民选政府将权力交给阿布德将军，以便用赤裸裸的暴力压制南方对实行联邦制的要求，实现种族主义的国家统一计划。阿布德宣称文化的同一对于苏丹的统一至关重要，并公开表示出对非洲宗教和语言的蔑视之情。军政府要求南方的学校使用阿拉伯语，建立了许多清真寺和伊斯兰教学校，逼迫南方的部落酋长皈依伊斯兰教，还将南方的休息日从周日改为周五。与此同时，苏丹政府将许多南方官员和教师调转到北方，以便剪除南方精英领导层的羽翼。在南方经济、社会发展方面，苏丹政府则完全无所作为。政府预算的90%以上用于北方，在南方进行的基础设施建设几乎为零。即使南方有丰富的森林资源，政府也不投资开发，相反宁可花费宝贵的外汇资源从国外进口木材，苏丹的军队不招募南方人，警察和监狱机构中的南方人也寥寥无几。1956—1964年，在军队的589名军官中，只有20人是南方人。

为了对付南方的不满和骚乱，苏丹军队轰炸、焚毁村庄，迫使50万南方人踏上流亡之路。在1955年特里特起义中逃亡者以及独立前南方军团的士兵，组成了南方的反政府游击队武装。1960年，游击队成立了政治组织——苏丹非洲民族联盟，并建立了名为"阿尼亚尼亚"（Anya-Nya）的军队，主张通过武装斗争实现南方的独立。1970年，约瑟夫·拉古将南方各支力量整合起来，成立南部苏丹解放运动。

尽管北方各种政治力量彼此之间存在差异，但都致力于苏丹建设成为一个伊斯兰和阿拉伯国家。虽然迫于政治斗争与形势的需要，北方政党与南方的反政府武装举行圆桌会议进行谈判，但由于双方存在难以弥合的分歧且互不信任，会谈没有取得实质性的进展。在苏丹的第二个民主政府统治时期（1965—1969），喀土穆当局变本加厉地推行同化政策。1968年的宪法规定伊斯兰教为官方宗教，阿拉伯语为官方语言，伊斯兰教教法为制定民法和刑法的基本来源。长期以来对苏丹政府对非穆斯林的歧视得到了法律的认定，内战因而进一步升级。南方反政府力量日益壮大，阿尼亚尼亚的人数达1.5万余人。苏丹当局也加大了对南方的镇压力度，屠杀无辜的平民，着重打击受教育的领导层。

1969年5月，尼迈里上校发动政变，掌握了苏丹政权。尼迈里政府主张世俗化与民族和解政策，重新阐释了南方问题，承认南北方在历史和文化上的差异，准许南方地区实行自治。1972年3月3日宣布政府军停火，3月27日，中央政府与南方解放运动领导人共同签署《亚的斯亚贝巴协议》，结束了第一阶段的内战。南方的武装人员被整编到苏丹军队、警察机构中。尽管没有使用联邦一词，但实际上苏丹建立了一个联邦体制。根据《南方地区自治法案》，南方成为一个地区，建立地区议会，由议会选举产生高等行政委员会，负责南方的内政、安全事务。南方自治政府进行独立的预算，有权征收地方税费。英语被指定为南方的主要语言，南方学校也可以使用土著语言进行教学。南方地区在全国议会中拥有与其人口相应的代表。1973年的苏丹宪法收入了亚的斯亚贝巴协议和地区自治法案，并规定只有在获得全国议会3/4多数且在南方的全民公决中获得2/3票数的情况下，才可以修改其内容。宪法强调了苏丹的阿拉伯和非洲的双重认同，尊重各类宗教，所有人在法律面前一律平等，禁止任何以宗教、种族、语言或性别为基础的歧视。

《亚的斯亚贝巴协议》中承认差别，积极采取措施弥平差距的思想，为解决苏丹国内民族问题树立了一个典范，为苏丹带来了11年的和平时光。

二 苏丹第二次内战（南苏丹内战）

第一次内战结束后，南苏丹的经济一片凋零，基础设施破坏殆尽，百万人流离失所，地方政府的财政严重缺乏资金，根本无力承担重建和安置难民的任务，南北方的经济差距进一步拉大。然而，尼迈里政府的经济发展计划并没有顾及南方人民的利益，反而企图掠夺南方的资源。进入20世纪80年代后，为了平息国内各阶层的不满情绪，争取北方政治反对派别，特别是伊斯兰教势力的支持，尼迈里公然撕毁和平协议，宣布将南方重新划分为三个省，解散南方地区的议会和行政机构，取消地方选举，剥夺地方对贸易和自然资源的控制权。尼迈里宣布在苏丹实行伊斯兰教法律，以阿拉伯语为官方语言，粗暴践踏了宪法规定的平等与非歧视原则，非穆斯林被排斥到主流社会之外，沦为苏丹的二等公民。

20世纪80年代初，努埃尔人就开始对北方的商人和地方政府机构发动袭击。1981—1982年，努埃尔人组成的第二安亚尼亚运动在埃塞俄比亚西南部的比尔帕姆建立了反政府武装的基地。埃塞俄比亚的门格斯图政府准许他们的存在，但没有为其提供支持。1983年5月，丁卡人约翰·加朗发动兵变，并率部来到了比尔帕姆基地。南方反政府组织发生领导权之争。7月末，加朗成立了以丁卡人为主体的苏丹人民解放运动（下文简称人解），得到埃塞俄比亚门格斯图政府的大力支持，苏丹第二次内战全面爆发。加朗取得摒弃了以往的南方独立的主张，提出了建立民主的新苏丹的政治构想，在南方民众和反政府武装组织内部产生了巨大影响。人解用"苏丹问题"取代"南方问题"的提法，要求取消伊斯兰法律。与内战第一阶段反政府武装不同的是，人解并不主张南方从苏丹国家中分裂出去，而是寻求建立一个包容多元历史与认同的民主的新苏丹，保障所有公民的权利与平等，南方完全融入苏丹社会中。如果加朗的新苏丹理念能够付诸实践，苏丹也许不会最终走上分裂的道路。

1985年4月6日，苏瓦尔·达哈什将军发动军事政变，但并未取消伊斯兰法律，反而加大了对南方的镇压力度。喀土穆当局希望南方一直处于政治分裂、经济落后的状态，从而确保北方的种族主义统治不受挑战。苏丹政府沿袭了尼迈里时期的民兵战略，将以畜牧为生、与比邻的丁卡人为了争夺水源和牧场而长期冲突的巴加拉人武装起来。这些民兵以残暴著称，他们的主要目标并不是与人解正面交锋，而是在丁卡人的地区烧杀抢掠，破坏人解的后方基地。大批南方人，特别是妇女、儿童被掠卖到南方，罪恶的奴隶制又在苏丹死灰复燃。苏丹当局的镇压，特别是民兵的袭击与劫掠导致南方在1984—1989年爆发了严重的饥荒。苏丹政府拒不承认饥荒的存在，拒绝人道主义组织向战火和旱灾肆虐的地区提供援助。仅在1988年，就有25万南方人死于饥荒，其中大部分是妇女、儿童和老年人等弱势群体，另有大约85%的南方人被迫逃离家园，大批难民死在逃亡路上。

1989年，艾哈迈德·巴希尔将军在原教旨主义组织国家伊斯兰战线的支持下发动政变夺取了政权。1990年，苏丹正式宣布在苏丹北部穆斯林居住区全面实行伊斯兰教法，使伊斯兰教成为国家政治生活、社会生活、文化生活的指导原则。宗教领袖哈桑·图拉比的宗教思想和理论成为国家的政治指导原则，并在政府的支持下得到迅速推广和传播，苏丹一度成为继伊朗之后中东伊斯兰浪潮的又一个中心。在南方问题上，苏丹政府强化了种族主义政策，对南方异教徒发动"圣战"，政府军中的官兵都被穆斯林民兵取代，内战再次升级。为了推行强制同化的种族主义政策，苏丹政府以"安全和公共健康"为借口，围捕并逼迫南方难民迁移到北方的城市中，进而将大约75万南方人从喀土穆的贫民窟中强行搬迁到远离城市的集中营中，在极为悲惨的处境中还不得不接受政府的"教化和宣传"。阿拉伯民兵和军警还绑架黑人儿童，将他们运到偏远地区的儿童集中营中，强迫他们接受伊斯兰教教义的灌输，接受军事训练，充当打击人解武装的炮灰。

人解内部从一开始就矛盾重重。部分成员认为在原教旨主义的国家伊斯兰阵线掌权的情况下，加郎所倡导的建立"统一、多元、平等、民主、世俗的苏丹"的目标是不现实的，故而应当通过与政府谈判实现南方独立，让国家伊斯兰战线建立一个同质的伊斯兰国家。此外，加郎在人解的铁腕统治也招致了不满和怨恨。约翰·加朗采取强硬手段打击反对派，与以努埃尔人为主体的第二安亚尼亚运动发生了激烈的冲突，双方都将对方控制区的平民作为打击目标。努埃尔人的领导人盖伊·塔特试图与加朗和解，但遭遇伏击被杀。人解军官拒绝了塔特部下提出的安葬遗体的请求，令其暴尸荒野并将尸体抽打得面目全非。这一侮辱性行为深深地刺痛、打击了第二安亚尼亚运动的其他努埃尔领导人，他们很快投到苏丹政府军一边，与加朗领导的人解为敌。由于南苏丹努埃尔人的居住地区延伸到埃塞俄比亚的西南部，第二安亚尼亚运动给人解造成了很大的麻烦。

加朗逐步加强了对人解的控制，他致信邀请努埃尔族的里耶克·马查尔、施鲁克族的拉姆·阿考尔等南方知名人士加入人解。苏丹政府支持的阿拉伯民兵大肆劫掠上尼罗州的西北部地区，给当地居民带来巨大的灾难，人解军队从埃塞俄比亚的营地返回南苏丹。人解中的丁卡和努巴族官兵为了报复第二安亚尼亚运动的行动，对沿途中遇到的努埃尔平民抢劫烧杀，其行动未受到任何惩罚。努埃尔人及其他族裔的南方居民将人解视为占领军，而不是保护他们抵御北方侵扰的正义之师。在里耶克·马查尔的领导下，人解控制了局势，建立了一道阻止阿拉伯民兵袭击的屏障。马查尔将第二安亚尼亚运动的主体吸收到人解之中，但仍有为数不少的残部仍拒绝同人解和解，其中包括鲍利诺·马提耶普领导的努埃尔人的一个支系——布尔努埃尔人（Bul Nuer）。这些努埃尔人的武装力量在北方的扶植和支持下，继续与人解为敌，阻断了人解通向油田的通路。

到20世纪80年代末，人解成功地控制了南方的大部分地区，但其内部一直矛盾重重，加朗的建设新民主苏丹的政治主张及其不能容忍存在任何反对派的态度与独断专权的作风，令许多人解的将领对加朗十分不满。1991年8月，人解发生内讧和分裂。马查尔与拉姆·阿考尔率领不满加朗领导的将领在兵变未遂后，成立人解纳斯尔派（SPLA-Nasir），加朗同其支持者则称为人解主流派。

无论是加朗还是马查尔，为求自保都打出族类牌，人解高层的争斗演变成丁卡人与努埃尔人这两个南方最大族裔之间的对抗，一场惨烈的南苏丹内战拉开帷幕。1991年9月，丁卡将领袭击杀戮正在丁卡人地区放牧的努埃尔人，对人解内讧和分裂尚一无所知的西部努埃尔人成为南方内战的第一批牺牲品。东吉卡尼努埃尔人和洛乌努埃尔人在人解纳斯尔派的支持下，深入加朗的家乡波尔丁卡人地区，焚毁村庄，掠夺牛群，杀死了2000余名平民，2.5万人死于劫掠导致的饥荒，大约10万人被迫流亡。这次史无前例的暴行被称为波尔大屠杀。加朗指责马查尔等兵变的领导人蓄意反对旨在消灭丁卡人的战争。人解主流派深入努埃尔人地区针锋相对地展开报复性行动。丁卡族和努埃尔族将领为了巩固自己的地位、招募兵员，都极力渲染敌对族裔对本族的威胁，把丁卡人和努埃尔人以往因争夺资源引发的冲突转变为政治化的族际战争。双方展开了拉锯战，在一次又一次的报复与反报复行动中，冲突不断升级、愈演愈烈。加朗领导的人解部队曾在1995年夜袭上尼罗州西部的努埃尔人居住地区，使用AK-47步枪、机枪、火箭弹等武器，将众多努埃尔人的村庄夷为平地。

这场南苏丹两大族之间的内战践踏了丁卡人和努埃尔人以往一直遵循的暴力冲突的道德界限。在1991年人解分裂之前，老幼妇孺都不会成为蓄意攻击的目标，而在南方内战中，他们却成为主要的受害者。蓄意攻击、杀害妇女和儿童的行为说明族类疆界的固化，特别是对于曾经吸收了大量其他族裔成员的努埃尔人而言尤为如此。丁卡男孩不是被掳走，而是被杀死，这种行为意味着努埃尔人对于族性的认识发生了改变，即族属是由血统决定的，丁卡男孩只会成长为丁卡男人，族类疆界是不可逾越的。

南苏丹人称丁卡人与努埃尔人之间的冲突为"两个博士的战争"①。一位丁卡族的领导人称，"我们和努埃尔人之间的战争不再是我们传统的战争……我们无力控制。检视这次袭击造成的破坏，我们真不知道袭击者的目的何在。传统上，当努埃尔人袭击我们时，他们带走牛，从不会动妇女、儿童和老人，也不会追击逃跑的人。我们则会哀悼死去的人，挽回损失，在时机成熟时进行复仇。过去事情一直是这样的，我们都有长矛，旗鼓相当。现在平衡被打破了"。一位著名的西努埃尔人酋长也持相近观点："努埃尔人与丁卡人的这次战争比我们过去经历的任何事情都要糟得多。""今天的战争是屠杀手无寸铁的妇女儿童的胆小鬼进行的战争。""这种肮脏下流的战争不是我们的战争，而只是文化人让我们打的战争。"②绝大多数丁卡人和努埃尔人表示两族的平民并不存在政治上的分歧，一位努埃尔酋长称"我们的冲突一直都是经济方面的，因为我们从未属于一个政治机构，我们从未为了政治权力而战"。"政治上的分歧只限于受教育的精英。他们将丁卡和努埃尔在争夺经济资源方面的冲突变为政治冲突。"③ 精英们将政治分歧与经济竞争混在一起，强调敌对族裔的威胁。内战前的两个族体之间的冲突和对抗持续时间很短，很少超过几天的，双方的领导人会着手解决冲突，而由丁卡

---

① 加朗和马查都获得过博士学位。

② Sharon E. Hutchinson, "A Curse from God? Religious and Political Dimensions of the Post-1991 Rise of Ethnic Violence in South Sudan", in *The Journal of Modern African Studies*, Vol. 39, No. 2 (Jun., 2001), pp. 307 – 331.

③ Jok, J. M. & S. E. Hutchinson, "Sudan's Prolonged Civil War and the Militarization of Nuer- and Dinka Ethnic Identities", *African Studies Review*, 1999, pp. 125 – 145.

和努埃尔精英挑起的这场将枪、政治和经济、族性等因素混合在一起的战争则惨烈而漫长。

苏丹政府是南方内战的最大受益者。"让南方人自相残杀，我们与最后剩下的人讲和。"喀土穆当局一直否认对南方的歧视性和压迫性政策是导致南方问题的症结所在，而极力将其描绘为所谓部落主义导致的结果，南方的内战为其提供了口实。为此，喀土穆当局积极煽动南方武装组织之间的内部冲突。

马查叛离人解后，其领导的武装组织很不稳定，几经重组。为了解决武器弹药的供给问题，马查与苏丹政府接近，以便对抗加朗。1997年，马查及其他的前人解将领、南方反政府武装组织领导人与政府媾和，签订了《喀土穆和平协议》，其军事力量整编到苏丹军队中，称为"南苏丹防卫力量"，成立南苏丹防卫部队，由苏丹军队军事情报部门提供装备，并受其指挥。此外，马查等人认可"伊斯兰教法"作为国家的立法基础，参与南方过渡政府。作为回报，喀土穆当局极为含糊地同意在四年（或更长时间）后举行南方的全民公决。拉姆·阿考尔领导的派别与苏丹政府单独签署《法绍达和平协议》，也获得了许诺的举行全民公决的权利。南苏丹的民众对马查等人的行为感到困惑和失望，认为这是与敌人同流合污。南方防卫部队内部的各军事组织没有明确的政治和军事目标，也没有固定的敌友的界限，昨天的敌人有可能成为今天的盟友，其内部各集团常常处于不断地变动过程中，苏丹政府蓄意使其保持各自为政的分裂状态。各集团最关心的是从哪里可以获取物资和装备，"部落、氏族或地区的忠诚以及对个人利益的追逐远胜过了意识形态"①。

苏丹政府并没有打算执行和平协议，只是将其作为控制南方石油资源的缓兵之计。和平协议的墨迹未干，苏丹政府就着手策动马查手下处于边缘化地位的将领发动兵变，反对马查，以削弱其力量。通过许诺成立独立的军队以及在北方军界中的高位等诱惑，苏丹政府成功地诱惑在人解分裂后归顺马查的马提耶普等人率布尔努埃尔人叛离，两支努埃尔

---

① John Young, "The South Sudan Defence Forces in the Wake of the Juba Declaration", *Small Arms Survey*, *Graduate Institute of International Studies*, November 2006.

人武装在苏丹政府的挑拨下彼此攻击，使得上尼罗州西部的努埃尔人民不聊生，大批逃亡。马查的故乡以及该地区接收国际人道主义援助物资的集散地里尔在1998年两次被焚毁，7万努埃尔人沦为难民。在此期间，苏丹政府修建了连接西开罗州首府本提乌至北方红海码头长达1110公里的输油管道，从1999年9月正式投入运营使用。

尽管人解因分裂以及南方的内战元气大伤，但仍然能够从其他非洲国家获得武器和给养，在与马查等人领导的武装组织经历了几年的相持阶段后，人解逐渐重新控制了南方的局势。在新苏丹教会理事会的协调下，丁卡与努埃尔酋长、教会及公民团体的领导人、妇女与青年代表于1999年2月27日至3月8日在扎加勒的万利特召开了和平与和解大会，缔结和平与和解盟约，宣布结束丁卡人与努埃尔人之间为期7年半的激烈冲突，双方永久停火，并对所有1999年1月1日前的暴行实行大赦。和平盟约虽然对军事组织没有实际的约束力，但表达了丁卡与努埃尔民众的声音，对结束南苏丹惨烈的内战起到了积极的推动作用。马查眼见《喀土穆和平协议》成为一纸空文，其率领的军队不断分裂叛离，个人的威望也一落千丈，遂于2001年辞去在苏丹政府的职务，与喀土穆当局划清界限。2002年1月，马查与加朗在内罗毕签署统一宣言，在分裂11年后与人解实现和解，其率领的所剩无几的军队被整编到人解之中，里耶克也成为继加朗和人解军队司令基尔之后的第三号人物。马查的回归对于苏丹的和平进程具有积极意义，尽管马查因挑起丁卡人和努埃尔人的兄弟阋墙之争以及投靠苏丹政府而备受非议，但其毕竟是苏丹努埃尔人的领袖人物，他的回归有助于弥合南苏丹两大族之间的矛盾与冲突。人解力量得到增强，在与苏丹政府的谈判过程中也占据了有利地位。

2003年，达尔富尔危机的爆发使得苏丹政府陷入巨大的困境，在国际社会的敦促和压力下，苏丹政府和人解于2005年1月9日签署《全面和平协议》，苏丹内战正式宣告结束。根据协议，苏丹将组建由北南方共同参与的民族团结政府，进入为期6年的过渡期。2011年，南方居民通过公决决定自己的未来。

第四节　民族分离势力的发展趋势

在六年的过渡期内，南苏丹的族际矛盾没有平息，内战的遗产仍在发酵。2011年7月9日，南苏丹正式独立后，面临着内忧外患的威胁。南北苏丹虽已分离，但仍旧存在着一些悬而未决的棘手难题，阿布耶伊和南科尔多凡都有可能成为双方冲突再起甚至战火重燃的导火索。在南苏丹内部，形势更为严峻，争夺资源引发的冲突在民间和精英层面同时展开，族类成为冲突中最重要的动员因素。

一　国内原因

南苏丹各集团围绕权力和资源的竞争十分激烈，在2010年的大选前后形成了高潮。与此同时，以掠夺牛群和争夺自然资源为主的传统族际冲突仍在继续，其规模和烈度越来越大，动辄造成数百人死亡，上万人流离失所。据路透社报道，在2011年1—7月，南苏丹有2638人在330次冲突中被杀。

军队整编。《全面和平协议》结束了人解与苏丹政府之间的战争，但并没有了结南苏丹的内部冲突。没有了北方这个共同的敌人，各族体之间的竞争和冲突更加凸显出来。以南苏丹国防军为首的众多武装组织成为重建和平的最大威胁。2005年，南苏丹国防军估计有1万—3万名士兵，分属于30多个武装集团。加朗一直对南苏丹国防军持敌视态度，斥之为喀土穆当局的走狗，在与苏丹政府谈判的过程中有意将其排斥在外。2005年，加朗意外地坠机身亡，基尔接替加朗，就任南苏丹政府主席。基尔一改加朗强硬固执的做法，向南苏丹的各派武装组织伸出橄榄枝。2006年1月，基尔签署《朱巴宣言》，对各派武装组织实行一揽子大赦，既往不咎，并将其吸收整编到人解的军队中。《朱巴宣言》是南苏丹政府的一个重大外交胜利，避免了南苏丹再次爆发大规模的内战，对于实现和平、稳定局势具有极为重要的意义。到2009年，近30个武装组织的3.2万名士兵加入了人解。马提耶普，前南苏丹国防军参谋长，获得了苏丹人民解放军副司令的职位，成为基尔后的人解军队第二号人物。

在消除安全隐患的同时，整编也留下了严重的后遗症。整编后人解大约有12.5万人，其中1/4来自南苏丹国防军，异质性和不稳定性大大增强，以前的敌人现在成为战友，内战期间彼此间的暴行所导致的旧恨未泯，矛盾和冲突时有发生。人解的领导人不得不承认他们只能控制30%的部队，如果将来发生战事，他们也不确定其余的70%会如何行事。在人解内部，新成员对人解仍旧持疑惧态度，视其为丁卡人主导的组织，对其在人解内的边缘化地位感到不满，担心日后的前途与出路。许多接受整编的前武装集团的高级首领在新的位置上对地位、势力和资源的争夺使得人解内部派系斗争激烈。他们虽然将自己率领的部队整编到人解中，但仍保留了私人武装。2009年10月，马提耶普与统一州州长塔班·邓的部队发生冲突，导致13人死亡、19人受伤。基尔曾在2008年和2009年发布命令，要求解除这些人解高官私人部队的武装，但都无果而终。

人解规模过于庞大对于赤贫的南苏丹来说无疑是个无法承受的沉重负担。在对国家安全需要进行评估的基础上，确定人解军队的人数，是当务之急。"解除武装、复员和融入社会"的计划已经开始艰难地启动。

武装反叛活动。2010年4月，苏丹根据《全面和平协议》的规定，举行了大选。大选的结果决定了南苏丹日后的政治走向和权力分配框架，政治和军事精英角逐政治权力的竞争趋于白热化。南苏丹的各族体普遍将人解及其领导的南苏丹政府视为丁卡人垄断权力和资源、压迫其他族裔的工具，人解不愿意分享权力、视其为禁脔、不容他人染指的做法则证明这一观点并非空穴来风。大选中落败的竞选者纷纷组建武装的反叛组织，发动袭击。大多数武装组织的首领都是人解以前的将领。在长期的内战中，南苏丹的政治和军事精英普遍形成了军阀心态。为了争夺权力和资源可以不择手段，他们不在乎归属于哪个阵营，里耶克、拉姆·阿考尔、马提耶普等众多人解的高层人物都曾多次改换门庭，甚至不惜投奔苏丹政府。一旦在争夺权力的斗争中落败，他们就动员本族裔，成立武装组织，以便和政府讨价还价。内战导致的各族裔之间的宿怨和敌对不断被政客和军阀们利用，政治投机与族际矛盾交织在一起，人解在平叛过程中采取的手段进一步加深了各族体对政府的不满和疑惧情绪，致使冲突不断升级。希卢克人的例子就颇为典型。

与丁卡人和努埃尔人相比，希卢克是南苏丹上尼罗河州一个较小的族体，以农业为主，兼事牧业和渔业，人口约为38.5万，约占全国人口的5%。希卢克人建立了一个王国，社会组织程度和凝聚力都高于其他族体。希卢克人和丁卡人在土地问题上一直存在矛盾。苏丹内战结束后，丁卡人称南起泽拉夫河口、北至莫鲁特的白尼罗河东岸土地属于丁卡人，要求该地区的所有希卢克人迁至尼罗河西岸，而希卢克人则认为是丁卡人占据了他们传统的家园。2009年1月9日，在马拉卡镇庆祝《全面和平协议》签署5周年之际，两个族体爆发了较为严重的冲突。丁卡人宣称马拉卡镇属于丁卡人，并袭击了参加庆祝活动的希卢克人。当天夜里，两个希卢克人的村庄遭到袭击，数十名希卢克平民被杀。希卢克人对人解领导的南苏丹政府持不信任态度，认为其偏袒丁卡人，迫害希卢克人。一位联合国的官员称，"人们认为丁卡人利用他们在政府和军队的地位来攫取土地"[①]。

除了土地问题外，希卢克精英拉姆·阿考尔也影响到了希卢克人与南苏丹政府之间的关系。拉姆·阿考尔在1997年与苏丹政府签署《法绍达和平协议》后站在喀土穆当局一边。2003年10月，阿考尔重返人解。2005—2007年，阿考尔作为人解成员出任苏丹团结政府的外交部部长。此后，阿考尔再次离开人解，在2009年6月建立了反对党派"人解—民主变革"，批评人解腐败、缺乏民主、部落主义，呼吁实行改革。阿考尔支持南苏丹统一与人解的独立主张亦相左。自成立伊始，人解就公然对阿考尔的"人解—民主变革"持敌对态度，斥其为苏丹执政党国家大会党扶植、控制的第五纵队，名为政党，实则为武装组织，企图禁止其参加大选，但被苏丹的宪法法庭驳回而未果。2010年4月，阿考尔与基尔竞选南苏丹总统落败，但4名"人解—民主变革"的候选人在上尼罗州当选为南苏丹立法议会的议员。人解拒绝接受选举结果，逮捕了新当选的希卢克族议员，将其拘押到5月末。直到8月31日，议会才恢复他们作为当选议员的豁免权。人解的做法令本已紧张的局势急剧恶化，该地区出现了多支希卢克人的反叛组织，发动武装袭击

---

① Sudan Human Security Baseline Assessment: *SPLM/A – Shilluk Conflict in Upper Nile*.

和劫掠行动。反叛组织的领导人基本上都曾经在人解的军队中供职,他们都宣称是因为希卢克人受到丁卡人和人解政府的迫害而发动叛乱。

人解断言叛乱活动是由拉姆·阿考尔和苏丹政府主使和支持的,并予以了严酷打击。2010年夏,人解的部队洗劫、焚毁了希卢克王国,数十个村庄被夷为平地。军队强奸、虐待村民和王室的成员,男女老幼均难幸免,被杀害的人数未明。1万余人被迫在雨季逃离家园,躲入森林中,没有住处和食物,许多儿童死于饥寒。希卢克人视为神圣的国王也逃到了法绍达避难。希卢克的武装叛乱头领称,"当战斗开始后,希卢克人的战士被迁移到另外一个州,人解带来的士兵大部分是丁卡和努埃尔部落的,由他们来干这些活"①。一位无家可归的希卢克妇女称人解士兵的残暴令人发指,他们强奸所有妇女,连老人、盲人和尚在怀抱的幼童都不放过。与希卢克人比邻而居的丁卡人在听到枪声后,就过河同人解的军队一道抢劫,带走了牲畜和所有能够拿走的东西,最后将留下的东西和房屋付之一炬。当受伤的希卢克人挣扎着来到医院时,却发现医院也被洗劫一空。

发生在希卢克王国的并不是孤立的个案,以暴制暴是人解军队平叛的典型做法。2011年4月23日,人解军队进入马拉卡尔城南边的努埃尔人的村庄,与叛军领导的反政府武装交火。在反叛部队被赶走后,人解扫荡洗劫了村庄,杀死了数百名村民。他们不满足于挨家挨户地屠杀平民,遂命令村民用努埃尔语向逃进丛林里的人喊话,当这些逃跑的人以为战事结束返回村庄时,人解的士兵向他们开枪射击。随后,红十字会在尼罗河水里找到许多尸体。在南苏丹与埃塞俄比亚交界地区的穆尔勒人中,另外一场叛乱也在酝酿之中。据一位穆尔勒妇女称,"人解士兵把塑料袋套在人们头上点燃,把燃烧的塑料滴在孩子的身上,以逼迫父母交出武器。如果认为叛乱者在一个村庄过夜,他们就焚毁那个村庄,强奸妇女。在有些村庄,人们被活活烧死在茅屋里"。以暴制暴的后果就是加深族际仇恨,推动更多人加入反叛组织的行列。

目前,在南苏丹至少存在着六七个规模和影响较大的反政府武装组

---

① 参见 Steven Costello, "A Second 'split' for South Sudan? Ethnic Violence, the State, and Whether Peter Gatdet is the Most Dangerous Man in South Sudan"。

织。其中，因竞选琼莱州州长失利而起兵反叛的前人解高级将领乔治·亚瑟·邓是丁卡人，除了乔治·亚瑟·邓和希卢克人领导的反叛组织外，其余的反叛组织领导者均为努埃尔人，他们大多曾经与喀土穆当局有瓜葛。彼得·盖杰特与马提耶普的经历颇为类似，都是石油重镇统一州的努埃尔军阀，内战中协助苏丹政府控制石油产区。《全面和平协议》签署后接受了人解招安整编，但在 2011 年 3 月叛离，组建了南苏丹解放军，在统一州从事扰乱活动，对地方的安全造成了严重的威胁。盖杰特在发表的《芒雍宣言》中指责人解政府堕落腐败，管理混乱，实行丁卡人主导的一党专制，大搞族类排异政治，南苏丹人民的生存环境没有丝毫的改善，依旧挣扎在极度的贫困和动荡之中。南苏丹的民众普遍认为盖杰特本人虽非善类，但对宣言却颇有共鸣，认为它确实反映了南苏丹的现实。实际上，这种现实才是叛乱活动得以存在的温床。

　　叛乱活动在 2010 年持续不断，并且延续到了 2011 年。现存的反叛组织基本上处于各自为战的状态，领导它们的军阀大多不得人心，不足以对人解政权构成现实的威胁。但是，南苏丹政府也不具备将其彻底铲除的实力，不得不采取了武力打击和特赦谈判相结合的策略。2010 年 10 月，为保证即将到来的全民公决能够顺利举行，基尔召集了南方的和解大会，对反对人解的军事首领实行大赦。在此后的时间里，政府与各反叛组织的谈判几起几落，一波三折。执政的文官领导人和军队之间在关于应对叛乱的安全政策上存在严重的分歧。军方反对特赦、优待叛军首领，主张武力平叛，由此粉碎叛军并震慑未来的叛乱企图。政府和军方之间或其内部的分歧会破坏任何协定，导致形势突变。有些叛军打着投诚的幌子，却利用临时停火来推进自己的阵地或继续招募新兵。而人解领导的国家安全机构使用带欺骗性质的手段与部分叛军接触，破坏了政府的公信力，使招安叛军的努力更为艰难。特赦招安的政策存在严重后患，会鼓励心怀野心者兴兵作乱，以此作为索取高官厚禄的捷径，但对于一个刚刚独立的国家而言，内乱无疑是不可承受的灾难。在两难的处境下，南苏丹政府可做的选择实在很有限。

　　掠牛行动与族际冲突。以掠夺牛群和争夺自然资源为主的传统族际冲突仍在南苏丹继续，其规模和烈度越来越大，动辄造成数百人死亡，上万人流离失所。牛群在丁卡、努埃尔等许多南苏丹的族体中都占据十分重要的地位，劫掠牛群及其引发的冲突一直是族体冲突的核心内容，世代以来都是南苏丹农牧民生活的一部分。在多年内战的影响下，抢掠的性质和范围已经改变，暴力行为不断增多，引发了严重的社会动荡。在努埃尔人与丁卡人聚居的琼莱州和统一州，情况尤为严峻。和平协议签署后，人们希望南苏丹政府能够提供福利和服务，但和平红利甚少，基础设施近乎于无，在许多地区，政府在行政、安全和司法等领域的影响力都极为有限，这些都放任助长了持续的牛群掠夺行为。人解的部队在战时通过暴力来管理控制区，尽管通过军事手段，但毕竟维持了一定程度的秩序。人解军队撤出并作为一支专业军队集结到兵营中后，在其撤出的区域留下了一个真空。被国际顾问称为"世界尽头"的治理和安全的真空地带也是劫掠牛群最猖獗的地区。努埃尔、穆尔勒等许多族体都感觉自己被丁卡人主导的政府边缘化，他们经常在放牧地带与共用该地的丁卡人发生冲突。许多掠牛行动发生在不同的族体之间，更加深了族体之间的裂痕。掠夺与报复性反掠夺的恶性循环无疑会破坏南苏丹脆弱的政治凝聚力。

2011年8月，庆祝独立的狂欢尚未结束，南苏丹局势最动荡的琼莱州就爆发了努埃尔人与穆尔勒人之间的冲突，导致至少600多人死亡，上千人受伤。穆尔勒人袭击了努埃尔人的驻地，偷走了4万头牛，并绑架了众多的努埃尔儿童。皮耶里城的大部分被焚毁。此举是对努埃尔人6月袭击穆尔勒人的报复。此后，双方冲突不断。2012年伊始，6000余名武装的努埃尔人大举攻击穆尔勒人。据琼莱州的地方官员称，大约3000名穆尔勒人被杀，数万人逃入丛林中，30多万头牛被劫走。副总统马查在事发后来到琼莱州与州长曼扬一道在冲突双方中进行调解，但努埃尔人拒不听从。联合国在琼莱州部署了维和部队，南苏丹政府在袭击发生后，派遣3000名安保人员到冲突地区并计划用军队在冲突的集团之间构建起一个缓冲带，并承诺对冲突进行调查，起诉罪犯。尽管如此，冲突仍难以遏制。

掠牛行动猖獗的原因是多方面的，其中最根本的是各社会集团对资源的竞争。由于经济发展迟滞和贫困，年轻人没有什么就业和发展的机会，加之传统的社会结构在内战中受到严重挑战，部落酋长等传统权威的约束力减弱，无所事事的年轻人就成为掠牛行动的主力军。"嫁妆经济"的影响则是掠牛行动最主要的助推剂。在丁卡、努埃尔和穆尔勒等以牧业为主导的族体聚居的琼莱州和统一州，嫁妆基本上都是由牛来支付的，因而这些地区也是掠牛行动最严重的。由于战争和社会动荡的影响，牛的数量在下降，而彩礼的价格则在不断上涨。根据一份联合国报告，自2005年以来，南苏丹彩礼的价格上涨了44%。牛成为南苏丹男性青年面临的最严重的问题，"没有牛你就不能结婚，就不能被叫作一个男人"。为了获得赖以成婚的牛，许多年轻人不惜铤而走险，加入反叛的武装集团或从事掠牛行动。内战期间，大量的武器弹药流散到民间，改变了掠牛行动的性质。枪支作为力量的象征，已经融入了南苏丹许多游牧集团的文化之中，成为成年礼仪式的组成部分。"如果你不带一杆枪，人们会嘲笑你是一个没有防卫能力的女人。"① 现代武器的泛滥使以往用棍棒和利矛以及很少发生人员伤亡的掠牛行动变得格外血腥惨烈，动辄造成数百人死亡和数万人流离失所，使冲突后的和解极为困难，仇恨越来越不可化解，陷入了以眼还眼的掠夺与报复性反掠夺的恶性循环中。

在内战期间，丁卡和努埃尔的年轻人为了保护牲畜，都组建了松散、分散的武装组织。他们处于武装冲突旋涡中心，已经习惯了刀头舔血的战争生活方式，随时准备保卫牛群不受武装袭击者的侵扰。努埃尔人的组织被称为白军，其成员并不是严格意义上的军事人员，有枪的人，特别是年轻人，就被称为白军，他们平时仍过着平民的生活，只是在保护牛群或掠牛行动中聚集起来。内战期间人解分裂后，白军站在喀土穆当局一边，与人解为敌。白军没有统一的领导，各集团之间常常相互为敌，但有时也可以团结起来，打击共同的敌人。②

为了减少白军等集团对政府造成的威胁，缓解掠牛行动及其引发的族类冲突，南苏丹政府着手解除武装，收缴民众手中的武器。2006年1—5月，人解命令琼莱州的努埃尔人解除武装。丁卡人要求努埃尔人

---

① Marc Sommers and Stephanie Schwartz: Dowry and Division Youth and State Building in South Sudan, *United States Institute of Peace. Special Report.*

② 参见 John Young, "The White Army: An Introduction and Overview", *Small Arms Survey, Graduate Institute of International Studies*, Geneva 2007。

在进行季节性迁徙前解除武装，遭到拒绝，双方的分歧越来越大。努埃尔人中的武装人员，主要是白军，袭击了猝不及防的人解，双方进行了大规模的战斗，人解遭到重创。被激怒的人解指挥官彼得·波尔·孔在朱巴南苏丹政府的默许下追袭白军，从努埃尔人手中收缴了3000多件武器，代价是大约有400名人解士兵、1200名白军成员和至少200多名平民死亡，财产损失难以估算，在当地造成了严重的饥荒。努埃尔人认为自己受到了人解的迫害，更加深了南方政府偏袒丁卡人的印象。因为他们是当时唯一一个被解除武器的集团，因而容易受到邻近的丁卡人和穆尔勒人的劫掠和攻击。大约一年半之后，努埃尔人重新武装起来。

在解除武装问题上，国际社会呼吁采取和平的手段，例如与地方上的传统领导人合作，鼓励民众自愿交出武器。人解则倾向于采取强制性措施。一名人解的军官称，"你杀了500人，但其余的人会把枪交上来。使用一支装备精良的部队去收缴武器是必需的。我们不想伤害任何人，但我们必须从某个地方开始"①。这种暴力解除武装的举措在付出巨大代价的情况下，收效有限，留下了种种安全困局，加深了各族群之间的仇恨，也削弱了政府的公信力。人解的军队食物供给不足，需要宰杀食用被解除武装地区的牛，导致当地的居民的饥荒。此外，南苏丹政府囿于交通运输能力和地形的限制，无法同时解除一个地区不同族体的所有共同体的武装。政府对收缴来的武器存放和管理不善，且不愿意销毁武器，这使得解除武装的效果大打折扣，被收缴的武器可能还会回流到各族体手中。

收缴民众手中的武器确实是解决日益严重的劫掠牛群的行为的必要举措，但并不能从根本上解决问题。在没有消除冲突根源的情况下收缴武器，使得人们没有了自卫的手段。发展经济，发展农村基础设施，消除贫困，为年轻人提供更多的就业机会，化解政治和社会不满，建立专业和强大的军警队伍，改变"彩礼文化"和"枪文化"，才能够逐渐消除掠牛冲突屡禁不止的土壤，但这些都是长期性的、异常艰难的。

---

① 参见 Cecily Brewer, *Disarmament in South Sudan*, Center for Complex Operations, National Defense University, Washington, 2010。

二 国际原因

南北苏丹虽已分离，但往日的仇恨和矛盾远未化解，且一些悬而未决的问题考验着双方的关系，爆发武装冲突乃至战争的阴影时刻笼罩在双方的头上。对南北苏丹关系具有重要影响的问题主要是阿布耶伊的归属、石油利益的分配和南科尔多凡问题。

阿布耶伊问题。阿卜耶伊地区位于南北苏丹交界中段靠北方一侧，水源丰沛，牧场肥美，地下石油资源丰富，2003 年，阿布耶伊的石油产量曾占苏丹的 1/4，此后产量下滑。苏丹输出石油的大动脉大尼罗河石油管道，就穿越阿布耶伊，将海格利格油田、团结油田经喀土穆与苏丹在红海的港口连接起来。无论从能源还是战略而言，阿布耶伊都十分重要。从 18 世纪起，丁卡人的一个支系恩格克丁卡人（Ngok Dinka）在阿布耶伊安家落户，以农牧为生。米赛瑞亚（Messiria）阿拉伯人每年旱季时游牧至阿布耶伊的巴赫河谷，在此地居留半年左右。恩格克丁卡人和米赛瑞亚阿拉伯人大体上一直相安无事。在英埃共管苏丹期间，米赛瑞亚人主要居住在科尔多凡省，被认为属于北方，而恩格克丁卡人则位于加扎勒省，被认为属于南方。1905 年，英国殖民当局将 9 个恩格克丁卡人酋邦重新划入科尔多凡省。

在苏丹第一次内战期间，恩格克丁卡人和米赛瑞亚人开始交恶，1965 年，72 名恩格克丁卡人在米赛瑞亚人的巴巴努萨镇被杀害，在双方之间埋下了仇恨的种子。恩格克丁卡人加入了反政府武装组织安亚尼亚运动，而米赛瑞亚人则支持喀土穆政府，站在了北方的阵营一边。1972 年的《亚的斯亚贝巴协议》结束了苏丹的第一次内战，协议中有条款规定准许阿布耶伊举行全民公决，决定其留在北方还是加入自治的南方。这次预定的全民公决从未举行过。在阿布耶伊及其他南北交界的地区石油的发现，促使尼迈里总统首度试图将石油储量丰富的地区划入北方的行政版图之内。在第二次苏丹内战中，一直饱受压迫的恩格克丁卡人加入人解反对苏丹政府，更有多人跻身人解的领导层，与约翰·加郎建立了密切的联系。米赛瑞亚人组建了民兵组织，抢劫南方的村庄，掠卖南方人做奴隶。在内战结束的时候，阿布耶伊爆发激烈的战斗，大多数恩格克丁卡人逃离了阿布耶伊，而米赛瑞亚人遂自居为该地区的主人。在苏丹政府与人解谈判时，阿布耶伊的归属是争议最大的问题之一，双方争执不下。在和平过渡期内，阿布耶伊地区多次爆发冲突，阿布耶伊镇几乎被夷为平地，并造成数万难民。

2009 年，国际仲裁法院做出裁决，在 2011 年 1 月 9 日与南方公投同一天举行阿布耶伊的公投，决定该地区的归属。裁决议定书重新划定阿布耶伊的边界，将其面积缩减了 40%，北方得以控制阿布耶伊地区储量最丰富的油田，南方也得到至少一个油田。新边界将绝大多数米赛瑞亚人都排除在外，使阿布耶伊基本上成为一个恩格克丁卡人的地区，这使得该地区在未来的全民公决中极有可能归属于南方。但与此同时，裁决也赋予米赛瑞亚人每年旱季时到阿布耶伊放牧的权利。直至 2001 年公投前夕，阿布耶伊的边界仍未划定，在"谁是阿布耶伊居民，谁有权参加公决"的问题上仍未达成协议，米赛瑞亚人坚持认为他们应当在公决中有投票权，恩格克丁卡人则坚决反对。阿布耶伊的公投不得不被推迟。就在 1 月 9 日南方公投的前一天和当天，恩格克丁卡人和米塞里亚人发生激烈的流血冲突。

2011 年 5 月 20—21 日，苏丹趁南苏丹独立在即、无暇他顾之际，派遣军队占领阿布耶伊，解散阿布耶伊联合政府，导致 100 多人在冲突中被杀，约 10 万恩格克丁卡人逃离家园。南苏丹政府不愿被拖入战争，寻求和平解决阿布耶伊危机的途径，副总统马查率队与喀土穆当局协商，但苏丹政府拒绝撤军。经过国际社会的斡旋，双方达成临时协议，联合管理阿布耶伊，联合国在阿布耶伊地区部署 4200 人的埃塞俄比亚维和部队。时至 2012 年 2 月，苏丹军队依然驻留在阿布耶伊。虽有一些恩格克丁卡人返回家乡，但阿布耶伊的大部分居民仍流亡在外，苏丹的驻军、地雷和缺乏安全保障都阻碍了恩格克丁卡人的返乡之路。目前，阿布耶伊的前景波谲云诡，可以肯定的是，南北苏丹在阿布耶伊问题上都不会轻易让步，再次爆发冲突的可能性不容低估。

石油问题。南苏丹占原苏丹石油储量的 3/4，石油日产量约为 35 万桶。苏丹和南苏丹在经济上都高度依赖于石油收入，特别是南苏丹，其 98% 的财政预算来源于石油收入，而苏丹则为一半左右。南苏丹没有炼油设施，且为内陆国，不得不利用北方的炼油厂炼油和获取成果，并仅能通过石油管道将其出产的石油输送到北方的港口出口。南苏丹的独立使苏丹损失了大部分的石油收入，故而苏丹利用南苏丹在石油技术、开采、出口渠道等方面对苏丹的依赖，竭力在石油利益分配上争取最大的利益。南北苏丹因石油过路费争执不休，苏丹向南苏丹索要每桶原油32美元的高额过路费，约占出口收入的1/3，后又涨至36美元，比国际上通行的过路费大约超出10倍之多，南苏丹称其为经济战争。

为了能够在石油出口方面不再受制于人，南苏丹也探索另辟蹊径。日本丰田公司游说南苏丹修建一条通往肯尼亚的石油管道，预计耗资15亿美元，但一些专家称，鉴于地形（需穿越大沼泽）及长度（3600多公里），该工程可能会耗资数十亿美元，即使在资金保证的前提下，也需耗费数年才可设计并建成。以南苏丹目前的石油储量估计，该计划在经济上不具可行性，因为到其建成时，南苏丹的石油输出会迅速下降。根据驻苏丹的欧洲石油联盟估计，南苏丹的石油输出到2016年会降至每天20万桶，到2018年会进一步降至每天18万桶。有鉴于此，苏丹有恃无恐地狮子大张口，南苏丹在石油出口方面不得不忍受苏丹的重利盘剥，双方在石油问题上的矛盾近来有愈演愈烈之势。苏丹在2011年底扣留南苏丹的石油作为其应得的份额，南苏丹则宣称苏丹窃取其石油，在2012年1月22日停止石油生产。双方将继续在分割石油利益方面展开激烈的博弈，经济战是否会升级，尚不可预知。两国的经济都对石油高度依赖，南苏丹尤甚，如果在这个问题上反目，无疑是两败俱伤，故双方也不会轻易大动干戈。

南科尔多凡问题。南北苏丹有可能爆发冲突的另外一个地点是南科尔多凡的努巴山区。努巴山区的居民努巴人是黑人，受到苏丹政府的歧视和压迫，在苏丹第二次内战中大批努巴人加入了人解，对抗苏丹政府。南苏丹独立后，他们不能加入南苏丹国籍，其去向就成了问题。为此，人解成立了"北方局"，继续留在北苏丹，演变为苏丹境内的反政府武装，并且与达尔富尔反政府武装"公正与平等运动"等组织联系，共同反对苏丹政府。从2011年9月开始，苏丹政府军对青尼罗州和南科尔多凡州的人解"北方局"武装进行清剿，而后者则凭借努巴山区的有利地形继续与苏丹政府军对抗。由于亲缘关系和历史的原因，努巴人与喀土穆当局的冲突引发了许多南苏丹人的同情，但南苏丹如介入其中将陷于危险的境地。边境冲突会不可避免地影响到南苏丹的稳定，导致大批难民和经济困难，令南苏丹的情况更加雪上加霜。喀土穆当局对达尔富尔的反政府武装获得南方的援助或是到南方避难十分警惕。

南北苏丹爆发全面战争的可能性不太高，毕竟双方已经打了几十年，谁也未取得决定性胜利，大规模的战争对任何一方都是不可承受之重，况且两国在石油方面存在着共同利益。在将来很长的一段时间内，南北苏丹之间将维持紧张的对抗性关系，爆发冲突乃至局部战争将是大概率事件。除了直接对抗外，两国都极有可能通过支持对方的反政府武装，策动"代理人的战争"。在苏丹第二次内战期间，苏丹几乎将这一策略用到极致，使南苏丹陷入族类分裂、自相残杀的境地，苏丹得以兵不血刃地坐收渔利。至今，南苏丹的反政府武装首脑人物往往在过去都与喀土穆当局有瓜葛，并常常有报道称其得到苏丹政府的支持。在南苏丹，内忧和外患常常是交织在一起的，对南苏丹的独立和国家完整造成很大的威胁。

目前，南苏丹国家构建和民族构建的进程均刚刚起步。行政、司法、税收等各项国家制度以及军队、警察等国家暴力机关都处于草创或改造阶段。新的政治格局正在形成过程中，执政的人解面临从反叛组织向统治政党的转型，其领导国家的资质和经验都令人担忧。政府中除了人解的成员外，另有许多从欧美或其他国家重返南苏丹的前难民及其后裔。前者大多行伍出身，不少人是大字不识的文盲，而"海归"虽然整体素质较高，但他们多年在外，不了解南苏丹的国情。南苏丹许多地方处于治理的真空地带，几乎感觉不到政府的存在。南苏丹政府在很长的时间里都难以对自己的领土进行有效的控制，为其公民提供最基本的保障和服务。如此，自然难以培育国民对国家的认同和归属感。自身虚弱、困难重重的政府自然难以成为锻造国家民族的有效动力源。

（于　红）

第八章 当代国外民族分离主义的主要内涵与策略

冷战结束后，国际格局发生剧烈变化，民族主义思潮重新抬头。这一次民族主义思潮既是以往民族主义的延续，同时又有一些新的元素渗入其中，构成了历史与时代背景合而为一的独特结构。民族分离主义作为其主要组成部分之一，同样也是历史与时代的产物。它既不同于冷战前20世纪60—80年代的殖民地半殖民地的民族解放运动，也不同于冷战前明显带有美苏争霸印迹的民族分离主义。

第一节 当代民族分离主义兴起的原因

后冷战时期的民族主义思潮在更多意义上是血缘与文化意义上的民族分离主义。其定义是"民族集团成员获得决定自己命运的自治的运动，这一运动以建立分离的主权国家为主要选择。它属于一种特殊种类的族裔民族主义"。

总地来说，促使当代民族分离主义兴起的原因大致如下：

一 国际政治经济旧秩序的存在

战后长期存在的国际政治旧秩序，是在美苏两极对峙争夺的基础上建立起来的，其基本特征表现为：划分势力范围，建立军事集团，组织"大家庭""卫星国"或"联盟关系"；在联合国，通过安理会中大国否决权，垄断国际事务，在相当长的一段时间内，联合国成为超级大国追求霸权的工具；无视国际法和国际关系准则，干涉他国内政。两极格局终结后，美国的霸权主义和强权政治并没有因此而结束，反而得到加强。这种国际政治旧秩序的实质，就是以追求世界霸权为目的，以热衷干涉为主要内容，组织"大家庭"和"联盟体系"，划分势力范围，在国际社会中建立国与国之间的领导与被领导、支配与被支配的不平等关系。

这种国际政治旧秩序是造成当今世界分离主义兴起的深刻历史根源。在近现代时期，西方列强出于维护殖民统治的需要，有意识地在殖民地推行"分而治之"的政策，其严重恶果就是今天的许多发展中国家积怨甚深的民族矛盾和教派隔阂。例如，苏丹内战、印巴冲突、斯里兰卡内战等。原苏东各国的民族分离主义运动不少也是源于第二次世界大战前后苏美德等大国强权政治所造成的遗留问题。而在苏东剧变前后，西方国家为了达到和平演变的目的，极力诱导这些国家的民族分离主义运动，加剧其民族危机和国家分裂。在原来的亲苏的部分发展中国家，反政府民族武装在西方的支持下向政府挑战夺权，造成许多带有民族冲突与部族纷争色彩的战乱。因此，历史上的"分而治之"殖民政策、大国强权政治以及美国等西方国家的有意识支持，成为冷战后民族分离主义产生的原因之一。

与此同时，国际社会中长期以来还存在着不公正、不合理的国际经济旧秩序，其基本特征是：以不合理分工为基础的国际生产体系，以不等价交换为特征的国际贸易体系，以国际垄断资本占据支配地位的国际金融体系，以及受少数发达国家控制的国际经济机构。这种国际经济旧秩序是广大发展中国家处于无权地位的情况下，按照发达资本主义国家的意志和需要建立起来的，其实质是维护垄断资本的国际剥削。因此，从国际经济的角度来看，第一，以不平等的国际分工、国际贸易、国际金融为主要内容的国际经济旧秩序仍然控制着世界经济格局和世界经济，致使经济落后的广大发展中地区在国际竞争中处于不利地位。一些国家因贫困失业与通货膨胀，社会经济危机严重。极端民族主义得以发展。以极端的宗教激进主义为指导的民族问题就出在那些经济不发达地区。第二，冷战结束后，随着新技术革命的突飞猛进，各国资本、技术、商品、劳务的相互依赖日益加强，世界现代化进程加速，全球一体化程度加深。由此，各国各民族的世界地位及其对国际事务的影响力越来越取决于以经济为基础、以科技为主轴的综合国力竞争，而这种经济科技竞争又日益和各民族国家的民族权益争端紧密相连。不发达国家需要摆脱贫困,发达国家需要进一步发展,这就引发了各种形式的经济摩擦。经济民族主义在国际社会中明显上升。"国际经贸关系中严重的经济全球化的迅猛发展成为民族主义,深深刺激了民族主义在全球范围内的扩展。不平等现象与剥削现象的存在,经济强国对弱小国家经济的操纵都构成了刺激经济民族主义情绪的经济动因。"

一些后发国家如中东伊斯兰国家在独立后的发展民族政治、经济、文化的现代化道路上,或者照搬欧美发达国家的发展战略,或者仿效原苏东国家政策模式,但是二者都不符合它们的具体国情,因而导致它们出现经济失衡、债台高筑、两极分化、社会动荡等各种弊端。这又进一步导致了"不要西方,不要东方,只要伊斯兰"的宗教民族主义——宗教激进主义的重新急速发展。因此,世界现代化所带来的各国各民族经济文化发展不平衡、政治演进不同步,是后冷战时期民族分离主义产生的又一原因。

二 威权解体下的失控

两极格局是以第二次世界大战期间构筑的雅尔塔体系为基础,以东西方两大政治军事集团紧张对峙,在世界范围内进行零和争夺为特征,一方所得即为另一方所失。两极格局的瓦解造成国际力量对比严重失衡,苏联作为超级大国的作用和地位不复存在。冷战结束,苏东国家解体后,世界上形成二十多个新的民族独立国家。它在冷战时期建立起来的凝聚力和向心力随之迅速减弱,原先为两极对抗格局所掩盖的民族矛盾日益尖锐,遭受长期压抑的民族矛盾顿时处于突出地位。

苏联解体导致意识形态出现真空,从而为各种思潮的出现提供了可能的空间。文化因素及民族因素对国际关系的影响也逐渐上升。异质文化的矛盾与分歧可能诱发并加深国际冲突。原苏东地区及其控制区域,由于苏联这个权力制衡中心的消退而大多陷入失衡无序状态。在这些地区,不仅存在内部势力积极动员组织群众向政治领域拓展的情形,许多外部力量也为谋取自己的利益加紧渗透,政治发展的不确定性以及经济与社会的动荡一度成为这些地区的主要社会特征。

与此同时,在世界格局向多极化转变的转换过渡期,各地区原先的均势被打破，民族国家利益的意识形态因素成为国际关系中的主导因素。许多力量力求在新旧格局时期施展政治影响。由文化差异、经济冲突、领土纠纷相交织而导致的民族纷争日趋激化。苏联国家及第三世界的部分非资本主义国家和一些发达国家在这一浪潮的冲击下，一些以民族主义势力为背景的政党团体崛起和得势，刺激了这些国家内部的民族自我意识和民族分离主义思潮的产生。这一思潮是社会主义制度在东欧瓦解的情绪化反应，是冷战格局结束后新形势的必然产物。发端于苏联东欧地区的民族分离主义运动在该地区产生巨大影响的同时，在全世界范围内也产生了巨大的"示范"效应，导致世界各地的民族分离主义浪潮此起彼伏，持续不断。许多原先就有民族问题的地区开始具有追求本民族国家建构的价值取向，纷纷效仿已经分离成功的案例，期待达到自己的分离目标。在逐级滚动的模式下，世界的分离范围越来越大，产生所谓的"分离效应"。

三　全球化进程的影响

全球化是一个开放的和矛盾的过程，其产生的结果难于控制和预测。全球化的视角意味着人们逐渐转向在民族国家的范畴以外寻找自我认同的源泉。全球化事实上加强了本土性的根源意识。由于全球化，族群认同、性别认同、语言认同、地域认同、阶级认同、年龄代际认同、宗教认同反而得到加强，呈现所谓"认同政治"。在现代化程度较高的社会，认同也是不仅没有减弱，反而加强。全球化使得民族国家的传统地位剧变，世界各地对本土文化的认同在迅速回潮。"由于地区和全球层面上的政治变革弱化了人们对所居住的国家的倾向性，民族国家作为认同源泉的意义正在减弱。"

另外，全球化重要特征之一——经济自由化和政治民主化也对民族分离主义产生影响。所谓经济自由化，核心就是实行私有化，充分发挥市场作用，减少国家对经济的干预。基本内容主要包括以下四个方面：第一，减少国家干预，实行私有化，鼓励私人经济的积极性，充分发挥市场调节作用；第二，更多地对外开放，大力吸引外资，强调实行出口替代战略，或综合发展战略；第三，大力推行产品多样化，促进农业发展；第四，实行财政紧缩，减少赤字，抑制通货膨胀。经济自由化的后果之一就是逐渐增加种族和国家之间的敌意，带来一些新的问题并影响民族关系，刺激民族分离主义的产生。政治民主化则主要是指实行资产阶级民主，它包括开放党禁、民主选举、新闻自由等，其手段之一就是借助经济援助提出附加的政治条件。这些政治条件主要包括：尊重人权、保护少数民族权。它们以"民族自决""人权"为名义强行干涉发展中国家的内政，公然提出"对其他国家民族问题进行干预并不等于干涉内政"等新霸权主义理论，以图实现其干涉他国民族问题，主导全球事务的全球战略。西方国家的国际干涉思想是：由国家共同体执行对违反国际法和反对公认国际社会意愿的政府或叛乱行为进行限制。主权不属于政府，只属于人民。只有那些合法政府，才能获得行使主权的权利。政府合法与否在于是否尊重国内人权和少数民族权利，在于是否致力于民主进程。国际干涉思想的核心在于：将政府合法化与民主化、尊重人权、保护少数民族权利联系，同时否定传统主权观念，以西方发达国家的共同意愿作为人类社会的普遍价值规范。其目的就是彻底消除社会主义对发展中国家的影响，把发展中国家纳入西方的发展模式，更好地为西方战略利益服务。这也为民族分离主义分子从事各种民族分离主义活动提供了外部条件刺激，使有关国家的民族问题国际化而日趋严重和恶化。

四　中心—边缘模式内的综合因素诱发

民族分离主义之所以产生，除了国际环境因素的影响之外，还有更深层的内部因素。这些因素既有经济层面的，又有心理层面的。

民族分离主义的主角一般都居于多元民族国家的边缘地区，在政治、经济、文化诸方面处于从属地位。民族分离主义的产生与中心边缘模式有着很大的关联。

1. 政治因素

（1）政府政策失误。

每一个多民族国家都会制定自己的民族政策。中央权威对于自己主权范围内的多元民族社会采取的政策，对于内部民族分离主义力量的兴衰与强弱有着决定性的作用。"一个人必须意识到分离主义运动的成功或者失败很大程度上取决于中央政府的力量。"

在多元民族国家，中央政府采取的政策大致可以分为：其一，自然同化。即通过中心与边缘地区主流文化与非主流文化的接触交往而逐步地、自然而然地发生文化融合的政策。其二，强迫同化。处于中心地位的主流文化希望通过限制边缘地区族群的语言、宗教、风俗习惯，用官方文化替代边缘地区的非主流文化。官方文化则反映在学校教育、媒体和公开互动中。其三，强制驱逐。这一方式是强迫处于边缘地位的族群予以驱逐出境的待遇，而不是采取消除中心边缘之间文化差异性的政策。其四，中心的中央政府在前两种手段达不到预定目标时，就可能会采取大规模的屠杀政策，借以消除一个不同的边缘文化团体。可以说，它是一种企图毁灭一个种族或宗教团体的一部分或全部行动，这类行动包括杀死族群（这类族群通常是经济上非常富裕的团体和拥有优势团体所欲获得工作的团体）的成员、造成身体或心理的伤害、故意折磨其生活条件、禁止其生育、强迫转让幼童等。除了上述四种政策而外，中央政府还可以通过整合族群"精英"进入主流社会的权力和财富架构，切断族群从事分离活动的潜在基础。在这种情况下，边缘族群的"精英"分子即使进入中央政府的权力架构，他们在中心的权力制度框架中仍然处于从属的边缘地位。政府的这些政治政策的目的是阻止边缘地区族群认同的维持或加强，抑制边缘地带族群影响力的强化。然而，除了自然同化的政策外，其他政策往往达不到中心与边缘逐步融合的效果，相反，这些政策更刺激了边缘族群建立自己权力框架的分离主义倾向。

（2）历史"殖民疆界"的错误划分。

昔日殖民疆界的划分也是诱发民族分离主义的一个重要政治因素。当今世界上许多面临民族分离主义困扰的国家都曾有过遭受西方列强殖民侵略的惨痛经历。当时的帝国主义国家在其殖民地随意划定未开发的地区（这些地区包括许多族群团体），任意指定疆界，甚至有意识地采取分而治之的政策，结果导致现在国家疆界与族群界线不一致的历史后遗症。这些历史后遗症往往成为诱发民族分离主义产生的一个重要政治因素。

2. 经济因素

经济因素主要是指沃克（Walker Connor）所认为的经济不平等心理诱发的民族分离主义。这种不平等心理既有可能在经济不发达的边缘地区存在，也有可能在经济水平较高的边缘地区存在。

一般来说，非主体民族或少数民族的边缘化表现为它们传统的封闭性与自主性小型社会，被融入更大的社会中而成为其边缘成分（主体民族和发达民族则处于更大的社会中心）；表现为他们原先的自然经济开始转向商品经济，而在全国性的商品经济体系中他们的转型经济又处于依附的、不平等的地位。由于中心与边缘在经济地位上是相对不平等的，因此客观上容易滋生不满情绪而导致分离倾向。这种相对不平等与相对剥夺理论有关。相对剥夺理论强调并非是客观的不平等造成了民族分离主义，而是一种挫折或相对剥夺的感觉，促进了民族分离主义的产生。相对剥夺的感觉被界定为：人们认为其应该拥有的生活物质及条件之权利，与他们实际上所能得到或维持的生活物质及条件有着其心理感觉上的相对差异。

此外，在后冷战时期，世界各国普遍加强了对经济的干预。在经济全球化的趋势下，国家日益加大对边缘地区的资金和人力投入，以图改变边缘地区的经济劣势和失业状况。然而，一旦政策出现偏差，这些措施又很容易成为不满和攻击的目标。作为回应的方式，国家对边缘地区的额外让步进一步增多，这反过来又为助长民族分离主义运动提供资源和刺激。

美苏两极格局结束后，国家的外部环境威胁大大减轻，内部的凝聚力下降，世界经济走向全球化，对一国经济来说，大规模的国内市场已经不如以往那么重要，分离的可能性开始对边缘地区产生经济意义，而军事上的国际化保障进一步助长了这些地区的分离倾向。在发展中国家，尤其在原苏东国家，国家内部的不同民族、不同地区在现代化进程中的发展不平衡，不仅导致某些非主体民族对拥有中央政府大部分权力的主体民族的逆反、对抗心理，而且使经济发达与落后两类不同地区也相互间产生不满和抵抗情绪，从而相互间产生民族分离心理。

3. 文化意识与心理因素

（1）文化心理因素。

即使在许多发达国家，仍有一些地区保持着与所在国主体文化相区别的具有独特性的文化。发展中国家这种情况更是明显。因此，民族分离主义运动即以这种民族特性为参照物，这种民族特性通常表现为各民族对语言、宗教或其他文化表象的不同理解和尊重。尽管多民族国家的中央政府力图把自己的语言和文化在尽可能广泛的意义上传输给全体国民，但这种理想在中央政府力所能及的范围之外的一些边缘地区总是难以实现。那些地区基本上实行家庭小生产的农业经济，边缘文化可以毫无困难地保存。日后的外来因素即使在构成对边缘文化自下而上的危险的同时，也作为一种刺激，促进边缘地区民族集团采取相应的集团行动来保卫传统文化和地方惯例。于是不仅虚弱的中央政府难以吞并强大的边缘地区，甚至有些相对强大的中央政府，也往往以外交手段吞并边缘地区，从而使后者拥有相当的自治程度。一旦边缘地区拥有某种自治组织，便奠定了相互作用集团形成的基础，因为这些独特的机构可为那些坚持边缘文化的人提供职位，而他们往往更倾向于维护本民族的集团文化。

此外，在分析民族分离主义背后的文化与心理因素时，跨国民族的文化地缘问题也不能忽视。它产生的原因主要是：民族文化冲突导致与原祖国的离心发展，而本国政府对文化的冲突又未能做出妥善的处理，引起民族自决与独立，最终还可能被外国势力所利用；种族、宗教和文化上的不同、地区发展的不平衡、国家经济文化圈结构的薄弱、政策力度未能遏制民族主义与分离主义集团的权力欲的膨胀；对现实生活的不满意和外界影响；国外同源主体民族国家与霸权国家为了自身利益使跨国民族问题扩大化与国际化。因此，民族分离主义的跨国民族文化地缘背景不容忽视。

(2) 现代化变迁导致的心理冲击。

现代化对于多民族国家而言，较容易催化其内部族群的民族分离倾向。因为现代化导致不同族群团体间的接触急遽增加，发生冲突的机会也比以往有所增加。虽然现代化可能会使得不同的团体更加聚合在一起，但是现代化的影响由于族群团体的差别而有所不同。这是因为现代化的过程也许对一些族群团体是有利的，对另一些族群团体可能就是不利的。这些不同影响往往激起某些族群团体遭受相对剥夺的感觉，这种感觉又因为现代传媒技术及人际间的良好沟通而扩大。族群团体隔阂随之加大，最后演变成中心与边缘的分离倾向。当然，另外一种现象也不能忽略，那就是在一国内部，暴力冲突和极端主义的中心集中于处在现代化之中的地区，而非那些仍保持传统方式的地区。教育的迅速普及与动荡之间有着某种程度的联系。处于现代化之中的国家的政治动乱在很大程度上是渴望和指望之间差距的效应。

引发多元民族国家内少数民族民族分离倾向的原因一般不是单一因素所能解释的。民族分离主义的产生常常是多种因素综合作用的结果。针对民族分离主义的研究，理性的做法是应该根据每一个国家的具体情况，依托历史与现实，具体问题具体分析。

第二节 民族分离主义的主要理论

冷战结束以后，民族分离主义通过强调民族自决，误读民族自决，主张一族一国，为民族分离主义活动寻找历史和现实的依据。后冷战时期民族分离主义的主要理论包括如下内容：

一 "民族自决"理论

民族自决原则的提出，最初用意是反对殖民主义，争取殖民地附属国的民族解放运动。然而，冷战结束以后，纷纷兴起的以民族分离、国家分裂为特征的民族分离主义浪潮以民族自决为借口，混淆了民族自决权原则的概念内涵、适用范围、运用条件及其与国际社会的人权原则、国家主权原则等问题，对民族自决问题有意或无意地产生误读。

民族分离主义者认为世界上一切民族，不论是殖民地民族，还是一国领土之内的民族地区，都适用民族自决权原则，每个民族都可以凭借自己的民族自决权建立自己的民族国家。这是对"民族自决权"的曲解。以往的联合国文件都认定民族自决权适用于殖民地地区，从未宣布民族自决权适用于一国主权下的民族地区，外部势力不能干涉国家主权和他国内政。

民族自决的权利是正当的权利。在政治行动中，这种自主意识常常表现为对国家身份的向往与追求。取得国家身份就可以成为现代国际体系内的行为主体。然而，由于当今世界大多数国家都不是同质国家，因此民族自决是有条件的，它以不损害其他民族的正当权益为前提，多民族国家瓦解的正义与否，需要具体情况具体分析。"对正义的理想追求和对秩序的现实追求，互为表里，相辅相成，不可偏执一端。由于民族主义激愤情绪潜伏着暴力冲突倾向，其权利要求往往意味着巨大的革命牺牲和后果严重的国际动荡，这就更增加了对它们作分析评判时权衡正义与秩序的必要性。"

与此同时，民族自决问题还牵涉国家结构形式的问题。国家结构形式是指国家整体与局部之间、中央机关与地方机关之间的关系，也就是一个国家的各个地区如何组成的问题。国家结构形式分为单一制和复合制两种类型。"分离权与分离是两码事。分离权是指分离的自由，分离的可能性，而不是指必须分离，如果指必须分离，这就不是分离权利而是分离义务了。"

当代的世界现实却证明：在一个同质性高的国家，如果其采取自决权，将会强化国家的主权；反之，在一个异质性高的国家，如果采取同样的做法，将会危及这个国家的主权和领土完整。国家主权是一个至高的力量，主权仍然是一个强烈的象征性诉求。国家主权与民族自决权有着密切的关系。一般来说，民族是构成国家的基本成分，是国家产生和存在的基础，因此，国家有时又可以称作民族国家。国家主权也就以民族自决权为先决条件。国家主权则是民族自决权的最高表现形式。他们是构成民族与国家形成的两个重要方面，有时国家先于民族，有时民族先于国家。黑格尔进一步强调了民族的独立性："每个国家对别国来说，都是独立自主的，独立自主是一个民族最基本的自由和最高的荣誉。"

民族分离主义认为民族自决权与主权是国际社会的合法性原则，民族自决权意味着传统的政治独立权。在多元的民族国家，亦即异质性高的国家，强调绝对主权则导致向心力，强调民族自决则导致离心力。后者可以导致民族国家的分裂。作为对"民族自决至上"理论的回应，真正的民族自决权应该是在国家主权范围内进行自我管理、自我发展的权利。国家主权则是各民族共同享有的民族自决权。国家主权代表所有民族的根本利益。民族分离主义运动都宣扬，每个民族都有天赋的权利来建立自己的国家。这一民族自决权是不受任何限制的。而且，"历史上和当代都有一种在人们心中潜移默化以至根深蒂固的观念，即自己的国家与民族应成为一个统一体，国家内只应有一个民族，而且这个民族只应居住于、归属于这个国家；自己所在的民族应该自治，而完全的自治意味着建立独立国家"。

　　民族分离主义在偷换概念：用"一族一国"论和民族自决权对国际法的概念进行偷换。事实上，民族自决随着时代不同，概念也相应不同。尽管在一些国际法律文件中，都有民族自决权的表述："所有的人民都有自决权"（《非殖民化宣言》）"所有人民均享有自决权。"（两个人权国际盟约）"一切民族均享有无可非议和不可剥夺的自决权。"（《非洲人权和民族权宪章》）国际法都确认了民族自决权。而且，《国际法原则宣言》还规定："一个民族自由决定建立自主独立国家，与某一独立国家结合或合并，或采取任何其他政治地位，均属该民族实施自决权之方式。"

　　事实证明，传统"民族国家"的观念引发了更多的政治冲突。"因而联合国侧重于对个人权利的保护，只有个人权利得到保护，少数团体的权利才有保障。"因为分离主义极有可能造成国际的无政府状态。因此联合国认为"对自决权利的承认"应与"分离权利的承认"分开。《联合国宪章》1514号决议案第六条规定："任何旨在部分或全部分裂一国国家统一或领土完整之行动均与《联合国宪章》之宗旨与目的相抵触。"

　　自决权利往往是制造问题而非解决问题，许多案例可以证明这一点。在多元族群的国家中，或许可以采取分裂的松散的弹性的主权模式。大体而言，在一个同质性高的国家，如果其采取自决权利，将会强化国家的主权，而在一个异质性高的国家中，如果采取自决权利，将会危及国家的主权及领土完整。自决理论作为20世纪影响最为深远的理论之一，当今的国际公法并没有明确认定或大力提倡所有的人民都拥有自决权利的观念，自决权利一如当初，充满着暧昧和不精确性。第一次世界大战后，人民自决的原则在现代思想中扮演着非常重要的角色，然而，明确的国际公法并未承认民族团体可以借着简单意愿的表达，拥有从其所在国家内部分离出来的权利。

　　总地来说，这种分离已经触犯了国家主权的原则。不过如果承认语言或宗教的少数团体或一国内的部分人口可以依据其意愿或喜好，而拥有自其所生活的共同体分离出来的权利，那么这将破坏一国内部的秩序及稳定，并造成国际社会的无政府状态，这将不利于国家被视为政治及领土统一的观念。"在联合国有关的决议案当中,其对于国家统一以及领土完整表达的接受,暗示着对分离权利的否认。在联合国中关于人民自决权利的出现,其存在之目的是为了殖民地以及外国统治下的人民。换言之,其并非意指生活在国家法律形式下的人民。从联合国现存会员国中分离出来的方法及实践并不为该组织所承认,因为若诉诸自决权利使一个国家的统一以及领土完整遭受分裂,无疑是对于自决原则的误用并且违反《联合国宪章》所标示的宗旨。"

二 "一族一国"理论

众多中外思想家关于"民族国家"的观点,它们的相同点是:都是从民族结构的角度去界定国家,认为只有具有"一族一国"的经典模式方为民族国家。这在理论上是行得通的,然而,在实际操作的层面,从民族结构上界定国家是有困境的。历史证明,"不顾历史上毫无具体前例的事实,便一味想要重现马志尼模式,创造一种族群、语言与国家领土一致重合的民族国家(所有的民族都是国家,一个民族只有一个国家),证诸以往历史,这种理想根本就行不通"。

冷战结束后兴起的民族分离主义却再次求助于"一族一国"理论,走上了与历史相反的道路。因为在民族国家建设中,"一族一国"论本身就是历史的悖论,存在诸多的不合理性:第一,从民族政治学的角度说,各民族谋求本民族的生存与发展利益,不一定必须建立属于自己的民族国家才能实现。民族国家的出现虽然反映了民族政治属性的意义,但民族国家只是体现民族政治属性的途径之一,并非每一个民族都必须或者能够建立自己的民族国家。在多民族国家中,少数民族或非主体民族可以通过不同的区域自治和地方自治,实现和保障自己民族的合法、合理权益;第二,随着现代化的发展,全球化的推进,多民族国家建立多元一体的格局是完全可能的,市场经济的原则与社会的多元性是兼容的,边缘地带的族群完全可以融入国家的统一经济规划中;第三,国内民族差别的存在对一国中央政府巩固与否,或各民族地位平等无必然联系。尽管事实上的差别可能客观存在,但各民族完全可以在尊重彼此差异性的基础上和平相处;第四,世界范围内的各民族共同体在存在巨大稳定性的同时,也不断发生吸收、分解、聚合、扩散的民族过程,世界已经没有纯粹意义上的单一民族国家。从当今的国际现实看，可以冠之以"单一民族国家"称谓的国家只有十几个，其余都属于多民族国家。而且，一般来说，民族的产生要早于国家。由于"国家是从控制阶级对立的需要中产生的，由于它同时又是在这些阶级冲突中产生的，所以，它照例是最强大的、在经济上占统治地位的阶级的国家"。

"一族一国"论不仅在理论上是极端褊狭的，在实践中也必然会增强民族主义所蕴含的非理性和破坏性，增加世界局势的动荡和不安。每一族群团体均可成立一个"民族国家"的观念是谬误的，果真如此，在现存国家中的族群分离运动将永无止息。尊重历史，更要尊重现实。

第三节　当今国外民族分离主义的主要策略

民族分离主义是当今多民族国家民族问题的极端表现和偏执诉求，它以分裂主权国家为最终目标，不仅严重影响有关国家的社会稳定和民族团结，而且对地区安全和国家关系、世界和平与发展都构成重大威胁和挑战。

一　文化疏离

民族分离主义的文化疏离，顾名思义，其实也就是指多民族国家里的非主体族群在希望从所在主权国家分离出去时，在思想上所做的文化准备。所谓的文化准备，就是民族分离主义在强调本民族的文化传统时，主张本民族的文化传统优先，优于所在国的主流文化。文化上的疏离逐渐产生心理上的隔阂，最终导致政治上的分离。

文化疏离必然导致心理上的隔膜。本来，人类由于历史地域族群和社会的复杂差别，文化的差异性不可避免地会产生。当两种不同的主体或两种以上的文化相互交汇时，不同的主体都会依照自己的思维模式进行解读。不同的民族在文化交往过程中具有一些无法沟通的成分和倾向，是无可厚非的。究其原因，无非是为了保持本民族文化传统的纯洁性而拒绝对外交流，或者是由于历史积怨较深，文明断层难以弥合，因而强调差别，强调矛盾，用民族情绪替代和平交往。然而，如果片面地强调差异性，忽略了同一性，那么，最终的结果必然是差异性进一步加大，隔阂进一步加深，导致心理分离和政治分离。族群的冲突是一种文明的冲突，一个民族只表示对本族的忠诚与认同，不涉及对某一种国家形式的忠诚和认同，这体现了族缘与地缘的归属感。民族分离主义的文化疏离策略总是以种族或宗教或语言来界定自己的身份因而象征不同种族或宗教身份的族际关系，成了划分"我们"与"他们"的对立关系。冷战结束后的地缘政治冲突迫使旧的意识形态瓦解之后，民族分离主义都会利用自己族群的价值系统为自己的政治目标服务。例如苏东国家解体后的族际冲突就是典型案例。建立在对文化价值重新定义这一基础上的文化疏离最终必然会导致地缘的冲突、政治上的分离，从而分裂主权国家。

二 族群认同

强调族群认同优先是民族分离主义的第二个策略。在地缘政治形势与人文背景极其复杂的多元民族国家，民族分离主义经常利用族群认同的情感并将族群认同凌驾于国家认同之上。

过分强调单一的认同，往往就会导致分离主义。分离主义是政治上、文化上从更大的民主国家的社会政治联合体中完全分离出去的一种倾向。分离主义倾向会导致一种强烈而主观的族群认同，削弱了与整个民族共同体和国家的更高认同。其实，个人的公民身份，在其不仅坚持其本族群唯一利益的情况下，与一般性的国家问题并没有什么区别。在多民族国家，需要一种共享的政治文化和官方语言，这是合作的基本前提。无论是族群还是文化集团，在享受平等权利的时候，都不能拒绝承担同等的责任。拒绝承担责任就会破坏公民国家的基本前提，而公民国家是具有平等公民权的国家。

族群认同可以在对国家认同的范畴内按照自然的规律发展，国家在提倡公民认同的同时，充分尊重族群的多元化发展。但是后冷战时民族分离主义者往往利用族群认同来抵制国家认同对本族群的政治与经济、文化影响，族群"精英"利用其成员对族群共同体的忠诚，渲染族群认同的优先性和特殊性，其实质就是希望通过强调族群认同达到族群共同体的力量聚集，实现族群权力向国家权力的转移。也就是说，民族分离主义者旨在将现有的族群认同转化为对本民族国家的国家认同的层面,而这个过程的实现就是实施民族分离活动。这就是权力、族群和国家之间的三维关系。所以,解开民族分离主义族群认同观点的实质,对于世界上的多民族国家妥善处理族群认同与国家认同的关系问题,塑造一个族群和睦共处的和谐社会,具有重大的理论意义和现实意义。

三 族群动员

冷战结束以后,民族分离主义重新兴起的一个重要原因就是伴随着现代化的不断进展,族群意识日益复苏,族群动员的手段日益呈现出多样化和先进化。族群动员成为民族分离主义者进行民族分离、追求政治权利的主要策略之一。

四 当代国外民族分离主义的主要特点

民族分离主义是当今世界许多多民族国家普遍存在的问题,其复杂性、重要性和敏感性具有超出一般社会问题的趋势,处理不当会造成国家和地区动乱不安乃至流血冲突。当代国外民族分离主义的主要特点包括:

(一)暴力手段恐怖化

暴力和恐怖活动是后冷战时期民族分离主义常用的手段,而且这种暴力恐怖日益转向恐怖主义化。主要内容包括:

1. 以分离为最终目标

当代民族分离主义扮演的是一个破坏和消极的角色。而它的暴力恐怖手段的运用都是以从主权国家分离、建立自己的民族国家为目标。这类组织当今世界有西班牙的"埃塔"、俄罗斯的车臣民族分离主义组织等。这类民族分离主义运动往往不顾历史和现状以及其他民族的利益,甚至在有关政府做出妥协的情况下,往往还要坚持极端要求,实行恐怖活动,从而破坏了国家的稳定和国际社会的安宁。由于多民族国家都存在着民族分离的可能性,因此,由民族分离活动引起的恐怖活动存在着潜在威胁。

从20世纪60年代开始,联合国陆续推出各种反对恐怖主义的公约决议,形成了反对国际恐怖主义的体制。恐怖主义作为一种暴力行为,无论是对于国家而言还是非国家行为体而言,都是一种非法的手段,是一种犯罪行为。

2. 恐怖手段多元化

冷战结束以后，随着世界经济全球化的深入、现代化的进展、苏东国家的解体、热点冲突地区的增加，民族分离主义者的武器来源日益便捷、武器装备日益先进、武器的杀伤威力日益增大，从传统的冷兵器到先进的轻型武器直到重型装备、生化武器，武器性能的提高为暴力的大规模杀伤效果提供了必要的手段。

(二) 分离主义宗教化

当代国外民族分离主义的一个重要特征就是具有宗教性，一方面宗教成为民族主义兴起发展的推动力；另一方面宗教又成为民族主义达到分离目标取向的重要手段。

由于宗教文化是信仰宗教民族的主体文化，在那些宗教影响较大的国家，民族意识与宗教意识交织在一起，民族主义往往借助宗教来动员群众。在当今社会变迁的转型期，宗教满足了人们的精神需求。再加上传统宗教国家在走向现代化过程中的政策失误，社会弊端丛生。因而，宗教性质的民族分离主义急遽增加，民族分离主义逐渐呈现宗教化的趋势。

由于宗教具有民族性、群众性、国际性、长期性、复杂性，宗教化的民族分离主义利用种族观念、民族性和宗教信仰动员群众，行动隐蔽而失范和失规制，带有历史上血族复仇和宗教战争的特性。宗教化的分离主义更具狂热性。它们有着自己独特的价值体系、合法性、正当性机制以及道德观念。对它们来说，暴力是一种神圣的行为，是在履行神的旨意，因此不受任何政治道德等方面的制约。宗教成为它们行动的合法来源。

(三) 民族主义极端化

从理性转变为非理性与极端化，以所谓追求种族的纯洁性为基础，是当代国外民族分离主义的又一重要特点。这一特点在南斯拉夫发生的民族分离主义运动中最为典型。冲突各方在战场上和后方采取残酷对待双方平民的手段，以民族分界作为划分彼此的标准，非我族类者都遭到无情杀害，带有原始的血亲复仇的痕迹。民族清洗和报复性仇杀带来的结果是破坏性和长久性的。

以民族或种族划界，对敌对族群不加区别性地加以报复和仇杀，追求种族的"纯洁性"只会导致冲突的加剧，最终两败俱伤。

（四）外部干涉模式化

今天，民族分离主义只要一发生，就必然带有外部势力干涉的背景，这已经形成了一个固定的模式。

其中最典型的即是所谓民族"母国"或同教国家的干涉。这里牵涉"跨国界民族"的问题。当今世界有很多跨国民族。其中大部分跨国界民族在邻国有本民族的"母国"。随着民族分离主义的发展，许多所谓"母国"为了自身的国家利益，越来越公开或暗中支持邻国本民族的分离运动，给予各种支持和声援。

南斯拉夫科索沃的阿族得到阿尔巴尼亚的公开支持。他们以阿国为基地并得到武器、人员和军队训练的支持；波黑战争上的塞族得到塞尔维亚的支持，克族得到克罗地亚的帮助，穆斯林则得到土耳其等国家的暗中资助；斯里兰卡冲突中的泰米尔人得到印度泰米尔族乃至印度政府的暗中支持；土耳其库尔德工人党以伊拉克北部的库尔德人地区为基地，从事分离活动；刚果（金）的班亚穆伦格人即图西人得到由同族人掌权或拥有重要地位及影响的邻国卢旺达、乌干达以及布隆迪的支持；苏丹黑人的分离活动得到周边非阿拉伯穆斯林的黑人邻国的支持。对民族分离主义的另一种干涉来自国际强权势力。一些西方国家出于自身国家利益的考量，有意在民族分离主义的界定上采取双重标准，将一国的民族分离活动与争取民族自决权相混淆，以所谓"人权"标准支持某些民族分离主义活动，以期获得自己的利益。这在客观上进一步刺激了民族分离主义活动。对民族分离主义的干涉无论来自何方，其背后都有国家利益的心理支撑。

（刘　泓　朱　伦）

第二编 反分裂策略研究

第九章 反分裂策略的形成与发展

最近20年来，随着公开的"民族分离主义"愈来愈没有市场，民族分离势力开始变换策略。比如达赖集团变换策略，打出了所谓"中间道路"的旗号。其中，建立所谓"大藏区"，实行"高度自治"（达赖集团在不同场合有不同的说法，如"真正的自治""名副其实的自治"等），是这条道路的核心内容。何谓"大藏区高度自治"？按照达赖本人的说法是："除了外交和国防，其他所有事务都应由藏人负责并有全权。"① 对这一说法，由达赖私人代表在2008年10月末提交给中国有关部门的《为全体藏人获得真正自治的备忘录》②中的阐释是："对在中华人民共和国境内的西藏人要进行统一的管理"；"将目前分散在各种自治地区的所有藏人统一在一个自治体系下"；"藏人要有制定符合自己需求和特点的地方政府、政府组织，以及制度的权力。自治地方的人民代表大会对本地方所有问题有制定法规的权利，以及在自治政府各部门的实施权利和自由决定的权力，自治权利也包括在中央国家级的相关权利（应是'权力'之误写）机关中安置代表并发挥实质作用"。

这样的"大藏区高度自治"主张，撇开它的真实目的不谈，仅就少数民族集体政治权利保障本身来说，也有违国际社会的一般原则。但是，由于"大藏区高度自治"主张表面上没有"藏独"的意思，这又使它具有很大的迷惑性："民族地方自治"现在是不少国家保障少数民族集体政治权利的方式之一，"大藏区高度自治"听起来似乎与此差不

---

① 参见达赖喇嘛1987年在美国国会人权小组会议上抛出的《西藏和平五点建议》。
② 《国际西藏邮报》公开发表该备忘录时，改为《全体西藏民族实现名副其实自治的建议》。

多；不同国家实行民族地方自治的方式和程度也不尽一致①，"高度自治"似乎也有一定的论说空间。但从实质上看，"大藏区高度自治"主张所有藏族聚居区都要由达赖集团组建纯藏人的"自治政府"来统治，其他民族的公民没有参与管理的政治权利；中央政府也不能领导所谓的"自治政府"，二者只是"合作"关系，这无异于要建立一个"国中之国"。因此，中国政府及其执政党坚决否定它，明确表示不仅"西藏独立"不可谈，"大藏区高度自治"这种"变相藏独"或"半藏独"也不可谈，自在情理之中。②

然而，也许达赖集团认为"大藏区高度自治"主张是有理有据的论说，尚能得到国际社会一些势力的支持，在 2008 年 11 月 22 日结束的"全球流亡藏人特别大会"上，这一主张连同"中间道路"再次得到重申③，继续成为达赖集团借以争取世界舆论、凝聚流亡藏人、笼络藏族人心和挑战中国政府的公开旗号。由此看来，面对达赖集团的"大藏区高度自治"主张，除了指出其背后隐藏着"藏独""半藏独"或"变相藏独"的目的外，我们还需就这一主张本身开展理论辨析。"大藏区高度自治"主张的思想理念基础是什么？它的论说理由和论据成立吗？国际社会目前保障少数民族政治权利的一般原则和方式是怎样的？当代多民族国家民族政治生活及少数民族政治权利保障的正确方向是什么？对此，我们必须予以正面回答，从理论和实践的结合上说明"大藏区高度自治"主张的非理性和非现实性，以进一步增强我国各族人民已有的共同团结奋斗、共同繁荣发展和共同当家做主的民族关系意识，正确认识和坚持民族区域自治制度，共同维护国家统一、民族团结和社会稳定这一涉及各族人民切身利益的政治大局。

第一节　反分裂环境的营造

反分裂环境营造是一个内容广泛的领域，保障法律有效实施，全力

---

① 关于实行民族地方自治的案例及其自治程度的不同，参见王铁志、沙伯力主编《国际视野中的民族区域自治》，民族出版社 2002 年版。
② 参见《外媒关注中央"强硬"谈达赖》，《环球时报》2008 年 11 月 11 日第 3 版。
③ 参见《达赖搞双簧向中央施压》，《环球时报》2008 年 11 月 24 日第 16 版。

建设法治国家是营造反分裂环境的主要内容。法治思维是基于法治固有特性和对法治的信念而去认识事物、判断是非、解决问题的一种思维方式。它不同于行政思维和常见的经济思维，不是凭主观意愿和经验去一事一议，也不是追求利益、效率最大化的思维方式和行为方式。法治思维是规则思维，强调普遍性优于特殊性；法治思维是权利义务思维和程序性思维，主张权利运行的公开透明和客观公平公正等。法治既授予权利，更约束权利。在法制环境下，引导和推动各民族深化对法治的认识，坚定对法治的信仰，养成法律逻辑习惯，敬畏法律、遵守法律、严格依法办事。

国内外关注。就现实问题来说，国内现在多关注民族聚居地区的社会、经济和文化如何发展繁荣，国家应该采取什么政策，以及如何实现民族关系和谐与社会政治稳定。这类研究，自应成为我们的主攻方向。但这不是涉藏问题的全部，甚至不是热点。涉藏问题还有一个如何看待和解决民族差异政治的问题，这个问题更是党和国家重视的国际关注的热点。但在国内学术界，这似乎是个敏感问题。

但国际学术理论界就不解了。国外有杂志和出版社约笔者推荐翻译涉藏政治研究的论文和著作，但笔者找不到合适的。对方问，那中国民族政治学者都在研究什么？西藏过去什么样，现在有多少进步，对方对这样的对比文章不感兴趣。他们感兴趣的，是诸如西藏自治区为什么没有自治条例？中国为什么反对达赖集团的自治主张？反对和打击恐怖主义没有问题，但为什么对和平诉求的分离主义者也采取法律措施？为什么不允许少数民族合法建立政治组织？少数民族人大代表和官员是怎么选出来的？藏族僧人自焚为了什么？中国说政教分离，宗教不干涉政治，但政府为什么在寺院保持存在等问题？他们想看到理论解释。对方的这些问题，确是我们涉藏研究的薄弱环节，应该加强。

对于民族自治地方独立问题，如果只以这一地区"自古以来"是某个国家组成部分的解释和理由，不能说服国际社会。"地区独立"是个分离主义问题，我们要从研究这个问题入手。分离主义的理论源泉，是欧洲民族主义经典论说，其基本主张是"一个民族，一个国族，一个国家"。国内解释说这不适合中国国情，但这也不是欧洲和世界绝大多数国家的实际。民族主义经典理论是法国浪漫主义思想和德国唯心主义哲学合流的产物，不是现实主义和唯物主义的认识论。我们要从这里研究问题，缩小"藏独"对国内的影响。

对于"大藏区高度自治"问题。我们不能光从"政治正确"角度，指责其不合乎"民族区域自治制度"的现实，要研究其思想理论依据对否。"大藏区高度自治"的思想理论源泉，是"民族统合主义"观念和"民族自治"观念。这两种观念，国际学术界也是有批判的。但国内对第一种观念很陌生，对第二种观念则普遍赞同，这就使我们反对"大藏区高度自治"主张的理论阐释很苍白。

什么是民族区域自治？人们对这个问题的理解不尽相同。因为我们对民族区域自治制度的理论解释一直不到位，而是沿袭"民族自治与区域自治相结合"的模糊说法。这种模糊说法只是文字游戏，"大藏区高度自治"主张也就利用了你这个文字游戏，它说的就是民族与区域结合起来。《自治法》还有"自主管理本民族内部事物"的说法，这则是实质问题。达赖集团也加以利用了。因此，如何把"民族区域自治制度"放到当今世界各国民族差异政治的大环境和时代理念中进行解释，是个重要的理论工作，而不能只讲适合国情了事。

第二节 "软性防范"战略的提出与实施

近年来，"软性防范"（Soft Power）成为人们关注的概念和话题。一些人将当前世界力量的布局可分为硬性（Hard Power）力量与软性力量。认为，硬性指军事和经济力量，具有强迫性。软性力量指文化意识形态的吸引力，是非强迫性的。硬性与软性力量相辅相成，但不可相互替代。在今天这个信息时代，软性力量作用（包括教育体系、大众文化和对外输出等）越来越重要。有西方学者指出，如果美国能让世界各国认同美国的价值观（美国的人权、自由、民主等观念），就不必耗费经济与军事力量来主导世界。①其原则大致包括如下内容：

---

① 参见 Joseph S. Nye, *Presidential Leadership and the Creation of the American Era*, Princeton University Press, 2013; *The Future of Power*, Public Affairs, 2011; *The Powers to Lead*, Oxford University Press, 2008; *The Power Game: A Washington Novel*, Public Affairs, 2004。

一是导向清晰。目标导向明确,即结合实际提出明确的目标要求,突出全面推进依法治国的重点内容,以亟待解决的重大问题为基础,提出有针对性的对策措施;关注需求导向。力争解决好各民族普遍关心、反映强烈的问题,努力使政府政策符合国家发展要求和人民期待。二是旗帜鲜明。在指导思想上坚持"法律面前人人平等",大张旗鼓地宣传,做到正本清源,以正视听。三是注重精神支撑。重视增强法治观念和道德建设。强调学法、知法、守法、用法,增强全民法治观念,鼓励、教育人民成为法治的忠实崇尚者、自觉遵守者、坚定捍卫者;强调坚持依法治理和以德治理相结合,实现法律和道德相辅相成、法治和德治相得益彰,强调夯实依法治国的思想道德基础,增强法治的道德底蕴,为全面推进依法治国提供文化营养。

一 意识形态和文化价值的正能量营造

民族区域自治不等于民族自治。把我国的"民族区域自治"解读为"民族自治",把"民族自治地方的自治权"说成是"少数民族的自治权",是我国民族问题理论研究界的著述乃至教科书、研究生论文经常发生的误读。这类文章陷入了对"自治"和"自主"等个人自由主义字眼的迷想,并把它搬用到少数民族或民族自治地方身上,而对自治的前提和属性,以及对自主的限度和范围,却很少进行认真的思考。"不折不扣"的自治与自主,言下之意是自治和自主是有斤两的货物、有形状的东西。这可不是政治学可以研究出来、政治生活可以做到的事情。郝文也提到,内蒙古自治区自治条例经过18次修改都出不来,问题在哪里?问题就在于"自治"和"自主"这两个概念的内涵与外延不仅是政治生活争论不休的话题,也是政治学研究不解的难题。不独中国如此,外国也是如此。西班牙民族地方自治条例的修改,也历经十余年而无果。2004年和2005年,巴斯克自治条例和加泰罗尼亚自治条例修正案相继被否决,原因就是这两个民族自治地方太讲"自治"和"自主"了,简直不把马德里中央政府当回事。需要指出,即使如此,加泰罗尼亚自治条例和巴斯克自治条例修正案也只是要求自治地区政府有更大更多的权力,也没有以民族划分,说巴斯克人或加泰罗尼亚人有当家做主的权利,其他非巴斯克人和非加泰罗尼亚人就没有当家做主的权利,甚至连"自治主体"这样的话都不能说,因为这样说就违背了民主政治的公民政治权利平等原则。在当代国家的社会政治生活中,无论是自由主义的民主政治,还是社会主义的民主政治,都奉行公民政治权利平等的共同价值观。

主张"自治民族"在其自治地方有"不折不扣"的当家做主的权利①,绝口不提其他民族应该有什么权利,是一种非常狭隘的中世纪封建王国的治理思想,是在自治民族与非自治民族之间制造对立的思想。而且还要把这种思想落实到利益分配上。在西部大开发中,要"明确蒙古族及其他当地各民族的受益份额"。但是,谁来明确?份额怎么定?谁多谁少?这个课题,无人能承担!这样的建议,别说中央政府不会采纳,内蒙古自治区人民政府恐怕也不会采纳!所谓的民族平等,难道要靠对公民利益按民族身份分为三六九等来实现?美国存在那样严重的种族歧视,也不敢明文主张按种族身份进行利益分配!即使对待外国侨民,当代国家也普遍赋予他们公民待遇,而有人却主张对一个国家的自治地方的居民给予不同的对待!十几年前,笔者在访问加泰罗尼亚地区时,也曾问到加泰罗尼亚人和非加泰罗尼亚人在加泰罗尼亚地区各占多少比例、对加泰罗尼亚人有什么优惠这样的问题。对方的回答是不分谁是什么民族身份,住在加泰罗尼亚的都是加泰罗尼亚人,加泰罗尼亚地区内一切居民权利平等、机会均等、利益共享,绝无政府或法律规定的"受益份额"之别。这番回答让我顿有井底之蛙之感,好不尴尬!按民族身份确定受益份额的建议,考虑问题的思路与笔者十几年前提问时的心理一样。毕竟,我们的思维模式受同一语境的影响,认知大都差不多,话语难免多有相似。

二 价值观的传播

不赞同在民族自治地方管理的层面上实行民族共治,追根溯源,这是以"民族自治"为思想基础的,希望按民族自治的设想行事;当他觉得民族区域自治的实践不合他的设想时,便认为少数民族没有当家做主

---

① 郝维民:《漫议中国西部大开发与蒙古族的发展——兼评少数族群"去政治化"和民族"共治"》,《蒙古史研究》2005年第00期。

的权利了,于是呼吁要"不折不扣"地落实少数民族的自治权,并把他认为的对自治权的"折扣"归因于在干部会上非自治民族出身的书记"哇啦,哇啦"说话时间太长。①郝文的举例,至多说明干部关系、党政关系存在问题,但不能把这样的问题与民族关系等同起来,更不能与民族权利扯在一起。看来,郝教授比较重视"象征"意义,但却忽略了实质问题。这个实质问题就是"民族区域自治不等于民族自治","民族自治地方的自治权不等于民族的自治权"。郝文多处讲到"自治民族的自治权""少数民族的自治权""少数民族当家做主",这都是一种"民族自治"观念,而不是对我国民族区域自治制度的正确解读。

"民族自治"是产生于19世纪欧洲的思想,具体说是19世纪末奥地利社会民主党提出的旨在解决奥匈帝国民族问题的方案,但从来没有变为实践,也没有办法进行实践。"民族自治"的核心思想是"自主管理本民族内部事务"。这句话很是迷惑人,我们也跟着说了几十年。但在提出这种思想的欧洲,早就不说它了,因为它不符合现代国家生活的实际,做不到。教育和文化领域是民族自治方案的核心内容,但现代国家国民教育的义务性、全民性和规范化,以及文化事业的整体性、国家性和市场化,使民族自治思想所设想的教育和文化自主没有了基础;而且,现代国家对公民身份和权利的保障,现代人权理论和实践所主张的个人自由,也使"自主管理本民族内部事务"成了一句空话,用当下在中国台湾流行的话说,"是个假议题"。这个假议题不仅因为做不到,还因为它有可能导致对本民族成员的内部强制,这是任何民主国家和民主制度都不允许的。因此,即使像西班牙巴斯克人这样十分坚持民族整体性和民族权利的少数民族,在巴斯克地区自治条例中也没有对本民族内部事务的规定,而是着重列出巴斯克地区自治政府有哪些职责、权限和权力。实际上,我国《民族区域自治法》的有关条文也是这样规定的。

---

① 郝维民:《漫议中国西部大开发与蒙古族的发展——兼评少数族群"去政治化"和民族"共治"》,《蒙古史研究》2005年第00期。

三　价值观引领作用的发挥

《中华人民共和国民族区域自治法》是怎样界定民族区域自治的呢？《自治法》序言说得很明白："民族区域自治是在国家统一领导下，各少数民族聚居的地方实行区域自治，设立自治机关，行使自治权。"而总则第三条则明确说，民族自治地方的"自治机关是国家的一级地方政权机关"。在这里，自治者是区域不是民族，自治机关是地方权力机关不是民族权力机关，自治权力的行使者是地方政府不是哪个民族。这与民族自治的设想毫不搭界。"民族自治"方案主张建立包括全体民族成员的全国性民族组织，实行内部自治，自治的内容是自主管理本民族的诸如语言、文化、教育等内部事务。但奥地利社会民主党提出的这种民族文化自治方案，不仅在当时的奥匈帝国无法实行，在当代多民族国家也没有实际案例可找。民族内部事务有哪些？语言、文化、教育问题只是民族内部事务吗？如果有内部事务，自主管理的权力怎样产生和怎样维持，效力有多大？民族成员可不可以不服从管理、不遵守规定？所有这些问题，没有谁能给予确定的回答。西方国家现在存在一些少数民族议会之类的组织，这也不是管理本民族内部事务的权力机关，只不过是为了争取本民族整体利益而建立起来的与政府对话的代表性组织而已。

由此说来，弄清民族区域自治与民族自治的区别，对国内民族理论研究界来说还是很有必要的。毋庸讳言，国内许多民族理论研究者恰恰不注意二者的区别，这就难免不把民族区域自治解读为民族自治。郝文中的许多民族自治话语，原因就出在这里。郝教授专长历史，弄不清民族政治理论问题也就罢了；然而，国内一些民族理论高级研究者在这个问题上也不清楚，长期地以"民族自治"话语教育学生和编写教材，问题就严重了。我们看到，一茬又一茬民族理论研究生的毕业论文，不断地在论述"少数民族的自治权"，把民族区域自治解释为民族自治。这样培养出来的学生，在实践工作中可能会按照法律规定办事，但当他们需要进行表达和准备文书时，还是会显现出理论和概念混乱的。笔者最近参加有关部门准备提交给国际组织的一个履约报告的讨论，该报告在技术部门已修改了三次，依然存在多处"民族自治地方的自治权"

和"少数民族的自治权"并用的情况,乃至"民族自治"的说法。我国的法律用语,历来说"民族自治地方的自治权",从来没有说"少数民族的自治权",怎么就视而不见呢?原因何在呢?难道是"民族自治地方"和"自主管理本民族内部事务"这两个习惯说法引起的联想所致吗?但不管怎么联想,也不至于把"民族自治地方"理解为"民族自治组织"吧?没有民族自治组织,如何"自主管理本民族内部事务"?看来,对民族区域自治制度实质的理论解读,对我国民族政治生活原则的把握,在我国民族理论界并非是不成问题的问题。

2005年3月,全国人民代表大会颁布的《反分裂国家法》,涉及国际法上的民族自决原则和禁止使用武力原则。原则上说,民族自决原则仅适用于殖民地或在外国统治下的领土范围,而不适用于国家内部的分离情形;禁止使用武力原则的适用范围是有一定限制的,其中一个关键限制条件是主权国家实体之间的"国际关系"。

第三节 国际社会反分裂联合行动的困境与出路

随着全球化的不断发展,安全问题的跨国性、地区性和综合性日益突出,安全的范畴不再局限于传统的军事、政治和经济安全,日益涉及社会、环境和文化等非传统安全领域。全球化不仅导致国家的经济安全利益越来越重要,而且使得科技安全、信息安全、生态安全等成为安全利益的新内容。

民族分离主义作为客观存在已是不争的事实,由此引发的多民族国家内部、地区性民族问题长期存在。冷战结束后,民族分离主义在世界民族主义浪潮中所产生的影响让世人不能不对这一人们共同体给予关注。大量的历史与现实告诉人们,在国际政治舞台上,民族分离主义问题已经成为主权国家内部冲突、局部战争的敏感区,在相当长的时间里,民族分离主义势力作为族际实体不会消失,由此引发的矛盾和冲突也难根除;同时,在和平与发展的主流下,因霸权主义和强权政治等实践所招致的局部战争,会将民族分裂主义问题推向一个新阶段,从而给民族国家的疆界安全、领土主权与地区安全带来威胁。

一 族际政治中的安全观

安全（security）是一个具有多义性的概念，国内外学者对此有不同的理解，也是国际关系研究的一个主题。第二次世界大战结束后，由于核武器的出现和冷战的爆发，在西方国家特别是美国，许多学者开始将安全问题从国际政治研究中分离出来，作为国际政治学的一个次领域做专门研究，即所谓"安全研究"[①]。国家安全是国家生存和发展的基础，是一个国家或国家集团对安全的主观认识，取决于国内外客观形势与战略决策者主观认识，并随着时间和环境的转换而有所变化。

一般来说，安全是指个体或群体（包括民族学意义上的氏族、部族、民族、国家等各种人们共同体）的生命、心灵、躯体及其（就人类而言）外在所有物不受任何力量，特别是暴力的侵犯和损害。格劳秀斯曾通过对自然法基本内涵的阐释，表述了人的安全的哲理。他认为人类获得安全的条件包括：从人类个体而言，应不侵占他人所有，将所侵占的以及可能由侵占所生的利得归还原所有者，信守承诺补偿由自己的过错给他人造成的损失，按照某人罪过施以恰当的惩罚；从人类群体而言，所有群体只要互相履行这些义务，则每个群体也将是充分安全的。可见，个人安全即个人的生命、自由、财产权利无虞侵害和剥夺（在实际行使不侵犯其他人同等的当然权利的条件下）；国家安全即国家享有主权、独立、领土完整和选择国内生活方式的自由（在尊重其他国家同等的当然权利的条件下）；地区安全即在地区民族、国家普遍安全的前提下，地区社会处于类似洛克式的"自然状态"，即和平、有秩序和较有道德的无政府状态。同时，需要关注的是，在理解安全这一概念时要注意安全与安全感的区别。安全是客观状态；安全感是主观的，是主体对客观安全状态的反映，这种反映可能是正确的，也可能是错误的。客观上没有威胁，主观上有可能产生恐惧；客观上有威胁，主观上也可能没有恐惧感。从安全的这一要义出发，地区安全是指地区利益没有受到威胁，地区利益不受损失。由此，地区利益和威胁是决定安全利益的两

[①] 参见 David A. Baldwin, "Security Studies and the End of the Cold War", *World Politics*, October 1995, pp. 117–141。

个变数,安全利益的变化取决于地区利益与威胁的变化。在这两个变数中,只要有一个变化,安全利益也会随之发生变化。安全利益观念集中体现在对安全利益的界定上。地区民族利益是多层次的,一般将其分为政治利益、安全利益、经济利益和文化利益。如果把安全利益和政治利益、经济利益、文化利益并列,会带来利益的重叠,因为安全利益本身就包括政治利益、经济利益和文化利益的安全。美国则按照重要程度将国家利益进行分类,如 2000 年 1 月克林顿政府向国会提交的《新世纪的国家安全战略》报告中,把美国的国家利益分为关键利益、重要利益、人道主义及其他利益等四类。

在现实主义者看来,族际政治是置于国际政治是处于无政府状态的,主权国家构成了国际政治活动的主导行为体,以及在无政府状态的国际政治中,国家安全是国家最重要的议题等若干框架下加以思考的。① 他们认为安全首先是国家安全,"国家安全在客观意义上指不存在对既定的价值观构成威胁的状况,在主观意义上指不存在既定价值观受到攻击的恐惧感"②。"安全不仅指国家最终生存的欲望,而且还指国家应该生活在其视为重要或至关利益或价值观不受到外部威胁的环境中的欲望。"③

国家安全是相对的,不是绝对的。④ 在国家出现以后相当长的历史时期,国家安全的基本观念是确保领土和边界不受侵犯。资本主义时代,列强为攫取巨额利润,拼命争夺原料产地、资本和商品输出地以及交通要道,把本国的安全空间扩展到他国领土。不过,这时的安全空间仍然是以维护实地为特征的势力范围。冷战后出现的"新干涉主义"随心所欲地划分国家安全空间边界,各族体所关注的安全边界因其所处的地理位置、经济活动范围、文化传统、民族心理、国家对外政策和安

---

① 参见 Paul R. Viotti and Mark V. Kauppi, *International Relations Theory: Realism, Pluralism, Globalism*, New York: Macmllan Publishing Company, 1987, pp. 6 – 7。

② 参见 Arnold Wolfers, National Security as an Ambiguous Symbol, in Maclellan Olson and Sondermann, ed., *Theory and Practice of International Relations*, Drentice-Hall, Inc, 1960, p. 89。

③ 参见 Vernon Van Dyke, *International Politics*, New York: Appleton-Century-Croffs, Inc., 1957, p. 35。

④ 参见 Frederick H. Hartmann, *The Relations of Nations*, New York: Macmillan Publishing Company, 1983, p. 13。

全利益观念不同而不同。冷战期间，美国把本国的"安全"边界划到远离本土之外。地区民族大都与美国"安全利益"有关，美国可能以威胁自己的"安全"为由，以某种方式进行干涉所有地区争端发生区域的内部事务。冷战后霸权主义在其扩张欲望的驱动下，不断地扩展自己的安全空间。随着空间技术的发展，某些大国已把国家安全的空间边界延伸到外层空间，企图单方面谋取外太空军事和战略优势。

地区民族安全空间的变动取决于所在国家安全观的性质和国家经济、科技实力与对外政策。只要其他国家或对手继续存在，任何国家都不会有绝对的安全。相对的安全观使每一个国家都认为，他国的强大与自己的虚弱成正比关系，只有将本国变得比对手更强大，才能获得安全感。可见，在地区民族族际政治生活中，国家不可能取得永久、绝对的安全，因为其所归属的国家只可期望适当的"安全程度"①。一国的安全意味着另一国的不安全，他国的安全可能招致自己的不安全。族际政治中不存在所有族体的安全，只存在某段时间某些族体的安全。

如何维护族际安全秩序，人们对此并没有达成共识。部分学者认为，地区民族的所属国家寻求自我保存、巩固和促进安全的最重要、最可信的手段就是最大限度地扩大单边军事能力，以对付潜在和现实的外来威胁。② 比较一致的意见是，片面强调以军事实力追逐国家安全，当一国发展军备，即使是防卫性的，也会被其对手视为威胁，从而不得不做出发展军备的相同反应，如此来回往复，只会造成整个国际政治环境的更不安全。因此，军备扩张行为的互动会使相关国家实际上处在"安全困境"。对现实主义理论家来说，族际关系的本质是族际间争夺权势的斗争。然而多数现实主义者明白，过度或无限制的族际权益斗争将损毁民族、国家及其利益本身，损毁它们在其中独立生存的主权国家国际体系。在这个意义上，地区民族懂得族体的根本利益即地区安全不仅取决于民族自助，也取决于国家安全。

---

① 参见 John Spanier, *Games Nations Play*, Washington Congressional Quarterly Inc., 1990, p. 75。

② 参见 Michael T. K. lare and Daniel C. Thomase, *World Security: Challenges for a New Century*, New York: ST. Martin's Press, 1994, p. 2。

二 民族国家安全观念的创新

如上文所述,国家安全可以定义为国家生存免于危险与威胁。尽管有些国家追求所谓的"绝对安全",事实上,在一个无政府状态的国际社会里,国家不可能免于危险和威胁,因而安全问题始终是国家战略的重要内容。当前,国家安全的内涵和外延都在发生着激烈的变化。国家安全的内涵是由国家安全所受的威胁和由此制定的安全目标所决定的,因此具有较强的动态性。在历史上,防止入侵的军事安全曾是国家安全的同义词,随后保障主权的独立完整成为国家安全的主要内容。传统的国家安全观将安全理解为国家安全是至上的,把安全视为高级政治领域的事务,强调安全内容的军事性和追求安全手段的军事化,将安全同国家主权紧密联系在一起,强调国家的自我保存和生存。传统的国家安全观喜欢引用华盛顿的名,即准备战争是保卫和平的最有效手段之一。[①] 在当代,非传统安全如经济安全、信息安全、环境安全、社会安全、人的安全等交织的综合安全问题已成为国家安全的主要问题。

冷战时期,各国尤其是各大国的国际政治考虑和规划方面,国家安全是运用得最频繁、影响也最大的一个观念。在冷战后世界的国际政治讨论中,国际安全观念取得了近乎同样显要的地位。随着全球化的不断发展,安全问题的跨国性和综合性日益突出,安全的范畴不再局限于传统的军事、政治和经济安全,日益涉及社会、环境和文化等非传统安全领域。全球化不仅导致国家的经济安全利益越来越重要,而且使得科技安全、信息安全、生态安全等成为安全利益的新内容。[②] 目前在全球范围内,国际安全受到普遍的关注,并被作为理论研究、实际观察和努力追求的对象,这是前所未有的。然而,仍然有理由认为,目前世界政治格局虽然发生了巨大变化,但是基本还是处于国际无政府状态,较多地通行以国家利益为至高原则,国际安全尚未得到更多国家政府和民众应

---

① 参见 Robert C. Johansen, "Toward Post-Nuclear Global Security", in Burns H. Weston, ed., *Alternative Security: Living Without Nuclear Deterrence*, Westview Press, 1990, p. 20。

② 丁志刚:《全球化背景下国家利益的认证与维护》,《世界经济与政治》1998 年第 8 期。

有的足够重视，对其认知也由于大多偏于时政论述和过度倚重社会科学方法而尚待深入和哲理化。

冷战结束以来，威胁人类持续发展和生存的问题愈益突出。"从残酷的种族和宗教冲突到大规模毁灭性武器的扩散，从人口激增到艾滋病，从全球贫困到地球生态系统的过负。"① 这些问题威胁到整个人类。面对这些问题，传统的国家安全观是无法提供解释和答案的。对传统的国际关系、族际关系研究提出挑战，客观上迫使人们需要全新的视角和方法来回答和解决这些问题。世界安全观由此建立。在世界安全观的语境下，传统的主权观念被视为已难以适应当前国际合作深入发展的要求。认为世界是相互依赖的，在相互依赖的世界里，国际合作是必要和有益的，各个行为体间的合作是种"总和为正"的关系；国际政治研究单位不仅包括国家，还包括作为整体的世界、民族国家内的群体以及个人。根据以上认识，安全是相互依赖的，安全是共同安全；现代战争的毁灭性和恐怖性，使得战争失去了其作为国家政策工具的意义。② 可见，在全球化时代，安全不是单边安全，而是合作安全。安全概念不仅要拓展到经济和环境层面的威胁上，而且更应推广到社会正义、个人心理甚至个人精神层面等传统军事力量所不能企及的层面。人类共同面临的诸多非军事威胁（如环境恶化、贫困、疾病、跨国难民等）是军事手段不能解决的，这些问题具有跨国性、溢散性，往往是单个或少数几个国家难以对付的，因此，真正的世界安全需要各国的合作和共同努力。

国际政治的现实已今非昔比，传统的国家安全观已经难以适应冷战后世界局势的发展变化。以武力促进和平与安全的看法越来越为人们远离。经过新现实主义者修正的国家安全观，在许多国家的政策上得到体现和推行。世界安全观认为，安全是指个人、群体、国家乃至世界的共同安全，安全可分为高级政治和低级政治领域事务、国内安全和国际安

---

① 参见 *The New York Times*, December 23, 1992, p. A10。
② 参见 Robert C. Johansen, "A Policy Framework for World Security", in Michael T. Klare and Daniel C. Thomas, ed., *World Security: Trend & Challenges at Century's End*, ST. Martine's Press, 1991, pp. 400 – 404。

全的总和，强调安全内容的多元性和追求安全手段的合作性，安全和主权的可分割性，认为主权并不是实现全球安全的必然条件，为达到真正的世界安全，有时需要限制甚至放弃必要的主权。

如何面对这个国际政治现实问题，不能不说是一个新的"安全困境"。新安全观的核心是互信、互利、平等、协作。互信是指超越意识形态和社会制度异同，摒弃冷战思维和强权政治心态，互不猜疑，互不敌视，各国应经常就各自安全防务政策以及重大行动展开对话与相互通报；互利是指顺应全球化时代社会发展的客观要求，互相尊重对方的安全利益，在实现自身安全利益的同时为对方安全创造条件，实现共同安全；平等是指国家无论大小强弱都是国际社会的一员，应相互尊重，平等相待，不干涉别国内政，推动国际关系的民主化；协作是指以和平谈判的方式解决争端，并就共同关心的安全问题进行广泛深入的合作，消除隐患，防止战争和冲突的发生。在一定意义上，新安全观可解读为安全威胁判断上的普遍安全论、安全基础上的共同安全论、安全内涵上的综合安全论、安全维护手段上的合作安全论。需要指出的是，新安全观的确为人类未来展示了乐观的前景，但是也存在缺陷，比如忽视了国家主权地位在世界安全合作中的积极意义，片面地把主权的销蚀作为实现世界安全的必要条件。

三 民族分离势力与地区安全内容

地区是一个广泛使用但又没有得到清晰且准确界定的概念。在国际政治的层面上，它一般是指一群相邻的国家所组成的地理与政治的空间，往往被用来认定国际事务发生的场所。地区存在的意义，或者说我们将它作为一个分析国际事务的视角的意义，要超越它的这种给定的、自然的性质，而是在于它的社会性，在于有某些力量将地区内的国家连接在一起，并使它们具有特殊的互动关系，同时使地区在与外部世界的互动中体现出它自身的价值。传统的国际关系结构中，地区只是作为一个不变的背景和被动的客体对国家、国家间关系和全球范畴的互动产生影响，并不是一个比较完整和独立的体系单位，也不作为一个国际政治的自变量存在并发挥作用。相应地，在人们对国际关系的解释与理解中，地区因素很少得到考虑，即使是在强调国际体系与结构的新现实主义和世界体系理论中也很难发现分析地区（一般意义上的）含义与特性的话语。显然，对地区概念及其作用的这种传统观念，满足不了理解当代国际关系发展变化的需要，要认识越来越具有地区特性、受到地区特征与结构制约的那些国际事务，就必须赋予地区概念以更强的分析能力。

当今，越来越多的人开始着眼于地区内的安全或从地区层面上谈论国家、国际安全问题。在世界安全环境实现了结构性的缓和与稳定之后，新的安全议程越来越具有多样和多层面的性质，其中地区层面的安全问题的重要性不断上升。全球（世界）整体安全虽仍面临着诸多的挑战，但大国关系、军备竞赛、安全制度的形成等在很大程度上是以地区为舞台或背景展现出来的，具有了地区的脉络。即使是跨国犯罪、恐怖主义和武器扩散等构成的全球性问题，其影响主要还是在地区或地方范围内，其利益与动机的平衡也是在地区而非全球层面上促使国家与地区组织对此寻求政策的反应。民族或种族矛盾与冲突等国际安全的新内容更是在根源、过程和结果上被限制在地区范围之内。在新的安全形势下，判断一个国家安全程度的依据，主要是它所处地区的安全形势，以及它对其中的威胁因素的平衡能力，地区安全对国家安全利益与外交政策由此产生了重要而直接的影响。

地区民族作为一种民族共同体，无论何时何地，群体认同的情感都是排他性的。在许多民族文化中，用来指共同体成员的词汇与用来指人的词汇完全相同，而共同体以外的人被当成连人的基本尊严都没有的物种，甚至与"野蛮人"具有相同的语言学含义。[①] 地区民族主义的这种精神一旦在地区化为现实，就是一种排他性的独自发展本族利益的要求，从而使得地区舞台上，各国之间的利益争夺，尤其是涉及领土、边界等争端成为两相冲突的权利要求和"零和游戏"竞争，甚至演化为国际暴力冲突。实际上，地区民族主义的情绪和要求激化了每一处具体的矛盾，已成为当今国际暴力冲突的公因式。

民族分离主义问题可唤起地区危机环境及其蜕变。在和平环境中，

---

① 参见安东尼·吉登思《民族—国家与暴力》，胡宗泽等译，生活·读书·新知三联书店1998年版，第141页。

民族分离主义通常以一种分散的方式被体验和表达。但是，在某种危机环境里，它可以被强烈唤起，并为解决危机提供有效的出路。因为在危机情况下，存在着多种社会紧张，而原先起社会维系作用的传统惯例（如道德、习俗或组织制度等）都不再发生作用。人类本体的安全需要随之被惯例的破裂或普遍的焦虑化置于一种危险的境地时，民族象征所提供的公有性就为本体的安全感提供一种支撑手段。现实主义理论家认为，人类固有的控制他人的心灵和行动的强权欲在国内社会常常受挫，但社会同时又鼓励个人把受挫的强权欲投射到国际舞台，在那里认同于国家的强权追逐，从中取得替代性的满足，这是民族世界主义的根源。社会稳定性越大，社会成员的安全感越大，集体情感通过侵略性民族主义得以发泄的可能性越小，反之亦然。在此，民族主义已发生蜕变，从民族争取自我权利的斗争转变为征服其他民族的霸权战争。

在近现代世界历史上，民族问题大都与战争、冲突相伴相随，民族分离主义问题可以为国际暴力冲突提供巨大的军事资源。"民族主义的本质是自尊问题。"[1] 民族问题的巨大军事资源，使得现代民族国家在进行大众动员的战争准备时，都加强宣传民族主义。欧洲各国在世界大战前夕都弥漫着强烈的民族主义情绪。维护领土安全的军事行动，为民族主义的生长提供了肥沃的土壤。自法国大革命以来，民族问题与国际冲突尤其是暴力冲突之间有着密切联系。民族主义的出现，往往是国际暴力冲突的征兆，也是国际暴力冲突的鲜明特色。[2] 现代战争充分展示了民族主义情感的力量，并为进行新一轮的民族主义宣传提供了有效的素材。

四 民族国家间的安全合作与地区安全架构

民族交往是民族生存和发展中必然发生和经历的一种社会现象和社会过程。民族交往过程也是文化的涵化过程，相关民族在这种涵化的过

---

[1] 参见 Jean Bethke Elshtain, *New Wine and Old Bottles: International Politics and Ethnical Discourse*, University of Notre Dame Press, 1998, p. 26。

[2] 参见 Kalevi J. Holsti, *Peace and War: Armed Conflict and International Order, 1648－1989*, Cambridge: Cambridge University Press, 1991, p. 323。

程中达到社会共生的状态。人类交往活动作为人的基本存在方式则是与生俱来的，对于交往的理性认识则是现代的事情。交往历来是推动社会结构发生变化的一个重要因素，甚至是决定因素。民族之间交往的扩大，对生产力发展所发挥的推动作用毋庸置疑。各民族之间的普遍交往推动了民族生产力、分工和内部交往的发展，民族的发展日益走向世界，其社会结构在这种走向世界的历史进程中日益具有人类社会的总体特征。

现今的民族—国家对于地区安全通常会给予相当的关注，其安全政策与影响对地区国际安全举足轻重。除全球霸权国家之外，其他大国的利益与影响主要集中于各自所在的地区，其外交与安全战略基本上是以地区为舞台，把处理地区内的政治经济关系视作加强各自权力、影响，以及在全球与地区事务中地位的重要手段。这些国家与本地区安全事务联系程度的不断提高，增加了它们左右地区安全环境与走向的可能性。如何应对这些大国的挑战与冲击，也是地区内中小国家安全政策的优先考虑。为了更可能地控制住它们的战略环境，尽量改变它们在国际政治中的不利地位，中小国家非常热衷于在地区内采取协调与集体行动，希望通过地区的多边安排、合作安全以及地区的特殊方式来获取安全保障，因此它们越来越认同地区合作的安全价值。①

地区安全是关系地区民族和国家生存与发展的重大战略问题。安全合作是国家在面临"安全困境"情况下的一系列行为，它能缓解国家间的安全困境，促进各国共同利益的实现。非传统安全问题在全球尤其是地区范围的急剧扩散和亟待解决，使安全共同体的建构作为一条有效而可行的解决问题的途径提上地区安全的议事日程。同时，非传统安全的特性和该领域的地区合作促使国家角色身份发生积极的转变，有助于集体认同的形成，使安全共同体的建构成为可能。当代国际社会处于由"无序"向"有序"进化的无政府状态中，各国由于处境和利益的不同，形成了各种不同的安全观，并在此基础上采取不同的安全模式来追求安全。当代中国处于一个崛起的时代，安全合作成为当代中国安全追

---

① 参见 Galla Press-Barnathan, "American Hegemony and the Regionalization of Security after the Cold War", Paper for the Annual PSA Meeting, 2001。

求的一个必然选择。中国倡导的新安全观符合时代发展的潮流,符合当代中国安全追求的实际,为中国选择安全合作提供了理念基础。

与"安全合作"相关的一个重要概念是"共同安全"。这一概念源于欧洲,它是作为对东西方对抗的一种反动,尤其是对战略核威慑的一种反动而出现的。最早对共同安全进行论述的是以瑞典的帕尔梅为首的委员会所发表的报告。帕尔梅委员会的报告题目为《共同安全:一种生存蓝图》,它对共同安全做了如下的界定:"避免战争,尤其是避免核战争,是一种共同的责任。世界各国的安全——甚至生存——是相互依赖的。不管是东方还是西方,避免核灾难有赖于对国家间和平的关系、国家行为的克制和缓解军备竞赛的相互体认。""因为以军备为基础的稳定是无法永久维持的。一种以军备为基础的国际体系的脆弱的稳定会突然崩溃。""确保安全更为有效的方式是开创各种能够导向和平与裁军的过程。""接受共同安全作为一种组织原则以减少战争风险、限制军备和走向裁军意味着,从原则上说,在解决利益冲突时以合作代替对抗。"所谓"合作"表明参与合作的国家要全面思考国家利益和跨国的利益,提供了一种可以以更为合作的方式接纳问题和行为者的过程。合作安全承认了国家利益的首要性、各国保卫领土的现实、各种利益互相竞争甚至互相冲突的不可避免,以及国家、地区和全球事务日益加深的互相作用和互相渗透,它明确地认为绝不能用"零和"及安全困境的观念看待安全的促进。为此,合作安全承认双边关系可能继续是(至少在短期内)国家确保其在国际社会中地位的主要手段。"合作安全表明的是磋商而非对抗,确保而非威慑,透明而非秘密,预防而非纠正,相互依存而非单边主义。"[1] 意味着摒弃对抗和威慑,各国互相尊重、互不施压、尽最大的可能寻求共同利益,并通过对话缩小分歧,由低级到高级逐步强化合作,共同确立规则,共同维护国际和平。作为一种较之集体安全在概念上更为清晰、较之共同安全更为灵活的概念。合作安全是在20世纪90年代发展起来的、正在被付诸实践的一种新的安全观,与集体安全概念相比,这种安全观呈现出更强的生机和更为光明的发展

---

[1] 参见 Gereth Evans,"Cooperative Security and Intrastate Conflict",in *Foreign Policy*,*Fall*,1994。

前途。

当然，对理性主义传统中的国际安全机制构想不应过于否定。从 20 世纪后半叶特别是冷战后大国间战争的发生概率，经济发达国家互相间关系的和平稳定程度，国际和睦、公正的实现范围、区域和世界性国际组织在促进安全与和平方面的作用大小等角度看，"民主和平""商业和平""法制和平"这三种观念远非全然谬误，虽然检验这些观念的时间尺度仍不够长，起重要作用的因素也是多种多样。一方面，必须批判西方主流思潮在冷战结束后提出的"历史终结论"；另一方面，必须认识到自由国际主义取得了局部成功和有限认证，从中去思考一系列应予探究的重要问题。

安全合作是国家在面临"安全困境"情况下的一系列行为，它能缓解国家间的安全困境，促进实现各国共同利益。当代国际社会处于由"无序"向"有序"进化的无政府状态中，各国由于处境和利益的不同，形成了各种不同的安全观，并在此基础上采取不同的安全模式来追求安全。探讨地区民族与地区安全相互依赖、相互促进、相互制约的有机联系和特殊规律，从历史与现实、理论与实践的结合上得出有益启示，对指导当前和未来民族国家安全与国防经济发展，实现在宏观运筹和战略指导上的创新和突破将会有所助益。

(刘　泓　朱　伦)

第十章　反分裂的政治和社会基础研究

　　主权国家是得到国际社会承认的独立自主的国家，其基本特征是政治、领土和市场的统一。由于西欧主权国家一般是以某个语言、文化同一的人民（people）为主形成的，西欧人习惯上把主权国家称为"民族—国家"（nation-state）。但是，以"民族—国家"来界定现代主权国家并不恰当，因为当今世界包括西欧的大多数国家，并不是由语言文化单一的人民建立的，而是包括了许多语言文化各不相同的人民（peoples）。"民族—国家"的概念带来了两个严重的后果：一是国家当局往往对语言文化不同的弱势人民实行强制同化政策；二是有些主权国家形成后又面临民族分离主义的威胁。由于这个原因，马克思主义对民族和国家关系的认识以"多民族国家"理念为主导思想，无产阶级革命的实践也证明了这个思想的正确性，并且也影响当代西方人承认了这一点。

　　在国外，自20世纪70年代起，人们（主要是历史学家和民族学家）对上述古典的"民族—国家"理论开始了反思，到80年代出现了大批对民族—国家概念和理论提出质疑的著作。在我国，自90年代中叶起，民族主义理论研究者也对民族—国家概念提出了否定的意见，并论证了当代国家普遍是多民族国家。马克思主义的民族和国家观，以及我国的多民族国家理论和实践，应该使我国学者更有条件和资源对民族—国家概念提出质疑。

　　国内外对民族—国家概念和理论的反思，虽然在一些学科中取得了不可置疑的成果，但在国际法和国际政治研究界，无论是国外还是国内，现在依然习惯于以"民族—国家"作为本学科的基本概念和术语。有鉴于此，我们在下文继续使用"民族—国家"的概念来叙述当代世界主权国家格局与体系，因为这个原本产生于西欧的概念对其他一些地区的民族解放运动具有直接影响，许多国家开始建立时都模仿了西欧的民族—国家模式。但我们在使用"民族—国家"的概念时，思想上应当有明确的界限，即从主权国家的意义上来理解它。

第一节　反分裂政治和社会基础的构成

保证国家政法统一，是多民族国家实行民族区域自治以及自治地方行使自治权的前提，这是其一；其二，保证"各族人民共同当家做主"，则是多民族国家和民族区域自治地方民族政治生活的基本原则。保证国家政法统一和"各族人民共同当家做主"构成了反分裂政治和社会基础的构成。

对于全国民族政治生活，"各族人民共同当家做主"似乎没有人提出异议；但对民族区域自治地方内部的民族政治生活，则有不少人认为这会削弱少数民族的自治权，违反民族区域自治制度。[1] 有这种看法的人，实际上没有把握"民族区域自治制度"的真谛，而是在潜意识中把它等同于"民族自治"了。关于在民族区域自治地方保证"各族人民共同当家做主"的问题，《自治法》第二章在讲到民族区域自治地方自治机关的组成时，以及第五章在讲到民族区域自治地方内的民族关系时，都有非常清楚的表述。

《自治法》第二章第16条说："民族自治地方的人民代表大会中，除实行区域自治的民族的代表外，其他居住在本行政区域内的民族也应有适当名额的代表。"第17条说："自治区主席、自治州州长、自治县县长由实行区域自治的民族的公民担任。自治区、自治州、自治县的人民政府的其他组成人员，应当合理配备实行区域自治的民族和其他少数民族的人员。"第18条说："民族自治地方的自治机关所属工作部门的干部，应当合理配备实行区域自治的民族和其他少数民族的人员。"

《自治法》第五章第48条说："民族自治地方的自治机关保障本地

---

[1] 参见郝维民《西部大开发与蒙古族的发展》，《蒙古史研究》第八辑，http://www.mzb.com.cn/html/report/34741-1.htm。

方内各民族都享有平等权利。民族自治地方的自治机关团结各民族干部和群众，充分调动他们的积极性，共同建设民族自治地方。"第50条说："民族自治地方的自治机关帮助聚居在本地方的其他少数民族，建立相应的自治地方或者民族乡。民族自治地方的自治机关帮助本地方各民族发展经济、教育、科学技术、文化、卫生、体育事业。民族自治地方的自治机关照顾本地方散居民族的特点和需要。"第51条说："民族自治地方的自治机关在处理涉及本地方各民族的特殊问题的时候，必须与他们的代表充分协商，尊重他们的意见。"第52条说："民族自治地方的自治机关保障本地方内各民族公民都享有宪法规定的公民权利，并且教育他们履行公民应尽的义务。"第53条说："民族自治地方的自治机关……教育各民族的干部和群众互相信任，互相学习，互相帮助，互相尊重语言文字、风俗习惯和宗教信仰，共同维护国家的统一和各民族的团结。"

无须进行任何进一步的解释，上述有关条款表明，保证"各族人民共同当家做主"，这是我国"民族区域自治制度"区别于传统的"民族自治"观念的本质特征。为什么要保证"各族人民共同当家做主"？这是由现代国家建设保证公民政治权利平等的本质要求所决定的，无论是在国家管理中还是在民族区域自治地方的管理中，各民族公民都是权利平等的参与者。保证"各族人民共同当家做主"，这也是各民族杂居的现实使然，因为现实中已找不到一块单一民族成分的地区来实行"民族自治"了。

第二节 反分裂政治和社会基础的产生与发展

殖民主义世界体系的崩溃，改变了由几个宗主国统治和主宰世界命运的历史。随着民族—国家成为世界政治的基本单位，民族—国家间的关系便成为一种新的事实摆在人们的面前。北美和拉美独立战争后，出现了"美洲国家组织"；第一次世界大战后，产生了"国联"；第二次世界大战后，成立了"联合国"。至于地区性的国家间或政府间组织，那就更多了。如"阿拉伯联盟""非洲联盟""东南亚联盟""欧洲联盟"等。这些超越民族—国家的世界性和地区性组织的存在说明，民族—国家作为世界政治的基本单位，它们之间存在着一种相互制约的联系，一个民族—国家可以自立于世界民族之林之中，但却不能孤立于世界民族之林以外。当今的世界是一个整体，每个民族—国家在这个整体中都有自己的位置；对于这种整体关系，人们现在普遍将其上升为一种体系来看待。

所谓体系，就是一种结构。而民族—国家体系，就是民族—国家间形成的一种相互联系的结构，它对任何民族—国家在世界政治舞台上的行为都具有制约力量。那么，决定民族—国家体系存在并使其具有制约力量的因素是什么呢？利益均衡原则。

如果我们分析一下当代国家关系分分合合的根本原因，无不是这个原则的作用。一位西方政治家说，国家间没有永远的敌人，也没有永远的朋友，只有永恒的利益。这句话虽然不够美学，但它揭示了决定民族—国家间关系的利益本质。20世纪60年代中、苏关系的恶化和社会主义阵营的分裂，资本主义国家之间并非一致甚至是相互争斗的关系，以及社会主义国家和资本主义国家可以和睦相处的事实，都充分证明了这一点。归根结底，当今世界依然是存在民族—国家利益差别的世界，不同的民族—国家对自身利益的追求是决定当代国际关系发展与演变的根本动力，同时也是民族—国家体系形成与存在、改革与调整的基础和前提条件。

民族—国家体系的体现形式，就是各种国际组织。目前，最重要的国际组织是联合国，至1999年4月，它有185个成员国。它的宗旨是：维护国际和平与安全；发展国际尊重各国人民平等权利及自决原则为基础的友好关系；进行国际合作，以解决国际经济、社会、文化和人道主义问题，并且促进对于全人类的人权和基本自由的尊重。它的原则是：各成员国主权平等；成员国应忠实履行《联合国宪章》规定的义务；成员国应当以和平方式解决国际争端；成员国在国际关系中不得以不符合联合国宗旨的任何形式进行武力威胁或使用武力；成员国对依照《联合国宪章》所采取的任何行动给予一切协助；联合国组织不得干涉在本质上属于主权国家国内管辖的事项；联合国在维护国际和平与安全的必要范围内，应确保使非成员国遵循上述原则。

联合国的这些宗旨和原则，应该说是美好的。但是，由于它的运作机制和力量有限，又由于它经常被大国左右，加上国际问题的复杂性，联合国的作用往往不尽如人意。在此情况下，民族—国家间的地区性组织和国家集团组织的出现就是必然的现象。冷战期间，北大西洋公约组织和华沙条约组织的形成与存在，就是最典型的例子。前者现有19个国家参加，后者也有8个国家参加。华沙条约组织解散后，1994年，"北约"启动了"和平伙伴计划"，将几乎所有欧洲国家包括一些中亚国家都拉为伙伴。

联合国的软弱无力，以及西方发达国家推动的世界经济全球化，使世界上绝大部分国家都面临着激烈的生存和发展竞争。在反对殖民主义斗争中被视为维护民族利益可靠屏障的民族—国家形式，现在普遍感受到了功能危机。在此情况下，怀着对地缘政治稳定性、经济互补效益值和文化认同安全感的期望，民族—国家间的联盟化趋向在20世纪末明显加强。最突出的例子是欧洲联盟建设步伐的加快，以及非洲统一组织向非洲联盟的转变。目前，世界各地的国家间或政府间组织有近30个，世界上几乎没有哪个国家不参加这种或那种地区性国家组织的。可以预言，21世纪的世界，地区性国家组织间的关系和作用，必定会对传统的以民族—国家间双边或多边关系为核心的国际关系产生重大影响。任何一个民族—国家，在确定外交政策和外交战略时，都不能不注意自己和对方所属的国家集团的情势和反应。即使像美国这样的强国，它在2001年9月11日被国际恐怖主义袭击后，为了打击它的怀疑对象，也不得不关照有关各方，也不得不取消"十字军之战"和"无限正义行动"的说法，以取得其他国家和国家集团的支持和理解。美国第一次真正感到了一个国家在世界舞台上独来独往、目空无人的无能为力。

然而，要否定"民族自治"这种传统观念，也不是一件容易的事。如同"民族—国家"观念一样，"民族自治"也是一种理想化的简单观念，这使它长期以来一直是一些国家的少数民族的主诉，并由此造成了一种思维定式，使人们一谈到多民族国家的民族政治生活，就只好跟着讲民族自治，而不管它是否具有现实可行性。我们看到，我国的民族区域自治制度绝不是民族自治，但我国有许多专家学者的论文，包括一些专业教材，都把民族区域自治制度笼统地解释为只是保障少数民族政治权利的，而这种政治权利又是"自治"权。这样看问题，难免不对民族区域自治的实践多有曲解乃至非议。但什么是"民族自治"？世上并无共同的标准，而是各有各的理解。达赖集团的"大藏区高度自治"论说，谁能说它不是一种民族自治观念？然而，这种观念却是行不通的。为什么行不通？我们必须从分析民族自治的本质入手，这个本质就是它一有可能就试图摆脱现代国家建设的两个基本要求——保证体现国家内部主权的政法统一原则和保证体现公民社会本质的公民权利平等原则。

从发生原因的角度说，民族自治是针对"他族统治"而提出的一种解脱要求，在"他族统治"下有其必然性和号召力；但是，在废除了民族压迫的现代国家条件下，民族自治就失去了着力点，再以民族自治为最高目标就不太合乎时代潮流了，而应当在民族平等团结的理念下建构新的民族政治关系。实际上，自20世纪中叶以后，许多国家都在探索如何处理内部民族关系的新道路，其基本趋势是把社会治理的"民主共和"思想引入民族关系治理之中，主张各民族共建国治国，共同当家做主。进入21世纪，这种民族政治观念在国内外学术界已作为一种新思想和新思考被提出来，称为"民族共治"[1]。实际上，我国的民族政治生活早已是如此，《宪法》和《自治法》都是以保障"各族人民共同当家做主"为宗旨的，只不过我们的理论阐释比较落后，直到2005年中央民族工作会议上才有这个明确的说法。[2] "各族人民共同当家做主"，或者说各民族共治，这是对我国民族区域自治实践所做出的实事求是的理论概括。

然而，达赖集团不承认和不接受民族区域自治制度所奉行的"各族人民共同当家做主"的实践，而是试图以民族自治观念来解释、要求和改造它，试图在藏族和其他民族之间建立一道鸿沟，主张西藏人民"自我帮助、自我发展和自我治理"，在所谓的"大藏区"内由"藏人治

---

[1] 参见 Joan Antòn Mellòn, *Las Ideas Políticas en el Siglo XXI*（21世纪的政治思想），Editorial Ariel, Barcelona, 2002, pp. 43, 142。另参见朱伦《民族共治论：对当代多民族国家族际政治事实的认识》，《中国社会科学》2001年第4期；《论民族共治的理论基础与基本原理》，《民族研究》2002年第2期；《自治与共治：民族政治理论新思考》，《民族研究》2003年第2期；《各族人民共同当家做主：社会主义民族政治民主的体现》，《民族研究》2007年第2期。

[2] 参见胡锦涛在2005年中央民族工作会议上的讲话。

藏",完全否定或不顾其他民族的公民的存在和权利。如此只讲"自我"的民族自治观念,是任何国家都不可能接受的,因为它对现代国家建设的前述两个基本要求或原则形成了挑战。保证国家政法统一,这是现代国家内部主权建设所要求的,它规定了自治地方与中央政府的隶属关系;保证公民权利平等,这是现代公民社会建设所要求的,它规定了民族特别权利不能超越公民一般权利。这两个原则是目前任何国家在保障少数民族权利诉求时都要坚持的底线,国外现行的一些少数民族权利保障方式也都证明了这一点。

因此,我们反对"大藏区高度自治"主张,必须从否定它的思想理念基础——"民族自治"观念入手。① 否则,我们不仅很难与达赖集团的"大藏区高度自治"主张划清界限,相反还会认为它不无几分道理;即使要批判它,也只是在揭露其背后目的上做文章。然而,达赖集团现在不承认自己有背后目的,而是就事论事,说"大藏区高度自治""完全符合中华人民共和国宪法中有关自治的条款",只是认为目前的实践没有落实而要求落实。对此,我们必须进行正面回应:我们应当从理论上阐释民族区域自治的思想理念到底是什么,它与"大藏区高度自治"的本质区别在哪里,而不能只陷入对"大藏区"概念的对与错、西藏何时成为中国领土一部分的争论中。这些问题没有多大关系,重要的是中国现在对西藏的实际主权,焦点在于为何不能实行自行其是的"高度自治",为何不能实行排斥其他民族公民政治权利的"藏人治藏"。

笔者认为,我国现行的民族区域自治制度与"大藏区高度自治"论说的根本区别,不在自治的形式、范围和程度等实际操作问题上,而在宗旨、实质和目标等理念追求问题上。民族区域自治制度是在保证国家政法统一和保证各民族公民权利平等下的民族政治安排,它奉行的是各族人民共同当家做主的"民族共治"理念;而达赖集团所希望的"大

---

① 要否定"大藏区高度自治"主张,就必须否定传统的"民族自治"观念。然而,这在我国民族问题研究界有一定难度。虽然我国的民族区域自治实践不是按照"民族自治"观念行事的,但有关"民族自治"的论述却被国内一些人认为是主流话语,而"各族人民共同当家做主"却被一些人武断地视为"非主流的东西"。现在,面对达赖集团的"大藏区高度自治"主张,我国民族问题研究界应该好好思考一下民族政治理论了,我们应该从民族区域自治的实质上而不是形式上指出它与"大藏区高度自治"主张的不同。

藏区高度自治",则是对那种各自为政的"民族自治"理念的向往使然。但这样的少数民族政治权利观念和诉求,在任何国家都是不可能予以承认的。

第三节　反分裂政治和社会基础的功能

在全球化进程中,真正能以独立身份参与国际事务的主体,只能是国家,民族不是国际行为的主体。民族利益只能通过民族国家来表达,才能得到国际社会的认可。民族国家政治利益的对立与融通,必然推动世界格局的多极化。美国推行霸权主义和强权政治,企图建立以美国为主导的单极世界,美利坚民族"领导世界"的欲望也是通过国家实体作为实施其政策的基础,但从国际法的功能、联合国为主的国际组织的职能而言,其作用发挥都受到质疑。各个民族国家在国家主权和政治权利上是不可能有丝毫让步的。

全球化必然带动多极化,美、俄、欧、中、日、印大国的兴起与制衡,已使多极化现象初见端倪。欧盟、东亚、东南亚、南亚、北美等区域合作和联盟出现也表现出全球化进程中的政治融通与对立。表面上看,区域组织发展所呈现的良好势头使民族主义政策受到削弱,实际上区域联盟的权利让渡是建立在民族国家基础之上,也就是说国家在特定的历史时期,为追求特定的利益而以国家自愿的让渡部分公共权力。但涉及根本政治利益,诸如主权、领土、国防、外交等根本利益时,其属性在全球化进程中是不可能发生根本变化的。从这个意义上讲,区域联盟合作是标准的国际法、国际惯例遵从行为。这种行为从法律角度讲,刚性屈从柔性。没有国家自愿和国家自主行为作铺垫,做得再大再美的政治蛋糕,也不会具有很强的凝聚力。欧盟实现了货币一体化,但毕竟难以真正实现一个宪法、一个法庭、一支军队、一个疆域。

美国在国际上推行其价值观,宣扬"人权高于主权",推动民族主义向极端化方向发展。"9·11"事件后,美国举起了反恐大旗,许多民族主义国家搭乘美国的反恐快车,企图维护国家的安全与稳定,以保障民族国家的利益不受损失。但是,分裂主义、恐怖主义、极端主义等进入世界政治生活领域,且成为全球化时代国际政治生活的顽疾。民族分裂主义不是民族主义的主流,但它和极端主义、恐怖主义结合,逐步形成一种极端民族主义思潮。美国主导的反恐战争"越反越恐",反恐主观上是要维护国际和平与稳定,促进世界经济繁荣与发展,而其霸权主义和强权主义政策,又将泛民族主义思潮推向极端化,使恐怖组织有藏身之地。处于悖理的恐怖主义立场则是推行以历史民族群体的政治经济文化和信仰为主导,拒绝外来干涉的基本立场。值得注意的是,在施恐与反恐的具体行为和形式上,说明更多的是这样一个政治现象,即民族国家在为自己既定的政治目标和政治利益做斗争。不管这种行为是否符合政治准则,符合人类发展的客观规律,但政治的极端对立客观存在。美国在反恐的同时,到处发动颠覆,推动"颜色革命",引起了主权国家的反感,造成世界民族主义的泛化和民族国家向集团化方向发展。

在区域合作不断壮大发展的全球化进程中,政治利益的融通和对立,是当代民族主义发展的一个新趋势。从北美和欧盟的区域合作到东南亚和南亚经济联盟发展形式和方法都不一致。这说明,区域合作也只是为了某种共同的目标,某些政治利益因为时空的特殊性而具有暂时的融通性。在全球化形势下局部政治利益的暂时融通并没有办法抹杀政治利益的对立。这才是符合民族本身要素和特点规律的逻辑思辨。

一 民族—国家体系下世界秩序的合理构建

20世纪90年代,美国政治家和学者发表了一系列有关国际战略的著作,其中影响最大的是亨廷顿《文明的冲突与世界秩序的重建》一书。作者把世界划分为几大文明区,论证各种文明之间存在冲突,并提出了美国和西方为了自身的利益应当采取的战略。

文明冲突,并无有力的历史证明。20世纪发生的两次世界大战,都不能视为因文明冲突而引起的。如果把法西斯主义也视为"文明"的话,不知世界上还有什么叫"野蛮"。在整个两千年期间欧洲发生的历次战争,也都不能以文明冲突来解释。前后八次近200年(1096—1291)的以消灭异教徒为口号的"十字军东征",本质上是西欧封建主和商业主的攻城略地行为;英法"百年战争"(1337—1453),起因于二者对富饶的佛兰德斯的争夺和英王试图占有其在法国境内的领地；14世纪、15世纪欧洲以纯洁基督教世界为名发动的两次大规模驱逐犹太人的运动，根源于欧洲人对犹太人高高在上的社会经济地位不满；"三十年战争"（1618—1638）以新旧教之争为表象，实质则是神圣罗马帝国皇帝与新旧教诸侯之间的权力之争并演变为几个大国的侵略战争；西班牙王位继承战争（1701—1713），法、奥双方看中的是西班牙王位下的殖民帝国；分别以英、法为首的"七年战争"（1756—1763），起因于英、法对海外殖民地的争夺和普鲁士与奥地利对中欧霸权的争夺；以拿破仑战争开始的19世纪欧洲历次战争的发生，也都不是因为文明冲突。

欧洲范围内的情况是如此，世界范围内的情况也是如此。20世纪下半叶受意识形态影响而形成的东西方国家集团之间的对抗，虽然造成人们所说的冷战并导致朝鲜战争、越南战争、阿富汗战争，却没有引起大规模的热战。在几十年的中东冲突中，阿拉伯国家也没有团结一致地与以色列战斗；90年代初的海湾战争，伊拉克占领科威特并不是两个国家间存在文明冲突，而在西方国家进行干涉时，阿拉伯国家也没有一致站在伊拉克一边来对抗西方国家；最近，美国遭恐怖主义袭击事件的打击，美国也不能以整个伊斯兰世界为敌。

因此，以文明为界来预测21世纪的世界冲突，既无历史事实根据，也无现实事件启示，有的只是哗众取宠之嫌。我们看到，当代一些伟大的政治家，他们对世界秩序的担忧是南北贫富差距的扩大可能带来的一系列矛盾，而不是什么文明或文化间的冲突。

虚拟"文明的冲突"，如果仅是为了哗众取宠也就罢了，问题是作者要人们以他虚拟的冲突去重建世界秩序，以所谓西方民主世界为核心，利用和分化由作者划定的其他文明集团，建立由美国领导的国际政治体系，以此保证美国单方面的利益。这样的世界秩序，是唯我独尊的霸权秩序，是不可能让人们去遵守的。西班牙、英国、法国和德国，都曾试图以自己的霸权来建立欧洲秩序，但引来的却是一次又一次的欧洲战争。欧洲列强得出的维护欧洲秩序的最好办法，是保持几强之间的力量平衡。欧洲人由这个认识出发，走上了建立欧盟的道路，以此作为参与世界秩序建立的一支平衡力量，而对美国试图将其捆在一起的设计则保持一定的距离。

世界秩序，本质上是民族—国家间的秩序，决定民族—国家间秩序的是相互间利益的依存性和矛盾性。民族—国家间利益之争失度，是发生冲突的根本原因。因此，要想建立一种合理的世界秩序，必须充分保障世界各国的利益，需要由世界各国来共同建立。而目前的世界秩序，恰恰在这两点上存在问题。

殖民主义退出历史舞台和世界民族—国家格局的形成，并没有从根本上消除殖民主义的影响，也不表明实现了民族—国家间的利益和权利平等。殖民地人民追求民族—国家独立的目的，在于试图通过民族—国家这个外壳来保障自己的利益。但由于客观原因，这个目的很难在短时间内实现。历史上的殖民国家，因殖民掠夺而形成的财富积累使它们在民族—国家间的竞争中继续处在有利的地位，并在制定竞争规则上掌握着支配权。西方发达国家对这个事实的熟视无睹，或者看到这个事实而不愿意主动采取有效行动来改变它，是引发世界民族—国家冲突乃至战争的直接诱因。

因此，构建合理的世界秩序，首先要消除殖民主义影响。目前，殖民主义影响的主要表现是西方少数国家依仗自己的实力为了自身利益而奉行的霸权主义和强权政治。面对这种形势，人们如何做出正确的应对？开展地区经济合作和推动世界政治多极化，是人们首先考虑到的共识。

地区经济合作，可以尽快有效地增强发展中国家的实力，为发展中国家在建立合理的世界秩序中获得更大发言权、为反对霸权主义和强权政治提供坚实的物质基础。目前，世界各地有30多个地区性经济合作组织，其中大多数是发展中国家和欠发达地区建立的。发展中国家不能指望"富人俱乐部"的施舍使自己富强起来。西方国家对发展中国家的所谓"援助"，在大多数情况下是使受援国变为原料供应地和商品销售地，并使受援国背上了沉重的债务负担。马克思揭示的资本的本质，在150年之后的今天依然没有改变。西方国家目前大力宣扬和推动的经济全球化，本质上依然是受资本主义的利润法则的推动。所谓经济全球化，可以解读为经济殖民主义，它是西方国家在武力殖民遭到失败、民族—国家主权普遍建立后试图为资本的自由流动打开出路而发明的工具。经济全球化对发展中国家是机遇还是挑战的问题，在大多数情况下是挑战大于机遇,特别对于小国寡民来说尤其如此。因此,在西方国家推动的经济全球化面前,发展中国家只能走联合参与并在参与中影响世界变化的道路,闭关自守的抵抗没有前途。自 80 年代起"南南合作"的提出并受到广大发展中国家的积极响应,发达国家被请进"南北对话"室坐下来,充分证明发展中国家团结的力量。武力殖民主义者仅凭几尊大炮和少数列强的联合就征服和占领了全世界的历史,只能是今日试图靠全球化和"富人俱乐部"来建立世界秩序的经济殖民主义者难能再现的美好回忆。世界新秩序,必须由世界各国来建立,必须考虑发展中国家的利益。而发展中国家的联合,则是保证这两个"必须"的前提条件。发展中国家再也不能像历史上那样,被少数列强"分而征服之""分而统治之"了。

如果说开展地区经济合作可以为建立合理的世界秩序提供坚强的经济基础的话,那么,推动世界政治多极化,则是一种必要的战略措施和中间环节。当今世界政治,虽然所有国家都具有名义上的平等权利,但国力强弱则决定每个国家分量的大小。特别是在强权政治和霸权主义依然横行霸道的今天,弱小国家几乎失去了在国际事务中的发言权。要改变这种不合理的状况,弱小国家必须联合起来形成集团力量,以此制约霸权主义的恶性发展。

随着苏联的解体和冷战时代各种力量的积累和组合,当今世界形成了"一超多雄"的政治格局。美国现在是唯一的超级大国。俄罗斯,虽然已没有超级大国的实力,但依然是当今世界的一雄。欧洲联盟,在一体化建设方面不断取得进展,已经初具外交政策统一的轮廓,在世界舞台上给人以政治团结的形象,也是一雄。中国,经过 20 年的发展,综合国力大大提高,在国际政治舞台上的影响不断增强,可以称为一雄。美国、俄罗斯、欧盟和中国,既是独立力量的象征,又是联合力量的象征,他们之间的关系如何,是决定未来世界秩序的关键。此外,有巴西等拉美 12 国组成的"里约集团",有埃及等 22 个国家组成的"阿拉伯国家联盟",有印度尼西亚等 10 个国家组成的"东南亚国家联盟",有 50 多个非洲国家组成的"非洲联盟",都是世界多极化的潜在力量。而印度、日本、澳大利亚、加拿大等国家,在世界政治特别是地区政治中也具有重大影响力。

20世纪70年代，"三个世界"理论的提出，曾经有效地团结了发展中国家对苏、美两家争夺世界霸权的制约。现在，人们普遍赞成的世界政治多极化构想，也必将影响和决定未来世界秩序的合理化发展。历史上的民族解放运动和民族—国家的建立，以摧毁殖民主义世界体系为目标；而目前的地区经济合作和世界政治多极化，则要消除霸权主义和强权政治。两者的目的是一样的，就是改变不合理的世界秩序，为世界民族关系的公正和谐与各民族的利益平衡发展提供可能性。

在构建合理的世界秩序中，西方发达国家特别是美国具有更大的责任和义务。这样说并不是赞同"美国领导下的世界秩序"之构想，而是说美国等西方国家应当采取建设性行动缓和自己同发展中国家的矛盾。美国等西方国家，之所以成为今日国际恐怖主义袭击的主要目标，就在于他们积怨太深。他们把自己的价值观强加于人，他们为了自身的利益而挑起和鼓动其他民族和国家之间的不和，甚至动辄以军事干涉和经济制裁要挟他人，这都是激化民族矛盾的行为。如此下去，何谈世界秩序？

近代以来，西方列强是以武力谋求世界霸权，建立殖民帝国。民族解放运动使殖民帝国退出历史舞台后，西方国家便试图以经济实力谋求建立经济帝国。如同在推行武力殖民主义统治时以传播西方文明为幌子一样，西方国家现在则以普及民主、维护人权为口号大行经济自由主义之道。所谓价值观问题，不过是自欺欺人之谈。美国在国内已经不得不讲文化多元主义，在世界上还坚持以西方价值观为标准怎么能行得通呢？追求自己的无限利益，这才是美国等西方国家与发展中国家的矛盾所在。

但是，利益追求必须有限度，没有限度就会失去平衡，引发冲突。只占世界人口15%左右的西方发达国家，却占有世界财富的80%左右；一些国家在把过剩的牛奶倒入江河之中时，非洲饥民则在抱着奄奄一息的婴儿流泪，世界秩序就失去了合理建立的基础。西方国家应该反省，应该像重视国内社会稳定的最低生活保障那样重视世界合理秩序的利益均衡发展基础。为此，西方发达国家加大对发展中国家的支持，促进发展中国家的物质生产，多负起一些人道主义的责任，少制造一些人道主义的灾难，无疑会有助于世界和平和世界秩序的建立。

共同繁荣，共同发展，是各民族生存发展的必然规律，经济民族主义不能解决全球化条件下的民族问题。各国争取民族经济发展空间的方式方法也不完全一致。各民族国家应在全球化条件下相互学习和支持。毛泽东曾说：应当承认，每个民族都有它的长处，不然它为什么能存在？同时每个民族也有它的短处。中国特色社会主义现代化道路不搞闭关自守，立足本国经济基础、经济实力和经济规律，积极参与世界经济合作，提高对外开放水平，改善经济发展模式，为促进人类的共同发展和共同繁荣做出了贡献。融通国际经济关系是广大发展中国家经济发展的基本历程，也是全球化进程中科学的经济发展模式。但在经济霸权主义的权势影响下只能在夹缝中生存。独立自主仍然是发展的重要条件。这是因为，经济强权以某些冠冕堂皇的旗帜对发展中国家经济发展进行遏制。当穷尽鬼蜮伎俩也无法达到遏制异己民族国家经济发展时，便显露出其狰狞本色，动则武力威胁、经济封锁。只是由于世界信息、资讯的透明度不断增强，经济霸权受到一定程度的削弱，发展中国家的民族经济才得到一定程度的发展。

二　民族政治理论与实践的当代发展

当代多民族国家的民族问题十分复杂，要使人们对它的认识和处理都达到理性和合理的境地，这不是一件容易的事情。当代多民族国家的民族问题主要是少数民族权利的保障问题，但对少数民族权利是什么，国际社会就有不同认识，这些不同认识又直接影响到少数民族权利保障的方式和方向，以及民族政治理论的建构。

众所周知，少数民族权利保障分为个人权利保障和集体权利保障两个方面，在少数民族聚居区设立自治地方，就是基于对后者的考虑，它为有效保障少数民族集体权利包括政治权利提供了一定的空间舞台，使他们的诉求在地方管理中能得到充分的反映。

但是，对少数民族集体政治权利进行的这种保障，不能成为违背国家内部主权统一和一般法律法规畅行的理由，更不能成为自治地方脱离中央政府领导而自行其是的理由。

公民社会的建设和形成，这是现代国家不同于以往其他国家形式的另一个主要特征，它的基本要求是保障公民权利平等，这种平等为国家统一和社会团结提供了必要的忠诚和认同基础，是实现民族（nationalities）平等的前提条件，甚至有人认为，"作为把个体与法律、政治和社会结构联系在一起的概念和安排，公民身份比其他用以处理大型人类群体的社会政治关系都更加平等"①。

现代国家的产生，是与"民族"（nation）②和公民这两个概念联系在一起的，国家是"民族"的国家，"民族"是公民的"民族"，公民是权利平等的个人；但什么是"民族"，谁可拥有公民身份，则存在着法国传统和德国传统的区别，前者以出生地和政治认同认定"民族"和公民，后者则以文化和血统同一性认定"民族"和公民。但这种区别不影响所有现代公民国家对公民权利包括政治权利的承诺，而且是"人人平等"，尽管有诸多现实因素影响着这种平等的实现，其中包括民族文化差别的因素。

正是由于民族文化差别的存在，当代国家在规定公民的一般权利时，不得不对一些少数民族群体做出某些特别规定，承认少数民族有一些特别权利。

那么，这些权利是什么呢？加拿大学者威尔·金利卡把少数民族权利概括为三个方面：自治或自我当政权利（self- government rights）、多族类权利（polyethnic rights）和特别代表权利（special representation rights）。③但这三种权利指的是民族"集体权利"而不是作为个人的"公民权利"，是从防止更大社会有可能损害少数民族群体权益的外部保护角度说的；而且，金利卡在说明赋予少数民族群体这些权利的目的时，也是从有助于实

---

① 德利克·希特：《何谓公民身份》，郭忠华译，吉林出版社2007年版，第89页。
② 民族（nationality）和"民族"（nation）在国际学术界是不同的概念。最早，nationality是指没有建立独立国家的人民（people），nation则是指建立了独立国家的人民；后来，nation被改造为指一个独立国家的所有公民，内部不同文化的人民都称为nationalities。但因国情的不同，现在有些国家特别是移民国家则使用"ethnic groups"（族群）取代nationalities。详细情况参见拙文《西方的"族体"概念系统》，《中国社会科学》2005年第4期。在该文中，笔者以"国族"一词翻译nation，以与"民族"的含义相区别。这里，由于不是进行概念辨析的地方，笔者仍以汉语习惯把nation和nationality都叫做民族，但对前者以引号加以区别。
③ 参见威尔·金利卡《多元文化的公民身份》，马莉、张昌耀译，第37—38页。虽然威尔·金利卡把"自治权"与"多族类权"和"特别代表权"列为像加拿大土著人这样的少数民族群体（national groups）应该有的三方面权利之一，但他在接下来的讨论中也没有说清楚自治权到底是什么、怎样自治和自治的现实性如何，而只是从多元文化主义差异政治的角度，以种种理由论证自治的必要性。但自治的目的是什么，他只是从自由主义政治的个人权利与集体归属之关系的角度，认为少数民族群体的自治是合理的，至于自治能给少数民族群体成员带来什么实际利益，不在他的讨论范围之内。而对于自治的结果，他不否认这有可能影响社会团结乃至造成社会分裂，也可能导致一些少数民族群体对本群体成员进行内部限制，从而违反自由主义所倡导的个人自由原则和价值观，但他对此却没有提出解决办法，而是采取了一种为了自治只好如此的态度。

现公民权利平等的角度出发的，而不是要否定公民权利平等。还要指出的是，对金利卡的观点也需要准确理解，例如自我当政权利，他是以加拿大和美国的土著人保留地为案例的，这些土著人保留地民族成分比较单一，可以谈论土著人"自我当政"，但这并不适合于那些民族杂居的地区，如美国南部西班牙语居民与英语居民杂居的州。最后，土著人保留地自我当政的权利也很有限，并不改变国家的基本政治制度和妨害国家内部主权统一。

总而言之，尊重和保护文化多样性的差异政治，包括赋予文化多样性的载体少数民族一些特别权利，不是要制造和扩大公民权利差别，不能成为排斥各民族公民权利包括政治权利平等的借口。

（朱 伦 刘 泓）

第十一章　反分裂的政府机制研究

政府机制是指国家和政府运用国家权力系统通过行政法令等手段，来确立和推广国家所推崇的价值观念，制定和推行发展的目标，建立和调整社会结构，制定和实施社会运行规则，从而对整个社会发展进行管理、调节的过程和方式。政府机制是实现协调发展的重要机制。

第一节　反分裂政府机制的构成

反分裂政府机制以维护国家利益为根本出发点，其主旨在于争取或确保反分裂的主动性，充分调动国内外资源，最大限度地降低分裂事件或危机的发生、发展和升级，确保国家安全不受相关影响和冲击，并依此为基础转危为安，并尽可能扩展国家利益。

反分裂政府机制的特征主要体现为：它是具有相对稳定的构成主体，涵括自己相对独立的关系结构、作用方式和功能作用，呈现一种相对独立的运作系统。在现实运作过程中，反分裂政府机制表现为一种稳定的管理模式，其构成主体之间的相互关系和作用方式一般是固定不变的，并反复按照同类方式运作。其设立和运行通过制度安排得以实现，有关主体应遵照执行。通过法律制度确定的互动式反分裂政府管理模式，属于法制化的政府机制，具有明显的规范性和不可违反性，稳定性更强，法制化的机制往往被当作政府反分裂机制建设的目标。

反分裂政府机制构成的基本要素是职能目标、机构设置、人员组合、行政经费、权责体系和运行规则等。其具体表现如下：其一，反分裂政府机制的主体通常是国家最高决策者，但是，国内利益集团、智囊机构以及主流民意等都属于决策圈，对于最高决策具有重要影响。其二，反分裂政府机制涉及的对象通常是涉及国家安全层面的事件。其三，相关决策事关国家安全的主要部门，尤其是强力部门。其四，反分裂政府机制运作的路径呈现多样性特点。可通过政治、经济、外交国际舆论支持等手段加以完成。

反分裂政府机制的目标是国家制定安全战略的逻辑起点。美国战略理论家丹尼斯·德鲁（Dennis Drew）和唐纳德·斯诺（Donald Snow）认为，"正确的国家安全利益和目标是制订有效战略的关键"[①]。实际上，国家安全目标就是国家安全利益的实现。因此，确定国家安全目标，首先要界定国家安全利益。国家安全利益是国家利益的根本，在内容上包括主权独立、领土完整、人民生存等；按时间向度可分为长期利益、中期利益和短期利益等；按性质可分为政治利益、经济利益和文化利益等；按重要性又可以分成核心利益、重要利益和一般利益等。具体可包括保护和促进主权国家人民享有自由与安全的基本生存条件，保护与促进主权国家人民享有自由与安全的基本生存条件等。

反分裂政府机制在确定国家安全利益、国家安全目标后，要考虑其可能受到的威胁程度，即国家安全环境。对国家安全威胁的判断将决定反分裂机制的基本类型和模式。

第二节 反分裂政府机制的产生与发展

反分裂政府机制的产生与发展大致围绕以下内容进行，即在界定国家安全利益的基础上确定国家安全目标，在判断国家安全面临的威胁的基础上分析国家安全环境，以及在评估国家实力的基础上明确其战略手段。

透过反分裂政府机制发展历程可以看到，不同的安全环境、实力基础、地缘政治、历史传统、决策体制，以及对国家安全的主要威胁的认识不同等因素，决定了不同的国家政府在反分裂指导思想、理论基础，还有在原则、内容和手段等方面都存在一定差异。当前，美国等西方国家安全政策的特点是进攻性、实行单边主义、威慑、依赖武力等手段。中国安全

[①] 丹尼斯·德鲁、唐纳德·斯诺：《国家安全战略的制定》，军事科学出版社1991年版，第149页。

政策的特点则是防御性、自卫性、强调多边合作、运用政治手段。

冷战后，随着非传统安全威胁的增加和新的安全形态的出现，反分裂政策的范围已超越了传统的安全政策的范围，但防务政策仍然是反分裂政策的核心部分。而国防部往往是一个国家与安全和防务政策制定关系最密切、作用最突出的部门。1997年5月，国防部于首次公布其《四年防务评估报告》，正式提出美国面向21世纪的安全和防务政策。这一政策的核心是为促进美国的利益而构建安全环境，对危机和威胁做出全方位的反应，为不确定的将来的挑战做好准备。2001年，美国公布冷战后第二个《四年防务评估报告》，对未来的安全环境进行了重新审视。其认为，21世纪的安全环境更为复杂和危险，安全环境中存在大量军事威胁的潜在来源、未来战争的行为、威胁和攻击的形式的不确定性。[1] 其新的国防政策的目标是：保证与盟友的安全合作；劝阻未来的军事竞争；对威胁美国利益的国家和行为进行威慑；如果威慑失败，果断地打败敌手。新的战略原则包括管理风险、以能力为基础的防务、保护美国本土和远距离投放美国军事力量、加强盟国和伙伴关系、加强美国的全球军事部署、发展广泛的军事能力、国防改革。1995年以来，中国已四次发布国防白皮书。国家利益、社会制度、对外政策和历史文化传统决定了中国实行防御性的国防政策。主要包括：维护国家主权、统一、领土完整和安全；坚持以经济建设为中心，不断提高综合国力；坚持和完善社会主义制度；保持和促进社会的安定团结；争取一个长期和平的国际环境和良好的周边环境。中国国防政策的基本目标是维护国家的主权、统一、领土完整和安全。提倡以互信、互利、平等、协作为核心的新安全观，主张在和平共处五项原则和加强经济合作的基础上，通过对话协商，促进多边安全，实行合作安全。《2002年中国的国防》白皮书阐明，中国国防的目标和任务之一是制止分裂，实现祖国完全统一。

欧盟国家的相关实践可以给予我们诸多启示。

---

[1] Donald H. Rumsfeld, Annual Report to the President and the Congress, 2002 Available at http://www.defenselink.mil/execsec/adr 2002/.

一 空间规划的复兴

空间是一个富含理性又颇具情感的概念。空间认同与地方性、领土、居住地点等密切相关。如果生存空间受到威胁，人们会从物质上和精神上奋起抗击侵略者，捍卫领土完整。对于欧盟属下国族国家（nation state）而言，从1989年开始，"东方的敌人"已经消失，让其最感担忧的是，在经济全球化背景下，由欧洲单一市场的加速发展造成的对自己领土、文化、社会、生态和经济等方面的威胁。由此导致了在《马斯特里赫特条约》的制定和民族主义复兴的过程中，欧盟成员国之间、成员国与欧盟之间相互不信任的举措逐步滋生。关于这一倾向，学界从政策治理的视角给予了诸多关注。

从空间规划者的角度看来，几乎没有什么迹象可以证实国族国家已经走到尽头。相反，所有西欧国家都在努力"捍卫"国族的领土，即通过捍卫国族空间来抵制国族国家所遭受的侵蚀（此举得到意欲改变欧洲内部边界的地区主义者和欧洲主义者的支持）。

本章关注的是有关欧洲空间规划的诸多举措。将用事实说明，自欧洲单一市场问世和柏林墙倒塌以来，所谓国族领土已经得到越来越多的关注。对于国族国家而言，在经济全球化最后侵蚀国族的疆界之前，"捍卫"国族领土是否是最后一战，尚难以断言。即使国族空间发展计划逐步进行下去，仍无充分的证据表明国族国家将走向终结。相反，在经济全球化的背景下，国族国家日益成为维护欧洲的地区形象，加强其地区认同的先决条件。

本书所要讨论的具体话题是，20世纪90年代国族空间规划及其实践在欧洲的复兴。为此，我们需要对"空间规划"做出一些解释。通常来说，以英语为母语的人们习惯上喜欢使用更加中性的词语"地区规划"（regional planning），法语世界称为 aménagement du territoire。英语中没有词汇与法语术语 aménagement du territoire 和德语术语 Raumordnung 相对应。这一现象的出现，可能是因为仅仅考虑到公共机构在对国族和更大的地区层面的空间进行规划中所扮演的角色。在由政治家、商界领袖、风险评估者和财产投资人等组成的盎格鲁—美利坚的精英们看来，相关的空间规划尤为重要。1983年，欧洲理事会曾对欧洲领土做出规划，一系列具体的语言问题随之产生。① 不列颠对相关章节的反对（从表面上看，似乎与政治取向没有任何关联），通过对术语 Regional/spatial planning 在法语、德语、意大利语、西班牙语和希腊语中对应词的翻译加以解决，这一术语在政界显然不会得到更多的追捧。欧盟委员会（Eurpean Commission）在《欧洲 2000》中使用了术语"地区规划"（Regional Planning），通过委员会的信息机制，这一术语在欧洲流行开来，至少因欧洲层面的空间规划公之于世，在欧洲的英语世界流行起来。②

值得注意的是，在欧洲的国族国家中（荷兰除外），国族层面的地区规划并未获得应有的政治认同。有的空间规划虽然未曾从政治日程表中消失过，但是相关的认同度一直保持较低水平，难以落实；有的规划做出后，迫于反对力量（往往来自地方）的压力而流产。这种对国族空间规划的较低政治关注度的出现，具有诸多原因。以德国为例：

第一，空间规划是相当抽象的理性概念，解释起来不容易，理解起来更加困难。从长远观点看，其战略特点，作为与空间紧密相关的信息和交往的一种资源，其催化作用以及其协同增效目标，使得规划在国族或地区层面上难以做出解释。第二，代表市场经济的行动者组成的具有影响力的阶层，长期坚持反对国家对市场力量的干预，对于国家对市场经济发展的掌控能力存在一种积习难返的怀疑。第三，不信任自身任职的现存政府机构的一些官僚，要求交通、教育和住房等机构之间的空间合作，而非国族意义的空间合作。第四，空间规划由于具有跨地区的特点，执行力度较弱。作为政策区域的空间规划，对规划的传播几乎没有鼓励措施，对那些忽视空间规划目标和方向的言行，也没有加以阻止或惩戒。第五，作为参与空间规划制定的知识分子的态度，降低了空间规划在人们心中的政治地位。他们使用那些很少有人可以真正懂得的学术行话，使得公众难以认知开展空间合作的必要性。

然而，20 世纪 90 年代初叶，欧洲人开始重新关注国族空间规划。

---

① Council of Europe (CoE), A regional/Spatial Planning Charter for Europe, Strasburg 1983.

② Commission of the European Communities (CEC), Directorate General for Regional Policy: Europe 2000-Outlook for the Development of the Community's Territory, Communication from the Commission to the Council and European Parliament, Brussels, Luxembourg 1991.

1991年，欧盟委员会发布了一份名为《欧洲2000：共同体领土发展前景》（以下简称《欧洲2000》）的文件，① 进而推动了欧洲一体化的发展，同时，欧洲一些国族国家政府也开始积极促进国族空间规划的复兴。

二 《欧洲2000》与《欧洲2000+》

《欧洲2000》是该委员会制定的第一项有关欧洲空间发展维度的综合性的地区政策。它与欧洲理事会先前做出的努力形成对照。欧盟委员会此举的目的很可能是造成更多的政治影响。正如文件所言，其最终目标并非为欧洲制定总体规划，而是促使委员会的努力可以"通过单一的内部市场增加财富，特别是要保证当下那些贫困地区充分分享这份财富"。《欧洲2000》的前言对其合法性做出了如下陈述：

"从共同体层面而言，在不同的地区规划者之间建立更加系统的合作具有必要性，交通和能源领域中的政策制定，应从地区发展的角度加以考虑。从地区发展的维度看，在欧洲共同体内部，地区规划可以产生不断增长的利益。我们的经济发展，使得彼此之间的关系变得更加密切，我们的政策和行动正在逐步纳入欧洲范畴。人为消除国族边界的规划并未纳入议事日程。制定《欧洲2000》的第一个目的，是在共同体范围，而非国族或地区范围的参考框架下，为规划者们提供一些他们所需要的信息。政策制定者与各类公共权威机构应该逐步意识到，其决策对于共同体其他地区的相应机构可能带来的影响。"

当然，这份文件只是欧洲发展的宏观蓝图，被视为解决共同体成员国城市与地区发展问题的第一个政策回应。其合理性毋庸置疑，"单一的内部市场"加剧了欧洲的两极分化，表现如下：其一，单一欧洲市场的经济目标产生了诸多非计划中的或被忽视的消极的社会与环境后果。其二，欧洲经济的迅猛发展，受益的只是在地缘政治中处于有利地位的部分城市和地区，处于地缘政治边缘地带的地区和城市为此付出了代价，但是从中获得的收益则比较有限，文件还包括了有关空间发展的相关信息，主要体

---

① Commission of the European Communities (CEC), Directorate General for Regional Policy: Europe 2000-Outlook for the Development of the Community's Territory, Communication from the Commission to the Council and European Parliament, Brussels, Luxembourg 1991.

现为四个方面的内容：人口与经济的关系；基础设施建设与空间的一致性；环境；共同体内部不同地区的发展走向，即城市发展态势，农村地区的未来，边疆城市和地区的新作用，以及沿海地区和岛屿的发展。

文件概述了这些地区的发展问题与面临的诸多限制，对于共同体在相关领域所需采取的行动提出了建议。

显然，这份共同体文件的制定者们将其 12 个成员国的领土联结为一个整体，欧盟委员会为建构在这一地理范围之上的联合体的发展做出了相应的思考。作为领土的结合体，城市和地区成为反映其发展问题的标示物，以及衡量未来地区政策的尺码。而所谓"国族的领土"仅仅在陈述国族边疆地区时才出现在文件中："边疆地区处于成员国中相对贫困的区域。这不是一个简单的问题，不仅因为相关地区位于边缘地带，还因为各类法律和行政体制和匮乏的交通通信对其发展所强加的诸多限制。随着欧洲一体化的逐步发展，共同体内部的疆界将失去更多的原有意义。"

上述"地区"主要指欧洲"内部"的边界地区，即法国和荷兰之间的边界地区，丹麦和德国之间的边界地区，以及西班牙、葡萄牙和法国之间的边界地区。其他类型的边界地区在文件中得到了特别的关注——中欧和冬菇的边界地区：

> 随着边缘化程度日渐加深，地跨三国边界地区的内部出现了险象。这些地区深受欧洲自由贸易联盟①成员国，以及出现跨界移民潮和务丁潮的中东欧国家发展关系影响。

为缓解边界地区的相关问题，文件建议共同体行动主要在如下方面受到限制：第一，有关基础设施和工业发展的巨额投资，包括在边界两侧解决环境污染问题的特殊措施。第二，有关跨界的主要合作计划，包括可以获得可观收益的经济合作规划，可共享公共服务和人力资源的合作计划。第三，管理移民和跨界工人的密切合作。

20 世纪 90 年代早期，一项旨在帮助边界地区发展的特殊计划（IN-TERREG），为共同体所接受。该计划旨在解决共同体边界（包括内部成

---

① European Free Trade Association（EFTA）.

员国之间的边界和共同体外部边界）地区的具体问题。该计划下的31项预算全部用于边界他区发展。

可见，欧盟委员会已经清楚地认识到，报告中所认知的空间规划问题难以在欧洲层面上得以解决。"充分利用收集的信息"成为"空间发展委员会"（Committee of Spatial Development）的重要职责。它在欧盟委员会和成员国之间搭建和拟定了协商的平台与机制，使那些颇具竞争力的当局可以获得讨论解决冲突，谋求共同发展的机会。

《欧洲2000+》是《欧洲2000》的后续文件。1994年，欧洲部长会议在东柏林召开，该文件被提交到大会，旨在解决"地区/空间规划"问题。

《欧洲2000》虽然针对的是共同体属下的12个成员国（将之视为一个领土单位 unit），但是我们仍然可以说它是一份有关欧洲的文件。欧盟委员会做出这一规划的目的是要将欧洲的国族国家推向终结吗？当然不是。但是，此举的动机很可能会产生具有歧义的影响。

一方面，它会进一步加剧侵蚀国族的泛欧因素的增生，原因如下：第一，虽然涉及欧洲范围的空间发展政策的存在确实具有必要性（比如高速火车网络的出现，有助于改变欧洲既有的城市体制），但是受益的只是部分城市，很多地区和城市为此要付出巨大的代价；一些较大的城区不得不面对来自东欧和南欧的移民潮，日益复杂的社会紧张关系，以及声势不断增大的民族主义运动。欧盟农业政策同样会影响农村地区的经济活力，它所证实的是地区政策可以发挥的一种辅助和补充作用。第二，欧盟委员会的理想是将欧洲视为单一的空间单位，此番政策举措旨在通过共同体的空间政策将其各个组成部分的政策整合起来，以发展自己的力量。第三，发挥欧洲范围的空间信息机制的作用，可以提升委员会操控跨界信息的实力。

另一方面，该文件也产生了一些与文件颁布者意愿相悖的影响，即加强了委员会属下成员国的实力：第一，有关从欧洲层面出发难以解决中欧和边界地区的经济与社会发展问题的担忧，会引发将诉求更多地寄望于国族国家政府。第二，欧洲空间发展规划的提出，会招致欧盟成员国投身"捍卫其国族利益"，将其国家空间发展目标重新规划，使之更加明确。

有人可能认为，《欧洲2000》的意义和影响都是比较有限的，它不过是欧盟委员会制定的自由市场政策的一片"无花果树叶"，对于欧盟成员国发展空间的影响仅仅局限于边缘地带。但是，值得注意的是，空间发展意识在欧洲的提升，将可能割断业已编织起来的共同体成员国之间的团结纽带。

从20世纪90年代初叶开始，欧盟委员会向成员国积极争取在空间规划领域中的权能，同时在实践中努力扩大该政策领域的发展空间，这无疑会迫使其成员国政府做出相关回应。因此，在地区治理过程中，出现了国族国家权能的进一步集中。不同的地区必须接受这种权力的变化。他们从中也认识到，只有强有力的国族国家政府才能控制欧盟的行动。

三 空间发展的未来走向

欧盟委员会不仅是一个探索欧洲空间发展走向的机构，而且自20世纪80年代晚期起，它便做出了诸多努力以规划欧洲未来的发展空间，并为规划的实施建构出相关的理念。

（一）"蓝色香蕉"

在欧洲，公众对于空间发展问题的关注始于法国的一项研究。[1] 通过对欧洲空间发展走向的研究，作者绘制了一份精美蓝图，表明欧洲未来的经济发展将集中于从伦敦到米兰呈香蕉形分布的经济圈中。作者绘制这份蓝图的目的，是提醒法国政府，欧洲的未来发展将改变法国的领土边界。该图被称为"蓝色香蕉"，并且流传开来，同时，受到学界和通俗经济杂志的追捧。随后，人们或将之视为空间发展研究的参考，或批判它展示的欧洲"集中发展的蓝图"可能带来的难以预料的负面影响。

（二）欧洲葡萄

一项有关《欧洲2000》的研究[2]指出，实施单一的欧洲市场发展计划所产生的消极的空间发展后果，主要由于人们追捧自由竞争的市场哲学和城市之间的相互竞争所致，该研究从三个维度关注到欧洲发展的两

---

[1] Brunet, Les villes européennes, La documentation francaise, Paris 1989.

[2] Klaus R. Kunzmann, M. Wegener, *The Pattern of Urbanization in West Europe 1960–1990*, University of Dortmund, Drmund 1991.

极分化和相互隔离问题：

第一，核心与边缘。尽管发生在欧洲核心地区的各种变化，让当地的交通网络更加完备，经济更加繁荣，但是，欧洲边缘区和核心区之间的贫富差距加大了。第二，北方与南方。尽管南欧各国政府为增加人们的收入做出了诸多努力，并且得到欧洲共同体的支持，但是，北欧、西欧的人均收入与南欧人均收入的差距在逐渐加大。第三，西欧与东欧。东欧贫困城市与西欧繁华城市的差距，容易引发难以掌控的移民潮。

作者认为，以"欧洲葡萄（象征空间发展权利平等）"而非"欧洲香蕉（象征空间发展的有效利用）"为基石的"欧洲空间规划"的实施，会导致上述问题的发生。

(三) 欧罗巴合众国 (The United States of Europe)

荷兰的一些历史学家建议荷兰的啤酒商[1]，建立一个由75个空间单位组成的欧罗巴合众国。它们可能是地区或国家，人口规模在500万和1000万之间，同时，拥有共同的文化认同。

欧罗巴合众国的地理分布效果图[2]，看起来与18—19世纪的欧洲地图十分相似，当时，欧洲大陆被众多国族国家所分割，欧洲版图之上"星罗棋布"。欧洲人追捧合众国模式，有其特殊的历史和文化原因，绝非简单的模仿。无疑，欧罗巴合众国的问世，会改变现存的国族国家的边界。

但是，"勇敢的尝试"很可能会招致事与愿违的后果。欧罗巴合众国的规划，会促使那些希冀强化国族国家边界的欧洲人，为实现理想做出更多的努力。

上述有关欧洲空间发展的三种规划，是从众多规划中选取的三个案例。另外许多规划或已出版，或在大学和公司中传播，或为政府智囊团所收集。

四 捍卫领土：国族的空间规划

20世纪90年代，由于历史等诸多原因，欧洲共同体成员国已经开

---

[1] Heineken.

[2] A. H. Heineken, *The United states of Europe* (*A Europia?*), Amsterdam 1992.

始关注到国族层面的空间发展问题。其中一个重要原因是欧洲单一市场的问世，以及欧盟委员会开始发起制定欧洲空间发展政策。共同体的相关举措让那些不准备加入欧洲空间整合的国族国家倍感不安。在有关环境保护、交通需求、两极化趋势的发展、农村地区结构变化，以及大规模基础设施建设计划等问题的研讨中，国族国家政府开始思考空间（即国族国家的领土）的未来发展，其中，德国、法国和荷兰表现得比较典型。

（一）德国：从联邦主义到国族主义？

1989年，德国实现了战后的统一。政府随即着手制定一系列相关战略政策和措施，针对解决东德领土问题制定的空间发展战略①便是其一。它被视为德国未来基础设施网络（包括高速公路、铁路和机场等）的发展指南，用于指导城市体系（包括社会基础设施、经济促进机制和联邦机构的重置等）和选区的重建和发展。文件用了5页的篇幅阐释了空间发展原则，绘制了在重建过程中相关政府行政人员和机构设置的示意图。②

众所周知，1989—1990年是东德历史发展的特殊时期，正是在这一独特的背景下联邦政府才会制定上述文件。20世纪60年代，政府也曾采取类似行动，但是由于当时蓝德的反对（蓝德拒绝接受联邦政府在空间发展计划中能够施展的权能）而流产。

在这份文件面对世人点评的同时，联邦政府针对整个国族国家领土开始急迫地建构"德意志联邦空间规划"③概念。对于联邦政府中负责制定规划工作的官员来说，这是一项令其颇感荣耀之责任。不难想象，此番战略性设计能够创造的客观收益，会给他们带来怎样的愉悦。通过参考建立在西德领土上的"单一欧洲市场"④的类似寓意，1993年2

---

① Raumordnerische Konzept für den Aufbau in den neuen Landern.
② Bundesministerium für Raumordnung, Bauwesen und Stadtebau (BMBAU), Raumrdnerisches Konzept für den Aufau in den Neuen Lander, Bonn, 1991.
③ Ibid..
④ P. Ache, Heinz J Jürgen Bremm, K. R. Kunzmann, Auswirkungen des Europaischen Binnenmarktes auf die Raum-und Siedlungsstruktur in Westdeutschland Schriftenreihe "Forschung" des BMBAU, Nr. 488, Bonn-Bad Godesberg 1991.

月，上述概念出现在题为《地区空间规划指南》的文件中，并被公之于世。该文件被翻译成英文和法文两种外文版本，每种版本都附以用另外 5 种文字（丹麦文、荷兰文、捷克文、波兰文和俄罗斯文）书写的文件概述，以期尽快获得国际社会的首肯。英文版的题目是"地区规划指南：德意志联邦共和国空间发展总原则"。文件对联邦政策的地位寄予了肯定，因此获得"蓝德派人士"的支持。

值得注意的是，文件并非通常意义的国家规划，而且是一份关注到传统意识的政府计划，旨在搭建空间信息交流渠道，提出空间发展的一些原则。其政策覆盖面包含了德国境内的各个地区，关注到该国各类地区和地方问题。

该文件随后得到地区政府和联邦政府的领导人，以及欧盟的政策制定者们的普遍认可，并逐步将其纳入议事日程，落实到治理实践中。此外，这份战略性文件还就推动城市网路发展、保护环境和土地资源、发展交通基础设施，促进欧洲的跨界合作等问题，提出总体的应对原则。

《地区空间规划指南》并非制裁性文件。"德意志联邦空间规划"概念的提出，为解决德国统一后各地区和城市在处理发展中可能遇到的问题，提供了政策导向。它对于边界地区的发展做出了明确的规划，在设计德国空间发展蓝图的同时，强调了欧盟的重要性。

不应忽视的是，文件问世的重要原因是来自欧盟的挑战。从某种意义上说，欧洲共同体的建立可视为欧洲的重组。欧洲国族国家的重组，赋予德国的领土新的国族意义，国家的领土也因此具有新的政治意义，《地区空间规划指南》应运而生。

（二）法国：加强边界地区建设

空间发展规划的制定在法国由来已久。20 世纪 60 年代至 70 年代早期，在强有力的中央集权的行政管理体制下，法国的空间发展规划产生了至关重要的影响。通过其空间信息的传递，空间规划的落实，为公共投资比例的设定提供了标准。80 年代，因为政治等原因，空间规划在法国一度受到冷落，随后在 90 年代开始复兴。自 90 年代以来，法兰西政府智库掌握的部分文件数据被公布于世，其中有两份文件很值得关注，它们都与欧洲空间发展态势密切相关。

其中一份文件确认，法兰西国族空间发展面临来自三方面的挑战，①即法国西部的边缘化，与邻国毗邻地区的丢失，以及（在世界其他地区人口出现迅速增长的同时）在法国诸多地区出现的人口减少现象。文件还专门绘制了图示，标明法国政府担心可能失去的领土。②

从普通的欧洲人的角度看，对于城市发展问题日渐突出的法国东部，可以被视为精神领土加以捍卫，因其发展的空间和制定相关规划的意义则比较有限。这一观点受到另一文件的批判，它提出要推动法国东部的城市发展问题的解决，建议设计一份独特的"法兰西发展路线图"与"欧洲共同体发展路线图"③ 相匹配。以上是法国政府文件中所提供的"处在威胁中的国家领土"。

随着这些文件的公布与传播，法兰西人普遍认识到，简单明了的精确地图比长篇大论的文字解释更容易让他们了解法国的空间发展现实，即法兰西没有屈服于"欧洲"。

（三）荷兰

在荷兰，空间规划在传统上一直占有重要地位。人们普遍认为，空间发展规划是指导国家空间发展不可或缺的工具，应得到必要的政治支持，政府各部门制定的治理政策都应与国家的空间规划联系起来。而现实中的许多欧洲国家政府（包括荷兰）对此给予的支持力度却比较有限。荷兰的情况植根于这个国家的历史，包括城市和共和传统，长期积累的开发和利用新土地的经验。

自20世纪40年代开始，制定并颁布空间规划在荷兰已成为制度化的政府举措。为使空间规划能够真正落实到位，政府相关部门负责文件准备，定期向社会发布，鼓励大众通过媒体展开讨论，征求社会各方面的意见加以修改和完善，之后给予政治确认。1991年，在题为《欧洲视角：对欧洲空间政策的选择权的一种思考》的文件中，阐述了欧洲经济与社会发展态势对荷兰城市和乡村产生的影响。④ 相关分析被浓缩成

---

① DATAR, Amenager le Territoire, Trois Défis, Paris 1991.
② Ibid..
③ DATER, Pact urbain de l' Arc Nord Est, Dossier, Paris 1992.
④ RPD, Perspectivess in Eurpe, *A Survey of Option for a European Spatial Policy*, Rijksplanolgische Dienst, Dan Haag 1991.

两幅地图，展示了当时荷兰不同地区和城市的功能划分，以及预期的发展方向。①

这份文件的主要结论是，为加强荷兰主要城市在欧洲的竞争能力，政府应将投资集中用于相关地区解决城市发展问题。可见，荷兰政府颁布的此项文件进一步明确了国家的利益和空间发展的目标，其目的是在欧洲空间发展规划过程中争得更多的话语权。

进入90年代后，空间发展规划在欧洲国族国家中步入出人意料的复兴态势，联邦主义理念与国族主义实践出现博弈。其原因主要包括如下内容：

第一，"单一欧洲市场"计划加强了欧盟委员会的实力。由此招致欧洲人开始关注改变国族疆界对于相关空间（即国族国家的地区或地方）的意义，推动欧盟委员会开始将空间规划作为治理手段，为欧洲的整合提供更加有效的路线方针。《欧洲2000》和《欧洲2000+》都属于阐释相关内容的文件。因此，虽然对"空间"概念的界定尚不甚明晰，但是，欧洲层面的空间规划已经问世。

第二，国族国家政府面临双重压力。作为欧洲共同体的成员，国族国家既要接受欧洲共同体的治理，让渡部分主权，同时又要追求国族国家利益，捍卫领土完整。空间规划虽然不是有效的政策手段，但是，也可视为一种工具，能够通过空间和地面诸多渠道，传递政治、经济等相关信息。因此，欧洲共同体要求成员国政府提供其空间规划，以使共同体的政策制定获得依据。

第三，国族空间计划的复兴，还源于人们对欧盟政策关注度的逐步提升。随着欧洲一体化的发展，生活在不同地区的人们，越来越关注欧盟制定的相关政策（从表面看，制定这些政策的地点与他们的家园相距遥远，政策本身几乎难以对其地方的政策制定产生影响）对其地区或地方的寓意。有越来越多的欧洲人认为，东欧的敌人已经不再存在，而所谓"欧洲"即成为"替代品"。迫于选民施加的压力，国族国家政府开始捍卫本国领土，以抵制"地方"或"地区"生活的"欧洲化"。

---

① RPD, Perspectivess in Eurpe, *A Survey of Option for a European Spatial Policy*, Rijksplanolgische Dienst, Dan Haag 1991.

第四，"空间规划"被视为"捍卫国族利益"、建设美好家园的有效手段。实际上，许多"空间规划"因没有专门机构负责监督执行都难以落实。有些地方或地区往往以此为依据，削减基础设施投资。因此，所谓"空间规划"大都成为梦想机器，让人们产生幻觉，认为其家园因"空间规划"的存在而获得安全保障。对于那些对其推崇有加，寄予厚望，准备迎接美好未来的个人和群体来说，"空间规划"不过发挥了心理安慰作用。

国族国家走向终结了吗？诸多迹象表明，迄今为止，各类民族主义（包括政治民族主义、文化民族主义等）在欧洲依然存在，并未消亡。追溯空间规划在公众层面的发展轨迹，我们难以看到有证据证明国族国家即将终结。20世纪90年代，出现在欧洲的国族国家空间规划实践表明，捍卫国族领土乃主流政治意识所归。而欧盟委员会将欧洲划分为不同功能区域的举措[1]，既不能颠覆欧洲国族国家的独立地位，也不能扭转欧洲人所持有的国族认同。对于欧盟及其属下国族国家而言，联邦主义理念与国族主义实践的博弈将成为他们难以回避的话题。

第三节 反分裂政府机制的功能

第二次世界大战以后，特别是自联合国成立以后，国际社会对少数民族问题逐步形成了一种共识，即反对强迫同化和歧视，主张民族平等，并为此通过了一系列保障少数民族权利的国际宣言或公约，各国宪法也有相关宣示。[2]但是，怎样才算是民族平等，怎样保障少数民族权利特别是集体政治权利，国际社会并没有一致的看法，有关国家的实践方式也不尽相同。然而，尽管如此，国际社会对少数民族权利保障问题也还是有一些基本前提或原则的，这就是坚持体现国家内部主权的政法统一，坚持体现公民社会本质的公民权利平等。这两个理由，是我们反

---

[1] Commission of European Communities, *Directorate General for Regional Policy*, *Europe 2000-Outlook for the Development of the Community's Territory*, Communication form the Commission to the Council and the European Parliament, Brussels, Luxembourg 1991.

[2] 参见杨侯第主编《世界民族约法总览》，中国法制出版社1996年版。

对达赖集团"大藏区高度自治"主张的理论支点，因为这两个理由的正当性是国际主流社会公认的，任何支持达赖集团的国际势力也无法公开否认。

一 国际社会目前对少数民族权利保障问题的一般认识和普遍原则

关于少数民族权利的保障问题，国际社会首先对权利的体现主体存在不同看法：

第一种观点认为，少数民族权利属于一般人权的范畴，是个人权利。因此，少数民族权利保障也就是保障少数民族成员作为平等公民的权利，除此之外，不能有其他特别权利。第二种观点认为，少数民族成员除了应有一般公民权利以外，少数民族作为一种社会历史文化共同体还应有集体权利。二者争论的焦点在于：第一种观点认为，保障了少数民族成员的公民权利平等，也就保障了民族之间的平等；如果承认少数民族有集体特别权利，这不仅是对现代国家公民社会公民权利平等原则的违背，而且还可能导致少数民族对其成员进行"内部限制"，阻碍个人选择自由这一基本人权的实现。第二种观点认为，保障民族集体权利非但不影响公民个人权利平等，而且有利于促进实现个人权利平等；民族集体权利要求的主要是"外部保护"，对于一些非自由的民族群体中存在的内部限制，应相信民族群体内部的改革动力，国家也可以促进这类群体逐步走向自由，但不能借此不承认民族集体权利。

其次，在承认少数民族应该有集体权利的观点之间，则存在对民族集体权利的内涵之争：有的认为民族集体权利是一种文化差别权利，即少数民族可以保持和发展自己的各种文化特点，少数民族应当是一种文化载体而不应成为政治主体，因为现代代议制民主政治是以公民、政党和地方为行为主体的，承认民族集体是一种政治因素和政治力量，不利于国家统一建设和公民社会团结。另一种观点认为，少数民族作为一种利益共同体，不仅有保持和发展自身文化的权利，也应有集体政治权利；自由主义的代议制民主政治与保障少数民族集体政治权利不仅不矛盾，而且前者还可以因后者而获得更广泛的认同基础，从而为权利的合法性提供更加充分的支持。

最后，在承认少数民族应该有集体政治权利的观点之间，则存在对少数民族集体政治权利的向度之争，而且争论更多、更大。有的认为，少数民族集体政治权利只应体现为对民族内部事务的管理；有的认为，这种权利还包括对地方事务的管理；还有的认为，这种权利也包括在涉及少数民族权利的国家权力机关中有特别代表权。而对内部事务管理、地方事务管理和特别代表权，人们又有限度上的不同认识：被一些人视为民族内部的事务，在另一些人看来则是国家公共事务；被一些人视为属于地方的权限，在另一些人看来则属于国家的权限；有些人把特别代表权界定为一票否决权，而另有一些人则认为此种权利有违少数服从多数的民主政治原则。

总而言之，关于少数民族权利及其保障问题，是一个十分复杂的问题，人们现在还没有取得完全一致的认识。但是，在这些争论的背后，则有两个基本原则是世所公认的：第一，保证国家政法统一；第二，保证公民权利平等。这就是说，少数民族权利诉求和保障，都必须在国家政法统一和公民权利平等之下寻找可能的空间；否则，人们便难以取得共识，甚至会把民族关系弄到不可收拾的地步：突破国家政法统一，难免不像塞浦路斯那样，希腊裔和土耳其裔两个民族各自为政，使国家处于分裂状态；不讲公民权利平等，则可能如美国和南非曾经做过的那样，实行种族隔离制，进一步加剧族际矛盾和冲突。

那么，国家政法统一和公民权利平等的内涵是什么呢？少数民族的权利保障怎样在这两个前提下寻找可能的空间呢？

国家政法统一，是现代国家内部主权的体现，是现代国家之所以不同于以往其他国家形式的主要特征之一；它的基本要求是以普遍的法律和制度来规范社会管理，确立中央政府对地方政府的权威，赋予中央政府协调不同地方和社会集团之间的利益的权能。在政治学研究中，现代国家有集权制和联邦制之分，这主要是就中央权力与地方权力的分配程度而言的，而在内部主权问题上二者没有本质的不同，都是以政法统一作为维系国家正常运转的保证的；而且，在现代国家的建构中，联邦主义通常都要服从于统一的民族主义，以国家整体利益为先。[1]

---

[1] Vèase: Miquel Caminal, *Nacionalismo y Federalismo*, insertado en "Ideologìas y Movimientos Polìticos Contemporàneos", editado por Joan Antòn Mellòn, Tecnos, Madrid, 1998, pp. 106 – 109.

当然，现代国家政法统一的预设前提，是以同质性和同一性的民族社会为基础的。但是，现代国家很少是同质性和同一性的，而多民族则是普遍现象。基于这样的现实，大多数多民族国家不得不对一些异质性的少数民族社会的管理做出一些特别安排，包括建立一些特别行政区并赋予它们一些特别权利，以适应治理这些地方和这些地方治理的需要。这些特别行政区，不同国家有不同名称，有的叫"海外省"或"自治领"，有的则叫"民族自治地方"；这些特别行政区的特别权利，则一般称为"自治权"。但是，不管这些特别行政区有什么样的自治权，首先都要保证国家一般法律法规的畅行，至多只能在报经批准后加以"变通执行"。众所周知，少数民族权利保障分为个人权利保障和集体权利保障两个方面，在少数民族聚居区设立自治地方，就是基于对后者的考虑，它为有效保障少数民族集体权利包括政治权利提供了一定的空间舞台，使他们的诉求在地方管理中能得到充分的反映。但是，对少数民族集体政治权利进行的这种保障，不能成为违背国家政法统一的理由，更不能成为自治地方脱离中央政府领导而自行其是的理由。因此，所谓民族自治地方的自治权，它的合法性来源仅在于国家同意或授权，而不是源于什么"真正的或名副其实的民族自治"权利。

关于公民权利平等，这是现代国家的另一个基本特征，它为国家统一和社会团结提供了必要的忠诚和认同基础，是民族平等的基本前提，甚至有人认为，"作为把个体与法律、政治和社会结构联系在一起的概念和安排，公民身份比其他用以处理大型人类群体的社会政治关系都更加平等"[①]。现代国家的产生，是与民族和公民这两个概念联系在一起的，国家是民族的国家，民族是公民的民族，公民是权利平等的个人；但什么是民族，谁可拥有公民身份，却是一个复杂的问题。在这个问题上，一直存在着法国传统和德国传统的区别，前者以地域和政治认定民族和公民，后者则以文化和血统认定民族和公民。至于对公民权利的界定，自由主义传统、共和主义传统和社会主义传

---

① 德利克·希特：《何谓公民身份》，郭忠华译，吉林出版集团有限责任公司 2007 年版，第 89 页。

统则又有区别。但不管有什么区别,一切国家都宣示保障公民自由流动的权利和参与公共事务管理的权利,而且是"人人平等",尽管有诸多现实因素影响着这种平等的实现,其中包括民族及其文化差别的因素。

正是由于民族文化差别的存在,当代国家在规定公民的权利时,不得不对一些少数民族群体做出特别的安排,承认少数民族有一些特别权利。加拿大学者威尔·金利卡把少数民族权利概括为三个方面:自治权利(self-government rights)、多族类权利(polyethnic rights)和特别代表权利(special representation rights)。[①]但这三种权利指的是民族"集体权利"而不是作为个人的"公民权利";而且,金利卡在说明赋予少数民族这些权利的目的时,是从有助于实现公民权利平等的角度出发的,而不是要否定公民权利平等。还要指出的是,对金利卡的观点也需要准确理解。例如自治权利,他也指的是民族地方自治,并且主要是以加拿大和美国的土著人保留地为案例的。这些土著人保留地民族成分比较单一,可以说是土著人的"民族自治",但这并不适合于那些民族杂居的地区,如美国南部西班牙裔与英裔杂居的州。最后,土著人保留地的自治权也是很有限的,甚至不如我国一个"民族乡"的权力,并不影响国家基本政治制度的变化和国家内部主权的统一。总而言之,尊重和保护文化多样性,包括赋了文化多样性的载体——少数民族一些特别权利,不是要制造公民权利差别,不能成为排斥各民族公民权利包括政治权利平等的借口。

然而,达赖集团提出的"大藏区高度自治"主张,恰恰违背了上述两个基本原则。达赖集团在《备忘录》中只谈如何"高度自治",闭口不谈国家的政法统一;只讲"藏人治藏",不讲各民族公民政治权利平等,甚至连其他民族公民的自由居住权都不允许,要像国际移民那样得到批准。达赖集团对当代多民族国家民族关系所持观念的落后与荒谬,对现代国家不分种族民族区别、保障公民权利平等的国际共识的蔑视与

---

① 参见威尔·金利卡《多元文化的公民身份》,马莉、张昌耀译,中央民族大学出版社2009年版,第37—38页。

对抗，由此可见一斑。①这样的"大藏区高度自治"，在世界上找不到第二个案例。目前，世界有关国家对少数民族权利的保障方式不尽相同，但对上述两个基本原则的坚持却是普遍的。

二　国际社会保障少数民族政治权利的几种主要方式

世界各国因国情和"族情"不同，以及对少数民族权利保障的认识不同，现有不同做法，归纳起来，大致可分为九种主要方式或类型：公民化方式、社团化方式、政党化方式、议会化方式、一体化方式、多元文化主义方式、土著人保留地方式、民族联邦方式、民族地方自治方式。当然，这些方式有的还不是系统的少数民族权利保障制度，而是根据一些理论或理念确定的政府政策；而且，这些方式也不是排他性的，有时会在一个国家同时存在。

1. 公民化方式

这是最普遍的少数民族权利保障方式。当今世界无论什么性质的国家，也不论什么色彩的政府，都会基于现代国家的公民社会性质信守对公民权利平等的承诺，其中包括赋予少数民族成员平等的公民权利。但在对公民身份的认定上，一些国家也曾对少数民族和种族的成员采取公开的歧视政策，把他们排斥在公民之外。最典型的例子是美国和南非。美国于1776年独立，但直到111年之后的1887年，随着《道斯法案》的通过，美国才开始有条件地赋予那些实行私有化的土著人公民身份，而无条件地凭出生赋予土著人公民权直到1924年才实现。至于非洲裔黑人，直到1863年《解放黑人奴隶宣言》颁布，才有公民权；但影响非洲裔黑人享有完全公民权利的种族隔离制，直

---

① 西班牙加泰罗尼亚地方政府对国际移民来到西班牙后倾向于落脚富裕的加泰罗尼亚，给加泰罗尼亚带来就业和社会治安压力，批评西班牙政府的国际移民政策，但也没有要求限制西班牙公民的流动自由。20世纪50年代前后，随着巴斯克地区的工业发展，来自其他地区的劳工大量涌入，现在的巴斯克地方政府也没有因为这带来了人口结构变化而否认它的积极意义，或认为这破坏了民族团结，巴斯克人特性和文化灭亡了，巴斯克人消失了。然而，达赖集团却认为，其他民族的公民来到西藏，使民族团结"无从谈起"，使西藏的民族特性和独特文化"日渐消亡"，"藏民族也会消失在汉民族当中"。达赖集团的民族和民族关系观，是其人分"三等九级"的封建农奴制观念的扩大版，尽管他们口头上讲人权和民主，但思想还是中世纪的。

到60年代才被废除。南非独立后，也曾对黑人实行种族隔离，直到80年代末期随着白人政权的倒台才被取消。目前，民族和种族歧视问题虽然不能说在世界各地完全消失了，但公民权利平等已成为一种普世价值或主流观念。

但是，赋予少数民族或少数族群平等的公民权，这只是对他们的个体权利的保障，对他们要求保持自己独特的集体文化的愿望又该如何保障呢？对此，一些国家曾经采取所谓"善意忽略"的态度，既不支持，也不反对。但"善意忽略"的结果，实际上是少数民族难以保持自己的集体文化。由此，自70年代以来，保护文化多样性开始成为国际社会的主流声音，少数民族成员既可以享有一般公民的平等权利，又可以享有保持自己独特文化的权利。但这又带来了另外一个问题：集体文化的保持是靠文化成员的集体力量来实现的，这是否意味着一个少数民族群体可以要求其成员必须对本民族尽义务、对他们进行内部限制呢？如果进行和允许这样的限制，这是否又与公民的个人选择自由权相悖呢？对这个问题，国际社会现在是争论不休的，但主流声音则是公民权利保障在先，少数民族对其成员的任何要求都不能违背国家对公民一般权利的保护。

2. 社团化方式

这是一种将民族群体社团化，并纳入民政管理范围的少数民族集体权利保障方式。以民族群体为单位建立各种性质的社团，这是一种温和的少数民族集体权利诉求，它既不妨害国家政法统一，也不违反公民权利平等，因而一般都会得到相关国家当局的积极回应。将民族群体社团化的思想理论基础，一是自由主义政治理论所主张的结社自由，二是19世纪欧洲思想界针对政治民族主义而提出的"文化民族"观，此观点把民族视为一种文化共同体，可以像教会那样存在。

将民族群体社团化的少数民族集体权利保障方式，最突出的特点是将民族问题"非政治化"，特别是把少数民族与地方行政管理脱钩。这对于那些没有地域依托的国际移民群体或已完全散居的民族群体来说是可行的，但对于一些具有传统地域依托的聚居民族来说就不够了，他们一般不满足于只成为一种社团。因此，承认少数民族可以建立社团，只是对少数民族集体权利提供了最低保障，但不足以满足少数民族特别是聚居的少数民族对集体政治权利的诉求。

3. 政党化方式

以民族为依托建立政党，参与国家和地方政治生活，这在自由主义国家是一个普遍现象。除了自由主义政治背景外，民族政党化方式还与一些国家无法实行民族地方自治这种集体政治权利保障方式有关。例如圭亚那的印度裔和黑裔，都没有形成聚居区域，于是便分别建立了全国性的"人民进步党"和"人民国民大会党"。还有一些国家的少数民族有传统的聚居区域，但行政区划和管理不考虑民族因素，少数民族不得不借助组建政党的方式来争取和维护自己的权益，如拉美许多国家"印第安人党"的产生就是如此。还有一种情况是西班牙的实践。西班牙在1978年后实行民族地方自治，但自治地方的执政权是按照政党政治方式运作的，如巴斯克地区的"巴斯克民族主义党"、加泰罗尼亚地区的"加泰罗尼亚团结联盟"和加利西亚地区的"加利西亚民族主义党"等，都是靠政党竞争而在这三个自治地方一直执政的。

从实践情况看，民族政党化在民主制度比较完善的国家可以正常运作（如圭亚那），在少数民族聚居地方甚至可以获得执政权（如西班牙），从而可以在一定程度上维护本民族的权益；但是，在大多数情况下，少数民族因为是少数，很难靠民族党来保证自己的权益（如拉美一些国家）；而且，在一些政局不稳的国家，民族政党化往往还导致民族冲突的加剧（如非洲一些国家）；在一定条件下，民族政党还容易走向推动民族分离独立的道路（苏联和南斯拉夫的解体过程充分证明了这一点）。因此，民族政党化的存在与健康发展，必须以保证国家政法统一和公民权利平等为前提，否则，任何民族政党或组织都是非法的，如西班牙巴斯克人中的民族主义分裂组织"埃塔"，以及欧洲一些国家的种族主义极端组织。[①]

4. 议会化方式

这是代议制民主制度被搬用到民族关系中的产物，类型各有不同。有的是以一个民族为基础建立的，如挪威的萨米人议会；有的则是不同

[①] 达赖集团声称，"西藏流亡政府象征着西藏人民的利益和西藏人民的代表"，也没有合法性。

民族联合起来建立的，如墨西哥全国土著人理事会。在世界各地的少数民族特别是土著民族中间，民族议会是一种很普遍的民族代言组织，而且有的还建有各种专门委员会和地方分议会。民族议会的主要功能是向政府提出少数民族的权益诉求；由于它是按照代议制原则运作的，因而比一些民族社团和民族政党具有更广泛的代表性，它所提出的一些要求具有更大的分量和合理性，以至于一些国家的政府对民族议会所通过的决议、建议和报告，都必须认真对待，有的甚至需要提交国会讨论。

民族议会之所以能合理存在并能有效运行，在于它是通过民主方式由少数民族民主选举产生的，并得到了国家法律的承认。民族议会虽然是代表少数民族的独立机构，但它没有立法权和行政权；它不否定国家政法统一和行政管理制度，而是要求国家尊重和维护少数民族的特别需求和权益；它也不否认公民权利平等，而是要求政府采取特殊政策帮助少数民族，促进这种平等的实现。达赖集团对这类民族议会的民族性是向往的，但对其作用又是不满意的，因为这类民族议会都无立法权和行政权，与领土和社会管理无关；于是，达赖集团在《备忘录》中一方面主张自治地方的人民代表大会应当由纯藏人组成，另一方面又主张这样的代表大会应有独立的立法权和组建政府的权利。这样的民族议会权利，是目前任何承认民族议会合法存在的国家都不会答应的。

5. 一体化方式

这最初是由墨西哥人类学界在20世纪20年代就墨西哥现代"民族—国家"（nation-state）建构问题而提出来的理论。按照民族主义古典理论的设计，民族—国家是一种文化同质化的人们组成的政治共同体，但这种假设不符合墨西哥多族群、多部落、多文化的实际，因此，墨西哥需要进行"民族一体化"或"民族整合"（national integration）。该理论的假设前提是，"民族"不一定非是文化同质化的，也可以是复合性的，但同样需要一些可以统一不同民族群体的因素。例如，墨西哥的官方语言是西班牙语，土著人可以保留自己的语言，但也要学习西班牙语。民族一体化理论的提出，还与墨西哥社会的现代化过程有关，该理论认为，土著人的社会组织和生产方式影响到国家全面现代化，国家应当采取一定措施促其发展变革，将其纳入墨西哥社会发展的总进程之中；族际融合是族际关系的基本趋势，国家应当推动这一趋势的发展。

由此，民族一体化理论便成了墨西哥政府制定土著人政策的长期指导思想。应该说，"民族一体化"理论在一些原则问题上符合墨西哥这类国家的实际需要，因此一经提出便迅速传遍整个拉美，并在第二次世界大战后传播到世界其他地区。

但是，民族一体化理论和政策比较强调少数民族群体被整合，不注意他们的适应问题。因此，自70年代以后，人们对民族一体化理论和政策多有批评，甚至有人把它等同于民族同化主义，但这有失偏颇。笔者曾在墨西哥进行过一年多的土著人研究并多次到土著人集中的几个州考察，我的看法是墨西哥政府还是很重视土著人文化和社会经济发展的，只是重视的力度和措施不尽如人意，特别是对土著人的集体政治诉求没有必要的回应。① 但是，少数民族的集体政治诉求也应当有限度，否则难以被接受。1994年元旦，墨西哥恰帕斯州土著人发动起义，在后来与联邦政府的和平谈判中，提出了一些有违国家政法统一的民族自治要求，因而遭到了国会的否决。恰帕斯土著人起义组织者"萨帕塔民族解放军"提出的《22点要求》，比达赖集团《备忘录》中的要求缓和得多，大多数要求政府都认可，就是"民族自治"不行；而且，"萨帕塔民族解放军"提出的土著人自治还是在当地州政府下的自治，并没有要求改变国家行政领土划分的基本结构，也没有要求对生活在土著人聚居区的其他居民有权决定其"居留"，更没有像达赖集团那样要求独立的立法权。

6. 多元主义文化方式

多元文化主义（multiculturalism）观念虽然早就存在，但作为一种系统的文化关系理论则是70年代在澳大利亚、加拿大和美国形成的，而在世界范围流行并被一些国家作为制定民族政策的思想依据，则是80年代的事情。与民族一体化理论一样，多元文化主义理论也主要是从文化角度看待少数人群体的，只不过它对少数人文化的价值评价比民族一体化理论积极和开明，它主张不同文化之间的相互尊重与和谐相

---

① 笔者在考察研究结束后，以"应为印第安人参与国家管理打开更大的空间"（萨卡特卡斯州《太阳报》1994年1月21—26日连载，墨西哥国家生活报《至上报》在1994年2月6—12日转载此文时的标题是"论少数民族的政治权利"）为题，谈到这个问题，并预言土著人可能会因为集体政治权利得不到起码保障而导致矛盾激化。论文付梓之际，在我考察过的土著人集中的恰帕斯州，果然发生了以"萨帕塔民族解放军"名义发动的土著人起义。

处，保护文化的多样性，而不是以多数人文化来整合少数人文化。此种进步，使多元文化主义理论产生后得到广泛传播，不仅成为国际人类学、民族学界目前流行的话语，而且得到绝大多数国家的官方认可。但是，对于多元主义文化的理解，特别是如何实践，则是一个众说纷纭的话题，以至于说它对现代国家和公民社会的解构作用远大于它的积极意义，也是有证明的。

例如，现代国家的一些官方象征包括公共节假日的规定，一般都源于多数人群体的文化传统，既然讲多元文化主义，少数人群体是否可以不接受这些规定呢？国家是否也应该把少数人群体的一些象征和传统节假日予以官方化呢？国家公共教育一般使用多数民族的语言，至多采用双语教学，为落实多元文化主义，少数人群体是否可以不接受这种教育而另搞一套并强迫本民族成员接受呢？自由主义人权理论尊重和维护个人选择自由的价值观，但有些少数人群体并不尊重个人选择自由，这是否可以被允许呢？如果被允许，自由主义所主张的一些普世价值不就遭到否定了吗？多元文化主义本想为不同文化开辟自由存在和发展的空间，但结果则有可能动摇自由主义的核心价值——个人选择自由。如此等等。面对这些问题，国际学术界目前对多元文化主义的反思声音逐渐多起来，并由此提出了旨在限定多元文化主义任意发展的"交融文化主义"（interculturalism）主张，这就像人们由对民族主义（nationalism）的反思而提出了"族际主义"（internationalism）主张一样。

达赖集团非常了解多元文化主义理论具有很不确定的论说空间，在《备忘录》中以这种理论多处强调藏族和藏文化的"特性""特点""特征""需求""希望"等，以证明自我为政的"大藏区高度自治"主张的合理性，中央政府"不应干涉"。但是，即便以多元文化主义观点看问题，"大藏区高度自治"主张也属于一种极端要求。达赖集团对多元文化主义理论采取的是一种自取所需的实用主义态度，完全忘记了它的前提依然是保证国家政法统一和公民权利平等；而且，在许多国家的多元文化主义实践中，对少数民族集体政治诉求并不做回应，更没有制度安排，而只接受少数民族可以保持集体文化差别，少数民族成员可以保持多元文化的公民身份。因此，达赖集团以多元文化主义理论为依据，以保持藏族文化的纯洁性为借口，主张以"大藏区高度自治"的方式对藏族统一管理,这实际上是对多元文化主义理论的曲解与滥用。

7. 土著人保留地方式

这最早是北美洲和大洋洲的一些原英国殖民地国家,如美国、加拿大和澳大利亚等国对土著人实行的政策,后来,拉美一些国家如智利、巴拿马和巴西等,对土著印第安人也实行类似的政策。土著人保留地的形成与存在,根源于欧洲殖民者对土著人土地的大肆掠夺与政府对这种掠夺从允许到限定的政策变化。以美国为例,美国政府于1830年通过了《印第安人迁移法》,为执行此法,政府甚至动用军队强制印第安人迁移,仅在1838—1839年两年间就强迫十多万印第安人(占美国当时印第安人总数的1/4)从肥沃的密西西比河东岸西迁到政府划定的生存条件恶劣的地方,这些地方便被称为"保留地"。1887年,美国通过《道斯法案》,该法案取消保留地土地的部落公有制性质,将土地分配给每个印第安人家庭,承认获得私有土地的印第安人可同时获得美国国籍。保留地土地私有化,为白人乘机侵占印第安人土地提供了便利。据统计,在实施《道斯法案》的最初二三十年间,印第安人便失去了原有土地的2/3。

面对失去土地后日益严重的生存威胁,印第安人不断举行反抗行动,这迫使美国于1934年通过了《印第安人重新组织法案》,该法案重新承认印第安人土地的集体所有权,让印第安人自己管理自己的事务。这一新政策的实施,使印第安人保留地在经过前一阶段的破坏后得以保存下来。目前,美国有304块印第安人保留地,面积约5300万英亩,占美国土地总面积的2.4%。美国印第安人现在约有200万人,其中约一半居住在这些保留地里。50年代以后,美国印第安人要求自治、归还被剥夺的土地、复兴文化以及争取经济权益的运动日益高涨,这又迫使美国政府于1975年1月4日通过了《印第安人自决与教育援助法》。根据该法,保留地演变成了一种自治单位,每个保留地都建有自己的部落政府。但这些部落政府的权限仅限于管理保留地内部事务,部落政府也不是国家行政权力链条中的一环,印第安人也没有渠道参与所在州的管理。

8. 民族联邦方式

民族联邦国家源于对地方联邦国家结构的模仿。地方联邦国家的成员是以封建或殖民历史所造成的区域单位为基础的，前者如荷兰和瑞士等欧洲国家，后者如美国、墨西哥和巴西等美洲国家。地方联邦国家的发展趋势普遍是分权的联邦主义最终服从集权的民族主义，由联邦而发展为主权统一的现代"民族—国家"。但民族联邦国家不同，由于它是以"民族"为成员单位的，很难由联邦走向统一，其发展结局往往是各民族的民族主义导致整个联邦的瓦解，如曾经作为民族联邦国家而存在的苏联和南斯拉夫。因此，民族联邦一直不是当代多民族国家普遍采用的民族政治模式，因为它的民族政治理念并没有摆脱民族主义古典理论的影响，而是以承认民族成员的自决权和分离权为前提的，并在行政区划上以民族与领土的一致性为原则。这样的制度设计，为联邦成员的民族分离主义提供了相当便利的发展空间。

随着苏联和南斯拉夫的解体，世界上现在已经没有所谓的民族联邦国家了。民族联邦国家的政治设计，现在只能在一些经典著作和历史废墟中寻找了。目前，虽然有些国家的联邦单位具有明显的民族特征（如俄罗斯和英国），但这些单位实际上是"自治地方"，并不具有基于民族联邦理论而制定的联邦宪法所许诺的自决权和分离权。但是，民族联邦理论的影响远未退出人们的观念世界。达赖集团的"大藏区高度自治"主张，在一定意义上说就是要搞民族联邦制。实行民族地方自治的西班牙，也有人主张将自治地方联邦化。在我国学术界，也有人提出以"非对称联邦主义"思想来解决民族地方问题的声音。"民族联邦制"的弊端早已被我国政治界和学术界所认识，但所谓"非对称联邦主义"却没有引起人们足够的警惕，因为它似乎合乎具体问题具体分析具体对待的思想和工作方法。但是，在国家管理制度上，赋予各个自治地方不同权利与权限的"非对称联邦主义"，结果只会导致体现国家内部主权的政法统一发生动摇，因为任何自治地方都有理由提出一些"非对称的"权利和权限。我国的民族区域自治制度虽然有自治区、自治州和自治县的行政级别划分，还有一些人口太少、分布太散的少数民族只建有"民族乡"，但这与"非对称联邦主义"没有关系，各个自治地方的权利与权限都来自《自治法》的统一规定，各个民族都是权利平等的。苏联的加盟共和国与自治共和国之间，是"非对称联邦主义"的，但那些权限大的加盟共和国最后都分离了，而一些权限小的自治共和国也想仿而效之。

9. 民族地方自治方式

"民族地方自治"虽有不同形式，但也有一些共同特点，即：第一，民族地方自治根据少数民族分布情况，在国家行政体系内可建立不同的自治地方单位，而不是实行整体民族自治，更不是实行单一民族自治。第二，民族地方自治保障的是少数民族在地方管理中的主导地位，以便使他们的声音和诉求能得到充分反映和实现，但同时要保证各民族公民有参与地方政治生活的平等权利。第三，自治地方的自治权力是国家赋予地方政府的，而不是赋予哪个民族的，因此，自治地方政府与上级政府之间的关系体现为权力隶属关系而不是民族对等关系。第四，对自治内容的规定普遍是或主要是对地方公共事务的管理而不是对民族内部事务的管理。第五，民族地方自治的权力主要体现为地方政府具有一定的行政自主权而不是政治自决权，因此，无论是自治地方内部的政治生活还是自治地方政府的政治行为，都要遵守国家的基本政治制度和法律规范。①

民族地方自治把地方事务管理与民族关系治理有机结合起来，这种制度设计，一是照顾到了保证体现国家内部主权的政法统一，这对民族分离主义形成了不容置疑的约束力；二是照顾到了保证体现公民社会本质的公民权利平等，这有利于各民族在对地方的共同治理中增强团结；三是照顾到了少数民族在地方管理中的主导地位，这为少数民族行使集体政治权利提供了基本舞台和保障。有鉴于此，在现代国家整合力日益增强、一些少数民族几乎没有分离可能的情况下，地方自治成了他们比

---

① 西班牙的"民族和地方自治"制度与中国的"民族区域自治"制度是两个典型案例，此处所列的五个特点，是两国的民族地方自治实践所共有的，尽管二者之间因政治制度不同而在一些问题上有不同做法。例如，西班牙是通过在自治地方派驻中央代表处的办法来保证国家对自治地方的监督和领导，中国则是规定国务院对自治地方直接领导；在保证少数民族在自治地方的主导地位问题上，中国规定自治地方的政府首脑由出身自治民族的公民担任，而西班牙则由普选产生，因为西班牙几个民族地方的少数民族人口占有一定的优势，可以保证少数民族政治组织和代表人物获得执政权；在保证各民族公民共同管理自治地方的问题上，中国规定自治地方的立法机关和政府机关的组成应包括各民族的代表，西班牙则无这样的硬性规定，而是奉行政党竞争和公民政治权利平等的原则；在立法方面，两国虽然都规定自治地方必须执行国家一般法规，自治地方通过的重要法律必须报经国家立法机关讨论通过后方可执行，但在立法程序和自治地方的立法权限上则有不同；在自治地方与中央政府的权力执行中，西班牙通过宪法法院设有仲裁机制，中国则依靠政治和行政等协调机制。相关内容参见《1978年西班牙宪法》的有关条款。

较现实的选择和追求；而对一些多民族国家来说，赋予少数民族地方一定的自治权，即便不是自觉自愿的理性，至少也是可以接受的让步，因为这不影响现代国家的内部主权建设和公民社会建设的基本要求。因此，在那些以世居民族为主要构成因素的多民族国家中，民族地方自治有成为保障少数民族集体政治权利的主要方式的趋势。

从以上对国际社会保障少数民族政治权利的各种方式的简单介绍中，我们可以得出什么结论呢？第一，少数民族政治权利包括个人政治权利和集体政治权利两部分，这两种权利都应当予以保障，前者的法理基础是现代国家对公民权利平等的保障，后者的法理基础是现代国家对公民结社自由的保障；第二，少数民族集体政治权利的保障方式和程度可以有不同，但都不能突破国家政法统一，因为这是国家内部主权的体现。由上述两点结论，我们还可以推导出另外一个更重要的结论，即：在现代国家主权建设和公民社会建设中，各自为政的民族自治没有实际可能性，不管这种自治是指民族内部事务的管理还是指民族地方事务的管理；进一步说，对多民族国家民族问题的治理，不可能靠各民族自治来解决，尽管民族自治这种话语流行100多年了，我们必须从实际出发对其进行理论反思，寻找新的替代办法。

（朱　伦　刘　泓）

第十二章 反分裂的国际合作研究

有关全球化对于人类生存和发展的影响，已经深入当代国际关系理论和实践的诸多层面。全球化的发展对反分裂的影响正得到越来越多的关注。全球化使得国家安全的内涵日益丰富，除了领土安全、军事安全和政治安全之外，又增添了经济安全、环境安全、社会安全、科技安全等新的元素。同时，国际安全的整体性在日益提升，经济手段、政治手段的重要性随之不断上扬，国际安全的重点呈现突破国家安全，向个人安全、人民安全、地区安全、全球安全发展的走向。冷战后，在互信互利基础上建立的相互合作国家间共同体不断问世，有关国际合作机制的理论和实践得到不同程度的发展。

国际合作（co-operation）是国际互动的一种基本形式，指国际行为主体之间基于相互利益的基本一致或部分一致，而在一定的问题领域中所进行与冲突（conflict）或纠纷（discord）举措区别开来的政策协调行为。

反分裂国际合作的基础是国际行为主体相互利益的基本一致或部分一致。国家利益关系是国家对外行为的基本出发点。国家之间的利益关系既有对立和冲突的一面，也有协调和重合的一面。相关国家之间具有基本一致或部分一致的利益关系，构成了反分裂国际合作的现实基础。反分裂国际合作的实质是过激行为主体在一定的问题领域中所进行的政策协调行为。各个国家都以自身的利益为依据来制定对外政策。由于相互利益的不完全一致，国家所制定的对外政策之间往往出现差异和碰撞，从而使国家间关系陷入纷争状态。为了保障共同利益的实现，国家需要对本国制定的对外政策进行调整，以使自身的政策和其他国家的政策兼容。

第一节 反分裂国际合作的构成

国际合作具有多种多样的类型或样式。随着国家间相互以来的加深和共同利益领域的扩展,国际合作的程度不断加深,层次不断提高,领域不断扩大,形式不断变幻。依据合作的范围、合作的目标、合作的形式、合作的领域、合作的形成等划分的不同标准,可以分为不同的类型。通过国家间的安全合作,建立安全共同体,实现资源共享,发展合作理念,已经成为当代反分裂国际合作的基本前提。

一 国际合作视阈下的民族国家与地区

国际体系是国际政治行为体之间相互作用形成的对立统一的有机整体。① 在国际体系中,国家是最主要的构成体,地区是国际体系主要的子系统。国际体系的建立与形成,对于置身其中的行为体具有重要的影响。体系的性质决定了行为体的目标、利益和行为方式,体系的变迁是行为体权力和力量分配的反映。在国际关系发展史上,体系、地区与国家的互动构成和决定了地缘政治的运行态势,以及族际与国际关系的发展轨迹。

(一)国际合作视阈下的民族国家

民族国家是法国大革命和美国革命的产物。在现代意义上的"民族"出现之前,国家就已存在。国家体制首先从欧洲,然后在世界其他各地崛起,通常是早于民族主义以及今天的许多民族,虽然其核心族群(core ethic groups)可以被排除在外。从18世纪开始,民族意识和民族主义蓬勃发展。"民族产生后在相当长的时间里只存在于人们的思想意识中,而不是现实中。"② 18世纪晚期,国家和民族整合为一体。民族—国家和民族在时空上的错位是今天许多民族冲突的主要原因。③ 并不是所有潜在的民族都能够成为真正的民族,许多潜在的民族对此根本

---

① 参见梁守德、洪银娴《国际政治学理论》,北京大学出版社2000年版。
② 尤尔根·哈贝马斯:《包容他者》,曹卫东译,上海人民出版社2002年版,第131页。
③ 参见 Leonard Tivey, *The Nation State*, New York: St Martin's Press, 1992。

没有尝试过，"不可能应用简单的公式计算出哪一个将成为真正的民族"①。民族意识最初产生于城市知识分子当中，然后在社会大众中得到呼应。

需要说明的是民族与国族具有诸多不同。近代以来在欧洲形成的国族概念，指以本民族为主体建立现代国家的民族，即民族国家的统治民族。国族的概念直接与国家的概念或至少有一定程度的自治观念相关联。民族与国族的区别在于，前者"不必有自治权及国家形态"，后者"必须有国家的实质"②。国族的建构过程，也是民族的国族化过程，指那些无权建立自己国家的民族，把自己合并入统一的大民族——国族的过程。③ 其实质是实现从民族认同到国族认同的转变。它意味着各民族和谐与稳定关系的产生与维护，其对抗与冲突的大幅缓解，有序与稳定的国内环境的营造，以及在此基础之上的共同利益的重新界定与发展、国家利益的形式和内涵超越民族的疆界而纳入"跨族"因素。近代以来的历史事实表明，多民族国家的独立富强，必须以国族化的实现为基础；民族独立意味着国族获得国家主权，而不是国内各族的分别独立。国族化过程是一个不断增进权力共管、国家统一、文化同质的过程，其他社会、政治力量的意向难免与之相悖。非主体民族集团与主体民族集团必须寻找到诸民族利益的结合点并以之为行为准绳，以对国家的忠诚代替对民族的忠诚，是多民族国家生存的基本条件。在国族化过程中，主体民族必须不断地完善自己，使自己有能力采取向非主体民族倾斜的政策，有实力为各民族共同利益的发展主动做出必要的利益让步。

在政治及文化多元化的世界，国家和民族以和谐的或非和谐的关系及疆域概念在运作着，民族冲突成为难以根治的社会问题。从根本上说，民族国家是一种以主权和领土为基础的组织，依靠法律和暴力工具

---

① Ernest Gellner, Adam's Navel: "'Primordialists' Versus 'Modernists'", in Edward Mortimer and Robert Fine, *People, Nation & State: The Meaning of Ethnicity & Nationalism*, London and New York: L. B. Tauris Publishers, 1999, pp. 31 – 35.

② 王云武：《云武社会科学大词典》第 10 册（人类学），（台湾）商务印书馆 1975 年版，第 94 页。

③ 参见恩格斯《波河与莱茵河》，《马克思恩格斯全集》第 13 卷，人民出版社 1962 年版，第 298 页。

对业已划定疆界的领土范围加以控制和维护。主权观念在18世纪中期才被提出。民族国家就是对特定领土行使主权的组织。对古代和中古时期的国家而言,领土意味着管理权,是国家生命的象征。而对民族—国家而言,领土则意味着公民身份,公民身份决定了管理机构的性质。有学者认为,有许多民族在现代之前的族裔纽带、传说和传统中已经历史性地埋下了种子,民族所发挥的重要的社会和政治作用,要远远超过《马斯特里赫特条约》规定所发挥的作用。① 在充满竞争和不平等的社会机制和流动性的世界中,民族和民族主义出于政治的需要往往会对立法提出更广泛的诉求。民族国家的存在和发展要求各族体成员对国家忠诚。这既是国家获得合法性的基础,也是国家力量和效率的体现。国家的凝聚力和国民对它的忠诚,取决于国家保证个人利益的能力。

回顾近代以来的历史,民族—国家的建构意义昭然可见。当世俗化的国家实行政治统治的宗教基础崩溃以后,国家必须为自己找到新的合法化源泉。民族认同(national identity)在帮助民众克服地域局限的同时,也赋予其为祖国而战的精神和勇气。而民族文化建设,则为法治国家的诞生奠定了文化基础。民族—国家的集体认同在形式上可以分为族裔(ethnic)认同和公民(civic)认同两部分。前者来自一种成员的共同历史记忆、文化传统和血缘关系,而后者来自共有的政治、法律等制度规定下的一种公民身份。② 公民民族主义既反对民族又反对马克思主义,同时激发了来自不同国家、源自不同传统的学者的想象力。面对共产主义体制的崩溃瓦解以及族裔民族主义(ethno-nationalism)、原教旨主义的兴起,它认为公民的利益在于尊重公民国家的权威而不是国家对公民权的尊重。通过族裔特征来定义民族的观念正"在欧洲思想中艰难航行"③。越来越多的人已经开始认识到,基于同一的民族性、单纯的种族性、血统、宿命或语言的传统民族主义应该给予彻底否定,民族—国家应该包含"所有愿意服从该国信条的人,而不考虑他们的种族、肤

---

① 参见 Anthony D. Smith, *Nationalism and Modernism*, London: Routledge, 1998。
② Brigid Laffan, "The Politics of Identity and Politics Order in Europe", in *Journal of Common Market Studies*, Vol. 34, No. 1, March 1996, p. 85.
③ Michael Ignatieff, *Blood and Belonging*, London: BBC Books and Chatto and Windus, 1993, p. 4.

色、宗教、性别、语言或族性","相互平等","联合在爱国的旗帜下"的公民应为"共同的政治实践和价值观"建构在国家整体框架下的多样性,而"民族——国家应因包含混合杂交的各色人等而感到骄傲"①。的确,民族认同是维系民族——国家的社会——政治基础。② 民族认同确定了民族这一群体的地域边界、领土,在时间和空间上确定了民族的身份,它们使国家和作为其文化对应物的民族形成有机的联系。在民族的地域范围内,所有成员根据民族认同形成了一个利益共同体。

民族国家的建立为欧洲资本主义的产生和发展提供了巨大的动力,给欧洲带来令人注目的社会进步。但是,民族——国家自问世始,便不得不面对一种与生俱来的、难以摆脱的困境。权力平衡原则是民族——国家追求的基本目标,但是"以暂时共同利益为基础的权力平衡原则不会产生一种稳定的平衡关系"③。作为一种特定的人们共同体,利己和排他是民族认同情感的基本特征。它决定了近代出现的民族——国家的宗旨是"增强自身的力量、财富与繁荣"。一方面,民族——国家从本性出发需要不断追求至高无上的"国家主权",同时,在现实中又难以摆脱彼此间深厚的依存关系而独立发展;另一方面,依赖于民族——国家的技术——工业革命若想求得自身的发展又难以不削弱民族国家体系。

全球化是世界趋于整体化和结构化,在国际社会的所有层面上不断进行大规模重组的开放性进程,在这个过程中,世界各部分、各领域间的联系日益紧密,人们渐渐开始以新的、全球性眼光来审视与解决问题,逐步形成了全球意识。全球化始自地理空间的拓展,然后延伸到经济、政治与文化领域,世界因此而呈现出整合与分化的两大总体趋势。作为前所未有的历史性变迁,全球化以其宏大的规模和多重的维度冲击着国际社会的所有成员,而民族国家则首当其冲。一直以来,民族——国家在国际体系中占据着中心位置,但随着全球化的深入,民族——国家的地位受到了越来越大的挑战。从地理上看,通信技术革命和全球信息网

---

① Michael Ignatieff, *Blood and Belonging*, London: BBC Books and Chatto and Windus, 1993, p. 4.

② Anthony D. Smith, *National Identity*, London: Penguin, 1991, p. 16.

③ Klause E. Knorr (ed.), *British Colonial Theory*, London, 1963, p. 5.

络打破了民族疆域的封闭性，使其日趋开放。从经济上看，现代资本主义体系迅速膨胀，把绝大多数国家纳入其中，形成了相互依赖的跨国生产，宣告了自足经济的终结。从政治上看，核扩散、恐怖主义和环境污染等全球性问题迫使各国通力合作，从全人类的利益出发做出回应，主权的不可让渡性遭到了质疑。20世纪晚期，全球化的不断深入导致了民族疆界不断淡化，世界剧烈的整合与重组使民族认同陷入了前所未有的困境，全球性力量的崛起冲击着民族认同的合法性，民族国家在被削弱后，其所属的族体又向原有的认同回归，民族认同的感召力受到了极大的削弱。全球化是近年来社会科学工作者在不同的领域讨论的话题。不过对于全球化这一复杂多变的历史过程，人们一直难以给出一个同一性的定义。不同的学科倾向于从各自的领域去理解和认识全球化。很多研究大多从通信、商业与金融市场的全球化与经济的整合这一相互依赖的全球市场体系为出发点，把全球化理解为一种同质化的过程，甚至更极端的观点把全球化理解为西化或美国化。作为以研究全球文化中的多样性著称的人类学研究，基于对全球范围中多样性文化的研究和积累，更加强调的是地方化、本土化以及异质化的过程。

随着全球化时代的到来，民族国家体系与地区安全和发展之间的冲突表现得更为显著，极力追求主权至上几乎将民族国家带入绝地。全球化具有解构民族—国家的根本功能。它所推动的世界经济制度的结构性转变，从根本上限制了民族国家的行动余地，国家的塑造力量将不得不转让给跨越地域的、不受限制的市场。它所带来的"国界的祛除"，使得每个民族—国家的主权决定受制于现实存在的先决条件。地区性、全球性问题需要在相应的框架下解决，这就需要部分主权的让渡。维护和恢复世界和平不再是每个国家自己的主权决定，而是地区乃至全球责任。当一个国家或地区发生冲突时，仅仅强调尊重国家主权而不加干预是不能解决问题的。美国等西方国家大谈如何应对全球化带来的世界范围的恐怖主义问题，同时又不对其自身的"自由"进行必要的限制，反恐力度当然会受到影响。有人认为，现在的欧盟已成为国际政治中具有准联邦性质的、多层次治理结构下的一个政治实体。它是一种远远超出国际组织，但又不完全符合联邦国家模式的新型政治体制。在欧盟一体化过程中，国家主权与超国家主义之间的斗争在涉及国家核心主权的外交与安全政策领域中尤为凸显。在全球化语境下，民族—国家遭遇上述困境是必然的。随着经济全球化的发展，民族—国家政府逐渐失去对赖以课税的赢利和收入的控制，从而无法获得国民的认可与支持。随着民族—国家政治国际化的逐步发展，国民对涉及国际事务的国内政治问题的影响力与决策权的有限性日益加剧，民族—国家在决策过程中不断出现合法性危机。

在威胁和挑战人类前途的全球化面前，各民族国家需要以多边主义或相互协调的方式实施共同治理，但是超国家治理又难以不对它们的民族认同产生威胁。跨国政治共同体形成的前提是必须有一种相应的政治意志。欧盟委员会主席雅克·德洛尔曾经指出："不考虑这种认同（欧洲认同），不努力确定欧洲人应该对他们自己有什么样的认识，能够重新统一欧洲吗？坦率地说，我认为那样是不可能的，尽管这个使命被证明是具有冒险性和困难重重的。"[1] 事实表明，民族—国家无法抵制国际行为体所做出的决定以及由此产生的外在效果，不再能够依靠自身力量有效保护其国民，需要将自己的部分权力让渡给国际组织。从现实上看，这必然招致民族—国家对外、对内主权的丧失，以及民族—国家在决策中不断出现合法性危机。民族—国家是现代国际关系中最重要的效忠和认同的对象，这种认同"来源于个体对自己作为某个或某些社会群体成员资格的认识，以及附加于这种成员资格之上的价值和情感"[2]。尊重和保护民族认同是"非安全化"的重要内容。当这种所谓"认同"遭到威胁的时候，民族—国家必须采取措施使之安全化。有些学者认为，欧洲一体化进程已经涉及了民族—国家的"社会安全"，"社会安全"遂成为冷战后欧洲新的安全挑战。[3] 跨国政治共同体是否可以形成一种超越民族界限的集体认同，并因此而满足后民族民主的合法性条件

---

[1] Jacques Delors, "Europe: The Continent to Doubt", *Aspenia*, Fall 2000, p. 37.

[2] H. Tajfel, *Human Groups and Social Categories*, Cambridge: Cambridge University Press, 1981, p. 255.

[3] 参见 Ole Waever, Barry Buzan, Morten Kelstrup and Pierre Lemaitre, *Identity, Migration and the New Security Agenda in Europe*, New York: St. Martin Press, 1999。

是解决问题的关键。① 当代政治的现实证实：离开民族国家的保护，民族在国际社会和国际组织中得不到承认，甚至连基本的生存权利都难以保障。吉普赛人、库尔德人以及一定程度上的巴勒斯坦人，都提供了这方面的佐证。国际体系的生存竞争决定了任何成功的实践（创新），必然在整个体系内被迅速模仿和扩散开来。民族国家，同其他政治组织方式相比，是加强凝聚力、动员和集中社会资源、提高政治效力的最好手段；是保护确定的共同体抵御有害的全球性影响，特别是抵御国家控制力以外的政治及其他事态之有害影响的一个重要装置，是"现代史上最大的创新之一"。②

随着全球性国际（跨国）交往急剧发展和非国家行为体在数量、活动领域和作用方面的迅速增长，民族国家及其主权受到越来越广泛、越来越深入的侵蚀和削弱，其传统功能的履行愈益常见地被非国家行为体局部替换，如"超国家"或"准超国家行为体""跨国行为体""亚国行为体"，以及来自国际社会内部的一个倾向于总体霸权的超级强国。作为全球化趋势的最大政治效应，民族国家主权的被削弱和被局部替换引起了一些带有根本性的政治和伦理道德问题。

（二）国际合作视阈下的地区

迄今为止，学界没能对"地区"给出准确的定义。有的学者提出，"地区"是继民族国家之后的第二种人类一体化形态，如同民族—国家一样，也是全球化运动深化和高级化的必然产物。地区因此不是"给定的"，而是在全球化进程中被创造和再创造出来的。作为人类一体化的更高级形式，地区仍然是以领土和地缘经济政治联系为基础的国际体系的次级体系。③ 在国际政治语境下，它一般是指一群相邻的国家所组成的地理与政治的空间，往往被用来认定国际事务发生的场所。传统的国际关系结构中，地区只是作为一个不变的背景和被动的客体对国家、国家间关系和全球范畴的互动产生影响，并不是一个比较完整和独立的体

---

① 尤尔根·哈贝马斯：《后民族结构》，曹卫东译，上海人民出版社2002年版，第103页。
② George Modelski, *Long Cycles in World Politics*, Seattle: Washington University Press, 1987, p. 208.
③ 参见庞中英《族群、种族和民族》，《欧洲》1996年第6期。

系单位，也不作为一个国际政治的自变量存在并发挥作用。相应地，在人们对国际关系的解释与理解中，地区因素很少得到考虑，即使是在强调国际体系与结构的新现实主义和世界体系理论中也很难发现分析地区（一般意义上的）含义与特性的话语。显然，对地区概念及其作用的这种传统观念，满足不了理解当代国际关系发展变化的需要。

地区主义和全球主义是冷战结束以来国际关系研究中引起普遍争论的两大问题，是对当前国际关系结构和现状发生重大变化的概括和总结。地区主义对国际关系的贡献不仅仅在于它促进国家间的合作，更重要的是它赋予不同的地理区域以政治和经济的意义，改变了地区在传统上单纯的地理含义。① 冷战后，人们对地区的认识发生了改变。以往地区常常被看作是介于全球层次和民族国家之间的中间层次，是行为的层次和空间，而不是行为体。但随着地区性的提高，地区逐渐成为一个多种共同因素塑造出来的、有着地缘色彩的国际关系概念，是国际体系中现实存在和正在出现的一种以经济合作和解决共同问题（如市场、发展、安全和生态）为目的的区域性次级国际体系。它拥有自身权利的行为体，"正在从客体转变为主体"，国际政治已经成为"一个地区的世界"。②

作为全球和民族国家的中间地带，地区（areas）对国际体系的变动具有重要影响。地区意识形态趋势的兴起，制约着地区内各国和其他政治力量变体或为其创造机会。由此产生了超越地区的影响，在地区政治中具有利害关系的领域，或地区过程的输出对其生存和福利构成影响的领域，非地区行为体因相互依赖关系对重大的地区变迁做出反应，相关的理念、经济或技术等随之扩散到整个地区，并影响着其他地区的政治。③ 地区内民族国家通过地区对焦点国家的变迁做出反应的形式在地区蔓延，即使全球变迁的条件不存在，世界也将发生变化。

同时，地区与地区内的民族国家具有紧密的关系。地区内民族国家

---

① 参见朱锋《关于区域主义与全球主义》，《现代国际关系》1997年第9期。

② 参见 Bjorn Hettne, "Development, Security and World Order: A Regionalist Approach", *The European Journal of Development Research*, Vol. 9, Issue 1, June 1997, p. 97。

③ 参见 Zeev Maoz, *Domestic Sources of Gobal Change*, Michigan: The University of Michigan University, 1995, p. 18。

的变化会对地区乃至全球体系产生不同层面、不同程度的影响。相关的范围和程度取决于作为行为体的民族国家在国际体系中的现实地位。民族国家对利益和政策的界定取向是产生变迁的主要途径。一个国家的变迁会导致地区甚至全球的变迁。当这样的国家发生变迁的时候，外在的环境以不同的方式做出反应。首先，地区里具有既得利益的外部力量可能做出反应。其次，变迁的精神或理念可以扩散到整个地区。

地区从客体变为主体的条件就是由地理单元逐步发展为安全共同体。卡尔·多伊奇于20世纪50年代提出了两种安全共同体概念：合并型安全共同体和多元型安全共同体，前者是指由原来相互独立的各政治单元组成一个有统一政府的单一安全共同体，后者指由彼此分离并在法律上保持独立的政府组成的安全共同体。[1] 伊曼纽尔·阿德勒和迈克尔·巴奈特继承和发展了多伊奇的理论，将安全共同体定义为由主权国家组成的跨国地区，在该地区内的人民对和平变革有着可靠的预期；同时，依据共同体内互信和制度化水平，将安全共同体划分为松散的安全共同体和紧密的安全共同体。多元安全共同体要求成员间能确保彼此不会开战，能通过其他途径妥善解决彼此间的争端，其前提是一组国家存在持久的积极交往和互动关系，这种关系造就了共有的认同，排除了使用武力解决争端的可能。安全复合体不仅包括已经存在安全共同体的地区（如北大西洋），也包括尚不存在安全共同体的地区（如南亚）。赫特认为，在安全复合体存在的地区里，安全互动也是紧密的，但起决定作用的是竞争和敌对而不是合作的逻辑。[2] 地区安全共同体的特点体现为，共同体的成员拥有共有的认同、价值观念和思想意识；成员之间在广泛的领域有着直接的联系和交往；以及共同体表现出着眼于长远利益的互惠及体现责任和义务的利他主义。共同体的成员之间通过非武力途径解决地区争端，采取共同行动解决威胁本地区安全的问题。

---

[1] 参见詹姆斯·多尔蒂、小罗伯特·普法尔茨格拉夫《争论中的国际关系理论》，阎学通、陈寒溪等译，世界知识出版社2003年版。

[2] 参见 Bjorn Hettne, "Development, Security and World Order: A Regionalist Approach", *The European Journal of Development Research*, Vol. 9, Issue 1, June 1997, p. 97。

(三) 国际合作视阈下的地区民族

地区民族是一种特殊的人们共同体存在形式,由"历史民族"因民族发展不平衡和强势民族的民族国家建构运动分化而成。民族作为人类历史上一种社会现象,有其自身发生、发展的客观规律,而民族的分解和结合过程是一种自然而然的现象,是受诸多因素制约的。人为的强制作用往往产生可悲的后果。作为特殊族体的地区民族,其民族过程同样有其自身的客观规律可循,这种客观规律正是学界共同探索和追求的一个目标。从民族学角度看,地区民族包括一切因政治疆界与族体分布不相吻合而跨国界居住的民族。其主要特性包括:其一,传统聚居地为政治疆界所分割,居住地跨政治疆域,即居住地跨两个或两个以上的国家边界,并且在地理上连成一片;其二,原生形态民族本身为政治疆界所分隔,政治和社会心理认同对象存在差异,即在现实政治方面有着程度不一的归属感,以及社会心理方面不同的认知。

地缘政治是一种极其复杂的人类政治现象,是世界政治的重要组成部分,在国际关系运行中扮演着独特角色。地缘政治灵活多变,其动态易变特征长期以来都受到关注。真正意义的地缘政治学,是伴随着资本主义向全球扩张及西方列强的政治利益需要而产生、演变的,它主要揭示了权力政治学与其奉行的地理范围之间的关系。近代地缘政治学强调的是"强权政治",带有浓厚的时代"政治"色彩。冷战结束后,西方大国已从依仗军事优势向依仗金融和经贸优势去占领世界市场,从而保持其在国际舞台上的强权地位。新的局势也使国家安全观念从传统的军事力量均衡扩大到经济领域。新的地缘政治学与传统的地缘政治学存在很大差异,开始考虑到现在和未来宇宙空间的征服及其对力量对比和世界政治均势的影响,并从集体的、普遍的、共同的活动角度,即从人类的角度来思考问题,如从投资动向、能源及环境保护等世界经济问题的角度去重新认识地缘政治的意义。

地缘政治因"地"而生,其竞争对象是领土地缘政治、石油地缘政治、水资源地缘政治、海洋地缘政治等地理要素和物质形态。地区性民族问题的产生和发展与地缘政治的基本形式存在着密切的联系。民族问题是在民族交往联系中,基于民族文化差异、民族群体利益的关注或者阶级不平等的延伸等原因造成的民族间复杂的社会矛盾问题,是民族交往、互动、关系的体现。地区性民族问题的特殊性在于，它涉及所在国的政治、经济、文化、宗教信仰、风俗及价值观念等多个领域，对所在国的民族利益、民族感情和民族尊严都会产生影响，并直接威胁所在国的国家稳定。地区性民族问题是地区民族在现实社会生活和政治活动中围绕利益要求、权利规定和政治表达的时候由于与外界发生了矛盾和冲突的国际社会现象，它是地缘政治权力结构和利益资源分配状态的直接或间接的体现，是原来同一民族及其聚居地被国家政治分割的外在动力、民族传统文化的感召力和民族自身的驱动等内在动力交互作用的结果。从内外因素的结合上看，"现代泛民族主义"思潮诱发下的大民族主义思想是地区民族问题的病根。所谓"现代泛民族主义"是指以地区民族为基础、以建立新的"单一民族国家"为目标的非现实的和反历史的政治民族主义。

地缘政治是由人类政治与地理环境的相互作用形成的，两者互动决定地缘政治的基本形式，其中人类政治是主动因素，地理环境相对被动。人类作为世界政治的缔造者和主体，是政治—地理互动关系中的主动因素，具有主动的选择能力，它可以通过对政治行为与政治模式的选择、对政治进程的改变，主动改变地缘政治。日本人、韩国人对独岛（或称为竹岛）的争端导致了该地区政治格局的形成；东南亚诸民族对南沙群岛的争端，导致了该地区成为大国争霸的角斗场。对美国来说，经济上，东南亚是新兴的市场，潜力较大，前景广阔。政治上，随着亚太地区国际格局的变化，为防止中、日任何一方对美国在东南亚的国家利益和亚太战略构成威胁，美国不断加强与东南亚国家的关系，扩大经济、政治甚至安全方面的援助与合作。与静态的地理环境相比，活跃的人类政治自身的运动，更能塑造出动感的世界地缘政治现实。地理环境本身并不会自动地决定或改变地缘政治，主要通过对人类政治行为的反作用影响地缘政治。比如，限制政治的形式与进程，使地缘政治成为"看得见"的政治。结构变化导致的地缘政治局势的变革是动荡的，行为体的数量和它们之间的实力分配状况决定了地区冲突的烈度和频度。无论是地区民族人口数量的增减，还是所属国家之间实力对比的变化，都将改变地缘政治形式。

地区民族居住的地理环境特征决定其地缘政治利益的基本方面。地区民族由于强势民族通过战争对弱势民族进行分割或肢解，或者几个强势民族对同一弱势民族进行殖民瓜分造成。从国家层面看，地区民族政治利益的稳定性使一国国家战略和对外政策具有稳定的目标，并影响其决策动机与模式。① 在处理北爱尔兰问题当中，英国和爱尔兰两国解决问题的方式由武力冲突到和谈协商的转变就是一例。② 从国际层面看，国家间的地理结构特征构筑了国际地缘政治利益关系的基础，彼此处在对方的地缘战略考虑之中。各国之间利益的不整合以及利益资源的稀缺性与分布不平衡性，决定了地缘政治关系的竞争性。围绕利益进行争夺、协商与分配构成地缘政治关系的实质，其轴心是各方的地缘政治利益。在全球化不断深入发展的条件下，在民族国家中处于少数和弱势地位的地区民族，在维护其民族权利的时候，总会与国界外的同一民族相比较，在其愿望得不到满足的情况下，总想得到跨界同一民族的政府的帮助，甚至是希望民族统一。在阿富汗国家重建中，阿富汗的相关族体所做出的现实反应便是例证。③ 地区民族问题易于诱发地区冲突，影响地区稳定。泰米尔人问题、库尔德人问题、波黑战争、巴以之争、印巴冲突等都是由地区民族问题引起的。国际敌对势力和部分逃亡国外的民族分裂主义分子往往利用地区性民族问题制造事端，进而对地缘安全构成威胁。事实证明，地区性民族问题可以加剧民族分离势力的扩大，诱发民族冲突、民族战争、民（种）族仇杀和国家政局动荡，甚至使国家政权解体和重组，民族团结和主权统一受损；削弱了国家的凝聚力，为民族分裂主义者以民族解放、民族独立为借口，从事恐怖主义活动，危害所在国主权独立提供条件。以打破现行国家疆界，按民族疆界重新划界来解决地区性民族问题是不可行的，也是不可取的。对含地区民族的国家来说，较为可取的态度是维持现行边界，按国际准则去行事，尽力处理好两国或数国内原统一民族共同体各部分之间以及与其他民族之间的关系，让地区民族的各部分按其自身发展规律存在下去，加强国家

---

① 参见梅孜编译《美国国家安全战略报告汇编》，时事出版社1996年版，第70页。
② 参见刘泓《对抗与联合：英国的北爱尔兰问题》，国家民族事务委员会民族问题研究中心2008年版。
③ 参见刘泓《民族主义与国家利益：民族学视野中的阿富汗国家重建》，《民族研究》2006年第5期。

间睦邻关系的积极纽带。而进行人为的重新结合，必定会引起国家关系不睦，同样，少数部分所在国如果对其强行同化，也必然引起纠葛，往往产生事与愿违的后果。

二 反分裂国际合作理念的形成和发展

在通常情况下，地缘政治追逐物态的权力与利益，总是围绕着具体的地理目标进行，表现为领土之战、边界之争、资源争夺、交通运输线控制等形式。虽然地区民族所属国家之间的地缘政治现实关系纷繁复杂，但其本质及主题特征清晰且相对稳定，这是由地理环境的稳定性造成的。

地缘政治区域是人为划分的，不可避免地受到研究者主观因素的影响，但是，它必须建立在对区域中地缘政治性质和区域间地缘政治边界的冷静判断基础上，尤其需要客观地分析以行为体为代表的地缘政治力量之间的互动及其结构特征。对结构内的所有行为体的行为以及行为体之间的关系产生约束和控制作用，即使是缔造结构的主角行为体也不能置身于结构约束之外。由于地缘政治结构对地缘政治行为体具有总体上的约束力，它在较大程度上支配着结构范围内的地缘政治态势。地区性民族问题关系到国家领土主权的安全。地区民族大都建立了主体民族独立的国家，而另一边处于非主体地位的跨界民族往往又可能以此作为自己精神和物质的后盾，并随时准备用这一优势保护自己，谋求利益。他们甚至会举起民族统一的旗帜，希望和同胞一起建立自己的国家。此外，一国内部民族问题往往会在国际上引起一系列连锁反应，一个国家处理自己民族的态度会引起其他相关国家的关注。

参与国际合作的各方为实现其利益诉求而做出的实际努力，可以作为一种地缘政治力量的运动架构起地缘政治区域，并使地缘政治区域呈现动态性。当今世界秩序主体大致可以分为国家行为主体和非国家行为主体。国家行为主体主要是指主权国家，非国家行为主体主要指主权国家以外的其他国际行为主体，包括国际组织、非政府组织、跨国公司甚至个人等。在国际关系学以及其他诸如国际政治学等学科中，在划分国际关系主体类别时，往往是把民族与主权国家等同的，而另一方面又把国际组织、跨国企业、民间组织甚至个人都作为国际关系的主体。事实上，民族尤其是地区民族无论作为一个政治单位还是作为一个文化单位，都完全具备了国际关系主体的基本特征。单一民族国家的民族作为国际关系的主体与主权国家一致是无可厚非的，但多民族国家的情况并不相同，尤其是出现分离主义倾向的地区民族，有时完全处于国际关系的主体地位。合作各方之间相互联系与作用紧密，且具有明显有别于其他行为体的特征，其行为集合及其覆盖的范围因而就构成一个地缘政治区域。地缘政治区域具有地理区域的部分性质，即在同一区域之内行为体具有较多的共性而在区域之间表现出明显的差异和边界。但不同的是，地理区域的划分以差异和边界为原则，而地缘政治区域的形成更多的是由于以地区民族及其所属国家为单元的地缘政治力量之间相互作用。地缘政治区域是由地缘政治力量之间的关系和运动形成的，具有区别于其他地缘区域的内在特征与边界，更具有相对独立的力量互动关系及在此基础上形成的内在结构。各地缘政治力量，它的增长与衰落、扩散与收缩、发力与受力，力量之间的对抗与合作、分化与组合，以地理空间为基础形成一种动态结构。这些力量及其结构所覆盖的区域形成一个相对独立的整体，在内部自成一体，同时排斥外界力量的介入。当今世界，分离势力所致力的地缘政治，往往成为超越一个主权国家治权范围的国际政治问题，因此非常容易受到各种国际势力的干涉和影响。由于国家疆界与地区民族的文化界线无法重合，便自然形成了矛盾，而这种矛盾的大小是与地区民族人口、居住地域、资源、文化传统与现代国家构建程度等众多因素相关的。地区民族的政治诉求以及由此产生的政治、经济、文化、社会行为对所属国家政治与地区国际关系产生的作用和影响便构成了相关的地缘政治及其区域。

地区民族作为一种地缘政治力量，其特性决定了地缘政治区域具有显著的动态性。地区民族与所属国力量所及的边缘形成地缘政治边界，因而地缘政治边界往往是模糊的、柔性的和经常改变的。一个自然地理区域的形成，其时间是以地质年代衡量的。人文地理区域也是经过长期的人类历史时期演化而成的。而地缘政治区域从形成到消亡，其时间单位通常不需要太长久的时间。比如，岛屿争端地区的地缘政治边界会因为相关领土主权的变化而变化。

三 地区性民族问题与地缘政治内容

在不同生产力条件下，地区民族利益的构成不同，地缘政治的具体对象与内容也随之变化。地缘政治在具体内容上表现出较强的时空差异。

从时间上看，不同时代地缘政治的主题是变化的，反映了不同生产力条件下生产方式的变化。自然经济时代，其经济形态主要是以土地和劳动力为资源的农业经济为特征，争夺土地成为当时地缘政治的主题。工业经济时代，占有和获取矿产资源和其他形式的自然资源成为地缘政治的重要内容。全球化、信息化使世界地缘政治进入一个全新的时代，表现出新的地缘政治形态。16世纪，葡萄牙建立了世界上最强大的海军，远征亚洲的马六甲、澳门、爪哇、苏门答腊和美洲、非洲的大片土地，从殖民地掠夺了巨大的财富，建成了海洋帝国。19世纪末20世纪初，自由资本主义向垄断资本主义过渡，此时的地缘政治成为欧洲列强向外扩张、争夺空间的理论工具。各国此时所制定的地缘战略的宗旨是，根据既定的自然地理条件使本国在激烈的国际角逐中处于有利的地位。[①] 从不同民族集团所处的地理环境看，不同的地理特征在空间分布上的不平衡规律，造成了不同地区和国家之间地缘政治利益的不一致，从而决定地缘政治内容的空间差异。印度和巴基斯坦两国为克什米尔地区的领土归属而处于战争边缘。斯里兰卡政府军与其北部的"猛虎"组织为统独而战。中东地区的族体正在为水资源分配而斗争。当发达国家提出如何通过限制传统工业以保护环境时，许多发展中国家还不得不以牺牲资源和环境为条件保障最低的生存需求。应该说明的是，由地区民族所组织的泛民族主义的组织与活动都有一个共同的特征，即借用现代国际政治所承认的民族权利原则，追求本族人民的政治统一与地域一体。在当今世界上，"国家主权高于一切"是一种理念，是一种各个国家都遵循的准则。国家主权就是一个国家固有的处理其国内事务和国际事务而不受他国干预或限制的最高权力，就国际法的意义而言，它是一

[①] 参见萨本望《新兴的"地缘经济学"》，《世界知识》1995年第5期；尼古拉斯·斯皮克曼《和平地理学》，商务印书馆1965年版。

个国家不受外来控制、完整无缺、不可分割而独立行使的最高权力和尊严。国家主权的物质基础是领土完整、不受别国的侵犯，更不容寸土的割舍。一国主权不能受别国的限制和干预，这是在《联合国宪章》和其他国际法文件中均获得确认的。这一国际法范畴的问题直接与处理地区民族问题有关。众所周知，民族国家建构是以大民族为核心的现代主权国家运动，而不是单纯以民族为界线的国家的建立过程。现在的时代已不是增生新国家的时代，而是以现有国家为基础，各民族走向一体化的时代；现在的时代当然也是一个民族繁荣和民族差别继续存在的时代，但这并不意味着必然伴随着政治分离。

"地理上的距离可以产生政治上的吸引力。"① 在地缘政治力量结构中，行为体是相互作用的。每个行为体既是发力方，又是受力方。其中，距离显著地影响行为体之间的相互作用。地理和权力之间的关系体现为：一方面，一个国家有能力在任何时候运用权力去影响或控制它视为具有重要战略意义的领土。一国的实力对外扩散时，离本土距离越远，其力量就越弱；另一方面，传送力量的费用将随距离增加而增长。距离产生的费用可以把有效的能量储备消耗殆尽，离开核心到达一定距离后，用来施展的力量额度将趋于零。如果两个机遇出现在离核心的不同距离上，将力量投向近距离目标比投向远距离目标要更为便利。② 力量随距离增加而衰落的原理，无论对发力方还是受力方，都具有丰富的含义。在一个各向同性的地理空间平面上，任何一个力量源都处在该地理场中的一个特定位置上，其影响无论有益或有害，都会随着离开力量源的距离而发生规律性变化，向周围地域传播。从精神方面来看，距离严重影响个人和群体的精神意志。劳伦兹认为：由于力量随距离延长而削弱，远离本土的争夺者将因此而在精神上失去勇气。③ 社会生活和经济地位不平衡发展是现代经济发展中的正常现象，但是，这种社会现象在地区民族居住的地区如果得不到正确政策的指导和相关的补救措施，

---

① 布热津斯基：《竞赛方案——进行美苏竞争的地缘战略纲领》，刘晓明等译，中国对外翻译出版公司1988年版。

② 参见 Patrick O Sullivan, *Geopolitics*, London & Sydney: CroomHelm, 1986, p. 56。

③ 参见 P. 奥沙利文《地理政治论——国际间的竞争与合作》，李亦鸣等译，国际文化出版公司1991年版。

处于发展滞后的一方易于从民族意识出发，对发展较好的一方产生羡慕心理，而后者则产生同情心理，此时泛民族主义就会抬头，地区的安全随之受到威胁。可见，地区民族问题是现存国家分隔力的产物，但它不单纯是现存国家分隔力的产物，而是现存国家政治分隔力和民族向心力这两种相反社会力量交互作用的产物。即是分属于不同国家的同一民族及其聚居地被国家政治所分隔的外在力与民族传统文化的感召力及民族自身利益的驱使等内在动力交互作用的结果。地区民族因地理上的接近很容易与境外的同胞有直接的联系，尤其在受宗教影响较深的民族中，宗教因素更是民族机体中一个不可缺少的组成部分，民族意识和宗教意识往往相互影响、相互渗透。宗教狂热与民族因素相联结，通常会导致其潜在的排他性过度膨胀，成为引发与其他地区矛盾和纠纷的诱因，并产生民族分离主义思想和行为。

需要说明的是，随着科学技术的进步，地理距离对地缘政治内容的影响开始降低。技术的发展引起经济结构和生产方式的改变，带动国际层面生产关系的变革，从而改变地缘政治。科技革命造就了产业革命，带来国际分工、资本流动、资源和市场供求关系等一系列国际经济关系的改变，进而推动国际政治、社会、文化关系的变化，导致国际政治从内容到结构、秩序等深层变化，从而改变地缘政治的实质内容。比如，信息革命带来的交通与通信技术变革推动全球化加速发展，导致国际交流与融合空前加强，世界整体性、行为体之间的相互依存关系加深，使当今富有全球化特征的世界地缘政治现实明显有别于以往任何形式的地缘政治关系。国际政治经济关系是世界政治的重要内容和标志性反映，直接建构地缘政治，是塑造地缘政治的主动因素。因此，技术通过国际政治经济关系对地缘政治的作用和影响往往是直接的和灵活的。

第二节　反分裂国际合作的产生与发展

在现代国际关系中，民族主义是建构国家利益的文化符号和政治思想，国家利益是民族主义存在和发展的衡量标识，决定民族国家对外政策的原动力，以及构成国际关系体系的内在动因。在地区建构的进程中，国家利益的动力主要表现在它的建构作用方面。

在全球化语境下，随着民族—国家相互依存关系的逐步加深，地区主义变得日趋重要。一方面，战争的洗练使民族—国家大都清醒地认识到，过分追求国家利益的结果必然导致驾驭彼此间关系能力的丧失，没有任何一个民族—国家能够对其他国家保持长久的霸权地位，对古典民族主义的传统理念及其实践方式不能再抱有幻想。另一方面，全球化所营造的现实，也使许多曾极力推崇国家与权力的民族主义者接受了新的理念——"民族国家缺少实现当前众多要求的能力"，而"地区合作远比诉诸国际机构更为实际和令人满意"，"地区主义使其能够免受大国对其主权和自主权的干涉"。

众所周知，当代世界岛屿争端具有强烈的国际化倾向，争端的发生致使两国或两国以上的国家牵涉其中。出现问题的一方总是希望他国的支持，干涉的一方往往通过政府力量和民间活动等形式参与相关事务的处理，而大国总是会利用各种借口插手其中，争端随之呈现国际化态势，相关地区国家关系陷入紧张状态。

如前所述，国外学者曾从历史学、政治学、社会学等角度对岛屿争端进行了介绍和研究，取得了一定的成果，积累了大量宝贵的资料。但人们对从民族主义角度研究、考察岛屿争端未予以充分的重视，对其中的民族原因尚缺少深入的分析和认识。比如有人将岛屿争端产生的原因仅仅看作是大国争霸的结果；有人则单纯强调经济利益关系对岛屿争端发展态势的影响。新中国成立以来，国内学者对岛屿争端的研究日益增多，出版了一些专著，发表了一些文章。但是从民族主义角度，特别是从民族主义与地区建构关系的角度研究岛屿争端的著作、文章还未见到。[①]

有鉴于此，本章试图从民族学的视野出发，通过考察岛屿争端存在

---

① 参见杨金森、高之国《亚太地区的海洋政策》，海洋出版社1990年版；王玉玮《岛屿在国际海洋划界中的作用》，《河南省政法管理干部学院学报》2002年第2期；袁古洁《国际海洋划界的理论与实践》，法律出版社2001年版；陈克勤《中国南海诸岛》，海南国际新闻出版中心1996年版；刘清才、孔庆茵《亚太地区领土争端的成因及其解决方法》，《东北亚论坛》2003年第3期；王国富《论日俄之间的领土争端》，《渤海大学学报》（哲学社会科学版）1993年第12期；韩占元《试析解决领土主权争端的有效控制原则——兼论我国的无人岛屿主权争端问题》，《太原师范学院学报》（社会科学版）2008年第3期。

的现实与发展态势,分析解决岛屿争端可遵循的原则和采取的措施,阐释相关的理论依据和现实意义,以期能抛砖引玉,为地区性民族问题的解决提供点滴参考。

一 民族主义与国家利益

民族主义与国家利益之间存在密切关系。国家是民族的最高代理人,是维护民族属性和实现民族目标的基本载体,民族主义因此在界定国家利益的过程中具有决定性的影响。民族主义的重要性在于"能够依靠或反对现存的国家以及国家体系,动员全球各个地区的许多人民,联合起来进行政治行动"①,其目标是"使公民的或族裔的民族成为国家的模子和尺度,使国家服从于并且表达民族的意愿"②。

(一) 民族主义与国家利益的界定

从理论上讲,民族是一种"对他而自觉为我"的社会分群形式,也是一种"想象的政治共同体",并且是被想象成范围有限、享有主权的共同体。③ 作为民族的信条,民族主义强调民族与国家的关系,本质是民族国家的内部事务或国家的基本属性,内涵主要包括从本族利益出发的社会和政治运动、属于本族的情感或意识、本族的语言和符号体系以及国家的建立和发展过程等。④ 国家是民族的代表,国家利益是民族意志的体现。民族主义的内涵是国家属性,民族主义的表现形式往往以国家的面目出现。

1. 关于民族主义

民族主义通常是指人们在历史上形成的对本民族的认同、归属、忠诚的强烈思想意识和实践活动,是思想、学说和运动的统一。其外延和内涵都相当广泛和复杂,是一个特定的历史现象与观念,一经产生便改

---

① 参见安东尼·D. 史密斯《全球化时代的民族与民族主义》,龚维斌、良警宇译,中央编译出版社2002年版,第131—132页。
② 参见本尼迪克特·安德森《想象的共同体:民族主义的起源与散布》,吴叡人译,上海人民出版社2001年版,第94页。
③ 同上书,第5—6页。
④ 参见 Anthony D. Smith, *Nationalism: Theory, Ideology, History*, Polity Press, 2001, pp. 6 – 7。

变了世界政治理念。今天，民族观念已成为人们新的价值判断标准。在民族之间发生冲突时，这种标准往往会压倒其他一切标准，使本民族的利益成为高于一切的准则。现代民族主义起源于欧洲，是现代资本主义经济发展的产物。在民族主义意识的形成过程中，日益壮大的商品经济提供了最初的动力，而民族国家则起着决定性的作用。民族主义自诞生起便具有多种多样的表现形式，尤其是自它与"民族国家至高无上"学说和推动现代化的力量结盟后。但不论何种形式的民族主义，其贯穿核心的都是一种共同的历史，以及由此而产生的"民族"认同感，一种与其他现代的集体观念如集团、种族和阶级等完全不同的观念。

多年来，民族主义一直是中外学者关注的话题。民族主义内涵随着民族主义的扩展而铺陈开来。各国的思想家和学者都在不同程度上给民族主义加进了新的内容，使人们对民族主义的理解进一步复杂化。有关民族主义的基本概念理论、运动和内涵的认识众说纷纭。

民族主义是欧洲民族—国家当代政治生活中的一个棘手问题。冷战时期地缘政治对立的结束开启了一个新世界。随后，民族和民族主义的愿望强烈滋生而不是减弱，因此，要实现和平的世界秩序，各国公民都必须面对这一问题。但是，在欧洲现行政治中，的确存在着不容忽略的认识，即拒绝承认民族主义问题，不承认实际潜在问题的差异性，认为在处理民族问题时就不应考虑民族和民族主义那些"令人厌烦"的要求，除非"民族"指的是已被承认的国家。事实上，问题的关键在于，即使转移视线、回避问题，但问题依然存在。事实上，因为被忽略，问题也许会变得更加危险、更加恶劣。如果说欧盟现在真的是"超越主权国家"的开路先锋，那么欧洲人也许正在建构某种至关重要的框架。如今，那些创造并向全世界推广独立政体思想的人，在某种程度上似乎正凭借直觉来建立一种政治和经济合作的后继模式。虽然这一模式继续保存了国家，但它已是成员国而不是传统主权意义上的民族—国家了，而且，它只是存在于合作的法律秩序中，而不是完全独立的决策者。

西方思想家们提出了两种理想的民族主义形式。一是公民民族主义，它建立在认同感的基础上，主体为那些因共同的诉求被联系在一起的共享公民机制的人，其诉求被尤尔根·哈贝马斯（Jurgen Habermas）

称为"宪法的爱国主义"①。公民民族主义认为,民族是开放的,所有认可公民机制的人都可以自愿加入。二是族裔民族主义,它强调由历史甚至是基因决定共同体的自决,这种共同体具有文化上和渊源上的归属感。

作为当今国际关系实践中最具有力量和最富影响的现象之一,民族主义曾被称作"20世纪的宗教"。它起源于近代欧洲,在由欧洲向全球范围扩展、蔓延的过程中,促进了现代国家的增生,但同时也引发了暴力纷争,带来了国际秩序的更动与变化。尤其是在后冷战时代,民族主义在政治、经济、文化等领域所显示出的与全球化和一体化趋势相悖的特性,强烈震荡和冲击着转换中的国际格局和重组中的国际关系。

民族主义作为一种意识形态和社会实践运动,一直是影响国际格局变迁的重要因素之一。回顾国际格局两百年的历史演变,历次国际格局的变迁和重塑都渗透着强烈的民族主义因素。毋庸置疑,在当前国际格局转型的历史时期,民族主义对未来国际格局的形成也必将起着举足轻重的作用。

民族主义是一种政治运动,而政治现代化的中心特征就是主权与边界国家的发展,以期成为相互竞争之国家体系中的一员。无论是生物的基本需求还是民族国家的政治需求都使民族主义与领土问题交织在一起。领土是族群怀有特殊情感的土地,国家则在领土范围内行使其基本职能,主权是在"民族领土"内部运作的。由于民族主义的目的就在于建立具有主权的民族国家,而没有领土,主权将丧失意义,因此,在各种民族冲突中总会涉及领土这一因素。可见,现代意义上的民族主义,是思想(包括情感)、学说和运动的统一。作为一种政治运动,它有两个本质特征:对本民族的认同和忠诚高于一切;渴望拥有自己的国家。民族主义的政治特征与其深厚的历史、文化底蕴密切相关。民族主义的历史文化底蕴不仅是民族认同的基础,它也塑造了每个民族自尊的灵魂,使民族主义与国家主义息息相关。这首先是因为,具有强烈自我意识的民族多半希望自我治理,而非受治于其他实体,尤其是民族压迫或歧视的实体。因而,有的学者指出,为了完成这个任务,民族就需要

---

① 参见 Jurgen Habermas, *Between Facts and Norms*, Cambridge: Polity, 1997。

强权来保护它免受其他民族的侵犯和刺激它本身的发展。因此,"一个民族——一个国家",就是民族主义的政治要求,民族国家是它的理想。① 所以,国际体系内全球层次和区域层次的竞争性生存逻辑,导致基本政治单位的趋同。民族主义理念因此都倾向于把起源神话与"故土"的概念联系在一起,强调"领土权"的观念。民族主义的本质特征,决定了其与国际暴力冲突的内在联系。民族追求国家的成功,意味着原来统治它的母国会产生分裂变化,民族伸张自由的斗争会引发暴力冲突,甚至国际暴力冲突。有人认为,创建民族国家是世界上引发国际暴力冲突的首要因素,在它所出现的场合,有50%以上最终导致或促成了国际暴力冲突。②

民族主义是国际关系的产物。第二次世界大战结束之后,由于德、意、日三个法西斯国家战败;英、法等老牌帝国主义国家受到削弱,亚、非、拉各大洲殖民地半殖民地国家相继开展了民族解放运动,形成一次民族解放运动高潮。战后的民族解放运动因具有反帝国主义反殖民主义的历史进步作用,得到世界各国人民和联合国等国际组织的大力支持。国际关系特别是国际社会和全球体系的发展又对民族主义产生了很大的制约与影响。因此,民族主义与国际关系之间的关系问题体现为,民族主义国际关系与国际社会的形成与演化的影响,以及国际关系与国际社会的发展对民族主义的影响。

民族主义关注的重心在民族国家,但就民族主义发展的历史阶段来说,历史上民族国家刚刚开始建立时期的民族主义和当今全球化时代的民族主义就有很大的差别,全球化的特点是跨越民族国家边界,而且民族主义本身又和不同的地区文化社会环境结合,这样一来,中国目前的民族主义意识与其他地区的民族主义意识就有着很大的不同。东西方民族主义的本质性差别,在欧盟的框架内发展起来的民族主义已经是一种丧失了其原有的政治诉求的民族主义,而在东亚,民族主义则和亚洲近

---

① 参见汉斯·摩根索《国际纵横策论》,卢明华、时殷弘、林勇军译,上海人民出版社1995年版,第215页。

② 参见 George Modellski, *Long Cycles in World Politics*, Seattle:Washington Univesity Press, pp. 310 – 319。

代以来的历史社会文化环境结合，产生了一种应激型的、保守型的民族主义，它保护了东亚各民族国家在政治和文化上的特质，为东亚各个国家提供了一种政治上的合法性。①

目前，民族主义意识面临着来自超国家的、次国家的认同意识的挑战，如果我们不能正视民族主义意识发展中的问题，那么民族主义意识的发展就有可能偏离正确的轨道，而这种非理性的民族主义意识必将给民族国家带来消极的影响。由于特定的历史文化环境，民族国家对于国家主权有着比较强烈的依赖，正是这种民族主义发展类型和阶段的差异导致了民族国家在未来的民族主义意识有着不同的选择。民族主义是民族由自为进入自主的一种推动力，民族主义依其构建国家方式不同，对现实国家有不同的影响；民族主义内整体利益与个人权利之间的关系对国家制度建构具有重要作用。要防止民族主义的负面影响，现实中的民族国家应加强其合法性，并且创建一种综合性文化。

2. 关于国家利益

国家利益是一个难以给出明确界定的概念。它涉及的内容十分丰富，其构成要素不具有可操作性。就其界定和实施途径而言，在理论和实践上都存在许多值得探讨的东西。但其内涵所指的内容则是公认的——涉及国家存亡的因素通常都应属于它所包含的范畴。

根据《现代汉语词典》的解释，"利益"的词义是"好处"②。在国际关系中，行为体所追求的"好处"是极其多样的，可能涉及政治、经济、军事、文化、生态环境等不同领域，从地方到全球的不同范围。不同的行为体可以共享某些利益。国家的生存与发展需要国土、人口、主权、和平的周边环境、充分的能源供应、平等的贸易关系等条件，主权国家的基本职责或义务都是尽可能多地得到"好处"。有人认为，国家现实存在的需求和欲求即可视为"国家利益"，通常指国家相对其他

---

① 参见 Richard N. Hass, "What to Do With American Primacy", *Foreign Affairs*, Vol. 78, No. 5, 1999。

② 参见中国社会科学院语言研究所词典编辑室《现代汉语词典》，商务印书馆 1983 年版，第 698 页。

国家而言的基本的需求。①

人们对国家利益的界定一直没有形成共识。通常认为，确保主权国家自身的生存、促进其人民的经济福利与幸福以及保持其政府体系的自决与自主是主权国家的国家利益的基本内容，也是国家的核心价值和最基本的对外政策目标；凡涉及国家的需求与欲求，不论大小，都可以说是国家利益。有学者指出，国家利益即权力、权利和利益，"是国际政治的动因和直接目标，是各国参与国际政治活动和扮演行为体角色的出发点和归宿"②，包括相互影响制约、不分主次和不可分割的国家安全权益、国家政治权益、国家经济发展权益和国际社会中的平等互助权益。2000年，美国国家利益委员会发布了一份《美国的国家利益》报告，其中将美国国家利益分为生死攸关的国家利益、极端重要的利益、重要的利益等不同层次。③

事实上，由于对国家生存和发展构成影响的因素繁纷复杂，以及概念界定者性质的差异，要对国家利益给出一个具有普遍性的、明确的界定是比较困难的。每个国家都是特定的和独一无二的。每个国家都有它要完成的历史使命。它的命运和使命是不能选择、改变或拒绝的，因为这些东西是深深地植根于特定国家的文化、历史和地缘政治地位之中的。不能追随其使命的国家注定要衰落，并最终会崩溃。政治领导的目标就是揭示这种使命，精心地阐述它并把它灌输于社会之中。政治家的智慧就在于他们能以适当的方式就国家的长远未来建构这种国家利益概念。这种方法使国家利益变成了一个价值和信念的问题。从建构主义者的角度看，国家利益是由国际共享的规范和价值塑造出来的，规范和价值构造国际政治生活并赋予其意义。从国际关系学的角度看，国家利益的界定与国际体系密切相关。

由此可见，"国家利益"的综合、取舍、确定成了一项复杂的工程。有的学者提出通过整体的方法（假定"国家利益"是与"国家观

---

① 参见 Frederc S. Pearson and J. Martin Rochester, *International Relations*, New York: Graw-Hill, 1998, pp. 170–179。

② 参见梁守德、洪银娴《国际政治学理论》，北京大学出版社2000年版，第81页。

③ 参见 *The Commission on America's National Interests*, July 2000, http://www.nixoncenter.org/publications/mono.graphs/nationlinterests.pdf。

念""国家路线"等概念相联系的）和实证主义方法（基于社会和国际关系的比较理性的基础认定国家利益，包括政治、社会、经济、地区、种族利益等，是社会中多元的、有时甚至是相互排斥的集团利益的最小公分母，政治领导人不能揭示或发明国家利益，只加以能理解和平衡）来解决问题。① 但是，这些方法是否具有可操作性，尚有待商榷。无论如何，国家利益所包含的内容是公认的，即国家利益关系到国家的生死存亡，是国家行为的动因和归宿。大体来说，涉及国家生存的关键因素都属于国家利益范畴，关键问题在于国家利益的界定者是否具有合法性（构建国家权力和执行统治的普遍信仰政党）。政府权威建立于合法基础之上，公民即可感知其责任与义务。② 在国际关系语境下，国家利益是指与国家生存发展密切相关的要素。不同的国家具有不同的国家利益，表现为不同的关系观念和行为。要实现国家利益，国家就必须根据自己的需求与欲求制订出具体的行动计划。国家目标就是战略所要达到的目的。这些目的包括国家已经拥有但需加以保卫的东西，也包括国家并不拥有而需要获取的东西。一般来说，国家采取维护自身利益的行为，总要根据客观情况对国家利益进行重要程度的划分，其意义在于确定指导国家行动的原则。国家根据不同的利益等级，会采取不同的行动，特别是采取不同的强制性行动。

（二）民族主义与国家利益的相互关系

民族主义与国家利益之间存在着互动关系。学术界对于民族主义这一术语的界定，至今没有达成共识。基本得到公认的是，因各国历史、文化、宗教等方面的差异，民族主义的表现形式形形色色，其特征也各不相同。民族主义的历史复杂多变，时常与其他的政治观点发生冲突，它所可能引发的暴力让政治精英和普通民众倍感心悸。人们通常认为，民族主义是19世纪产生于欧洲的一种学说，"大体上是工业化及伴随它

---

① 参见 Andrey Kortunov, *Russian National Interests: The State of Discussion*, http://www.fsk.cthz.ch/documente/studies/volime_1/kortunov.htmtwoApproachestoNatonalInterests。

② 参见 Robert J. Jackson and Doreen Jackson, *A Comparative Introduction to Political Science*, New York: Prentice Hall Inc., 1997, pp.10, 13。

而来的民族与平等意识形态的产物"①。有些学者认为，民族主义划分为"温和"与"邪恶"两种形态。但是事实上，此种两分法在理论上回避或否定了民族主义在政治实践中存在的各种可能性。有学者将这种做法理论称为"内在绝对性理论"②。在历史上，民族主义曾服务于近代民族—国家的崛起，但这不意味着它能为自己所组织的所有行动提供合法的标准。厄内斯特·盖尔纳认为，民族是划分人群自然而理性的途径，民族主义是人们需要的神话，是当代的必然的现象。③ 国家利益是一个难以给出明确界定的概念。它所涉及的内容十分丰富、广泛，其构成要素不具有可操作性。就其界定和实施途径而言，在理论和实践上都存在许多值得探讨的东西。但其内涵指向则是公认的，即国家利益关系到国家的生死存亡，是国家行为的动因和归宿。通常来说，涉及国家存亡的因素都应属于它所包含的范畴。尤尔根·哈贝马斯（Jurgen Habermas）指出，无论"民族主义"曾经在反殖民主义的斗争中以及在福利国家的建设中发挥过怎样的作用，"现在它已死去"，"制度爱国主义"取而代之并开始发展了。④ 我们以为，这种结论值得商榷。应该说，民族主义的形式与内涵会随着社会背景的变化而变化，它是一个形态多样、内涵丰富的国内和国际现象，它以历史和文化为基础，以现实经济—政治生活为平台，但是，它与政治、经济、文化等要素并非一定构成因果关系。西方的国际政治理论对民族主义问题一直没能给予应有的关注。⑤ 现实主义、功能主义、新功能主义往往将民族主义视为国家内部的事务，忽视了民族主义在国家政策制定过程中的重要作用。然而，民族主义与国家利益之间存在的密切联系是不能否认的。民族主义的表现形式和本质内容对国家利益的内涵具有相当的规范作用。通常来说，在国际关系语境下，民族主义是建构国家利益的文化符号和政治思想，

---

① Anthony D. Smith, *Nationalism*: *Theory*, *Ideology*, *History*, Cambridge: Polity Press, 2001, pp. 6 – 7.

② Howard Caygill, *Walter Benjamin*: *The Colour of Experience*, London: Routledge, 1998, Chap. 1.

③ 参见 Ernest Gellner, *Nations and Nationalism*, Oxford: Blackwell, 1990。

④ 参见 Habermas, *Between Facts and Norms*, Cambridge: Polity, 1997, Appendices 1 and 2。

⑤ Rodney Bruce Hall, *National Collective Identity*: *Social Constructs and International Systems*, New York: Columbia University Press, 1999, p. 3.

国家利益是民族主义存在和发展的衡量物,是决定民族国家对外政策行为的原动力,是构成国际体系的内在动因。国家获取合法性的基础是,它作为政治经济组织存在的实质体现为,服务于国家中的每个人,为其提供不可划分的、普遍的利益。① 换言之,国家必须体现民族的意志,促进民族利益。在民族与国家的相互建构中,国家获得了统治人民的合法性,民族集团获得了可以代表他们利益的归宿。

在多民族国家中,国家利益应是各民族利益的叠合,是不同民族集团对国内问题和国际环境享有一致或相近认知的产物。国家利益的建构作用通过各民族因应对共同的非安全因素而组建的联盟或联合而得以形成。

民族主义与现代主权国家是共生关系。从人们共同体的发展进程看,在今后相当长的时间里,主权国家仍将长期充当国际关系中的行为主体,民族主义因此并非全球化所能取代的过时的观念,其存在和发展的合理性不会因其具有变态的表现形式而丧失。

民族主义与国家利益之间存在着密切的联系。通常来说,在国际关系语境下,民族主义是建构国家利益的文化符号和政治思想,国家利益是民族主义存在和发展的衡量物,是决定民族国家对外政策行为的原动力,是构成国际体系的内在动因。国家获取合法性的基础是,它作为政治经济组织存在的实质体现为,服务于国家中的每个人,为其提供不可划分的、普遍的利益。② 换言之,国家必须体现民族意志,促进民族利益。在民族与国家的相互建构中,国家获得了统治人民的合法性,民族集团获得了可以代表他们利益的归宿。

在当今地区性民族问题的发生区,理念上的国家利益的内涵与现实中各民族对国家利益的认知差距甚远,作为各民族利益叠合的国家利益,对各族体而言还是一个模糊的、不确定的概念,一种尚未被全体人民所认同的思想理念。比如,在地区民族占人口大半的阿富汗,其民族

---

① 曼瑟尔·奥尔森:《集体行动的逻辑》,陈郁等译,上海三联书店1995年版,第12页。

② 参见 Larry Goodson, The Fragmentation of Culture in Afghanistan, *Journal of Comparative Poetics*, No. 18, *Post-Colonial Discourse in South Asia/Khitab Ma Bad al-Kuluniyaliyah fi Junub Asya* (1998), pp. 269–289。

主义的表现形式主要包括：大民族主义，即强调主体民族普族人的政治、经济、社会和文化权利，比如本族成员在法律方面的平等、共同的公民文化与意识形态等，较少考虑其他少数民族的利益，"海归派"、塔利班"温和派"与卡尔扎伊临时政府（卡尔扎伊家族属于普什图族伯帕扎伊部落）以及拉巴尼领导的伊斯兰促进会、希克马蒂亚尔领导的伊斯兰宗教学生运动（塔利班）和萨亚夫领导的伊斯兰联盟只代表其自身利益；[1] 民族权利主义：其主要依据是血缘和语言，目标是寻求本民族地方自治或实现分裂，如在阿部分少数民族中存在的分离主义倾向和独立运动，许多周边国家与阿在经济发展水平上的明显差异，对阿非主体民族产生了强烈的诱惑，也进一步引发了他们对现实处境的不满，接受在边界另一方同胞的"援助"，并与之结成"盟友"便成为自然而然的事；[2] 宗教民族主义，主要是指一些宗教或教派突出强调本教或本派的优势，排斥和打击其他教派的狂热信念和行为，其目标是建立一个宗教性的世界秩序，在塔利班政权被推翻后，形成了以乌鲁兹甘和扎布尔省为中心的根据地。[3] 阿富汗民族主义特有的表现形式，界定了不同民族主义在国家重建中的具体目标指向，也界定了不同民族集团的利益疆界；各族往往将对本族利益的获得与保护放在首位，对自己族体的忠诚超越于对民族国家的忠诚。

　　民族主义与国家利益的悖逆在阿富汗地区的民族中表现为：首先，阿富汗的民族主义成为分离国家主权的重要理念。随着普什图大民族主义的盛行，民族权利主义理念和实践得以不断发展，并形成一定规模。一些少数民族开始认为，只有主权才能使其免受主体民族的压迫并张扬其民族文化。他们关注术语"阿富汗国家"的兴趣在逐渐丧失，主张通过建立本民族控制的政府来寻求能够充分体现自身价值和利用的最理想的管理形式。其次，阿富汗民族主义为国家利益的实现设置了重重障

---

[1] 参见 Anders Fänge, "Afghanistan after April 1992", *Central Asian Survey*, Vol. 14, No. 1, 1995。

[2] 参见 David B. Edwards, "Learning from the Swat Pathans: Political Leadership in Afghanistan, 1978 – 97", *American Ethnologist*, Vol. 25, Nov., 1998。

[3] 参见 Nazif M. Shahrani, "War, Factionalism, and the State in Afghanistan", *American Anthropologist*, New Series, No. 3, Sep., 2002, pp. 715 – 722.

碍。个人与民族融为一体的民族具有强大的生命力，强大的民族方能建立强大的国家。这一点对于阿各民族而言，无疑是其在相当长的时间里所应树立和追寻的信念与理想。在阿民族主义框架下，人民并未成为国家机器的组成部分。他们可以为本民族利益流血牺牲，但难以将国家视为本族和个人的意志及命运的精神体现。维系各族集团成员个人与国家间心理纽带的羸弱、纤脆，致使国家失去了稳定的结构和力量基础。任何民族集团都难以独立承担起结束阿冲突的责任。事实上，在塔利班崛起之前，普族人集团已显得相当衰落，他们在内战中所表现出的"中立"，既非出于国家统一的考虑，也非意在制定内聚性政策，实属无奈之举。塔利班的突然出现超出了许多人的意外，但稍加思考便知它不过是以美国为首的国际力量想利用的一杆枪罢了。力量日益强大的塔吉克人无心亦无力制止内战；事实上，他们即使"有心"亦是"无力"。普、塔两族难以做到的事，让其他民族来完成则是不现实的。再次，阿富汗民族主义未能为国家取得合法性提供有效力量。在阿富汗民族主义框架下，国民对国家的忠诚严重缺失。他们大多认为，国家是抽象的、遥远的，而部落和家族才是具体和最值得效忠的。[1] 苏联撤军而招致的共同敌人的丧失，使各族间潜在的矛盾逐渐暴露出来。各族有限的实力和对诸民族共同利益的淡漠，促使各族群众将反对普族人政府的高涨情绪转化为对能够代表其利益政党（而非强大国家）的渴望。同时，阿富汗国家政府保证其国民个人利益的能力一直十分有限。在过去的二十多年里，阿富汗人始终在自己的家园里经受着战争的创伤。数以百万的人因此丧命、流离失所，大部分人需靠联合国救济勉强度日。

国家利益是民族主义的关键因素，是民族主义的动因。民族主义的表现形式和本质内容对国家利益的内涵具有相当的规范作用。民族主义是一种建国进程、一种理论信念、一种政治运动、一种共同体认同，是建构国家利益的文化符号和政治思想以及决定民族国家行为的原动力，与现代国家的崛起紧密相连。在当今国际关系交往中对国家利益的关注，已成为各国制定国家内、外战略政策的重大依据。能否实现国家利益、地区利益的最优化同样成为各国关注的中心。同时，如何在国内、

---

[1] 相关资料由波兰科学院辛凯维奇教授提供。

国际环境整合中，实现国家利益最优化的前提下，协调国家利益与地区利益的平衡已经变得十分重要。

二 国家利益与地区建构

在国际体系中，国家之间的互动不仅塑造着国际体系的结构，而且塑造着国家利益。国家通过在国际互动关系中建构了共同的利益而参与到地区化进程中。在当今的国际体系中，国家利益的地区建构作用主要体现为：

其一，相近的地理位置和相似的文化传统，使得同一地区的国家观念具有更多的相似性。地区合作的出现。随着全球化时代的到来，地区与地区主义正在成为当代世界政治的核心。同一地区不同国家具有的相似文化传统，成为参与地区合作的国家形成共有知识的主要条件。冷战结束以来，经济全球化、地区集团化进程加速，成为两大历史潮流。全球化是世界范围内的互动体系，本质是全球集中趋势，兼具分散趋势，而地区化（区域化）则主要表现为集中趋势。从全局看，地区化是全球化的有机组成部分，在深度和广度上都大大高于全球化。从长远看，地区化是通向全球化的阶梯，是全球化漫漫征途中的中继站，地区化与全球化在本质上是相互依存、相互补促、相互制约、同步进行的，两者是矛盾的统一体。区域化，特别是区域集团化，总带有些排他性，在某种程度上阻滞全球化，但是地区化几乎都是开放性的，都是互动的，都要融入全球化，而不愿作茧自缚。全球化和区域化会并行不悖地迅猛发展下去，需要加以协调，以求得共同的健康发展。地区化的国际政治意义主要体现在安全的地区化及其影响方面。地区国家合作的主要原因是应对共同的不安全因素。包括来自地区内的威胁，可以是一个具有威胁性的国家或组织，也可以是一个能够引发动荡与冲突的事务，地区内各国或组织都将其视作各自安全、地区稳定与和平的决定性问题，因而处理这种地区的威胁处于这些国家或组织安全议程中的优先地位。安全的互动在本性上是自发的，即使国家间不存在任何互动关系，一个有威胁的国家、组织或一个事件也会影响到其他国家的安全，地区内也会有很强的安全联系与相互依存。也就是说，安全的地区化既是有意识的政策结果，也是一个由安全问题的本性与逻辑所决定的自动进程。地区安全互动的后果（代价或收益）更多的是在地区范畴之内，而非直接扩散到全球层面上去。地区内的安全相互依存关系，在地区社会间创造出了"安全外在性"。在地区安全的战略与制度方面，主要是由地区内的国家或者通过力量的相互牵制，或者凭借集体协调与合作来处理所面临的地区安全挑战。当然，在一个相互渗透和不断全球化的世界中，外部力量对地区安全事务的参与和影响是不能排除的，甚至是日益加强的，但安全地区化意味着它们不会成为地区安全与稳定的根本源泉。同时，在地区社会中的中小国家在希望获得发展、安全和参与地区社会中的有关决策的需求方面有着诸多相似性。与超级大国的全球战略相比，中小国家更关心其周边或其所在区域的安全、发展。"在世界发展进程中，多数事态具有区域意义而不是全球意义。对于大多数人与国家来说，全球事务显得过于遥远与空泛，他们宁愿把注意力集中于直接关系到自身安全、稳定、发展、福利的周边区域，周边关系更能体现唇齿相依、生死与共的切身利益关系。"对广大发展中国家而言，地区化比全球化更为实际。① 中小国家实力的提升和现实国际关系中政治、经济等参与程度的相对滞后，必然造成这些中小国家对一定地区内大国所主导的秩序、规则的认同落差。这种落差往往使这些国家产生"挫折感"。与此同时，尽管中小国家的综合国力与其历史上相比较获得了较大发展，但贫富差距继续拉大。"在整个世界上，在收入和财富的分配上存在巨大的不平衡，而且随着全球信息流动的日益加快，对这种不平衡的认识也在逐步加深。世界上任何一个地方的人都可以将其与最富裕的发达社会相比较，而且他们迫切地要缩小收入和消费上巨大的差异。这些不平衡不解决，势必会带来越来越多的不满。"这种"挫折感"和"压力"如果没有相应的缓解机制就会引起国际社会的不稳定。冷战后，随着全球性政治议题与危机的相对弱化，随着国家自主意识的释放，中小国家的参与需要得到了进一步的张扬。

其二，共有观念使得国家之间可以彼此信任，协商解决问题。20世纪末期以来，全球性的政治议题与危机相对弱化，地区冲突、地区灾

---

① 参见俞正梁《区域化、区域政治与区域治理》，《国际观察》2001年第6期；朱锋《关于区域主义与全球主义》，《现代国际关系》1997年第9期。

难、地区经济的发展趋势日趋强化。世界各国从两极体制下解脱出来后，它们的被压抑的活力主要释放于所在区域，逐渐构成地区性的行动集结体，经济地区主义与安全地区主义空前发展，冷战时期的东西方意识形态对立与军事对抗，转向地区多边经济合作与安全合作。在世界发展进程中，多数事态具有区域意义而不是全球意义。对于大多数人与国家来说，全球事务显得过于遥远与空泛，他们宁愿把注意力集中于直接关系到自身安全、稳定、发展、福利的周边区域，周边关系更能体现唇齿相依、生死与共的切身利益关系。

其三，地区化所招致的国家利益的重新界定，推动了地区化的深入发展。大多数国家从其以往的经历中认识到，在民族国家体系有限的伸展余地内，国家自我利益和主权的单边认定通常会导致自取灭亡的结果。彼此相邻的国家过分追求自身的安全，实际上是在合力营造更为广泛的不安全氛围。[①] 致力于大欧洲建设的欧洲人已清楚地感到，为避免因极度坚守国家利益而导致的系列战争，只有把彼此的主权联系起来，对自身的本能要求加以限制，才能有效实现国家主权的根本目标，并获得安全的生存与发展空间。在地区的框架下，民族国家的经济被融入地区经济中，共同的民族经济政策使其得以保持密切的合作关系，主权的作用在合作中得到发挥。尽管国家的本质是私利的，但在彼此依赖、武力不再起主要作用的条件下，各国有可能通过合作的方式来解决利益冲突或者促进共同的利益。欧洲一体化过程也是欧洲联合机构的权限和范围不断扩大的过程。"煤钢联营共同体"既有重要的经济意义，也有巨大的政治意义。从"煤钢联营共同体""原子能共同体""欧洲防务集团""欧洲共同体"到"欧盟""欧洲防务联盟"，这种机构的变迁是欧洲联合成就的明显标志。这些联合机构在维护民族国家的利益，协调、保证其共同发展方面发挥了日益重要的作用。1958—1970 年，欧共同体成员国间的贸易额增长了 6 倍，1970 年其国民生产总值超过了苏联，1995 年欧盟的国民生产总值增长到 7.5 万亿美元，有人因此预

---

① 参见 Miles Kahler, "The Survival of the State in European International Relations", in Charles S. Maier, ed., *Changing Bounderies of the Political*, Cambridge University Press, 1987。

言，联合的欧洲将会成为新的超级大国。① 当然，地区合作并不意味着各民族国家之间所存在矛盾已经终结。其政治生活中的敌对情绪和互相竞争不会因它们组成联盟而消失。互相竞争和权力平衡是欧洲民族国家政治生活中的正常现象。② 宪政民主制度下的内部团结，是通过为各种政治力量的相互竞争提供一个相对合理的框架来实现，这个框架确立了限制强国、保护弱国与推动共同利益发展等一系列原则。欧洲人构建欧盟的出发点在于为其成员国提供一个制度性框架，保护各民族国家的权力，促进共同利益的发展，而并未寄希望于消除欧盟属下各民族国家原有的矛盾。地区合作是自愿形成的，它不应也不能剥夺和损害各成员国的自由、尊严、利益和权力。对于作为其成员国的诸民族国家而言，加入合作共同体并非意味着要抛弃国家利益，而是要在确定国家利益时，可相对合理地考虑和处理本国利益与其他民族国家利益的关系，在形成国家利益时自觉地与他国进行对话，防止一个占有绝对优势的国家出现。

三 从民族认同到地区认同

认同一词译自英文"identity"，是一个学科交叉术语。"identity"一词的词源是拉丁文"idem"，起初主要用于代数和逻辑学，曾一度属于哲学范畴，后为心理学所借用。心理学注重个体研究，往往集中关注个人认同，人类学、社会学、政治学则侧重于从群体层面出发，研究个体对群体以及群体对群体的认同归属。弗洛伊德将儿童把父母或教师的某些品质吸收成为自己人格的一部分的行为称为认同作用，用以表述个人与他人、群体或模仿人物在感情上、心理上趋同的过程，是一种个体与他人有情感联系的最早的表现形式。随着心理学学科地位的不断提升，以及对认同研究的深入，认同的外延不断扩展，认同一词被广泛应用于人文和社会科学领域。20世纪50年代，随着身份认同问题的出

---

① 参见 K. 沃尔兹《国际政治理论》，胡少华、王红樱译，中国人民公安大学出版社1992年版。
② 参见 Lord Gladwyn, "World Order and State-Nation: A Regional Approach", in Stanley Hoffmann, ed., *Conditions of World Order*, New York: Simon & Schuster, 1970。

现，认同被广泛使用开来。① 它的生成意义在于构建有关"我们是谁""我们与他人的差异"方面的概念。

认同的需要根植于人性之中。可分为个人认同和集体认同。归属于一个身份群体的欲望是人类的天然需求。人是一种"政治动物",它不仅必须以共同体的形式存在,而且必须过有组织的生活。所以个体总会归属于某个群体。一切人类活动都要受到如下事实的制约:人必须过社会性的生活。

民族认同是国家认同的基础,国家认同是国家利益的重要组成部分,从某种意义上说,是国家存在和延续的关键。实现从民族认同到国家认同的转变过程,也是民族的国家化过程。这一过程的完成,是主权国家的基本属性和必然要求。

民族认同的建构是一个持续、动态的进程,表达了民族成员强烈的归属感。民族政治认同诉诸法律和权力,统合不同的族裔,实现国家公民的普遍权益;民族文化认同借助历史与文化凝聚民众,抵御他者,捍卫民族身份的特殊性。两者互相借重,互相依存,一道推动民族共同体的发展。问题的焦点在于民族文化中的族裔内核。现代民族几乎都是多族裔的民族。一般而言,主导族裔的文化成为民族文化的主体,其他族裔的文化或被它同化,或被兼并其中。因为多族裔的民族基本上是在主导族裔吞并或吸纳了其他少数族裔之后,再以它的政治影响划定民族边界,以它的文化赋予民族特性的基础上形成的。② 一旦族裔间的力量对比发生显著变化,新的文化诉求就会出现,直接威胁到民族认同的维系,"集体认同倾向于以扩张或收缩的方式来填补政治空间"③。

民族认同的出现改变了国内的主权认同。被界定和分割的民族拥有固有主权的自决权的理念,对于国际和国内的社会规范、规则和原则都已经具有了因果关系。民族认同最普遍的基石是语言、宗教、族裔。民族主义者通常利用这些特征作为划分不同民族的特性,并使之成为民族

---

① 参见 Philip Gleason, "Identifying Identity: A Semantic History", in *The Journal of American History*, Vol. 69, No. 4, March 1983。

② 参见 Anthony D. Smith, *National Identity*, p. 39。

③ 参见 Donald L. Horowitz, "EthnicIdentity", in Nathan Glazeretal. eds., *Ethnicity: Theory and Experience*, Cambridge: Harvard University Press, 1975, p. 137。

国家合法化的根源。① 民族主义的动力在于利用一套神化、记忆等符号，在民族领土范围内将公民共同体团结起来，并将之融合在一种可以认同的文化共同体之中。

但是，民族认同并非经久不变。它在表现出高度稳定性和连续性的同时，也在不断地演变。引起民族认同演变的有诸如战争、征服、流放、奴役和移民等多种原因。大体上看，这些原因可以分为两大类：一类是历史性的，另一类是社会性的。从历史性原因看，民族认同产生于特定的历史情境之中，因而不可避免地打着鲜明的历史烙印，其文化诉求随时代的交替而变更。从社会性原因看，同一时代社会结构的变化也会导致民族认同的演变。社会结构的变化主要取决于社会政治力量分布的改变，而国内和国际社会结构的重组都可以引发连锁反应，导致民族认同的演化和变更。民族认同流变本身并不一定是件坏事，但我们要区分流变的不同性质。对于民族来说，遗忘与记忆同样重要；有选择的记忆以及大量的遗忘直接关系到它的生存。不应拒绝那些能够为民族共同体注入新的活力、增进民族自信心的积极的演化，而要抵制那些打断民族的连续性，特别是那些以非法的政治权力强行扭曲民族意志，伤害民族情感，造成民族身份异化的蜕变。②

伴随着 18 世纪领土—主权国家的种种行为，现代意义上的国家主权认同开始出现。国家认同是国家利益建构的结果。国家认同的出现，改变了帝国主义的行为和社会目的。国家认同不仅动员了整个社会，而且转换了国家的经济结构。民族国家认同作为现代主权国家的基本属性先后成为统治者界定国家利益的主要原则。在当代国际体系下，国家竞争实质上是争取认同的竞争。

民族—国家认同，简单地说，就是指一个人确认自己属于哪一个国家以及这个国家究竟是怎样一个国家的心理活动。观念形塑并影响着国家的利益与国家认同，观念的变化意味着国家利益的变动，观念的变化意味着认同的改变。如果说国家制度是现代国家构建所必需的"硬

---

① 参见 Ernst B. Hass, *Nationalism, Liberalism, and Progress: The Rise and Decline of Nationalism*, Ithaca: Cornel University, 1997, pp. 30–40。

② 参见 Anthony D. Smith, *National Identit*, p. 25。

件",那么国家认同就是"软件"。国家认同是一种重要的国民意识,是维系一国存在和发展的重要纽带。国家认同是现代国家的合法性基础,为国家这一共同体维系自身的统一性、独特性和连续性提供保障。国家认同是民族国家通过政治与文化的动员来建构共同意义的过程。在所有形式的集体认同中,它最具根本性和包容性。国家认同不仅确立了民族国家的身份,而且还使它获得巨大的凝聚力和复原力,对其统一与稳定起着至关重要的作用。

民族国家认同的危机孕育于国家构建的进程之中,民族国家为应对挑战,一方面,通过强化国家力量,树立民族主义意识增强人民的凝聚力;另一方面,可以通过地区化、国际化的方式与其他国家一起解决普遍关心的问题,以缓解国内压力和来自国际层面的挑战,地区认同随之形成。

从国家认同到地区认同的过程是地区建构的过程。多边主义承诺、安全合作与地区特有的成员资格标准,是地区认同的主要标示。国家认同是国家利益的建构结果,地区认同也同样可以通过国家利益进行建构。国家共有观念的形成既是历史的产物,也是现代国家国际化及其互动的产物。

地区化的形成基于地区认同的建构,是现代国家促进国家利益的手段。地区认同要求该地区人民改变传统的认同方式,在认同层次中纳入地区这一对象。应该承认,地区认同的出现,地区化的产生和发展已无言地诉说了民族国家的"无奈",但"无奈"并非等于或意味着"终结"。从欧洲一体化的实际程度看,各成员国政府调节本国经济的职能已意味着"终结"。从欧洲一体化的实际程度看,各成员国政府调节本国经济的职能已经有限,而"经货联盟"意味着它们需将整个经济决策的权力让渡出来。面对经济一体化的深层次发展和冷战后期欧洲局势的变化,形成一种能够进行政治与安全决策的政治一体化应该是顺理成章、势在必行的事情;即便如此,完成这一过程尚需时日。从目前情况看,民族国家不可能迅速走向"终结",至少在国家主权的让渡问题上的"讨价还价"还要持续一段时间。同时,从欧盟机构到各成员国政府、非政府组织和个人,都不能马上接受新的欧洲认同,不能处理好这一新认同与原有国家认同间的关系,因为认同作为一种观念具有相对稳定的性质，不可能在短期内完成。换言之，民族国家退出历史舞台并非指日可待。

当今世界诸多民族国家所开展的地区合作实践活动，向西方民族主义传统理论提出了挑战。欧洲和东盟整合的事实说明，国家并非族际政治的唯一舞台，主权政治单位、族际政治实体具有多样化的特征，欧洲国家的进一步统合具有相当大的国际空间。欧盟的成就告诉人们，民族国家的存在形式在与民族利益的真正实现发生冲突时，前者必须让位于后者，将民族国家作为至高无上的价值观来追求并不能真正维护本民族的生存与发展。历史已经证明，欧洲一体化是一种成功的模式，它使投身于其中的民族国家之间养成了互相妥协的习惯，逐步确立了一种内在的、极为复杂的、独特的、高层次的国际关系体制与人们共同体形态，并将其整体利益与局部利益融为一体。这些历史性飞跃对当代世界的重大意义和深远影响，并非我们今天完全可以估量得到的。

第三节 反分裂国际合作的功能

一 领土主权的维护

按国际法来说，国家领土是指处于国家主权支配下的地球表面特定部分，包括陆地、水域、陆地及水域的底土和上空。进一步说，国家领土是地球上隶属于一国主权支配下的特定部分，包括领陆（即国家主权管辖下的全部陆地和岛屿）、隶属于国家主权的全部水域（即领水，含内水和领海）、领陆和领水的空气空间（即领空）以及领陆和领水下面的全部底土。

纵观人类历史的发展进程，因领土而引发的族际冲突比比皆是。[1]在研究动物的或人类的行为结构时，人们通常认为领土是指"一种或一群动物，借由公开之防卫或宣传之排除手段，或多或少排外性地占据着的区域"。其核心在于有界线的、不一定永久固定的地理空间；一种有机体或繁殖交配的有机体群组对此空间的占据，以及对其中的特定的食物等资源的排外使用权；抵挡外来入侵者的定界线策略，及对入侵此区

---

[1] 参见尹庆耀《独立国协研究——以俄罗斯为中心》，台北幼狮文化公司1995年版。

域之外来有机体的物理攻击。① 排他性是领土的重要特征,这意味着国家在自己的领土内可以充分独立而无阻碍地行使其权力,排除一切外来的竞争和干涉。领土内的资源能强化生存的作用是由相较于他处可使用的资源之价值而定。领土对人类最根本的意义就在于,人需要领土才能生存。②"从《威斯特伐利亚和约》签订直到第一次世界大战爆发,因对领土的控制、使用和(或)所有权而引发的冲突约占这些年出现的所有战争的一半。不过自拿破仑战败以来,领土问题的重要性在逐渐下降","其在所有导致冲突的问题中的百分比以及成为战争根源的频率现在都处于历史的低点"。③

领土完整原则适用于一国的领陆、领海和领空。领土对国家的重要性有社会和政治两方面的意义:就其社会意义来说,领土是国家的物质基础;就其政治意义而言,领土是国家权力自由活动的天地。如果国家定位较低,即使在领土争端中不愿让步,也会倾向于保持低调或维持现状;如果定位较高,则会表现得比较强硬。④ 1949 年,国际法院在的科孚海峡案中指出,独立国家之间尊重领土主权是国际关系的必要基础。⑤ 对于以各种方式袭击别国领土的行为,联合国大会和安理会曾通过许多决议予以谴责。⑥ 领土完整的精髓是一国控制进入其领土的权利。侵入他国领土的行为被认定为构成对领土完整的破坏,任何武装部队未经有关国家的同意而强制侵入该国,是损害该国领土完整的行

---

① 参见 Edward Wilson, *Sociobiology*, Cambbidge, Mass: Belknap, pp. 256 – 278。

② 参见 Ralph B. Taylor, *Human Territorial Functioning*: *An Empirical Evolutionary Perspective on Individual and Small Group Territorial Conitions, Behaviors, and Consequence*, Cambridge: Cambridge University Press, p. 22。

③ 卡列维·霍尔斯蒂:《和平与战争——1648—1989 年的武装冲突与国际秩序》,王浦劬译,北京大学出版社 2005 年版,第 268—269 页。

④ John Bulloch & Harvey Morris, *The Gulf War*: *Its Origins, History and Consequence*, London: Methuen Lonnd Ltd, 1989, p. 7.

⑤ C. H. M. Waldock, "The Regulation of thw Use of Force by Individual States in International Law", *Recueildes Cours*, Vol. 81, 1952 – 11, p. 492.

⑥ Louis Henkinetal, eds., *Right Might*: *International Law and the use of Force*, New York: Council on Foreign Relations Press, 1989, p. 3.

为。① 1970年，联合国大会一致通过《国际法原则宣言》，其中第1项原则宣布："国家领土不得作为违背宪章规定使用武力所造成之军事占领之对象，国家领土不得成为他国以使用威胁或武力而取得之对象，使用威胁或武力取得之领土不得承认为合法。"1974年，联大一致通过了《关于侵略定义的决议》，其中第3条所阐明的侵略的各种禁止形式，不仅包括侵入，而且还包括攻击或军事占领，不论时间如何短暂；侵略的形式还包含：轰炸另一国领土，封锁该国港口，攻击另一国的陆、海、空军或商船和民航机，派遣武装小队或雇佣兵对另一国进行严重的武力行为等。国际司法判例也坚持对"领土完整"进行严格的解释以限制武力的使用。1986年，国际法院在尼加拉瓜诉美国案中判称：美国在尼加拉瓜的内水或领水内布雷，攻击尼方港口、石油设备等所作所为，"不仅是非法使用武力，而且构成对尼加拉瓜领土主权的侵犯"，是侵犯领土主权的行为。领土所有权存有争议的相关国家，一般会主张有权使用武力收复失地。《联合国宪章》第2（4）条的法律论点是：在这类情况下相关国家使用武力不是针对目标国的领土完整，而是为了夺取其认为应当属于其本身的领土。

争议领土在国家心目中地位之重要，已经"远远超出它固有的战略或经济价值，领土争端似乎比其他问题更能迅速且激烈地唤起国家的荣誉和尊严情感"②。有的学者认为，人类对领土之需求除了基于动物生存的本能外，还有主观的情感向度。人类竞争领土的原因不只是寻求丰富资源而已，甚至引起族群/民族冲突的领土并不具备国防、经济等价值。③

主权是一个发展的概念，当代主权理论应是一种层次理论。国家是在既定领土上合法地独占了对暴力的使用权，"一个含有连续性组织的强迫性的政治联合体将被视为是一个国家，在其范围内行政人员成功地在执行维护它的秩序时，垄断了武力的合法使用"。国家强大的生命力

---

① U. Jimenezde Arechaga, "Elderecbointernational contemporanve", in Bruno Simma, ed., *The Charter of the United Nations: A Commentary*, Oxford: Oxford University Press, 1995, p. 74.

② Paul R. Hensel, *Charting a Course to Conflic: Territorial Isseuss and interstate Conflict, 1816 – 1992*, http://garnet.acns.fsu.edul-phensel/Research/chart98.pdf.

③ 参见于蕙清《民族主义与领土》，《世界民族》2000年第4期。

是基于其职能的多样性和适应性而非特定性。国家的职能大致包括内部秩序之维持，内部冲突的管制；军事上的防卫或攻击，抵挡来自武力或文化上的入侵；基本交流设施的维持，资讯流通的控制；以及经济的重新分配，满足人民基本的生活需求。① 而国家自主权力的最重要先决条件，就是拥有范围明确的领土，换言之，唯有国家才可提供最完整的领土。作为近现代国际法基石的国家主权概念则形成于16—17世纪，在国际关系发展中占有非常重要的地位。传统的国家主权理论主要强调主权的至高无上性和不可侵犯性，突出了国家的固有属性，但其却未能很好地解决主权依据问题，这使得主权无论在理论上还是实践上都具有矛盾性。国家主权是在特定的社会和经济条件下产生的，随着国际社会的不断发展和演变，它的内涵和外延也在不断得到改变和充实。20世纪90年代以来，随着信息技术革命的迅速兴起和全球化浪潮的蔓延，国际政治格局发生的重大变化，给传统的国家主权理论带来前所未有的冲击，使得国家主权理论与实践产生了分离，致使当今国家主权理论陷入困境。经济全球化和国际组织及大量全球性问题的出现导致一些"准超国家权力"的出现，导致国家权力的"泛化和弱化"，美国等少数西方国家凭借经济、军事和科技优势，极力推行"新干涉主义"，任意干涉别国内政，使他国尤其是发展中国家的主权受到严峻挑战。主权理论受到的冲击则具体表现为：当今国际法不断向国家主权渗透，超国家的国际组织限制了国家行使主权的空间，跨国公司严重侵蚀了国家主权。国际法学界因此出现了"主权弱化论""主权受限论""主权让渡论"等说法。有的学者认为，主权是国家具有的独立自主地处理自己的对内和对外事务的最高权力。② 国家主权具有两方面的特性，即在国内是最高的，对国外是独立的。主权的特殊性与独立性是相关联而不可分的。20世纪90年代以来，全球化浪潮迅速席卷整个世界，成为不可阻挡的趋势。全球化不仅给世界经济带来深刻影响，同时也使世界政治发生重大变化。当前，全球化对国家主权的影响已引起广泛关注，出现众多的争

---

① 参见 Michael Mann, "The Autonomous Power of the State: Its Origins, Mechnisms and Results", in John A. Hall, ed., *States History*, Oxford: Basil B. I. Blackwell, pp. 120 – 121。

② 王铁崖、周忠海：《周鲠生国际法论文选》，海天出版社1999年版，第464页。

论。当前,"主权没落"论的理论偏差就在于对主权认识的片面化、绝对化,其实质是为少数大国的霸权服务。全球化对国家主权的影响应当是双向的,机遇与挑战并存,扩展与削弱同在,把握主权国家的命运,关键在于主权国家自身。

对绝大多数国际法和国际关系理论学者来说,国家主权的法理定义与其政治现实之间一向就有差距:法律上的主权,用主权概念的创始者、16世纪法国政治理论家让·博丹的话说,是"国家的绝对和永久的权力,是最大的支配权"①,而运行中的主权,即在国内和国际政治中国家实际拥有和行使的权能,连同其实际享有的自主,总是达不到也不可能达到此种程度。在西方国际法的权威教本《奥本海国际法》看来,主权是最高权威,是在法律上并不从属于任何其他世俗权威的法律权威。因此,依照最严格和最狭隘的意义,主权含有全面独立的意思,无论在国土以内或在国土以外都是独立的。主权有不同方面,就其排斥附从任何其他权威,尤其是排斥附从另一个国家权威而言,主权就是独立。就其在国外的行动自由而言,主权就是对外独立。就其在国内的行动自由而言,主权就是对内独立。②

领土主权的性质表明,对某一领土主权的法律基础产生争议时,仅仅能证明在某一时候有效地取得了领土主权是不够的,还必须证明所主张的领土主权在被认为是解决争端的关键时刻继续存在,而且确实存在。③ 确定领土争端的"关键时刻",即相关领土的主权争端发生的时间,这关系到证据的有效性问题,是国际法院做出判决的重要依据。在1953年英国诉法国的敏基埃岛和艾克利荷斯岛案中,争端的关键时刻不那么明显,国际法院在判决时认为争端发生前后的事情,凡是与这两组小岛的主权有关的,都应该考虑。④

---

① William Ebenstein, ed., *Create Political Thinkers: Plato to the Present*, 3rd edition, New York: Holt, Rinehard, and Winston, 1960, p. 349.
② Robert O. Keohane, "Sovereignty, Interdependence, and International Institutions", Linda Miller and Michael Joseph Smith, eds., *Ideas and Ideals*, Boulder, Colo: Westview Press, 1993, pp. 91–107.
③ 梁淑英:《国际法案例教程》,知识产权出版社2001年版,第48—49页。
④ 参见陈致中《国际法案例》,法律出版社1998年版。

二 民族国家权力分配的调整

民族国家权力在各民族间的分享和分配，是影响多民族国家国内民族关系的一个重要变量。在权力分享和分配基本公平和公正情况下的民族关系，与在权力分享和分配根本不公平和不公正情况下的民族关系具有完全不同的表现形态。

权力资源与大多数资源一样，是有限的，具有稀缺性。所谓公平、公正，民族国家权力在各民族之间的分享和分配，只能是相对而言的理念。仍然有可能产生这样或那样的问题，出现这样或那样的矛盾。比如，自治地方自主管理本地区本民族内部事务的权利如何体现，便是一个在实际政治生活中较难解决的问题；由于低一层次的自治地方的人民政府既是本级地方国家权力机关的执行机关，又隶属于高一层次的自治地方的人民政府，因此由享有自治权的不同民族、不同层次的人民政府在实际的行政过程中如何处理不同层次的自治民族管理本民族内部事务权利的关系，也是一个需要妥善加以协调的问题。再如，民族自治地方内部的权力分配问题。我国民族自治地方有主要以一个少数民族聚居区为基础建立的，也有以两个或多个少数民族聚居区的联合为基础建立的。在各民族自治地方，除了自治民族之外，还居住和生活着汉族和其他的一些少数民族。因此，民族自治地方内部民族之间的权力分配问题既包括自治民族与汉族之间的权力分配问题，也包括自治民族与非自治少数民族之间的权力分配问题，还包括联合自治的各自治民族之间的权力分配问题。因为干部是权力的具体掌握和行使者，所以民族之间的权力分配问题通常表现为不同民族干部任职的高低和比例问题。这个问题牵涉多方面的因素，相当复杂，由此引起的矛盾也具有相当的复杂性和普遍性。

民族利益是影响民族关系的重要因素。地区民族利益与领土和边界问题息息相关，乃是岛屿争端发生地区相关各国关系的焦点和诱发边界军事冲突或局部战争的一个隐患，也是我们考察地区民族与岛屿争端相互关系的一个重要视角。民族利益是社会利益的一种特殊表现形态。研究民族利益，必须对利益进行必要的分析与界定。

从本质上说，权力分配问题的根源在于利益分享中的分歧或差异。

古今中外的人们已经从不同角度对利益进行了解释。比较为我们所熟知的是《辞海》对利益的解释。即所谓利益意指"好处"。马克思认为，利益既是一个评价性概念，更是一个事实性概念，"利益是讲求实际的"①。有学者指出，"利益就只是我们每个人看作是对自己的幸福所不可缺少的东西"。可以说，利益首先是一个主体多元的关系性概念和主体之间关系的纽带及基础，存在于需要与需要对象的矛盾之中，对主体表现为某种物质的、或精神的、现实的及潜在的好处，并成为人类活动的基础性条件和根本动力。它又是一个受限性概念，需要一定物质的、政治法律的条件，还需要相关利益主体的参与。利益冲突是社会中产生政治冲突的根源。冲突是政治社会固有的一种客观存在。政治源于冲突，政治冲突构成了政治生活的重要内容。社会中有限的利益和资源的分配是人们结成社会的深层原因。对利益的追求、争夺必然使社会充满冲突。只要有利益相互对立、相互冲突和社会地位不同的阶级存在，阶级之间的战争就不会熄灭。②

"民族关系是多民族国家中至关重要的社会关系。"③ 民族利益是在多民族国家中存在的民族之间发展的差异，通过一定的社会关系表现出来的需要。民族利益与民族同存，可以按不同的标准分为眼前利益和长远利益、根本利益和非根本利益、生存利益和发展利益等。④ 利益对民族心理的影响是双向的，如果民族利益问题得到正确的处理，可能促进民族的心理认同，有利于和谐民族关系的建立和发展；反之，则可能导致民族隔膜与民族仇视。需要指出的是，民族利益并非在任何条件和任何情景下都具有正当性。由于利益是主体多元的概念，是主体需要与社会资源难以满足需要的矛盾状态，所以，在一定的条件下，民族利益也可能演变成一种狭隘的利益。所谓狭隘的利益，就是不顾客观条件，不顾国家的整体利益和社会的共同利益，不顾其他民族的正当利益，片面强调本民族的利益，将民族利益无限放大，走向极端。

---

① 马克思、恩格斯：《马克思恩格斯全集》第1卷，人民出版社1956年版，第149页。
② 同上。
③ 胡锦涛：《在中央民族工作会议暨国务院第四次全国民族团结进步表彰大会上的讲话》，《人民日报》2005年5月28日。
④ 参见王伟光《利益论》，人民出版社2001年版。

地区民族利益问题关系到地区民族的生存和发展，是导致地区民族、地区国家之间冲突与摩擦的最基本、最常见的原因。民族利益冲突是不同民族和相关主体围绕利益得失所产生的冲突，其原因包括物质利益冲突、文化利益上的侵损等。众所周知，"利用民族问题打开缺口，是国内外敌对势力进行和平演变的重要手段"[①]，民族利益问题是敌对势力挑拨民族关系的重要切入点。民族问题往往表现为经济问题与政治问题交织在一起、现实问题与历史问题交织在一起、民族问题与宗教问题交织在一起、国内问题与国际问题交织在一起。外部敌对势力往往利用民族利益问题，挑动民族情绪，制造事端。尤为引人注意的是，他们以现实中的民族发展差距为由，离间民族关系，破坏地区民族对民族国家的信任；以人口迁移、资源开发、宗教信仰等为借口，挑动民族纷争；打着关心地区民族利益的旗号，进行欺骗宣传，歪曲历史与事实，进行挑拨离间，甚至暴力恐怖活动，破坏民族团结和社会稳定。

可见，通过对民族关系问题本质的认识，从现代国家的领土管理和公民权利保护这两大基本职能出发，我们可以看到，民族权力与利益之间具有非常紧密的关系。权力都与利益相伴随，但是并非所有利益都有权力之争，而权力之争必然是为了利益。利益是行使权力的目标；权力是创造利益、获取利益的有效的手段。公共权力的本质是为社会大众谋取公共利益，但是，许多时候并非如此，这就导致公共权力异化的发生；同时，民族国家权力分配对民族关系影响巨大，妥善处理民族利益矛盾，是维护社会稳定、促进共同发展、建构和谐的社会主义民族关系的需要。民族政治利益主要表现为少数民族平等参与国家政治生活、平等行使管理国家事务和社会事务以及充分行使民族区域自治的权利，从而保证人身权利和政治权利得到有效的保护。

关注在处理民族利益中国家权力的运用是民族国家保持长治久安的当务之急。协调民族利益冲突是民族国家的重要职责，加快发展是满足民族利益需求、化解民族利益矛盾的基础，加强法治建设是协调民族利益冲突的重要途径。民族利益是影响民族关系的重要因素。在社会转型和发展市场经济的过程中，新的民族利益要求凸显，民族利益矛盾增

[①] 参见《江泽民文选》第1卷，人民出版社2006年版。

加，少数民族利益意识增强。树立科学的利益观，是解决民族利益问题的重要保障；打击敌对势力利用民族利益矛盾的破坏活动，是维护和谐民族关系的客观要求。自近代国际社会形成之日起，追求和实现国家利益就成为国际政治斗争的根本动因，国家利益一词被广泛地应用于国际政治的理论与实践。但是，究竟什么是国家利益？怎样实现和维护国家利益？特别是在全球化时代如何定位国家利益？国家利益概念原本就有争议，而在全球化时代更面临着来自国际制度、全球问题、全球利益与全球意识等方面的挑战。在此情况下，民族国家必须树立新的利益观，坚持全球利益观照下的国家利益和民族利益，注重把握国家利益和民族利益的层次性和动态性，在确定国家利益的优先顺序基础上，在国际制度的框架中实现国家利益和民族利益。

地缘政治是关于国际政治现象制约于地理的理论。地缘政治有别于其他形态的政治，总是伴随着具有位置、方向、区域等维度特征并可以度量的空间性质，如"破碎地带""铁幕""岛屿锁链"等地缘政治术语中蕴含着特定而明确的地理空间含义。[①] 在国际关系中，地缘政治利用地理因素来为人们观察国际问题提供重要视角。其主要特征是："把领土国家视为国际政治力量的主要单元，而气候、植被、土壤、位置、矿物资源、海拔高度、陆块分布等因素则构成地球自然性质的内涵。"[②] 换言之，它无论何时何地都不以存在于纯理论范围内的东西为目标，它固有的本质表现在公开以变成行动的指南为目标。地缘政治理论在运用上有深刻的历史性，伴随着世界经济、政治的发展变化，其对各国国际政治行为的影响，不同历史时期又呈现出不同的特点。在现时社会中，人们常常自觉不自觉地运用地缘政治学的"立场、观点和方法"，来确定或校准国家当局的对外政策，尤其是涉及国家安全与发展的政策。

当今社会，全球化在经济、政治、文化等不同层面影响和改变着人们的生活。伴随着全球化进程向纵深发展，不同国家的民族文化交流日趋频繁，碰撞也日益增多。冷战结束以来，地区性民族问题已日益成为

---

① 参见 Geoffrey Parker, *Geopolitics: Past, Present and Future*, London: Pinter, 1998。
② 王逸舟：《当代国际政治析论》，上海人民出版社 1995 年版，第 178 页。

当今国际关系中热点问题之一，由此引起的种族或部族冲突在一些地区频频发生，甚至在一些民族主义盛行的地方导致了剧烈的国际冲突或国际危机，对相关地区的政局的稳定、社会繁荣和经济发展，以及相关国家的对外政策的制定和推行都产生了不可估量的影响。

地区民族本身的特殊性决定了地区性民族问题与地缘政治存在着密不可分的关系。从某种程度上可以说，地区性民族问题是地缘政治的主要组成部分。

三　当代反分裂的国际合作路径

在当代世界范围内的民族冲突中，民族分离主义引发的冲突已成为焦点之一。与民族国家内部通常意义上的少数民族相比，在争端发生地区具有跨疆界属性的地区民族背离所属国的可能性似乎更大。由于各民族之间差距的存在，他们易于把边界另一边的族人当作精神和特质的后盾，并随时准备用此"天性"为自己谋求利益，并向世人昭示本族与众不同的优势和力量。他们也有可能会以被分裂民族的身份出现，以民族统一、建立自己的国家为务。

冷战后霸权主义在其扩张欲望的驱动下，不断地扩展自己的安全空间。随着空间技术的发展，某些大国已把国家安全的空间边界延伸到外层空间，企图单方面谋取外空军事和战略优势。合作安全成为维护国际安全的有效途径，各国需要通过加强各领域合作扩大共同利益，提高应对威胁和挑战的能力与效率。和平只能建立在相互的、共赢的安全利益之上，共同安全是维护国际安全的最终目标。过去，中国最担心的是自身安全受到威胁；现在，周边国家及世界主要大国对中国崛起是否会带来威胁充满疑虑。正是这种内外互动促使我国提出了以互信、互利、平等、协作为核心的新型安全观，通过上海合作组织付诸实践，并将之延伸到中国—东盟自由贸易区的构建之中。

新安全观的核心是互信、互利、平等、协作。互信是指超越意识形态和社会制度异同，摒弃冷战思维和强权政治心态，互不猜疑，互不敌视，各国应经常就各自安全防务政策以及重大行动展开对话与相互通报；互利是指顺应全球化时代社会发展的客观要求，互相尊重对方的安全利益，在实现自身安全利益的同时，为对方安全创造条件，实现共同安全。

新安全观的实践是民族国家地区化的具体表现,它既是民族国家建构国家利益的结果,也是其投身地区建构的战略目标。从民族学的角度看,地区民族和民族国家需从各自的角度出发,完成认同对象的转换。

首先,参与合作的各族人需将认同层次中的国家作为认同对象。民族认同虽然具有形成后的惯性和稳定性,但不是一成不变的,可根据环境和条件的变化而不断自我调整。民族认同是集体认同的基本对象,但不是终极指向。随着经济的发展,民族难以完全满足其成员的多元化的诉求。以国家认同取代民族认同,意味着认同的层次多元化的出现。这是多层次、多维度的族际关系与国家关系发展的必然要求。民族主义可以利用民族利益、民族安危等词句去动员人民服从国家利益。

其次,民族国家需将认同层次中的合作共同体作为认同对象。在全球化背景下,国家利益与合作共同体利益观念的变化与扩展,可使共同体认同的出现成为可能。国家认同是以传统文化符号作工具,通过国家的组织和制度化建立起来,可通过国家政策加以引导和塑造。反分裂化国际合作的形成过程也是共同体认同的形成过程。民族国家之间共有观念的形成,既是历史的产物,也是民族国家相互合作、互动的结果。换言之,反分裂国际合作是全球化时代民族国家促进国家利益的手段,合作共同认同也是民族国家利益的建构结果,在国际互动过程中形成的共同利益观念建构着共同体认同。

最后,多民族国家内部的民族和民族国家实现认同层次内容的更新,需对可行性的途径做出理性的思考。认同层次内容的更新、转变是理性化活动。在这一过程中,"通过给予人民一套符号,使狭小和局部的认同归属于一个更大的认同"[1]。而地位与文化是这种集体认同构建的基本因素。对致力于地区建构的地区民族与民族国家而言,可通过以下途径来实践上述原则:

其一,兼顾和协调个人利益、民族利益与国家利益。地区、共同体认同的形成要求相关民族集团、民族国家改变传统的认同方式,在认同

---

[1] Ernst B. Hass, *Nationalism, Liberalism, and Progress* (*Vol. 1*): *The Rise and Decline of Nationalism*, Cornell University Press, 1997, p. 30.

层次中纳入国家和地区、共同体观念，并视为新型的认同对象，支持本国、本地区和共同体的相关政策，挑战曾作为最高认同对象的"民族"和"国家"。从本质上说，地区民族和民族国家实现民族认同向国家认同、国家认同向地区认同、共同体认同的转变过程，是民族集团、主权国家政府协调个人、民族和国家利益的过程。集团越大，个体获得集体收益的份额就越小；任何个体或集团子集从集体物中获得的收益很可能不足以抵消其为此所支出的成本，而获得集体物所要跨越的障碍却要增多。当这些利益抵触时，民族集团、主权国家政府应当遵循的原则是：尽可能兼顾和协调三类利益。在确实难以充分兼顾和协调的场合，其应有的轻重缓急次序当依据具体情况而非抽象原则来确定。同时，应较多地关注人类共同体利益或全球安全，它们尚无足够有力和独立的权威代表，需予以格外的关照。在这一过程中，民族国家必须不断完善自己，使自己有能力采取向非主体民族倾斜的政策，并为各族共同利益的发展主动做出必要的利益让步，使民族国家获得生存的基本条件。

其二，民族国家和地区政策需关注改善不同群体间的不平等地位及不公平和不合理的社会现象，建立能够容纳不同民族利益观念的文化体系。包括营造适应现代化的政治、经济和文化氛围，提高社会"弱势群体"和"边缘人群"的收入，实行法律面前人人平等，尊重和承认少数民族使用本族语言的权利和合法性等措施，使少数人群体客观认识和解决自身发展的困难，正确对待现存的国际政治经济秩序等。以此增加有关群体改善社会地位的机会，消除不同地位集团之间的壁垒。同时，通过保存和发展族裔框架下的体现血缘意义的本土文化，构建公民框架下体现共享的法律意义的公共文化，将民众的族裔共同体与地域政治共同体相融合，在民族国家领土范围内将公民共同体相联合，并使之融入为各族成员所认同的文化共同体中，国际合作的理想和结构，以及民族认同、民族国家认同与地区认同的统一，因此得到巩固和强化。

（刘　泓　朱　伦）

第十三章 反分裂的理论和法理研究

作为当今世界最强大的政治力量之一，产生于近代欧洲的民族主义现象，无论是从社会意识形态出发，还是就社会政治运动视野而言，其所追求的外在体现形式，都是建立在领土政治基础上的"民族—国家"。人们将这种追求称为"一个人民，一个民族，一个国家"的"古典理论"。

但是，在把这种论说或理想付诸实践时，则另当别论了。世界上有数千个"人民"，但是有资格称为"民族"和有能力建立独立国家的，自法国大革命两百多年来只有不到 200 个。而民族—国家所要求的公民忠诚，也被国际移民的合法性和合理性所突破。至于民族—国家的外壳功能，以及民族—国家间的关系，也没有完全按照民族主义古典理论家们的设计和设想发展。

第一节 反分裂理论与法理的历史透视

不管当今一些民族问题研究者如何论证民族自治的合理性，甚至把它与民族平等联系起来，但历史证明它恰恰不是源于对民族平等的考虑，一些曾经的自治民族也并未安于这样的安排。许多事实表明，民族自治并不能如其设计者所希望的那样保证多民族国家的安定存续，相反，它在很多情况下往往导致民族关系渐行渐远，为民族分离独立提供了先期准备。欧洲列强的海外殖民地人民自治自不必说，欧洲本土如奥匈帝国、南斯拉夫和苏联的民族自治，其结果也是这样。

自 19 世纪初起，源于西欧的民族—国家观念席卷世界各地，与西欧毗邻的中东欧地区首当其冲。但在哈布斯堡王朝的铁蹄下，中东欧各族人民的民族独立运动都被镇压下去，特别是经过 1848 年、1859 年和 1866 年三次民族主义战争失败后，匈牙利王国于 1867 年被迫与哈布斯堡王朝签订了《和约》（Ausgleich），在原来的奥地利帝国的基础上建立了奥匈二元帝国。为了缓和民族矛盾、保证奥匈帝国的存续，哈布斯堡王朝与各民族统治者达成了"民族自治"的协议。按照上述和约，奥地利皇帝同时为匈牙利国王；帝国中央政府保留对军队、外交、货币、海关和铁路的领导权，帝国内各民族（nationalities）实行自治。①

奥匈帝国的民族自治，首先是奥地利（德意志人）和匈牙利（马扎尔人）分别实行一级自治；与此同时，其他民族实行二级自治。当时，奥匈帝国被一分为二成 Cisleitania 和 Transleitaniaansleitania，前者包括奥地利、波西米亚、摩拉维亚、加利曾和达尔马提亚，由维也纳统治；后者包括匈牙利、罗马尼亚、克罗地亚、斯洛文尼亚和塞尔维亚，由布达佩斯统治。在前者，德意志人为统治民族，但其人口只占总人口的 36%，这迫使德意志人继续与其他民族集团进行协议和采取让权政策；在后者，马扎尔人为统治民族，但其人口也只占总人口的 48%，这迫使布达佩斯当局于 1868 年通过了《民族法》（Ley de las Nacionalidades），承认其他少数民族可以享有的政治和文化自治权利。②

奥匈帝国的"民族自治"设计是一种"单一整体民族的领土自治"，这也许符合奥匈帝国各民族居住相对集中、民族界限相对清楚的分布格局；但必须承认，这种各自为政的民族自治并非奥匈帝国统治者所愿，因此在实践中并没有认真执行；与此同时，对于那些被统治民族来说，民族自治则成了他们走向分离独立的新起点。于是，时至奥匈帝国末期，哈布斯堡王朝实际上已形同虚设，面对民族分离主义的冲击，

---

① 当时，奥匈帝国包括 11 个或 12 个民族（这取决于把奥地利人与德意志人看成一个还是两个民族），其中，德意志人占 24%，匈牙利人占 20%，捷克人占 13%，波兰人占 10%（1910 年）；其他居民包括斯洛伐克人、小俄罗斯人、罗马尼亚人、塞尔维亚人、克罗地亚人、斯洛文尼亚人，还有犹太人，共占 33%。参见 Andrs de Blas Guerrero, Enciclopedia del Nacionalismo. Tecnos, Madrid 1997, Págs. 231－232。

② 参见 Andrs de Blas Guerrero：Ibdem. ，pg. 233。由于匈牙利人对非匈牙利人怀有根深蒂固的"马扎尔化"思想，由匈牙利议会通过的这部《民族法》没有得到认真执行，奥匈帝国后来也解体了。这部《民族法》唯一的意义，是向我们展示了当时欧洲人的民族自治观念是什么。

任是什么"条约"都无能为力了。有鉴于此,对奥匈帝国的"民族自治"设计,当时的欧洲思想界包括马克思主义者,都不认为它是处理现代多民族国家民族问题的合适方式,并试图寻找新的方式来取代它。这是因为,现代国家的建构和巩固需要有高度统一的中央政权作保障,需要有基于公民权利平等的公民社会的形成作基础,而民族自治恰恰对这两点形成了阻碍和挑战。

首先对奥匈帝国的"民族自治"提出质疑的,是深知它对奥匈帝国意味着什么的奥地利社会民主党人。19世纪末期,奥匈帝国已是摇摇欲坠。为了把奥匈帝国改造成一个继续保持统一的现代国家,奥地利社会民主党提出了将民族与政治分离开来的"地方联邦"加"民族内部事务自治"的方案,即国家管理和地方管理不考虑民族因素,民族权利只体现为各民族可分别建立自己的地方性和全国性社团组织,实行语言文化教育等事务的自治,"自主管理本民族的内部事务"。由此,奥地利社会民主党设想的"民族内部事务自治",也以"民族文化自治"之名流传于世。① 但是,这种自治设想涉及一系列难以形成共识的重大理论和实践问题:一方面,人们没有理由认为少数民族只有管理本民族内部事务的权利,少数民族也并不会只满足于这种权利;另一方面,内部事务的界定以及内部事务与公共事务的关系,自主管理机构的权威性以及对本民族内部成员可否进行内部限制,自主管理规定与国家一般法规在公民身上发生冲突时的解决办法等问题也难以解决。因此,这种自治设想从一开始就是一个没有多大实践可能性的虚议题,随着奥匈帝国的解体,它没有经过任何实验就随之夭折了,至今也没有理想的案例可举。

由于民族文化自治存在这些问题,特别是它否定少数民族的"集体政治"权利,在19、20世纪之交,俄国马克思主义者对其进行了猛烈的批评,并由此提出了把民族集体政治权利与民族领土管理联系在一起的"民族联邦制"主张,这种主张随后成为苏联及其加盟共和国建立的理论基础。但是,在苏联存在的过程中,"民族联邦制"也是徒有虚名的,

---

① 参见 Vase, Ma a Josefa Rubio Lara, Austromarxismo, en Enciclopedia del nacionalismos, ob. cit, pp. 42-45。

同其他现代主权国家一样，苏联也是以高度统一的面目出现在世界舞台上的。然而，苏联在民族政治理论上却陷入了停滞，没有充分认识到民族联邦制不利于现代主权国家的统一建设，并寄希望于意识形态统一和"无产阶级国际主义"（国际主义）可以保证苏联各族人民的团结，由联邦而最后走向统一。但事实是，在民族联邦观念的影响下，民族离心力同样如奥匈帝国的民族自治一样不断加强，并最终导致了苏联解体。因此，苏联的民族联邦制及其理论学说，也很少被其他多民族国家所推崇；如果照搬照抄，只能是同样的结果，如南斯拉夫。苏联存在的中后期，也试图解决民族联邦制的离心力问题，但采取的方法只是在实践中不断削弱加盟共和国的权力，却没有勇气从理论上否定民族联邦制，更缺乏民族政治理论和制度创新。这样，苏联在理论上包括在法律上承认民族自治、自决乃至分离的权利，实际上又在削弱加盟共和国的权力和加强国家统一建设，这难免不造成人们的思想矛盾和心理混乱：到底是要按照理论设计进行实践，还是根据实践改造和发展理论？从苏联解体的结果看，自然是前者战胜了后者。①

既然这种民族自治的实践并不能达到人们的设计目的，现代国家的民族政治实践也少有实行民族自治的，那么，为什么民族自治的话语却被一直传讲下来而少有人对它提出质疑呢？笔者以为，除了它具有一时的绥靖作用和可能的独立桥梁作用而被着意利用和渲染外，更重要的原因是人们对它的长期盲目崇拜一方面使一些人失去了对它进行理性思考的意识，另一方面又使一些人对这样的思考可能招致反对而宁愿选择沉默，反对者可能会这样说：弱小民族独立不了，难道连自治也不行吗！答案是否定的。这倒不是因为民族自治本身怎么不好，而是因为在现代国家和公民社会条件下，民族自治已没有了可能。关于这个问题，让我们留待后文再谈，这里，让我们先说一说民族分离势力的主要理论观点是什么，我们应该怎样破除这些理论观点。

---

① 参见郝时远、赵锦元主编《苏联民族危机与联盟解体》，中央民族大学出版社 1994 年版。

第二节　民族分离势力的主要理论观点

民族分离势力的思想理念基础，是在近代欧洲社会产生的"民族统合主义"观念和单一整体"民族自治"观念。但是，由于这两种观念的本质是为民族分离独立做准备的，有悖于现代国家主权建设和公民社会建设的时代要求，超出了少数民族政治权利保障的一般原则与限度，因而在国际社会包括在国外一些少数民族中间，一直都是非主流的民族政治观念和诉求，借助政治自由主义的思想言论自由说一说可以，但绝无付诸实践的可能性。

一　"民族统合主义"

何谓"民族统合主义"？答案很简单：它是一种受民族主义古典理论影响而在一些处于分散状态下的民族中间产生和传播的偏激想法，而不是什么"中间道路"。

所谓民族主义古典理论，它是18世纪后半叶西欧思想界为解决民族问题而提出的一种影响巨大但却不切实际的民族政治思想。当时的西欧思想界普遍认为，民族压迫和民族冲突是最严重的社会政治问题，其根源在于民族与国家不一致，解决办法只能将二者统一起来，实现"一个人民，一个民族，一个国家"（one people, one nation, one state）的领土主权政治，即把世界分成各自独立的"民族—国家"。[①] 至于什么是"人民"（people）、什么是"民族"（nation）的问题，答案是人民或民族是语言文化同一的人们共同体。这些观点和看法，构成了被今人称为民族主义古典理论的基本内容。很显然，民族主义古典理论对人类社会民族问题的认识过于简单化了，既未找出导致民族压迫和民族冲突的真正根源，也未认真考虑其设计方案是否具有普遍性和可行性。因为，在长期的发展与互动过程中，各民族在人口规模上有大有小，且相互形成了交错分布的杂居状态，不可能实现每个民族都建立一个国家，在大多数情况下也无法使国家边界与民族分布精确地协调起来。

---

① 参见 Andrès Blas de Guerrero, *Enciclopedia del Nacionalismo*, Madrid, 1997。

虽然民族主义古典理论带有这些先天性思想缺陷，但由于它的矛头直指封建割据和帝国统治，因此它一出现就迅速成为革命性思想而传遍世界，并在世界各地引发多次大规模的民族主义独立运动，导致了今日世界大约200个主权国家格局的形成。但是，这些主权国家绝大多数都不是按照民族主义古典理论设计的"民族—国家"标准建立的，而普遍是以一些强大民族为核心、裹挟一些弱小民族或少数民族共同建立的多民族国家。① 可以说，民族主义古典理论的设想很美好，但其实践过程和结果就不是如此了。两百多年来，在世界各地，民族主义运动实际上是一种只有目标而无规则、只有选手而无裁判，因而是只论实力而难说公平的游戏，现代"民族—国家"间的边界通常是按相对强大民族的势力范围来划定的，而相对弱小的民族被合并或被分裂就成了常见的现象。例如，位于欧洲伊比利亚半岛北部的巴斯克人，就被法兰西和西班牙两个"民族—国家"分裂了，而且，在这两个"民族—国家"的进一步建构中，法兰西的巴斯克人聚居区还被划分为3个省，西班牙的巴斯克人聚居区则被划分为4个省。这样的例子，在世界各地比比皆是。

根据民族主义古典理论来看，巴斯克人被分裂显然是不公平的；于是，在激进的巴斯克民族主义者中间就产生了一种"七合一"的主张，试图重新把西班牙的巴斯克人分布区和法国的巴斯克人分布区统一起来，以此"大巴斯克地区"作为理想中的"巴斯克祖国"的未来版图。这样的主张在世界其他地方的少数民族中间也不鲜见，如在南美洲秘鲁、玻利维亚和厄瓜多尔三国的克丘亚族印第安人中间，也存在以古代印加帝国版图为民族领土重新实现民族统一和独立的声音。对这种思想

---

① 国内知识界对在欧洲产生的"民族—国家"观念普遍持有一种适合欧洲但不适合中国的解读，但这种解读并不到位。实际上，欧洲国家如英国、法国、西班牙、瑞士、意大利等，也都不是单一民族的国家，现在也都承认自己是多民族国家。因此，认为欧洲人和中国人在对民族与国家的关系问题上存在不同的价值观，并据此解释西方"受过良好训练的知识分子"对"藏独"持同情态度的原因（参见金灿荣《西方应改一改"后现代种族主义"》，《环球时报》2009年3月20日第11版），这并无说服力，西方知识分子也不会赞同的。这种解释有点低估西方知识分子的是非观念了，打击面也太宽了。实际上，西方知识分子特别是受过良好训练的知识分子，绝大多数也不赞同民族分离主义者对现代国家的肆意分裂。

和行为，国际民族主义问题研究界通常称其为"民族统合主义"。①由此看来，民族统合主义说不上是一种完整独立的思想理论体系，它只不过是一种基于民族主义古典理论而产生的下意识观念或想法而已。民族主义古典理论主张民族统一并按照民族界限组建国家，正是这种主张为"民族统合主义"观念的产生留下了论说空间。民族主义古典理论的要义之一是领土政治统一②，因此，"民族统合主义"者也要为自己确定一定的领土范围，不管它是历史的还是想象的。

然而，民族统合主义观念和行为是理性的吗？有现实可能性吗？民族统合主义试图改变民族主义运动的实际过程对弱小民族造成的不公正，这似乎有道理可讲，但由于这意味着要打破现存的国家格局和国家边界，并且还可能伴随着对其他族类或民族成员的排挤，从而造成新的灾难，因此，它在当今国际社会被普遍认为是一种破坏性的力量，不仅为现代国际秩序所不容，也为各个主权国家所不许。法、西两国联手打击巴斯克恐怖主义分离组织"埃塔"（ETA），充分说明了这一点。但是，如何才能从根本上消除"民族统合主义"观念呢？仅靠打压是不行的，还必须对少数民族的集体政治权利诉求有所保障。如果不解决这个问题，民族统合主义就不会失去号召力。解铃还须系铃人。要消除民族统合主义观念，就必须对它赖以产生的民族主义古典理论进行深刻反思。

民族主义古典理论家们之所以提出"一族一国"的设想，这与当时欧洲社会所产生的另一种观念，即政治自由主义传统理论有关。这种理论对古希腊城邦的同质化社会十分崇拜，认为现代国家和现代公民社会也应当是同质化的，公民权利只能赋予同族人享有，也只有在同族人中才可能真正实现。③由此，"一族一国"的民族主义古典理论自提出后才得以大行其道。可以说，民族主义古典理论与政治自由主义传统理论不仅是欧洲社会政治思想的一对双胞胎，而且二者之间还存在着一种相

---

① 参见 Andrès Blas de Guerrero, *Enciclopedia del Nacionalismo*, Madrid, 1997。
② 参见胡安·诺格《民族主义与领土》，朱伦译，中央民族大学出版社2009年版。
③ 参见威尔·金利卡《多元文化的公民身份》，马莉、张昌耀译，中央民族大学出版社2009年版。

辅相成的关系。但是，这两种理论并不是完美的思想体系，其实践过程给弱势民族或少数民族带来的损害有目共睹。作为弱势的人们共同体，少数民族没有力量按照民族主义古典理论建立属于自己的独立国家来保护自己的集体权益；作为异质性的社会成员，少数民族又难以在同质性公民观念下享受到与多数民族成员平等的权利（不仅是实质上的平等，包括名义上的平等，有些国家也曾长期不给予少数民族成员公民身份）。这就是说，无论是作为群体还是作为个体，少数民族都难免处于权利保障之外的境地。对这种不公平的处境，少数民族表现出不满是必然的。

但是，如何解决这个问题呢？在民族主义古典理论和政治自由主义传统理论下，出路似乎只有两条：一是少数民族或自觉同化或被强制同化；二是少数民族也去争取建立自己的单独国家。然而，这两条道路都是行不通的，它所造成的民族对立和冲突是人们所不愿意看到的。为了解决这个问题，必须有新的思想理念产生，其中首先要对民族主义古典理论的国家观和政治自由主义传统理论的公民观进行修正，实际上也进行了这样的修正：当代几乎所有的多民族国家都先后放弃民族同化转而承认少数民族的集体存在，并赋予少数民族成员与多数民族成员同样的公民权利或公民身份。[①] 这样一来，少数民族的各项权益就在一定程度上得到了保障，多数民族与少数民族之间的紧张关系在大多数国家就得到了一定程度的缓解，尽管不能说完全被化解了。由此，源于民族主义古典理论、旨在谋求民族整合与独立的"民族统合主义"，在绝大多数国家的少数民族中就不是代表性诉求了，少数民族普遍关注的是怎样在多民族国家内部实现民族平等，怎样在平等的公民权利下通过一定的民族集体政治权利保障形式来保证自己的权益。

民族统合主义不完全等同于民族分离独立，也可以为了整体民族自治。但是，在民族问题上，有些诉求即使表面上看似有道理，但未必是理性的，更不一定是现实的。以民族统合主义为指导思想的整体民族自治，就属于这种情况。例如，1978年西班牙实行民族地方自治时，在温和的巴斯克民族主义党主导下，巴斯克地方议会就曾提出把巴斯克人

[①] 参见威尔·金利卡《多元文化的公民身份》，马莉、张昌耀译，中央民族大学出版社2009年版。

占相当比例的纳瓦拉省与其他3个省一道划归巴斯克自治区，巴斯克地区自治条例也采纳了这个意见，为纳瓦拉省加入巴斯克自治区预设了相关条款。[①]但是，预含着纳瓦拉省的"大巴斯克自治区"并未能建立起来。有意思的是，产生这个结果的决定性因素不是来自西班牙中央政府（西班牙国会批准了巴斯克地方议会拟定的包含纳瓦拉省的巴斯克自治区自治条例），而是来自纳瓦拉省，该省不愿加入巴斯克自治区，而是另外建立了自治区。

二 "民族自治"

从思想根源上看，民族分离理论是一种典型的"民族自治"（national autonomy）观念。何谓"民族自治"？简单地说，就是"一族一治"，它是一种相对于"一族一国"理念退而求其次的民族政治设计。从起因上说，"民族自治"是帝国统治与民族主义解放运动发生矛盾、二者在一定条件下暂时相互妥协的产物，其实践过程通常是导致民族离心力的加速发展，自治的民族一有机会就会毫不迟疑地走向民族分离独立。

鉴于单一整体民族的领土自治形式的不成功，当今世界没有哪个国家还接受这样的民族自治观念。原因是：第一，民族自治观念把民族界限看得高于一切，把各民族分为相互孤立的单位，这不利于现代国家的公民社会建设，而公民社会的形成才是保证民族团结和国家统一的最牢固基础。第二，民族自治政府或民族自主管理组织往往对中央政府形成一种尾大不掉的局面，这有碍现代国家内部主权统一建设，使国家难以有效和有力地遏制民族分离主义的发生与发展。当然，人们也可以从另外的角度解释奥匈帝国和苏联的解体，认为二者根本就不具备建立统一国家的民族关系基础，实行不实行民族自治都是要解体的。如果这样解释的话，那恰恰证明"民族自治"不是保证国家统一和民族团结的有效工具，不能成为现代国家在保障少数民族集体政治权利时必须效守的教条。

如同单一成分的"民族—国家"观念一样，单一整体的"民族自

---

① 参见 *Estatuto del País Vasco*（《巴斯克自治条例》），1980。

治"观念也是一个源于欧洲社会的民族政治观念，它产生于19世纪中叶的奥匈帝国。但是，围绕"民族自治"的内涵与外延，国际上从来没有理论共识，也没有标准的实践模式。特别是在现代主权国家和公民社会条件下，纯粹的"民族自治"实际上是不存在的。然而，人们对这一事实的认识并未普遍达到理性自觉的程度，甚至还有将"民族自治"与民族区域自治等同起来的模糊和错误的认识。这种状况，在我国学术界、民族工作者和社会大众中都有反映。

我们认为，我国民族区域自治的实践与传统的"民族自治"完全不同，它的本质是"保证各族人民共同当家做主"，或者说是各民族共同治理。① 对我国民族区域自治作出非"民族自治"而是"各民族共治"的界定，这不仅是一个非常重要的理论问题，也是非常重要的现实问题。否则，不仅不利于我们正确坚持、落实、发展和完善民族区域自治制度，而且还会为国内外一些反对和质疑民族区域自治的势力留下话柄。国际上一些否定民族区域自治的人，就经常以民族自治观念来质疑民族区域自治的实践。最近20年来，达赖集团更是利用民族自治观念提出"大藏区高度自治"的主张，企图用"民族自治"的概念偷换民族区域自治的概念。我们面临的一个重要的民族政治理论任务就是，不仅要否定"大藏区高度自治"本身，而且要对这种主张的理论来源"民族自治"进行分析，指出这种产生于帝国时代的统治之策，不符合现代主权国家与公民社会条件下民族问题的治理之道。本章在对这一问题加以阐述时，将首先从考察民族自治这个命题或设想产生的时代背景开始，接着回顾一下它的实践情况，并对它做些理论思考；之后，再看一看民族政治理论与实践的当代发展，说一说当代多民族国家民族政治的理性观念和现实选择应该是什么，以及我们应该如何认识和完善我国的民族区域自治制度。

何谓"民族自治"？就其原始意义来说，就是"一族一治"，或曰

---

① 参见朱伦《民族共治论：对当代多民族国家族际政治事实的认识》，《中国社会科学》2001年第4期；《论民族共治的理论基础与基本原理》，《民族研究》2002年第2期；《自治与共治：民族政治理论新思考》，《民族研究》2003年第2期；《民族共治是民族区域自治制度的本质特征》，《中国民族报》2007年6月15日；《政治因素依然是民族问题的首要原因》，《中国民族报》2007年6月22日。

"以族划界，各自为政"。从历史上看，类似于民族自治的统治方式可以追溯到帝国产生的时代，但从现代政治学理论上说，"民族自治"（autonomy of nationality）则是在 19 世纪中叶以后的欧洲社会（奥匈帝国）产生的一种民族政治设想，它与在此之前出现的现代民族主义运动有关，缘起于人们对这种运动的片面理解和追求及在其过程中遇到的民族问题的困境。因此，要想了解民族自治的来龙去脉，就必须从了解现代民族主义运动所追求的"民族—国家"（nation-state）理念开始，民族自治实际上是对这种理念的一种调整，而且同样带有片面性，在实践中不是流于形式，就是成为走向独立的开始。

民族主义运动在欧洲社会的出现是一个过程，我们不好说它起自何年何月，但国际学术界一般以"三十年战争"的爆发为叙述起点，因为这场战争导致了 1648 年《威斯特伐利亚和约》的签订，该和约承认了一些原先受统治民族如瑞士和荷兰的独立，确立了德意志各邦内政与外交的自主权。自此以后，应以民族为基础组建国家成了欧洲社会政治思想的主流，尽管事实难以如此。这种思想经过不断发酵，在 18 世纪后半叶产生了卢梭（1712—1778）的"人民主权"思想和赫尔德（1744—1803）的"民族主权"思想，以及后来的费希特（1762—1814）、西哀士（1748—1836）、曼佐尼（1785—1873）和穆勒（1806—1873）等人的民族主义论述。20 世纪的国际民族主义理论研究界，把这些人以及同时代其他人有关人民、民族、公民社会和国家关系的论述统称为民族主义经典理论或曰古典理论（classic theory of nationalism），其主要观点可概括如下：民族压迫和民族冲突是欧洲当时最严重的社会政治问题，其根源在于民族与国家不一致，解决办法只能将二者统一起来，实现"一个人民，一个民族，一个国家"（one people, one nation, one state）的领土主权政治，即把世界分成各自独立的"民族—国家"。① 至于什么是"人民"，什么是"民族"的问题，答案是人民或民族是语言文化等外在表现同质、内心相互认同和政治意志与利益一致的人们共同体，这种共同体是现代国家建立的合法性所在。很显然，民族主义经典理论家们

---

① Andrs Blas de Guerrero, *Enciclopedia del Nacionalismo*, Editorial Tecnos, Madrid, 1997, p. 339.

对民族本体的认识也许有几分道理,但对人类社会民族关系问题的认识及提出的解决办法则过于简单化了,既未找出导致民族压迫和民族冲突的真正根源,也未认真考虑其设计方案是否具有普遍性和可行性。因为,在长期的发展与互动过程中,各民族在人口规模上有大有小,且相互形成了交错分布的杂居状态,不可能实现每个民族都建立一个国家,在大多数情况下也无法使国家边界与民族分布精确地协调起来。

既然如此,那么,民族主义经典理论家们为什么还是提出了"一族一国"的设想呢?这与当时在欧洲社会产生的另一种观念即政治自由主义理论有关。这种理论对古希腊城邦的同质化社会十分崇拜,认为现代国家和现代公民社会也应当是同质化的,公民身份只能赋予同族人,公民权利也只有同族人才可以享有;这就是说,公民身份的获得和公民权利的保障,取决于一个人的民族归属。[①] 上述那些民族主义经典理论家,同时也都是自由主义理论的先驱和奠基者。但是,这两种理论并不是完美的思想体系,其实践过程给少数民族带来的损害有目共睹。作为弱势的人们共同体,少数民族没有力量按照民族主义经典理论建立单独的国家来保护自己的集体权益;作为异质性的社会成员,少数民族又难以在同质性公民观念下享受到与多数民族成员平等的权利。不仅是实质上的平等,包括名义上的平等,有些国家也曾长期不给予少数民族成员公民身份。

根据民族主义经典理论来看,一些弱小民族被合并或被分裂显然是不公平的;而根据政治自由主义传统理论来说,异质性的弱小民族的成员得不到公民权利保障也是不公平的。在这种情况下,弱小民族表现出不满并力图加以改变是必然的。于是,这些民族便也试图运用民族主义经典理论和政治自由主义传统理论,以求建立自己的民族—国家。"不独立毋宁死"的精神之所以具有号召力,并被视为一种英雄气概而得到提倡,我们在这里找到了它的利益性和价值观基础;民族分离主义在世界各地屡见不鲜,其基本动力和主要原因也就在此。但是,弱小民族独立建国并不那么容易,它受到一些强势民族在建立帝国的历史过程中形成的民族结构的束

---

① 参见德里·希特《何谓公民身份》,郭忠华译,吉林出版集团有限责任公司2007年版,第98—111页。

缚，强势民族并不希望因弱小民族的独立而使自己的势力范围缩小或被分裂，而是希望以原来的帝国版图为基础建构现代主权国家。这样，就难免在强势民族和弱小民族之间形成一种内在张力。那么，怎样疏解这种张力呢？民族自治便是当时人们所能想出来的最好的妥协办法，并由此产生了一种为民族自治作解释的人们共同体理论。

在 19 世纪中叶前后，欧洲思想界普遍把人们共同体分为"大国"（great nations）和"小民族"（smaller nationalities），前者如法兰西人、德意志人、英格兰人、西班牙人、意大利人、俄罗斯人、匈牙利人、波兰人等；后者如捷克人、斯洛伐克人、克罗地亚人、巴斯克人、威尔士人、苏格兰人、塞尔维亚人、保加利亚人、罗马尼亚人、斯洛文尼亚人等。① 前者代表了文明进步，后者则是文明进步的绊脚石；前者可独立建国，后者则不可，他们的命运就是被同化，至多可在由那些"大国族"建立的国家内实行自治。但这样的理论只是站在那些"大国族"立场上提出的理论，凸显的是一种对人们共同体所持有的集体人格差异观念。而从那些"小民族"的角度来说，难免不想通过独立建国而跻身于"国族"行列。既然你的共同体因建有国家而是国族，那我的共同体为什么只能是民族而不可以成为国族？我为什么只能自治而不能独立建国？不大的欧洲版图，一而再、再而三地被民族分离主义所分割，至今仍未结束，其思想根源就在这里。

根据上述情况，我们应该怎样看待这种民族自治呢？民族自治真的是民族平等的体现吗？它真的是小民族的不二追求吗？答案应该是不言自明的：从根本上说，民族自治并不是民族平等的体现，相反却是一种民族不平等的反映，它只不过是那些自视为代表文明进步的大国族对他们所界定的小民族实行的绥靖政策而已；而从小民族的角度说，自治也只不过是基于没有条件独立建国退而求其次的选择，它总比被强制同化要好，或许还可以通过先自治，然后再谋求独立。世界各地民族分离主义活动的发生与发展，不断向我们证实了这个推理。一些实行自治的小民族，只要有可能，他们就会毫不犹豫地选择走向分离独立的道

---

① 参见威尔·金利卡《多元文化的公民身份》，马莉、张昌耀译，中央民族大学出版社 2009 年版，第 76 页。

路。这倒不是因为小民族天生就是分离主义者，而是受那些民族主义经典理论家们制造出来的一些理论诱使后天使然，特别是根据这些理论所进行的实践给小民族造成的伤害，迫使小民族希望通过民族分离独立试图加以避免。由此，我们可以说，无论对于"大国族"还是对于"小民族"，特别是对双方的统治者来说，民族自治都不是自觉自愿、信守如一的选择。而且，那些由双方各自附加给民族自治的所谓正当理由，都不过是双方试图说服对方接受民族自治的一时托词而已，在实践中一旦条件有变，双方都不会认真对待的。

第三节 民族主义思想和民族自决权原则的适用性

根据前文的分析，我们可以认为，作为一种民族政治设计，民族自治只是在特定的历史背景下为解决特定的民族问题而提出的一种假定性的社会治理命题，它能否成立以及是否具有普遍意义则有待时间和实践检验。但是，这个假定性的命题，却被当时的欧洲思想界给神圣化了。自19世纪中叶起，德意志浪漫主义和唯心主义哲学（代表人物如赫尔德、费希特和黑格尔等）风行欧洲，使欧洲思想界对周围事物的解释多带有浪漫化和先验性色彩，其中也包括对民族和民族政治问题的认识："民族被充分理想化，是一种完整独立的存在"；"民族自治"被绝对合理化和普遍化，是一种天然权利。① 当时欧洲思想界的思考逻辑是：从康德的"个人自决"出发，引申和论证"民族自决"与"民族自治"的合理性；② 这个结论通过其他人包括后来的威尔逊和列宁的论述，得以在全世界传播开来。③ 由此，"民族自决"和"民族自治"也就从社会政治的假定命题被当成了哲学思辨的实在概念。这对后人的思想产生了决定性的影响。在整个20世纪，人们对民族自治、民族自决等问题的认识，基本上就是按照这个思考逻辑和现成结论进行的，反而忘却了

---

① 参见 Baloma Garca Picazo, País es Bal cónicos, en enciclopedia del nacionalism o, ob. cit., p. 375。

② 参见 Andrés de Blas Guerrer o, Au todet ermin aciacn y seces in, en encicl opedia del nacionalismo, ob. cit., p. 46。

③ 参见 Baloma Garca Picazo, artícu lo citado, ob. cit., p. 375。

二者的假定特性。这一点在我国民族问题研究界也有所体现。我们看到，国内一些信奉民族自治的论者，迄今都是围绕民族自治的美好"词义"（acceptations）进行泛泛而论，跟着别人说民族自治的合理性，而在涉及自治内涵与外延的"定义"（definition）问题时，特别是在涉及自治的实践问题时，就说不出什么理论来了，甚至连实证研究和证实过程都不进行。

由此说来，对"民族自治"这个命题，我们有继续进行深入分析的必要。我们提出这个问题的原因是：从实践方面看，即使民族自治在特定情况下是可能的，但也不是一种永久性的普世价值；否则，就不能解释为什么有的国家不搞民族自治，甚至不做民族集体政治的制度安排，同样可以实现社会和谐（如瑞士）；有的国家实行民族自治，民族矛盾依然难以消弭（如塞浦路斯），有的甚至导致国家解体（如苏联和南斯拉夫）。而从理论上说，民族自治的内涵与外延问题、目标与工具问题，也都不是那么确定无疑的，而是各人有各人的看法。既然如此，那么，我们就不能把"民族自治"作为一个已经得到证实的真理看待，更不能认为它是当代多民族国家民族政治生活的必然选择。达赖集团的"大藏区高度自治"主张，不就是一个实际例子吗？你可以说这种主张有背后目的而反对它，但你无法否认它的理由是"民族自治"；达赖集团正是钻了人们对民族自治的内涵与外延、目标与工具都存在争议的空子；既然理论有空子可钻，那就要对理论本身进行检讨了。

那么，欧洲古典哲学家或思想家们对民族自治合理性的解释真的就合理吗？是否过于主观甚至存在逻辑问题呢？难道我们只能对他们的观点顶礼膜拜而不能进行必要的检视吗？恕笔者妄言，由"个人自决"而推论民族自决或自治，首先就不是很有说服力的论证，因为民族与个人毕竟不可同日而语；个人是一种不可分的存在，而民族则不是如此，而是可以"大杂居、小聚居"的，有的甚至是处在"碎片化"的状态。其次，他们所说的"民族"是抽象的民族，或者说是以欧洲那些完整存在的"大国族"为思考对象和分析单位的，由此得出的自决自治概念和结论是否普遍适用，这也是可以讨论的；欧洲的犹太人和吉普赛人，就没有可能像法兰西人和德意志人那样"自决自治"。目前，国际法在谈到人民自决或民族自决时，在对自决者的确定和由谁来确定的问题上没有下文，原因也就在此；由于这个原因，当人们试图运用这个原则时，分歧也就不可避免了（如在俄罗斯的车臣问题上）。再次，如果说自决自治对一切民族都是固有的权利，那么，我们就无法解释目前国际学术界所讨论的民族自治是指一些特定的少数民族在"更大社会"（威尔·金利卡的用语）内的自治，而且通常要遵守（或自觉，或被迫）由更大社会确定的一些普通规范。最后，如果说自治体现为少数民族对本民族内部事务的自主管理，那么，为什么对少数民族成员身份的认定都要由国家进行，而不是由各民族自行确认呢？还有，为什么少数民族又不能对本民族成员提出限制性要求，人们为什么又可以不接受这种要求呢？诸如此类的问题，如果经不起质疑，不能自圆其说，那少数民族自决自治的问题，就只能如目前学界所做的那样，只是依据词义进行虚拟世界的思辨，而社会实践则是另一回事。

　　实际上，国际学术界不是没有对民族自治这种主观唯心主义思想和浪漫主义追求进行理性反思的声音，如有学者就从现实主义出发认为，实验科学意义上的自治（auto noma）概念就是——自己靠自己（bastarse a smismo），但这在社会生活中是不可能的，因为社会生活恰恰在于依靠他者。但是，在将这种或那种自治思想（idea tal y como）运用于地区范围（mbito regional）时，不仅意味着确立一种以领土为基础的管理机构的法律地位，而且还意味着赋予这种机构一种组织权力、创造权力、颁布各种规范的可能，按照走向共同未来的方向进行"自主管理"（autogov er narse）。① 这就是说，在现代国家和现代化社会里，以民族为界限进行所谓"真正的自治"是不可能的，而以地方为单位实行一定程度的"自主管理"则是可能的，也是可以的和有积极意义的；自治的法人不是各个民族和民族组织，而是地方全体人民和地方政府；自治不是民族的自我统治，而是地方的自主管理，并且是在保证各个地方走向共同未来的前提下进行的。

　　当今一些国家的民族政治实践，也证明了民族自治的不可行。例

---

① José Antonio Olmeda, regionalismo y Autonomìa, en enciclopedia del nacionalismo, ob. cit., p. 454.

如,西班牙在1978年实行民主改革、确定国家领土管理采取自治制度时,在《宪法》序言中将全国分为"民族和地区",但这立即在西班牙社会引起了谁是"民族"(nationalities)、谁是"地区"(regiones),以及什么是民族自治、什么是地区自治的激烈辩论,因为被称为"民族"的巴斯克、加泰罗尼亚和加利西亚三个地区,并非是纯巴斯克人、纯加利西亚人和纯加泰罗尼亚人,而其他被称为"地区"的地区,也不是单一民族的,并且在历史上与巴斯克、加泰罗尼亚和加利西亚一样大都也曾是独立王国。争论的结果是妥协方案产生,所有的自治单位都叫"自治共同体"(Comunidades Autnomas,起初分为17个自治共同体,位于非洲摩洛哥海岸的两块飞地后又单列为自治市),各个自治共同体都以历史沿袭下来的地名或王国名称命名而不带民族名称,各民族公民权利平等,是地方自治的共同主体,并且在自治的实施过程中各个自治共同体的管理都走向了"制度均质化"。[①]

第四节 反分裂的正当性与合理性的基础理论

对于"民族自治"这个命题,我们不能陷入对其抽象概念的自我解释之中,而要回到现实世界中来,对其进行实事求是的研究。从目的论上说,从少数民族的角度看,民族自治起初只是针对"他族统治"而提出的一种解脱要求,这在"他族统治"下当然有其必然性和合理性;但是,在废除了民族压迫的现代国家条件下,民族自治的意义是什么呢?或者说怎样看待民族自治呢?笔者曾撰文论述过"民族自治"在当代多民族国家民族政治生活中的作用,指出它的意义和目的是为了各民族共治。与此同时,我也对民族自治的概念进行了重新界定,认为应当抛弃传统的"自我统治"等狭隘定义,把民族自治转义为对各民族共同参与国家和地方管理的集体政治人格平等的承认。[②] 实际上,19世纪中叶欧洲的那些思想家们,也主要是从"民族"(nation)平等人格的意义上来论述"民族自决"或"民族自治"的合理性的,而且是有特指对象的,

---

[①] Juan Pablo Fusì, Espaĺa: Autonomias, Editorial, Espasa-Calpe, Madrid, 1989, p. 40.
[②] 参见朱伦《自治与共治:民族政治理论新思考》,《民族研究》2003年第2期。

并不是普遍的。但后人在解释"民族自治"这个概念时,则将其抽象化、普遍化乃至泛化应用,而不管"民族"是什么了。当然,如果我们从"民族人格"平等这个角度来理解"民族自治",把它从"nation"普及到诸如"nationalities""ethnic groups"或"tribes"等人们共同体身上,这倒不是不可以,但前提也只能是指这些类型的人们共同体之间的人格平等,而不能像看待"nation"那样给这些人们共同体附加其他一些有违国家内部主权建设和公民社会建设的内容。①

如果我们再从民族自治的外延和工具方面看问题,民族自治更是一个众说纷纭的话题。民族自治的内涵不管是"自我为政""自主管理本民族内部事务",还是其他说法,都是相对狭窄的定义,这就使它的外延可以变得很宽泛。民族自治是经济的、文化的、社会的、行政的自治,还是全面的政治自治?人们的回答各不相同。而从自治的工具或操作方式上看,由于自治的外延很宽泛,人们对民族自治的合适组织形式是什么,也存在争论:是民族议会、民族社团、民族政党还是民族权力机构?这类组织机构是民族自治吗?如果硬说是,这些组织机构能代表本民族整体吗?一个民族只能有一个代表组织吗?有关民族的成员都必须参与进来吗?总而言之,所有这些问题,在实践中并没有共识。

根据上述分析,我们应该得出这样的看法:"民族自治"在本质上

---

① 北京大学马戎教授就国内民族问题提出的"去政治化"观点,如果指的是在民族政治理论和观念上"非国族化"(non-nation),这无疑是正确的,也是有的放矢。国内对民族问题过度政治化或不当政治化的现象是存在的,如对民族身份的终身化规定甚至比"国籍"还难改变,并且还在居民身份证等官方证件或其他非官方文书上标注"民族"分类;而在思想理论上,把马克思主义经典作家有关"国族"(nation)的论述运用于国内民族(nationalities),并美其名曰"马克思主义民族理论中国化",则是国内民族问题研究界的习惯性思维。这样做显然是有问题的,起码是混淆了对象和性质。马克思主义经典作家所谈的"民族"(nation)及有关"民族问题"的一些主要观点,是就以国家为单位的人们共同体和帝国时代民族关系而言的,不可应用于现代国家内部的民族和民族关系。关于这个问题,中国社会科学院民族学与人类学研究所郝时远研究员近年来围绕斯大林的"民族"定义发表的多篇论文有深入的阐释;《中华人民共和国民族区域自治法》(2001年修订)序言在讲到我国民族区域自治制度的建立时,把草案中建议修改的"运用马克思主义民族理论"一语恢复为"运用马克思列宁主义",则反映了我国立法机关对这个问题的清醒认识。但在国内民族问题研究界,对这个问题还未形成普遍自觉的反省,经常以经典作家关于国家层面的国族观点来解释多民族国家内部的民族问题,以致把各民族"国族化"。当然,对多民族国家内部的民族和民族问题"非国族化",不等于否定少数民族应有的集体政治权利,不等于将少数民族"文化化",尽管"文化化"在当今世界也有实践案例可举。

是一种缺乏严格定义域的民族政治设想，现在我们只能从民族政治人格平等的角度来解释它和理解它；如果把民族自治与自我为政、自我统治等主张联系起来，由于在自治的目标、外延和操作工具上人们各有各的看法，因而难以成为当代多民族国家处理民族政治问题的可行方案。至于把民族自治界定为"自主管理本民族内部事务"的问题（这是我国学术界一些人肯定"民族自治"的基本理由所在），前文曾说到这是一个虚议题，这里我们不妨再稍微展开谈一谈。

"自主管理本民族内部事务"，这是国家或更大社会对少数民族的承诺还是少数民族的追求，或兼而是之，我们暂且不论，仅就这个命题本身来说，它也存在固有的矛盾。假定语言、文化、教育、宗教信仰和风俗习惯等问题是民族内部事务，那么，这些事务能在多大程度上进行自主管理呢？如何进行自主管理的立法呢？这样的立法权属于民族还是属于国家？按道理应该属于民族，但少数民族是否可以进行内部立法，这样的立法对本民族成员是否具有强制约束力呢？例如语言问题，国家或更大社会承认少数民族有使用本民族语言的权利现在没有任何阻碍，但少数民族如何让本民族成员都必须学习和使用本民族语言反倒是件难事。文化、教育、宗教信仰和风俗习惯等事务，同样也是如此。如果说这些事务不需要民族内部立法，完全靠民族成员的自觉，那"自主管理本民族内部事务"的"管理"二字又从何谈起呢？体现在哪里呢？由于存在这些问题，我们看到，国外一些少数民族组织如民族议会等，它只有涉及该组织本身的组织条例或议事章程，但绝无对本民族内部事务如何管理的规定。

如果说把"自主管理本民族内部事务"与民族地方自治联系起来，认为自治地方政府就是民族自主管理组织，可以规定少数民族成员应该怎么做，这就更加难以做到了。我们看到，像西班牙这样比较重视地方自治法规建设的国家，无论是在宪法中还是在自治地区的自治条例中，都找不到对少数民族内部事务是什么的规定（我国的《民族区域自治法》也是如此），连"自主管理本民族内部事务"这句话都没有。这是因为"民族地方自治"不是"民族自治"，自治的关键是对地方与中央之间的权力分配和职责作出相对具体的规定；至于哪个民族有什么不属于公共事务的内部事务，或者说是公共管理不予覆盖的事务需要自主管理,这是民间问题,不需公法规定和强迫,因为这样的规定和强迫既没有合理性和合法性,也没有可操作性。然而,正是在民族地方自治的问题上,国内外都有人试图把它解释为民族自治,并由此对这类地方内部的民族关系产生了错误的观念,即把这类地方视为某个民族的。这种观念在欧洲被称为"地区族类民族主义"(nacionalismo tnico regional),声名狼藉的林茨(Linz)是公开为这种观念辩护的第一人;① 对这种观念,国际社会当然是普遍持批判态度的。另一种观念是保障其他共居民族的权利,主张各民族公民共同建设和共同治理自治地方;这种观念现在是国际社会的主流,它有助于促进各民族公民友好相处和社会和谐。

总之,在现代国家和现代公民社会条件下,所谓真正和纯粹的民族自治不仅是一个无以证实,而且是一个可以多方证伪和无法实践的虚议题。这是因为,民族自治极易导致对"以族划界,各自为政"的想象和向往,它不仅有违现代国家内部主权统一和现代公民社会公民权利为先的要求,而且比"民族—国家"方案更缺乏可操作性:若以民族领土为单位实行自治,但现实没有单一民族的地方;若以民族组织为单位实行自治,但任何民族组织形式都无法保证本民族所有成员参加。如此说来,关于当代多民族国家民族政治生活的现实方向与少数民族政治权利保障的问题,我们应本着实事求是的科学精神进行理性思考,以求得出切合实际的正确认识。

第五节 多民族国家视阈下的少数人权利保护

在国际人权法上,"少数人"是个难以准确定义的概念,中外学者对此一直没能达成共识。联合国的有关文件通常认为,少数人指的是一国中在种族、语言、宗教等方面具有认同感的少数群体。②《欧洲保障少数人权利公约》把少数人定义为,在数量上属于少数,在人种、宗教或语言方面具有不同于其他人的特征,含有维护其文化、传统、宗教或

---

① 参见 José Antonio Olmeda, regionalismo y Autonoma, en enciclopedia del nacionalismo, ob. cit., p. 455。

② 参见周勇《少数人权利的法理》,社会科学文献出版社2002年版,第3—15页。

语言倾向的国民。① 笔者倾向于认为，少数人应指在数量上为少数，在族体、宗教或语言等方面具有不同于其他人的特征，在政治、经济、社会和文化等诸方面长期处于弱势地位，在某个主权国家的领土上居住了一定时间的群体。

保护少数人免遭歧视和侵害，一直是现代意义上的国际法所关注的基本问题之一。满足不同种族、民族、宗教和语言群体的愿望，确保属于少数群体的人的权利，是法治国家的基本要求，也是对所有群体、个人的尊严和平等权的尊重。1966年12月，联合国大会通过的《公民权利和政治权利国际公约》第27条对"少数人"的权利作出了明确规定："在那些存在着人种的、宗教的或语言的少数人的国家中，不得否认这种少数人同他们的集团中的其他成员共同享有自己的文化、信奉和实行自己的宗教或使用自己的语言的权利。"② 这是国际社会在普遍性国际公约中第一次出现包括少数人权利的条款。根据该条款的内容规定，少数人除与社会的其他成员一样有权享有《公约》对所有社会成员规定的各项权利和自由以外，还应享有其群体所特有的文化、宗教和语言的权利。今天，这一原则已得到了国际社会的公认。

所谓少数人权利应指少数人应该享有的权利。我们认为少数人的权利主要包括如下内涵：其一，因其生物属性所应享有的权利（如生命权、身体健康权、人身自由权、财产权和选择配偶权等）和因其社会属性应享有的权利（如平等权、人格权、政治权利、发展权和社会保障权等）。其二，因其生物属性和社会属性共同派生出来的权利（如自救权和申请他救权等）。其三，因其群体属性而应享有的非绝对的、有限的权利。即少数人权利是一项集体权利，必须受到一定限制，不得用以破坏国家的安全。

通过对于国际移民权利保护的思考，可能会有助于我们进一步理解

---

① 参见欧洲委员会《欧洲保障少数人权利公约》，http：//www.google.cn/interstitial？url=http：//www.aireer.cn/%3Fv%3D401-13921.html。

② 联合国大会：《公民权利和政治权利国际公约》，http：//news.xinhuanet.com/ziliao/2003—01/20/content_698226.html。

相关问题。

一　跨国视阈下的移民权利

人口的地理流动经验是人类生存经验的核心特质之一催生了很多调查研究的视角和方法论的范式 。在 20 世纪的最后 10 年，移民的数量和质量都达到了非同寻常的维度，我们因此不得不面对一系列问题，比如，在金融资本主义全球扩张的现实语境下，跨国人口流动的意义是什么？在西方，一方面通过银行汇款、开展移民社团活动和实行双重公民身份等方面的实践，跨国迁居人口维护了至少两个民族—国家（nation-state）之间经常性的经济、社会和政治互动，在社会代理者（包括国民、外国人和移民等）与社会机构（包括民族—国家和欧盟等其他超国家组织）之间创建一种新型的接合。另一方面，跨国移民实践也对被民族—国家世界体系下的"国际性逻辑（logic of internationality）"[①] 给予法律界定的国籍（nationality）与公民身份（citizenship）提出了质疑。众所周知，跨国移民实践的发展受制于政治机构所采取的相关举措（包括民族—国家颁布的移民政策，欧盟等超国家机构颁布的法令法规等），以及个人、社会集团的价值取向和战略选择（比如，发动大规模的抗议行动为移民争取选举权），超越民族—国家世界体系下所界定的地理疆域因此成为其难以回避的选择。

一个多世纪以来，世界各地的民族—国家通过设立申请国籍（正在逐渐被认同为公民身份）[②] 的法定标准，掌控了接受或排斥不同的社会集团实现社会和政治参与的权利。跨国人口分布范围的扩大和数量的提升，已经对于与公民身份密切相连的国籍认同提出质疑，进而对民族—

[①] 参见 J. Rée, Internationality, in *Radical Philosophy*, No. 60, 1992, pp. 1 - 3。作者认为，所谓"logic of internationality"可视作一种面向全世界、面向全人类的思想体系或全球性社会组织，能够对"国民的权利与责任"做出明确的解答。

[②] 诸多学术著述认为，国籍（nationality）与"共同的国民文化"（common national culture）密切相关。各类民族主义者据此证实，由国民组成的"人民"群体的客观存在，以及包含（或排除）由公民组成的国民共同体之内（或外）的标准设定的合理性。事实上，一国之内的"国民"难以具有所谓"共同的"文化，这类"合理性"标准经常被边缘化、碎片化，但是，在移民问题上，欧盟等超国家机构仍然将文化标准作为"欧盟公民"、"包含"或"排除"某些个人或群体的合理依据，在"欧盟宪法"的序言中出现了"欧洲人的文化、宗教和人类遗产"等字样。

国家的权威性发出挑战，即民族—国家身份是否还能充任公民权利担保人的传统角色。随着"未持证件的移民"（或称为"非法移民"①）数量的增加，不享有政治（或公民）、社会权利的人群开始大量涌现，人们从中可以明显看到民族—国家世界体系的诸多裂隙，即部分社会群体被排斥于主权国家的公民共同体之外，相关群体成员被称为"无国家国民（nationals without state）"。②

我们将考察欧洲跨国移民过程正在质疑的民族—国家世界体系的特权，及其正在设置的新的跨国世界体系（transnational world-system）的生成与发展。主要关注跨国移民所能享有的公民权利（即在地方选举中享有投票权等）与主权国家概念可能发生的冲突，及其为新的社会认同和政治忠诚的发展提供基石的维度。文章将从以下三个方面对上述问题加以讨论：一是探讨当今世界的跨国现象达到了怎样的程度？换言之，我们是否已经超越了民族—国家的世界体系？我们认为，当今时代可以称作"跨国化（transnationalization）时代"，而非"跨国（transnational）时代"，在相当长的时间里，作为一种世界体系的民族—国家仍然持有特权，它的一些机构仍然有能力保护其权力（power）领域（如充任公民权利的授予者与保护者）免受侵犯。二是探讨建立一种介于国籍与公民身份之间，有别于"公民"权利和"移民"权利的新型表达方式的可能性。指出，跨国移民无须归属某个"国民共同体"进而获得公民身份；虽然有关其身份的确定形式存在一些可以选择的路径，但是其中的相当部分内容尚处于理论探讨阶段，并非具有可操作性。三是探讨通过开展社会实践（比如履行跨国公民投票权）推动"跨国公民社会"（transnational civil society）的建设，使得移民与其居住国国民享有同样的权利，在公民政治共同体中享有"平等"地位的方式方法。

（一）跨国移民实践与民族—国家权能

术语"跨国"（transnational）这一概念，涉及某种理论范式、分析

---

① 所谓"非法（illegal）移民"或称"非常规（irregular）移民"在欧盟国家中的数量增长迅速。一般认为，其主要原因是：移民总量的日渐增加，以及相关国家和组织对边界地区跨界人口管理的不断强化。

② 从另一角度看，未得到文件承认的移民（"无国家国民"）亦可被视作"无国家公民"（citizens without state），其作为社会集团成员和独立个人的公民权利未得到国家的确认。

的视角，以及跨越主权国家边界的社会群体及其相关实践。"跨国"的维度体现在两个方面：从形式上看，它超越或扰乱了民族—国家的象征性疆域和领土性边界；从本质上看，它正在创建一个新的社会领域，既不破坏民族—国家的地理情景，其范围也不会达到全球规模。20 世纪 90 年代，随着由格里克·席勒（Glick-Schiller）主编的《走向跨国视阈下的移民》一书的出版，跨国主义（transnationalism）作为一种分析视角出现于世。作者们在书中分析了在跨国社会领域中发展起来的政治、经济和社会关系结构，以及以观念、民族（peoples）、商品和消费模式互动为标志的特质。作为一种理论范式，将移民置于跨国的视角下加以考虑，意味着重新将视线投向有关种族、阶级和族体的传统论述，分析这些人们共同体在超越现代民族—国家结构的框架下建立的新型关系中的发展态势，并且探寻发生在某些特定的地区或地方的移民政治实践。"跨国逻辑"（transnational logic）并非从全球或国民的视角思考跨国移民的战略性行动，而是将跨国移民视为全球化和民族—国家建构过程中的一种现象，从一种非排斥性的视角关注处于地区整合领域中的移民经验与实践等方面的社会行动。

我们认为，当拥有不同国籍的社会行动者长期置身于持续不断的跨越国家疆界的社会关系中时，其社会实践可以被视为"跨国"。从这个意义上说，当前跨国界的移民实践可以视为一种"跨国"实践。原因如下：一是任何移民计划的出台都需要一个决策过程，需要关注移民的对象、方式、地点和时间等基本问题。但是，迄今为止，在移居地的类型和范围方面并未有明确的规定，移民迁移的目标国数量亦未有明确规定。在计划制订者们研讨移民可能选择的目的地时，不同民族国家可以提供的就业条件得到了关注，而跨越国界需面对的困难却往往受到忽视。[1] 二是由跨越国界的移民长期保持着持续不断的社会关系，不需移民对其在原居国所持

---

[1] 实际上，移民所选择的移居地、移居时间不尽相同。有些人的临时居住地可以成为其他人的永久居住地，有些地区成为女性移民的首选，有些地区男性移民则更为青睐。政府在做相关计划时，难以得到比较准确的统计数据。有关欧洲人针对移民的态度和动机做出的决定，可参见 Ibánez Angulo, "Los nuevos movimientos migratorios. El caso de la emigración de la población búlgara a Castilla y Lecón", in L. Díaz Viana and P. Tomé, *La Tradición omo reclamo*, Valladodid: Junta de Castilla y Lecón, 2007, pp. 135 – 172。

有体质、心智条件做出更多的调整,以应对传统意义的"这里/那里""国内/国外"① 环境变化的持续挑战。② 三是跨国迁居在社会行动者(国民、外国人和移民)与社会、政治机构(民族—国家和超国家组织)之间创建了一种新的模式,通过多元、多样的跨国实践,促进了全球范围的机构权利流转。③ 四是跨国移民实践对原居国和目的国的国民认同提出质疑,并加以改变。④ 对移民的原居国而言,国民移居出境数量的增加有助于新的社会实践、趋上社会流动的新形式和新的消费模式(可能与传统国民文化的相关理念相冲突)的发展。在其目的国,多样性的历史、文化和宗教不再在边缘化地区相逢,而是在人们日常生活的核心区交汇在一起,激励人们重新思考和界定传统视阈下有关"我们"和"他们"的识别及其相互关系。

我们需要注意的问题是,跨国移民实践究竟要发展到何种程度才能真正对民族—国家权能发出挑战,并且为新的世界体系的建立铺平道路?一方面,部分学者指出,"跨国主义"⑤ 的确已经瓦解了民族—国

---

① 新的信息和通信技术,已经减少了业已移民的和准备移民的人们之间的持续接触。迁移出境并非意味着"一去不回",与原属共同体保持有限的接触,跨国移民阶段是趋上社会流动过程的重要组成部分。俄罗斯等国迁居出境的实践表明,对于移民来说,通信和交通工具的进步,使得"距离"不再成为其迁居的障碍,同时从很大程度上冲破了人为的对跨国移民实践的诸多限制,提升了自身完成跨国移民实践的能力。参见 R. Viruela, "Migratión y nuevas technologías de la información y la communicación: inmigrantes rumanos en España", *Revista Migraciones*, No. 21, 2007, pp. 259 – 290; P. Kennedy and V. Roundometof, "Transnationalism in a Global Age", in P. Kennedy and V. Roundometof, eds. *Communities across Borders: New Immigrants and Transnational Cultures*, London: Routledge, 2002, pp. 1 – 26。

② B. Riccio, "From 'Ethnic Group' to 'International Community'? Senegalese Migrants' Ambivalent Experiences nd Multiple Trajectories", *Journal of Ethnic and Migration Studies 27*, No. 4, 2001, pp. 685 – 711.

③ 参见 S. Sassen, "Global Cities and Diasporic Networks: Microsities in Global Civil Society", in Anheier et al., eds. *Global Civil Society* 2002, Oxford University Press, 2002。

④ Ibánez Angulo, "Nation Building within the European Union: Reforming Bulgarian National Identity from Abroad", in E. Marushiakova, *Dynamics of National Identity and Transnational Identities in the Process of European Integration*, Newcastle: Cambridge Scholars Publishing, pp. 154 – 189.

⑤ 全球化(globalization)、全球性(globality)和全球主义(globalism)是三个意义有别的概念,分别指称全球化过程、全球化过程的发展结果和导致全球化过程启动的意识。它们可以构成有效的分析框架,用以区别跨国化(transnationalization)、跨国性(transnationality)和跨国主义(transnationalism)。跨国主义可以理解为鼓励和伴随跨国社会实践发展,并对民族—国家所掌控的霸权发出挑战的一种逻辑。跨国化和跨国性的实现过程,可以被认同为一种新的世界体系的生长过程,相关意识的贯彻实践和相关过程的持续发展是其生长的温床。

家的霸权地位，跨国移民运动正在催生后国民共同体（post-national community），并可能在与传统的国民共同体的冲突中，推动"具有进步意义的""去疆界（deterritorialization）公民身份"的最终实现。①。另一方面，有学者认为，在当今的世界体系下，移民仍然是民族—国家权力具体运作的对象，不存在跨越民族—国家的移民，民族—国家可以通过非平等的权力结构和概念界定（"我们是谁"和"我们属于谁"），完成对移民群体的族性分类、数量监控和结构调整等。介于两种观点之间的一种主张是，跨国实践正在动摇民族—国家的主权（与其对立的观点是，民族—国家仍然保留着部分传统意义的特权）②，值得注意的是，持此观点的人认为跨国移居者所提出的拥有两国或两国以上公民身份的诉求，是社会政治生活中的"鲜活主张"，表明公民身份和政治忠诚不再只涉及一个民族—国家。③ 所以，虽然一些跨国实践可能与民族—国家的权能发生了冲突，但是并非意味着对民族—国家的全盘否定。跨国行动虽然对民族—国家体系发出了挑战，但是超越或优于现行的民族—国家世界体系的新的世界体系尚未出现。依据如下：一是在民族—国家的层面上，对于公民共同体包含/排除的对象（"谁"），一直存有比较详尽的法律阐释。二是当下的资本主义人口的"再地化"（relocalization）④ 经济过程，利用了民族—国家世界体系（可反映出不同地区、不同国家在工资待遇、就业条件和社会权利等方面存在的差异）所能提供的有利条件，企业将在相当长的时间里，根据自己利益选择"落脚点"，工作机会成为全球性资源。⑤ 三是欧盟、世贸组织等大多数超国

---

① N. Al-Ali and K. Koser, *New Approches to Migration? Transnational Communities and Transformation of Home*, London: Routledge, 2002, p. 4.

② R. Bauböck, "Towards a Political Theory Economy of Migrant Transnationalism", in *Transnational Migration Review*, Vol. 37, No. 3, 2003, pp. 700 – 723.

③ 参见 N. Glick-Schiller and P. Levitt, "Haven't We Heard This Somewhere Before? A Reply to Waldinger and Fitzgerald", *Princeton Working Papers Series*, No. WP 0601, Woodrow Wilson School of Public and International Affairs, Center for Migration and Development, 2006。

④ 生产过程的所谓"再地化"是相对于被广泛使用的"去定域"（delocalization）而言的术语。生产过程并非全部需要离开原位而展开，事实上，出于就业环境和财政税收等方面的利益考虑，生产过程在某些地区和国家的再地化设置比较普遍。

⑤ C. Solé and I. Cachón, "Globalicitióe inmigración: los debates actuales", *REIS*, No. 116, 2006, pp. 13 – 52.

家组织中的成员身份,仍然需要将先前在民族—国家中的成员身份作为申请加入的门槛。

两百多年前,康德曾经说过这样一段话:如果我们被问及"你现在是生活在文明时代吗?"这个问题,可以给出的答案是:"不,我们生活在启蒙运动中的一个时代。"① 我们认为,目前的移民运动尚未发展到"跨国阶段"(transnational age),而是处于"跨国化阶段"(age of transnationalization)。其间,跨国实践和过程的多元性对民族—国家的权能提出了质疑,但是,民族—国家的结构并未出现实质性改变,"我们仍旧处于全球化过程的某个阶段,而非全球化时代。"② 同时,我们也应认识到,任何社会体系都是一种历史体系,可以通过人类社会实践加以建构和改变。

(二)公民权利与移民权利

如前文所述,我们并非已置身跨国时代,而是处于跨国化过程中的某个阶段。在这一阶段中,民族—国家仍然保留其部分传统属性,比如界定公民共同体包含或排除的对象;同时,出现了动摇民族—国家在当下世界体系下所享特权的力量(比如超国家机构)。我们将在国家和跨国的情境下,分析介于国籍(属于象征性共同体的国民)与公民(属于政治共同体的国家)的身份表达。我们认为,表达国籍和公民身份的具体形式,可依前文提到的所谓"国际性逻辑"(将认同或排斥的个人、社会集团参与社会和政治实践的依据合法化)为据,并需在跨国化实践不断出现的背景下加以改变。

在民族—国家世界体系下,公民个人的权利因其拥有国籍而得到承认,据此,国籍遂成为公民身份的象征。国籍和公民身份指向社会生活的不同范围:前者指存在于生活在民族—国家疆域内众多个人之间的"文化共同性"(cultural commonality);后者指存在于相关人类群体中的"权利共同性"(commonality of rights),比如公民权利、政治权利和社会权利等。有关介于国籍和公民身份之间的身份识别,马歇尔(T. H.

---

① J. B. Erhard et al., *Qué es Ilustración?* Madrid: Tecnos, 1999, pp. 17 - 29.

② U. Beck, *Qué es la globlización? Falacias globalismo, respuestas a la globlización*, Madrid: Paidós, 1998, p. 166.

Marshall）在《公民身份与社会阶级》（*Citizenship and Social Class*）一书中曾做过探讨，认为民族—国家体系会持久存在，个人权利的演进模式由政治和社会精英掌控，公民权利是阶级特权进步的"替代品"，只有在民族—国家的体系下公民权利才能得以实现。① 但是，马歇尔未能关注到在民族—国家具有的文化和族裔多样性问题。② 公民身份需要具备共同体的归属感，其基石是忠诚于被视为"共同遗产"的某种文明。被马歇尔忽视的事实是，国家不会使其属下的每个社会阶层和集团的成员均享有公民权利。③ 事实上，马歇尔在著述中涉及的许多问题，也是我们今天需要面对和回答的问题。比如，是否有可能将社会公平原则与市场价格原则在一种体系之下加以联合？资本主义的扩张是否伴随着公民权利范围的扩大？阶级差异缩小到何种程度才能实现社会权利扩大的目标？公民权利的平等实践与资本主义体制暗含的不平等结构设计是否相容？

马歇尔对战后社会政策所持的乐观态度，导致他确信资本主义的扩张必然伴随公民权利范围的扩大，虽然其中的部分权利可能会威胁资本主义体系的存续。在马歇尔看来，保障公民权利是市场经济发展不可或缺的条件，而政治权利则不然，它们对资本主义体系是一种威胁。理由是这类权利不是给予个人的，而是给予集体的。他明确提出，要捍卫阶级社会，"社会的不平等是必要的"，"阶级社会应兼容公民权利的扩大"④。

关于资本主义全球扩张（全球化）过程的若干问题，我们现在所能给出的答案有别于马歇尔的回答。原因如下：一是今天，民族—国家已不再凸显20世纪后半期"社会凯恩斯主义国家"的特点，不再是公民权利的唯一担保人，NGO等组织和其他公共政策领域中的社会体在国

---

① 参见 T. H. Marshall and T. Bottomore, *Giudadania y clase social*, Madrid: Aliannza, 1998, pp. 15–82。
② Ibid., p. 46.
③ Ibid., p. 88.
④ T. H. Marshall and T. Bottomore, *Giudadania y clase social*, Madrid: Aliannza, 1998, p. 39.

际舞台上扮演的角色，获得了法律保障。① 二是马歇尔忽略了移民的权利问题。② 马歇尔的著述发表于20世纪中叶，当时的移民实践与今天以多样化的跨国移居形式为特征的移民形势多有不同。诚然，如果看到公民、政治和社会权利受到剥夺的移民（包括非法移民）数量的增加，我们就会认识到，全球化的实际发展过程并非与公民权利的夸大相伴随。三是，近30年来，主权国家在商品和劳动力市场中不断践行"放任逻辑"，③ 导致资本主义迅速扩张，在危害部分群体的社会和政治权利的同时，成为另外一些群体和个人获得经济利益的前提，随着对工人阶级队伍采取的地区分隔和族裔分化（ethnification）④ 举措的落实，全球劳动力资源和劳动条件的差异被进一步扩大了。

如上文所述，资本主义的扩张并未与公民权利的扩大相伴随。因此，我们自然要回到前面提到的问题：在什么条件下，可供选择的公民身份可以出现？它是否能够出现？我们在这里试图选择一个专有的术语来表达这种可供选择的公民身份。大多数学者同意使用"国民的/正式的"公民身份的表达方式，我们称为"跨国公民身份"，它的获得意味着在享有（国籍国）国籍的同时，亦可以（在居住国）拥有公民、政治和社会权利。

至于"跨国公民身份"可能出现的条件，我们认为可以从以下方面

---

① E. J. Ruiz Vieytez, "Spanish Immigration Policies: A Critical Approach from a Human Rights Perspective", in D. Turton, et al., ed. *Immigration in Europe: Issues, Policies and Case Studies*, Bilbao: University of Deusto, 2003, p. 185.

② 公民权利问题一直是民族主义论述的核心议题之一，将移民排斥于公民权利之外并未得到应有的重视：首先，跨国移居往往容易被理解为一种"间歇的""偶发的"现象。其次，移民所受到的权利排斥，通常被视为作为文化同质的国民，其公民政治共同体具体建构的一种结果。应该说，如果我们能够看到跨国移居实践在资本主义扩张过程中具有的长期性和连续性特征，能够将民族—国家视为文化同质的政治共同体，移民权利可能会在有关公民身份的讨论中得到更多的关注，可能会推动更多的人思考在公民权利方面移民所受排斥的合理性、合法性，较少地纠结于移民的文化、原居国差异和不平等地位等话题。

③ 但是，几乎所有的欧盟成员国都直接干预市场运作，它们将一系列数字庞大的资本不断注入"国家银行"，以确保储户的储金安全，特别是要维护资本主义世界体系的持续发展态势。

④ 族裔（ethnic）是一种社会建构，在当今的跨国移民，以及不平等和种族主义的再生产过程中，成为将移民群体分类的一种标准。受内容和篇幅所限，本书对于少数族裔群体在国民—国家中所受到的权利侵害问题不做讨论。

理解：一是将公民权利与正式属于某个民族—国家的国籍联系在一起。二是将公民权利的认同与人权联系起来，虽然形式上未归属于具体的民族—国家，但是能够得到确认和保障。三是将移民生活和工作的共同体中的每一个成员都界定为人权受体，相关人权独立于其原居国国籍及其相关的公民身份。[1] 尽管最后一种选择可能导致对集体（族群和劳工群体）权利的忽视，以及新的不平等的出现，但是，仍然被一些人视为迄今为止最现实的选择。

超国家机构下的公民身份的表达形式（比如欧盟属下的公民身份），不能视为我们所需要的身份选择。因为这类公民身份依赖于先前在某个成员国中享有的国籍/公民身份，并且只在欧盟成员国内才可得到。[2] 当然，在欧盟边界以外的地区，比如在美国，欧盟公民享有的权利亦有别于世界其他国家公民。欧盟的公民身份是在超国家而非跨国领域内既有公民身份的延伸，尚未能成为可供选择的对象。

（三）选举权利与草根社团

诚然，跨国公民身份出现的条件尚未具备，但问题是跨国移民的实践（比如拥有某国——"国籍国"——国籍，而在另一国家——"居住国"——工作的个人的选举实践）发展到何种程度会对民族—国家的主权，以及作为政治实体成员资格的公民身份概念提出质疑呢？通过分析生活在西班牙的保加利亚人在保加利亚国家选举和西班牙地方选举中的实际参与情况，我们试图表明如下观点：一是选举权不再是只涉及某一个民族—国家的话题，已经成为被展示于地方、国家和超国家情景下，诸多复杂的内在关系综合作用的结果。二是应该关注社会网络在推动政治参与方面发挥的作用。

1. 保加利亚移民的选举权利

旅居海外的保加利亚人，参加了 2005 年保加利亚议会选举和 2006

---

[1] T. H. Marshall and T. Bottomore, *Giudadania y clase social*, Madrid: Aliannza, 1998, p. 128.

[2] 非欧盟成员国（但是位于所谓欧洲经济空间范围之内）的公民亦享有类似的权利。但是，不是所有成员国国民都可享受此待遇，比如马恩岛人和香奈儿群岛人是联合王国的国民，却被排除于"自由运动"之外。通过延期偿付方式组织保加利亚和罗马尼亚工人迁居等举措亦表明，欧盟成员国的公民并非总能被纳入"欧洲公民"群体。

年保加利亚总统选举,① 他们在设于西班牙以及世界其他国家的投票站投出选票,因为当时还不能通过邮件投票。

在 2005 年议会选举中,设在西班牙各自治区的 33 个投票站全部向选民开放,约有 4000 名在西班牙生活的保加利亚公民参加了投票(当时,4.5% 的保加利亚人生活在西班牙)。② 根据保加利亚驻西班牙使馆的相关规定,各投票站至少在有 20 个选民参加投票时才能开放,选民最低年龄为 18 岁,而且必须持有效身份证件。

在 2006 年的总统选举中,保加利亚设在西班牙的投票站只有 5 个,投票人数下降到 1648 人,约占在西班牙"注册"的保加利亚人的 1.3%。投票站和投票人数的大幅下降,与 2005 年议会选举后出台的相关规定密切相关。根据规定,投票站至少要有 100 个投票者到场才能开放,选民不仅要达到 18 岁以上,持有国际护照等有效身份证件,而且必须在选举登记处注册登记。事实上,这些规定将那些以"非常规形式"迁居的保加利亚人排除在投票人之外,非法离境和持过期旅游护照的保加利亚人在保加利亚的选举中,都不会也不能注册投票。他们担心,西班牙政府机构会受到来自欧盟委员会的压力,将他们遣返回国,以遏制移民潮的高涨态势。同时,这与保加利亚人自身的观念问题不无关系。在许多保加利亚人看来,总统选举不如议会选举重要,在前文提到的保加利亚总统选举中,第一轮、第二轮的投票率分别为 42.51% 和 41.21%。而前文提到的议会选举的投票率达到了 55.8%。③ 这个案例表明,跨国移民选举等政治权利实践已经超越了国民—国家的领土边界,正在公民权利(获得于他们登记注册的居住国)和政治权利(获得于他们国籍所属国家)之间创建一种新的表达方式。

---

① 在 2005 年议会选举中,保加利亚社会党获胜,但是其赢得的选票数量不足以使其单独组建政府,故与其他两个党派组成了联合政府,而成立不过数月的"极右翼"政党得到了 8.5% 的支持率。在 2006 年总统选举中,登记注册的选民只有 42.51% 的人参加了投票,社会党候选人的支持率因未能达到 50%,根据相关法律规定,不得不面对选民的第二轮投票。

② 投票站被设立于马德里的保加利亚驻西班牙使馆、巴塞罗那的公共行政管理学校和各地的市政大厅。

③ M. Ibáñez Angulo, "Nation Building within the European Union: Reframing Bulgarian Nationality from Abroad", in E. Marushiakova, *Dynamics of National Identity and Transnational Identities in the Process of European Integration*, Newcastle: Cambridge Scholars Publishing, pp. 154–189.

2007年，保加利亚移民以代表或投票人的身份参加了西班牙地方选举，但是，参与的人数和比例十分有限。① 只有在阿尔梅利亚的一个镇上，因为生活在当地的保加利亚和罗马尼亚公民要建立自己的政党，为了获得当地居民的支持，以安达卢西亚社会民主党的名义，接受了"我们要捍卫自己利益"的口号。在西班牙各个政党中保加利亚人的参与度也很低，为数有限的几位保加利亚裔候选人，经常出现在候选人名单的底部，而那个位置上的候选人当选的概率很低。只有在纳瓦拉的地方选举中，保加利亚裔的一名候选人，被列入一主流党派（西班牙社会主义党 PSOE）的名单中，并成为地方联合政府中的一员。

为了在西班牙的选举中投票，保加利亚人要求在选民人口统计时能够被纳入其中，与西班牙地方发生的相关情况不同，他们并未被自动注册。根据国家统计局的统计数据，只有大约11%的保加利亚人在西班牙官方登记注册，这部分人申请在2007年的西班牙选举中投票，当然，这并不表示他们所有人实际上都投出了选票。虽然保加利亚移民在西班牙选举中的参与程度较低，但是这个数字要高于他们在保加利亚选举中提供的相关数字（1.3%的人为保加利亚总统选举投票，4.5%为保加利亚议会选举投票）。② 在西班牙地方政府的选举中，保加利亚人表现出的参与热情，远远高于他们对保加利亚议会和总统选举的关注，他们更愿意投身于他们生活和工作的地方行政管理事务中，而不是保加利亚国民—国家所代表的更大的政治共同体当中。从中我们可以看到，跨国政治领域正在生成。

2. 政治战略与社会动员

公民权利既不是自动形成的，也不是自上而下被授予的，而是社会斗争的结果，社会网络和草根社团可以为所谓"跨国公民社会"提供发展的基石。不与国籍绑定的公民身份的新的表达方式，可以在跨国公民社会中加以建构。所谓"公民社会"意指具有共同目标和价值观的，

---

① 参见 J. Shaw, *The Transformation of Citizenship in the European Union: Electoral Rights and Restructuring of Political Space*, Cambridge: Cambridge University, 2007.

② 截至2007年12月31日，在西班牙生活的保加利亚人达到122057人，在西班牙选民登记部门登记注册的只有13325人。

为非核心化（uncored）的集体所开展行动的场域，个人和社会集团在这个场域内为实现自己的目标制定战略决策。① 有人认为，只有这种集体行动建立起的政治场域能够为权力冲突提供展示空间，同时当相关战略决策影响到地方、地区、国家或超国家政策时，我们方可认为公民社会为公民身份的新的表达形式的生成提供了庭院。②

社会网络和草根社团（包括非正式的移民网络、正规化的移民社团和社会运动等）都是公民社会的"原材料"，其部分决策（比如开展反对延期偿付保加利亚和罗马尼亚工人工资的斗争）所要解决的政治问题（比如公民权利扩大到移民群体），为那些缺乏必要的渠道提出权利诉求的个人和社会团体传递了声音、提出了主张。应该承认，在推动社会变革，阻止、干预社会变迁对自身利益的威胁方面，草根社团发挥了重要的作用。③

众所周知，移民社团并非新事物，共同的实践把移民联系在一起，推动他们在自己的社群中建立起地区或国家范围的社团。随着跨国移民数量的迅速增加，以及便捷、价廉的信息和交通工具的发展，这些社团亦成为开展政治活动的平台，为积极的社会参与和平等权利的获得铺就了路径。④ 事实上，通过开展为移民争取公民权利（比如提出"正式身份给予所有的人"的诉求）、政治权利（比如提出"我在这里生活，我在这里投票"的诉求）和社会权利（提出"到市政登记处注册"的诉求）的斗争，不仅可以扩大移民社团的影响力，而且还可以增加具有共同诉求的移民之间的亲和力。

至于为满足保加利亚议会和总统选举的需要在西班牙设立投票站问题，从理论上说，保加利亚驻在每一个民族—国家的大使馆、领事馆都负有相关的组织责任，根据保加利亚的海外人口数量，召集一定比例数

---

① 在20世纪大部分时间里，公民社会概念受到了质疑，人们认为世界只有两个组成部分，一是市场（或经济），二是国家（或政府），而社会运动则难以适合这种两分法。20世纪90年代后，公民社会的概念维度扩张了，它不仅存在于后社会主义国家（公民社会成为市场的象征）中，还存在于欧盟成员国中。

② 参见 Ch. Mouffe, *In torno a lo político*, México: Fondo de Cultura Económica, 2007。

③ T. Tello Báñez, "Ciudadanía y participación", in J. Bermuz Beneítez and R. Susín Betrán, coords. *Ciudadanía; Dinámicas de pertenencia y exclusion*, Universidad de la Rioja, 2003, p. 99.

④ Ch. Mouffe, *In torno a lo político*, México: Fondo de Cultura Económica, 2007, p. 44.

量的选民参加投票。从这个意义上说，社会网络就可以发挥重要的作用，即按照制度安排将所需数量的选民召集起来。因此，投票站不必一定设在保加利亚移民数量较多的地区，而应设在保加利亚公民、保加利亚人的网络，特别是保加利亚移民社团相对集中的地区，① 使召集投票者的工作会开展得更加有效，保加利亚政府的政策安排也会得到更积极的落实，同时，移民社团亦可从中彰显自己的能力，扩大自己的影响。可见，保加利亚移民社团在推动选举活动开展的过程中可以发挥核心作用，它们可以在遵照保加利亚政府的相关规定的前提下，承担起设立投票站的责任，成为搭建在保加利亚国家和居住在西班牙的保加利亚移民之间的桥梁。

　　投票站的开放问题主要涉及保加利亚人口和保加利亚网络的态度，社会动员在其中可以施放诸多能量。在地方选举中，这些社会动员可以唤起移民开展"我在这里居住，我在这里投票"等抗议活动，同时，通过这类活动将移民社团、政治党派和西班牙地方居民联系起来，进而鼓励、推动保加利亚移民参加地方投票。在西班牙生活和工作的移民中，约有10%的人参加了相关活动，但是，最后被允许在西班牙选举中投票的人数十分有限。② 近年来，移民争取政治权利的诉求已成为政治和社会研讨中的重要议题。

　　移民在选举中参与程度的有限性表明，像移民社团等社会网络和草根组织的实力尚不足以让更多的保加利亚同胞确信，他们的权利能够在相关活动中得到确认。保加利亚选民在民主选举中所体现出的"低度参与"，受责的并非只有这些社会网络和组织。在前文提到的保加利亚议会和总统大选中，选民的投票率一直比较低，从中我们可以看到其表象背后的一些问题。比如，许多选民对政府制定的政策不满意、不相信，

---

　　① 投票站地点是根据保加利亚公民在西班牙各省注册人数设定的。2006年的统计数据表明，设立投票站的马德里、巴塞罗那、瓦伦西亚、马拉加的相关人数分别是22078人、4445人、14502人、2480人；而生活在西班牙其他地区的保加利亚公民人数更多，比如，塞戈维亚4699人，巴里亚多利德5401人，穆尔西亚3896人，瓦伦西亚3896人。
　　② J. Shaw, *The Transformation of Citizenship in the European Union: Electoral Rights and Restructuring of Political Space*, Cambridge: Cambridge University, 2007, pp. 76 – 82. 欧盟属下的国家允许欧盟公民在地方选举中投票，几乎没有国家允许所谓"第三国国民"履行这类权利，投票权并非面向所有人。

感觉自己已被排除于政治生活之外。至于在西班牙地方选举中表现出的"低度参与",一方面与政府部门采取的相关措施有关(比如,为获得投票机会,他们必须到当地行政部门注册登记);另一方面,绝大多数西班牙政党对将保加利亚人整合进自己的政治领域并无多少兴趣,这样,保加利亚人在西班牙地方选举中就变成了"被解雇的选民"。

通过分别探讨保加利亚移民在西班牙地方选举和在保加利亚选举中的参与情况,我们可以认为,在两地发生的权利实践都是在跨国场域下发生的,是民族—国家世界体面临挑战的具体表现。如果我们从一种非排他的视角对其加以观察,我们可以看到这些选举权的事件可以成为人们表达归属于不同共同体的一种方式,包括由"民族"或国民组成的象征性共同体,以及由公民组成的政治共同体。因此,如果我们看到,随着跨国移民集团争取权利的斗争不断高涨,在两国或更多的国家享有选举权的人数不断增加的话,我们的确可以得出结论:政治战略和社会动员可以开拓某种领域,改变、破坏传统的国籍与公民身份识别。

在民族—国家体系下,换言之,根据"国际性逻辑"的要求,公民享有的所谓公民权利(包括政治权利和社会权利等),因其所持国籍而得到确认,在得到民族—国家批准的同时也获得了法律保障。随着迁居运动范围的扩张,人们的实践和象征性纽带往往与至少两个国家绑定在一起,建构超国家组织的态势不断凸显,与公民身份密切相关的国籍识别问题随之出现。跨国人口的不断增加,有利于扩大社会认同和公民权利的维度,也将新的文化价值观、新的社会实践以及新形式的政治忠诚呈现在我们眼前,并将传统意义的社会认同与权利,国籍与公民身份分离开来。多元形式的跨界实践、社会识别、政治联合和国民忠诚,使得民族—国家界定世界的范式受到挑战。应该说,我们的下一代可能不再生活在现代性逻辑和国民逻辑,而是后现代逻辑和跨国主义逻辑之下,因此,我们需要建构一种新的范式,帮助我们理解人民、主权国家和其他超国家机构之间的新型关系的特点。

我们认为,可以使用"跨国公民身份"概念,用以指称独立于个人拥有的国籍之外的,与居住国公民平等享有政治、社会权利实践的公民身份表达形式。我们还建议使用"跨国公民社会"概念,用以指称一种社会领域,在这一领域中,个人和社会集团所投身的政治战略实践,能够将公民权利推及至非国民。应该说,"跨国公民身份"的出现和"跨国公民社会"的到来绝非一朝一夕可就。但是,在居住国享有投票权等社会实践,为我们开启了一个跨国社会领域,允许我们将当前处于转变中的世界界定为"跨国化时代"的世界。通过分析保加利亚移民在西班牙地方选举、保加利亚议会和总统选举中的诸种表现,我们得到了一些方法,跨国社会行动者可以投身一些政治战略的实施过程,推动跨国政治领域的生成,使得公民身份(属于公民共同体)不再依赖于国籍(属于想象的共同体),而界定为公民共同体包含或排斥对象的标准不再只掌控在某一个民族—国家手中。

二 有关"土著"与"原住民"的理性认识

2007年9月在第六十一届联合国大会上通过了《土著人民权利宣言》。[①] 该宣言所涵盖的那一类群体,并非汉语传统定义之"土著"即一般意义上的"世代居住在本地的人"。就全球意义上而言,该群体在相关汉语文献中早期称为"土人",后来又称为"土著民族""土著人",有时也简称为"土著";在局部范围例如在台湾各界则往往称为"原住民",其他地区人士偶尔也套用该用法。

自1970年联合国有关机构开始关注土著问题迄今40多年间,对"土著民"(indigenous peoples)这一概念的定义,发生过许许多多争论,但并无正式定论,而现在引用最多的就是一个工作定义,即"科沃定义"。这一定义之对象是土著的社群、族民和民族(indigenous communities, peoples and nations),[②] 明确提到尚未被入侵及殖民之前的社会,并提出历史连续性、非主宰、文化模式、祖传领土、族裔认同这几个定义土著族民之因素。

[①] 在联合国官方报道中也使用另一个译名《联合国土著民族权利宣言》,例见"联合国网站新闻中心"和"联合国电台"网页上的相关文字报道,载 http://www.un.org/chinese/News/fullstorynews.asp? NewsID = 8459; http://www.unmultimedia.org/radio/chinese/detail/117425.html。

[②] 笔者在此把复数"peoples"译为"族民"而非"人民",更不是"民族",是鉴于全球约5000个土著群体,按人类学、民族学传统而言,可归属于从氏族、部落、部族、部落联合,一直到族群、民族,以至于到种族的各种"单元"或"容器"里。有关之详细论述,拟今后撰文公布。

从 20 世纪 70 年代初期起，尤其是从 1986 年在联合国土著居民工作组第五届会议上开始起草以土著民为受益者的权利宣言以来，直至 2006 年在人权理事会通过该宣言草案第三稿时，对于几个核心词语的定义，包括对复数"peoples"与单数"people"这两个词语的义涵和用法，出现了相当复杂的局面。在宣言草案形成三个稿本的二十多年间，始终屡屡引起争议，[①] 以致联合国大会通过的"United Nations Declaration on the Rights of Indigenous Peoples"，有两个不同的联合国官方公布的中文译名《联合国土著人民权利宣言》和《联合国土著民族权利宣言》。

众所周知，在汉语中，"人民"与"民族"具有不同义涵。因此，上述联合国宣言的两个汉译名，可能会引起不同的见解。而在我国有关学术界，目前不仅遇到这一难题，而且出现了另一个独特的语义纠结，即存在"土著"（及其若干同源词）与"原住民"（以及"原住民族"）混用的现象。[②] 为了厘清头绪，对于可能出现类似于百年前现代意义之"民族"一词开始在我国使用之后，引起诸多争议，并使纷乱遗留至今的局面，予以警戒，本章拟从语源、使用者范围、指涉范围宽狭度三个方面，对于"土著"与"原住民"这两个语词予以简略语义辨析。涉及法理及国际法范畴之问题，为另一专攻之术业，不拟在本章中混述。

（一）汉语"土著"一词以及相关概念

"土著"是中国的一个本土词语，指世代居住于某个地方的本地人。现在常用的两部权威辞书《词源》和《辞海》中，对"土著"一词都有释义，[③] 在此不予赘述。

[①] 此种争议之事例不胜枚举。而且，即使在联合国一些文件的中文版中，各个文件里对该两词的译写，甚至对同一个词的译写，也不完全一致，例如把"indigenous people"译为"土著人"和"土著人民"，把"indigenous peoples"译为"土著人民"和"土著民族"。本书中凡属不是直接引用联合国中文版文件的情况，笔者均按自己的理解进行处理。

[②] 并由此在台湾出现中文版译名《联合国原住民权利宣言》，从而使这样一部很重要的法律文件，连同上文所述两个译名，一名三译。在全世界各国、各民族使用同一种语言文字的人们当中，也许唯独只在使用汉语（中文）的人群及社会中，有此怪事。另，日语对该"宣言"之名称为"先住民族の権利に関する国際連合宣言"。

[③] 可参见《辞源》，商务印书馆 1983 年版，第 585 页；《辞海》（1979 年版缩印本），上海辞书出版社 1980 年版，第 511 页；《辞海》，上海辞书出版社 1999 年版，第 1400 页。

《康熙字典》的"著"字条下，也收有一些有关土著的记载，即【前汉·张骞传】"身毒国在大夏东南，其俗土著。"随后注释，【师古注】"土著，谓有城郭常居，不随畜牧移徙"。还有记载为【后汉·李忠传】"流民占著者五万余口"。

中国史籍中对"土著"有许多记载。例如在"二十五史"中，自《史记》以降直至《清史稿》，历代迭有记述，几乎每一朝代均无例外。笔者几年前通过查对南开大学制作的"《二十五史》全文检索系统（网络版）"，很方便地就能"按图索骥"找到。检索到的情况是，其中，除了《陈书》《北齐书》《新五代史》之外，其余那二十二部史书当中都有关于"土著"的记载。其中，少的有一两条，多的比如《明史》《清史稿》，各有十几条。这些史书中的"土著"，一些是指世代居住在某地的人，并无族体学（ethnology）含义，比如《南齐书》卷一四《志》第六"州郡志上·青州"条目下，"流荒之民，郡县虚置，至于分居土著，盖无几焉"，等等，就是如此；但有些则是明确地指称世代居住于某个地区的某族，含有族体学意义，例如"天子既闻大宛及大夏、安息之属皆大国，多奇物，土著，颇与中国同业，而兵弱，贵汉财物"（《史记》卷一二三《大宛列传》第六三）；"西域诸国大率土著"（《汉书》卷九六上《西域传》第六十六上）；等等。

"土著"虽然是一个古老的语词，但是，现在中国学术界比较通用的"土著民族"一词，一般是指"世代居住于本地区的民族。西方资产阶级学者以此称呼世代居住在殖民地半殖民地的民族，沿用至今"；"（他们）……在资本主义上升时期，曾遭受殖民主义者的残酷剥削、奴役和屠杀"①。或者说，这一词义上的"土著民族"，基本上是指北美洲、南美洲、大洋洲全境以及撒哈拉以南非洲地区的最早居民的世代后裔。至于国际上以及联合国系统为何把土著民这一概念之外延扩展到其他地区，为另一话题，暂且不表。

（二）"土著"与"原住民"之区别

尽管"土著"与"原住民"这两个语词目前显得似乎没有明确区分，但并非不可细致辨析：它们各自语源不同，使用者范围不同，而且

---

① 陈永龄主编：《民族词典》，上海辞书出版社1987年版，第34页。

所指涉范围宽狭度各异。以下即从这三个方面着眼予以讨论。

1. 语源

在我国的《辞源》《辞海》中，均无"原住、原住民"词条。就其词源而言，"原住民"本是一个日语词语。这一词语是在甲午战争之后，台湾被割让给日本，随之出现在台湾的，被当地人直接取用其汉文原样而进入台湾的汉语词汇中，并于后来逐渐为使用汉语（华语、中文）的其他地区若干人士——包括学者和一般民间人士——套用，以致再后来在更广大地区与"土著"一词混用。

为了不冲淡本部分主题，兹不做过多考证。① 据查对常见辞书，日语之"原住民"（日语假名【音读】为"げんじゅうみん"）一词是由无单独义项而用于组词之汉字"原"（日语假名为"げん"，而具有单独义项的"原"字之假名【训读】为"はら"，意思是平原、原野）和词语"住民"（假名【音读】为"じゅうみん"，意思是居民）组合而成。日语中另有一个词语"土着"（假名【音读】为"どちゃく"），意思正是土著、定居（在某地）；用该词组成的短语有"土着の住民"，意思是土著居民；老户；本地人。②

另外，日语对译英语相关词语时，也是"原住"与"土着"并用的。例如，在《新英和大辞典》（岩崎民平、河村重治郎编，东京，研究社，1960年）里，相关词条的释义分别为：

aborigines n. pl. 1. 原住民，土民（primitive inhabitants）；

aboriginal adj. 1. 原始の；原生の，土着の）；2.〔植〕自生の；3. 土着民の。③

indigene n. 土人，土着の人，原住民（native）；

indigenous adj. 土着の，（土地）固有の，國産の（native, autoch-

---

① 更主要是局限于笔者仅粗通日语，力薄难以直接阅读较有深度的日语文献，况且并非专研台湾问题者，从而对于这方面专门著述路径生疏，故未敢妄议，谨作简略辨析，以期抛砖引玉。

② 参见刘文详等编《简明日汉词典》，商务印书馆1984年版，第205、319、539、624页。

③ *New English-Japanese Dictionary on Bilingual Principles*, Tokyo, Kenkyasha, 1960, p. 5.

thonous）。①

需要强调的是，不仅日语之"原住"一词尚未收入我国权威辞书，而且，长期以来，日语中单独的"住民"一词也未进入汉语词汇中——也许在台湾稍微例外。另外，日语中有以"居"字组成的"居住""居留""居所"等与汉语近义的汉字词语，以至"居合""居并""居座""居睡"等难以从汉语直接解读而颇显奇特的汉字词语，但并无"居民"一词，因而，在指涉"居民"这一概念时，日语所用汉字词语为"住民"。以至在台湾，人们套用"住民"一词，甚至派生出"住民自决"这一概念及词语。

而以上日语里的汉字"着"，是汉语汉字"著"（原读音 zhuó，后读音变为 zhù）的俗字，即"著"为本字，意为"接触、放置"。②

2. 使用范围

就使用者范围而言，据笔者印象，本来在我国学术界和普通传媒中，一直到 20 世纪 80 年代中后期，基本上都是用"土著"这一词语及其同源同义词语指称相关概念。但是，近 20 年来，尤其是自 20 世纪 90 年代中后期以来，先是在学术界，后来则发展到在一般人群中，逐渐使用"原住民"一词，甚至在新闻传媒中还出现了套用"原住民"的赘语词"原住居民"。由此广泛蔓延，形成"原住民"与"土著"杂用以至混淆视听之势。

为了确切验证，笔者于 2010 年 11 月，联网"中国知网"，选用其中的中国学术期刊网络出版总库、中国年鉴网络出版总库、中国博士学位论文全文数据库、中国优秀硕士学位论文全文数据库、中国重要会议论文全文数据库、中国重要报纸全文数据库、中国图书全文数据库、中国期刊全文数据库共 8 个数据库，分别从全文、题名、主题、关键词 4 种检索途径，以"原住民"与"土著"为检索词，以数据库所收录文献开始之 1915 年初，至 2010 年第三季度结束时之 9 月 30 日，作为检索对象时间范围，进行检索。

现以上述 4 种检索途径当中，该两个检索词各自出现均为最多、检

---

① *New English-Japanese Dictionary on Bilingual Principles*, Tokyo, Kenkyusha, 1960, p. 908.
② 见《辞海》（1979 年缩印本），上海辞书出版社 1980 年版，第 588、1924 页。

索途径为全文的检索结果为例,予以说明。1915年1月1日至1980年12月31日,出现"原住民"者98篇,"土著"者1660篇,后者为前者16.94倍;1981年1月1日至1989年12月31日,出现"原住民"者296篇,"土著"者7427篇,后者为前者25.1倍;1990年1月1日至1999年12月31日,出现"原住民"者1350篇,"土著"者17722篇,后者为前者13.13倍;2000年1月1日至2010年9月30日,出现"原住民"者16374篇,"土著"者65662篇,后者为前者4.91倍。1915年1月1日至2010年9月30日共约96年,在全文检索途径中,出现"原住民"者18118篇,"土著"者92471篇,后者为前者5.11倍。

这一检索结果已验证笔者上述关于20世纪80年代中后期之前,我国学术界和普通传媒讨论和报道有关问题时,基本上都是使用"土著"一词这种印象。其中的历史背景在于,1987年10月,台湾当局开放民众赴大陆探亲,① 自此,两岸各界来往日渐密切,于是,"原住民"一词也在大陆日益多见。

其实,即便此前在我国学术界和普通传媒中使用"原住民"一词较少,也有其历史及地理渊源,这可从上述依全文检索途径所检索的结果中,抽取其中以"原住民"为检索词所检索的从1915年初至1980年底所得结果之98篇,再按文献出版来源检索途径进行检索,予以验证。

后一检索所得结果表明:在1980年底之前的近65年里,在全义义献中,含有"原住民"一词之文章,发表在《南洋问题资料译丛》上32篇,约占总数1/3;《南洋资料译丛》发表30篇,《南洋问题资料》发表2篇,以上三刊合计64篇,约占总数2/3。而该三刊实为同一刊物,即1957年创刊,今刊名为《南洋资料译丛》之季刊(现为厦门大学南洋研究院主办)。其余则以发表于《东南亚研究资料》(今《东南亚研究》双月刊,现为暨南大学东南亚研究所主办)者占大多数,共12篇。上述四种刊物上合计发表76篇,占总数之78%。而《南洋资料译丛》等三刊和《东南亚研究资料》之主办机构地近台湾,且该四刊

---

① 参见《台湾当局被迫开放岛内民众赴大陆探亲》,详见http://www.china.com.cn/chinese/zta/440737.htm。

所发表上述 76 篇文章中，相当大一部分为译自日语之译文。这种情况，既与历史背景吻合，也包含明显的地缘因素。

上述 98 篇文章当中其余 22 篇则分别发表于《厦门大学学报》等 17 种刊物上。所有 98 篇当中，96 篇发表于 20 世纪 50 年代及以后，20 世纪 50 年代之前所发表者仅有《考古》1 篇（1935 年 6 月 15 日）和《地理学报》1 篇（1935 年 3 月 2 日，这是此项检索中最早见刊者）。①

关于"原住民"一词在台湾的情况，笔者于 2011 年 10 月以电子邮件专门向一位熟识的台湾朋友石开明先生请教。他所来电子邮件回复说：他从小就生长在原住民较平地人多的山地乡（台湾南投县仁爱乡），与原住民有些接触。该乡位于台湾中央山脉，海拔高度最高达三千多米。在他印象中，小时候常有原住民到他所在那个村里打零工，做些田间的农活，他和本村的人们通常都把这些来打零工的人叫作"山胞"，偶尔会称"高山族"。

关于"原住民"一词的开始使用时间以及在台湾的使用者范围，石开明先生说得相当具体、详备：

> 但我从小一直都未听过"原住民"一词，一直到进入《联合报》工作后，才由媒体得知不能再叫"山胞"或"高山族"，要称"原住民"……现在一般民众都使用"原住民"，已几乎听不到"山胞"或"高山族"了。我认为"原住民"一词在台湾能普遍使用，与 1970 年代以后的台湾内部政治有关，特别是涉及"台湾人""外省人"的族群政治权力斗争，当"台湾人"说"外省人"是外来政权时，当"台湾人"说他们才是这片土地的主人时，激发了"山胞"的政治意识，"山胞"这时跳出来说，他们才是这片土地真正的主人，他们才是这片土地的"原住民"。全台湾原住民仅约三十万人，但少数民族问题在道德上却是备受重视的，以汉人为多的台湾社会必须予以尊重。目前在台湾，"原住民"一词一般老百姓都在使用，但没有人使用"土著"。原住民族委员会（简称"原

---

① 该检索之详尽数据可见拙著《联合国处理土著问题史概》，四川人民出版社 2012 年版，第 56—60 页。

民会")成立于 1996 年 12 月,在此之前主要媒体均已使用"原住民"一词。①

而据台湾学者一项研究,在作者所调查的《中国时报》《联合报》等 12 家报纸中,于 1988 年至 1995 年共 8 年里,共发表了有关报道 168 篇。其中,首次举行大规模原住民"还我土地运动"的那年即 1988 年报道最多,达 93 篇(占 55.4%);第二次举行该运动的 1989 年所做报道达 34 篇(占 20.2%),次多;再其次则是第三次举行该运动的 1993 年,亦即联合国举行"土著人民国际十年"的那年,报道了 24 篇(占 14.3%)。就各报在报道中所用称谓而言,这 8 年间都使用了"原住民"一词;在 1988 年至 1993 年这 6 年里,这些报纸中都有使用"山胞"这一称谓的情况;而"山胞"与"原住民"并用的情况只出现在 1988 年、1989 年这两年,1994 年、1995 年则再未使用"山胞",只使用"原住民"。②

2013 年 4 月,笔者从另一个角度,即以较为熟悉的一些学人为例,针对词语"土著"与"原住民"混用现象,再度检索"中国知网"。

根据这次检索及不完全统计,1946 年至 1958 年出生,亦即"文化大革命"期间及随后(截至 1980 年)开始接受高等教育且近期仍活跃于人类学、民族学界的中国学者当中,有庄孔韶等 27 人,曾经在他们所发表于报刊的文章中使用过"原住民"一词,但也使用"土著"一词(仅 1 人除外)。而有相当多同时代之同类学者,例如马戎等 7 人,在其论著中仅使用"土著"而不曾用过"原住民"一词。

使用"原住民"一词的这 27 位学者当中,使用频次多少不一,最少者用过一篇次,多者十余篇次,最多者约达 40 篇次,各位学者所用

---

① 石开明,1983 年至 1987 年就读大学,1992 年 10 月进入《联合报》,1995 年 11 月转任该报大陆新闻中心记者直至 2004 年 7 月离开该报社。笔者与石开明先生自 1997 年 3 月在北京见面从而相识起,多年来在北京多次会晤。石开明先生所来电邮不仅讲述了他本人的实际体会,还提供了下文中所引用的两项台湾学者研究成果(王嵩音文和汪明辉文,均为 pdf 文件)。谨此致谢。

② 参见王嵩音《台湾原住民还我土地运动之媒体再现》,该文为石开明先生所提供之 pdf 文件,原无页次。

合计184篇次。其中，相当多篇次之内容涉及台湾少数民族即所谓"原住民"之问题，但也有一些属于用"原住民"指称台湾之外的土著问题而混用。在出现"原住民"一词的这184篇文章中，97%以上都是发表于1993年至2013年，仅有4篇文章为20世纪80年代发表。这4篇文章中，3篇为标明原作者、译自日语或英语之译文，即《东南亚华人经济活动评介》（《南洋资料译丛》1985年第3期）、《加拿大的联邦制和多元文化主义》（陶山宣明著、郑信哲译，《民族译丛》1988年第6期）和《文化进化论》（黑田信一郎著、李红杰译，《民族译丛》1989年第5期）；另一篇更早一些，即《民族译丛》（1982年第6期）所载靳薇的《日本民族学的回顾与展望——纪念日本民族学协会成立三十周年》，但该文内容为介绍日本民族学界，应当也是一篇译文。①

（三）指涉宽狭度

再从确切所指范围来看，自台湾日据时代一直到目前为台湾各界普遍用语之"原住民"，是指台湾的"泰雅、赛夏、布农、邹、鲁凯、排湾、卑南、阿美、雅美、邵、噶玛兰等11个已获认定的少数民族"②，即新中国所称的"高山族"。然而，尽管"早在新中国成立前夕，特指台湾的'原住民'一词就出现在新华社电讯稿的编者按当中"，具体而言是1949年9月4日《人民日报》第4版刊登的一条新华社消息《台盟高山族盟员田富达表示，高山族人民坚决斗争抗击美帝侵台阴谋》中，其"编者按"中出现过"高山民族是台湾的原住民"这样的表述，③但是，直到20世纪80年代中后期之前，"原住民"一词十分罕见于报刊及其他传媒中，踪迹难觅。

在我国，长期以来都是使用"土著"一词，讨论和报道有关问题。更为重要的是，"土著"一词是联合国系统各机构和组织在指涉有关概念及问题时，在所有有关文件当中，其对应中文（汉语）版本的正式用语。众所周知，1971年10月联合国大会第二十六届会议通过第2758号决议以来，"一个中国"的原则在联合国得以确立。相应地，根据

---

① 参见《请慎用"原住民"一词》，《中国民族报》2013年5月24日第5版。
② 陈建樾：《台湾"原住民"历史与政策研究》，社会科学文献出版社2009年版，第1页。
③ 同上书，第7页。

《中华人民共和国国家通用语言文字法》第二条明确规定,我国的"国家通用语言文字是普通话和规范汉字",因而,在联合国系统,中华人民共和国使用的全国通用语言——普通话和规范汉字,自此成为联合国文件的中文版本用语。

巧合的是,国际范围的土著民运动起始于20世纪70年代中期,几乎在同期,土著问题被纳入联合国的视阈而得到密切关注。因此,最起码从那时以来,在联合国有关问题的文件中,绝大多数情况下都是用"土著"以及"土著人民""土著民族"等,仅在极个别情况下会出现"原住民"一词。兹举一例:在联合国多语种检索,能找到一个"亚洲原住民组织"。① 但是,这种情况在联合国系统极少见。

台湾"原住民"的正名活动,受20世纪70年代中期兴起于国际上的土著民运动影响而起步。1957年国际劳工组织《关于保护与融合独立国家中的土著和其他部落及半部落居民的公约》(《第107号公约》)(Convention Concerning the Protection and Integration of Indigenous and Other Tribal and Semi-Tribal Populations in Independent Countries, ILO No. 107),形成了专门针对土著权利的第一个国际标准。《第107号公约》被20世纪70年代兴起的国际土著运动批评为带有同化色彩,国际劳工组织遂于1989年通过了《关于独立国家中土著和部落人民的公约》(《第169号公约》)(Convention concerning Indigenous and Tribal Peoples in Independent Countries, ILO No. 169),去除了原来版本中所含对土著的同化色彩,取代了《第107号公约》。国际劳工组织的这两个公约为土著权利设立了基本的法律框架。此外,据有关学者论著,联合国教科文组织于1981年通过的《圣何塞宣言》、一些土著民组织于1977年通过的《西半球土著人保护原则宣言》和1984年通过的《土著人权利原则宣言》,以及1962年台湾批准加入国际劳工组织《第107号公约》,举凡

---

① 这是1988年开始构思而准备成立的一个组织,其反映印度、缅甸、泰国、老挝、马来西亚、中国台湾地区以及菲律宾的土著民的要求,目的是加强亚洲土著民之间的合作和团结,该区域性组织于1992年4月在曼谷召开第一届大会,通过了章程。详见http://unterm.un.org/DGAACS/unterm.nsf/WebView/908668B06FF0789B85256DEC00533324? OpenDocument。

这些，为"台湾'原住民'提供了争取自身合法权利的法源基础"①。

据台湾学者另一项专门研究，1983年台湾开始有人发起后来被称为"原住民运动"的活动，提倡高山族自觉运动，其目的在于"激发高山族的自觉奋起"及"力倡高山族团结"；就称谓而言，1984年才开始有人主张以"原住民"取代"高山族"与"少数民族"。②1984年12月29日，在台北马偕医院成立了"台湾原住民权利促进会"（简称"原权会"），这是首个以"原住民"冠名的组织，其英文名称为"Alliance of Taiwan Aborigines"（此英文专名之汉译名为"台湾原住民联盟"）。该组织成立后，首先以"原住民"取代原来称谓"山胞"。1987年1月27日，"原权会"改称"原著民族权利促进会"，并发表《原住民族权利宣言》。③

另据一位美国学者的论文中称，1984年，台湾原住民联盟（Alliance of Taiwan Aborigines）成立后，频繁参与土著民国际集会。该联盟的目标是在9个主要土著群体当中，协调政治行动；其所关注的问题是土地权利和土地使用，政治地位及诉求，文化保护和文化自治，经济机会，对成年妇女和女童的性别剥削，以及正名。台湾当局于1994年修改了有关法规，消除了原来所用"山胞""山地同胞"的说法，改用"原住民"，并于1996年成立了"原住民委员会"。原住民联盟曾在联合国土著居民工作组对核心概念及词语"indigenous peoples"进行过争论，对联合国把该词语中译为"土著人民"发难，认为该译法带有"原始的"或"文化水平低下的"含义，并竭力要求联合国改而采纳"yuanzu minzu"（原住民族）或"yuanzu min"（原住民）的译法。④

类似于"土著""土著人民"这种译法，其实早在联合国成立之初

---

① 参见陈建樾《台湾"原住民"历史与政策研究》，社会科学文献出版社2009年版，第55页。另外，关于国际土著民运动与台湾"原住民"运动之间的互动，是颇为庞大的另一个专门论域，有关论著也有不少，但因其并非本书主旨，故而在此不予细述。

② 参见汪明辉《台湾原住民运动的回顾与展望》，石开明先生所提供之pdf文件，第8、9页。

③ 同上书，第12、14、16页。

④ 参见 Benedict Kingsbury, "'Indigenous Peoples' in International Law: A Constructivist Approach to the Asian Controversy", in *The American Journal of International Law*, Vol. 92, No. 3, July 1998, pp. 431–432。

的一些文件中，以至于1919年成立的国际劳工组织于20世纪二三十年代进行的调研活动中，都曾使用过。而那时候，根本还没发生"原住民运动"。自我国恢复在联合国的合法席位以来，这种译法也一直得到我国的支持。另外，如前所述，"土著"一词本无歧视意味，硬要往"原始""文化水平低下"去挂钩，或许有些牵强，亦不乏自卑心理作祟。现代汉语中含有先进与落后这层意义的"洋"与"土"这对词语，是鸦片战争之后才出现的引申义，只要回顾清代中叶之前的"西洋""南洋""东洋"诸词语之含义，不难感悟此种演变。而与"住民""原住民"有些瓜葛的"住民自决"（resident self-determination），其因由及意味反倒值得推敲。

综上所述，对于混用"原住民"一词，应保持头脑清醒，必须注意严格区分场合和语境。若中国固有词语"土著"不足以表示该词语所指对象，那么，如同近代借用日语汉字词语，例如"干部""经济"等一般直接舶来"原住民"，本无可非议，但事实绝非如此。所以，学术界以至各种传媒应慎重对待上述混用现象。在尊重台湾同胞、秉持"名从主人"原则的前提下，当论及台湾民族问题特别是近30年来之该问题时，的确应当采用"原住民"一词；凡此之外，则宜于坚守"中国本位"以及"与国际接轨"，使用"土著""土著民""土著民族"等类词语述说相关事情。

借此机会再赘言几句。"住民"这一指代"居民"之日语汉字词语流布于台湾自有其因由，至今在台岛还有活力。二十多年来，有一些中国大陆女子和东南亚国家和其他国家女子出嫁到台湾，形成一个新的居民群体，也是那里人口统计中一大类别，在台湾称为"新住民"。不妨大胆设想一下：倘若见到"新兴"汉字词语，不加区辨，不顾语境，例如把"居民"改称为"住民"，那么，我们很熟悉的"居民身份证"和"居民委员会"，可否改称为"住民身份证"和"住民委员会"？

三 "第四世界"论说

土著民问题早已存在，而全球范围的土著民运动发轫于20世纪70年代。土著民问题除了具有其他共性之外，还具有最一般的共性，即该问题主要是由于近代资本主义兴起后，欧洲国家对美洲"新大陆"和大洋洲以及其他地区的殖民扩张直接造成的。同时，该问题与其他族际关系问题相比，具有其特殊的个性。在这些特殊个性当中，相当突出的一点是，三十多年前出现的"第四世界"这一概念或观念，随着土著民运动在全球范围兴起和壮大，经由许多人士努力，正逐渐发展为一套具有一定理论内涵的论说，且此种论说被普遍用于阐释土著民问题，也被土著民运动所推崇，广为传播。

当今人类社会的进步使言论和行动的自由度明显增大，也使得与主流强势话语相当不合拍的、标新立异的"第四世界"论说大行其道，而且非官方性质的土著民组织也在世界各地纷纷成立，凡此种种，在20世纪中叶之前还是不可想象的。不仅如此，由全世界主权国家组成的联合国，已经成立了专门处理土著民问题的"土著问题常设论坛"，并通过了《土著人民权利宣言》。①

本章所涉指的土著民，是于2007年9月在第六十一届联合国大会上通过的《土著人民权利宣言》所涵盖的那一类群体，而并非汉语传统定义之"土著"即一般意义上的"世代居住本地的人"。就全球意义上而言，该群体在汉语文献中又称为"土著民族""土著人""土著人民"，有时也简称为"土著"；在局部范围例如在台湾各界则往往称为"原住民"，其他地区人士偶尔也套用该用法。迄今唯一对该群体予以界定的法律文件，是国际劳工组织1989年通过的《第169号公约》。②该《公约》的适用对象为"土著和部落人民"（indigenous and tribal peoples），其中对"土著民"（indigenous peoples）的定义为"独立国家中的土著民是那些在被征服、殖民或建立现时的国家疆域时居住在一个

---

① 该宣言有两个中文（汉文）译名。2007年10月底由联合国文献中心发布的该宣言中文版pdf格式文件，属于联合国正式文件，所用译名是"联合国土著人民权利宣言"，该文件的下载网址为http://www.un.org/zh/documents/view_doc.asp?symbol=A/RES/61/295。本书采用这一译名。然而在该宣言刚通过不久，联合国官方发布并分别登载于"联合国网站新闻中心"和"联合国电台"网页上的有关报道中，使用了"土著民族权利宣言"这一译名。另据近期一部有关专著的作者称，其所获得的该宣言中文版的标准本是《土著民族权利宣言》（详见廖敏文《为了一个和而不同的世界：〈联合国土著民族权利宣言〉研究》，中国政法大学出版社2009年版，第97—98页）。

② 该公约的英语名称为"Convention Concerning Indigenous and Tribal Peoples in Independent Countries（ILO No. 169）"，国际劳工组织迄今尚未公布过该《公约》的汉文译本。

国家或一地理区域内的居民的后裔，无论其法律地位如何，他们还保留着其部分或全部自己的社会、经济、文化和政治制度"①。

不言而喻，"第四世界"概念及论说是受到"三个世界"论的启发而产生并发展起来的。20世纪50年代初期已具备雏形的"三个世界"概念，到20世纪60年代末期和20世纪70年代初期，已渐变成较为系统的理论，并流行于全球。在国际上，尤其是在西方国家，就经济和社会发展意义上的"三个世界"理论，通常是把北美、西欧的"北约"国家以及日本、澳大利亚、新西兰等资本主义阵营发达国家划归为"第一世界"，把当时的"华约"国家和社会主义阵营其他各国归为"第二世界"，其余所有国家则为"第三世界"。毛泽东的"三个世界"论则与此略微不同。他于1970年指出，亚、非、拉国家是"第三世界"，明确表示中国属于"第三世界"。他还于1974年2月明确指出，美国、苏联是"第一世界"；日本、欧洲、澳大利亚、加拿大是"第二世界"；其他亚洲国家和所有非洲、拉丁美洲国家都是"第三世界"。

那么，"第四世界"这一概念及相应论说究竟所指为何？其流变或发展如何？包含什么具体内容？本章旨在对此予以梳理，并尝试进行初步解析。

（一）国内相关文献简溯

自20世纪80年代初期以来，我国学者已发表若干主题为"第四世界"的专文。其中，1980年发表的一篇论文中所指的"第四世界"，是"在联合国辩论中……把人均国民经济产值低于2000美元的国家和地区划为第三世界，人均国民经济产值低于300美元的国家和地区划为第四世界"②。在另一篇论文中，提到人类学、哲学、环境、社会发展水平这几种意义上的"第四世界"，且明确指出"第四世界"在"人类学意义上指原住民……1974年加拿大土著人运动领袖提出第四世界概念，意在表示土著人处于三个世界划分之外的境遇。1984年观点激进的地理学刊ANTIPODE发行了'第四世界'专号，将世界范围的'土著民族'称为'第四世界'"③。但该文主题以及同一作者另一篇以"第四世

---

① 转引自周勇《少数人权利的法理》，社会科学文献出版社2002年版，第9页。
② 刘丰名：《第三世界和第四世界》，《社会主义研究》1980年第1期。
③ 陶文昭：《全球资本主义的第四世界》，《科学社会主义》2007年第5期。

界"为主题的文章，所讨论的却正是社会发展水平意义上的、"广为流行的第三世界概念的延伸"意义上的"第四世界"。① 另一些文章所讨论的"第四世界"，则属于资讯传播和交流范畴；② 也有些关于"第四世界"的专文，为杂糅泛论，在使用该概念时显得游移不定。③

在我国人类学、民族学界，已有学者在有关文章中提到属于该学科范畴的"第四世界"。陈永龄先生1986年发表过一篇专文《北美印第安人的心声——介绍〈第四世界〉及其著者》，其中对《第四世界》一书原著予以扼要介绍，并谈到他于1980年应邀在加拿大讲学期间，参加"全国印第安人兄弟会"时与该书两位著者即乔治·曼纽尔（George Manuel）和迈克尔·波斯伦斯（Michael Posluns）结识，也明确指出"《第四世界》是个新名词，另一提法是'土著民族的世界'"④。

再如，郝时远研究员也曾指出："所谓'第四世界'概念是1974年加拿大'土著人运动'领袖George Manuel提出的，意在表示'土著人'处于'三个世界'划分之外的境遇。"⑤ 李安山教授则指出："国内有的学者将小民族与'第四世界'等同。'第四世界'最早出现在1970年代中期。它意思含混，涵盖面广泛，既可指原住民，如北极的爱斯基摩人、美洲的印第安人、澳大利亚的土著人、新西兰的毛利人以及撒哈拉以南的非洲人，也可包括那些未受到现代化或全球化侵染的地区或人类，甚至发达国家的棚户区或弱势群体也被列为第四世界。在后一种意义上，它已不具有民族学的意义。"⑥

我们所探讨的，正是人类学、民族学意义上的"第四世界"。

---

① 参见陶文昭《第四世界边缘化危机》，《经济展望》2004年第11期。
② 张之沧：《"第四世界"论》，《学术月刊》2006年2月，并可参见张之沧《第四世界》，《上海交通大学学报》（社会科学版）2002年第2期；以及参见戴荣森《美一教授提出"第四世界"新概念》，《武警工程学院学报》1998年第1期。
③ 参见姜飞《后殖民视野中的"第四世界"》，《西南民族大学学报》（人文社会科学版）2004年第3期。
④ 参见陈永龄《北美印第安人的心声——介绍〈第四世界〉及其著者》，《中央民族学院学报》1986年第2期。
⑤ 郝时远：《台湾少数民族称谓的变化》，《中国民族报》2006年9月15日第6版。
⑥ 李安山：《小民族、社会科学与人类文化（代序）》，何群《土著民族与小民族生存发展问题研究》，中央民族大学出版社2006年版，第4页脚注③。

(二)"第四世界"论说之缘起及后续发展

下面,笔者先参考上述《第四世界》[①]一书之英文原本,予以探讨,然后渐次展开。

首先提出"第四世界"这一概念的加拿大土著民运动领袖曼纽尔在其《第四世界——印第安人的现实》(简称《第四世界》)一书中,有二十多处提到"Fourth World"这一概念及相应术语,[②]但由于作者并非以学术为业的专职人员,因而,该书对出现于专著中——而且是首次出现——的这一核心概念及相应术语,并未按学术著作通则那样,予以直接的明确定义。不过,该书却在字里行间对"第四世界"这一术语的实际所指对象,即土著民,做了简洁定义。据后人归纳,该书中认为,土著民与其依然生活于其中的土地,具有特殊的非技术、非现代剥削的关系,并且被其所生活的那些国家剥夺了公民权。这一非直接的定义,后来得到普遍使用。[③] 也有人认为,《第四世界》一书所讨论的那些繁衍于某个国家的土著民,"如今被完全或局部剥夺了他们对自己领土的权利,被剥夺了这种权利所带来的财富"[④]。

实际上,乔治·曼纽尔采用"第四世界"这个词语来表达他的一些思想,起初是受到一位坦桑尼亚驻渥太华外交官的启发。[⑤] 在《第四世界》一书中,曼纽尔也对"第四世界"这个词语的最初起源做了确切

[①] George Manuel & Michael Posluns, *The Fourth World: An Indian Reality*, New York: The Free Press, 1974.

[②] 参见 George Manuel & Michael Posluns, *The Fourth World: An Indian Reality*, New York: The Free Press, 1974, pp. 5, 7, 11, 214, 216, 217, 220, 221, 234, 236, 245, 246, 251, 261 以及 ix, xi, xii, xvi 等页次。该书最后所附索引(共6页)中并未收录"Fourth World"这个核心词语,所以,无从直接"按图索骥",而是笔者通读全书后,摘记下这些出现页次,但可能尚未囊括。另,该书中提及这一核心词语时均写为首字母全大写的"Fourth World",而未用引号,因之,笔者在本书中转引该书时,直接引文中一律不对该词语另加引号。

[③] 参见 Kathy Seton, *Fourth World Nations in the Era of Globalisation: An Introduction to Contemporary Theorizing Posed by Indigenous Nations*, 1999, 载 http://www.cwis.org/fwj/41/fworld.html。

[④] Richard Griggs: *Background on the Term "Fourth World"*, an excerpt from CWIS Occasional Paper #18, 1992, Center for World Indigenous Studies, 载 http://www.cwis.org/fourthw.htm。

[⑤] 参见 Anthony J. Hall, *The American Empire and the Fourth World*, McGill Queen's University Press, 2003, p. 238。

交代。① 该书的合著者迈克尔·波斯伦斯只是曼纽尔的一位崇拜者，是来自多伦多的一个年轻人。②

曼纽尔1921年出生于加拿大不列颠哥伦比亚省东部落基山西麓的土著舒斯瓦普人某部落。在《第四世界》一书中，许多章节都复现他对幼年时在舒斯瓦普人部落中那些日常生活的记忆。书中反映了他对土著民独特性和文化的由衷敬意，有若干段落讲到印第安人在衣、食、住、医药等方面所取得的成就。

曼纽尔不仅以其著作《第四世界》著称于世，更为重要的是，他也是一位富有组织和领导才能的杰出人物，他不但具有长时期的底层社会生活实践，也有丰富的国际交流阅历及相应的远大抱负。20世纪50年代起，他就开始在一些舒斯瓦普人社区和邻近的部落中从事政治组织工作。1959年，他当选为"不列颠哥伦比亚北美印第安兄弟会"主席。1970年，曼纽尔担任加拿大"全国印第安兄弟会"领导人。1975年10月底，曼纽尔在加拿大不列颠哥伦比亚省的阿尔伯尼港（Port Alberny）主持了一次国际会议，260名与会各族代表正式成立了"世界土著民理事会"（World Council of Indigenous Peoples）这个"第四世界"的组织，并推举曼纽尔酋长担任其第一任主席。这一职务他一直担任到1981年逝世时为止。③

"第四世界"观念及与其相应的政治学说兴起之后，促发斯堪的纳维亚地区的人类学家们在他们自己的国家开展这方面的工作。在加拿大最东部、与欧洲隔大西洋遥遥相望的纽芬兰省，位于该省首府圣约翰斯的纪念大学（Memorial University）的社会与经济研究所的人类学家罗伯特·佩因（Robert Paine），参加了由萨米人发起的大西洋两岸学者参加的讨论会。斯堪的纳维亚地区的一些人类学家，特别是黑尔格·克莱万（Helge Kleivan）倾力促成把"第四世界"的想法，转换成政治行动的组织原则和社会科学研究项目。经由黑尔格·克莱万帮助，于1973年

---

① 参见 George Manuel & Michael Posluns, *The Fourth World: An Indian Reality*, p. 236。
② Ibid., xiii.
③ 参见 Rudolph C. Rÿser, *The Legacy of Grand Chief George Manuel*, 载 http://cwis.org/manuel.htm; *Biography of George Manuel*, 载 http://www.ubcic.bc.ca/about/george.htm; "World Council of Indigenous Peoples" in wikipedia, 载 http://en.wikipedia.org/wiki/World_Council_of_Indigenous_Peoples。

召开了一次有因纽特人、萨米人、德内人和克里人的代表们参加的讨论会，曼纽尔本人也参加了这次会议。①

1982年1月6日至8日，在加拿大西部的西蒙·弗雷泽大学（Simon Fraser University）召开了一次名为"第四世界中的政治表达——加拿大、澳大利亚及挪威的居于少数的土著民"的国际会议。随后于1985年出版了该会议的论文集《土著民与民族—国家——加拿大、澳大利亚及挪威的第四世界政治》，共收论文8篇，这次会议上对于"第四世界"观念所做的新颖且较为清晰的阐释，反映在该论文集中。

在该文集"导言"第一段中，全书编者、时任加拿大西蒙·弗雷泽大学人类学副教授的诺埃尔·戴克（Noel Dyck），就与会学者所理解的"第四世界"，明确说道："现代民族—国家里所包含的人口稀少的土著民的政治问题，近年来，已经日益引起所在国家全国以及国际上的关注。北美和南美的印第安人、澳大利亚的土著、斯堪的纳维亚半岛的萨米人，以及世界上其他地区的土著民，正在以各种方式进行斗争，以便在各个民族—国家里，保留他们传统的土地，与处理他们事务的行政当局打交道，并保持文化独特性。这些族民大体上在政治上软弱无力，在经济上边缘化，在文化方面则遭受着那些侵袭了他们以及他们土地的各个民族社团（national societies）②的欺侮。在以往十年，他们一起构成为所谓'第四世界。'"③

该"导言"对当时兴起不久并已发生流变的"第四世界"这一观念，做了辨析。该"导言"称：格拉伯恩（Nelson Graburn）在其1981年的《人类学与第四世界》一文中，注意到"第四世界"这一术语已被人不同地用于被压迫群体受害者：经济上穷困的"无望"民族和被囚禁者、穷人、病人、老年人，以及美国的未成年人。麦考尔（Grant

---

① 参见 Rudolph C. Ryser, *The Legacy of Grand Chief George Manuel*, pp. 238, 242。
② 由于作者把具有自身独特性的土著民，当作不同于民族（nation）的人群，所以，这里的"national societies"是指以民族（nation）为归依而结成的那些社团。——笔者注
③ Noel Dyck, *Aboriginal Peoples and Nation-States: An Introduction to Analytical Issues*, in Noel Dyck, ed., *Indigenous Peoples and Nation-state: Fourth World Politics in Canada, Australia and Norway*, Institute of Social and Economic Research, Memorial University of Newfoundland, St. John's, Canada, 1985, p. 1.

McCall）在其《四个世界的经验和行动》一文中则应用该术语指称"没有国家的民族"（nations without states）。而沃斯利在《第三世界》一书（Peter Worsley, *The Third World*, London, 1967）中则指出，中国人出奇地使用了该术语。① 但是，诺埃尔·戴克本人认为，"第四世界"这一术语最通行的人类学方面的用法，就是曼纽尔和波斯伦斯所著《第四世界——印第安人的现实》一书中所指那种——与他们现在依然居住的土地，具有特殊的非技术、非现代开发关系的那些族民，且这些人的权利被他们现在生活于其间的民族所剥夺。诺埃尔·戴克认为，格拉伯恩采纳了这一概念，并使用形式上略微不同的"第四世界"（IV World）这一术语，且所包括的是下列群体：北美洲的印第安人和因纽特人、斯堪的纳维亚半岛的拉普人（萨米人）、某些非洲人、日本的阿依努人、新西兰的毛利人、澳大利亚的土著民、苏联的土著少数者，并注明还包括威尔士人以及其他"没有国家的民族"。②

该论文集各篇论文所讨论的土著民，具有四个重要特性：一是人口少，靠投票几乎不可能达到他们自己的目的；二是在经济生活方式以及社会和文化方面，与本国大多数人明显不同；三是往往苦于缺乏政治权，而且在经济上受支配，社会和文化方面受侮辱；四是除了公民权所规定的权益之外，几乎没有或没有规定他们可以行使其他权利。③

与会者认识到，对土地提出权利要求，以及要求被承认享有特殊地位，是加拿大、澳大利亚、挪威那种自由民主制度下的土著民独特的政治要求。④

对于"第四世界"与民族—国家之间错综复杂的关系，与会学者认为具有四个特征：第一，这种关系并非近来杜撰，而是早已有之，但是在殖民地历史上，数百年来，它被刻意忽略了。第二，由于加拿大、澳

---

① 原文为 "Worsley (1967: 283) reports a distinctive use of the term by the Chinese"。这是一条相当有趣的线索。沃斯利此书出版时的1967年，中国正值"文化大革命"时期，与国外十分隔绝，可是却已经有人用到"第四世界"这个术语，不免令人遐想，但也极难理解。反复思考，觉得沃斯利此处所指很可能应当是"第三世界"这一术语。

② 参见 Noel Dyck, ed., *Indigenous Peoples and Nation-state: Fourth World Politics in Canada, Australia and Norway*, p. 21。

③ Ibid., pp. 236 – 237.

④ Ibid., p. 6.

大利亚、挪威的国家行政当局在不同时期采取不同政策，前后不一，造成困局。第三，不应该把这些国家的土著民与民族—国家之间的关系，仅仅当作族裔之间的关系（interethnic relation）看待，因为所涉及的有关各方即某一族民（或一些族民）与某一国家之间，基本上不对称。第四，由于各国的土著民在思想观念、经济和地理等方面具备独特性而遭受困境并形成"难题"，土著社会为了保持其单独的认同并维护自身的完整性而做出的决定，与民族国家的设想和行政安排，很不一致。①

20世纪90年代之后，"第四世界"论说进一步发展。赞同这一论说的一些学者，所探讨的问题，深入地牵涉民族观、国家观。例如，曾经在南非开普敦大学任职，后来改任美国佛罗里达大学心理学系教授的理查德·格里格斯（Richard Griggs），与从事印第安事务工作数十年的一位印第安人维权人士，据称也是"第四世界地缘政治学领军人物"的鲁道夫·C. 吕瑟尔（Rudolph C. Rẏser）一道，于1993年发表了两篇问卷式的短文，提供一些思考线索，以委婉的方式，让读者各自理解，究竟什么是民族，什么是国家。其中一篇是《你怎样与某个民族有关联》。文中共包括19个大问题，每个大问题里又包含一些问句，或者一些希望读者予以描述的细节，比如"你属于土地，还是土地属于你？你是怎么知道的？描述一下你所站立的地方，用罗盘所指的四个方向"（第1大问题）；"你那社群的成员们彼此熟识吗？这样有利于安全吗？你们民族当中，上一次发生重大犯罪是在什么时候？它受到本民族聚焦关注了吗？"（第15大问题）该文最后列出了作者们对民族（nation）所下的定义。另一篇是《你怎样与某个国家有关联》。也包括19个大问题，文章布局与《你怎样与某个民族有关联》完全相同。该文最后也列出了作者们对国家（state）所下的定义。②

---

① 参见 Noel Dyck, ed., *Indigenous Peoples and Nation-state: Fourth World Politics in Canada, Australia and Norway*, pp. 237 – 239。

② 参见 Richard A. Griggs, Ph. D. and Rudolph C. Rẏser, *How connected are you with a nation? A paper from Fourth World Paper Series*, 载 http://cwis.org/270ed/pdf/My%20NATION%20Griggs%20-%201993.pdf; Richard A. Griggs, Ph. D. and Rudolph C. Rẏser, *How connected are you with a state.? A paper from Fourth World Paper Series*, 载 http://cwis.org/270ed/pdf/My%20STATE%20-%20Griggs,%20Ryser%201993.pdf。

格里格斯在另一篇文章中则对"第四世界"下了狭义的专指定义:"第四世界就是那些被迫合并在国家当中,但保持着其独特的政治文化而且在国际上得不到承认的民族。一言以蔽之,第四世界大致上就是在国际上得不到承认的民族。占全球人口三分之一的5000—6000个民族,① 他们的后裔……保持着自己独特的政治文化。总之,第四世界民族在他们本民族的故土上,为了保持或得到某种程度的主权而奋斗。"②

而凯西·西顿(Kathy Seton)1999年发表的《全球化时代的"第四世界民族"——介绍正由土著各民族建立的当代学说》("Fourth World Nations in the Era of Globalisation: An Introduction to Contemporary Theorizing Posed by Indigenous Nations")一文,博采众长,从诸多方面阐释"第四世界"论说,其中所表现的民族观、国家观,与传统观点判然有别;而且还涉及主权的合法性问题,其锋芒所向,直指为现代国家体系奠定基石的《威斯特伐利亚和约》,颇值得注意。吕瑟尔甚至提出一个新概念——第四世界战争。③ 限于篇幅,在此不赘。

总之,由于"第四世界"所涉指的土著民为争取及维护自身利益和权力而追求的目标,全方位地遍及经济、文化、政治领域的诸多方面,所以,可以毫无疑义地说,产生并已发展三四十年的"第四世界"论说,包含相当丰富的内容,非此处区区一篇短文所能尽数覆盖,有待今后逐一研讨。

(三)人类学、民族学领域的"第四世界"之特征

综合上述"第四世界"论说的各方面以及其他有关信息,可以看出,该论说及其所指对象即"第四世界"所包含群体,具有一些显著的特征。

---

① 格里格斯认为其所称的"第四世界"5000—6000个民族,占全球人口三分之一,不知其所本,且笔者并不同意。

② Richard Griggs: *Background on the Term "Fourth World"*, an excerpt from CWIS Occasional Paper #18, 1992, Center for World Indigenous Studies.

③ 详情可参见吕瑟尔在1996年发表的《印第安人自我管理过程评估——最后报告》(*Indian Self-government Process Evaluation: Final Report*)。

第一,与"第三世界"区隔。

"第四世界"不仅对第一、第二世界的行为耿耿于怀,而且力图划清与第三世界的界线,甚至在舆论上对某些第三世界国家大张挞伐。

有些张扬"第四世界"论说的学者认为,"第三世界"殖民主义已经替代欧洲殖民主义而成为当今世界上威胁土著民的主要力量。他们认为,由于非殖民化观念没有延伸到土著民当中,"第四世界"民族现在还是再度殖民化及内部殖民主义的臣服者。在人为的"第三世界"国家例如菲律宾、巴布亚新几内亚、印度尼西亚和孟加拉国,经济发展被用于侵略"第四世界"民族。例如,海德曼(Hyndman)就认为,在印度尼西亚和巴布亚新几内亚,由于采矿业的边界扩张,使土著民的土地和资源被剥夺,并使环境恶化。尼奇曼(Nietschmann)则认为,许多国家比如印度尼西亚和孟加拉国所采取的吞并土著民土地、领地及自然资源的战略,被命名为"迁移",实际上是让那些忠诚或依赖于中央政府的人,在军事力量的支持下重新定居,"几乎所有的用费都是跨国公司疏通而来,并由国际开发机构提供"。在印尼,中央政府列出了7个迁移项目的目标,号称是为了促进民族团结、国家安全、人口公平分布、国家发展、保护自然、帮助农业阶层并改善当地族民的条件,然而现实却是贫困扩散,土著民被迫离开他们的家园、社区及土地,砍伐森林以每年20万公顷的速度进行着,由此并造成社会危害。可持续应用资源的方式遭到解构,国家实行强迫同化计划,并广泛采用军队"安抚"各个地方,还对当地的抵抗还以轰炸和残杀平民的手段。①

纳代桑·萨蒂延德拉(Nadesan Satyendra)甚至在《第四世界——没有国家的民族》一文中大胆地认为:"假如说,20世纪50年代和20世纪60年代是针对第一世界国家(虽然这些国家已经被第二次世界大战削弱)的反殖民化自由运动的二十年,那么,20世纪80年代和20世纪90年代已被证明是殖民化灭亡之后的民族解放运动的二十年,该

---

① 参见 Kathy Seton, *Fourth World Nations in the Era of Globalisation: An Introduction to Contemporary Theorizing Posed by Indigenous Nations*。

运动的目标大多数针对第三世界占领者。这个过程延续到 21 世纪。"①

陈永龄先生也曾指出：《第四世界》一书的著者们很明确地把"第四世界"与"第三世界"区别开来，认为这两个世界的人们都曾经遭受过殖民主义奴役，但这些都不是使他们长久联结在一起的纽带。他们不大理解为什么在国际斗争的范围内，"第三世界"似乎不把"第四世界"的斗争包括在内。他还善意地认为，"如果著者把'第三世界'的人民视为'第四世界'人民的朋友，多看他们之间的共同点，而不是更多地看他们之间的区别。更多地让'第三世界'了解'第四世界'，争取他们的关切和支援，那么，'第四世界'的斗争将会更加顺利，全面胜利会来得更快"。②

但是，今天看来，陈先生 20 多年前希望看到的这种局面并没有出现。这不仅是因为发展中国家在经济建设和资源开发的过程中，政府和大企业与地方上的土著民二者之间的利益彼此有冲突，难以调和；而且，随着 20 世纪 90 年代苏联解体、东欧剧变，国际政治格局已经今非昔比，资本主义生产方式的经济全球化占据了绝对优势，那些可以在很大程度上对强权予以制约的反霸权主义力量却日趋式微，而本来就没有愿望彼此合作的"第三世界"与"第四世界"，如今更没有契机促成互相支持。

第二，"无国家"，非移民。

赞同"第四世界"论说的学者们始终强调土著民与侵占他们本来土地的民族—国家，二者之间存在着集体对集体的冲突。他们还认为，建构了他们现在所居国家的那些外来强势者，是得到国际上承认的民族，因此，作为土著民代言人的这些学者一再强调"第四世界"群体是未得到国际上承认的民族（nation）。这些学者用"nation"来指称这类群体，并强调在国际得到承认与否，其潜台词似乎是，一旦得到这种承认，建立国家就是当仁不让的事情。

---

① Nadesan Satyendra, *Fourth World: Nations without States*, May 2000, March 2007, 载 http://www.tamilnation.org/selfdetermination/fourthworld/index.htm.
② 参见陈永龄《北美印第安人的心声——介绍〈第四世界〉及其著者》，《中央民族学院学报》1986 年第 2 期。

认同于"第四世界"理念的土著民运动及其组织，大多处于弱势，在这一点上，土著民与其他一些弱势群体例如美国的非洲裔居民、亚裔居民是相似的。但是，一方面，"第四世界"群体把自己与近代殖民扩张初期由宗主国主体民族和非主体民族组成的移民群体及其后裔相区别；另一方面又与殖民时代以来约 500 年当中从其他地区迁居到殖民地的其他移民群体及其后裔相区别——哪怕这些群体同样是所在国家的少数者也如此，因为土著民组织认为，所有这些人都是外来者，都不是自己所居土地最早的居民。

对此，诺埃尔·戴克精辟地归纳道："第四世界各族民与其他少数族裔并不相同，他们并不是外来移民，而是形成了今日那些民族国家领土上的原本居民。他们也不像第三世界那样，起码有指望由于人口数量多而展开斗争，终有一天可以控制自己的国家；构成为'第四世界'的那些微小的国内聚居者们，注定是他们自己土地上的少数人。目前，就像以往那样，在一个又一个国家里，土著民受制于政府的各种政策，包括从种族灭绝演变为同化，以及从种族隔离演变为多元化。他们与各级民族及国家政府有关系，这些关系的形式和本质就是他们作为土著民在目前日常生活中以及在未来前景中的基本意义。"①

第三，用语习惯。

赞成"第四世界"论说的人们以及参与土著民运动的群体，具有自己独特的立场。因此，他们不仅创造了"第四世界民族""第四世界战争"等新概念、新术语、新论说，对于老概念、老术语、老论说的取舍，也保持着与其基本立场的一致性。比如，"第四世界"各群体断不肯轻易指称自己为"ethnic group"。

从语源学上来说，"ethnic"除了指称享有共同的种族、族裔、宗教、语言或文化的群体这种含义之外，还用于指称非基督徒、非犹太教徒、野蛮而不信上帝的异教徒（relating to a people not Christian or Jewish; heathen）。这是欧洲人的立场。但是，站在美洲、大洋洲及其他地区世居群体的土著民立场上，他们若把自己当作异教徒，那不等于自虐

---

① Noel Dyck, ed., *Indigenous Peoples and Nation-state: Fourth World Politics in Canada, Australia and Norway*, p. 1.

吗？所以，他们极不情愿把自己归为带有异教徒含义的"ethnic group"。

还可举一个旁证。词根为"ethno"的"ethnology"（民族学）这个术语所指学科，① 早期是由于西欧人为了便于统治殖民地，由政府派员或私人自愿去海外调查殖民地的民情风习而生成一门学问，并形成这一相应术语；而对于考察和研究西欧人本国的民情风习，那是"folklore"（民俗学）。与殖民宗主国长期打交道的土著民，很清楚这些区别，所以，他们更倾向于用"民族"（nation）来指称自己的所属群体，从中不难看出"一个民族，一个国家"的诱人图景所投下的巨大影子。他们最低限度也只愿意指称自己为"people"，这个词语相对而言更为中性一些，也是土著民运动及组织自己的相关论著中最常采用的。

第四，谋求在现有国家体制下的权益最大化。

正如诺埃尔·戴克早已指出的那样，加拿大、澳大利亚和挪威的土著民所进行的政治努力及通常戒用暴力的做法，是一种政治手段，与代表着欧洲一些单个"没有国家的民族"的各种各样群体的活动，形成鲜明对照，并反映出这两大类少数者们之间基本的结构差异。他还指出，加、澳、挪三国的土著民与其他群体例如西班牙的巴斯克人不一样，他们都是由小的、分布地域很散的群体构成，既不寻求从其现在民族—国家退出，也不谋求建立自己的国家，而是宁愿在现有的国家架构之内，获得对本地较大控制的权力。②

全球各地土著民谋求在现有国家体制下权益最大化，反映在土著民组织的种种活动中，例如举行宣传活动、院外游说、研讨会、讲习班、抗议集会等。而且，土著民的诉求也在国际社会得到普遍认可，最典型的就是联合国成立"土著问题常设论坛"，并通过了《土著人民权利宣言》。

寻求本群体的自我管理和自治，也是土著民谋求获取最大化的常用

---

① 朱伦研究员在发表于《中国社会科学》2005 年第 4 期上的《西方的"族体"概念系统——从"族群"概念在中国的应用错位说起》一文中，把"ethnology"译称为"族类学"，是颇有见地的。但笔者更愿意把这一术语译称为"族体学"，其缘由拟今后相机另外撰文讨论。

② 参见 Noel Dyck, ed., *Indigenous Peoples and Nation-state*: *Fourth World Politics in Canada, Australia and Norway*, p. 20。

方式。在土著民中，局部的自治早已不是新鲜事。以因纽特人为例，在因纽特人和欧洲裔格陵兰人的混血后代占人口87%的格陵兰，自1979年起已实行地方自治，并于2008年11月经过公投，已于2009年6月进一步扩大地方自治权。更早一些，1973年，在美国阿拉斯加的北坡地区（North Slope），已建立全世界因纽特人居住地区的第一个地方自治的地区——北坡自治县（North Slope Borough），那里的因纽特人即伊努皮亚克人（Inupiaq）被承认是当地23万多平方公里土地的所有者。1999年，在加拿大北部，建立了"努纳武特"（Nunavut）这样一个自治的行政区，而该地区是2.5万多名因纽特人的故土。因纽特人所追求并已局部实现的自治，都与"因纽特环极地会议"（Inuit Circumpolar Council，ICC）这样一个容纳整个因纽特人的"第四世界"组织所进行的活动有关。① 尽管上述地方自治并非以"因纽特"冠名，但那里的居民当中，都以因纽特人占多数。

其实，土著民也并非彻头彻尾不谋求建立自己的国家。在"第四世界"论说中，例如上述格里格斯文章中提到的"第四世界民族在他们本民族的故土上，为了保持或得到某种程度的主权而奋斗"，以及凯西·西顿文章中对主权合法性的非难，特别是赞同该论说的某些学者一再强调"第四世界"群体是"没有国家的民族"，其逻辑向度，已经很不简单，已表现出对"民族—国家"（nation-state）的目标探寻。从当代现实来看，世界上已经没有任何群体不归属于任何一个国家，换言之，并不存在没有国家的群体。所以，赞同"第四世界"论说的论者们屡屡使用的"nations without states"这一短语，可以理解为"未建立国家的民族"。

人类社会的发展似乎没有绝对的"一定之规"，主权的划定或是授予，并非浑然天成，实际上是各种力量博弈的结果。因此，如果把自我管理（self-government）、自决（self-determination）、地方自治（home

---

① 参见 Aqqaluk Lynge, "Autonomy in Action: Inuit and the Case of Greenland", http://www.unpo.org/downloads/AqqalukLynge.pdf; "Referendum set to give Greenland more autonomy", 载 http://www.in.com/news/current-affairs/fullstory-referendum-set-to-give-greenland-more-autonomy-6950761-39976-1.html; "Greenland votes for more autonomy", 载 http://news.trend.az/index.shtml?show=news&newsid=1352883&lang=EN；等等。

rule)、自治（autonomy）看作争取和维护民族权益整个链条上的一些链环，那么，这些链环是怎样环环相扣，结成整个链条，形成最高程度的、保持在某一国家体制内部的最大获利？如果再有几节链环，也就是说，一旦各方面条件具备，时机成熟，这条环环相扣的链条，会不会延长，演变为使得争取权益的某些群体最终与国家母体分离，走向彼岸而独立，建立"民族—国家"？这可以说是一个悖论，也是一个令世人将持久对待的难题。正像一位学者尖锐指出的那样，"如果对自决的主体以及效力范围不能给予严格的界定，那么逐层类推的自决诉求就很有可能导致一种无限制的自我表达权观念以及超自由主义的无政府状态，最后陷入'造反有理'的窠臼"①。

  最后有一点必须强调：与土著民问题密切相关的"第四世界"论说，是一个不容小视的研究课题。综观自16世纪初开始形成近代殖民体系以来，至20世纪下半叶该殖民体系基本上完全瓦解，再到目前，在大约500年的历史中，就殖民地与宗主国之间的族际关系，以及殖民地内部的族际关系而言，逐层推进，大致上已经历了两个性质显然不同的阶段，并正在经历第三个阶段：第一阶段，起先是北美十三州发生独立战争，在此期间，美国于1776年宣布独立建国；接着，北美独立战争在拉丁美洲各殖民地引发大范围的独立运动和解放战争，自1804年海地成为第一个独立共和国起，至第一次世界大战之前，约一百年当中，共建立约20个独立国家；随后则是19世纪下半叶至20世纪初，加拿大、澳大利亚、新西兰从局部摆脱殖民统治的自治领，演变为最终获得完全主权的国家。在这一阶段，原为殖民地的美国在独立后演变为帝国主义国家，在本土之外拥有殖民地；加拿大、澳大利亚、新西兰等国发展为发达国家；而拉丁美洲各国则长期为贫穷和动乱所困扰，成为"第三世界"的成员。而这些由殖民地独立后建立的国家，具有一个共同特征：其主体民族都是殖民宗主国本国各民族即欧洲各民族的后裔。而已经历的第二阶段，那就是在第一次世界大战尤其是第二次世界大战之后，至最后一个放弃殖民地的国家葡萄牙统治下的几内亚比绍（原葡

---

  ① 季卫东：《自决权与宪政理论》，原载《二十一世纪》2003年2月号，据"北大法律信息网"，详见http://article.chinalawinfo.com/Article_ Detail.asp? ArticleId=28350。

属几内亚)、莫桑比克、安哥拉于 1974 年和 1975 年独立,这一期间,在广大遭受殖民统治的亚洲、非洲地区以及尚未独立的那些拉丁美洲地区,以在人口中占大多数、世代居住于这些地区的各民族为主体,按照殖民宗主国所在欧洲的"民族—国家"模式,赢得独立并建立新的国家,而这些国家无一例外均属于"第三世界",并构成其很大一个组成部分。

然而,自 20 世纪中后期以来,进入第三阶段:在由殖民地独立或演变而来的"第一世界"发达国家中,占相关各国人口极少数的土著民首先觉醒,形成维护自己权益的土著民运动,并波及欧洲若干国家。同期,形成和发展为"第四世界"论说。不久,这种运动又扩展到"第三世界"国家中。实际上,原"第二世界"国家也有这类运动,例如俄罗斯西伯利亚地区的土著民运动及组织。不难预料,这种族际关系及其蕴含的问题,将在 21 世纪内,在全球范围内,长期存在。这种问题虽然不像一些地区的民族问题"热点"那样引人注目,但正由于其广泛存在(目前全球土著民总共接近 4 亿人,分布在约 70 个国家,约占全世界总人口 6%),对整个世界的族际关系和民族问题包括我国的"人口较少民族"即所谓"小民族"问题,都有相当大的影响。因此,其发展趋势颇为值得跟踪观察,这也是"第四世界"论说值得今后进一步深入探讨的缘由。

(朱 伦 姜德顺 刘 泓)

第十四章 国际反分裂经验与我国反分裂斗争

当今世界，民族分离主义广泛分布于欧洲、亚洲和非洲的许多国家。民族分离与宗教冲突成为相关国家所面临的非传统国家安全的重大挑战。民族分离主义的政治目标能否最终实现，深受周边地区民族国家和国际社会的影响。冷战后，民族分离主义的特点主要包括民族动员、以民族分离为最终目标、族际冲突、政治组织领导、军事组织参与、国际干涉、在一定区域内拥有较多的追随者等。因国情不同，当今各国的反分裂战略和政策不尽相同，但基本思路和政策方向存有诸多共性，比如军事上的打击，经济上促进民族地区的发展，文化上强调国家认同，国际上寻求相关国家的合作。

多年来，国际社会在反分裂、民族问题治理方面积累了一定的经验，同时，也留下诸多惨痛的教训。国际反分裂、民族问题治理的经验和教训，可为我国开展反分裂斗争提供诸多借鉴。

第一节 国际反分裂经验与教训

在全球化语境下，随着民族国家相互依存关系的逐步加深，合作共存的主体变得日趋重要。一方面，战争的洗礼使得民族国家大都清醒地认识到，过分追求国家利益的结果必然导致驾驭彼此间关系能力的丧失，没有任何一个民族国家能够对其他国家保持长久的霸权地位，对古典民族主义的传统理念及其实践方式不能再抱有幻想；另一方面，全球化所营造的现实，也使得许多曾极力推崇国家与权力的民族主义者接受了新的理念——"民族国家缺少实现当前众多要求的能力"，而国家间的"合作远比诉诸国际机构更为实际和令人满意","地区建构可使其免受大国对其主权和自主权的干涉"。

和谐的族际关系是和平世界的重要组成部分,"尊重差异,包容多样"引领世界各族人民走向真正的现实途径。以实现各民族人民和睦相处、和衷共济、和谐发展为宗旨,成为国家政策目标的重中之重。今天,"和平是人类最珍视的需求之一",然而,在国际政治舞台上,族际冲突一直是难以解决的问题。如何推动这些冲突走向化解?国外的相关经历既有经验又有教训。

一 族际政治的历史发展与当代国外族际政治问题

民族政治古已有之,贯穿于国家形成的过程,以及在国家形成后的政治发展中。民族因素与阶级因素一直是共同发挥作用的。如果说社会形态的转变与朝代更迭主要归因于阶级斗争的话,那么,国家的组合与分化则主要归因于民族界限和民族斗争。

(一)族际政治的历史发展

在人类社会由部落时代向部落联盟和古代城邦演进的长期过程中,部落冲突与部落联盟显然比社会等级差别与等级矛盾发挥了更大的作用。无论是在旧大陆还是在新大陆,古代文明的发展都是从部落联盟与部落征战开始的。拉丁人、希腊人和中国人都留下了有关部落联盟与部落征战的传说。美洲阿兹特克人直到15世纪中叶还保持着特斯科科、特诺切蒂特兰和塔库巴三城联盟,并按照2:2:2的比例分配战利品。[①]如果说部落是民族的前身,那么部落联盟则反映了人类古代社会的一种非阶级的"民族"政治关系。一方面,部落联盟是人类古代社会的政治联合体;另一方面,还是协调部落关系与利益的政治工具。从这个意义上说,部落联盟可以视为族际政治的前身。

奴隶制时代的族际政治以族体征服为主要内容。威扬地中海四周的罗马帝国和雄踞中安第斯山区的印加帝国,都是依靠族体征服建立起来

[①] G. C. 瓦伦特:《阿兹特克文明》,墨西哥经济文化基金会,1973年西班牙文修订本,第181页。参见乌维托等《西班牙通史》(中世纪篇),巴塞罗那特伊德出版社1981年西班牙文第13版。

的。无论是罗马人还是印加人，在帝国建立以后的民族关系上所采用的统治手段也都是一样的，这就是继续进行另一种形式的族体征服，即强制被征服族体接受他们的语言、文化等。拉丁语言和拉丁文化对欧洲罗曼语族各族体产生了深刻的影响。印加人每征服一个地方，便把克丘亚语和太阳神崇拜推广到那里，使得这两种文化因素成为现今秘鲁、玻利维亚、厄瓜多尔乃至阿根亚西北部大多数印第安族体的共有遗产。

封建时代是族体林立和发展的时代，族际政治也转以承认族体地方割据政权的存在为主要特征。中世纪的西班牙形成了十几个独立王国和族裔实体，相互之间结成了种种割不断、理还乱的关系，并最终以卡斯蒂利亚人、卡斯蒂利亚王国、卡斯蒂利亚语言和文化为核心形成了现今的西班牙。资料丰富的中国历史向我们表明，历代封建王朝中，为中原王朝所承认的周边族体地方政权是很多的，地方政权的政治合作程度之高，有时仅靠一纸册封或象征性的纳贡就能维系相互之间的建交关系。因此，封建国家的民族政治虽然也常伴有族体征服和族体压迫，但正常的关系主要是靠核心族体的凝聚力来保证的。

资本主义生产方式对自由劳动力和统一市场的依赖，决定了资产阶级对民族界限的扫荡如同对待封建统治一样残酷无情。我们看到，作为资本主义发源地的西欧各国，目前都是民族成分较少的国家；而移植资本主义最早、最普遍的美洲各地，数以千计的印第安各部比殖民征服时代更快地被同化了，现在只在词典里留有他们的族称，幸存者只有500多个。然而，把生存竞争法则推到极端的资本主义，又促使人们把民族意识提高到了历史上从未有过的自觉程度，迫使被统治和被压迫民族把建立自己的独立国家作为守护自身生存与发展的唯一出路。但是，人们不可能完全靠民族国家的形式来解决相互关系。"不独立毋宁死"的精神固然可贵，但有条件和有可能独立的民族毕竟只占世界民族之林中的少数。死也独立不了的民族怎么办呢？资本主义曾经做出的回答便是同化。

以多民族国家的理论取代单一民族国家的构想，将民族政治合法地引入多民族国家的政治生活，是对民族政治的积极贡献。在解决民族政治问题的实践中，一些国家逐步建立起了一套合理、有效的机制，其中包括民族关系上的自治原则。当然，在人类历史上，自治这种政治形式在现代之前就已存在，但那不是"多民族国家"内的民族政治，而是一种摆脱异国或异族统治的手段。而且，发展中国家民族政治也不仅是自治，更核心的内容是不同民族对共有国家的共管。如果说作为社会主义国家民族政治关系与民族或民族地方自治，与历史上的一些自治形式有什么联系的话，那就是社会主义把自治变为民族政治所用，而且仅仅是或主要是用其形式。社会主义民族政治制度的建立，为不同民族在同一国家中的和睦相处提供了有利的条件和可靠的保证。"不独立毋宁死"的问题，可以由此找到另一种解决办法。例如社会主义中国的民族区域自治制度，在保证国家主权和领土完整、法律和行政统一的前提下，依据各民族相互大杂居和自身小聚居的特点，以及少数民族各自传统生活地域的大小和人口的多少，按国家行政划分建立相应的各级民族地方自治政府和其他权力机关，同时又在国家权力机关中确立民族代表的地位，并吸收少数民族代表共同参与国家行政管理，这就保证了少数民族的政治地位和政治权利，比较好地解决了民族政治问题，从而为各民族的团结和国家的巩固奠定了坚实的基础。

然而，可能出于意识形态对抗和某种偏见，某些西方国家对发展中国家的民族政治成就长期视而不见，有的国家至今还不时地借用"人权"及少数民族分裂主义分子来攻击中国的民族政策。然而，事实是资本主义世界的民族矛盾日益突出，少数民族的政治意识日益增强；而社会主义中国的民族关系却以其平等、团结、互助的基本特征健康发展，这也是越来越多的有识之士对中国的民族政策表示肯定和赞赏的原因。

民族政治是伴随着多民族国家的存在而存在的问题。不承认它或者有意识地否认它，并不能改变它实际上发挥着作用。西班牙巴斯克人的"埃斯卡迪与自由"、秘鲁印第安人的"光辉道路"、墨西哥恰帕斯州印第安人的"萨帕塔民族解放军"、斯里兰卡泰米尔人的"猛虎组织"、英国的"北爱尔兰共和军"等武装组织的存在与活动，单纯用阶级观点是无法解释的，必须从民族问题方面进行研究。

民族是人们基于不同的文化与语言、不同的历史与地域、不同的经济与社会联系而产生的一种组合共同体。在历史上，由于民族自身生存与发展的需要，便很自然地形成了一个个不同的国家。又由于民族地域的局限性和民族交往的自由性，大民族便不断扩大自己的影响范围，导致民族地域的突破和不同民族的混合，人类社会便历史地形成了一个个多民族国家，而单一民族国家反倒成了极个别的现象。不同民族共同组成一个国家，这就产生了多民族国家内部的民族关系。民族政治所要研究和解决的，正是这种关系。

民族政治的核心内容是民族政治权利。所谓民族政治权利，一是民族集体对自身政治的自治权；二是民族代表对国家政治的参与权。多民族国家如果不解决这个问题，不管在经济、社会或文化政策上给予少数民族怎样的优惠与照顾，都不会使少数民族完全满意。没有民族政治权利，民族的生存与发展就缺乏可靠的保障。当今世界多民族国家的少数民族普遍表现出把争取民族政治权利放在头等重要的位置上，这充分说明那种认为依靠经济、文化、语言和社会政策的宽容便可解决民族问题的认识是片面的。美国的多元文化主义并不能阻止印第安人提出自治甚至主权要求；加泰罗尼亚人（亦译加泰隆人或卡塔卢尼亚人）和巴斯克人的经济发展高于西班牙全国平均水平，但他们比任何民族都更加强烈地追求民族政治权利；墨西哥上届政府对印第安人社区的社会发展计划投入了大量的人力、物力，并取得了世所公认的成就，也未能防止恰帕斯州印第安人在"印第安人革命"和"民族解放"的旗帜下打响1994年元旦的枪声。因此，在所有的民族问题中，民族政治问题是占第一位的问题。只有合理地解决了民族政治问题，才能更有效地解决其他方面的问题。

但是，当代许多多民族国家民族政治的主要问题，恰恰是对民族政治权利不予承认。在一些国家里，作为社会和国家发展计划的一部分，对落后的民族地区多投入一些人力和物力是没有什么疑问的；对不同的语言和文化，也可承认其存在的合理性。但是，一旦提出民族政治权利问题，马上就会被视为对公民政治权利平等的否定，甚至是对国家统一和国家主权的背离。这种认识在理论上是站不住脚的，在实际中是行不通的。公民政治权利的行使是一种个人行为，而民族政治权利的行使则是一种集体行为，二者之间不存在矛盾。这与政党政治权利和个人政治权利之间的道理是一样的。当代多民族国家的功能是双重的，它不仅要调处阶级关系和阶级利益，而且要调处民族关系和民族利益。因此，多民族国家理想的政治生活，也应当是同时保障阶级的政治权利与民族的政治权利。但是，影响人们将民族政治引入国家政治生活中来的障碍还很大，很不容易冲破。对于许多国家来说，放弃单一民族国家的构想而承认多民族国家的存在，是首先需要解决的问题。其次，摆脱传统的代议制民主制度对民族政治的否定，也是题中应有之义。

（二）单一民族国家、多民族国家与民族政治

民族政治是与多民族国家联系在一起的，对于单一民族国家来说，当然也就不存在民族政治问题。但是，纵观当今世界的国家结构，单一民族国家可以说是凤毛麟角，绝大多数国家都是多民族的。不过，有一个事实影响着人们对当今世界多民族国家结构的认识，这个事实就是在许多国家里不承认不同民族（nationality）的存在，而只承认不同部族（tribe）或不同族群（ethnic group）的存在。

这是一个十分复杂的民族理论问题，而不只是术语问题。国内外对此都无一致的看法。受国外的影响，我国有些民族学者主张对多民族国家的少数民族也使用"族群"一词，放弃"民族"称谓；笔者在过去的一些论文或译文中，也曾将"ethnic group"有时译为"民族"，有时译为"族群"。这些混乱和歧义，给我们谈论"多民族国家"和"民族政治"带来了麻烦。在国外学者和官方的传统观念中，民族和族群的区别反映在两者的政治含义上，前者是与国家联系在一起的，而后者则不是。因此，西方国家习惯于说自己是多族群的国家，而很难接受多民族国家的说法。在国际学术交流和政治交往中，我们自然应当考虑这个问题，以免引起误解。但是，情况也在发生变化。如西班牙便正式承认自己是多民族国家。再如，由 17 个美洲国家的 120 个印第安民族的 200 多名正式代表共同签署的宣言①声明："我们印第安各族人民具有作为民族、人民或国民（nacionaldades、pueblos or naciones）的专门特征"；"这些称谓与学者们使用的术语（族群或部落——笔者）意义不同，各国印第安人民都有权利按照自己的政治目标采用适合于自己的政治斗争的称谓"；"我们的政治目标是自决和自治（北美印第安人民要求的是主权），当前的任务是推动对自决和自治的反思与讨论，明确找出自决

---

① 第一次全大陆印第安人民会议决议：《基多宣言》，西班牙文单行本，厄瓜多尔，基多，1990 年 4 月 17—21 日。

和自治的具体形式"。

从上述引语中,我们似乎看到了目前使用极为广泛的"族群"一词,与学者的责任密不可分。根据历史发展阶段和社会政治形态的不同,学者们使用不同的术语来指称不同的人们共同体,本来是无可非议的。但不曾想这些术语在被政府当局接受后,却给民族政治带来了消极影响,为少数民族所不赞同。无论是 ethnic group 还是 tribe,本来的确是民族学的术语,但它们的概念被固定之后,却为这些人们共同体在当今国家的政治舞台上争取自己的一席之地制造了障碍,而对这些人们共同体的发展、变化则未予考虑。这样一来,我们便看到有一种不合情理的现象:对于西印度群岛和南太平洋上的一些人口只有几千人的岛民,因他们建有独立国家而称为民族和国民;而对拥有几十万甚至几百万人口的一些印第安人民或一些非洲人民,却以族群或部族称之。看来,学者们的观念应当适应变化了的情况,而不能囿于书本上的定义。我国用 nationality 来指称 56 个不同群体,而用 nation 一词指称整个中华各族人民,是可以站得住脚的,不必采用 ethnic group 的概念。西班牙在这一点上与我国也一致。当今世界一些国家里的少数民族,也表现出要求承认其为 nationality 的趋势。有些国家的官方当局对此并不像以往那样反感,因为这个词的政治含义现在已经不完全是与民族独立联系在一起了,而是可以与民族自治结合到一块的。

由此看来,解决民族政治问题的第一步,必须从摆脱单一民族国家的观念、承认多民族国家开始。

众所周知,单一民族国家是西欧资产阶级登上历史舞台后对国家领土与民族地域一致性的理想追求。但是,西欧国家格局形成的最后结果,并不与这种追求完全一致,也无法做到完全一致。不要说四海为家的吉普赛人或犹太人使西欧许多国家做不到民族单一,就连那些竭力追求民族国家理想的大民族,也无法使这种理想实现,他们的势力范围,把许多周边小民族都包括进了自己的"民族国家"之中。例如,英国除英格兰人外,还有苏格兰人、爱尔兰人、威士人和盖尔人等;法国除法兰西人外,还有阿尔萨斯人、布列塔尼人、科西嘉人、巴斯克人和加泰罗尼亚人等;西班牙的核心民族是卡斯蒂利亚人,但还有巴斯克人、加泰罗尼亚人和加利西亚人等;甚至在德国,也存在一定数量的丹麦人和荷兰人等。这些少数民族不是在上述民族国家形成后的移民，而是作为世居的土著民族被大民族包括到同一国家之中。因此，西欧虽然的确存在着像葡萄牙那样几个真正的单一民族国家，但西欧国家结构的主调仍是多民族的。

以某一大民族为形成核心，裹带着一些小民族共同组成多民族国家，是世界其他地区国家结构的主流。美洲大陆国家普遍存在印第安人，只是在西印度群岛的一些小国中民族成分比较单一。大洋洲的几个主要国家存在着土著人，而移民间的差别则更突出。非洲各国普遍存在着不同的民族或曰"部族"。至于东欧和亚洲各国，更是民族成分复杂的地区。据有关材料统计，世界上现有大大小小的民族2000多个①，而国家只有不到200个。多民族国家是历史发展的产物，是人类社会国家结构的主流，这在未来也是难以改变的长久现象。即使像国际上有人预言的那样，下个世纪国家数目将再翻一番，这与2000多个民族的数目相比还是太少了。退一步说，如果人类真的疯狂到建立数以千计国家的地步，那也不可能做到国家民族成分的单一化。事实也证明了这一点，苏联、东欧地区新独立的二十多个国家，毫无例外仍都是多民族国家。多民族国家是伴随着民族与国家的存在而存在的必然现象，人类过去做不到单一民族国家的普遍化，在未来很长时间里也做不到。由此，民族政治建设也就是多民族国家的一个长久之计。

然而，单一民族国家的理想又是那么迷人，以至于使一些人绞尽脑汁地追求，许多国家至今也不承认多民族的存在。广大亚、非、拉殖民地人民曾以民族国家为旗号从殖民统治下获得独立，但在国内政治中则又以部族或族群之说否认小民族的政治权利。这样做的结果如何呢？答案只能是使民族矛盾此起彼伏，乃至影响到国家政局和社会的稳定。面对众多"族群"或"部族"的民族意识，除了少数国家外，普遍的做法仅是对民族国家的传统定义加以改造和发挥。例如，在拉美国家一度盛行的民族一体化理论②，便提出以文化的一致性与相对性作为建设民

---

① 李毅夫等：《世界各国民族概览》，世界知识出版社1986年版，绪论。
② 参见郝时远、阮西湖主编《当代世界民族问题与民族政策》，四川民族出版社1994年版。

族国家的新方针，宁可认为民族国家与不同语言、文化和族群的存在不矛盾，也不承认多民族国家。80年代在北美和大洋洲时兴起来的文化多元主义①，也不是对多民族国家和民族政治的承认，而只是一种文化与社会政策，少数民族特别是土著民族并不满足于此。

摆脱单一民族国家的构想而接受多民族国家的现实，这并不是一件容易的事。影响人们实现这一转变的，是对那种追求独立的政治民族主义的担心。似乎承认多民族国家就意味着国家失去了统一。但是，这种担心只看到了政治民族主义的一种表现，而没有充分注意到另一种更加普遍和更加现实的表现，即以统一国家为舞台的、仅以自治为目标的政治民族主义，这种政治民族主义是当今世界政治民族主义的主流。

自北美独立到苏联解体的两百多年间，追求独立的政治民族主义浪潮接二连三地发生，从中诞生的国家占现今国家总数的80%以上。但是，这种政治民族主义已经没有多大的施展空间了，因为一些以强大民族为核心形成的多民族国家，就像一个个魔方一样把大大小小的民族牢固地组合在一起，小民族或少数民族不管怎样折腾，都难以脱离这种魔方的整体。只要没有强大的外力打击，只要构成每个魔方的核心民族不分裂，国家统一也就不存在问题。没有哪个国家的少数民族比西班牙的巴斯克人和加泰罗尼亚人更能折腾的了，但西班牙的统一却从未发生过问题。因此，在对未来政治民族主义发展趋势进行估计的时候，不能把追求民族独立的倾向当作主流。墨西哥恰帕斯州印第安人起义并未提出分裂的问题，而是公开表明维护墨西哥的领土完整和国家主权；非洲国家中的部族纷争，在政治上也经常表现为对国家权力分享的争夺，而不是分裂国家；发生在苏联和东欧的民族独立现象，应当将其看成那一地区国家形成过程的延续或退步，至多是20世纪以来世界范围内民族独立浪潮的尾声。因此，未来世界版图虽然有可能增添为数不多的新国家，如美占波多黎各、法属圭亚那和英属、法属、荷属西印度群岛中的一些小岛等，甚至包括民族主义独立运动甚嚣尘上的加拿大魁北克地区。不过，这对现今世界的国家布局不会产生多大影响，特别是不会影响现存多民族国家的巩固和统一。

---

① 郝时远、阮西湖主编：《当代世界民族问题与民族政策》，四川民族出版社1994年版。

如果说追求独立的政治民族主义目前已进入尾声的话，那么，追求自治的政治民族主义则可以说开始进入了高潮，多民族国家都难以逃避这一浪潮的考验。明智的选择是放弃过去那种靠单一民族国家的构想来消除民族差别和排斥民族政治的做法，转而承认多民族国家的现实，把民族政治合法地引入国家政治生活中来，从而把国家的统一建立在各民族政治权利平等的基础之上。

（三）代议制民主制度与民族政治

放弃单一民族国家的构想而承认多民族国家的现实，只是为民族政治创造了先决条件，不等于就此能够顺利搭起民族政治的舞台。对于许多国家来说，民族政治建设还面临着另一个十分巨大的障碍，这就是传统的代议制民主制度对民族政治的束缚。

在当今世界为绝大多数国家实践着的资产阶级代议制民主制度，虽然有联邦制和共和制之分，但其共同的特征之一是，二者都是建立在政党政治基础之上的，而对民族政治未予以考虑。联邦制要比共和制多一个对地方政治的承认。在共和制下是"一党获胜，全国改姓"；而在联邦制下则是"各州竞争，姓有不同"。但是，联邦制下的地方政治一般都不是民族政治，而是组成同一联邦的同一民族的不同的州级政治。作为民族政治所必备的自治地位及其相应的民族权利，联邦州是不具备的，尽管在一些联邦国家中州级权力相当大。

在当代联邦国家中，也有个别的国家建有以某个民族地域为基础的州或郡，但这不等于引入了民族政治，还要看各种民族权利是否得到承认和保证。如果这类州或郡拥有民族政治所包含的自治化或其他权利，或许可以视为一种民族政治形式。但是，这种州或郡已不是一般意义上的州或郡了。

不管现实情况有怎样的些微变化，资产阶级代议制民主制度的传统仍然是不承认民族政治的。并且，资产阶级代议制民主制度的这一缺陷，至今在许多国家中仍未得到弥补，成为一些国家引入民族政治的难解之结。

传统的资产阶级代议制民主制度忽视民族政治建设，这是由它所产生的历史条件和土壤决定的。众所周知，代议制民主是资产阶级为根除封建贵族统治的弊端而建立起来的国家统治制度。而资产阶级革命最早又是发生于"民族国家"基本形成的西欧，在这种情况下，代议制民主对民族政治的忽略也就难以避免了。此处我们给"民族国家"加上引号，如前文所谈，西欧大多数主要国家并非是单一民族的，只不过民族问题当时不甚突出，少数民族的政治自觉意识还不成熟，由此给人造成了一种"民族国家"的假象罢了。

传统的代议制民主对民族政治因素的忽略，虽说对民族问题不突出的国家的政治发展没有影响，但当资产阶级革命发生在民族问题较多的国家时，这种忽略便使代议制民主的建立一开始支持共和派，但当他们看到共和国没有及时给予自己所渴望的更大和更多的自治权时，便对共和派逐渐冷淡起来，并以自己不听召唤的不合作方式加速了共和派的失败。①

在民族林立的亚、非、拉国家，照搬传统的代议制民主制度，把国家政治生活完全建立在政党政治的基础之上，而不顾及民族政治因素，其结果是给一些国家的政治生活带来了更大、更多的麻烦。我们看到，有些国家的少数民族为获得参与国家政治生活的资格，出现以民族为基础组建政党的异常现象。在墨西哥、危地马拉、秘鲁和玻利维亚等印第安人口较多的拉美国家，都曾经存在或至今依然存在建立"印第安人党"的问题；在主要由印度裔和黑人组成的圭亚那与苏里南，党派的民族背景十分明显并且是公开化的；在非洲一些国家里，政治生活与其说是以政党形式进行的，还不如说是以民族或如有的论者所说的"部族"之争而体现的；而在许多国家里，那种虽不以正式的政党面目出现，但却明显带有政治色彩的民族民间组织，更是犹如春天里的花朵到处开放。

借助于政党外衣行民族政治之实，这是传统的代议制民主政治制度不讲民族政治的必然结果，是少数民族的被迫无奈之举。这种将民族政治与政党政治掺和到一起的做法虽说可以理解，但从政治学上说则是一种悖论。政党是阶级的政治组织，一定的政党是为一定的阶级利益服务的；而民族则是多阶级的人类集团，民族内部的阶级利益并不相同，民

---

① S. 马达里亚加：《西班牙现代史论》下篇第4章，马德里、埃斯帕萨·卡尔佩出版股份有限公司1979年版，西班牙文，第11版。

族的联系纽带与阶级组织没有必然联系。相反，我们却知道自古至今的许多同一民族中不同阶级之间的你死我活之争。因此，政党的阶级性与民族的多阶级性特点，决定了政党政治与民族政治具有不同的国际和内容，是不能相互替代的。以政党这种阶级组织形式来争取民族权利和民族利益，其结果只能是使民族政治走向复杂化，更难实现民族政治的本来目标，并且难以避免民族政治演变为政党斗争的工具，从而更不利于把民族政治与政党政治分别开来。

当然，世界上什么事情都会发生，不合"常理"的现象也的确能够存在于以民族背景和民族政治目标建立起来的一些组织和派别，有的后来的确发展成了合法的政党。比如西班牙的加泰罗尼亚人和巴斯克人中的一些党派，在1978年新宪法通过后都取得了合法政党的地位。这里提出了一个政党政治与民族政治的关系问题。前文已谈到，政党政治与民族政治具有不同的目标和内容，二者不能相互替代。这是就二者在国家政治生活中的地位与作用而言的。至于二者的关系，笔者在一篇有关墨西哥少数民族政治权利的论文①中认为，政党政治是占第一位的，而民族政治是占第二位的，这是因为，国家的一切政治生活都是由执政党通过组建内阁来操作的。但是，二者之间不是从属关系，而是国家政治舞台上的两个不同角色。政党政治要由国家宪法和国会予以保证和确认；而民族政治同样需要有这样的保证和确认。因此，民族政治并不一定因执政党的更迭而随之变化。西班牙民族自治共同体制度的建立，是宪法与国会确定的，而不是哪一个政党或民族主义组织所能达到的。墨西哥政府与恰帕斯"民族解放军"谈判建立印第安人"自管市"（munic de autogobie），需要提交国会辩论。因此，在资产阶级代议制民主国家里，民族政治和民族政策与政党的作用没有直接的因果关系。民族政治纲领或目标不可能靠获得执政党地位来实现。西班牙巴斯克人和加泰罗尼亚人中的民族主义意义上的政党，随着西班牙自治共同体制度的建立，可以说已经失去了本来的意义。

以党派面目开展民族政治，这给多民族国家带来的负面影响是很大的。一方面，这种做法导致一个民族内部的不和，因为任何一个"民族

---

① 《论少数民族的政治权利》，墨西哥国家生活报——《至上报》1994年2月6—12日。

党"都无法强迫全民族的人参加,更不可能阻止一个民族的人们参加其他党派;另一方面,这种做法又经常导致民族矛盾的激化,因为任何一个"民族党"都无法摆脱自身的少数地位,常常因此突破政党政治的规范走上极端道路。世界上许多地方的民族武装冲突或暴力行为,往往是由于通过正常的政党政治渠道不能实现民族政治目标而发动的。

借助政党外衣开展民族政治,这是以政党政治为唯一基础的传统的代议制民主给多民族国家的政治生活留下的一个死结。解决这个问题的唯一出路只能是对传统的代议制民主加以改造和发展,将民族政治合法地引入国家政治生活中来,为民族政治开辟一条正常的渠道,使民族政治与政党政治并存,同时又将二者分别开来。这是合乎多民族国家政治生活要求的,并且是切实可行和行之有效的。

西班牙是一个多民族国家,其中最为人们熟知的少数民族有加泰罗尼亚人、巴斯克人和加利西亚人,此外还有几个几近同化但仍保留某些特点的历史民族。早在20世纪30年代初第二共和国建立时,西班牙就曾试图引入民族政治,但因后来的佛朗哥独裁而归于失败。1975年佛朗哥时代结束后,西班牙确立了议会君主制政体,引入民族政治的问题再次提出。根据1978年的新宪法,西班牙对其领土和行政进行重新规划,以现存民族、历史民族、古代王国或公国和领地为基础,将全国50个省份组成了17个自治共同体(comunidades antonomas)①。对于引入民族政治之后的西班牙国体,西班牙政治学家胡安·巴勃罗·福西(Juan Pablo Fusi)在他主编的《西班牙自治》一书的序论中认为,它不同于联邦制,并将其总结为"自治制国家"。笔者1992年访问西班牙时,曾向他请教过西班牙自治制度,他反复强调了民族政治与地方政治相结合,是西班牙自治制度的一个重要特征。西班牙引入民族政治自然是有过争论的,首先表现在围绕承认还是不承认不同"民族"(nacionalidad)的存在,曾在政界、法学界和学术界开展过一场讨论,结果是在宪法中正式使用了民族一词。西班牙素以地方民族主义问题突出而闻名于世,但在目前民族主义浪潮在世界其他地方风起云涌的情况下,却显

---

① 这是西班牙1978年新宪法规定的统一命名,各自治共同体政府也都在门牌上如此标示,但中文常见将其译为"大区",似有不妥。

得异常平静，这不能不说是在 20 世纪 70 年代至 80 年代之际引入民族政治的结果。①

在多民族国家的政治生活中，民族问题处理的好坏，直接影响到国家与社会的稳定，西班牙人民对此可以说有正、反两方面的体会。在 20 世纪 60 年代和 70 年代，巴斯克人中的民族分裂主义组织"埃斯卡迪与自由"风光一时，在巴斯克人中不乏支持和同情者。但是，自 80 年代开始，据笔者在西班牙民众中了解到的情况，巴斯克人对这个组织不怎么感兴趣了。以前，巴斯克民众对这个组织不敢说半个"不"字，现在则敢于在公开场合对其进行谴责而不怕打击报复，甚至敢于拒付"革命税"。

与西班牙成功地引入民族政治不同，墨西哥为我们提供了另一种情况。墨西哥有 56 个印第安民族单位，其人口占全国总人口（约 9000 万，1994 年）的 15% 左右。墨西哥官方虽然很关注印第安人问题，花费很多人力、物力帮助印第安人，但却没有很好地解决民族政治问题。墨西哥一直以"族群"指称印第安人，并将他们解释为整个墨西哥"民族"的组成部分，而不是不同的民族。虽然印第安人早就提出建立印第安人议会和政府，分别参加国会和联邦政府，但官方对这种民族政治要求却置若罔闻。不管是否恰当，它毕竟是一种民族政治要求。如不恰当，官方也可以提出另外一种民族政治形式以供讨论。但是，墨西哥官方没有这样做，终于酿出 1994 年恰帕斯印第安人起义的苦酒。为此付出的代价是惨重的：恰帕斯冲突一发生，外国投资与旅游骤减，金融危机如期而至，比索与美元的比值从 1993 年底的大约 3.2∶1 直线下跌到目前的大约 8.0∶1。墨西哥先前是一个被世界普遍看好的投资和贸易场所，经过短短两年的时间，虽说尚未令人望而却步，但也着实令人顾虑重重。

现实的例子告诉我们，因民族政治权利问题没有得到合理解决而造成的民族矛盾，在当代国家中甚至比阶级矛盾显得更加突出，更有可能给社会和国家带来麻烦。代议制民主政治制度还不到为自己在政党政治

---

① 关于西班牙民族和地方自治共同体制度的进一步情况，可参见李毅夫、赵锦元主编《世界民族概论》（中央民族学院出版社 1993 年版）第 13 章中的介绍。

方面的秩序化成就而沾沾自喜的时候，它在民族政治方面还没有建立起与现代多民族国家政治生活的实际需要相适应的民族政治机制。美国历来标榜自己的政治制度民主，但对印第安人提出的争取"主权"这种民族政治要求如何看待呢？是否可以认为，美国也存在着一个有关少数民族的政治民主问题有待解决呢？

民族政治问题是一切多民族国家都存在的问题，是不分什么社会制度的，并且是有一些共性特点的。在民族政治的某些方面，如在土地和其他自然资源的占有方式上，不同的社会制度当然具有不同的解决办法，但民族地方的"自治"与国家权力的"共管"原则，可能是具有普遍意义的，人类的政治文明成果属于全人类。

二 民族主义与地区建构：和平解决地区性民族问题的理性思考

民族主义与地区建构是世界范围内引人注目的思潮和国际现象。在现代国际关系中，民族主义是建构国家利益的文化符号和政治思想，国家利益是民族主义存在和发展的衡量标识，决定国家对外政策的原动力，以及构成国际关系体系的内在动因。众所周知，因地区民族[①]所引发的世界地区性民族问题[②]具有强烈的地区化倾向，争端的发生致使两国或两国以上的国家牵涉其中。出现问题的一方通常希望得到居住在边界另一侧的"同胞"的支持，干涉的一方往往通过政府力量和民间活动等形式参与相关事务的处理，而大国总是会利用各种借口插手其中，争端随之呈现国际化态势，相关地区国家关系和族际关系陷入紧张

---

① 学界对这一概念的界定尚存争议。事实上，使用该概念的著述还不多见。本书所谓的"地区民族"是指跨越国家疆界而居住的民族，通常由"历史民族"经历了若干质的变化后，发展、分化而形成。这类群体既包括跨界民族（people across national boundaries）、居住在岛屿争端发生地区的民族，也包括居住在残存殖民地的民族。它是在人类社会文明进程中，人们共同体的民族过程与人类社会的国家过程普遍发生的一种叠合现象。从政治人类学角度看，基本限定于那些因传统聚居地被现代政治疆界分割而居于毗邻国家领土、领海岛屿的民族。其基本特征为原生形态民族本身为政治疆界所分隔，传统聚居地为政治疆界所分割。作为一种特殊的人们共同体，其自治或独立诉求通常直指领土主权、领海主权等国家的重要物质基础。

② 可理解为地域范围涉及两个或两个以上主权国家的民族问题。其形成是近代列强划分势力范围的结果，众多民族因被人为强行划分到不同的国家而形成了日后以领土为核心的争端。此类问题大都与国家疆域争议相伴随，不仅关系到主权国家的国防建设与国家安全，而且对相关地区的和平与稳定具有重要影响。

状态。

国外学者曾从历史学、政治学、社会学等角度对地区性民族问题进行了介绍和研究，取得了一定的成果，积累了大量宝贵的资料。但人们对从民族主义的角度考察地区性民族问题并未予以充分的重视，对问题产生的民族原因尚缺少深入的分析和认识。比如有人将争端产生的原因仅仅看作是大国争霸的结果；[1] 有人则单纯强调经济利益关系对争端发展态势的影响。[2]

新中国成立以来，国内学者对地区性民族问题的研究日益增多，出

---

[1] 参见 Abdalla Ahmed Abdalla, "Envirironmental Degradation and Conflict in Darfur: Experience and Development Options", in *Environment Degradation as A Cause of Conflict in Darfur*, Conference Proceedings (Khartomun, December 2004), Africa Progress of University for Peace, Addis Ababa, 2006; Helen Chapin Metz (ed.), *Sudan: a country study*, Federal Research Division, Library of Congress, 1991; Dustan Wai, The African – Arab Conflict in Sudan, New York: African Publishing Company, 1983; James Morton, *A Darfur Compendium*, HTSPE Limited, HemelHempstead, UK, 2005; C Townshend, *Northern Ireland's Troubles: The Human Costs*, Clarendon Press, 1983; T. F. O'Rahilly, *Early Irish history and mythology*, Dublin Institute for Advances Studies, 1976; S. Howe, *Ireland and Empire: Colonial Legacies in Irish History and Culture*, books.google.com. 2000; T. W. Moody, The Course of Irish History, Weybright and Talley, 1967; S. J. Connolly, *The Oxford Companion to Irish History*, Oxford University Press, 2002; Donald Chandraratna, *Sri Lanka: Perspective on Resolution of Conflict*, University of Western Australia, 1993; B. Pillai Bastiam, *Survey of Conflicts among Communities in Sri Lanka in Modern Times*, Center for South and South-East Asian Studies, Madras University, 1995; Rohan Guanratna, "Al-Qaeda: The Asian Connection", *The Strains Times*, 4 January 2002; Fred R. Von Der Mehden, *Tow World of Islam: Interaction Between Southeast Asia and the Middle East*, University Press of Florida, 1993; Aspects of Islam in Thailand Today, http://www.isim.nl/newsletter/3/3regional/4.html; Abdullah Ahmad Badawi, *Islam Hadhari*, MPH Group Publishing Sdn Bhd, 2006; Soliman M. Santos, *The Moro Islamic Challenge, Constitutional Rethinking for the Mindanao Peace Process*, University of the Phillippines Press, 2001。

[2] 参见 Wei chin Lee, "Troubles Under Water: Sino-Japanese Conflict of Sovereignty on the Continental Shelf in the East China Sea", *Ocean Development and International Law*, 18, 1987; G Edwards, S. Stavridis and C. Hill, *Domestic Sources of Foreign Policy: Europe and the Falkland Islands Conflict*, Berg Publishers, 1996; Trickett, P, *UKRep and the Falkland Islands Conflict Driving the Machine*, http://hdl.handle.net/10068/397228, United Kingdom, 05 Humanities, Psychology and Social Sciences, 1999; D Scarr, *The History of the Pacific Islands: kingdoms of the reefs*, Palgrave MacMillan, 1990; Orent and Qeinch: "Pacific Ocean Islands. Sovereignty," *American International Law Magazine*, Vol. 35, 1941; The Clippertt on *Island Arbitration Case*, 1932, UN Reports of International Arbitration Awards, Vol. 11; International Court of Justice Reports, 1969, Papers; The Conference Records of Proceeds, US State Dept Publication, December 1952; Orent and Qeinch: "Pacific Ocean Islands. Sovereignty," American International Law Magazine, Vol 35, 1941; M. Leifer, *The security of sea-lanes in South-East Asia*, Routledge, 1983; L Jae-Hyung, Contemporary Southeast Asia, 2002; M. S. Samuels, *Contest for the South China Sea*, Methuen, 1982。

版了一些专著，发表了许多文章。但是从民族主义角度，特别是从民族主义与地区建构关系的角度考察地区性民族争端的著作、文章还不多见。①

有鉴于此，本节试图通过分析民族主义与地区建构的相互关系，以及世界地区性民族问题对当今国际政治的重要影响，探讨解决此类争端可遵循与采取的原则和措施，以期能抛砖引玉，使更多的人关注地区性民族问题，为地区性民族问题的和平解决、探求实现冲突地区国富民和的路径，提供点滴参考。

（一）国际体系变迁中族际关系的理论框架

全球化语境下，国际体系的变迁构成了国家和地区变迁的重要背景，二者形成相互建构的关系。在国际体系框架下，民族国家和地区同样也是互为建构的关系，国家利益和共有的认同是该建构过程的基础变量。它们可以说明民族主义的动力、地区建构的形式，以及它们之间互动关系的结合点。作为当今国际体系结构重要国际现象的全球化对民族主义与地区建构构成了建构性语境，全球化为二者的互动形式提供了参照物。从共有认同的形成来看，民族主义的形态和本质可以决定地区建构的形式、内涵与性质，地区建构反过来能够影响民族主义的形态与实质。从某种程度上说，地区建构主要是国家政策协调的产物，国家政策

---

① 参见葛公尚《当代国际政治与跨界民族研究》，民族出版社2006年版；葛公尚《试析跨界民族的相关理论问题》，《民族研究》1999年第6期；葛公尚《当代政治与民族问题》，中央民族大学出版社1995年版；宁骚《民族与国家：民族关系与民族政策的国际比较》，李毅夫、赵锦元主编《世界民族概论》，中央民族学院出版社1993年版；周星《民族政治学》，中国社会科学出版社1993年版；王逸舟《当代国际政治析论》，上海人民出版社1995年版；胡起望《跨境民族初探》，中国社会科学出版社1995版；刘稚《跨界民族的类型、属性及其发展趋势》，《云南社会科学》2004年第5期；范宏贵《中越两国跨境民族》，《西南民族历史研究集刊》1984年第5期；黄惠焜《跨界民族研究论》，《云南民族学院学报》1997年第1期；胡起望《跨境民族探索》，《中南民族学院学报》1994年第4期；姜永兴《我国南方的跨境民族研究》，《广东民族学院学报》1988年第10期；杨金森、高之国《亚太地区的海洋政策》，海洋出版社1990年版；王玉玮《岛屿在国际海洋划界中的作用》，《河南省政法管理干部学院学报》2002年第2期；袁古洁《国际海洋划界的理论与实践》，法律出版社2001年版；陈克勤《中国南海诸岛》，海南国际新闻出版中心1996年版；刘清才、孔庆茵《亚太地区领土争端的成因及其解决方法》，《东北亚论坛》2003年第3期；韩占元《试析解决领土主权争端的有效控制原则——兼论我国的无人岛屿主权争端问题》，《太原师范学院学报》（社会科学版）2008年第3期。

的协调实际上是国家利益的协调,是民族主义的调和。

1. 国际体系变迁中民族国家与地区的定位

国际体系是国际政治行为体之间相互作用形成的对立统一的有机整体。① 在国际体系中,国家是最主要的构成体,地区是国际体系主要的子系统。国际体系的建立与形成,对于置身其中的行为体具有重要的影响。体系的性质决定了行为体的目标、利益和行为方式,体系的变迁是行为体权力和力量分配的反映。在国际关系发展史上,体系、地区与国家的互动构成和决定了地缘政治的运行态势,以及族际与国际关系的发展轨迹。

全球化是超越民族国家疆界的产品、人力资源、理念等要素的广泛流动及其重要性的不断增加。它不仅意味着国家主权观念、国家利益、国家的政策取向等获得重新界定的重要氛围,而且意味着国际体系结构形态与性质的可能变动。"机遇与挑战并存"已成为公认的全球化特性。其衍生后果取决于国家与国际社会反映的方式及其效果。在国际关系语境下,民族国家及其互动既是全球化的"形成者",也是全球化的"适应者"。

在族际关系语境中,"地区"是一个具有政治、历史和文化意义的实体。地区性族际关系的建构一般是地域内民族国家在内外背景的影响下互动的结果。

随着全球化时代的到来,人们对地区的认识发生了改变。地区主义和全球主义是冷战结束以来国际关系研究中引起普遍争论的两大问题,是对全球化语境下的国际关系结构和现状发生重大变化的概括和总结。冷战结束之前,地区常常被看作是介于全球层次和民族国家之间的中间层次,是行为的层次和空间,而不是行为体。但随着全球化进程的不断深入发展和地区性的提高,地区逐渐成为一个多种共同因素塑造出来的、有着地缘色彩的国际关系概念,是国际体系中现实存在和正在出现的一种以经济合作和解决共同问题(如市场、发展、安全和生态)为目的的区域性次级国际体系。它拥有自身权利的行为体,"正在从客体

---

① 参见梁守德、洪银娴《国际政治学理论》,北京大学出版社2000年版。

转变为主体"，国际政治已经成为"一个地区的世界"。①

作为全球和民族国家的中间地带，地区对国际体系的变动具有重要影响。地区意识形态趋势的兴起，制约着地区内各国和其他政治力量变体或为其创造发展机会。由此产生了超越地区的影响，在地区政治中具有利害关系的领域，非地区行为体因相互依赖关系对重大的地区变迁做出反应，相关的理念、经济或技术等随之扩散到整个地区，并影响着其他地区的政治。② 地区内民族国家通过地区对焦点国家的变迁做出反应的形式在地区蔓延，即使全球变迁的条件不存在，世界也将发生变化。

同时，地区与地区内的民族国家具有紧密的关系。地区内民族国家的变化会对地区，乃至全球体系产生不同层面、不同程度的影响。相关的范围和程度取决于作为行为体的民族国家在国际体系中的现实地位。民族国家对利益和政策的界定取向是产生变迁的主要途径。一个国家的变迁会导致地区甚至全球的变化。当这样的国家发生变迁的时候，外在的环境以不同的方式做出反应。首先，地区里具有既得利益的外部力量可能做出反应。其次，变迁的精神或理念可以扩散到整个地区。

地区从客体变为主体的条件就是由地理单元逐步发展为安全共同体。卡尔·多伊奇于 20 世纪 50 年代提出了两种安全共同体概念：合并型安全共同体和多元型安全共同体。前者是指由原来相互独立的各政治单元组成一个有统一政府的单一安全共同体，后者指由彼此分离并在法律上保持独立的政府组成的安全共同体。③ 曼纽尔·阿德勒和迈克尔·巴奈特继承和发展了多伊奇的理论，将安全共同体定义为由主权国家组成的跨国地区，在该地区内的人民对和平变革有着可靠的预期；同时，依据共同体内互信和制度化水平，将安全共同体划分为松散的安全共同体和紧密的安全共同体。多元安全共同体要求成员间能确保彼此不会开战，可通过其他途径妥善解决彼此间的争端，其前提是一组国家存在持

---

① 参见 Bjorn Hettne, "Development, Security and World Order: A Regionalist Approach", *The European Journal of Development Research*, Vol. 9, Issue 1, June 1997, p. 97。

② 参见 Zeev Maoz, *Domestic Sources of Global Change*, The University of Michigan, 1995, p. 18。

③ 参见詹姆斯·多尔蒂、小罗伯特·普法尔茨格拉夫《争论中的国际关系理论》，阎学通、陈寒溪等译，世界知识出版社 2003 年版。

久的积极交往和互动关系,这种关系造就了共有的认同,排除了使用武力解决争端的可能。安全复合体不仅包括已经存在安全共同体的地区(如北大西洋),也包括尚不存在安全共同体的地区(如南亚)。在安全复合体存在的地区里,安全互动也是紧密的,但起决定作用的是竞争和敌对而不是合作的逻辑。① 地区安全共同体的特点体现为,共同体的成员拥有共有的认同、价值观念和思想意识;成员之间在广泛的领域有着直接的联系和交往;以及共同体表现出着眼于长远利益的互惠及体现责任和义务的利他主义。共同体的成员之间通过非武力途径解决地区争端,采取共同行动解决威胁本地区安全的问题。

2. 国家利益、国家政策:地区建构中的民族主义的动力与外在表现

民族主义与国家利益、国家政策之间存在密切关系。国家是民族的最高代理人,是维护民族属性和实现民族目标的基本载体,民族主义因此在界定国家利益、国家政策的过程中具有决定性的影响。在国际关系语境下,国家利益应是民族利益的体现,国家政策是体现国家利益的基本途径。

(1) 国际关系语境下的民族主义。

多年来,民族主义一直是中外学者关注的话题。民族主义内涵随着民族主义的扩展而铺陈开来。各国学者都在不同程度上给民族主义加进了新的内容,使人们对民族主义的理解进一步复杂化。有关民族主义的基本概念理论、运动和内涵的认识众说纷纭。

从理论上讲,作为民族的信条,民族主义强调民族与国家的关系,本质是民族国家的内部事务或国家的基本属性,内涵主要包括从本族利益出发的社会和政治运动、属于本族的情感或意识、本族的语言和符号体系以及国家的建立和发展过程等。② 国家是民族的代表,国家利益是民族意志的体现。民族主义的内涵是国家属性,民族主义的表现形式往

---

① 参见 Bjorn Hettne, "Development, Security and World Order: A Regionalist Approach", *The European Journal of Development Research*, Vol. 9, Issue 1, June 1997。

② 参见 Anthony D. Smith, *Nationalism: Theory, Ideology, History*, Polity Press, 2001, pp. 6 – 7。

往以国家行为的面目出现。

虽然学界对于民族主义的界定一直未能达成共识，但是民族主义表现形式的多样性和与生俱来的反应机制（对外部环境变动所做出的主动反应，包括寻找应对策略等）是为世人所公认的。西方思想家们提出了两种理想的民族主义形式。一是公民民族主义，它建立在认同感的基础上，主体为那些因共同的诉求被联系在一起的共享公民机制的人，其诉求被尤尔根·哈贝马斯（Jurgen Habermas）称为"宪法的爱国主义"①。公民民族主义认为，民族是开放的，所有认可公民机制的人都可以自愿加入。二是族裔民族主义，强调由历史，甚至是基因决定共同体的自决，这种共同体具有文化上和渊源上的归属感。人们通常认为，民族主义是19世纪产生于欧洲的一种学说，"大体上是工业化及伴随它而来的民族与平等意识形态的产物"②。有些学者认为，民族主义可划分为"温和"与"邪恶"两种形态。但是事实上，此种两分法在理论上回避或否定了民族主义在政治实践中存在的各种可能性。有学者将这种做法理论称为"内在绝对性理论"③。尤尔根·哈贝马斯指出，无论"民族主义"曾经在反殖民主义的斗争中以及在福利国家的建设中发挥过怎样的作用，"现在它已死去"，"制度爱国主义"取而代之并开始发展了。④我们以为，这种结论值得商榷。应该说，民族主义的形式与内涵会随着社会背景的变化而变化，它是一个形态多样、内涵丰富的国内和国际现象，它以历史和文化为基础，以现实经济—政治生活为平台，但是，它与政治、经济、文化等要素并非一定构成因果关系。西方的国际政治理论对民族主义问题一直没能给予应有的关注。⑤民族主义关注的重心在民族国家。但就民族主义发展的历史阶段来说，历史上民族国家刚刚开

---

① 参见 Jurgen Habermas, *Between Facts and Norms*, Cambridge: Polity, 1997。

② Anthony D. Smith, *Nationalism: Theory, Ideology, History*, Cambridge: Polity Press, 2001, pp. 6 – 7.

③ Howard Caygill, *Walter Benjamin: The Colour of Experience*, London: Routledge, 1998, Chap. 1.

④ 参见 Jurgen Habermas, *Between Facts and Norms*, Cambridge: Polity, 1997, Appendices 1 and 2。

⑤ Rodney Bruce Hall, *National Collective Identity: Social Constructs and International Systems*, New York: Columbia University Press, 1999, p. 3.

始建立时期的民族主义和全球化时代的民族主义具有很大的差别，全球化的特点是跨越民族国家边界，而且民族主义本身又和不同的地区文化社会环境结合，这样一来，世界不同地区的民族主义意识就有着很大的不同。在欧盟的框架内发展起来的民族主义已经是一种丧失了其原有的政治诉求的民族主义，而在东亚，民族主义则和亚洲近代以来的历史社会文化环境结合，产生了一种应急型的、保守型的民族主义，它保护了东亚各民族国家在政治和文化上的特质，为东亚各个国家提供了一种政治上的合法性。[①]

在国际关系语境下，在强调民族主义的国内维度的同时，还需关注它的国际维度。国家间的民族主义既可滋生冲突，也可推动合作。共同利益和共有认同是这一过程的产物，地区建构的形成因此获得了前提。地区建构的形态与性质为民族主义的重新界定提供了背景，国家利益和认同观念获得了新的语境和对象。在这种背景之下，民族主义可以成为维护和促进国家利益的重要的政治意识形态，在符合民族主义所关注的国家根本利益的前提下，民族主义的形态和内涵并不是僵化的，国家可以采取各种合适的手段和途径以满足自身的利益要求。地区建构因此获得了发展的动力。当然，国家间既可以建构共同利益，也存在着利益冲突。民族主义对这些特殊利益给予了特别的关注，国家间的冲突和地区建构的发展可能因此而引发、延缓。

在国际关系语境下，国家间的民族主义"反应机制"是互动的。在国际体系结构下，民族国家以追求国家利益为出发点参与到竞争的国家间关系中。在对抗、协商、合作、战争等互动形式下，民族国家不断做出有利于自己的反应。通过双边互动、地区多边互动和全球多边互动的方式，民族主义的反应机制在国际关系语境下得以实现。

当然，民族主义的反应机制可使其因循多种形态演进。大体上说，在国际关系语境下，对抗、保守和合作三种形态是存在与发展的主要类型。战后，对抗型民族主义曾经在新兴民族国家的独立进程中发挥了重要作用。保守型民族主义是一种被动的民族主义，认为"锁国"是维

---

① 参见 Richard N. Hass, "What to Do With American Primacy", *Foreign Affairs*, Vol. 78, No. 5, 1999。

护国家主权和国家利益的最佳选择。在全球化不断深入的当今世界，选择游离国际体系之外的国家已屈指可数。随着国际体系结构的逐步稳定和国际准则的普遍施行，合作型民族主义在国家间的互动中通过民族主义的反应机制而逐渐成为国家政策及对外观念的主流，国家间的共同利益和共有认同得以构造，国际合作获得了来自民族主义的动力。

目前，民族主义意识面临着来自超国家的、次国家的认同意识的挑战。如果我们不能正视民族主义意识发展中的问题，那么民族主义意识的发展就有可能偏离正确的轨道，而这种非理性的民族主义意识必将给民族国家带来消极的影响。由于特定的历史文化环境，民族国家对于国家主权有着比较强烈的依赖，正是这种民族主义发展类型和阶段的差异导致了民族国家在未来的民族主义意识有着不同的选择。民族主义是民族由自为进入自主的一种推动力，民族主义依其构建国家方式的不同，对现实国家有不同的影响；民族主义内整体利益与个人权利之间的关系对国家制度建构具有重要作用。要防止民族主义的负面影响，现实中的民族国家应加强其合法性，并且创建一种综合性文化。

（2）国家利益：地区建构中的民族主义的动力。

国家利益是一个难以给出明确界定的概念。它涉及的内容十分丰富，其构成要素不具有可操作性。就其界定和实施途径而言，在理论和实践上都存在许多值得探讨的东西。但其内涵所含指的内容则是公认的——涉及国家存亡的因素通常都应属于它所包含的范畴。根据《现代汉语词典》的解释，"利益"的词义是"好处"。[①] 在国际关系中，行为体所追求的"好处"是极其多样的，可能涉及政治、经济、军事、文化、生态环境等不同领域，从地方到全球的不同范围。不同的行为体可以共享某些利益。国家的生存与发展需要国土、人口、主权、和平的周边环境、充分的能源供应、平等的贸易关系等条件，主权国家的基本职责或义务都是尽可能多地得到"好处"。有人认为，国家现实存在的需求和欲求即可视为"国家利益"，通常指国家相对其他国家而言的基本

---

① 参见中国社会科学院语言研究所词典编辑室《现代汉语词典》，商务印书馆1983年版，第698页。

需求。① 有人指出，国家利益即权力、权利和利益，"是国际政治的动因和直接目标，是各国参与国际政治活动和扮演行为体角色的出发点和归宿"②，包括相互影响制约、部分主次和不可分割的国家安全权益、国家政治权益、国家经济发展权益和国际社会中的平等互助权益。2000年，美国国家利益委员会发布了《美国的国家利益》报告，其中将美国国家利益分为生死攸关的国家利益、极端重要的利益、重要的利益等不同层次。③

事实上，由于对国家生存和发展构成影响的因素的纷繁复杂，以及概念界定者利益出发点的差异，要对国家利益给出一个具有普遍性的、明确的界定是比较困难的。每个国家都是特定的和独一无二的。每个国家都有它要完成的历史使命。它的命运和使命是不能选择、改变或拒绝的，因为这些东西是深深地植根于特定国家的文化、历史和地缘政治地位之中的。不能追随其使命的国家注定要衰落，并最终会崩溃。政治领导的目标就是揭示这种使命，精心地阐述它并把它灌输于社会之中。政治家的智慧就在于他们能以适当的方式就国家的长远未来建构这种国家利益概念。这种方法使国家利益变成了一个价值和信念的问题。从建构主义者的角度看，国家利益是由国际共享的规范和价值塑造出来的，规范和价值构造国际政治生活并赋予其意义。从国际关系学的角度看，国家利益的界定与国际体系密切相关。

（3）国家政策：地区建构中民族主义的外在表现。

民族主义发展的核心是国家政策，国家政策是民族主义的外在表现。民族国家和民族利益概念在国家政策中得到体现，随着国家合法性的加强越来越大众化，主权国家的多元化必须日益加强。只有国家才能用民族的概念统一普遍主权的概念，以满足人民主权的要求。民族共同体是有文化特性和经济政治利益联结在一起的，国家为寻求民族利益就需要不断地肯定这种联系。如要获得合法性，民族国家必须制定各种为

---

① 参见 Frederc S. Pearson and J. Martin Rochester, International Relations, New York: McGraw-Hill, 1998, pp. 170 – 179。

② 参见梁守德、洪银娴《国际政治学理论》，北京大学出版社2000年版，第81页。

③ 参见 The Commission on America's National Interests, July 2000, http://www.nixoncenter.org/publications/mono.graphs/nationlinterests.pdf。

民族群体的不同部分的利益服务的政策。国家政策能否在民族之间体现出公正和平等，大体上决定了民族与国家的关系形态，以及政权合法性的程度。

在国际关系语境下，国家政策是体现国家利益的基本途径，民族主义是国家政策制定过程中的核心理念，其宗旨为国家利益是对外政策的出发点和归宿。作为一种思想或观念，以及最终为国家利益服务的途径或手段，地区建构是合理的；但作为一个具体的政策目标则是非理性的，不仅有悖于民族主义所要求的民族国家利益高于一切的宗旨，也有悖于主权独立的国际体系和国家是民族最高代理人的使命。

（4）民族主义与国家利益、国家政策的相互关系。

民族主义与国家利益、国家政策之间存在着互动关系。现实主义、功能主义、新功能主义、新马克思主义往往将民族主义视为国家内部的事务，忽视了民族主义在国家政策制定过程中的重要作用。事实上，民族主义与国家利益、国家政策之间存在的密切联系是不能否认的。民族主义的表现形式和本质内容对国家利益、国家政策的内涵具有相当的规范作用。

通常说来，在国际关系语境下，民族主义是建构国家利益、国家政策的文化符号和政治思想，国家利益是民族主义存在和发展的衡量物，是决定民族国家对外政策行为的原动力和外在表现，是构成国际体系的内在动因。换言之，国家必须体现民族的意志，促进民族利益。在民族与国家的相互建构中，国家获得了统治人民的合法性，民族集团获得了可以代表他们利益的归宿。在民族国家中，国家利益、国家政策应是各民族利益的叠合，是不同民族集团对国内问题和国际环境享有一致或相近认知的产物。国家利益、国家政策的建构作用通过各民族应对共同的非安全因素而组建的联盟或联合而得以形成。

在当今地区性民族问题的发生地区，理念上的国家利益、国家政策的内涵与现实中各民族对国家利益、国家政策的认知相去甚远，作为各民族利益叠合的国家利益、国家政策，对各族体而言还是模糊的、不确定的概念，一种尚未被全体人民所认同的思想理念。比如，在地区民族占人口大半的阿富汗，其民族主义的表现形式主要包括：大民族主义，即强调主体民族普族人的政治、经济、社会和文化权利;① 民族权利主义,其主要依据是血缘和语言,目标是寻求本民族地方自治或实现分裂;② 宗教民族主义,主要是指一些宗教或教派突出强调本教或本派的优势、排斥和打击其他教派的狂热信念和行为,其目标是建立一个宗教性的世界秩序。③ 阿富汗民族主义特有的表现形式,界定了不同民族主义在国家重建中的具体目标指向,也界定了不同民族集团的利益疆界。各族往往将对本族利益的获得与保护放在首位,对自己族体的忠诚超越于对民族国家的忠诚。

可见,国家利益、国家政策是分析民族主义的关键因素,是民族主义的动因和外在表现。民族主义的表现形式和本质内容对国家利益、国家政策的内涵具有相当的规范作用。在国际关系语境下,国家利益、国家政策应是民族利益的体现。国家利益的基本内容是国家安全和经济福利。在当今国际关系交往中,对国家利益的关注已成为各国制定国家内、外战略政策的重大依据。能否实现国家利益、地区利益的最优化已为合作型民族主义所普遍关注。同时,如何在国内、国际环境整合中,在实现国家利益最优化的前提下,协调国家利益与地区利益的平衡已变得十分重要。

(5) 国家利益、国家政策与地区建构。

在国际体系中,国家之间的互动不仅塑造着国际体系的结构,而且塑造着国家利益、国家政策。国家通过在国际互动关系中建构了共同的利益而参与到地区建构进程中。在当今的国际体系中,国家利益、国家政策在地区建构过程中的作用主要体现为:

其一,相近的地理位置和相似的文化传统,使得同一地区的国家观念具有更多的相似性,地区合作易于形成。随着全球化时代的到来,地区与地区主义正在成为当代世界政治的核心。同一地区不同国家具有的相似

---

① 参见 Anders Fänge, "Afghanistan after April 1992", *Central Asian Survey*, Vol. 14, No. 1, 1995。

② 参见 David B. Edwards, "Learning from the Swat Pathans: Political Leadership in Afghanistan, 1978 – 1997", *American Ethnologist*, Vol. 25, Nov., 1998。

③ 参见 Nazif M. Shahrani, "War, Factionalism, and the State in Afghanistan", *American Anthropologist*, New Series, No. 3, Sep., 2002, pp. 715 – 722。

文化传统，成为参与地区合作的国家形成共有知识的主要条件。冷战结束以来，经济全球化、地区集团化进程加速，成为两大历史潮流。全球化是世界范围内的互动体系，本质是全球集中趋势，兼具分散趋势，而地区化（区域化）则主要表现为集中趋势。从全局看，地区化是全球化的有机组成部分，在深度和广度上都大大高于全球化。从长远看，地区化是通向全球化的阶梯，是全球化漫漫征途中的中继站，地区化与全球化在本质上是相互依存、相互补促、相互制约、同步进行的，两者是矛盾的统一体。区域化，特别是区域集团化，总带有些排他性，在某种程度上阻滞全球化，但是地区化几乎都是开放性的，都是互动的，都要融入全球化，而不愿作茧自缚。全球化和区域化会并行不悖地迅猛发展下去，需要加以协调，以求得共同的健康发展。地区化的国际政治意义主要体现在安全的地区化及其影响方面。地区国家合作的主要原因是应对共同的不安全因素。包括来自地区内的威胁，可以是一个具有威胁性的国家或组织，也可以是一个能够引发动荡与冲突的事务，地区内各国或组织都将其视作各自安全、地区稳定与和平的决定性问题，因而处理这种地区的威胁处于这些国家或组织安全议程中的优先地位。安全的互动在本性上是自发的，即使国家间不存在任何互动关系，一个有威胁的国家、组织或一个事件也会影响到其他国家的安全，地区内也会有很强的安全联系与相互依存。也就是说，安全的地区化既是有意识的政策结果，也是一个由安全问题的本性与逻辑所决定的自动进程。地区安全互动的后果（代价或收益）更多的是在地区范畴之内，而非直接扩散到全球层面上去。地区内的安全相互依存关系，在地区社会间创造出了"安全外在性"。在地区安全的战略与制度方面，主要是由地区内的国家或者通过力量的相互牵制，或者凭借集体协调与合作来处理所面临的地区安全挑战。当然，在一个相互渗透和不断全球化的世界中，外部力量对地区安全事务的参与和影响是不能排除的，甚至是日益加强，但安全地区化意味着它们不会成为地区安全与稳定的根本源泉。同时，在地区社会中的中小国家在希望获得发展、安全和参与地区社会中的有关决策的需求方面有着诸多相似性。与超级大国的全球战略相比，中小国家更关心其周边或其所在区域的安全、发展。中小国家实力的提升和现实国际关系中政治、经济等参与程度的相对滞后，必然造成这些中小国家对一定地区内大国所主导的秩序、规则的认同落差。这种落差往往使这些国家产生"挫折感"。与此同时,尽管中小国家的综合国力与其历史上相比较获得了较大发展,但贫富差距继续拉大。"在整个世界上,在收入和财富的分配上存在巨大的不平衡,而且随着全球信息流动的日益加快,对这种不平衡的认识也在逐步加深。世界上任何一个地方的人都可以将其与最富裕的发达社会相比较,而且他们迫切地要缩小收入和消费上巨大的差异。这些不平衡不解决,势必会带来越来越多的不满。"这种"挫折感"和"压力"如果没有相应的缓解机制就会引起国际社会的不稳定。冷战后,随着全球性政治议题与危机的相对弱化,随着国家自主意识的释放,中小国家的参与需要得到了进一步的张扬。

其二,共有的利益观念使得国家之间可以彼此信任,协商解决问题。20世纪末期以来,全球性的政治议题与危机相对弱化,地区冲突、地区灾难、地区经济的发展趋势日趋强化。世界各国从两极体制下解脱出来后,它们的被压抑的活力主要释放于所在区域,逐渐构成地区性的行动集结体,经济地区主义与安全地区主义空前发展,冷战时期的东西方意识形态对立与军事对抗,转向地区多边经济合作与安全合作。在世界发展进程中,多数事态具有区域意义而不是全球意义。对于大多数人与国家来说,全球事务显得过于遥远与空泛,他们宁愿把注意力集中于直接关系到自身安全、稳定、发展、福利的周边区域,周边关系更能体现唇齿相依、生死与共的切身利益关系。

其三,地区化所招致的国家利益的重新界定,推动了地区化的深入发展。大多数国家从其以往的经历中认识到,在民族国家体系有限的伸展余地内,国家自我利益和主权的单边认定通常会导致自取灭亡的结果。彼此相邻的国家过分追求自身的安全,实际上是在合力营造更为广泛的不安全氛围。① 致力于大欧洲建设的欧洲人已清楚地感到,为避免因极度坚守国家利益而导致的系列战争,只有把彼此的主权联系起来,对自身的本能要求加以限制,才能有效实现国家主权的根本目标,并获得安全的生存与发展空间。在地区的框架下,民族国家的经济被融入地区经济中,共同的民族经济政策使其得以保持密切的合作关系,主权的

---

① 参见 Miles Kahler, *The Survival of the State in European International Relations*, in Charles S. Maicr, ed., *Changing Bounderies of the Political*, Cambridge University Press, 1987。

作用在合作中得到发挥。尽管国家的本质是私利的,但在彼此依赖、武力不再起主要作用的条件下,各国有可能通过合作的方式来解决利益冲突或者促进共同的利益。欧洲一体化过程也是欧洲联合机构的权限和范围不断扩大的过程。"煤钢联营共同体"既有重要的经济意义,也有巨大的政治意义。从"煤钢联营共同体""原子能共同体""欧洲防务集团""欧洲共同体"到"欧盟""欧洲防务联盟",这种机构的变迁是欧洲联合成就的明显标志。这些联合机构在维护民族国家的利益,协调、保证其共同发展方面发挥了日益重要的作用。1958—1970年,欧洲共同体成员国间的贸易额增长了6倍,1970年其国民生产总值超过了苏联,1995年欧盟的国民生产总值增长到7.5万亿美元,有人因此预言,联合的欧洲将会成为新的超级大国。① 当然,地区合作并不意味着各民族国家之间所存在的矛盾已经终结。其政治生活中的敌对情绪和互相竞争不会因它们组成联盟而消失。互相竞争和权力平衡是欧洲民族国家政治生活中的正常现象。② 宪政民主制度下的内部团结,是通过为各种政治力量的相互竞争提供一个相对合理的框架来实现的,这个框架确立了限制强国、保护弱国与推动共同利益发展等一系列原则。欧洲人构建欧盟的出发点在于为其成员国提供一个制度性框架,保护各民族国家的权力,促进共同利益的发展,而并未寄希望于消除欧盟属下各民族国家原有的矛盾。地区合作是自愿形成的,它不应也不能剥夺和损害各成员国的自由、尊严、利益和权力。对于作为其成员国的诸民族国家而言,加入合作共同体并非意味着要抛弃国家利益,而是要在确定国家利益时,可相对合理地考虑和处理本国利益与其他民族国家利益的关系,在形成国家利益时自觉地与他国进行对话,防止一个占有绝对优势的国家出现。

3. 认同模式的转变:地区建构中的民族主义实践过程

地区建构的实质是国家间建立地区认同的过程,也是民族主义的实

---

① 参见 K. 沃尔兹《国际政治理论》,胡少华、王红樱译,中国人民公安大学出版社1992年版。

② 参见 Lord Gladwyn, *World Order and State-Nation*: *A Regional Approach*, in Stanley Hoffmann, ed., *Conditions of World Order*, New York: Simon & Schuster, 1970。

践过程。对于分属于不同国家的地区民族及其民族国家而言,这是一个将认同对象从民族转变为民族国家、从民族国家转变为地区的过程。

认同一词译自英文"identity",是一个学科交叉术语。"identity"一词的词源是拉丁文"idem",起初主要用于代数和逻辑学,曾一度属于哲学范畴,后为心理学所借用。心理学注重个体研究,往往集中关注个人认同,人类学、社会学、政治学则侧重于从群体层面出发,研究个体对群体,以及群体对群体的认同归属。弗洛伊德将儿童把父母或教师的某些品质吸收成为自己人格的一部分的行为称为认同作用,用以表述个人与他人、群体或模仿人物在感情上、心理上趋同的过程,是一种个体与他人有情感联系的最早的表现形式。随着心理学学科地位的不断提升,以及对认同研究的深入,认同的外延不断扩展,认同一词被广泛应用于人文和社会科学领域。20 世纪 50 年代,随着身份认同问题的出现被广泛使用开来。[①] 它的生成意义在于创建有关"我们是谁""我们与他人差异"方面的概念。

民族认同是国家认同的基础,国家认同是国家利益的重要组成部分,从某种意义上说,是国家存在和延续的关键。实现从民族认同到国家认同的转变过程,也是民族国家的建构过程。这一过程的完成,是主权国家的基本属性和必然要求。

民族认同的建构是一个持续、动态的进程,表达了民族成员强烈的归属感。民族政治认同诉诸法律和权力,统合不同的族裔,实现国家公民的普遍权益;民族文化认同借助历史与文化凝聚民众,抵御他者,捍卫民族身份的特殊性。两者互相借重,互相依存,共同推动民族共同体的发展。问题的焦点在于民族文化中的族裔内核。现代民族国家几乎都是多民族的国家。一般而言,主体民族的文化成为国家文化的主体,其他民族的文化或被同化,或被兼容其中。[②] 一旦族体间的力量对比发生显著变化,新的文化诉求就会出现,直接威胁到民族认同的维系,"集

[①] 参见 Philip Gleason, "Identifying Identity: A Semantic History", in *The Journal of American History*, Vol. 69, No. 4, March 1983。

[②] 参见 Anthony D. Smith, *National Identity*, p. 39。

体认同倾向于以扩张或收缩的方式来填补政治空间"①。

民族认同的出现改变了国内的主权认同。被界定和分割的民族拥有固有主权的自决权的理念，对于国际和国内的社会规范、规则和原则都已经具有了因果关系。民族认同最普遍的基石是语言、宗教、族裔。民族主义者通常利用这些特征作为划分不同民族的特性，并使之成为民族国家合法化的根源。②民族主义的动力在于利用一套神化、记忆等符号，在民族领土范围内将公民共同体团结起来，并将之融合在一种可以认同的文化共同体之中。

但是，民族认同并非经久不变。它在表现出高度稳定性和连续性的同时，也在不断地演变。引起民族认同演变的有诸如战争、征服、流放、奴役和移民等多种原因。大体上看，这些原因可以分为两大类：一是历史性的，二是社会性的。从历史性原因看，民族认同产生于特定的历史情境之中，因而不可避免地打着鲜明的历史烙印，其文化诉求随时代的交替而更变。从社会性原因看，同一时代社会结构的变化也会导致民族认同的演变。社会结构的变化主要取决于社会政治力量分布的改变，而国内和国际社会结构的重组都可以引发连锁反应，导致民族认同的演化和变更。民族认同流变本身并不一定是件坏事，但我们要区分流变的不同性质。对于民族来说，遗忘与记忆同样重要；有选择的记忆以及大量的遗忘直接关系到它的生存。不应拒绝那些能够为民族共同体注入新的活力、增进民族自信心的积极的演化，而要抵制那些打断民族的连续性，特别是那些以非法的政治权力强行扭曲民族意志，伤害民族情感，造成民族身份异化的蜕变。③

伴随着18世纪专制国家的种种行为的实施，现代意义上的国家主权认同开始出现。国家认同是国家利益建构的结果。国家认同的出现，改变了帝国主义的行为和社会目的。国家认同不仅动员了整个社会，而且转换了国家的经济结构。民族国家认同作为现代主权国家的基本属性

---

① 参见 Donald L. Horowitz, "EthnicIdentity", in Nathan Glazeretal. eds., *Ethnicity: Theory and Experience*, Cambridge: Harvard University Press, 1975, p. 137。

② 参见 Ernst B. Hass, *Nationalism, Liberalism, and Progress: The Rise and Decline of Nationalism*, Cornel University, 1997, pp. 30–40。

③ 参见 Anthony D. Smith, *National Identit*, p. 25。

先后为统治者界定国家利益的主要原则。在当代国际关系体系下，国家竞争实质上是争取认同的竞争。

民族国家认同，简单地说，就是指一个人确认自己属于哪一个国家以及这个国家究竟是怎样一个国家的心理活动。观念塑造并影响着国家的利益与国家认同，观念的变化意味着国家利益的变动，观念的变化意味着认同的改变。如果说国家制度是现代国家构建所必需的"硬件"，那么国家认同就是"软件"。国家认同是一种重要的国民意识，是维系一国存在和发展的重要纽带。国家认同是现代国家的合法性基础，为国家这一共同体维系自身的统一性、独特性和连续性提供保障。国家认同是民族国家通过政治与文化的动员来建构共同意义的过程。在所有形式的集体认同中，它最具根本性和包容性。国家认同不仅确立了民族国家的身份，而且还使它获得巨大的凝聚力和复原力，对其统一与稳定起着至关重要的作用。

民族国家认同的危机孕育于国家构建的进程之中，通信等被用来融合或同化其公民的工具，"反过来成为反对民族国家的工具"，其合法性因此受到质疑。① 民族国家为应对挑战，一方面，通过强化国家力量，树立民族主义意识增强人民的凝聚力；另一方面，可以通过地区化、国际化的方式与其他国家一起解决普遍关心的问题，以缓解国内压力和地域来自国际层面的挑战，地区认同随之形成。

从国家认同到地区认同过程是地区建构的过程。多边主义承诺、安全合作与地区特有的成员资格标准，是地区认同的主要标示。国家认同是国家利益的结构结果，地区认同也同样可以通过国家利益进行构建。国家共有观念的形成既是历史的产物，也是现代国家国际化及其互动的产物。

地区建构的形成基于地区认同的建构，是现代国家促进国家利益的手段。地区认同的形成要求地区人民改变传统的认同方式，在认同层次中纳入地区这一对象。应该承认，地区认同的出现，地区化的产生和发展已无言地诉说了民族主义的"无奈"，但"无奈"并非等于或意味着

---

① 参见安东尼·D. 史密斯《全球化时代的民族与民族主义》，龚维斌、良警宇译，第29页。

"终结"。从欧洲一体化的实际程度看,各成员国政府调节本国经济的职能已经有限,而"经货联盟"意味着它们需将整个经济决策的权力让渡出来。面对经济一体化的深层次发展和冷战后期欧洲局势的变化,形成一种能够进行政治与安全决策的政治一体化应该是顺理成章、势在必行的事情;即便如此,完成这一过程也尚需时日。从目前情况看,民族国家不可能迅速走向"终结",至少在国家主权的让渡问题上的"讨价还价"还要持续一段时间。同时,从欧盟机构到各成员国政府、非政府组织和个人,都不能马上接受新的欧洲认同,不能处理好这一新认同与原有国家认同间的关系,因为认同作为一种观念具有相对稳定的性质,不可能在短期内完成变化。换言之,民族国家及其与之共生的民族主义退出历史舞台并非指日可待。

(二) 和平解决地区性民族问题的现实意义

冷战结束后,地区民族在世界民族主义浪潮中所产生的影响让世人不能不对这一人们共同体给予关注。实际上,地区民族主义的情绪和要求可以激化每一处具体的矛盾,并成为当今国际暴力冲突的媒介。地区性民族问题的存在与发展,不仅关系到主权国家的国防建设、国家和平与安全,而且始终对相关诸国所在地区的发展与稳定具有极其深刻而重要的影响。一方面,不同民族之间多年来的相互仇视和武装械斗,给冲突各方都造成了大量的人员伤亡。另一方面,为了战争,双方都不得不投入大量的资金和物力,即使某一方在交战中取得了暂时的胜利,但因战争而造成的损失却永远无法挽回,况且这种以武力取得的安宁不可能永远维持下去,一旦某些条件发生变化,战火便会重新燃烧。地区性民族问题是地区民族在现实社会生活和政治活动中,因利益要求、权利规定和政治表达与外界发生矛盾和冲突的国际社会现象,它是地缘政治权力结构和利益资源分配状态的直接或间接的一种体现,是原来同一民族及其聚居地被国家政治分割的外在动力、民族传统文化的感召力和民族自身的驱动等内在动力交互作用的结果。

总地来说,和平解决地区性民族问题的现实意义主要体现在如下方面:

1. 地区民族与列强霸权和现代泛民族主义

地区民族的产生与列强为争霸而推行的殖民主义统治与种族主义暴

行紧密相连,西方殖民主义者对欧洲以外地区的人为分割,是今天国家边界争端和纠纷的历史根源和种族冲突的祸根。

今天,认识世界地区性民族问题,必须客观地放在新殖民主义的构造下来理解。在这样一个构造下,地区民族认同对象不是彼此,而是大国。由于彼此之间欠缺一种相互理解与共同体的意识,地区性民族争端发生地区的国家与人民之间的关系更像是维持着一种竞争、对抗、支配的关系,甚至彼此威胁、相互敌视和侵略或企图并吞。在大国强权之下,冲突地区内部仍然缺乏一套属于自己的坐标、认知框架来掌握所面临的问题、决定要走的道路。在大国霸权秩序之下,冲突地区国家间、地区民族间、及其与美国等大国之间都还存在着极为错综复杂的利益关系,在很多问题上要看大国的脸色行事、相互掣肘,缺乏互信的基础与氛围来解决自己或外围的事务。随着殖民体系的瓦解,明目张胆的殖民统治已基本消失。但是发达国家对发展中国家的政治干涉从来没有停止过,其主要表现不仅体现为对地区性民族问题的染指,也体现于价值观念的输出以及代理人的培养。[①] 东帝汶问题的发生和发展就是比较典型的实例。如果认为在全球化的政治体制中,发达资本主义国家仅仅是在灌输所谓"民主、自由、平等"的价值观,而忽略了发展中国家面临的国家、民族利益的威胁和挑战,就不能理解发达国家在全球化政治体制中的强权以及根深蒂固的殖民掠夺特性。

从内外因素的结合上看,"现代泛民族主义"思潮诱发下的大民族主义思想是地区性民族问题的病根。与多民族国家的其他民族共同体相比,地区民族在现实政治和经济生活中具有包括本国其他民族群体和边界另一边的同胞在内的更多的参照物,进而具有更多的精神依托和物质后盾。他们易于把边界另一边的族人当作精神和特质的后盾,并随时准备用此"天性"为自己谋求利益,并向世人昭示本族与众不同的优势和力量。他们也有可能会以被分裂民族的身份出现,以民族统一、建立自己的国家为目标。地区民族的这种特性集中表现在地区民族与领土主权的密切关系中。作为一种民族共同体,地区民族的群体认同的情感总是排他性的。在许多民族文化中,用来指共同体成员的词汇同用来指人

---

① 参见 Robert J. Holton, *Globalization and the Nation-State*, Hong Kong, 1998。

的词汇完全相同,而共同体以外的人被当成连人的基本尊严都没有的物种,甚至与"野蛮人"具有相同的语言学含义。地区民族主义的这种精神一旦在地区化为现实,就是一种排他性的独自发展本族利益的要求,从而使得地区舞台上,各国之间的利益争夺,尤其是涉及领土、边界等争端,往往会成为两相冲突的权利要求和"零和游戏"竞争,甚至演化为国际暴力冲突。比如车臣问题、僧泰冲突,就是比较典型的例子。[①]

2. 地区民族与领土主权

纵观人类历史的发展进程,因领土而引发的族际冲突比比皆是。[②] 在研究动物的或人类的行为结构时,人们通常认为领土是指"一种或一群动物,借由公开之防卫或宣传之排除手段,或多或少排外性地占据着的区域"。其核心在于有界线的、不一定永久固定的地理空间。[③] 排他性是领土的重要特征。领土对人类最根本的意义就在于,人需要领土才能生存。[④] "从《威斯特伐利亚和约》签订直到第一次世界大战爆发,因对领土的控制、使用和(或)所有权而引发的冲突约占这些年出现的所有战争的一半。不过自拿破仑战败以来,领土问题的重要性在逐渐下降","其在所有导致冲突的问题中的百分比以及成为战争根源的频率现在都处于历史的低点"。[⑤]

领土完整原则适用于一国的领陆、领海和领空。领土对国家的重要性有社会和政治两方面的意义。如果国家定位较低,即使在领土争端中不愿做出让步,也会倾向于保持低调或维持现状;如果定位较高,则会

---

① 参见薛君度、陆南泉主编《新俄罗斯:政治、经济、外交》,中国社会科学出版社1997年版;亚·涅克里奇《被流放的民族》,王攸其、沈江译,中国社会科学院民族所1987年版。

② 参见尹庆耀《独立国协研究——以俄罗斯为中心》,台北幼狮文化公司1995年版。

③ 参见 Edward Wilson, *Sociobiology*, Cambridge, Mass: Belknap, pp. 256 – 278。

④ 参见 Ralph B. Taylor, *Human Territorial Functioning: An Empirical Evolutionary Perspective on Individual and Small Group Territorial Conitions, Behaviors, and Consequence*, Cambridge: Cambridge University Press, p. 22。

⑤ 卡列维·霍尔斯蒂:《和平与战争——1648—1989 年的武装冲突与国际秩序》,王浦劬译,北京大学出版社 2005 年版,第 268—269 页。

表现得比较强硬。① 1949 年，国际法院在的科孚海峡案中指出，独立国家之间尊重领土主权是国际关系的必要基础。② 对于以各种方式袭击别国领土的行为，联合国大会和安理会曾通过许多决议予以谴责。③ 侵入他国领土的行为被认定为构成对领土完整的破坏。④

民族利益是影响民族关系的重要因素，地区民族利益与领土问题息息相关。领土主权已成为争端发生地区相关各国关注的焦点和诱发边界军事冲突或局部战争的一个隐患，也是我们考察地区性民族问题的一个重要视角。领土是民族国家组成的最基本要素之一，是民族国家主权不可侵犯的象征。发生在当今世界的诸多国家、地区间的矛盾和冲突，无不与领土主权有着直接或间接的关系，而因主权国家间地区性民族争端造成的冲突成为战后局部战争的主要类型之一。在和平与发展的主流下，因霸权主义、强权政治和民族分裂主义等实践所招致的局部战争，会将地区性民族问题推向一个新阶段，从而对民族国家的疆界安全、领土主权与地区安全带来威胁。在世界人口不断增加、生存空间相对减少的现今及未来，由于领土主权所引发的矛盾和冲突还会越来越多、越来越复杂，如何妥善地解决这些问题，可以说是一个世界性的难题。在复杂的国际环境中，每个国家都会根据自己的国家战略来调适心理和行为，领土争端解决意愿作为国家心理的一部分也不例外。对经济利益和国际地位的关注是战后在多数民族国家持续呈现的战略取向。在无政府状态的国际社会中，国家为了保护自己的生存权、领土主权和军事安全总是要追求权力。这些因素使民族国家深切关注其在国际体系中的权力地位和相对于他国的优势。但是，过分追求国家地位的愿望思维往往使某些国家或在某些时候不能准确地定位。高估本国的现有地位或对未来的国际地位存在过高的预期，民族国家战略取向的偏误往往会导致在处

---

① John Bulloch & Harvey Morris, *The Gulf War: Its Origins, History and Consequence*, London: Methuen Lonnd Ltd, 1989, p. 7.

② C. H. M. Waldock, "The Regulation of thw Use of Force by Individual States in International Law", *Recueil des Cours*, Vol. 81, 1952 – 11, p. 492.

③ Louis Henkinetal, eds., *Right Might: International Law and the Use of Force*, New York: Council on Foreign Relations Press, 1989, p. 3.

④ U. Jimenezde Arechaga, "Elderecbointernational contemporanve", in Bruno Simma, ed., *The Charter of the United Nations: A Commentary*, Oxford: Oxford University Press, 1995, p. 74.

理与别国的领土争端时行为的强硬和激烈。当对大国地位的追求成为不容挑战的意识形态时，民族国家就会对它认为妨碍其获取更高国际地位的国家实行强硬的敌对或进攻性政策，在领土争端问题上则容易引起外交或武装冲突甚至战争，比如，发生在南亚的克什米尔冲突就是一个例证。①

3. 地区民族与地区安全

安全（security）是一个具有多义性的概念，国内外学者对此有不同的理解，也是国际关系研究的一个主题。第二次世界大战结束后，由于核武器的出现和冷战的爆发，在西方国家特别是美国，许多学者开始将安全问题从国际政治研究中分离出来，作为国际政治学的一个次领域做专门研究，即所谓"安全研究"。②

地区安全是关系地区民族和国家生存与发展的重大战略问题。安全合作是国家在面临"安全困境"情况下的一系列行为，它能缓解国家间的安全困境，促进各国共同利益的实现。在地区民族族际政治生活中，国家不可能取得永久、绝对的安全，因为其所归属的国家只可期望适当的"安全程度"。地区民族安全空间的变动取决于所在国家安全观的性质和国家经济、科技实力与对外政策。只要其他国家或对手继续存在，任何国家都不会有绝对的安全。相对的安全观使每一个国家都认为，本国与他国时刻处于潜在的冲突状态，只有将本国变得比对手更强大，才能获得安全感。如何维护族际安全秩序，人们对此并没有达成共识。比较一致的意见是，片面强调以军事实力追逐国家安全而发展军备，只会造成整个国际政治环境的更不安全。

对现实主义理论家来说，族际关系的本质是族际间争夺权势的斗争。然而多数现实主义者明白，过度或无限制的族际权益斗争，将损毁民族和国家及其利益本身，损毁它们在其中独立生存的主权国家国际体系。在这个意义上，地区民族根本利益即地区安全的实现，不仅取决于民族自助，也取决于国家安全。地区民族问题可唤起地区环境危机及其

---

① 参见 Jeyaratnam Wilson and Dennis Dalton, *The States of South Asia*, London, 1982。

② 参见 David A. Baldwin, "Security Studies and the End of the Cold War", *World Politics*, October 1995, pp. 117–141。

蜕变。比如，图西人与胡图人的族际冲突引发了非洲大湖地区的动荡。[①] 在和平环境中，地区民族主义通常以一种分散的方式被体验和表达。比如，北爱尔兰和平进程启动以来，爱尔兰联合主义的现实表现就是一例。但是，在某种危机环境里，它可以被强烈唤起，并为解决危机提供有效的出路。因为在危机情况下，存在着多种社会紧张，而原先起社会维系作用的传统惯例（如道德、习俗或组织制度等）都不再发挥作用。当人类本体的安全需要被惯例的破裂或普遍的焦虑化置于一种危险的境地时，民族象征所提供的公有性就为本体的安全感提供了一种支撑手段。现实主义理论家认为，人类固有的控制他人的心灵和行动的强权欲在国内社会常常受挫，但社会同时又鼓励个人把受挫的强权欲投射到国际舞台，在那里认同于国家的强权追逐，并从中取得替代性的满足，这是民族世界主义的根源。社会稳定性越大，社会成员的安全感越大，集体情感通过侵略性民族主义得以发泄的可能性越小，反之亦然。

4. 地区民族与地缘政治

地区性民族问题与地缘政治形式、地缘政治关系、地缘政治区域和地缘政治内容密切相关。地缘政治是一种极其复杂的人类政治现象，是世界政治的重要组成部分，在国际关系运行中扮演着独特角色。地缘政治因"地"而生，其竞争对象是领土地缘政治、石油地缘政治、水资源地缘政治、海洋地缘政治等地理要素和物质形态。地缘政治是由人类政治与地理环境的相互作用形成的，两者互动决定地缘政治的基本形式，其中人类政治是主动因素，地理环境相对被动。地区性民族问题的产生和发展与地缘政治的基本形式存在着密切的联系。地区性民族问题的特殊性在于，它涉及所在国的政治、经济、文化、宗教信仰、风俗及价值观念等多个领域，对所在国的民族利益、民族感情和民族尊严都会产生影响，并直接威胁所在国的国家稳定。地缘政治区域是人为划分的，不可避免地受到研究者主观因素的影响，但是，它必须建立在对区域中地缘政治性质和区域间地缘政治边界的冷静判断基础上，尤其需要客观地分析以行为体为代表的地缘政治力量之间的互动及其结构特征。

[①] 参见葛公尚《卢旺达—布隆迪部族冲突透视》，《世界民族》1995年第1期。

地区民族为实现其利益诉求而做出的实际努力,可以作为一种地缘政治力量的运动架构起地缘政治区域,并使地缘政治区域呈现动态性。在不同生产力条件下,地区民族利益的构成不同,地缘政治的具体对象与内容也随之变化,并表现出较强的时空差异。

从时间上看,不同时代地缘政治的主题是变化的,反映了不同生产力条件下生产方式的变化。自然经济时代,其经济形态主要是以土地和劳动力为资源的农业经济为特征,争夺土地成为当时地缘政治的主题。工业经济时代,占有和获取矿产资源和其他形式的自然资源成为地缘政治的重要内容。全球化、信息化使世界地缘政治进入一个全新的时代,表现出新的地缘政治形态。16 世纪,葡萄牙建立了世界上最强大的海军,远征亚洲的马六甲、澳门、爪哇、苏门答腊和美洲、非洲的大片土地,从殖民地掠夺了巨大的财富,建成了海洋帝国。19 世纪末 20 世纪初,自由资本主义向垄断资本主义过渡,此时的地缘政治成为欧洲列强向外扩张、争夺空间的理论工具。各国此时所制定的地缘战略的宗旨是,根据既定的自然地理条件使本国在激烈的国际角逐中处于有利的地位。① 从不同民族集团所处的地理环境看,不同的地理特征在空间分布上的不平衡规律,造成了不同地区和国家之间地缘政治利益的不一致,从而决定地缘政治内容的空间差异。印度和巴基斯坦两国为克什米尔地区的领土归属而处于战争边缘。斯里兰卡政府军与其北部的"猛虎"组织为统独而战。中东地区的族体正在为水资源分配而斗争。当发达国家提出如何通过限制传统工业以保护环境时,许多发展中国家还不得不以牺牲资源和环境为条件保障最低的生存需求。应该说明的是,由地区民族所组织的泛民族主义的组织与活动都有一个共同的特征,即借用现代国际政治所承认的民族权利原则,追求本族人民的政治统一与地域一体。

"地理上的距离可以产生政治上的吸引力。"② 在地缘政治力量结构

---

① 参见萨本望《新兴的"地缘经济学"》,《世界知识》1995 年第 5 期;尼古拉斯·斯皮克曼《和平地理学》,商务印书馆 1965 年版。

② 布热津斯基:《竞赛方案——进行美苏竞争的地缘战略纲领》,刘晓明等译,中国对外翻译出版公司 1988 年版。

中，行为体是相互作用的。每个行为体既是发力方，又是受力方。其中，距离显著地影响行为体之间的相互作用。地理和权力之间的关系体现为：一个国家有能力在任何时候运用权力去影响或控制它视为具有重要战略意义的领土。一国的实力对外扩散时，离本土距离越远，其力量就越弱；另一方面，传送力量的费用将随距离增加而增长。地区民族问题是现存国家分隔力的产物，但它不单纯是现存国家分隔力的产物，而是现存国家政治分隔力和民族向心力这两种相反社会力量交互作用的产物。即是分属于不同国家的同一民族及其聚居地被国家政治所分隔的外在力与民族传统文化的感召力及民族自身利益的驱使等内在动力交互作用的结果。地区民族因地理上的接近性很容易与境外的同胞有直接的联系，尤其在受宗教影响较深的民族中，宗教因素更是民族机体中一个不可缺少的组成部分，民族意识和宗教意识往往相互影响、相互渗透。宗教狂热与民族因素相联结，通常会导致其潜在的排他性过度膨胀，成为引发与其他地区矛盾和纠纷的诱因，并产生民族分离主义思想和行为。

（三）从民族认同到地区认同：和平解决地区性民族问题的理性路径

在当代世界范围内的民族冲突中，由地区性民族争端引发的冲突已成为焦点之一。与民族国家内部通常意义上的少数民族相比，在争端发生地区具有跨疆界属性的地区民族背离所属国的可能性似乎更大。由于各民族之间差距的存在，他们易于把边界另一边的族人当作精神和特质的后盾，并随时准备用此"天性"为自己谋求利益，并向世人昭示本族与众不同的优势和力量。他们也有可能会以被分裂民族的身份出现，以民族统一、建立自己的国家为务。

冷战后霸权主义在其扩张欲望的驱动下，不断地扩展自己的安全空间。随着空间技术的发展，某些大国已把国家安全的空间边界延伸到外层空间，企图单方面谋取外空军事和战略优势。合作安全成为维护国际安全的有效途径，各国需要通过加强各领域合作扩大共同利益，提高应对威胁和挑战的能力与效率。和平只能建立在相互的、共赢的安全利益之上，共同安全是维护国际安全的最终目标。以往的冲突经历让相关国家认识到，探讨地区民族与地区安全相互依赖、相互促进、相互制约的有机联系和特殊规律，从历史与现实、理论与实践的结合上得出有益启示，对指导当前和未来民族国家安全与国防经济发展，实现在宏观运筹和战略指导上的创新和突破将会有所助益。过去，中国最担心的是自身安全受到威胁；现在，周边国家及世界主要大国对中国崛起是否会带来威胁充满疑虑。正是这种内外互动促使我国提出了以互信、互利、平等、协作为核心的新型安全观，通过上海合作组织付诸实践，并将之延伸到中国—东盟自由贸易区的建设之中。

新安全观的实质是安全合作，含指国家在面临"安全困境"情况下的一系列行为，可以缓解国家间的安全困境，促进地区内各国共同利益的实现。新安全观的实践是民族国家地区化的具体表现，它既是民族国家建构国家利益的结果，也是其投身地区建构的战略目标。从民族学的角度看，地区民族和民族国家在此过程之中需从各自的角度出发，完成认同对象的转换。

首先，地区民族需将在认同层次中纳入民族—国家（居住地所属国家）作为认同对象。民族认同虽然具有形成后的惯性和稳定性，但不是一成不变的，可根据环境和条件的变化而不断自我调整。民族认同是集体认同的基本对象，但不是终极指向。随着经济的发展，民族难以完全满足其成员的多元化的诉求。以国家认同取代民族认同，意味着认同的层次多元化的出现。这是多层次、多维度的族际关系与国家关系发展的必然要求。民族主义可以利用民族利益、民族安危等词句去动员人民服从国家利益。

其次，民族国家需将在认同层次中纳入地区作为认同对象。在全球化背景下，国家利益与利益观念的变化与扩展，可使地区认同的出现成为可能。国家认同是以传统文化符号作工具，通过国家的组织和制度化建立起来，可通过国家政策加以引导和塑造。地区化的形成过程也是地区认同的形成过程。民族国家之间共有观念的形成，既是历史的产物，也是民族国家化及其互动的结果。换言之，地区化是全球化时代民族国家促进国家利益的手段，地区认同也是民族国家利益的建构结果，在国际互动过程中形成的共同利益观念建构着地区认同。

再次，地区民族和民族—国家实现认同层次内容的更新，需对可行性的途径做出理性的思考。认同层次内容的更新、转变是理性化活动。

在这一过程中,"通过给予人民一套符号,使狭小和局部的认同归属于一个更大的认同"①。而地位与文化是这种集体认同构建的基本因素。对致力于地区建构的地区民族与民族国家而言,可通过以下途径来实践上述原则:一是兼顾和协调个人利益、民族利益与国家利益。地区认同的形成要求地区民族集团、民族国家改变传统的认同方式,在认同层次中纳入国家和地区观念,并视为新型的认同对象,支持本地区的地区化政策,挑战曾作为最高认同对象的"民族"和"国家"。从本质上说,地区民族和民族国家实现民族认同向国家认同、国家认同向地区认同的转变过程,是民族集团、主权国家政府协调个人、民族和国家利益的过程。集团越大,个体获得集体收益的份额就越小;任何个体或集团子集从集体物中获得的收益很可能不足以抵消其为此所支出的成本,而获得集体物所要跨越的障碍却要增多。当这些利益相抵触时,民族集团、主权国家政府应当遵循的原则是:尽可能兼顾和协调三类利益。在确实难以充分兼顾和协调的场合,其应有的轻重缓急次序当依据具体情况而非抽象原则来确定。同时,应较多地关注人类共同体利益或全球安全,它们尚无足够有力和独立的权威代表,需予以格外的关照。在这一过程中,民族国家必须不断完善自己,使自己有能力采取向非主体民族倾斜的政策,并为各族共同利益的发展主动做出必要的利益让步,使民族国家获得生存的基本条件。二是民族国家和地区政策需关注改善不同群体间的不平等地位及不公平和不合理的社会现象,建立能够容纳不同民族利益观念的文化体系。包括营造适应现代化的政治、经济和文化氛围,提高社会"弱势群体"和"边缘人群"的收入,实行法律面前人人平等,尊重和承认少数民族使用本族语言的权利和合法性等措施,使少数人群体客观认识和解决自身发展的困难,正确对待现存的国际政治经济秩序等。以此增加有关群体改善社会地位的机会,消除不同地位集团之间的壁垒。同时,通过保存和发展族裔框架下的体现血缘意义的本土文化,构建公民框架下体现共享的法律意义的公共义化,将民众的族裔共同体与地域政治共同体相融合,在民族国家领土范围内将公民共同体相

---

① Ernst B. Hass, *Nationalism, Liberalism, and Progress* (Vol. 1): *The Rise and Decline of Nationalism*, Cornell University Press, 1997, p. 30.

联合，并使之融入为各族成员所认同的文化共同体中，地区化的理想和结构，民族认同、民族国家认同与地区认同的统一因此得到巩固和强化。

　　民族主义不是过时的观念，它的形态与内涵可以根据国际体系结构的变迁及其与地区建构的互动而自我更新，根据人民共有观念和国家政策的引导而改变。国际体系的无政府状态所造成的国家间、族体间的紧张关系，需要通过更加紧密的国际合作加以改进。在民族主义不可能在可预见的时间内退出人们视线的条件下，多边主义则有必要发挥协调利益、缓解冲突的作用。民族主义与地区的建构的相互关系，可以为人们和平处理地区性民族问题，进而解决民族国家缺陷和国际无序状态中的诸种问题提供一种理论视角。

　　地区建构的实践是民族国家地区化的具体表现，它既是民族国家建构国家利益的结果，也是其投身地区建构的战略目标。冷战后，霸权主义在其扩张欲望的驱动下，不断地扩展自己的安全空间。随着空间技术的发展，某些大国已把国家安全的空间边界延伸到外层空间，企图单方面谋取外空军事、海洋、岛屿等战略优势。合作安全成为维护国际安全的有效途径，各国需要通过加强各领域合作扩大共同利益，提高应对威胁和挑战的能力与效率。和平只能建立在相互的、共赢的地区利益之上，共同安全利益是维护地区安全的最终目标。地区民族和民族国家在地区建构进程中从各自的角度出发，完成认同对象的转换，已经成为地区国家和平解决地区性民族问题，进而实现地区安全的基石。

　　伴随着冷战后地缘政治和地缘经济的再度活跃，与国家主权和民族结构紧密相连的地区性民族问题，在当代国际政治中已成为一种形态敏感多样、影响日益凸显的现象。地区民族作为客观存在已是不争的事实，在相当长的时间里，地区民族作为族际实体不会消失。大量的历史与现实告诉人们，在国际政治舞台上，因跨界民族、岛屿争端等而引发的地区性民族问题已经成为局部战争的敏感点，而由此引发的地区矛盾和冲突也难以根除。如何理性地认识和处理地区性民族问题，将是相关国家和地区需要特别关注的一个话题。

第二节　我国反分裂策略建设的优势

民族政治文化，是人类社会总文化的一部分，它是人们对民族政治生活的认识和实践之总和；先进的民族政治文化，是一个社会和一个时代先进文化的一部分，它以人们对民族关系的进步理念和理性认识为特征，并体现在民族政治理论创新和制度创新上。近代民族解放运动追求殖民地人民同宗主国人民一样具有建立独立国家的权利，在理论上以民族主义取代殖民主义和帝国主义，在制度上以"民族—国家"体系取代殖民主义、帝国主义世界体系，它代表了当时世界先进的民族政治文化的前进方向，这种文化是18世纪欧洲启蒙运动文化和后来的世界性民族民主运动文化的一部分。

一　先进的民族政治文化

先进的民族政治文化是对民族关系具有进步理念和理性认识的文化，伴随着民族政治理论和制度创新。经过最近两百年的民族解放运动，当今世界形成了多民族主权国家的世界。如何处理多民族国家内部的民族关系，资本主义国家在这个问题上长期处在分离和同化的两难境地：分离不了就同化，同化不了就分离。马克思主义诞生前的民族关系平等观，以民族主义古典理论所言的"一个民族，一个国民，一个国家"（one people, one nation, one state）的政治构想为理念。但是，这种理论也包含许多认识误区。[①] 其消极影响是带来了民族分离主义、民族收复失地主义、泛民族主义、民族复国主义、民族排外主义和民族遣返活动在世界各地不绝如缕，并由此造成无休无止的民族冲突和民族战争的灾难。世界上相邻的民族—国家，没有发生冲突或战争的例子，几乎一个也找不到。因此，民族—国家的构想只是相对于殖民主义、帝国主义统治制度具有先进性和积极意义，并不能解决人类社会全部的民族问题。因为，由民族—国家的理想开始，以多民族国家的现实告终，这是近代以来世界各地民族解放运动和国家建立过程的普

---

① 参见朱伦《走出西方民族主义古典理论的误区》，《世界民族》2000年第2期。

遍规律，民族—国家实际上是由一些强势民族裹带一些弱势民族形成的多民族国家。

马克思主义理论家发展了人类社会的民族政治文化，提出了"多民族联邦国家"的理论，并在苏联首先付诸实践。虽然苏联最终解体了，但其联邦方式在民族政治文化方面则留下了进步性影响：它的自由加入和自由退出原则，至少使各加盟共和国后来的独立没有发生像前殖民地人民与宗主国之间那样残酷的战争；苏联作为一个无人敢辱的强大国家的70年存在历史，以及各加盟共和国独立后"东倒西歪"的现状，至少向人们说明了民族联合的力量。但是，民族联邦方式并不是构建多民族国家的理想方式，因为它并没有彻底摆脱民族主义古典理论和"民族—国家"观念的影响，似乎认为不以民族为政治单位就体现不了民族解放和民族平等。

二 民族区域自治方式：民族政治文化的先进性体现

资产阶级民族解放运动和民族平等观以民族与国家的一致性理念为其理论和行动指南，由此构成了以分离和同化为基本特征的西欧资产阶级民族政治文化。苏联和东欧一些无产阶级国家试图以"民族联邦"方式既解决民族平等的问题，又解决民族分离和同化的问题，由此形成了试图使民族问题服从于无产阶级革命，但又未摆脱西欧资产阶级民族—国家理念影响的东欧无产阶级民族政治文化。苏联的无产阶级革命，首先是反对沙皇帝国统治的民族解放革命，因而它采取了民族联邦的方式，但这种方式并不意味着就是先进的社会主义民族政治文化的体现。中国共产党执政前的世界，人类社会民族政治文化的进程就是到此为止。

中国共产党领导的无产阶级革命，没有遇到俄国无产阶级革命面临的民族问题。孙中山先生领导的资产阶级革命已经推翻了帝国统治，并使"五族共和"的观念在中国各民族中间得到普及。因此，中国共产党的革命目标首先是推翻阶级压迫制度，而在这个革命胜利后所面临的民族问题，则是如何建立社会主义新型民族关系的问题。在这一点上，中国共产党比俄国共产党减少了一些历史负担。以毛泽东同志为代表的第一代中国共产党人审时度势，以社会主义制度的先进性促进民族政治文化的发展，提出了"多民族统一国家"的理论，并以此教育各族人民和制定民族政策。"多民族国家"，意味着承认和保障各民族在国家政治生活中的地位和权利，这就为防止民族同化奠定了思想文化基础；"统一国家"，意味着否定以民族为政治单位，这就为反对民族分离主义奠定了政治理论基础。这两种考虑的结合，终于使中国共产党探索出了先进的民族区域自治制度，它是中国共产党代表先进的社会主义文化前进方向的一个重要方面和具体体现。

民族政治文化先进与否，有客观的检验标准，这就是看它是否有利于实现各民族政治上团结平等，经济上合作互助，社会上安定进步，文化上繁荣发展，生活上共同富裕，人格上相互尊重这六个基本目标。有利于实现这些目标的民族政策，就是代表了先进的民族政治文化的前进方向。我国民族区域自治制度对于实现这些目标的优势和潜力世人公认，这种优势和潜力，在于它的理论创新和制度创新为实现上述目标奠定了必要的基础。

三 民族政治理论和制度创新

西方民族主义理论有政治民族（political nation）和文化民族（cultural nation）这两个概念之分，前者指建有独立国家者，一般称为"国民"或国族（nation）；后者指没有独立国家者，一般称为"民族"或人民（nationality，people）。中国共产党提出的"多民族统一国家"理论的内涵则是，全国56个民族共同构成"中华国民"（Chinese nation），相互间没有谁是国民谁是民族之分：中国是多民族国家，同时也是国民—国家。这个认识和界定的意义非同小可，它是一种理论创新，它一方面体现了各民族之间政治地位和文化人格平等的先进理念；另一方面，则宣告了在民族自决权理念下的民族分离主义已经不合时宜。西方传统的民族主义理论就没有这两方面的内涵，那两个概念划分及其依据，总是意味着民族人格的不平等和隔阂，它时刻伴随着为争取民族人格平等而出现的民族分离主义幽灵，时刻伴随着为消除民族隔阂而进行强制同化的民族同化主义魔影。民族联邦主义理论，也没有解决这两个问题。至于20世纪下半叶被西方视为人类学新成果的族群主义理论和多元文化主义理论，可以视为尊重了民族的文化人格平等，但对少数民族的政治人格平等则不予承认。

多民族统一国家的理论创新，伴随的是民族政治关系的制度创新。当今世界有关国家的民族政策模式，有联邦制、地方自治、保留地、文化自治、民族政党化、社团化、多元文化主义等不下十余种；所有这些民族政策模式，都是在自治与他治之间进行对话的，试图解决"他治"的问题，其基本特征是许诺保证少数民族"当家做主和管理本民族内部事务"的权利。相对于他治来说，自治当然进步了许多，但仍不是消弭民族间的猜忌、歧视、隔阂、不信任、不平等等问题的最佳办法，它既没有对民族分离主义的非理性诉求做出有理有力的回答，也没有对少数民族的政治权利做出全面正确的认识。

与上述各种民族政策模式不同，我国的民族区域自治制度在保证少数民族自治权的同时，还赋予各民族共同管理国家和民族杂居地方的权利，特别强调建立"平等、团结、互助"的社会主义新型民族关系，促进各民族的共同繁荣与发展。这些内容，是自治主义理论所没有、也不可能有的内容。民族区域自治制度，是继人民代表大会制度、人民政治协商会议制度之后的国家基本制度，《民族区域自治法》是第二宪法，这在世界上是独一无二的，是资本主义国家做不到也不可能做到的民族政治实践。

国内外的民族政治理论研究者，都承认我国的民族区域自治制度具有与众不同的特点，但没有人明确地从政治理论层面总结这个特点是什么。实际上，我国的民族区域自治制度，是以各民族之间的"共和共治"为显著特征的，它是一种先进的民族政治文化，代表了当代多民族国家民族政治的前进方向。[①] 当代多民族国家民族政治的前进方向是什么？答案既不是分离主义和同化主义，也不是自治主义和联邦主义，而是各民族之间的共和共治。因为，唯有共和共治，才能消弭民族隔阂和不信任等问题，才能有利于实现前述"六个基本目标"。所有这些问题，是一切多民族国家都想消弭的；所有这些目标，也都是一切多民族国家力图实现的。

我国民族理论研究界，往往以保证少数民族当家做主和管理本民族

[①] 参见拙文《民族共治论》，《中国社会科学》2001 年第 4 期。

内部事务的权利,来说明民族区域自治制度的成功或先进性,并认为这种权利是民族区域自治制度的核心。对民族区域自治制度的本质做出这种理论概括,是以资产阶级国家曾经长期不承认少数民族存在及其政治权利为参考系的。资产阶级国家的代议制民主制度框架,普遍是以政党和地方为政治主体而设计的,根本没有考虑民族单位的因素。这个传统根源于自由主义政治理论对公民社会身份的认识只看到其阶级属性和地方属性,无意地忽略或有意地否认了公民的民族属性。

但是,随着西方民主政治的发展,少数民族的政治权利遂被大多数西方国家逐步承认,并以各种政策加以体现。其中,当家做主和管理本民族内部事务的自治权利,就是国外一些民族政策模式的核心内容。因此,自治权利不是我国民族区域自治制度特有的,更不是它的核心,也体现不出它的先进性。我国的民族区域自治制度既不是民族领土自治,也不是民族文化自治,更不是联邦制和民族政党政治,何谈它以保证少数民族当家做主和管理本民族内部事务的自治为核心?

我国也有学者,以各民族"大杂居、小聚居"和中国"大一统历史"形成了各民族密不可分的关系来论证民族区域自治制度如何符合国情、如何正确,这也是不得要领的。当今世界各国的民族分布,哪个不是"大杂居、小聚居"?哪个国家不是声称各民族历史地形成了密不可分的关系?它们为什么没有创造出民族区域自治制度?

对我国民族区域自治制度的理论解释,只有从社会主义先进的民族政治文化角度入手,利用国际比较的方法,才能看清它的实质,才能得出高屋建瓴的结论。我国的民族区域自治制度不仅是合乎中国国情的,而且是有世界意义的,是中国共产党代表先进的社会主义文化前进方向的一个重要方面,它所包含的以共和共治为核心内容的先进的民族政治思想,是有待深入发掘和加深认识的一笔可供人类共享的财富。充分认识我国民族区域自治制度的先进性,有益于我们加深理解江泽民在纪念中国共产党成立八十周年大会上所做的有关"三个代表"重要思想的精辟论述,提高我们在民族政治理论和民族政治文化方面的国际对话水平,坚定我们继续进行理论创新和制度创新的信心。自治理念产生的背景是"他治",而共治的理念则是来源于共和。

四　当代中国民族团结推动力实况

当今世界仍然处在一个民族国家时代，列宁早在20世纪初就指出："发展中的资本主义在民族问题上有两种历史趋势。民族生活和民族运动的觉醒，反对一切民族压迫的斗争，民族国家的建立，这是其一。各民族彼此间各种交往的发展和日益频繁，民族隔阂的消除，资本、一般经济生活、政治、科学等等的国际统一的形成，这是其二。这两种趋势都是资本主义的世界性规律。第一种趋势在资本主义发展初期是占主导地位的，第二种趋势标志着资本主义已经成熟，正在向社会主义社会转化。"[1] 今日国际共产主义运动的失败则告诉我们，人类社会仍然处在资本主义时代，离开生产力的高度发展和社会经济文化的高度繁荣便难以实现人类社会的最高理想。

20世纪90年代，随着冷战格局的打破和苏东剧变的发生，国际共产主义运动走向衰落，似乎在某种程度上更显示出资本主义势力的加强。中国作为一个由共产党执政的多民族国家，民族团结受到国内外各种因素的影响，特别是西藏"3·14"和新疆"7·5"事件，打破了1949年以来民族关系上没有大的冲突的基本状态，对1949年以来民族团结产生了重大负面影响，在局部区域形成了不同民族间的新的不和谐氛围，民族团结特别是民族之间的团结受到一些人的质疑。一些人甚至动摇了立场，认为这些问题的出现是中国民族政策导致的结果，从而质疑、怀疑，甚至指责中国共产党的民族平等、团结、互助、和谐的民族关系处置原则，以及一系列相关制度和政策。因此，在改革开放不断深入发展，个体利益合法化，经济社会发展不平衡仍在持续，民族间文化差异依然存在的情况下，推动民族团结进步依然面临更为复杂的新形势和新挑战。当代中国，民族团结仍然是中华民族国家建设中的重大和基本问题。

（一）各级政府对民族团结的提倡与督导

自1949年中华人民共和国成立之后，民族团结成为各级政府民族工作的重要内容，民族团结工作也受到党和国家领导人、民族地区各级

---

[1]　《列宁全集》第24卷，人民出版社1990年版，第129页。

干部的重视。中华人民共和国成立后的民族团结状态经历了不同的发展时代，根据各不同时期民族团结状态的特点可以分为4个阶段。

1. 中华人民共和国初建至20世纪50年代中期的民族团结

中华人民共和国初建至20世纪50年代中期中央政府为推动民族团结开展了诸多基础性工作，一切民族团结工作均带有开创性特点。这些工作主要包括：构建有利于民族团结的国家体制，即在单一制国家中通过民族区域自治保障民族平等和各民族团结合作；在地方政权建设进程中充分考虑和团结各民族不同阶层；采取灵活措施，推动内地与民族地区之间的经济文化联系，增强各民族的交往与联系，特别1950年至1952年，中央人民政府派出西南、西北、中南等多个访问团，毛泽东亲自手书"中华人民共和国各民族团结起来"为访问团壮行，访问团累计行程8万公里，足迹遍布除西藏、台湾外的所有民族地区；① 开展民族访问团、民族识别等工作，为全面推行民族区域自治和进一步促进民族团结创造条件；通过土地改革、社会主义改造等多项措施，在全国打碎了延续千年的各种剥削制度，建立了有利于全国经济恢复发展和人民生活改善的基本制度。《宪法》对各民族平等权益有了更为具体的规定，在政治、经济、文化、教育、卫生等具体社会政策的实施进程中，不同民族间的历史隔阂被进一步消除，民族间的交往和联系进一步加深，民族团结达到了一个全新水平。自1952年始，各级人民政府民族事务委员会的职责之一便是处理加强民族团结的事宜。②

2. 20世纪50年代末至20世纪70年代末的民族团结

这一时期的民族团结未能在前一时期基础上得到进一步提升。受到执政党高层发展道路选择矛盾的影响和复杂的国际政治格局及国内发展状况的影响，各种政治运动连续不断地发生，从"大跃进"至"文化大革命"，有利于民族团结的政策未能得到有效执行，大汉族主义和地方民族主义相互激荡，少数民族权益受到严重破坏，执政党行

---

① 降边加措：《民族大团结从此开始——记毛主席手书"中华人民共和国各民族团结起来"题词的经过》，《民族团结》2000年第6期。
② 《各级人民政府民族事务委员会试行组织通则》，中国人大网（http://www.npc.gov.cn/wxzl/wxzl/2008-12/15/content_1462066.htm）。

之有效的民族政策被逐步放弃，大量民族干部和汉族干部一样经受政治运动的冲击，少数民族的风俗习惯得不到尊重。但是，由于当时城乡严重的二元对立和人口流动规模较小，不同民族成员之间的直接冲突较少，大多数人在政治高压下为一种简化的社会生活所左右，各民族合法权益难以正常表达。在那个灾难性的年代里，各民族人民共同承担着政治运动带来的恶果，但影响民族团结的负面因素当时还未凸显，只是发酵成为破坏民族团结的暗疾。早在1953年延边朝鲜族自治州就开展了民族团结表彰活动，设置每年9月为"民族团结宣传月"，1954年德宏傣族景族自治区（后改为自治州）确定每年傣历4月为"民族团结月"，调解民族之间的纠纷，签订《团结公约》，基层政府促进不同民族成员之间的交往交流，推行改善民族之间关系的举措，在多方面促进了不同民族间的了解、认识和团结。

3. 20世纪70年代至20世纪90年代初期的民族团结

20世纪70年代，随着执政党高层对中国社会发展目标调整的实现，社会政治逐步走向常态发展，国家管理的正常政治架构重新运转，人民代表大会制度、政治协商制度、民族区域自治制度逐步恢复功能。在这一时期，民族团结制度保障得到进一步提升，民族区域自治制度上升为国家基本政治制度，《宪法》和《民族区域自治法》成为促进民族团结的法律依据和保障；少数民族和民族地区经济文化发展真正获得自主性空间，各级政府通过各种措施予以支持，人民生活水平不断提高。这一时期民族团结虽然不是1949年以来最好的时期，却是常态社会条件下历史上最好时期。1982年2月，新疆维吾尔自治区党委、人民政府正式宣布，将民族团结作为精神文明建设的一项主要内容，每年5月确定为新疆"民族团结教育月"，同年9月，内蒙古自治区召开首次民族团结表彰大会，确定每年9月为"民族团结表彰活动月"，民族团结表彰活动此后得到各级政府重视，大力提倡民族团结，民族团结表彰活动亦被纳入政府社会管理之中。① 通过这一活动，对各民族干部群众进行马克思主义民族理论和执政党民族政策教育，广泛开展民族联谊活

---

① 参见《当代中国》丛书编辑委员会编《当代中国的民族工作》（上），当代中国出版社1993年版，第359页。

动，增强不同民族成员间的了解和理解，落实民族政策，表彰对民族团结做出贡献的集体和个人。宁夏于1983年10月、广西于1984年9月，以及其他一些省、直辖市和自治州、自治县等纷纷开展民族团结表彰活动，到1988年有数以万计的集体和个人受到表彰和奖励。①

1988年始，中央政府开始开展全国民族团结进步先进集体、先进个人表彰活动，举行了两次全国民族团结进步表彰会。简况见下表。

1999年前全国民族团结进步表彰大会简况②

时　间	表彰先进集体（个）	表彰先进个人数（名）
1988年4月25—29日	565	601
1994年9月27—10月2日	643	613
1999年9月29日	626	628

全国民族团结进步表彰活动的开展，进一步推动了地方的民族团结进步表彰工作，使民族团结进步表彰成为各级政府推动民族团结工作的重要组成部分。

在这一时期民族团结的保障已从单一行政手段转型为行政和法律手段并重，基本法和专门法中均有关于维护民族团结的专门规定，如《中华人民共和国宪法》序言规定："在维护民族团结的斗争中，要反对大民族主义，主要是大汉族主义，也要反对地方民族主义。国家尽一切努力，促进全国各民族的共同繁荣。"第4条进一步规定："中华人民共和国各民族一律平等。国家保障各少数民族的合法的权利和利益，维护和发展各民族的平等、团结、互助关系。禁止对任何民族的歧视和压迫，禁止破坏民族团结和制造民族分裂的行为。"第52条还指出："中华人民共和国公民有维护国家统一和全国各民族团结的义务。"③《刑法》第249条规定："煽动民族仇恨、民族歧视，情节严重的，处三年

---

① 参见《当代中国》丛书编辑委员会编《当代中国的民族工作》（上），当代中国出版社1993年版，第365页。
② 增林：《国务院历次全国民族团结进步表彰大会简介》，《民族团结》1999年第9期。
③ 国务院法制办编：《中华人民共和国宪法注解与配套》，中国法制出版社2011年版，第5、7、205页。

以下有期徒刑、拘役、管制或者剥夺政治权利；情节特别严重的，处三年以上十年以下有期徒刑。"第 250 条规定："在出版物中刊载歧视、侮辱少数民族的内容，情节恶劣，造成严重后果的，对直接责任人员，处三年以下有期徒刑、拘役或者管制。"第 251 条规定："国家工作人员非法剥夺公民的宗教信仰自由和侵犯少数民族风俗习惯，情节严重的，处二年以下有期徒刑或者拘役。"①

1984 年《民族区域自治法》的颁布和执行进一步完善了基本法对民族关系的调整，对民族自治地方与中央政府关系、民族自治地方内部不同民族群体之间关系规范都有具体规定。《民族区域自治法》确立了一个符合法治国家发展路径的制度平台，这一平台为在协商民主和法制框架达成民族团结开辟了道路。

4. 21 世纪以来政府民族团结创建的深入

进入 21 世纪以来，各级政府对民族团结工作更加重视。在各民族群众权利、自民主、法制和维权意识不断强化的新环境下，民族团结教育须在制度、理念和社会基本生活层面深入推进。尽管有些措施还有待评估，但是，民族团结教育的政府创新行动还是取得了一定的成果。在法律制度、行政管理机制等方面都在不断拓展工作空间。

第一，保障民族团结法制建设进一步发展。

《民族区域自治法》于 2001 年修订，使关于各民族共同繁荣发展的相关政治、经济、文化等方面的规定更加清晰。歧视和挑拨民族关系等行为造成严重影响的入刑，这是从刑法领域开始关注和约束破坏民族团结的行为。区域性的民族团结法制建设也不断取得成果，2009 年《新疆维吾尔自治区民族团结教育条例》颁布，并于 2010 年 2 月 1 日开始执行，成为保障新疆维吾尔自治区民族团结教育的重要依据。此后，民族团结教育被纳入新疆维吾尔自治区社会发展总体规划。同年 6 月，云南迪庆州颁布《民族团结进步条例》；2012 年 3 月 26 日，拉萨市颁行《拉萨市民族团结进步条例》，并将 9 月 17 日确立为拉萨市民族团结进步节。民族团结不仅成为个人和公民法人的法律义务，

---

① 《中华人民共和国刑法》，中国人大网（http://www.npc.gov.cn/wxzl/wxzl/2000-12/17/content_4680.htm）。

也规定人民政府为民族团结进步提供相应的服务，且违反条例要受到法律的惩罚。

第二，民族团结教育社会范畴进一步扩大。

2008年，教育部和国家民委办公厅印发《学校民族团结教育指导纲要（试行）》，首次提出把民族团结教育作为重要的专项教育列入地方课程，并详细规定了民族团结教育的指导思想、课程性质和基本原则；民族团结教育的目标与任务；民族团结教育的主要内容；民族团结教育的实施途径和方法；民族团结教育的师资培养与培训工作；民族团结教育的组织实施。2009年，中央宣传部、教育部、国家民委联合发出通知，要求各级各类学校深入开展"民族团结教育"主题活动，进一步加强学校民族团结教育工作。此信息一发布，在网易上来自15个省市自治区的网友发布26个跟帖，有1000余位网民参与，没有一个跟帖对此持赞成态度，有人则借此直接表达了对民族政策的不满，甚至认为民族融合才是根本。不过，地方政府仍然按着纲要的要求安排民族团结教育进入考试范畴，据报道，河北中考中民族团结教育分占7分。① 这表明，民族团结进步事业还面临着相当重的任务，一部分民众还认识不到民族团结进步对人们日常生活的直接影响。

第三，各级政府推动民族团结机制探索不断创新。

国家民委作为中央人民政府专门管理民族事务和机构，在推进民族团结事业中不断探索民族团结教育新机制。比如，建立民族团结教育基地，推动民族团结教育。2006年8月，国家民委命名全国首批27个民族团结进步教育基地。这些基地均是在中国革命、建设和改革开放等不同时期，对促进民族团结、密切民族关系、维护国家统一等方面具有重要影响的人物和事件所形成的历史遗迹、纪念场所和人文场馆等，这些基地分布于全国22个省市自治区。2007年12月，国家民委又命名第二批民族团结教育基地，25个基地分布于18个省或自治区。2011年11月，国家民委公布第三批民族团结教育基地，20个基地分布于18个

---

① 《2012年河北中考政策公布：中考民族团结教育占7分》，网易新闻（http://news.163.com/12/0323/08/7T92GEMB00014AEE.html）。

省市自治区。①

各级地方政府也在试图推动民族团结机制的长效化和系统化，以及探索多路径的工作机制。如河南省针对民族人口散居化特点，建立市、县、乡民族宗教工作领导小组和村管小组；建立"民族团结进步促进会"，利用群众力量做民族团结工作；建立党校民族宗教政策调查课制度，对各级党政领导干部进行培训；建立民族团结进步表彰制度；建立处理影响民族团结问题的惩戒制度。② 广东省的广州市等成立了民族团结进步协会等非政府组织，积极参与和推动当地民族团结进步活动。

2010年2月1日中共中央宣传部、统战部和国家民委联合发布《进一步开展民族团结创建活动意见》，提出民族团结进步创建活动的具体要求、活动形式，建立健全活动工作机制，明确了组织领导、协调配合、监督检查和保障机制等。在中央一级主要是中宣部、统战部和国家民委共同负责，国家民委负责创建活动的日常工作，成立了领导小组，省级单位则需在党委政府领导下，由宣传、统战和民族工作部分负责，具体工作由民族工作部门承担，并有专门机构和人员负责。相关工作经费列入预算。为此，一些地方政府则列出了相关工作计划，推动此项工作的深入开展。国家民委网站从2010年12月起，每周推出一个事迹突出的民族团结进步先进个人或集体，宣传他们在各行各业为维护民族团结、社会稳定和国家统一，促进少数民族和民族地区经济社会发展所做的工作。2012年6月26—27日，在宁夏银川召开了全国民族团结进步创建活动经验交流会，贾庆林同志做出重要批示，回良玉同志出席会议并讲话，会议为35个全国民族团结进步创建活动示范单位授牌，参会代表300余人。

第四，全国民族团结表彰活动有序展开。

第三次全国民族团结表彰活动后，各级政府推动的民族团结教育活

---

① 为了提高规范性和公正性，每一批名单都在政府网站上公示。数据亦来自中国民族宗教网（http：//www.mzb.com.cn/html/report/13049-1.htm，http：//www.mzb.com.cn/html/report/26787-1.htm）、人民网（http：//politics.people.com.cn/h/2011/1123/c226651-701832817.html）。

② 参见陈振江《建立五大长效机制维护民族团结和社会稳定》，《中国民族》2004年第2期。

动趋于常态化,广泛开展民族团结进步表彰活动被视为新形势下加强民族团结,促进各民族共同繁荣发展的好形式和新世纪新阶段中国政府民族工作的一项重要内容。因此,分别于2005年和2009年召开全国民族团结进步表彰大会。具体情况见下表。

2000年后全国民族团结进步表彰大会简况①

时　间	表彰先进集体（个）	表彰先进个人数（名）
2005年5月27—29日	642	676
2009年9月29—30日	739	749

政府开展民族团结教育工作还有很大的提升空间,特别是在相关措施方面,还应有更多的创新和探索。比如,民族团结教育未充分关注人们的日常行动细节,还缺少更日常化的行为规则,特别是随着市场经济的发展,各民族人口全国性大流动局面的出现,不同民族成员间的直接接触日益增加,民族间由于相互不了解造成的误解同样会伤害民族团结的形成。因此,不同民族间日常行为方式的相互尊重对民族团结进步更加重要,政府出台相关规则应对此类问题给予更多关注。

（二）民族团结创建新形势——共同政治经济生活中各民族成员交往的扩展

民族交往是民族团结的基本前提之一,没有交往就没有联系,也就没有相互了解和正确认识,更不可能达成团结。任何民族团结的达成都需要基于各民族共同参与大量的社会生活,各民族交往不断扩展条件下的民族团结才具有生命力和活力。中华人民共和国成立以后,国家政治结构中对解决民族问题的制度设计,政府对历史上民族隔阂的消除,以及民族地区经济社会的普遍发展,都使得民族交往范围不断扩展,半个多世纪以来民族交往的传统格局已基本被打破,新的格局正在形成。依据不同时期民族交往扩展的特点,可分如下三个阶段。

第一,新中国成立后,民族区域自治政策得以执行,基层民主建政

---

① 增林:《国务院历次全国民族团结进步表彰大会简介》,《民族团结》1999年第9期。

进程和计划经济体制初建为各民族交往扩展创造基本政治经济条件。

在基层民主建政进程中，在民族平等原则指导下，少数民族政治诉求得到各级干部的尊重，协商民主成为各民族政治交往的重要特征。通过民主建政和民主改革等措施，各民族地区社会政治结构变革，为各民族交往扩展提供良好条件。在阶级剥削制度普遍存在的社会，不同民族的交往常常受到统治阶级利益的左右，而剥削制度的消灭使民族地区社会关系逐步完成大调整，人民获得自由的交往空间。与此同时，新政权为了掌握国民经济命脉，1949年底，建立社会主义公有制，全国没收了2858个官僚资本主义的工业企业，建立国营工业（占全国工业资金的78.3%）。中国大约用了7年时间走上计划经济体制轨道。在产权方面，经过社会主义改造，基本实现了对社会主义公有制目标的追求；在对经济活动的管理形式方面，以行政命令方式制定颁布了发展国民经济的第一个五年计划。计划经济体制成为国家法定经济体制。[①] 政权性质和经济体制变革决定了全社会生活组织方式的变革，在公有制经济建设进程中有利于民间社会各民族团结的因素大大增长。换言之，新的政治、经济生活组织方式，不仅使民族地区与全国各地的交往不断扩展，还使得民族人口杂居区、部分民族人口聚居区的民族交往大为扩展，很多地区的民族构成发生根本性变化。

劳动组织方式变革为各民族深入交往创造良好条件，为民族团结发展提供了好条件。从组织形式来看，当时各民族群众均被组织进合作性经济组织之中（从互助组到人民公社），在边疆地区，特别是汉族与少数民族杂居区，民族之间的生产联合十分普遍，内地对边疆民族地区的人、财、物的支援也日益增加，各民族成员间共同参与社会活动的社会大环境形成，不同民族成员之间的合作与交往大量增加，达到历史最高水平，交往强化了各民族间直接沟通和交流。

中央政府关于民族平等政策的实施，使不同民族成员之间相互尊重形成社会风气，人们在对新生活的热望和理想之中，增强了不同民族成员之间的包容性，一些民族群体间重大历史隔阂被清除，确立了新的民

---

① 参见林浣芬《我国计划经济体制的基本形成及其历史特点》，《党的文献》1995年第2期。

族关系观念。比如，由于民族关系得不到调整，在彝、白、哈尼、景颇等民族中有"石头不能当枕头，汉人不能做朋友"的说法，但是，随着中央政府民族平等政策的实施和各民族共同合作机会的增加，特别是对统治阶级的清算，大大消除了民族隔阂，各民族群众在合作中走向团结进步。

在这一时期，在各民族平等政治地位得到保障的总格局中，各级政府对民族关系进行的调整、民族平等和合作政策的执行、内地对民族地区社会发展各方面的支持以及人民解放军在民族地区的工作，全面促进了民族团结新局面的出现。

第二，极"左"思潮大行其道之时，民族交往因公社化、三线建设、知识青年上山下乡等一系列活动得到扩展。这一时期，虽然受到计划经济体制的绝对化、人民公社体制的僵化、经济结构的不合理等因素影响，各民族群众生产进步和生活改善受到严重影响。在政治运动不断，社会生活简化为"阶级斗争"为纲的特定环境下，民族交往扩展得以持续。但是，由于"民族融合风""反对地方民族主义运动""民族问题的实质是阶级问题"等的影响，20世纪50年代初建立起来的民族之间的信任与团结在一些领域开始被破坏，也严重破坏了执政党推动各民族平等、团结、互助合作的民族政策，当时虽然只有少量的民族冲突事件发生，但是，民族团结进步事业却停滞不前。

第二，改革开放和市场经济发展时期的民族交往空前扩展。改革开放以后，"民族问题的实质是阶级问题"的论断得以清理，相互信任的民族关系在新的社会氛围中得以重构，执政党对自身执政问题和发展道路选择问题的解决为这一时期民族交往的扩展奠定了良好的社会基础。农村牧区经济体制改革、城市经济体制改革以及对外开放的不断扩大，对各民族群体社会生活变迁产生了深远影响。从计划经济到市场经济改革，虽然在相当长的时段里，民族地区发展速度与发达地区之间差距日益扩大，但是，这些差距是发展中的差距，而不是穷过渡的平等，各民族之间由于区域和全国经济活动日益活跃，特别是改革开放后各项限制人口流动的经济政策措施的消除，人们自由迁徙的权益得到保障，内地与民族地区商品大流通，也促成人员大流动，大量民族聚居区的少数民族人口出于发展的需求而流向发达地区的城市，向民族地区迁移的汉族人口亦持续增加。此外，旅游等活动也强化了不同区域人们的直接互动。报纸、电视、网络等媒体对相关信息的传播，也大大促进了人们对不同民族文化、社会生活的了解认知度。不同民族成员间交往空间的空前扩展，强化着人们的共同生活和交往关系。

以推动民族团结为目标的非政府组织开始成长，这将在社会生活层面以更为灵活的工作机制，使民族团结进步得以深入发展。2002年6月9日，经国务院批准，中华民族团结进步协会成立，这一社团组织汇聚了全国民族工作领域最具权威和影响的领导、专家、学者及致力于中华民族团结进步事业的各类优秀人才。该协会是民族工作领域最具广泛性、民族性、界别代表性的社团组织。在少数民族流动人口不断增加的广东省也成立了面向团体会员和个人会员的广州市民族团结进步协会，并在越秀区、天河区、南沙区、荔湾区、黄埔区、花都区、海珠区、番禺区等都成立了民族团结进步协会或小组，为城市创新民族团结提供了组织力量。广州市民族团结进步协会开通了自己的网站，宣传政府和执政党的民族政策、相关民族知识以及本区域民族团结进步的典型事迹。① 2011年，河南、内蒙古也相继成立非政府组织——民族团结进步协会。

总之，当下中国的民族团结正面临一个更新的环境：一方面，国家经济实力在不断提高，中华民族的伟大复兴成为时代最强音；另一方面，国际社会环境更加复杂，国家之间的竞争日益激烈，大国操纵的包围中国之策路人皆知，海疆、陆疆都是其遏制中国之策的实施区域。西方学者曾在20世纪70年代中期断言中国"这些少数民族，无论对中共、国民政府或之前的清王朝，都是内政上的极大困扰，以后也仍将是汉民族的中国统治者伤脑筋的问题"②，这一判断不仅缺少科学性和实证性，也缺少对中国历史常识的认知，甚至是基于某种偏见而得出的。中国共产党作为执政党的中国并不是汉民族的中国，而是依据"多元一体"历史格局建构的统一多民族的中国，民族差异和民族矛盾的存在并

---

① 广州市民族团结进步协会网站：http://www.56flowers.net/Pages/Home/Index.html。
② 哈罗德·伊罗生：《群氓之族——群体认同与政治变迁》，邓伯宸译，广西师范大学出版社2008年版，第27页。

不能改变统一多民族国家发展的根本方向和进程。特别是改革开放 30 多年来的发展证明，统一多民族国家正在显现其多民族团结发展的优势，中华民族国家在其现代化进程中，以民族平等、团结、互助、和谐为目标，在推动经济社会快速发展中，完善各类化解矛盾的制度，使各民族共同团结奋斗、共同发展繁荣的大局持续向好。就民族团结的深入发展而言，在有利于个人自由、市场经济和法制秩序条件下，完善民族区域自治制度和民族政策也是不二的选择。

第三节　我国借鉴国际反分裂经验的现实意义

当今世界近 200 个国家，有 150 个左右是多民族国家。其中，民族问题比较突出的国家有七八十个。自"冷战"结束后，多民族国家内部民族问题"增多趋强"的态势十分明显。民族问题的重要性、复杂性、长期性、普遍性和国际性特点，愈来愈为人们所认识和重视。

如何解决民族问题，不单是一些新兴多民族国家面临的重要课题，一些历史悠久的多民族国家也同样如此。在探索民族问题治理的过程中，世界上形成了一些基本的民族政策模式，概括来说，有民族联邦方式、民族地方自治方式、民族保留地方式、民族文化自治方式、民族一体化方式、多元文化主义方式、民族党方式、民族议会方式、民族社团方式等。这些方式都在一定程度上缓和了民族矛盾。但毋庸置疑的是，这些方式都不尽如人意，都存在这样或那样的理论与实践问题和争议，人们对民族问题的认识并没有完结。

自 20 世纪 90 年代以后，民族问题治理成为国际民族学界、人类学界、社会学界、政治学界和法学界共同关注的热门课题；而且，与以往各国关起门来研究本国民族问题不同，人们现在普遍以国际视野进行比较研究，以求深入认识当今民族问题的基本特点和发展趋势，探索民族问题治理的新思想和新对策。例如，加拿大最近就以国际知名学者威尔·金利卡牵头，计划对世界十几个主要的多民族国家的民族问题和民族政策进行研究。

我国是一个典型的多民族国家，有自己的国情和以民族区域自治制度为核心的民族政策，民族工作总体上是成功的。但随着改革开放的深入和西部大开发的进展,民族工作也面临一些新情况和新问题;由此,国内学界对如何解决民族问题,现在是众说纷纭,争论不已,并逐渐形成了姑且称为"绝对肯定派"与"基本否定派"两派严重对立的局面:前者强调中国民族问题的特殊性,坚持既定政策不可改变,对国外经验主要取其如何照顾和优惠少数民族群体;后者赞赏西方发达国家的公民平等,主张对民族问题"去集体政治",否定民族区域自治和民族照顾等政策。随着拉萨"3·14"事件和乌鲁木齐"7·5"事件的发生,以及达赖集团抛出"大藏区高度自治"主张,"否定派"的声音似乎越来越强,而"肯定派"则面临理论上的被动。如对达赖集团提出的"大藏区高度自治"主张,就缺乏正面的理论批评,包括官方也是采取回避的态度,至多指出其背后隐藏的"藏独"目的。在此情况下,如何认识民族问题的世情与国情,如何评价国外民族问题治理的经验教训和我国民族政策的得失,就构成了我国民族问题研究界不可偏废的两个研究方面。因此,有组织地开展对外国民族问题及其治理经验教训的研究,现在应当提上国家的议事日程。

一 客观认识国外几种主要的民族政治理论和制度设计

自近代以来,围绕解决人类社会的民族政治问题,国外产生了三种主要的理论和制度设计,它们虽然都具有一定的积极意义,并且一直影响着人们的民族政治思想,但它们都没有全面、准确地认识、解释和回答现实的民族政治问题,实践效果并不理想。

(一)关于古典民族主义政治学说的"国族"理论和"国族—国家"方案

在18世纪和19世纪之交,随着民族解放、自由和平等思想在西欧、北美和拉美的传播,以及一批不同于传统帝国的新兴和新型国家的出现,古典民族主义政治学说应运而生。这个学说的核心概念是"国族"(nation)和"国族—国家"(nation-state)(国内通常将二者翻译为"民族"和"民族—国家",为避免概念混乱,本章对国家层面的人们共同体称为"国族",对国族内部的二级人们共同体称为"民族")。按照西欧早期民族主义理论家的解释,所谓国族,就是以语言文化同一的人民(people)为基础形成的经济利益和政治认同共同体;而国族—国家,就是以这种共同体的地域空间为界限建立的领土统一和政治独立的主权国家,其经典表述是"一个人民,一个国族,一个国家"(one people, one nation, one state),国内通常简称为"一族一国"论。这种理论和方案的政治思想基础是,因帝国统治而产生的各族人民之间的矛盾和冲突是现代世界最突出的问题,解决这个问题的方案或出路只能是各族人民通过自决分别建立可以保护自己的国家。

但是,"国族—国家"方案非但没有从根本上解决现代世界的民族冲突问题,相反导致了19世纪欧洲各族人民之间的百年大厮杀、20世纪的两次世界大战以及泛民族主义和民族分离主义灾难的世界性流行。古典民族主义政治学说对帝国统治本质的认识是正确的,对语言文化同一的人民具有利益共同性和政治认同性的认识也是正确的,但对如何改造帝国统治所提出的国族—国家方案则过于简单,并且难以操作。尤其是在传统的大陆帝国中,虽然在有些民族间存在相对清楚的语言和文化界限,有可能根据这种界限建立独立国家,但更普遍的现象则是许多民族相互交错,很难根据民族界限确定国家边界。在这种情况下,如何看待民族和国家的关系,怎样摆脱"一族一国"论的思想束缚而又能实现各民族的解放、自由和平等,是一个需要理论创新、制度创新和观念更新的时代课题。一方面,需要接受民族主义理论反对民族压迫统治的进步思想,对帝国进行彻底改造;另一方面,需要指出其国族—国家方案的非现实性,对民族与国家结合的真实能够正确认识,提出不同于"国族—国家"模式的新的族际政治方案。

(二) 奥地利社会民主党的地方联邦理论和民族文化自治方案

古典民族主义政治学说的形成,是建立在对帝国非理性统治的批判基础之上的,但这种批判并不能自然赋予它所主张的国族—国家方案以合理性;因为对国族—国家合理性的论证,应当是舍此方案便不能保证民族解放、自由和平等的绝对实证,换句话说,如果在其他某种国家形式下可以实现民族解放、自由和平等,国族—国家形式就不是唯一合理的。因此,尽管民族主义理论家们围绕国族—国家的合法性问题不停地做出大量美好文章,但由于不能充分证明国族—国家的合理性(例如有关"人民自决"权的法理问题,至今是一个争论不休的、无解的族际政治命题),也就不能排除人们提出不同的理论和方案。奥地利马克思主义学派是最早向"国族—国家"理论和方案提出公开质疑的挑战者，认为它不是普遍真理，不宜拿来改造奥匈帝国。为此，奥地利社会民主党提出了（1899年）自己的替代理论和方案，其主要内容有两点：第一，将奥匈帝国改造成以地方为单位的多民族和民主的"联邦国家"；第二，各民族分别成立类似于社团性质的联合会并实行文化自治，自主地管理本民族的内部事务。

奥地利社会民主党的理论和方案，有其"民族"观为基础，这就是在1860年前后形成的奥地利学术传统的"民族"（nationality）概念。古典民族主义学说以法国学术传统的"国族"概念为基本概念，这个概念指的是与独立国家相连的人民；奥地利学术传统的"民族"概念，指的是不与独立国家相连但可实行领土自治的人民。这样，在欧洲人的观念中，就对国族和民族二者形成了一种相互对立的政治等级差别。奥地利社会民主党不仅继承了这种观念，而且还对"民族"做了进一步的贬低，否定其领土及社会政治共同体特征。该党两位民族问题理论家卡尔·伦纳和鄂图·鲍威尔认为："民族"是思维方式和语言相同的人们的个人联合会，特别是一种文化共同体，与领土和政治没有必然联系，它可以像宗教团体一样存在于国家中。但这种民族观以及由此而产生的地方联邦理论和民族文化自治方案，对"一族一国"论采取针锋相对的态度，否定"民族"的政治属性及其政治诉求，则是从一个极端走向了另一个极端。改造一个帝国，不仅需要社会政治民主，更需要民族政治民主，这是协调多民族国家内部族际政治关系的要求。奥地利社会民主党恰恰在后一个问题上失去了智慧。它把各民族的权利仅限定在管理本民族内部文化事务上，排除各民族对国家权力管理的参与，难免不使各民族把本应属于自己的"国家"当成外来"管家"加以反对。

（三）苏联共产党的民族联盟理论和民族领土自治方案

苏维埃社会主义共和国联盟的建立，在理念和制度设计上都是一种全新的民族政治实验，它既不同于古典民族主义学说主张的国族—国家方案，也不同于奥地利社会民主党提出的地方联邦和民族文化自治方案。这种实验虽然有历史和政治原因，但与苏联共产党的民族政治理论密不可分，而这又与斯大林的民族观不无关系。深入分析斯大林对"民族"所做的"四个共同"之著名定义，我们可以看到它是混合和改造法国学术传统的"国族"概念和奥地利学术传统的"民族"概念的产物。斯大林的定义对象是"国族"而非"民族",但定义内容则主要是后者而不是前者。法国学术传统的"国族"概念,是与统一法律、中央政府和主权国家相连的人们共同体,为了在沙皇帝国的版图上建立苏联,斯大林自然不认为各族人民是这样的人们共同体。为此,斯大林更多地接受了奥地利学术传统的"民族"概念,因为这个概念更适合于建立苏联的需要。但与奥地利马克思主义学派视"民族"仅为语言文化共同体不同,斯大林坚持了奥地利学术传统对"民族"所做的共同地域规定,此外还增加了共同的经济生活的规定。这种民族观,就为沙皇帝国崩溃后各族人民建立加盟共和国、自治共和国和自治区并组成"苏联"奠定了理论基础。但在以现代主权国家为基本政治单位的世界上,怎样建设苏联呢?

基于斯大林的民族观,苏联在民族政治理论上既不可能把自己建成统一的"国族—国家",也不可能把各加盟成员建成不同的"国族—国家",而是提出以无产阶级国际主义(族际主义)来建设和巩固苏联,试图以无产阶级利益的一致性来弥合民族矛盾和消除民族主义问题。这种民族政治革命的理想是崇高的,但却超越了时代条件的限制。如同资产阶级利益的一致性并不能消除各民族资产阶级之间的矛盾一样,无产阶级利益的一致性也不足以抵消因民族利益差别所产生的民族主义。因此,苏联宪法又规定各加盟共和国有退出联盟的自由,并为一些加盟共和国谋求在联合国中的席位。但在民族政治实践中,苏联共产党绝对是把苏联当成统一国家来建设的,只不过它无法突破既定的民族政治理论框架以及由这个框架所产生的定力罢了。理想和现实的背离产生了理论和实践的矛盾,这是导致苏联解体的宿命。为了继承和改造沙皇帝国,苏联共产党一方面批判资产阶级民族主义,提出无产阶级族际主义;另一方面,以"民族共和国"形式培养了民族主义,为后来的解体埋下了种子。苏联共产党对民族政治理论的发展,是它批判了奥地利社会民主党的"文化民族"观和民族文化自治理论,把各族人民看成政治实体并赋予各族人民政治地位;但它与奥地利社会民主党一样,也没有从理论和实践上解决好各族人民之间的"国族认同"问题,尽管后来产生了"苏联人民"是一个"新的历史性人们共同体"的提法,但这已不足以抵御长期积聚起来的民族分离主义浪潮了。

二 坚持和发展民族区域自治实践

与自我为政的"民族自治"不同,民族区域自治是在国家政法统一的前提下实行以少数民族为主体、保证各民族共同当家做主的"区域自治"。

世界上有许多国家只赋予少数民族成员平等的公民个人政治权利,根本就不承认少数民族有"集体政治权利",何谈"赋予各少数民族自治的权利"?另有一些国家承认少数民族有集体政治权利,但也没有一个国家如达赖集团所说采取"民族自治"的方式;即使是加拿大和美国的一些土著人保留地自治,也绝无达赖集团所希望的那种"高度自治"的权利。土著人保留地的管理机构包括所谓的"自治政府",甚至不具备一级地方政府的地位和权力。①因此,达赖集团说别的国家"通过赋予少数民族自治的权利来解决民族问题",并说中国也是如此,以证明自己的"大藏区高度自治"主张是有理有据的公理,这显然是自欺欺人的伪证。

(一)客观认识民族区域自治的功能和目的

中国的民族区域自治并不是模仿哪个国家,而是根据中国国情不断探索出的具有自己特点的方式。中国各民族历史地形成了大杂居、小聚居的分布格局,有鉴于此,从1947年内蒙古自治区成立到2003年四川省北川羌族自治县成立,历经半个多世纪,中国建立了包括自治区、自治州和自治县三级自治单位的民族地方管理体系;此外,中国还建立了数千个基层单位"民族乡"。对于这样的民族区域自治体系,达赖集团能找到第二个国家吗?如果找不到,怎么能说中国"和别的国家一样呢"?达赖集团通过把"各少数民族聚居的地方"换成"各少数民族",也就把"区域自治"改成了"民族自治"。这样的论证手法,失去了政治论说应有的严肃性。鉴于中国少数民族在大多数地方都不占人口多

---

① 国际学术界有一种观点认为,自治权赋予少数民族比赋予地方政府更能保证少数民族的利益(参见威尔·金利卡《多元文化的公民身份》,马莉、张昭耀译,中央民族大学出版社2009年版),就是以美国、加拿大等美洲国家的土著人为案例的,因为土著人是一个相对特殊的群体。但广大的欧、亚、非国家的民族关系及少数民族情况与美洲国家的土著人不可同日而语。

数，为了保证少数民族的权益得到充分关注，中国的民族区域自治地方是以少数民族为主体建立的，并规定自治地方的行政长官由出身少数民族的公民担任，这是必要的，但不能由此推论民族区域自治就是少数民族自治，而只能说少数民族在自治地方管理中居于主导地位。

实行民族区域自治，对发挥各族人民当家做主的积极性，发展平等、团结、互助的社会主义民族关系，巩固国家的统一，促进民族自治地方和全国社会主义建设事业的发展，都起了巨大作用。

当今世界各国都主张"保护"文化多样性，但"保护"与"保障"是两个概念，没有哪个国家敢于立下"保障少数民族的特性和文化"的许诺，因为任何民族的特性和文化，都不是靠制度来"保障"的，而是靠民族自身的繁荣发展来延续的，并且会随着时代的变化而变化，没有千年一贯的民族特性和文化。在这种情况下，国家对少数民族文化只能采取一定的承认和保护措施，创造让其存在和发展的宽松环境，并提供必要的物质帮助。目前在世界各国流行的多元文化主义政策，所宣示和所能做到的，也仅此而已。

"抛弃大汉族主义和地方民族主义，避免民族压迫和民族分裂"，这既不是实行民族区域自治的条件，也不是实行民族区域自治就可完全解决的。民族区域自治只是一种民族政治框架或者形式，它是为一定目的服务的，但仅靠它并不能解决一切民族问题。当今世界95%以上的国家都是多民族国家，实行各种形式的民族地方自治的国家并不占多数，难道其余国家就无法避免民族压迫和民族分裂了吗？大民族主义和地方民族主义是意识形态问题，这个问题靠制度可以限制其发展，但不能消除它的存在；而且，不实行民族地方自治的国家，也不等于就放任大民族主义和地方民族主义；实行民族地方自治的国家，也不等于就没有了大民族主义和地方民族主义。

（二）客观认识民族区域自治地方的建立与划分

一个国家的行政区划，绝不是以民族界限为基础的，而是综合考虑历史沿革、人文地理、经济地理和行政管理方便等多种因素的结果。因此，中国民族区域自治单位的建立与划分，不可能以把某一少数民族"统一在一个自治体系下"为原则，只能根据各少数民族聚居和分布情况，采取实事求是的态度建立不同的民族区域自治地方。例如，藏族人口集中的西藏设立自治区，但聚居在其他省内的藏族聚居区则可建立自治州或自治县；而在新疆维吾尔自治区内，则可建立以其他民族为主体的自治州或自治县。这样，中国少数民族的数目虽然是55个，但民族区域自治单位却有155个。但这不是为了分裂少数民族，而是为了保证他们在自治地方占有一定的人口比例，进而有效地行使"当家做主"的权利。把自治单位划小，以使少数民族在这些单位里占有一定分量乃至居于相对多数地位，也是国际学术界为保证少数民族能够实际行使权利的通常建议。① 相反，如果一个只有几万人口的少数民族，被划在一个有几百万人口的自治地方，那这个民族实际上是难以"当家做主"的。

任何一个民族，特别是地域分布较大、人口较多的民族，地区发展都难以绝对平衡。这不是行政区域划分的结果，而是历史发展、自然环境和经济地理区位等因素造成的。假使按照达赖集团的设想建立"大藏区"，就能保证所有藏区发展平衡了吗？任何人都不敢下这个保证，都不能保证一个国家的各个地区、一个地区的各个次区域绝对平衡发展。江苏省是一个行政单位，而且近乎是纯汉族的地区，但苏北和苏南发展差距就很大。平衡发展是经济学中的哥德巴赫猜想，现在还没有人真正解得开。

民族特性、文化和佛教传统的保护与弘扬，不是以行政区划为前提的，甚至不以国界为障碍。西班牙人移居拉美，增强而不是削弱了天主教和西班牙文化的影响力；英格兰人移居北美，增强而不是削弱了基督教新教和英格兰文化的影响力；甚至是流亡海外的达赖集团，不也是增强了藏传佛教和藏族文化的影响力了吗？民族特性和文化不是一种物件，拆开就不存在了，而是一种具有内在活力的东西，它的"力量"会以承载者的存在而得以保持和延续，而不管这承载者是在哪里。

"民族的统一性"是个国际政治概念，它不适用于主权国家内部的民族。汉族聚居地区分为二十多个省市，有些汉族聚居地区包括城市还被划归以少数民族为主体的自治区或自治州，这能说是没有尊重汉族的统一性吗？如果认为把一些藏汉杂居区划归不同省份是分裂了藏族，那把这些地区划归所谓的"大藏区"，这不是又分裂汉族了吗？道理得两

---

① 参见威尔·金利卡《多元文化的公民身份》，马莉、张昭耀译，中央民族大学出版社2009年版。

面说，而不能只讲一面之词。汉藏杂居区为什么一定要划归所谓"大藏区"，而不能划归有关的省呢？况且，达赖集团追求"全体藏人"的自治，这也是做不到的。达赖集团想通过内部限制把"全体藏人"都圈定在"大藏区"内吗？当代任何国家都不能限制公民离走他国，何况一个地方政府限制居民的国内流动自由！

（三）客观认识民族区域自治地方权力机关的属性与代表性

如何界定民族区域自治地方权力机关的属性及其代表性，是保证国家统一和民族团结的重要一环。关于前者，《民族区域自治法》第三条规定："民族自治地方设立自治机关，自治机关是国家的一级地方政权机关。"第十五条规定："民族自治地方的自治机关是自治区、自治州和自治县的人民代表大会和人民政府。……各民族自治地方的人民政府都是国务院统一领导下的国家行政机关，都服从国务院。"关于后者，第十六条规定："民族自治地方的人民代表大会中，除实行区域自治的民族的代表外，其他居住在本行政区域内的民族也应当有适当名额的代表。"第十七条规定："自治区、自治州和自治县的人民政府的其他组成人员，应当合理配备实行区域自治的民族和其他少数民族的人员。"

"民族自治地方"这个术语，实际上是"民族区域自治地方"的简称，尽管这种简称给人不严谨的感觉，容易被解读为"民族的自治地方"或"民族自治的地方"。但只要看一看《自治法》第十二条，问题就很清楚了。该条一共有三节，第一节说："少数民族聚居的地方，根据当地民族关系、经济发展等条件，并参酌历史情况，可以建立以一个或者几个少数民族聚居区为基础的自治地方。"第二节说："民族自治地方内其他少数民族聚居的地方，建立相应的自治地方或者民族乡。"第三节说："民族自治地方依据本地方的实际情况，可以包括一部分汉族或者其他民族的聚居区和城镇。"无须过多解释，民族区域自治与"民族自治"完全是两码事，它是"以少数民族聚居区为基础"，而不是以少数民族整体为基础的。

我国民族区域自治地方的权力机关不管有什么样的自治权，它的属性都是当地各族人民的政府而不是某个民族的自治权力机关，既然不是民族自治权力机关，也就没有理由将其"民族化"。

根据《自治法》的基本精神，民族区域自治地方权力机关的属性首先是地方政权机关，履行地方政府的职能；其次才是地方自治权力机关，行使自治权。而作为一级地方政权机关，它与中央政府的关系是隶属关系而不是对等关系。《自治法》规定民族区域自治地方的权力机关既是地方政权机关，又是地方自治机关，对这种双重性规定，正确的理解只能是前者在先、前者为大，而后者则是包含在前者之中和依附于前者的；特别是从自治地方权力机关的权能来看，它所履行的地方政府职能，显然多于它作为自治权力机关的职能。

（四）客观认识民族区域自治地方的权力与行使

无论在中国还是在外国，实行民族地方自治的关键是划定地方权限，并保证地方依法行使这些权力。自治地方的权力包括三个方面，或者说可以分为三类：一是国家赋予自治地方单独行使的专有权力；二是国家与自治地方共同行使的共有权力；三是国家委托自治地方有限行使的代行权力。但无论哪种权力，它都不是自治地方固有的，而是来自国家授权，它的存在和行使是以保证国家政法统一为前提的。为此，《自治法》第三章在讲到自治地方的各项自治权时，都有一定的限制条件，如"在国家计划的指导下""在坚持社会主义原则的前提下""依照法律规定""依照国家规定"等。而在有关自治地方的立法权上，则规定自治地方通过的法律法规要报经上级立法机关或全国人民代表大会常务委员会、上级政府或国务院批准或备案。类似的规定，在任何实行地方自治的国家都有，因为这些规定是国家主权的对内体现——保证国家政法统一。

在国家相关权力机关中设置少数民族代表，以保证少数民族的声音能得到充分倾听，是国际学术界目前比较认可的观点，中国现行的民族政策也是这样做的。① 在国家相关权力机关中，可以有不同民族的代表参加，但国家权力机关绝不能由不同地方派代表组成。而且，实行民族地方自治的一般惯例，通常是中央政府在自治地方派驻代表机构以监督地方政府遵守国家制度和法规，如西班牙和俄罗斯就是如此，而不是

---

① 如在历届全国人民代表大会代表中，少数民族代表比例都超过少数民族在全国人口中的比例；国务院下属的国家民族事务委员会，其主要和大多数领导职位是由出身少数民族的公民担任的。

相反。

（五）客观认识民族区域自治的本质与原则

保证国家政法统一，是我国实行民族区域自治以及自治地方行使自治权的前提。保证"各族人民共同当家做主"，则是全国和民族区域自治地方民族政治生活的基本原则。

保证"各族人民共同当家做主"，这是我国"民族区域自治制度"区别于传统的"民族自治"观念的本质特征。为什么要保证"各族人民共同当家做主"？这是由现代国家建设保证公民政治权利平等的本质要求所决定的，无论是在国家管理中还是在民族区域自治地方的管理中，各民族公民都是权利平等的参与者。保证"各族人民共同当家做主"，这也是各民族杂居的现实使然，因为现实已找不到一块单一民族成分的地区来实行"民族自治"了。

然而，要否定"民族自治"这种传统观念，也不是一件容易的事。如同"民族—国家"观念一样，"民族自治"也是一种理想化的简单观念，这使它长期以来一直是一些国家的少数民族的主诉，并由此造成了一种思维定式，使人们一谈到多民族国家的民族政治生活，就只好跟着讲民族自治，而不管它是否具有现实可行性。我们看到，我国的民族区域自治制度绝不是民族自治，但我国有许多专家学者的论文，包括一些专业教材，都把民族区域自治制度笼统地解释为只是保障少数民族政治权利的，而这种政治权利又是"自治"权。这样看问题，难免不对民族区域自治的实践多有曲解乃至非议。但什么是"民族自治"？世上并无共同的标准，而是各有各的理解。

从发生原因的角度说，民族自治是针对"他族统治"而提出的一种解脱要求，在"他族统治"下有其必然性和号召力；但是，在废除了民族压迫的现代国家条件下，民族自治就失去了着力点，再以民族自治为最高目标就不太合乎时代潮流了，而应当在民族平等团结的理念下建构新的民族政治关系。实际上，自20世纪中叶以后，许多国家都在探索如何处理内部民族关系的新道路，其基本趋势是把社会治理的"民主共和"思想引入民族关系治理之中，主张各民族共同建国治国，共同当家做主。实际上，我国的民族政治生活早已是如此，《宪法》和《自治法》都是以保障"各族人民共同当家做主"为宗旨的，只不过我们的理论阐释比较落后，直到 2005 年中央民族工作会议上才有这个明确的说法。这是对我国民族区域自治实践所做出的实事求是的理论概括。

保证国家政法统一，这是现代国家内部主权建设所要求的，它规定了自治地方与中央政府的隶属关系；保证公民权利平等，这是现代公民社会建设所要求的，它规定了民族特别权利不能超越公民一般权利。这两个原则是目前任何国家在保障少数民族权利诉求时都要坚持的底线，国外现行的一些少数民族权利保障方式也都证明了这一点。

我们应当从理论上阐释民族区域自治的思想理念。民族区域自治制度是在保证国家政法统一和保证各民族公民权利平等下的民族政治安排，它奉行的是各族人民共同当家做主的"民族共治"理念，那种各自为政的"民族自治"的权利观念和诉求，在任何国家都是不可能予以承认的。

第四节 我国借鉴国际反分裂经验的方式与方法

自从 19 世纪下半叶民族主义政治学说传入中国，以及中国开始融入国际社会，古老的中华帝国就面临着如何改造的重大现实问题。作为一个具有数千年统一历史的国家，她是走向终结还是走向新生，这是近代中国社会革命（资产阶级民族民主革命和无产阶级社会主义革命）必须回答的问题。孙中山先生早先提出"驱逐鞑虏，恢复中华"的口号，真实地记录了西方民族主义政治学说对中国资产阶级民族主义者的影响。但是，当这些在国外学到民族主义的中国人回到中国实践民族主义时，很快便发现它不适用于中国。于是，孙中山先生又将上述口号改为"五族共和"。中国共产党不仅继承这一思想最终完成了对中华帝国的改造，而且还以自己的民族政治理论和制度创新保证了各族人民之间的团结，通过不断培育各族人民的"国族认同"，使他们以崭新的"中华民族"（国族）之整体形象自立于世界民族（国族）之林。

一 民族政治理论创新

虽然奥地利社会民主党和苏联共产党认为单一民族的"国族—国家"方案不适用于解决各自面临的民族政治问题，但对这个方案本身则缺乏深入实际的分析批判,没有看到西欧族际政治的事实并非如古典民族主义理论家设计或理想的那样是"一族一国"。无论是法国、英国还是西班牙,都不是单一民族的"国族—国家",而是以某个大民族为核心形成的多元民族的"国族—国家"。这是西欧的历史真实,也是世界各地的历史真实,只不过这个真实被古典民族主义理论家误读和错解了。列宁曾使用"多民族国家"的概念以与"国族—国家"进行比较,并对二者的区别做过主体民族和少数民族人口比例占多少的界定。但人口比例不是本质的东西,并不能成为民族成分比较复杂、少数民族人口比重较大的国家不可以建成"国族—国家"的障碍。问题的关键在于如何认识和解释民族与国族的关系。

毛泽东在1939年发表的《中国革命与中国共产党》一文中,明确地论述了"中华民族"(国族)与"各民族"的关系,说"中国是一个由多数民族结合而成的国家",但同时又是"一个伟大的民族国家"(国族—国家)。毛泽东的这个论断,不仅代表了中国共产党人对中华民族和建设现代中华民族国家的理性自觉,而且是对近现代世界的民族与国家结合的实际,即"国族—国家"现象的正确解读。它不仅修正了古典民族主义政治学说对"国族—国家"的民族同一性界定,而且克服了奥地利社会民主党和苏联共产党把"国族"和"民族"、"国族—国家"和"多民族国家"对立起来的片面认识。这是一个具有时代意义的思想贡献,是富有智慧的民族理论创新,它合理地提出和解释了现实世界存在的"民族认同"与"国族认同"这种双重认同现象。当然,双重认同不是现代世界才有的新现象,古代社会的部落界限与部落联盟的形成也体现了一种双重认同。但问题在于现代民族主义政治学说没有认识到这种双重认同的意义,相反,它的"一族一国"的理想化蓝图,还曾长期误导和束缚了人们的思想,遮蔽了人们对现代民族政治问题的观察视野。奥地利社会民主党和苏联共产党认为只能将奥匈帝国和沙皇帝国改造成多民族的"联邦"和"联盟"而不是多民族的"国族—国家",就是典型的例证。也许有人认为,中国有两千多年的统一历史,而奥匈帝国的建立只有几十年,沙俄帝国的形成也不过三四百年,因此中国才有条件把中华帝国改造成统一的多民族的"国族—国家"。这当然有一定道理。但我们不能因此轻视理论创新的价值和人的主观能动性。现代国族和"国族—国家"的形成虽然有一个自然演进的过程，但任何人也不会否认人工构建的作用，问题是在于怎样构建。

在当今世界上，所有国家都力图锻造公民的国族认同。但由于有些居于国家主导地位的民族不能平等地对待弱小民族，往往是事倍功半。其中，人们对西方社会的"民族"人格等级划分批判不够，对国族认同象征确定不当是重要的原因。"我的共同体是国族（nation），你的共同体是民族（nationality）。"国家是以我为主建立的，就以我的一切为原材料来塑造国族并要求你认同。这种民族人格等级歧视和老大观念，是造成民族不和乃至分离的重要诱因之一，被界定为"民族"者难免不试图通过建立以自己为主体的国家成为"国族"，以实现民族人格的最高化。20世纪90年代发生在苏联和南斯拉夫的民族分离主义浪潮，就是这种情况；二者解体的内在原因主要不在于经济利益矛盾，而在于认同危机与象征冲突。中国共产党是如何解决这个问题的？根据毛泽东的"各民族"与"中华民族"的双重认同理论，中国共产党始终坚持各族人民人格平等的观念，大家都是"民族"，都是中华"国族"的组成部分，而不是区分谁是"国族"，谁是"民族"，也没有以某个民族的一切来代表和塑造中华民族（国族），尽管他们的发展与发达程度不同，对中国形成的影响也有大小之别。这就是说，中国共产党一方面对法国学术传统的"国族"概念进行了发展和改造，使用它来界定整个"中华民族"这种国家层面的人们共同体；另一方面，对奥地利学术传统的"民族"概念进行了发展和改造，使用它来界定中国"各民族"这种二级人们共同体。这种双重认同规定，是各族人民可以普遍接受的，并最终凝聚在了中华人民共和国宪法之中。现在，运用这种双重认同理论来解决现实的民族政治问题，已成为世界绝大多数国家的共识。包括在产生民族主义古典理论的发源地西欧，例如在西班牙，也是以"国族"来界定所有西班牙人民，而对各个具体的人民则以"民族"来界定。

二　制度创新

对民族及民族与国家的关系怎样看，决定着不同的族际政治理念和实践。西方民族主义古典理论主张"一族一国",因此民族同化曾经是欧美国家长期奉行的主流观念和实践,但同时又面临着也是以这个理论为基础的民族分离主义问题的挑战。同化与分离都是合理的,这是"一族一国"论无法调和的逻辑矛盾。在保护少数人权利的理念和法律产生之前,这个矛盾只能靠残酷的社会达尔文主义来解决。奥地利社会民主党把民族仅看作文化共同体,与国家和政治没有必然联系,因此主张将民族只当作社团来管理,各民族实行内部文化自治。这种观念抛开了民族是一个伴随着政治认同的社会利益共同体这一本质规定,因而难为各民族接受。苏联共产党的民族观,实际上摇摆在以法国学术传统为代表的"政治民族"观(与独立国家相连)和以奥地利学术传统为代表的"文化民族"观(与社团类似)之间,并试图以内涵模糊的族际主义建立联盟。但这个联盟的基础是民族领土自治单位,这就难免不在联盟和自治单位之间产生权力矛盾;这种矛盾一方面使各自治单位的内聚力增强;另一方面使它们与联盟的离心力加大,结果就是难逃联盟解体与民族分离的命运。

与上述情况不同,中国共产党以民族与国族双重认同理论指导中国的民族政治实践,不仅完成了把各民族凝聚成为一个国族的任务,而且为合理保障各民族的政治权利奠定了理论基础。既然是各民族共同结合成一个国族,那就要按照国族的统一性来建设国家,使各民族共同管理国家事务;既然承认中华民族(国族)的多民族结构,那就要以一定的社会组织形式体现各民族的存在及其集体政治权利。民族与国族双重认同理论,是中国共产党摆脱苏联民族政治理论影响的思想创新,是中国共产党创造国家统一领导下的民族区域自治制度的政治哲学基础。这一制度的基本特征,是在少数民族聚居地区建立行政级别不同的自治地方,这些自治地方的权力机关一方面行使同一级别的国家权力机关的权能,另一方面行使一定的自治权。由此我们可以看到,中国的民族区域自治,既不是以民族领土为单位的政治自治,也不是以民族组织为基础的文化自治,而是一种以一个或数个少数民族为自治主体的多级行政地方自治。所以,中国有55个少数民族,而民族区域自治地方却有155个。与此同时,有些人口较少、不宜建立自治地方的民族,则以建立民族乡这一基层单位的形式保证他们

"当家做主"的权利。

不同的民族政治形式有不同的内容,反映不同的理念。民族主义古典理论的一族一国、奥地利社会民主党的民族文化自治、苏联共产党的民族领土自治,在理论和制度设计上都以排他性为基本特征,而这一点在我国的民族区域自治理论和制度中是不存在的。中国的三级民族区域自治地方和民族乡,实行的是各民族共同管理自治地方事务的民族政治民主原则,这一点充分反映在我国民族区域自治法对自治地方权力机关的组成必须合理包括有关民族的公民的法律规定上。就这种规定来说,我国民族区域自治制度的政治出发点和归宿,是通过保证各民族共同当家做主来保证各民族的政治权利平等。至于对自治民族在自治地方特殊地位的规定,这是为了保证自治民族能够充分表达自己的特殊诉求,它可以使国家权力机关及时了解和理解自治民族的诉求,以便给予特殊的政策关怀。

除了民族区域自治地方的设置外,我国的民族政治实践还在国家最高权力机关全国人民代表大会中,以及在少数民族人口占有一定数量的非自治地方的人民代表大会中,充分或适当安排少数民族的代表席位,这也体现了各民族共同当家做主的民族政治民主原则。这一点,不仅对于保证各民族的团结、增强各民族对中华民族(国族)的认同极为重要,而且是保证国家统一权力合法性和权威性的前提。任何多民族国家,如果不能合理保证各民族对国家公共权力管理的参与,就难免不引起处在权力之外的民族的不满,就难以保证政治稳定。因此,即使是在民族区域自治制度几近形同虚设的"十年动乱"期间,中国共产党也坚持在国家权力机关中保证各少数民族的代表地位,尽管人们可以认为这种地位在当时只是一种象征,但这种象征的作用则是不可低估的。

十一届三中全会以来,我国的政治生活几经风雨,但中国共产党始终坚持既定的民族政治理念不动摇,不断加强对各族人民的爱国主义和民族团结教育,并基本完成了民族区域自治制度建设,从而有效地抵制和粉碎了国内外各种分化和分裂我国的图谋,为我国的改革开放和现代化建设创造了良好稳定的民族关系环境。在我国进入全面建设小康社会的新时期里,我们应当更加注意维护国家的统一和各民族的团结,深化对我党有关各民族与中华民族（国族）双重认同理论的认识，以这个理论为指导来处理民族关系，包括对民族区域自治制度继续进行发展和完善。一个保持各民族团结的中华民族，不但可以自立于世界民族之林，而且也可以自强于世界民族之林。

（周竞红　朱　伦　刘　泓）

结语　民族主义与民族—国家建构
——从经典理论到当代认识的发展

关于民族主义和民族—国家（nation-state）建构研究，国内外的论著数不胜数；尽管学者们的视角和观点不尽一致，但其大趋势则是对欧洲早期民族主义思想家的同质化民族—国家观不断进行反思与批评，认为这不符合世界各地民族—国家形成的实际，是导致同化主义与分离主义之间无解对立、继而在许多国家引发民族冲突的思想理论根源；由此，抛弃民族—国家的绝对同质化观念、尊重文化多样性和少数民族差异，不仅是当代国内外绝大多数学者的思想共识和道义主张，而且还逐步变成了绝大多数国家管理和协调族际关系、制定少数民族政策的基本理念和原则。我国亦是如此。

然而，2011年，我国却有两位知名教授捡起同质化的民族—国家观，主张对少数民族要"去民族身份"，要"淡化民族意识"；民族工作要"去政治化"，"不给任何人声称是某一'地方民族利益'代表和领导者的机会"；要"千方百计"地以"核心文化"来整合少数民族，包括采取"鼓励族际通婚"的措施等，认为这些应成为我国"第二代民族政策转型"的具体措施和紧迫任务。①作为国情研究者，两位教授对民族工作当然有表达个人意见的权利和自由；但令人不能认同的是，两位教授俨然以中央政策的阐释者自居，强说自己的主张来自中央的信息。

---

① 胡鞍钢、胡联合：《促进民族交融一体和繁荣一体》，《新疆师范大学学报》（哲学社会科学版）2011年第5期。本章以下所引和所概括的二位作者的思想观点，请见原文，恕不一一注明。

2010年1月和5月，中央分别召开西藏和新疆工作座谈会，提出了"促进民族交往交流交融"的意见；由此，我们的两位教授便借题发挥，揣摩说"这是我国民族政策从第一代开始向第二代转型的标志"。抓住这个自以为是的标志，两位教授把自己设想的"第二代民族政策"确定为"一体化"政策，又曰"整合"（integration）政策。然而，两位教授的"一体化"或"整合"概念，不仅与"促进民族交往交流交融"的原意相去甚远，而且从他们的具体政策建言来看，所谓促进各民族间的"交融一体、繁荣一体"，实际上就是要对少数民族进行全面的强制"同化"（assimilation），彻底消除少数民族的差异性存在。中国共产党自诞生起，对少数民族从来就没有这种思想，现在也没有。因此，两位教授主张以同化主义为目标进行民族政策转型，与中央政策毫无关系。

当然，两位教授可能不接受对其政策建言做出同化主义认定，而以"一体化"进行辩解。但这种辩解是无力无效的。20世纪上半叶的墨西哥和拉美国家，对少数民族就曾采取"国族一体化"（national integration）政策；但这种政策因不尊重少数民族差异而遭到印第安人的持续反对，包括遭到印第安学界的激烈批评，最后不得不在20世纪70年代宣布放弃。①一体化政策的提倡者和制定者，理由也是为了加强"民族—国家"建构，并与同化主义进行了理论区隔；但一体化的实践过程，却不可避免地伴随着人为的制度性同化，因而"一体化"一词在拉美印第安学界被视为同化主义的同义词。墨西哥和拉美国家的前车之鉴表明，一体化并不是族际关系的善政善治之策，若强制推行，不仅会对我国"平等团结互助和谐"的民族关系建设过程和目标产生负面影响，在国际上也会使我国成为不尊重少数民族群体人权和文化多样性的典型而遭到非议。

我们注意到，两位教授主张"民族政策转型"，主要不是从民族关系治理而从反对民族分离主义的角度出发的。但这止是两位教授的问题所在。民族关系治理与反对民族分离主义是两码事。民族分离主义，

---

① 参见朱伦《论墨西哥的一体化印第安政策》，郝时远、阮西湖主编《当代世界民族问题与民族政策》，四川民族出版社1994年版，第548—561页。

不源于民族差异的存在，更不是一切少数民族的必然；而反对民族分离主义，不一定非要进行民族同化，二者不是必然的逻辑关系。既然如此，两位教授为何又求助同化主义来反对分离主义呢？追根溯源，两位教授的思维方式包括理念和理据，与分离主义者毫无二致，都是对民族主义和民族—国家现象的误读，即把欧洲早期民族主义思想家的同质化民族—国家主张视为真理了；但这种主张既没有把握民族主义思想的本质，也不合乎现代民族—国家建立的真实。

作为一种社会意识形态和社会政治运动的民族主义，是在"启蒙运动"的欧洲土壤中孕育出来的成果之一，其主要矛头是指向封建割据、教会权威和帝国专制的，它与自由主义一道推动了人类社会的政治发展与进步。当时的一些思想家设想以同质化的人民和民族来划分国家单位，至多只能说这是在为反对上述三种社会政治现象寻找社会群体动力而已，绝不能由此推定各族人民不能共同建立一个国家，也不能认为多民族国家就保证不了人的自由、平等与博爱，建立不了公民权利社会，保障不了人民主权，实现不了社会和谐。[①]不看民族主义的本质和民族—国家建立的真实，而对欧洲早期民族主义思想家设想的"一族一国"形式感兴趣，这不仅是当今所有分离主义者对民族主义的片面理解，也是一切同化主义者通常的思维逻辑；我们的两位"第二代民族政策转型"论者，也未能出其左右，只不过采取了反向思维，由"一族一国"演绎和推导出"一国一族"罢了。

但是，以同化主义反对分离主义，并不是正确的思想方法，也无任何道义可言。这是一种"以错对错"的行为方式；如同前文所言，其思想工具与分离主义者一样，也是同质化的民族—国家观。鉴于此，在当下的中国思想理论界，无论是从反对同化主义和分离主义的角度说，还是从民族政策制定和民族政治行为的角度说，都需要从理论和实际的结合上，对民族主义和民族—国家现象进行正确解释，以防止人们的误读误用。民族（nation）是什么，民族与国家结合的实际是什么，多族

[①] 欧洲人编写的一部《民族主义百科全书》（Andrès de Blas Guerrero, *Enciclopedia del Nacionalismo*, Madrid, Tecnos, 1997），在介绍欧洲早期的数十位民族主义思想家时，都没有说他们有这样的思想认识。

裔的民族—国家如何处理族际关系，虽都是一些老话题，但却是需要常讲常说的话题。稍一放松，就可能出现如"第二代民族政策转型"论者那样把假说乃至偏见当作创新和真理的认识，并且还会发生随之者众的现象。同化主义者和分离主义者虽然立场对立，但对我国民族关系的团结与和睦都是负面因素。

一 "国族—国家"：经典理论与实践问题

人类社会的领土政治单位，在最近200多年间从西欧开始而后到全世界，普遍以"国族"（nation，一般汉译为"民族"）这种人们共同体作为建立原则和相互承认的基础；①由此，人们现在也就把这样的政治单位统统称为"国族—国家"（nation-state，一般汉译为"民族—国家"），②甚至直接叫"国族"，如"联合国组织"的名称就是"Organization of United Nations"。联合国现有近200个成员，花花绿绿的世界地图也据此画出。然而，在世界各地，希望成为联合国新成员的努力却继续存在，分离主义问题由此产生。现代主权国家都坚定地维护领土统一，

---

① "国族"一词源于拉丁语动词"出生"（如西班牙语是nacer，国族就叫nacion），其原始意思也就是当地出生的人们共同体。因西班牙素被称为"第一个国族—国家"，笔者1993年在西班牙皇家历史研究所进修时，曾登门拜访过西班牙著名历史学家、马德里综合大学教授胡安·巴勃罗·福西（Juan Pablo Fusi）先生，向他请教有关"国族"（nation）概念的起源与应用问题。巴勃罗教授也说不准，认为"国族"一词大概出现在12世纪，此前是使用"人民"（people）一词；但"国族"作为一个政治共同体概念，则迟至法国大革命前夜才使用开来。据笔者见到的材料，到15世纪，欧洲人已开始普遍使用nation这个词来区分不同地方的人们共同体了。如在1480—1483年出版的《世界的形状》（Ymago Mundi）一书，作者皮雷·戴利（Piere D'Ailly）说："所有民族（naciones）起初都是从犹太人那里学到了天文学"；与哥伦布同时代的作者奥维多（Oviedo）在讲到哥伦布籍贯时说："根据我从他的民族（nascion）的人那里得知，他是意大利的利古里亚省人"；而参加哥伦布第三次美洲之行的拉斯·卡萨斯（Las Casas）说："这个男子汉是从热那亚民族（nacion）中挑选来的，他的籍贯是热那亚省的某个地方。"（转引自萨尔瓦多·德·马达里亚加《哥伦布评传》，朱伦译，中国社会科学出版社1991年版，第123、58、19页。）

② 汉语"民族"一词的使用比较混乱，为了与少数民族的"民族"（西方语言中有nationality, national group, 和ethnic group等不同的表达形式）概念区别开来，本章以下对nation和nation-state用"国族"与"国族—国家"来翻译。但鉴于汉语习惯及引文和表达需要，我们有时还要对这两个词以"民族"和"民族—国家"翻译之，请读者注意根据上下文加以理解。

普遍反对分离主义；为此，有的国家甚至对少数民族采取同化主义政策。分离主义与同化主义看似对立，但其思想理念基础却是同一的，都是对欧洲早期民族主义思想家设想的同质化"国族—国家"观顶礼膜拜。

所谓"早期民族主义思想家"，主要是指从18世纪中期到19世纪下半叶百余年间，对民族主义理论的形成具有重要影响的一批欧洲知识分子。这些知识分子的出身和专业背景不同，也没有谁自命为民族主义思想家，但他们都从不同角度试图对"国族—国家"现象进行合理性解释与论述，有着大体一致的思想认识和理论逻辑；由此，他们的论述也就被后人总结为"民族主义经典理论"，或曰"古典理论"（the classic theory of nationalism）。那么，民族主义经典理论的基本内容是什么呢？它何以成为分离主义者和同化主义者共同的思想理论基础，并由此造成了二者之间的尖锐对立？

最先对欧洲早期民族主义思想家的论述进行系统梳理、总结和肯定的学者，是20世纪50年代的政治思想史学者卡顿·海因斯（Carton Hayes）和汉斯·科恩（Hans Kohn），此二人被霍布斯鲍姆（Eric Hobsbawm）称为民族主义学术研究的"一对开山之父"。海因斯和科恩从"确定卢梭的人民主权理论的知识起源和赫尔德的国族概念本身的知识起源"出发，继而研究"那些讴歌文化特点、描绘具体国族群体的政治诉求的艺术家和思想家的作品"，最后对民族主义和民族—国家现象做出了如下结论："当代世界的独特现象就是国族实体（national realities）意识的出现和源于这种实体的政治权利意识的出现"；"人类历来自然地按照外部可见的特征被分为与族类或语言群体一致的人民或国族，国族内部的同一性和外部差异性的本能感觉由此产生，并随着政治权利意识的现代觉醒，又产生了建立自己的国家框架的要求；因此，国族是自然的东西，是先决材料，而国家则是人工的东西，是人类创造；国族与国家之间不相符合，是当代问题的关键"；"只有国家边界合乎族类实体（ethnic realities）边界，才能避免激烈的、含带着暴力的冲突；这是人民自决的法律—政治原则之所以被神圣化，人民自决在最近200年间被视为全世界自由主义者和进步主义者捍卫的又一'人类'权利的原因所在"。①

对欧洲早期民族主义思想家的思想，最近还有学者将其概括为如下7点基本内容："第一，人类分为许多自然的和本质性的共同体——国族；第二，每个国族内部都是同质的，即国族基于不同的族类特征，具有一种清晰的国族认同；第三，国族特有的特点是显示自己与他者、与其他国族具有根本差别，同时把'我们'与'他们'划分开来；第四，公民的自由与实际生存，需要他认同一个国族，以至于将对国族的忠诚摆到高于对其他群体或阶级的忠诚之上；第五，国族只有拥有自己的主权和独立的国家（state），才是自由的，才可自我实现；第六，国家只为一个国族服务，为它的语言、文化和利益服务；第七，只有所有国族都获得自由和独立，才可能实现全世界的自由与和平。"②而流行更广的概括，则是以民族主义的三个关键词为核心形成的如下短语，即"一个人民，一个国族，一个国家"（one people, one nation, one state）。③这句话的意思是，一个语言文化同质的人民具有利益上的一致性，它在世界上应成为一个独立的政治共同体——国族，并且应当建立一个国家作为保护外壳。这句短语恰如其分地概括了早期民族主义思想家的"国族—国家"构想，现已成为国际学术界普遍认可的对"民族主义经典理论"的简明释义，我国民族理论研究界则将其进一步简化为"一族一国"。

民族主义经典理论的产生与形成，虽有许多欧洲国家学者的参与，但法、德两国思想家群体发挥了主要作用。因此，国际学术界对民族主义思想的研究，也就有了法兰西学派和德意志学派之分，④我国学界也基本沿袭这一成说。人们这样区分的理由是：法兰西民族主义把具有政治统一意志的"市民们"（ciudadanos）作为法兰西国族的建立基础，而德意志民族主义则是把族类和文化同质性的"人民"（volk）视为德

---

① José Álvarez Juncio, *Estudios sobre el Nacionalismo*, vèase *Enciclopedia del Nacionalismo*, editado por Andrès de Blas Guerrero, Madrid, Tecnos, 1997, p. 139.

② Ramòn Maìs, *Las Ideologìas Nacionalistas Contemporàneas: Funcionalidad, Estructura y Tipologìa*, insertado en *Las Ideas Polìticas en el Sglo XXI*, Barcelona, Ariel, 2002, p. 130.

③ Andrès de Blas Guerrero, *Concepto y Tipos de Naciòn*, insertado en *Enciclopedia del Nacionalismo*, editado por Andrès de Blas Guerrero, Madrid, Tecnos, 1997, pp. 337 – 339.

④ Andrès de Blas Guerrero, *Teorìa y Tipologìas del Nacionalismo*, ob. cit., pp. 342 – 346.

意志国族的建立基础。言下之意是，法兰西民族主义思想家们所言的"市民们"可以是族类和文化不同质的（这是后人的演绎，但合乎实际，也有现实积极意义），而德意志民族主义思想家们所言的"人民"则是族类和文化同质的（这是一种预设，实践中做不到）。但实际上，法、德两国早期思想家的论述没有本质区别，只不过因国情不同而对国族的人们共同体基础是以两个不同的术语来界定的而已，而这两个术语的原始含义则是相通的。

法兰西民族主义学派虽把"市民们"作为建立国族的人们共同体基础，但在法国民族主义思想家们的观念中，市民们的语言同一和文化同质则是不言而喻的，或者说是无须证明的。我们知道，在欧洲语言中，"人民"（古希腊语叫 demos）的含义，以及"一个人民与另一个人民之间的界限，源于古罗马政治思想史中确立的两个概念——市民和臣民（subdito）；市民属于人民，而臣民则不属于人民，但臣民要遵规守矩"①。18世纪的法国思想家们继承了这个传统。卢梭（1712—1778）所说的"人民主权"之"人民"（people），以及西哀士（1748—1836）所说的"第三等级"（Tercer Estado），都是社会阶层、阶级概念，认为人民和第三等级是由市民组成的，因而市民们是"国族—国家"建立的基础。正是根据这一点，人们便认为："在法国，国族概念基本上是政治概念。在法国共和传统中，国族不是产生于一些具体的族类特征（ethnic characters），因此它与一大堆诸如共同的语言、习惯和神话不沾边。在法国，国族产生于市民们希望成为国族的意志。"②特别是在1882年勒南（Ernest Renan, 1823—1892）发表《国族是什么？》一文后，③人们对法兰西民族主义的这种认定就更加坚定和普遍了。勒南发表此文

---

① Ferran Requejo y Ricard Zapata-Barrero, *Multiculturalidad y Democracia*, insertado en *Las Ideas Políticas en el Siglo XX*, insertado en *Las Ideas Políticas en el Siglo XXI*, Barcelona, Ariel, 2002, p. 91.

② Joan Antòn Mellòn y Joan Josep Vallbè, *Introducciòn*: *Las Ideas Políticas en el Siglo XX*, 1.2.2, *Naciòn*, insertado en *Las Ideas Políticas en el Siglo XXI*, Barcelona, Ariel, 2002, p. 15.

③ 国内有人译为"什么是国族（民族）？"这种翻译不合原意，应该译为"国族是什么？"在原文中，国族是主语，汉译也应为主语，而不能按原文语序译成表语；从语意角度说，在罗曼语族中，这种问句的背后是要求对指定概念作解释，而不是不知概念本身。勒南的设问，旨在回答"何谓民族"，而不是回答"何来民族"。

的背景，是法国与德国围绕阿尔萨斯和洛林地区的归属之争；德国知识界以"族裔、语言和历史"因素为由，认为这两个地区应该并入德国，而勒南则以"居民意志"（voluntad de los habitantes）进行反驳，认为这两个地区归入法国是合理的，并留下了国族是"天天公民投票"（plebiscito de todos los dìas）的结果这一著名比喻。①基于上述学者的论述，法兰西学派有关国族和国族—国家的论述，也就被后来的研究者们称为"政治民族主义"（political nationalism），也叫"公民民族主义"（civic-nationalism）。但是，法兰西民族主义学派对市民们的界定并非不论文化和族类同质，特别是法兰西建构的实践更是如此。

法兰西学派对民族主义的论述，并没有否认甚至追求市民们的文化同质性，同样排斥他者如犹太人，也不把其殖民地人民视为市民。国族—国家建构包括内、外两个方面，法兰西大革命前后的民族主义，以法兰西国族—国家内部建设和公民社会建设为主要目标，因此以"市民们"的平等、自由和博爱为凝聚力；但随着拿破仑的对外侵略扩张，特别是1870年普法战争的爆发，法兰西国族—国家建构进入了与他者的外部比较、竞争和对立阶段，此时的法兰西民族主义也转以把文化和族裔视为国族凝聚力的源泉了。19世纪中期以后的法国知识分子，对法语和法兰西文化的颂扬比任何欧洲国家的知识分子都不差，产生了一大批著名的文学家和政论家；其中，小说家、记者和政论家巴雷斯（Maurice Barrès，1862—1928）可视为代表人物之一，其所著三部曲《民族精力的小说》，就以法兰西人民的文化特性来颂扬法兰西民族主义。他认为："人是作为继承者来到这个世界上的，人没有能力创造一个不同于祖先遗产的世界，人是由他所属的集体决定了的一个机械；国族不是个人的混合体而是有机体，法国需要一种基于王朝忠诚或族类同质化的统一；国族是由'领土和亡者'确定的，'是一块使人们拥有共同回忆、共同习惯和共同遗产的领土'；国族与文明是一致的。"② 其他人物

---

① Andrès de Blas Guerrero, *Ernest Renan*, insertado en *Enciclopedia del nacionalismo*, editado por Andrès de Blas Guerrero, Madrid, Tecnos, 1997, p. 463.

② Pearo Carlos Gonzàlez Cuevas, *MauriceBarrès*, insertado en *Enciclopedia del nacionalismo*, obra arriba citada, p. 49.

如索雷尔（George Sorel，1847—1922）也是反犹的激进民族主义者；而毛拉斯（Charles Maurras，1868—1952）则是法国传统主义和保守主义各种流派的集大成者，认为神话对法兰西的重生也是有用的。①包括勒南，他虽然在《国族是什么？》一文中提出"国族意志论"（voluntarismo nacional），但"纵观这篇20页的文章，他则明确地说道：一个国族需要讲现在，需要讲未来，自然也要讲过去；正是过去，使一个国族的存在拥有了合法性权利。一切国族都不是即席之作，而是长期历史的结晶。勒南还说到，关于'民族主义意志论'（voluntarismo nacionalista），人人应该明白，'在这个问题上，任何原则都不应强调过头了'"②。

因此，认为法兰西民族主义不讲国族的文化同质性和族裔起源，与事实不符。法国的民族主义思想家们，一开始就把市民们设定为文化同质的人们共同体了，无须加以强调。这一点，也可从法国历史学家们的论述中得到证明。对法兰西国族的起源与形成，法国历史学家建立了从高卢人到法兰克人再到法兰西人的族裔演进谱系，③这无疑是族裔民族主义思想的表现。此外，我们不仅要看法国学者怎么说，还要看法兰西"国族—国家"的建构怎么做。众所周知，法国对其语言文化同一性的塑造极为坚持，历来对诸如巴斯克人、科西嘉人、布列塔尼人等差异性人民实行同化政策，尽管这一直遭到这些人民的反对。

德意志民族主义是后发的，在一定意义上说是被法兰西民族主义激发起来的。18世纪下半叶，"国族—国家"建构是欧洲政治的热点问题，法兰西的统一与强大使德意志人产生了危机感，也试图以建立统一的"国族—国家"而达到振兴的目的。法兰西国族以政治统一意志的"市民们"作基础，但德意志人几十个邦国的"市民们"还没有这样的政治统一意志，怎么激发他们的政治统一意志呢？当时的德意志思想家们找到了文化同质性的德意志"人民"这个因素。"德语'人民'

---

① Joan Antòn Mellòn y Joan Josep Vallbè, *Introducciòn*：*Las Ideas Polìticas en el Siglo XX*, 1.2.2, *Naciòn*, insertado en *Las Ideas Polìticas en el Siglo XXI*, Barcelona, Ariel, 2002, p.16.

② Andrès de Blas Guerrero, *Ernest Renan*, insertado en *Enciclopedia del nacionalismo*, editado por Andrès de Blas Guerrero, Madrid, Tecnos, 1997, p.463.

③ 参见陈玉瑶《从高卢人到法兰克人——浅谈促成族群对国家认同的原因》，《世界民族》2008年第6期。

(volk)这个概念,起初也是与国家(管理高度集中的普鲁士官僚机构)对立的概念",这与法语"市民们"的含义是一样的;18世纪后期的德国哲学家们,又把人民"作为反对启蒙运动的普世与理性原则的对立语,认为启蒙运动的这些原则忽视和脱离了各个人民自己的气质(ethos)"。这就是说,此时的德国思想家们,开始给本是社会阶级概念的"人民",赋予了文化共同体的明确含义,从而"把一堆个人变成了一族人民,这样的人民需要一个国家(state)来体现其是一族人民的意识"①。

参与这一发现和论证过程的主要人物,早期有文艺理论家赫尔德(1744—1803)和诗人歌德(1749—1832),以及哲学家费希特(1762—1814)和黑格尔(1770—1831),后来则有政治史学家兰克(leopold von Ranke,1798—1886)和特莱奇克(Heinrich von Treischke,1834—1896)等人。他们从不同角度假定或试图论证德意志人民的文化同一性,以及在政治上统一为国族的合理性与必要性。这些德意志思想家的论说逻辑是:"一方面把'人民'这一概念政治化成为'国族'的形式;另一方面,主张采取一种基于国族性(nationality)的政治方式,建立一种国族的国家(national state),以求最终使国族与国家二者结合起来而成为'国族—国家'(nation-state)。"这也是赫尔德讲"国族主权"(汉译"国家主权")而非沿袭卢梭的"人民主权"的由来。这样,"在19世纪后三分之一期间,德意志民族主义者就使黑格尔的国家(state)概念,与赫尔德所言的文化传统和'人民'这个概念融汇到了一起"②。由此,德意志学派有关国族和"国族—国家"的论述,也就被后人称为"文化民族主义"(cultural nationalism),也叫"族裔民族主义"(ethno-nationalism)或"有机民族主义"(organic nationalism)。

综上所述,法兰西民族主义和德意志民族主义虽然在对国族的人们共同体基础的概念表述上有所不同,但二者遵循的是同一套思想和话语体系,共同奠定了民族主义经典理论。法兰西民族主义献出了"国族"

---

① 此节三段引文,参见陈玉瑶《从高卢人到法兰克人——浅谈促成族群对国家认同的原因》,《世界民族》2008年第6期。

② 此节两段引文,出处同上。

这个政治共同体概念，认为其形成基础是"市民们"（公民）；德意志民族主义献出了"人民"这个文化共同体概念，认为这是国族的先期存在形式；法兰西民族主义不否认市民们的文化同质性，也接受德意志民族主义的"人民"概念；德意志民族主义则同样接受法兰西民族主义的公民社会建设理念。无论是法兰西学派所说的市民，还是德意志学派所说的人民，都是要在政治上使其结成一个国族共同体，建立一个独立的国家。而市民或人民为什么要建立"国族—国家"？答案是他们具有实在的或设想的群体利益。这是民族主义成为一种影响全人类的政治思想的深层原因所在，也是它在世界各地之所以引发一波接一波的政治运动的力量源泉所在。民族主义把个人利益的实现与个人所属的人们共同体联系起来，抓住了人类自产生以来都是靠群体才能生存下来和得到保护的社会性本质。对此，不论什么地方的人们，也不论他们处于什么生产力水平，曾经是什么样的社会制度或要建立什么样的社会制度，都能理解，都可能被动员起来。

民族主义经典理论一经产生，首先便在欧洲各地迅速传播开来。之所以如此，这与当时整个欧洲的社会政治发展有关，其中一个重要方面就是经过启蒙运动后，自由主义思想已成为时代最强音。自由主义追求个人解放和人与人的平等，并赋予这样的个人以"市民"或"公民"身份。但谁是市民或公民，需要首先确定。民族主义经典理论的思想家们，恰好为解决这个问题提供了一种答案：市民或公民是文化和利益一致的"人民"的成员，人民既然是国族的形成基础，那么，作为国族成员的市民或公民，也就拥有了人人权利平等的身份。由此，民族主义经典理论所言的人民、国族与国家等概念，就与自由主义政治理论所谈的公民个人、公民社会和国家等概念，发生了相互印证和交叉的关系，其交集点便是国族和公民社会的统一性。于是，在西方政治学中，也就形成了人民、国族、公民社会和国家四位一体的理论论述，并为国际政治秩序确立了"国族主权"这个核心概念。可以说，民族主义和自由主义是欧洲社会政治发展到近现代时所孕育出来的一对双胞胎。

当代民族主义研究者普遍接受安东尼·史密斯的如下观点，即民族主义是一种社会政治思想。但民族主义是一种什么样的社会政治思想，则可继续深究下去。笔者认为，民族主义不是一种社会治理思想，只是一种社会划分观念。所以，在现实世界中，无论自由主义还是社会主义，都要借助民族主义来区别你我。正如有研究者指出的那样，"民族主义思想的任务，实际上是要建构国族本身，即要从一个包括众多阶级、宗教、地方利益和其他成分的分裂人群中，通过选择一系列共同归属因素（种族、语言、宗教或历史，等等），以加工出一个'我们'来；与此同时，对别人也以同样的标准，再制造出一个'他们'来，以此作为自我认同的反面对照形象"①。民族主义区分我们和他们的目的，就在于为自由主义政治划定人们共同体，仅此而已。然而，民族主义存在的问题，也恰恰在于它对"人民"这种人们共同体的界定过于笼统，选项不一；由此造成的结果是："我们"与"他们"之分，是靠人们自由裁量的，并没有人们普遍认可与遵守的客观标准。这是导致人们至今对认同和被认同问题争论不已，并由此产生分离主义诉求和同化主义主张的重要原因之一。

在民族主义起源地的欧洲，区分或塑造"我们"与"他们"的表面主要材料，是语言差别，以至于有研究者以"语言民族主义"来概括欧洲国族—国家的形成与界限。②但在非欧洲地区，语言这个因素则无足轻重。整个欧洲也就百十来种语言，而主要语言只有几十种，还不及印度一个国家。当今世界有五六千种语言之多，广泛分布于亚洲、非洲、美洲和大洋洲。这些地方的人们在建构国族—国家时，语言就难以成为区分标志了。但是，这些地方自有区分"我们"和"他们"的显著标志，这就是帝国主义和殖民主义统治制造出来的"殖民地"和"宗主国"这种二元对立关系。"民族主义在非欧洲世界，从历史上就和殖民地问题融合在一起。"③由此，反对帝国主义和殖民主义统治，就成了非欧洲地区人民最有力的动员令：首先从东欧和北美开始，而后到拉美，再到亚洲和澳大利亚，最后到非洲和南太平洋群岛，民族主义独立运动势不可当，大大小小的国族—国家随之建立起来。这就是说，文

---

① Ramòn Maìs, *Las Ideologìas nacionalistas Contemporàneas Funcionalidad, Estructura y Tipologìa*, insertado en *Las Ideas Polìticas en el Sglo XXI*, Barcelona, Ariel, 2002, p. 130.

② Miquel Siguan, *La Europa de las Lenguas*, Madrid, Alianza, 2005, cap. 2.

③ 帕尔塔·查特吉：《民族主义思想与殖民地世界：一种衍生的话语？》，范慕尤、杨曦译，译林出版社2007年版，第27页。

化同质性并不是国族—国家成立与否的决定性因素。非欧洲地区是如此，欧洲地区实际上也是如此。瑞士、英国、西班牙、比利时等多民族、多语言、多文化国家的形成与存在，便是证明。有鉴于此，对早期民族主义思想家就国族合理性所设定的同质性"人民"这一基础，我们需要结合实际予以重新认识，特别要指出这种设定不仅难以划清族际界限，避免族际冲突，反而带来了一种副产品：分离主义与同化主义之间的理论无解之争。

早期民族主义思想家试图从文化同质和文化差异的角度为国族—国家提供一个理想模式，但这种理想模式却是很不理想的，引起了更多的差异争论和对差异的刻意塑造。主要原因是：这种民族主义思想"通过一系列二元规则（国族 VS 国家、自己 VS 他人、朋友 VS 敌人、纯种 VS 杂种，等等）塑造'另一个'形象，并把有机和客观的族类形象与属于这个族类的其他外部表现结合起来，制造与其他族类或国族的对立 VS 否定关系，建立起自我否定的政治制度模式，采取排斥差别的战略，及至发展到一种极端的地步：'另类'（otredad）只是构建'同类'（mismidad）的一种辅助方式，看似敌视自己的他者在一定程度上也变成了让自己产生国族认同的助手"①。由此我们看到，在世界各地，哪怕是微不足道的一点点差异，有时也被一些所谓的社会精英拿来塑造族裔认同，甚至没有什么差异也要制造出差异来。究其原因，除了受这样或那样的利益驱使外，与早期民族主义思想家对人民的同质性和不同人民之间的差异性，无法提供严格统一的划分标准不无关系。

早期民族主义思想家们所言的同质性"人民"，是一个预先设定的抽象概念，忽略了实际存在的各种差异。这种认识论缺陷，同时为分离主义和同化主义提供了思想理论依据。分离主义者可以任何差异为由，要求另建一个独立的国族—国家。我们看到，分离主义者所依托的对象，既有像西班牙的巴斯克人这样具有明显文化差异的人民，也有像意大利的威尼斯人这样难说有多大文化差异的人民。在我国，则有"藏独"和"台独"作为例证，后者甚至以自由主义"价值观"来与中华

---

① Ramòn Maìs, *Las Ideologìas nacionalistas Contemporàneas Funcionalidad, estructura y Tipologìa*, insertado en *Las Ideas Polìticas en el Sglo XXI*, Barcelona, Ariel, 2002, p. 130.

文化和中华民族切割。①而同化主义者呢，则可反过来认为：既然"国族—国家"是以文化同质的人民为基础建立的，那就不允许差异性文化存在，国家就有理由对具有差异性文化的人民进行同化。意大利人马志尼（Guiseppe Mazzini，1805—1872）有句名言——"我们已经有了意大利，现在应该创造意大利人"，是同化主义的典型语言。在现代"国族—国家"建构问题上，马志尼可视为同化主义理论的鼻祖。本章提到的我国两位"第二代民族政策转型"论者，可能不知马志尼，但其思想则与马志尼如出一辙。

行文至此，我们可以认为：欧洲早期民族主义思想家对现代"国族—国家"现象及其建构问题所做的论述，不管多么富有逻辑，多么诱惑人心，仍然难以付诸实践，并且极易导致各种非理性行为的发生。诸如泛民族主义和收复失地主义，以及人口交换、种族隔离、种族驱逐乃至种族清洗等行为，都与民族主义思想家的"一族一国"设想不无关系。当然，这些行为多是过去时了；但同样基于早期民族主义思想家的观点而产生的分离主义和同化主义，则是时时影响许多国家族际关系和社会政治稳定的消极因素。当今世界的国家，90%以上都不是文化和族类同质的国家，但这些国家都是国际社会相互承认的主权独立和领土统一的国族—国家。有鉴于此，分离主义诉求并不是可以得到人们普遍支持的正义呼声，而采取暴力手段则被视为恐怖主义。而同化主义主张，在普遍遭到少数民族的反对后，现也很少有哪个国家再去公开提倡了。这种局面来之不易。它是事实感知和理论启发共同作用的结果。不同时期、不同国家的民族主义研究者就欧洲早期民族主义思想家的国族—国家观所进行的思辨性批判，以及就现代国族—国家形成的多民族、多文化实际所进行的理性化阐释，对现实世界的人们逐渐确立正确的民族观和国族—国家观，无疑起到了知识普及的作用。

---

① 台独分子的"去中国化"思想与行为，不是数典忘祖的问题，而是利令智昏使然。他们从一己之私出发，再拉上个坐收渔利的"山姆大叔"来撑腰，就试图挑战中华民族—国家的统一。可怜的是，台独分子离上帝很远，离"山姆大叔"也不近，偏偏生在中国台湾，可谓天时、地利、人和都不占！

二　国族—国家：形成实际与当代认识

欧洲早期民族主义思想家们主张国族—国家应以文化同质化的人民为基础建立，这是受当时的浪漫主义思想和唯心主义哲学影响的产物，至多是一种应然命题，而实然则是另一回事。就德意志和法兰西本身的形成与建构结果来说，也不是按照两国早期思想家的设计发展的。同是说德语的奥地利人，建立了独立的国家；主要为德意志人居住的阿尔萨斯和洛林，最终归并到了法国；还有一部分德语居民和地区，则成了瑞士的一部分。而法兰西则把属于德意志文化的阿尔萨斯和洛林，以及巴斯克人和加泰罗尼亚人部分地区都纳入了自己的版图；与此同时，也有一部分法语居民和地区成了瑞士的组成部分。在民族主义的发源地，都不能实现"一个人民，一个国族，一个国家"的理想，何况在民族分布更为复杂的世界其他地方？

因此，现代国族—国家的形成实际普遍不是同质化的而是包括不同的民族和文化，必然要促使人们反思和质疑民族主义经典理论。如果说从18世纪中后期到19世纪中后期，是民族主义经典理论的建构时期，那么，从19世纪中后期开始，民族主义经典理论则进入了被解构的时期。自由主义者和马克思主义者先后都认识到，对民族与国家的关系绝不能采取早期民族主义思想家的浪漫主义和唯心主义立场，否则将导致世界永无宁日。在这一认识过程中，本属社会契约论范畴的民主和共和精神，自然而然地也被运用到了族际关系中；政治上共同建国和治国，文化上相互尊重与包容，逐渐成为国际社会的主流观念。由此，同化主义与分离主义，也就失去了思想上的合理性与行为上的合法性，更无正义和道义支撑。而这归根到底说明了一个事实：民族主义经典理论家们的"一族一国"论并不是对现代国族—国家的确切认识，并无不可置疑的实践意义。原因何在？

民族主义经典理论家们提出同质化的国族—国家观，主要是一种基于自我给定概念的逻辑思辨，而不是经过验证的科学理论。它把同质性"人民"（people）作为国族—国家建立的基础，却没有对"人民"做出清楚界定，谁有资格成为国族，进而有权建立国家。因此，即使人们以这样或那样的差别比较出不同人民，也还有一个相互承认与不承认的问题，独立建国并非是顺理成章的事情。这是我们观察国族—国家现象的实际田野和认识论前提。当然，在当今世界上，也有一些国族—国家的文化和族类面貌是同质的，但这类国族—国家只是极少数，而且有的一开始也不是同质化的，是在特殊情况下通过特殊手段完成的。例如，日本曾经存在阿伊努人，乌拉圭也曾经存在几个印第安人部落；日本的阿伊努人是被强制同化的，乌拉圭的印第安人是被剿灭的。在加勒比海域一些岛国，随着土著人被剿灭和欧洲殖民者的退出，那里的居民大多是非洲奴隶的后裔，文化也相对同一。但这些特殊的案例，不能说明同质化的国族—国家观是天下真理，可以到处适用。

安东尼·史密斯认为，民族主义不仅是一种社会政治思想，也是一种社会政治运动，这也为当代民族主义研究者所普遍接受。但民族主义是什么样的社会政治运动，谁才能进行这样的社会政治运动，这也需要继续深入认识。应该说，民族主义运动不是开放的游乐园，不是谁想玩谁就可进去玩的；它是有门槛的竞技场，参赛者须有过硬功夫才能争得一席之地。当今世界的国族—国家，普遍是以某个相对强大的人民为基础，连同一些与之联系密切的相对弱小的人民共同建立的；①或者说，主要是一些相对强大人民之间相互角力与相互承认的结果，而一些相对弱小的人民则是自觉或不自觉地"选边站"。巴斯克人和加泰罗尼亚人独立不了，是因为二者夹在更强大的法兰西人和西班牙人（卡斯蒂利亚人）之间，二者都是一部分"选边"加入法兰西，一部分"选边"加入西班牙；挪威人有实力与瑞典人分离，但挪威的萨米人却没有实力再与挪威分离；美国的独立，主要是英裔美利坚人有实力推翻英国殖民统治，而各族土著人和黑人则没有这样的实力；拉美独立战争，领导力量是土生白人和混血人，各族土著人则是响应者；第二次世界大战后广大亚洲和非洲殖民地人民纷纷独立，也都归因于欧洲各个宗主国统治实力不济、鞭长莫及了，如此等等。这样说，可能少了点"费厄泼赖"（fair play）精神，也难免有历史宿命论之嫌，但民族主义政治运动的事实就是如此。当然，也有一些相对弱小的人民建立了独立国家，但他们不是

---

① 参见朱伦《论"民族—国家"与"多民族国家"》，《世界民族》1997年第3期。

搭上民族主义运动的时代顺风车，就是一些强大人民之间相互妥协后的安排；前者如加勒比海域和南太平洋上的一些岛国，后者如欧洲的安道尔、列支敦士登等袖珍国家。

现代国族—国家的形成与建立普遍包括了大大小小不同的人民，这是各族人民生活之渠交汇流淌的结果，不以人们的主观意志为转移。既然如此，随之而来的问题是，各族人民之间该如何相处？其中，关键问题是强势人民怎样对待弱小人民。在民族主义经典理论支配下，许多国家都曾对弱小人民或族裔采取不公正的政策，置他们的利益和感受于不顾。一个典型的例子是美国。现代国家以公民权利和公民社会建设为目标，但美国黑人和土著人却长期被剥夺公民身份，只能按照英裔者国家的安排，"遵规守矩"地生活着。黑人为美国独立战争做出了贡献，但他们的奴隶身份却到100多年后才被取消；黑人的奴隶身份被取消，也不等于他们获得了与英裔公民的平等权利，而是继续遭受着各种制度性和社会性的歧视。美国对土著人，也是长期不给公民权；不仅如此，美国政府还通过法律和武力，帮助英裔白人肆意掠夺土著人的土地，把他们强行驱赶和圈进荒芜的"保留地"里。可以说，美国独立后对少数族裔的态度和政策，长期是以恶政恶治为特点的。直到1968年以黑人为主体发动"民权运动"，美国才不得不搞了个"肯定行动"计划，开始在理论上和法律上承认不论肤色的公民权利平等和族裔权利诉求合理。

美国对少数族裔的歧视和压制政策，在自由主义世界特别是在欧美国家，并非特例，而曾是普遍现象。这倒不是因为自由主义者本性恶，而在于他们盲目信奉的民族主义经典理论排斥他者，不能包容差异。在同质化的国族与公民社会观念下，居于弱势地位的差异性群体或人民要想获得公民权利，就得接受同化。然而，弱势人民也有理由拒绝和摆脱同化，这就是也以民族主义经典理论为据，争取另建一个独立国家。这就向自由主义政治理论提出了一个挑战：是继续坚持同质化的"国族—国家"观，还是要对这种观念进行反思与改造？若坚持下去，可以继续为同化主义辩护，但同时也没有充分理由反对分离主义。在这种两难的情况下，一方面，为了消弭同化主义与分离主义带来的族际对立和冲突；另一方面，为了促进民族关系的公平与正义，自由主义内部一直不乏对民族主义经典理论进行反思与改造的声音。至20世纪70年代，不同民族和文化应当相互包容与相互尊重的多元文化主义理念，不仅是绝大多数自由主义学者的共识，而且还变成了多数国家的公共政策，①尽管该理论不是完美无缺的，其实践过程存在这样或那样的误读与偏差，遭到诸如塞缪尔·亨廷顿等学者的反对，②欧洲一些政治人物近来也以种种理由加以否定。多元文化主义的实践争议，主要是由"文化特点"（cultural character）走向"文化特殊论"（cultural singularity）引起的。作为一种观念或理论的多元文化主义，从20世纪初期在美国发端到目前的世界性普及，论者都有一个致命伤，这就是从反同化主义出发，对文化差别和族际界限持绝对化立场，像看待不同物种那样看待不同文化和民族。这种立场导致一些人走向"文化特殊论"，并由此而犯"和尚打伞，无法无天"之行的渊源。不同文化和民族要和睦相处，必须有共同遵守的规范这个屋顶，而不能自行其是。不同文化间相互尊重与相互包容的问题，多元文化主义论者只是讲出了一些道义问题，给出了国家这个共同场域，但没有讲清楚不同文化何以必须共存（生态论的观点现在是主要理由，但这不能解释人类社会并不鲜见的相互征伐乃至种族灭绝行为；经济领域的成本论，或许可以启发人们核算一下文化冲突的代价），更没有制定出可供裁判的游戏细则。这个问题，要靠理论创新和实践发展来解决。

我国学界对多元文化主义理论起源的研究，多追溯到20世纪开始后的美国黑人学者杜博伊斯（DuBois）和美国犹太裔学者卡伦（M. Kallen）一辈的思想。③实际上，在自由主义政治理论队伍内部，即使在民族主义经典理论盛行的时代，也有人否定其同质化的"国族—国家"设想。如英国人阿克顿勋爵（Lord Acton，1834—1902），就从揭示人类历史上的"国家"普遍不是按族类划分为切入点，明确反对文

---

① 参见常士訚主编《多元文化主义与国家建构》，天津师范大学出版社2012年版。
② 参见塞缪尔·亨廷顿《谁是美国人？美国国民特性面临的挑战》，程克雄译，新华出版社2010年版。
③ 王希：《多元文化主义的起源、实践与局限性》，《美国研究》2000年第2期。

化民族主义，他因此被西方学界视为文化多元主义的先驱。①阿克顿勋爵不像同时代的法德民族主义思想家那么浪漫，他是历史学家和现实主义者，他的认识来自不列颠群岛的历史和现实。不列颠群岛由三大岛屿组成，我们俗称"英伦三岛"，英格兰人、苏格兰人和威尔士人各占一方，呈三足鼎立之势；与此同时，英伦三岛脱离欧洲大陆并与欧洲大陆一些强国长期处于对立状态，则使三者早已结成"联合王国"。这个事实告诉人们，早期民族主义思想家关于国族—国家同质化的观念，在自由主义世界一开始就没有被认为是必须信奉的圭臬。由此我们看到，进入20世纪，旨在否定和取代"国族—国家"同质化观念的多元文化主义理论应运而生；而到20世纪末，人们又提出了"文化间主义"或"跨文化主义"（interculturalism）这一极具生命力的命题，这一命题的理论价值和思想完善，有望弥补多元文化主义理论之不足甚至取而代之。

19世纪中叶前后的欧洲思想界，是百家争鸣的局面，从中诞生了马克思主义（1848年《共产党宣言》发表）。马克思主义经典作家怎样看民族主义、国族—国家现象和少数民族？马克思、恩格斯关注到民族主义对人类社会的撕裂，试图以无产阶级国际主义来取代民族主义，达到在消灭阶级压迫的同时实现民族平等、解放全人类的理想。马克思和恩格斯所说的国际主义，是建立在对诸如法、德、英、西、意等一些"大国族"（great nations）的认识基础上的；当其试验遇到难以逾越的现实障碍时，他们建立和领导的"第一国际"和"第二国际"也就被迫解散了。马克思和恩格斯很少涉及"少数民族问题"，而谈到这个问题时，则与欧洲当时思想界一样，认为那些处在大国族之内的"小民族"（little nationalities）没有前途，应当接受同化。②我们不能苛求马克思和恩格斯。任何政治思想都是思想家试图解决他们所关注的社会问题的产物；在马克思和恩格斯生活的那个时代，特别是他们所在的西欧是

---

① Andrès de Blas Guerrero, *Lord Acton*, insertado en *Enciclopedia del nacionalismo*, editado por Andrès de Blas Guerrero, Madrid, Tecnos, 1997, p. 18.

② 威尔·金利卡：《多元文化的公民身份》，马莉、张昌耀译，中央民族大学出版社2009年版，第101—102页。

一些工业化大国族争锋的地区，少数民族或小民族的问题不是那么突出，或者说是被遮蔽起来了，这在客观上使他们对小民族的认识难免受到局限。

列宁和斯大林一代马克思主义者，自然也主张无产阶级国际主义，并建立了影响更大的"第三国际"。但形势和时代潮流终非人力所能左右。国族的历史沉淀厚度、心理认同强度和利益分歧烈度，使无产阶级先进分子和政党也难以摆脱其制约，"第三国际"最后也不得不解散了。然而，列宁和斯大林一代人在改造沙皇帝国各族人民的关系问题上，则进行了一场有益的实验；他们虽难以消除各族人民的民族主义观念，但确也改变了民族主义的面貌，其具体表现是：以15个"大国族"为基础建立了"苏维埃社会主义共和国联盟"，与此同时，还承认那些处在"大国族"之内的"小民族"也有政治地位，并为此成立了许多自治共和国或自治区。"大国族"的联合，并承认"小民族"的政治权利，这是苏联建立与存在70年的主要意义之一，留给人们的思考和启示是无尽的。

自由主义的民族主义是一种区分"我们"和"他们"的分离思想，马克思主义的国际主义（也可译为"族际主义"）则是一种试图协调"我们"和"他们"之间关系的治理思想。自由主义的民族主义看到了各族人民之间的利益分歧，主张通过各自建立独立的"民族—国家"来保护各自的利益；但马克思主义的国际主义则正确看到了"民族—国家"的局限性，试图通过建立各民族的"联盟"来协调利益分歧。从思想境界上说，马克思主义的国际主义比自由主义的民族主义显然要高出一个台阶。当然，苏联最后解体了，但我们不能以成败论是非，而要分析其解体原因。在推翻沙皇统治和抵御法西斯主义侵略的过程中，苏联各族人民的利益是一致的，这是苏联建立的基础。但在建设苏联的过程中，各族人民之间的利益参数和期望值发生了变化，而执政党没有协调好或没有能力协调好利益分歧与平衡问题，这是我们应该从苏联解体中得到的最大启示。而且，我们还要考虑到这样一个事实：苏联并没有把自己界定为统一的国族—国家，或者说沙俄帝国留下的历史遗产没有可能将其改造为统一的国族—国家，只好在15个国族—国家的基础上组成以意识形态为主要凝聚力的"联盟"。由此，当现实利益纠纷掀翻了意识形态一致这个屋顶后,苏联的解体也就不值得人们大惊小怪了。再者说,我们也不能以苏联解体来全面否定苏联各族人民的关系史。15个加盟共和国70多年的和平相处,使其分手过程少了许多腥风血雨,而这在以前的自由主义的民族主义运动中则是常见的现象。就凭这一点,苏联的建立与存在历史也值得人们尊重,何况它在第二次世界大战中还是团结各族人民胜利进行反法西斯战争的主战场之一。

此外,更重要的是,苏联首先对"小民族"给予政治承认,并尝试一定的承认途径,其意义则是划时代的。在苏联之前,自由主义国家可曾有过?没有!及至苏联后来在联合国多次提出保护少数民族的国际约法动议,美国、澳大利亚等自由主义国家还在激烈反对。现在,承认和保护少数民族或族裔的集体权益和政治权利,已成国际社会的主流共识了。联合国大会1965年通过《消除一切形式种族歧视国际公约》、1992年通过《在民族或种族、宗教和语言上属于少数群体的人的权利宣言》等,充分证明了这一点。对小民族予以政治承认,主张民族不分大小一律平等,这是列宁一代马克思主义思想家超越自由主义的思想贡献。当然,苏联的民族理论也有问题,这直接影响到实践。在民族理论上受到列宁肯定的斯大林,对"nation"所做的一些"共同性"定义,并没有完全超出早期民族主义思想家的国族同质化观念的束缚,特别是没有摆脱当时流行的"大国族"与"小民族"之分,并把这种区分变成了实践。例如,把俄罗斯人民界定为"大国族",而对其境内的其他人民则称为另外的"小民族",而不是俄罗斯这个"大国族"的组成部分。

"大国族"与"小民族"之分,是19世纪中叶奥匈帝国制造的理论。①随着奥匈帝国的解体和一系列国族—国家的独立,这种理论也就该寿终正寝了。但深受奥匈帝国民族共同体分类观念影响的苏联却无改变的意识,而且从学理上将其继续固化和细化,把境内各族人民分为三六

---

① 参见朱伦《西方的"族体"概念系统——从"族群"概念在中国的应用错位说起》,《中国社会科学》2005年第5期。

九等,①全然不顾其政治副作用。由此,苏联共产党的"民族平等",仅是在形式上就难免受到质疑。那些被界定为"小民族"的人们共同体,为什么不可以成为"大国族"?这是苏联共产党留下的理论隐患,并在苏联解体后显现了出来:15个"大国族"的加盟共和国独立了,被界定为"小民族"的车臣等,也出现了分离主义诉求。当然,分离主义问题不取决于分离主义者被界定成什么或自认为是什么,但对一个国家内的不同人民做出"大国族"和"小民族"的阶位分类,至少在后者那里容易产生认同障碍,并使分离主义者有了人格不平等的口实。

除苏联外,世界其他国家包括现在的俄罗斯,对各族人民都不区分谁是"大国族"、谁是"小民族",而是认为所有人民同属一个国族。至于对各族人民怎么界定,则依国情而定。有的国家叫"民族"(nationalities),有的国家叫"人民"(peoples),有的国家叫"族群"(ethnic groups),有的国家叫"部落"(tribes),还有的国家叫"语言群体"(linguistic groups)、"文化群体"(cultural groups)、"宗教共同体"(religious communities)、"土著人共同体"(indigenous communities),等等。有鉴于此,当代研究者对国族—国家的认识与界定,也就普遍放弃了族类结构分析法,转而注重其政治特征,认为无论是单一民族成分还是多民族成分,都是"国族—国家"(nation-state)。②这就是说,人们对现代国族—国家现象的解释,发生了从经典理论到当代认识的转变。这种转变的意义重大,它把人们的注意力从对国族—国家进行概念化的抽象推演研究,引向了对其进行实事求是的实证阐释研究。

截至目前,基于这种实证阐释研究,学界形成了两大理论派别:一派称为现代主义学派(modernist school),或叫工具主义学派(instrumentalist school)和建构主义学派(constructivist school),该派"强调国族现象的建构特点或人工特点";一派叫原生主义学派(primordialist

---

① 参见勃罗姆列伊《民族与民族学》,李振锡、刘宇端译,内蒙古人民出版社1985年版。

② 参见宁骚《民族与国家》第五章"民族国家辨析",北京大学出版社1995年版,第269页。但宁骚先生也把"文化同质性"作为"国族—国家"的一个特征(第269页),这似乎与自己对国族—国家的界定有点矛盾。既然是多民族结构的"国族—国家",那文化通常也是多样性的。

school),并从中产生出"象征主义学派"(simbolist school),该派"坚持族类特征(不仅是种族特征,也包括语言、宗教、习惯、共同意识等文化特征)对于理解民族主义现象的重要性",建构不是凭空而来的。①两派都有一些著名学者,谁也说服不了谁,因为各自都可找到有力的实证材料。②

　　这种争论,自然带有学院色彩,人们尽可以继续争论下去。但国族—国家不是供人们欣赏的艺术品,而是供人们生活于其中的建筑物,事关每个成员的切身利益。其中,怎样看待现实的"国族—国家",以及怎样对待"国族—国家"内部的差异性,也就是怎样建设"国族—国家",是人们无法绕过的问题。对于前一个问题,国际学术界现在不再笼统地总结现代国族有哪些一般特征,而是根据其形成因素和认同基础将其大致分为"文化国族"(cultural nation)、"政治国族"(political nation)和"法律国族"(legislative nation)三种类型,分析它们的凝聚力和统一性。有些国族实现了文化、政治和法律三种因素和认同的一致,以此为基础建立的国家几无分裂问题,但这类国家是极少数。大多数国家是以政治和法律这两种因素或认同为基础建立的,虽有不同质的文化和民族存在,甚至可能存在极少数人搞分裂的问题,但不影响国家统一的大局。还有一些国家主要是靠法律建立起来的,不同民族之间的文化和政治嫌隙较大,容易产生分裂;但即使是这样建立起来的"国族—国家",如果没有外力干涉,统治者也能凭借国家机器做到维护和巩固国家的统一。③

　　至于第二个问题,人们现在普遍同时否定分离主义和同化主义。因为在现代主权国家秩序下,分离主义已没有多少合理性与合法性了;而在集体人权理念下,同化主义也不占据道德高地。由此,如何消解二者

---

　　① Josè Âlvarez Juncio, *Estudios sobre el Nacionalismo*, vèase *Enciclopedia del Nacionalismo*, editado por Andrès de Blas Guerrero, Madrid, Tecnos, 1997, p. 141.

　　② 20世纪40年代的卡顿·海因斯和汉斯·科恩系统地总结了民族主义经典理论并加以辩护;正是由于这种总结和辩护,激发了另外一些学者的质疑和争论,使民族主义研究成为最近半个世纪国际学术界最为活跃的知识领域,陆续产生了一大批著名学者,国内多有介绍,包括成果翻译。这里不再回顾。

　　③ Miquel Caminal, *Nacionalismo y Federalismo*, insertado en *Ideologìas y Movimientos Polìticos Contemporaneos*, editado por Joan Antòn Mellòn, Madrid, Tecnos, 1998, pp. 98 – 101.

之间的对立,探讨多民族国家内部民族关系的善政善治之道,就成了20世纪政治学的重要课题。我们不能说人们现已找到最佳方案或模式,但世界各国也探索出了几种可以描述的民族政策类型,包括民族联邦、民族文化自治、民族区域自治、土著人保留地自治、民族议会、民族党、民族社团、不论族裔的公民平等,以及综合性的多元文化主义政策和国族一体化政策等。① 如何评价这些政策类型?当然,它们都是具体国情的产物,都存在理论和实践争议,只是争议大小不同而已。例如对"国族一体化",人们争议的是它对少数民族差异和利益尊重不够,而不是说各族人民之间不存在或不需要一体化。也就是说,以什么样的观念进行一体化,是争论的焦点。一个国家可以进行同化主义的一体化,也可以进行以尊重差异为基础的一体化,即费孝通先生所说的"多元一体"②。

对上述各种民族政策类型的具体实践进行介绍和评价,不是本书的任务,但对其共同的思想进行概括则是必要的。笔者认为,这些民族政策类型都是在民主共和的理念指导下形成的,本意都是基于对公民社会共同体、地方社会共同体和民族社会共同体的承认,通过搞好这三种社会共同体建设,以求实现国家统一、社会和谐和民族团结的政治目标。至于这些政策类型之间的差别,只在于各自对上述三种共同体建设存在认识偏重。从理论上说,这三种社会共同体建设应是同步的,不可偏废;但在实践中,受各种因素的影响,人们却往往难以适度把握,争论由此产生。不过,对这三种共同体建设的逻辑关系,人们还是有原则共识的,即:公民社会共同体建设是第一位的,依次是地方社会共同体建设和民族社会共同体建设;与此同时,这三种社会共同体建设也都是开放的而不是封闭的,应奉行人们自由流入与流出的原则。道理何在?

公民社会共同体建设的核心问题是保障公民个人各种基本权利平等,它为现代国族—国家建构提供了认同基础和凝聚力源泉,是使不同地区、不同阶层和不同民族的人们团结起来共同建设一个国族—国家的

---

① 参见朱伦主编《五十国民族政策》,中国社会科学出版社2013年版。
② 费孝通主编:《中华民族多元一体格局》(修订本),中央民族大学出版社1999年版,第1—17页。

最大公约数。目前，无论是发达国家还是发展中国家，也无论是什么国体或政体，公民个人权利平等都是其共同宣示的理念和价值观，问题仅在于因国情不同而影响到其实现过程和程度罢了。例如，在多民族的发展中国家，公民社会共同体建设除了要协调好不同阶层、行业和城乡居民的利益平衡外，还要协调好不同地方和不同民族的居民利益平衡问题。发达地区和欠发达地区的人们，其生存条件天然就不平等；而民族属性不同的人们，其追求平等的条件有时也不一致，如语言文化不同产生的竞争力差别等。而当这两种因素结合在一起时，最容易引起人们的不平等感和社会动荡。因此，这类国家在进行公民权利平等社会建设时，必须重视地方差别因素和民族差别因素，协调好其利益平衡。

地方社会共同体建设，从中央政府的角度说是协调好不同地方的利益平衡问题；而从地方政府的角度说，则是如何团结各民族公民共谋地方繁荣发展、保障各民族公民平等地共享发展利益的问题。地方社会共同体建设的大敌，是在各民族公民间按民族出身区别对待。这种做法必然导致社会撕裂而不是社会团结；而没有社会团结，也就没有政治稳定。当然，这里所说的区别对待，不是指为促进公民平等而对弱者的帮助和扶持，而是指借助公共权力按照民族身份给予不同待遇；或者，放任自由竞争，导致不同民族群体间出现明显的利益比较反差。正确的做法是，对于不同民族的公民，应采取"同样生境、同样对待"的政策；而对于同一生境下存在的民族群体间利益反差，则应从公民权利保障的角度来认识和加以解决，而不能将其视为民族权益保障问题。民族杂居地方的社会共同体建设，只有遵循这两个路径，才能产生各民族公民的社会平等感和利益一致性认同，进而保证社会公平和政治稳定。一个成功的例子是西班牙。在巴斯克、加泰罗尼亚和加利西亚三个民族杂居地区，绝不区分民族身份对其实行区别对待的政策，而是依法保障人人平等的公民权利。这样做，可增强各民族公民的社会团结和地方认同，努力建设好共同的家园。而区别对待的政策，容易造成不同民族间的利益攀比、心理失衡和关系疏离，进而失去共同团结奋斗的动力和凝聚力。

公民社会共同体和地方社会共同体建设的落脚点，是保障不分族裔差别的公民个人权利平等，它可以消解大部分民族界限，使不同民族的人们产生新的共同体认同。但这不意味着民族共同体已变得无足轻重，或可自行消失，或可加速同化。公民社会和地方社会，都有不同的社会群体之分，民族群体是其中之一；不同的社会群体有自身的集体特别权益诉求，民族群体也是如此。因此，维护民族社会共同体的一些集体特别权益，是多民族国家必须面对的课题。现在的问题是，我们要明确民族社会共同体的集体特别权益是什么，怎样保证这些权益。正是在这个问题上，人们的认识不尽相同。但有两点是肯定的：首先，民族群体的集体特别权益，不是该民族群体成员的个人一般权益，任何人都没有以民族身份获取个人一般权益的理由。其次，民族或族群社会共同体的集体特别权益诉求，必须置于公民社会共同体和地方社会共同体的建设规范之下，与其不发生冲突，才能有其合法性与合理性。多民族的国族—国家建构，若能同时处理好公民社会共同体建设、地方社会共同体建设和民族社会共同体建设，从这三个维度来协调和保障各族人民的自身利益、他者利益和共同利益，国家统一、民族团结和社会和谐的目标一定不难实现。

三　中华"民族—国家"建构：历史基础与民族问题

欧洲早期民族主义思想家提出建立同质化的国族—国家只是一种主观设想，但这种设想到了"第二代民族政策转型"论者那里，却被视为国族—国家建构毋庸置疑的唯一模式了。由此，他们认为我国现阶段民族问题之所以凸显，包括分离主义势力的存在，都是民族差异带来的，都是中国没有建立起同质化的国族—国家的结果。言下之意是，中国各族人民存在文化差别，致使中国现在还不是一个国族—国家。为此，他们便建议党和政府要以建构同质化的国族—国家为目标，要"千方百计"地去消除少数民族差异，并还耸人听闻地要我们汲取奥斯曼、苏联和南斯拉夫解体的教训。这样的认识和随心所欲的类比，既没有全面的世情观，也缺乏具体的国情观，难以服人。中华"民族—国家"是世界公认的存在，它是各族人民长期的历史互动和现实认同的结果，岂是奥斯曼、苏联和南斯拉夫等"人工国家"（帝国或联盟）可比的，岂是一些极少数分离主义者想分裂就可分裂成的。因此，要谈民族政策，必须切实了解中华民族—国家的形成和各族人民之间的历史和现实关系，而不能只从某种理念或理论出发，更不能从某种对比或假想出发。

中国是一个相对封闭的地理单元，经过春秋战国时代到秦、汉两个王朝建立，在这片广袤的土地上，各族人民逐渐形成了以中央王朝为正统的政治向心力，以发达农牧业为基础的经济支撑力，以族际密切交往为平台的社会聚合力，以及以儒家和合思想为主导的文化吸引力。两千多年来，在这些力量的综合作用下，中国历史始终贯穿着一条"大一统"的主线，各族人民即使有这样或那样的矛盾和冲突，也不是要分裂天下而是要"争主"天下，以至于万里长城也挡不住。不论哪族人民兴起，都以统一中国或具体区域为己任，并最终与其他民族一同达到了这个目的。①中华帝国的统一历史，是欧洲一些所谓的帝国不可比拟的。

例如，名噪欧洲的"神圣罗马帝国"，自962年建立后很难说是"一统江山"，不仅出现过帝位虚悬的"大空位时代"，从13世纪末起作为"欧洲大心脏"的德意志更是分裂为许多独立的封建领地。而从1618年开始，随着"三十年战争"的爆发和1648年《威斯特伐利亚和约》的签订，"神圣罗马帝国"实际上已是空架子，并最终在19世纪初瓦解，各族人民特别是一些大民族纷纷开始走向了各自建立国族—国家的道路。但在同一时期，从1616年到1644年，中国也发生了一场近三十年的战争，但结局却是导致中国各族人民更加紧密地统一而不是分裂，包括战争主导者满族在"入主中原"后也多方面地融合于中原政治、经济、社会和文化之中了。即使到19世纪下半叶民族主义已在世界传播，面对西方列强的入侵和肢解，中国各族人民也不是走向分裂，而是团结御侮，"扶清灭洋"。中华帝国历经两千多年的统一历史，各族人民之间形成的紧密深厚的关系，为各族人民最终共同建立中华民族—国家奠定了牢固的前期基础。

19世纪下半叶，西方列强踢破国门，自由主义与民族主义同时传入中国，并最终导致"辛亥革命"（1911年）的发生。自由主义思想倡导建

---

① 参见费孝通主编《中华民族多元一体格局》（修订本），中央民族大学出版社1999年版；翁独健主编《中国民族关系史纲要》，中国社会科学出版社1990年版；罗贤佑《中国民族史纲要》，中国社会科学出版社2009年版。

立人人平等的公民社会，得到了各族人民的支持和拥护；但民族主义思想家为此设想的"一族一国"模式，却在中国遭遇了水土不服。按照民族主义经典理论，辛亥革命的先驱者和领导者也曾提出"驱逐鞑虏、恢复中华"的口号，并把中华定义为汉界，试图为自由主义治理划定同质性公民社会的场域；但这个口号既为"鞑虏"所不解，也为汉族所反对，遂以"五族共和"取而代之。这就是说，自1840年鸦片战争以来，面对西方列强这些"他者"的殖民入侵，中国各族人民本能地把民族主义这个工具运用到"抵御外侮"的共同目标上去了，而非谋求各自独立建国；特别是面对日寇亡我中国的威胁，各族人民同仇敌忾，开展了如火如荼的民族主义救亡运动，充分表现出了"我们中华民族有同自己的敌人血战到底的气概，有在自力更生的基础上光复旧物的决心，有自立于世界民族之林的能力"①。近代以来外国列强的入侵，不是瓜分和肢解了中国，而是进一步刺激和增强了中国各族人民的命运共同体意识和政治统一自觉；其间，虽然在边疆地区一度产生了一些得到外国列强支持的分离主义势力和政权，但随着抗日战争的胜利和帝国主义势力被驱逐出中国，特别是随着各族人民大众的政治觉醒和社会精英的政治推动，这些分离主义势力和政权顷刻间便土崩瓦解了。一部中国近代史，是以中国各族人民共同反对封建统治、反对殖民入侵的斗争为主线的，目标就是把中华这个古老帝国改造和建构为现代"民族—国家"。从领土政治的角度说，中国无疑完成了这个任务。从"国联"到"联合国"，中国都是独立一员，都是作为一个整体出现在国际政治舞台上的。

然而，在中国社会内部，基于不同民族的差异性存在，在整个20世纪，中国知识界却一直伴随着对"中华民族"概念的书斋式争论。

20世纪30年代，中国知识界曾发生"中华民族是一个"和"中华民族是多个"的两军对垒；20世纪90年代，台湾旅美文人余英时则继续说："在民族—国家的认同方面，中国人自清末到今天，始终没有取得共识。无论是从地理、政治、文化或种族的观点去试图对'中国'这一概念加以清楚的界定，马上便会引出无穷的争辩"②。否定中华民

---

① 《毛泽东选集》第1卷，人民出版社1995年版，第156页。
② 转引自《文汇报》1996年10月16日。

族统一性的观点，无疑是以民族主义古典理论作为判定标准的；以此为标准，的确有些人不想认同中华"民族—国家"。远的不说，近者则有"藏独分子""疆独分子"和"台独分子"等。但这些少数分离主义者的存在能说明什么？能改变中国是一个"国族—国家"的事实吗？世界上的"国族—国家"，凡是民族结构比较复杂的，几乎都存在以差异为由的分离主义者。即使没有什么文化差异的"国族—国家"，也有人背井离乡而加入另一"国族—国家"，这也是一种不认同或反认同。因此，以这样或那样的差异性来质疑中华民族的形成与统一，没有多大实际意义，至多是制造一些自我玩味的话题罢了。

分离主义者否定中华民族的统一性，书生气十足的学者以民族主义古典理论来质疑中华民族的概念，这不足为奇。问题在于我国的公共知识分子如何回应。我们看到，在我国民族理论研究界，一直流行着把"民族—国家"与"多民族国家"作为两种不同类型的国家对立起来的叙述，认为"民族—国家"就是"以一个民族为基础组成的国家"①，进而说这是欧洲现象，中国等则是多民族国家。这种看法等于承认民族主义经典理论是正确的，只是不能普遍适应而已。实际上，民族主义经典理论对"民族—国家"的认识，也不合乎欧洲的实际，因为欧洲几乎所有的国家都是多民族的；包括常被作为同质化"民族—国家"案例的葡萄牙，在北部则有加利西亚人（主体在西班牙）。更有甚者，还有人以列宁的观点为依据，把单一成分（或少数民族人口占5%以下）的"民族—国家"视为现代国家的常态，言下之意是"多民族国家"反倒不正常了，或者，少数民族人口超过百分之几就不是"民族—国家"了。如果这仅是民族理论研究界的教条主义认识也就罢了，但我们看到，这种认识也影响了我国的制宪者：我国宪法只说中国是一个统一的"多民族国家"（multinational state），而不提中国是一个统一的"民族—国家"（nation-state）。而在国际社会，大多数国家的宪法通常都要首先界定自己是一个不可分裂的 nation，然后才说它有什么不同的 nationalities 或 peoples 等。

---

① 陈永龄主编：《民族辞典》，上海人民出版社1987年版，第351页。不论汉语"民族"是指 people 还是指 nationality 或 nation，这种界定都说不通。

也可能有人举例说，现代主权国家不一定将自己界定为"国族—国家"。如美国分为 50 个"国家"（states，汉译为"州"），大不列颠则承认英格兰人、苏格兰人和威尔士人都是国族（nations）。美利坚人独立时以原殖民地区划为界建立不同的 states，一方面是受宗主国联邦制的影响；另一方面，当时的美国还没有产生明确的国族观念。而当国族作为现代国家合法性来源在全世界普及时，美利坚人也就将自己界定为国族了。大不列颠群岛的几个人民都叫 nations，这是大不列颠的历史形成的，各族人民都坚持叫 nation，就只好叫下去，但不影响它们组成"联合王国"。而且，在欧洲人的观念中，nation 曾有 political nation 和 cultural nation 之分，英国几个不同人民叫 nation，也可从 cultural nation 角度去理解；有鉴于此，为了使这两个术语规范化，欧美社会后来逐渐形成如下约定：nation 仅指以独立国家为单位的人们共同体，而处在同一国家内的不同人民，则叫 nationality。这一概念约定，现已成为欧美宪政学界和政治学界的基本共识了。例如在西班牙，就是这样区分 nation 和 nationality 的含义的。

西班牙 1978 年宪法第 2 条规定，西班牙这个"国族"（nation）是由不同的"民族"（nationalities）和"地区"（regions）组成的。自 1979 年起，西班牙以民族和地区为基础陆续建立了 17 个自治共同体；其中，巴斯克、加利西亚和加泰罗尼亚三个地区因各有自己的语言和文化特点，也被界定为"民族"，而讲西班牙语的其他共同体则只叫"地区"。但到了 2005 年，加泰罗尼亚地方议会在修订自治条例时，则擅自将加泰罗尼亚自治共同体界定为"国族"，并获得了加泰罗尼亚地方议会绝对多数票（120∶15）的通过。这立即遭到了中央政府和社会各界特别是政治学和法学界的反对，最后因违宪，加泰罗尼亚地方议会不得不放弃将自己界定为"国族"；经过一番磋商，加泰罗尼亚改称为"national reality"。National 既是 nation 的形容词形式，也是 nationality 的形容词形式，各有各的理解，既未遵宪，但也不算违宪，算是一个政治擦边球！[1]这就是说，"国族"一词作为一个宪政概念，它通常是指以主权

---

[1] 详见朱伦《国族与民族：由〈加泰罗尼亚自治条例〉修订草案引发的争论》，《民族共治——民族政治学的新命题》，中国社会科学出版社 2012 年版，第 74—82 页。

国家为单位的人们共同体，不管其内部有怎样的差别。

我国宪法未使用"国族"（nation）来概括中华各族人民，这与苏联的影响不无关系。苏联不是一个"国族—国家"，而是 15 个"国族—国家"的联盟。在学习苏联的时代里，斯大林的既可指 nation，又可指 nationality 的"民族"定义，也被我国民族理论界拿来了；而且，我们还把斯大林的定义所规定的"四个共同"理解为"四个同质"。这样一来，斯大林的定义就只能被勉强用于 56 个"民族"的识别而不是用于"中华民族"的认定了。由此，尽管诞生于 20 世纪 30 年代，后又成为国歌的《义勇军进行曲》高唱"中华民族"，毛泽东在同期发表的《中国革命与中国共产党》一文中也说中国是一个民族—国家，但中华人民共和国的几版宪法都无反映。而在我国民族理论研究界，则一直有人认为中国只有多个民族，"中华民族"之说不成立。但值得欣喜的是，"中华民族"的观念深入了各族人民的心中，官方话语也时常提及；而在知识界，"中华民族是一个"则始终是主流认识，包括 20 世纪 30 年代持"中华民族是多个"的主将费孝通先生，在晚年也修正了自己的立场，代之以"中华民族多元一体"（Diversity in Unity of Chinese Nation）说。①费先生主要是从历史学、民族学和社会学角度看问题的，政治学角度则着墨不多，而这一点则是问题的关键。现代"国族—国家"的主要特征是领土主权统一和公民社会建设，民族结构如何和民族差异多少是次要问题。这样说，不是忽视民族差异，而是正确认识民族差异和处理民族问题的前提。

现代国族—国家在完成了区分"我们"和"他们"的任务后，除了处理国际关系的任务外，另一个任务就是在国内进行公民社会建设。正是在这里，存在着国情的不同。欧美等地的国族—国家，不论相对单一的民族成分还是多民族成分，其城乡和地区发展普遍是同步的和均质的，共同进入了现代社会，这使它们的公民社会建设比较容易。但在中国，则面临着城乡发展不平衡、地方发展不平衡和民族发展不平衡这三

---

① Nation 的"多元一体"（diversity in unity），是世界普遍现象，自费孝通将其运用于中国，就在学界引起不小轰动，足见"多民族国家"的话语对国人的影响之深，以至于"中化民族多元一体"之说听起来是新鲜的话语了。

大问题,这决定了中国的公民社会建设任务十分复杂和艰巨。公民社会建设以公民权利平等为目标,但我国巨大的城乡差别则使城乡居民间很难在短期内实现平等,致使占人口多数的农村或牧区人口长期享受不到充分的公民权利特别是福利保障,而这些人口通常又与民族属性交织在一起。中国的地方发展不仅相互间不平衡,内部也存在城乡差别和民族差别的交织:有的民族多居于城市和沃土,而有的民族则多是农牧民,生活在穷山恶水之间。这种明显的反差与相互攀比,直接影响到各个地方的族际关系。至于民族自身的发展,中国一些少数民族在20世纪50年代还处在从原始社会末期到农奴制的不同阶段,加上语言文化差异和受教育程度长期不足,这使得他们在追求公民权利平等的过程中先天就不在同一条起跑线上。中国的民族问题不是纯粹的民族差别问题,而是与城乡差别、地区差别和社会差别联系在一起的。

基于这样的国情,中国的公民社会建设在实践中很难照搬欧美国家的路径,完全以公民身份和个人自由竞争来对待不同民族成员。研究中国的民族问题,对民族工作进行建言献策,必须从这个基本国情出发。少数民族公民不赞同公民权利平等吗?不想与汉族公民有平等竞争的能力吗?人人都想!但历史形成的客观条件却使他们处于劣势,并且一时难以改变,以至于中国不得不对不同的民族地区和少数民族进行分类治理,在不同阶段采取不同的政策。例如,同是少数民族,有的早就享受医疗免费,而有的则不是。这当然不符合公民社会建设所要求的公民权利平等,但却万不得已,也有效解决了一些问题,尽管这同时也产生了一些副作用。再如国民教育,现在对少数民族采取高考加分政策,也引起一些非议。但这折射出的背后问题是什么?我国的国民教育,从学校教育的角度说,把小学、中学和大学分为三六九等,优质资源集中于重点学校,农村和少数民族地区教育先天就不平等,这才是问题的关键。不改变这种局面,争论对少数民族考生加分不加分,覆盖面几何,又有多大意义?!讲教育平等,"要从娃娃讲起";高考分数面前人人平等,但分数获得前的教育机会和教育资源平等更重要。

中国的少数民族特别是西部各少数民族,最现实的问题是生存和发展条件艰难,他们在各项发展指标上与东部沿海地区的人们相比差距巨大,且难以靠自身的力量来追赶;这是当下中国对一些少数民族采取优惠扶持政策的由来，其目的在于"通过不平等的主观政策来促进平等的客观实现"。当然，这种政策的度不易把握，是一种有争议的政策，无论受惠者还是非受惠者，都不一定满意。但如不实行这样的政策，结果又会如何呢？社会达尔文主义在中国行不通，在欧美发达国家也行不通。加拿大和美国对少数民族印第安人，现也都有一些特殊的保护与扶持政策。北欧几个国家对萨阿米人也是如此。非洲一些国家倒是任由部族之间自由竞争，但结果是部族间的矛盾与冲突难以收拾，不得不靠外部力量介入。在当今国际社会，大凡是政治稳定和制度健全的国家，政府对处于劣势地位的少数民族一般都会采取特别保护与扶持的政策，并形成了一系列法律规定和国际公约。[①]因此，诸如"第二代民族政策转型"论者把扶持少数民族的政策，视为与国族—国家建构和公民社会建设相矛盾的观点，完全站不住脚。

对少数民族的保护和扶持政策，既不能当作给少数民族好处的慈善事业来看，也不能当作把民族差异置于公民平等之上来认识；这种政策的根本意涵，是通过帮助少数民族改革和发展，为民族团结奠定牢固的社会、政治、经济和认同基础。国族—国家建构和公民社会建设的真谛是在这里，而不在怎样消除民族差异实现文化同质化。20世纪50—60年代，我国投入巨大人力和物力在少数民族地区进行"民主改革"，使广大少数民族民众"翻身做主人"，并帮助一些少数民族发展语言和文化，这得到了各族人民的衷心拥护，增强了他们对中华"民族—国家"的向心力和认同感。为保卫边疆，相关少数民族（如在云南边境）甘愿做出各种利益牺牲，包括为国防需要而使家园荒芜。实现民族团结，共同建设和捍卫新中国，是那一时代民族政策的最大成功。诗人柳亚子当年写下"百族共骈阗"的诗句，不只是一时诗兴发作，更是对当时中国民族关系团结和睦景象的真实记录。

当然，自20世纪80年代初起，在我国首先发展沿海的战略布局下，西部少数民族地区建设一度投入不足，这确实给民族关系带来了一些负面影响。此一时非彼一时，此一代人也非彼一代人。民族问题的内涵是随着时代发展变化的，民族本身也在自然地发生代际更替。这使得

---

① 参见杨侯第主编《世界民族约法总览》，中国法制出版社1996年版。

我国当前民族问题具有了不同于以往的特点。新一代少数民族的参照系已不是"民主改革"和"翻身解放"了,他们开始与发达地区进行横向比,不平等感和不平衡感随之产生。但我国民族关系的现状,并非走到了"当年泪花已不见"的伤感境地。相反,少数民族中存在的某些不平等感和不平衡感,恰恰反映了他们对"56个民族是一家"的平等渴望和恋恋情怀。这是我国民族关系的主流趋向,是我们判断我国当前民族问题的基点,而不能被诸如分离主义、极端主义和恐怖主义所遮蔽。这三股势力对民族地区社会政治稳定无疑具有破坏性,但他们只是极少数,并不能左右这个或那个民族,破坏不了民族关系团结的大局,更难以挑战中华"民族—国家"的统一。

因此,对我国最近30年的民族关系和民族工作,我们要实事求是地进行评估和认识,既不能沾沾自喜,也不能一味批评否定。民族工作有些成绩,不必盲目乐观;民族工作有种种不足,也不要惊慌失措。最近30年,我国知识界对民族关系和民族工作的看法,可以世纪之交来划分:前一阶段,沾沾自喜之声不绝于耳,以至于有高层人士总结出了"三个最好";后一阶段,批评否定之声逐渐增多,及至"第二代民族政策转型"论者的出现。

我国民族问题研究界都知道,"三个最好"之说在20世纪90年代甚为流行:民族关系是历史上"最好的时期";民族政策是世界上"最好的政策";民族理论也是世界上研究"最好的理论"。这"三个最好"是否恰如其分暂且不说,但其消极影响则不容低估。在这一片"最好"声中,还要什么发展和研究!而实际上,民族问题在市场经济条件和全球化背景下,已全然不同于以往了。例如,对民族地区加大财政转移支付力度,对少数民族采取一些照顾和优惠政策,继续是民族工作的基本思路和民族理论界的老生常谈;但财政转移支付的受益者是谁,优惠与照顾的覆盖面如何,民族地区和少数民族的诉求是否仅限于经济领域,就缺乏深入研究和必要回应了。在这种情况下,在人们的诉求不限于温饱而是多样化的时代里,民族地区出现这样或那样的社会问题并被别有用心者加以放大和利用,也就在所难免了,以至于"维稳"逐渐变成了民族地区的头等大事。而民族地区为何不稳,在"民族问题无小事"的敏感语境下,却一直没有深刻的分析与理论解释出现,只剩下归咎于国内外反华势力的恶意挑唆。新中国成立后的 30 年，国内外反华势力也没少挑唆，但却难以影响我国当时"歌声唱彻月儿圆，诗人兴会喜空前"的民族关系，这该如何解释？这个事实表明，在我们自己的工作上下功夫，是实现民族地区社会政治稳定和民族关系向好发展的关键。

但是，对民族地区出现的社会政治问题如何看待和解决，也不能采取"第二代民族政策转型"论者的态度，一股脑儿地认为是由民族差异引起的，是现行承认民族差异的政策造成的；中国要想长治久安，就要消除少数民族差异，放弃现行的民族政策，转而向美国、巴西和印度学习。这三个国家的民族关系和民族政策是否如两位论者介绍的那么成功，是否值得学习，国内已有学者进行了实事求是的评析，对两位论者的歪曲乃至伪造行为进行了严肃批评，[1]此不重复。这里，笔者想追问的是，两位论者何以对民族差异耿耿于怀，何以彻底否定我国现行的民族政策？当然，如同前文所言，基础性原因在于他们所持的同质化民族—国家理念；而促使他们走向这种理念的，则是他们对少数民族的认识偏见和对我国当前民族问题形势的错误判断，即在民族问题观上出了问题。无论是在中国还是在外国，"第二代民族政策转型"论者的民族问题观都经不起拷问，其政策建言对民族关系不仅不具建设性，反而极易带来负面影响。

四 "第二代民族政策转型"论者的民族问题观批评

2004 年，美国学者塞缪尔·亨廷顿撰写的《我们是谁？——美利坚国族同一性面临的挑战》一书，颇得国际学术界的关注，我国也及时翻译出版了。作者从盎格鲁—撒克逊族裔的中心主义出发，对美国其他族群的差异性存在耿耿于怀，认为这些族群对美利坚"国族同一性"

---

[1] 参见郝时远《美国是中国解决民族问题的榜样吗？——评"第二代民族政策"的"国际经验教训"说》，《世界民族》2012 年第 2 期；《巴西能为中国民族事务提供什么"经验"——再评"第二代民族政策"的"国际经验教训"说》，《西北民族大学学报》（哲学社会科学版）2012 年第 4 期；《印度构建国家民族的"经验"不值得中国学习——续评"第二代民族政策"的"国际经验教训"说》，《中南民族大学学报》（人文社会科学版）2012 年第 6 期。

（national identity）形成了挑战。①亨廷顿应为自己的观点在7年后的中国遇到了知音、被"中国化运用"而感到欣慰。我国学界的两位"第二代民族政策转型"论者，也认为中华"国族同一性"受到了挑战，通过变一变论述对象，把美国的"少数族群"变为中国的"少数民族"，就将亨廷顿的观点搬用到了中国。这样的搬用还不算完，两位教授还建议学习美国，把中国的"少数民族"改称为美国的"族群"。对这样的国情比较研究及其结论，人们有理由怀疑，研究者是否真的有国情意识；他们是在研究中国国情呢，还是在琢磨怎样让中国美国化？

要说我们的两位国情研究者一点国情意识都没有，这也冤枉了他们；那么，他们的国情意识是什么呢？答案是：他们对中国少数民族的观点，比亨廷顿对美国少数族群的观点更偏执。亨廷顿的思想主要是一种文化同化主义，而我们的两位教授不仅主张文化同化主义，甚至提出要从体质上消除少数民族；亨廷顿只是认为少数族群的差异性存在影响美利坚的国族同一性，而我们的两位教授不仅认为少数民族对中华民族同一性形成了挑战，而且进一步认为这威胁到中华民族的长治久安、现代化建设和伟大复兴了！"嗨，美国的知识分子们，你们怎么就没有人认识到少数族群对美国"长治久安""现代化建设"和"伟大复兴"的危害呢！你们美国的强大都是盎格鲁—撒克逊族裔的功劳，你们干吗还吸收外族移民，以至于造成你们的同一性受到了挑战？幸亏今日亨廷顿一辈及时发现了这个问题，否则，你们美国将来怎么办啊！"

从亨廷顿那里得到灵感，鉴于美国的"经验教训"，于是，我们的两位教授未雨绸缪地告诉我们说："随着经济的快速发展和人们权利意识的逐步增长，民族主义作为一种意识形态的动员和整合作用不断增强，民族意识在一些群体中得以快速发展，因民族因素而引发的社会问题日趋凸显，在一些地区反分裂反恐怖面临的斗争形势更趋严峻复杂，使维护国家长治久安的问题成为我们推进社会主义现代化建设、实现中华民族伟大复

---

① 该书国内现有两个译本，译者为同一人，出版社也是同一家。对该书副标题中的"national identity"这个概念，第一个译本译为"国家特性"，第二个译本译为"民族特性"。这两个译法都不确切，应当译为"民族同一性"或"国族同一性"。America 也不宜译为国名"美国"，而应译为人们共同体概念"美利坚"，这也与该书主标题中的"我们"呼应，二者是同位语。

兴过程中必须妥善应对的一个特殊紧迫、特殊重要的战略问题。"这就是我们的两位国情研究教授，建议党和国家要进行"第二代民族政策转型"的问题意识。两位教授深谙文章之妙在于吸引人的眼球；这样的民族问题形势，不怕不警醒你，听他们说该怎么"妥善应对"！

然而，对这种虚张声势的高调喊话，我们暂且不论事实是否如此，只要稍微停顿下来想一想，就不难发现问题多多。仅从认识论上说，两位教授将民族主义、民族意识、因民族因素引发的社会问题，与分裂主义和恐怖主义行为捆绑打包在一起予以渲染，这种"民族问题观"本身就有问题：既没有把握我国民族关系的主流，也没有区分民族问题的不同性质；而认为民族政策就是针对这些问题制定的，自己的建言献策可以消除这些问题，则表明两位教授对民族政策的功能缺乏起码的认知。更令人不可思议的是，两位教授还把他们所列的四类民族问题，归咎于是"经济的快速发展"和"人们权利意识的逐步增长"引起的！什么叫"奇谈怪论"？此是一个鲜活的例子。

两位教授把自己总结的四类民族问题表现，都列入"权利"（right）的范畴，是人们的权利意识逐步增长的结果；照此逻辑，你们还有什么理由将这些问题视为坏东西加以否定呢？权利和权利意识，是得到公法和公理保障与承认的东西；非法之行和非理之事，岂能视为权利！民族意识是一种权利，这没有什么疑问，也不该反对；说民族主义是一种权利意识，理论上成立，但实践中不是谁都可运用的；认为少数民族的权利意识逐步增长，并有群体表现，这亦可理解，任何人对自己的不公平境遇都有诉说的权利，任何人也无权否定；但要说分裂主义和恐怖主义活动也是权利或权利意识使然，①这就有点荒唐了："权利"不是没有规矩的儿童游戏，不是时你抓我一把、我挠你一下都可以的随意性问题！

至于两位教授把上述四类民族问题表现归因于"经济的快速发展"，这也荒谬之极。按照两位教授的逻辑，我国经济的快速发展造成

---

① 两位教授说"在一些地区反分裂反恐怖面临的斗争形势更趋严峻复杂"，言下之意就是说分裂主义和恐怖主义活动多么厉害，也是人们的权利意识增长的表现。两位教授在这里使用的四个排比句，前三个主语分别为"民族主义""民族意识""民族因素引发的社会问题"，第四个理应是"分裂主义和恐怖主义"，而不能变换为"反分裂反恐怖"。两位教授文中多处存在语法和文法欠妥的问题，恕不一一注明。

了如此严重的民族问题，威胁到了国家长治久安，那党和国家推动经济发展还有什么意义？这不是在无事找事、惹火烧身吗？从实证的角度说，如果经济的快速发展是导致民族问题突出的罪魁祸首，那苏联和南斯拉夫的解体是其经济快速发展造成的？国内外研究苏联、南斯拉夫解体的学者，没有人这么看。①一些非洲国家的部族冲突频发，也是那里的经济快速发展造成的？波多黎各大多数人不愿脱离经济快速发展的美国，而是维持与美国的"联系国"关系，甚至希望成为美国的第51个州，这又怎么解释？不论是国家间的关系还是民族间的关系，问题和矛盾主要都产生于经济利益纷争，而不是经济发展速度快慢本身，这难道不是一个基本常识吗？

当然，两位教授可能是一不留神，忽视了这些"细枝末节"的逻辑问题，我们也就不说了；但两位教授对我国民族问题的形势判断，则难以一不留神来解套，因为他们的态度是认真的，是在郑重其事地为其民族政策转型主张建立论据。既如此，那我们也必须认真对待，看一看他们对我国民族问题的形势判断是否成立。

（一）关于"民族主义"

两位教授认为，民族主义作为一种意识形态对我国少数民族的"动员和整合作用不断增强"，这是一个根本性的形势判断错误。民族主义的核心问题是摆脱殖民主义和帝国主义统治而建立独立的"民族—国家"（nation-state），我国目前的民族关系和民族问题形势是这样的吗？我国有哪些少数民族被动员和整合起来这样干了，谁在进行这样的动员和整合？当然，有极少数分裂主义者想这样做，但我们不能把极少数人的行为视为得到了某个少数民族的整体响应或多数赞同。分裂主义者想以民族主义动员和整合其声称所代表的民族，两位教授跟着说民族主义对这个或那个少数民族的动员和整合作用"不断增强"了，这不是要把某个少数民族与分裂主义者联系在一起吗？这样认识我国的民族问题

---

① 参见郝时远、阮西湖主编《苏联民族危机与联盟解体》，四川民族出版社1993年版；郝时远主编《南斯拉夫联邦解体中的民族危机》，四川民族出版社1993年版；许新、陈联璧、潘德礼、姜毅《超级大国的崩溃——苏联解体原因探析》，社会科学文献出版社2001年版；瓦列里·季什科夫《苏联及其解体后的族性、民族主义及冲突——炽热的头脑》，姜德顺译，中央民族大学出版社2009年版。

形势，把广大少数民族当作对立面，不仅不利于"加强中华民族认同"，"推进社会主义现代化建设、实现中华民族伟大复兴"，而且还极易引起民族间的无端猜忌与隔阂。

夸大民族主义对中国统一的威胁，这种声音我们并不陌生。苏联解体后，国际上就有一些预言家认为中国也会步苏联后尘，被民族主义瓦解。但事实证明，中国不是苏联。两位教授不顾这个事实，在20年后的今天再提"民族主义"威胁，为自己的民族政策转型主张找理由，实在缺乏说服力。而且，两位教授针对民族主义而提出民族政策转型，这也是文不对题的败招。如果民族主义意识形态对我国少数民族的动员和整合作用真的如两位教授所言"不断增强"，那今日中国就是1991年的苏联了；在此情况下，任你进行什么样的民族政策转型也无济于事，要讨论的恐怕就是或和平分手或兵戎相见的问题了。

中国是有极少数分裂主义者拿民族主义作为动员旗帜，我们不可掉以轻心；但我们同样应该自信的是，如今时空已变换，民族主义在任何少数民族中间都无多大动员力量。当下中国奉行民族平等的政策，共同团结奋斗，共同繁荣发展，共同当家做主，共建美好中国，是民族关系的主流，而旨在挑动各族人民对立的民族主义话语，从来都没有多少市场。然而，两位教授不看我国民族关系的主流，反而认为民族主义对这个或那个少数民族的"动员和整合作用不断增强"了，这未免太低估广大少数民族的理性和智商了。前文说到，民族主义不仅是一种社会意识形态，也是一种社会政治运动。两位教授既然说民族主义对这个或那个少数民族的动员和整合作用"不断增强"，那就应该拿出量化指标来证明自己的断言，而不能以极少数分裂主义者的话语和活动作为立论前提。应用研究讲求有理有据的论证，而不能像竞选演说那样只求轰动效用。像"民族主义作为一种意识形态的动员和整合作用不断增强"这种命题，完全是一种主观断言，类似于"信则有、不信则无"的禅语。

笔者也仔细猜想过两位教授所说的"民族主义"，可能是指少数民族中有一些人（汉族中间也有）存在这样或那样的排他观念吧？在国际学术界，现在多以"族裔主义"（ethnicism）来概括此类表现；由此，讲"族裔主义"在哪个少数民族中发展得怎么样了，应是一个自然而然的逻辑。但作者没有这样做。这是作者对国际学术界的理论前沿不了解呢，还是认为族裔主义不足以用来论述自己所指的现象呢？纵观两位教授的文章，显然是因为后者。不用"民族主义"，似乎不能说明问题的严重性。民族主义在我国知识界已被污名化，两位教授拿民族主义说事，也就做到了"观点正确"。但是，以"民族主义"来分析我国国内的族际关系，无论是从认识论上说还是从方法论上说，都不可取。

近代欧美社会对人类和人群的差异认知，形成了政治上的民族主义、生物上的种族主义和血缘上的族裔主义，而中国的文化传统则是以"化内"与"化外"来解释不同群体间的差异问题的。自近代以来，中国的国门被打开，上述三种"主义"也随之传播进来；但这些舶来的概念和观念，不可采取拿来主义，用以分析中国各民族的关系和差异，原因是：无论民族主义还是种族主义或族裔主义，对我国各族人民来说都是陌生的，始终不是我国各民族之间差异认知的标识性符号。当然，这不是说我国各民族之间没有任何嫌隙了，如在日常生活中彼此看不惯、不适应之类的事情还是有的；对此类问题，我国官方包括在《中华人民共和国民族区域自治法》中，通常以"地方民族主义"与"大民族主义"来界定，反对这两种主义。即使如此，鉴于这两种主义的内涵很模糊，而外延又可随意扩大，在实际民族工作中现也近乎不用了。但在两位教授看来，"地方民族主义"还不够分量，直把"民族主义"扣在这个或那个少数民族的头上！这种看问题的思维方式，就像西班牙大文豪塞万提斯笔下的游侠骑士唐·吉诃德那样，非要把客店当城堡打，非要把客人当守敌杀不可！

两位教授拿民族主义做文章，夸大它对我国这个或那个少数民族的整合作用不断增强，恐怕连自己都不相信；但出于推销自己旨在同化少数民族的民族政策转型主张需要，他们只好拿少数民族中有"民族主义"这个恶魔来吓唬人。说鬼就有鬼，还怕给你编不出故事来？！蒲松龄地下有知，该当自愧弗如。

（二）关于"民族意识"

两位教授把"民族意识在一些群体中得以快速发展"作为民族问题提出来，显然是把"民族意识"作为一种消极的东西看待的。人们的认同意识各种各样，其中，"国族意识""民族意识"和"族裔意识"是民族主义政治学和民族学（Ethnology）的基本研究课题。对这三种认同意识,人们现在普遍持客观承认的态度,没有是与非、好与坏的价值判断,也不认为三者之间是相互矛盾和对立的关系,而是可以同时表现在一个人身上。至于一个人看重哪种认同,完全是个人的心理问题,是他和他周围环境的结果,别人无法强求应该如何,也强求不了。欧洲各国曾经逼迫犹太人皈依基督教,并建立宗教裁判所对那些表面皈依但暗里仍然信奉犹太教者大搞调查迫害,结果也没有同化掉犹太人,反而激起了犹太人更强烈的"锡安主义"(Zionism,犹太复国主义)。

民族是一种基于差异比较的人们共同体,有差异就有差异意识,这符合存在决定意识的道理。因此,对于民族意识这种扎根于人们心里的东西,如不是顺其自然消失而是通过强力消除,极无道理,更不人道。所以,连当代自由主义者都在反思曾经的同化主义,主张应以"多元文化的公民身份"(multicultural citizenship)之理念来对待文化和族裔差别,①少有人还把少数民族的民族意识或移民群体的族裔意识视为什么大逆不道的"问题"。现时代还不是民族消亡的时代。中国做不到消除人们的民族意识,任何国家也做不到,也不能做。就拿两位教授欣赏的美国来说,不同族裔的各种政治组织、文化社团、民办学校、联谊会和同乡会等,数不胜数。虽然亨廷顿一类盎格鲁"族裔中心主义者"(ethno-centrist)对此表示担忧,但美国政府却不能"不允许"其存在,因为这些都是人的自由,也是一种权利,是得到国际社会普遍承认的。我们找不到哪个国家、哪项国际约法像两位教授那样把民族差异和认同意识视为异端,非要强制消除不可。②

正是基于对民族差别和民族意识的尊重,早在20世纪50年代,中国共产党和中国政府就在全国范围内进行了"民族识别"工作,并在此基础上推广1947年建立内蒙古自治区的经验,逐步完成了包括自治区、自治州和自治县(旗)三级区划的155个"民族区域自治地方"的架构建设;此外,在一些少数民族"小聚居"的地方,还设立了1100多个"民族乡"。不管现在人们对这场民族识别工作有何评价,包

---

① 参见威尔·金利卡《多元文化的公民身份——一种自由主义的少数群体权利理论》,马莉、张昌耀译,中央民族大学出版社2009年版。
② 参见杨侯第主编《世界民族约法总览》,中国法制出版社1996年版。

括在理论上是否误用了斯大林民族概念的学术讨论，以及在实际中还有七八十万少数民族公民存在民族身份的归属争议，但它的积极意义则是体现了一种民族平等的理念，结果是团结了各族人民，增强了少数民族对中华"民族—国家"的归属感。这是一种讲中国国情的实际政治，不是学苏联还是学美国的隔空争论。中国少数民族的民族意识，不是学苏联学来的，也不是学美国可以学没的。

　　当然，因为我国的"民族区域自治地方"大多冠以某个少数民族名称，有人便认为它是某个民族专有的地方；这种"领地意识"是错误的，不仅在少数民族中有表现，在汉族中也有人这样误读，需要加以纠正。但这种错误的意识，不能成为"去民族身份"（不是简单地"去"身份证上的标注）、"淡化民族意识"的借口。改革开放后，随着东西部发展差距的拉大，民族地区和少数民族希望改善自己处境的呼声强烈，这种意识也是合情合理的，不可怪罪他们民族意识"快速发展"。我国城乡差别越拉越大，农民也不满意；农民土地被强征或补偿不合理，导致发生一些激烈的冲突事件，这能怪农民有"农民意识"吗？少数民族的权益意识问题，不也情同此理吗？如果从民主政治的角度看问题，宪法保障各行各业的人们包括少数民族都有诉求自身利益的权利，党的"统一战线"也包括少数民族，而两位教授却主张淡化少数民族的民族意识，"不允许"他们表现出民族意识，这不是明显违宪、直接否定党的统一战线政策吗？是的，宪法和党的统一战线政策如果有错，也可以改；但在我们所讨论的如何对待少数民族的民族意识问题上，是现行宪法和党的统一战线政策错了，还是两位教授错了？

　　总而言之，两位教授对"民族意识"怀有一种令人难以理解的偏见，而假借增强中华"国族意识"为由要求少数民族淡化民族意识，则是一个自我设定的伪问题，目的只是制造议题，为自己的民族政策转型主张添上一个不成为理由的理由。中华"国族意识"是个大概念，各民族的"民族意识"是个小概念，既不对等也不同质，二者构不成非此即彼的对错选择题。两位教授是清华大学老师，若有人要求你们淡化清华老师意识、增强其他意识如北京市民意识，你们不认为这个要求很荒谬吗？

（三）关于"民族因素引发的社会问题"

两位教授的这个论点，很值得商榷。国内外民族问题研究界都知道也都承认一个简单道理，"民族问题是社会总问题的一部分"，而少有"民族因素引发社会问题"的说法。如果我们从狭义上定义民族问题，指的是民族隔阂和矛盾等内容和表现的话，这些问题恰恰是一定的社会环境和社会条件的产物。任何一个多民族国家，如果社会管理缺乏公平正义，如果任由弱肉强食的法则横行而不加约束，不管是哪个民族，都会表示不满，都有权利表示不满。而社会问题解决好了，社会和谐了，民族关系也就会跟着好起来，会跟着和谐起来。不要远说外国，中国也有这样的经验。

中华人民共和国成立后，中国共产党在少数民族地区进行社会民主改革，分配土地，建立人民当家做主的政治制度，使我国民族关系进入了空前团结的局面。虽然那时社会生产力落后，物质不丰富，但少数民族衷心歌颂祖国、歌颂共产党、歌颂社会主义、歌颂解放军和歌颂毛主席的声音却响彻天山南北、黄河两岸。即使是在"文化大革命"的动乱岁月，新中国成立后民族工作积累起来的红利，仍继续使各族人民保持亲如一家的关系，并且一直延续着。这反映在对待党和国家老一辈领导人的态度上，少数民族是念念不忘的。20世纪80年代，知识界轻薄为文的风气甚嚣尘上，大肆贬损毛主席；但笔者于90年代中期在云南西部一少数民族村庄看到，毛主席塑像仍被家家户户供奉在主屋的祭桌上，时时烧香敬酒。少数民族老乡说，这不是宗教信仰，而是感恩情怀。

改革开放后，我国发生资源和社会大重组，利益群体多元对立；加上国家对不同社会群体的利益一时协调不到位，社会管理不到位，社会问题增多凸显在所难免。发生在少数民族地方的社会问题，也应如是看。特别是民族地区社会经济发展长期乏力，与东部地区差距日益扩大，这难免使具有比较视野的新一代少数民族产生心理失衡并表现出来。然而，两位教授不从分析社会问题入手看民族问题，相反把一些社会问题归因于民族因素造成的，这是什么思维逻辑？难道作者认为，一些民族地区的一些社会问题或事件只要有少数民族的影子，就是由特定民族挑起来的？面对不公平的社会现象，少数民族只要发声就是民族问题？2011年，内蒙古一位蒙古族牧民因阻挡运煤车破坏草场而被碾压至死的"5·15"事件，引起当地群情激愤，我们就说这是"因民族因素而引发的"社会问题？笔者在事发后偶然出差到内蒙古了解到，当地蒙古族和汉族，无论是知识界还是老百姓，都不这么认为，而认为它是以煤窑主为核心结成的利益集团与牧民之间发生利益矛盾长期没有得到妥善解决引起的，与民族和民族因素毫无关系。如果我们不是这样认识问题，把板子打到少数民族的身份上，反倒会真正引起民族问题了。

两位教授从民族因素引发社会问题的假定出发，由此想出消除少数民族的主意，这是合乎自己的思维逻辑的。为了证明自己的假定，两位教授还介绍了巴西等国家这样做的所谓"经验"。但笔者在2012年写作此文期间有幸随团到巴西进行学术交流，得知巴西并无这样的经验；相反，巴西的人类学家和民族学家，却向我们介绍了巴西政府对待土著人、黑人与基伦博人（逃进深山密林的黑奴后代）的承认政策，其中包括保护土著人赖以生存的土地、在大学招生中规定黑人应占的比例、让基伦博社区及其所占土地合法化等。①座谈中，巴西利亚大学人类学与民族学研究中心的学者们，都否定民族同化主义，主张对少数民族应采取"承认的政治"，以实现民族关系的和谐。圣保罗大学中国研究中心的学者，还详细询问了中国保护文化多样性的政策措施，并主张巴中应多交流有益经验。从事民族学与人类学研究的学者都知道，在国际民族学与人类学界，现在很少有人像我们的两位教授那样思考问题，把少数民族的差异性存在视为社会动乱之源。

最后需要指出的是，两位教授把民族地区的一些社会问题归咎于民族因素引起的，这不是正中境内外一些敌对势力的下怀吗？这些敌对势力，巴不得把民族地区的所有问题都搞成民族关系问题，不是民族关系问题也要硬说是民族关系问题，企图挑起民族冲突，搞乱中国，以求一己之私。一些"疆独"分子利用广东某家工厂维吾尔族、汉族职工之

---

① 两位教授还提到美国民族政策转型的"成功经验"。笔者对美国民族问题没有什么研究，也没有直接考察的经验，但手头可随便找出几本书来作为参考，如：梁茂信《美国移民政策研究》（东北师范大学出版社1996年版），钱皓《美国西裔移民研究》（中国社会科学出版社2002年版），马莉《美国穆斯林移民——文化传统与社会适应》（中央民族大学出版社2011年版）等。这些作者的结论，与两位教授的认定完全不一样，不知谁在说谎。

间发生的民事纠纷和治安问题，2009年在乌鲁木齐制造了令人震惊的"7·5"事件，清楚地向我们证明了这一点。两位教授的"民族因素引发社会问题"论，其作用只能是不自觉地为此类企图背书。对涉及少数民族成员的问题包括犯罪问题，我国政府历来遵循"是什么问题就按什么问题来处理"的方针政策，两位教授在文中也说到了这一点，但却又以民族因素引发社会问题"日趋凸显"这样的话来煽情，这除了增加处理涉及少数民族公民的社会问题的难度外，既不能说明我国民族问题的形势多么严峻，也无助于我们加深对民族问题的认识和理解，更不能为其民族政策转型主张增添什么道理。

（四）关于"反分裂反恐怖"

两位教授对我国现阶段民族问题的概括，最后提到了分裂主义和恐怖主义，认为"一些地区反分裂反恐怖面临的斗争形势更趋严峻复杂"，以此为其第二代民族政策转型建言再添一个理由和论据。分裂主义是属于民族问题的范畴，但它是违法的；而以恐怖方式搞分裂，则是犯罪的。在我国，这是极少数人干的事情，国家应予以坚决反对和打击。然而，两位教授把反分裂反恐怖与民族政策的调整与改变联系起来，让这个或那个民族整体或所有少数民族为极少数人的违法犯罪行为付出代价，则是大不妥的。①说两位教授连对民族政策是干什么用的都不清楚，一点也不冤枉。

"民族政策"者，简言之，就是国家对少数民族合理的集体权益诉求所做的回应，目标是促进少数民族的发展与各民族和睦相处。民族政策的功能，仅此而已。这里，"合理的集体权益诉求"是前提；当然，对少数民族合理的集体权益诉求，国家可以理也可以不理，理与不理都是政策。但一种好的民族政策，则要对少数民族合理的集体权益诉求给予积极的回应。至于少数民族的一些集体权益诉求合理不合理的问题，这是一个靠理性和道义来判断的问题。当代人的理性论和道义观，足以对此做出正确的判断。像少数民族的群体认同权利，与多数民族人格平

---

① 斯大林曾因一些少数民族中出现通敌分子而对整个民族进行集体惩罚，其对苏联民族关系与苏联的国际形象所产生的消极影响，我们不应忘记。参见王攸琪编译《被流放的民族》，中国社会科学院民族研究所印，1985年。

等的权利，与多数民族同样发展进步和共同当家做主的权利等，都是合情合理的诉求。民族政策应为满足这些诉求来制定；而民族政策发展研究，则应基于对少数民族一些集体权益诉求的合理性判断，检讨国家对其回应的方式与程度是否得当，并提出相应的建议。分裂主义是什么？是对现代主权国家统一的挑战；恐怖主义是什么？是对公民社会和平的危害。对此，任何国家都不是靠什么民族政策调整来解决的。两位教授应该明白，民族政策不是针对分裂主义和恐怖主义而制定的，民族政策及其执行部门也担负不起反分裂反恐怖的任务。

两位教授把反分裂反恐怖斗争与民族政策转型联系起来，认为采取消除民族差异的政策就可消除分裂主义与恐怖主义问题，这纯是一种自欺欺人的主意，不足多论。但两位教授对我国存在的分裂主义问题的看法，倒是值得一说。

两位教授认为："在一些边疆民族地区……民族分裂主义仍然潜滋暗长，成为威胁社会稳定和国家安全的重要原因和基础性原因……"这种估计，夸大了分裂主义者的能量。在近代以来的中国，在各种外国势力操纵下的分裂主义势力，无不是以失败告终的。现在，经过各族人民100多年的共同团结奋斗，"中华民族"已经巍然屹立在世界民族之林，各族人民对中华民族的认同自觉不断增强，这是不争的事实，是我们评估我国现在和未来民族关系的基础。一些分裂主义势力正是看到了这个大趋势，才表现出绝望的挣扎。这种挣扎确实给我们带来了不少现实的麻烦，但要说它是威胁社会稳定和国家安全的"基础性原因"，未免有耸人听闻之嫌。我国少数民族在历史上对中国一统江山的形成所发挥的推动作用，在近代捍卫国土完整和抵制外敌入侵中的积极作用，以及在反对分裂主义斗争中的主体作用，在史学界都是公认的事实；然而，时至今日，我们的两位教授却把少数民族视为分裂主义"潜滋暗长"的温床，岂不怪哉!？国际学术界认为，随着现代国族—国家格局的形成和国际秩序的建立，民族分裂主义"只剩最后一口气了"[①]。21世纪的世界，分裂主义已没有多少市场；而借助恐怖主义手段进行分裂活动，

---

① Miquel Caminal, *Nacionalismo y Federalismo*, insertado en *Ideologìas y Movimientos Polìticos Contemporàneos*, Madrid, Tecnos, 2002, p. 115.

则人神共愤。

两位教授如此夸大分裂主义和恐怖主义威胁，只在于引出自己的反分裂反恐怖高见："反恐怖斗争的关键应是防止草根阶层成为亡命徒式的恐怖分子……反分裂斗争的关键应是通过制度安排使所谓'地方民族精英'无法宣称是本地区本民族的利益的代表者和领导者，无论政治大气候如何变化都无法成为分裂国家的'领头羊'，无法煽动草根阶层成为搞分裂搞恐怖的'马前卒'。"我们没有看到两位教授提出怎样防止草根阶层成为亡命徒式的恐怖分子的措施，也没有看到提出什么"制度安排"使"地方民族精英"不能发挥两位教授所说的作用，但两位教授怀疑一切的偏见倒是跃然纸上。一个地区、一个民族或一个社会，除了"精英"和"草根"，还剩下什么人？这不是"洪洞县里无好人"的思想意识在作怪吗？国际上的反分裂反恐怖，没有如此认识问题的。例如在西班牙，国家打击的是搞恐怖主义活动的"埃塔组织"和"埃塔分子"，岂敢株连巴斯克人中的"精英"和"草根"？相反，还要团结他们一道反对分离主义和恐怖主义，包括承认"精英们"有宣称自己是巴斯克民族地方利益的代表者和领导者的权利。至于他们能不能代表本地方、本民族的利益，选民承认不承认，则是另一回事。

综上所述，我们可以说，两位"第二代民族政策转型"论者对民族问题的理解是片面的，对我国民族问题形势的判断是不当的；由此，他们提出的民族政策转型建议，尽管披上了加强"国族建构"这件合法外衣，但却是无中生有之论，缺乏充分的实际问题基础。遗憾的是，两位教授不觉得自己对民族问题的认识有问题，而是按照自己的既定思路，煞有介事地提出如何进行民族政策转型，以"妥善应对"他们设定和设想的民族问题。那好，那就让我们来看一看两位教授开列的"妥善应对"之策，是否是"妥善"的吧！

五 "第二代民族政策转型"论者的建言分析

通过"加强国族建构"来增强各族人民包括汉族的中华认同，这是无可置疑的时代要求。世界各国都在进行各自的国族建构，中国自然也不能例外。但怎样进行国族建构，国族建构的核心问题是什么，"第二代民族政策转型"论者拿少数民族差异开刀，建议从消除少数民族的差异性存在开始，这不仅是失焦的，甚至是缺乏理智的。两位教授不是在探讨如何解决实际的民族问题，而是在设计如何一劳永逸地同化和消灭少数民族！但两位教授为此东拼西凑出来的"理论"和不做后果评估的对策，则无异于痴人说梦般不负责任。

（一）关于淡化和消除少数民族的民族意识

两位教授认为，我国的民族识别和民族政策增强了少数民族的民族意识，因此要加以改正和转型，"要善于采取非政治化的办法来处理民族问题"，对少数民族要"去民族身份"。但采取什么样的"非政治化"办法？怎样"去民族身份"？两位教授竟想到了要给少数民族改称呼，建议我国要学美国称少数民族（minority nationality）为"族群"（ethnic group），并以国家民族事务委员会对"民族事务"的译名由"affairs of nationalities"改为"ethnic affairs"作为论据。这种招数，竟也想得出来！两位教授连民族是什么、族群又是什么都不清楚。

前文说到，世界各国对"少数群体"有不同的界定。这一方面源于这些群体的不同形态，另一方面则源于学科不同而产生的专门术语。在国际社会，nationality（民族）是一个政治学术语，是 nation（国族）的派生概念。在早期民族主义政治思想中，nation 指的是建立独立国家的 people（人民），而 nationality 则指的是没有建立独立国家的人民。因此，在欧洲语言如英语中，nation 叫叫 people，nationality 也可叫 people。后来，大概从 19 世纪下半叶起，欧洲人对这两个概念赋予了新的意义：nation 被用来界定以主权国家为单位的人们共同体，而 nationality 则被用来界定 nation 内部的不同人民。

Nationality 的基本特征，是其生存地域的聚居性、社会生成的历史性、物理存在的延续性、文化面貌的传承性和权益诉求的集体性。这些特征导致了 nationality 作为一种人们共同体的内部认同与外部认定，以及它在现代国家公共生活中的地位与问题，包括 nationalities 之间的关系。中国的少数民族，从形态上说，就属于 nationality 的范畴；20 世纪 50 年代"民族识别"称其为"nationality"，是有客观道理的。

称少数民族为 nationality，这不是中国一家。例如在西班牙，诸如巴斯克人、加泰罗尼亚人和加利西亚人等，就叫 nationality，他们与人口占多数的卡斯蒂利亚人一道构成西班牙这个 nation。在整个欧亚大陆，现代"国族—国家"的民族结构普遍是如此，只不过有些国家不叫 nationalities，而是叫 peoples（但这两个概念是相通的）罢了。在非洲大陆，国内不同的人文群体都叫部族（tribes）；这种称谓是由欧洲人界定的，非洲各国和世界其他地方现都在使用，没有谁提出要改名字（20 世纪 80 年代，个别中国学者建议要给人家改名字，称其为"民族"，但在中国非洲学界没有人响应）。在美洲和大洋洲，各族土著人则自称 nation、nationality 或 people，政府和学术界对此并无多么敏感的反应。

然而，两位教授不谈这些简单的事实，为了给自己改少数民族为"族群"寻找理由，与国内其他一些学者一样，认为我国的民族识别是学习苏联的做法，而苏联解体了，因此我们要改弦更张，要从"识别国内 56 个民族、保持 56 个民族"的第一代民族政策，转变为"推动各民族交融一体、促进中华民族繁荣一体"的"第二代民族政策"。这种主观主义的设想，毫无理据可言。西班牙叫少数民族为 nationalities，不是一直保持着统一吗？美国和加拿大的土著人还自称 nations，这两个国家不是也没有分裂吗？非洲一些国家的部族矛盾，包括最近南苏丹的独立，是因为叫"部族"叫出来的？其他存在不同部族的非洲国家，都必然要分裂？Nationality（或叫 tribes 或叫 peoples，都一样）这种人们共同体的存在，中国和世界不是谁学谁的问题，也不是识别不识别的问题，更不是改个名称就可改没的问题；而对 nationality 的政治承认或不承认，也不必然导致国家分裂或不分裂。

说到"族群"，这是另一种人们群体，最早源于"族类学"（Ethnology，国内通常译为"民族学"），是该学科的术语和研究单位，尽管它现在也被引入了社会学和政治学之中。目前，欧美国家在使用"族群"这个称谓时，基本上是指外来的国际移民群体，而且没有精确的定义。如在美国，阿拉伯裔、亚裔、非洲裔都叫族群，但这些族群又可继续分解为不同的族群：如亚裔的孟加拉人、巴基斯坦人、华人、菲律宾人，也都叫族群。令人感到不可思议的是，国内一些学者包括本书提到的两位教授却认为，"族群"是一个"非政治的"文化群体概念，把我国少数民族改称为族群，少数民族就没有民族意识了，对"中华民族"的认同就没有障碍了。实际上，这是自欺欺人的文字游戏。在欧美一些国家，族群的影响力甚至比世居民族更大、更重要。如美国的犹太裔和拉美裔，相对于土著民族来说分量更重，以至于亨廷顿不担心土著人的存在是对美利坚国族同一性的挑战，反倒担心拉美裔等族裔是真正的挑战。

国内现在有一些学者对我国称少数民族为"nationalities"提出质疑，这与汉语"民族"一词的使用缺乏规范有关。众所周知，"民族"一词最早是与 nation 概念对应的，后来也与 nationality 和 people 对应，同时还用来翻译 Ethnology 这门学问。所以，现代汉语中就有了"中华民族"（nation）、"56 个民族"（nationalities）、"阿拉伯民族"（people）和"民族学"等用法。但上述这些概念的区别是众所周知的，不可相互替代。①当把汉语"民族"回译为欧洲语言时，稍有常识的人都不会翻译为同一个欧洲语言词汇。现在，两位教授认为我国少数民族应该叫"族群"，这未免有点外行了。虽然中华民族和 56 个民族都叫"民族"，但其含义谁都知道不同。至于国家民族事务委员会将"民族事务"由"affairs of nationalities"改译为"ethnic affairs"，这是一种不恰当的语言转换，不涉及少数民族本身是什么这一实质问题。从官方到民间，我们对少数民族还是叫"民族"；民族工作该怎么做，还是怎么做；少数民族该有什么权利诉求，还是有什么权利诉求。而且，这一译名并不等于"去民族身份"，更谈不上是民族政策转型的标志。

"第二代民族政策转型"论者应该知道，在国际学术界和国际社会，nationality 和 ethnic group 这两个概念是同时使用的，用以区分现代国家内部两种不同类型的人们群体，并且是不可相互取代的。②我国的少数民族属于哪一种人们共同体，不是靠改名称来决定的。在中国传统文化中，家长给孩子起乳名，男孩叫"富贵""发财"，女孩叫"金枝""玉叶"的不少，但这能决定孩子的什么人生运程和相貌特征吗？不曾想，这种生辰八字之类的命名术，现也竟被两位教授用到了学术研

---

① 关于人们共同体术语的学科归属与中外互译问题，此不多论，可参见朱伦《西方的"族体"概念系统——从"族群"概念在中国的应用错位说起》，《中国社会科学》2005 年第 4 期。

② 参见威尔·金利卡《多元文化的公民身份——一种自由主义的少数群体权利理论》，马莉、张昌耀译，中央民族大学出版社 2009 年版，第二章。

究中！

（二）关于以爱国主义取代民族主义

因为分离主义者运用民族主义而且是欧洲早期民族主义思想家的片面论说进行分裂活动，"第二代民族政策转型"论者就断然把民族主义视为坏东西加以批判，这种认识过于肤浅了。剑可伤人然罪不在剑，民族主义也情同此理。剑是一把有形的物质工具，而民族主义不过是一种无形的思想工具而已。民族主义有解构的功能，是导致近代世界殖民体系瓦解的动力；但民族主义也有建构的功能，是团结一国国民一致对外的唯一旗帜。民族主义作为一种"现代最强有力的意识形态"①，自由主义的"国族—国家"建构需要它，社会主义的"国族—国家"建构也需要它。

然而，在"第二代民族政策转型"论者看来，民族主义对中华"国族—国家"只有解构的作用而无建构的功能。如此一来，那靠什么东西来建构中华"国族—国家"，靠什么东西来增强各族人民对中华"国族—国家"的认同呢？对此，两位论者告诉我们要靠"爱国主义"。但什么是爱国主义？它何以能取代民族主义？对这个问题，两位论者对爱国主义做出了古代和现代之别：古代的爱国主义是忠于"君"、忠于"家庭"、忠于"宗族"、忠于"地方政权"，而现代的爱国主义则是忠于"国家"、忠于"国家中央政权"。我们不禁要问：希特勒治下的德国是不是"国家"，希特勒的政权是不是"中央政权"？按照两位论者的逻辑，第二次世界大战时一些德国人忠于纳粹，就是爱国主义而反纳粹就是卖国主义了？关于现代爱国主义，它忠于和热爱的真正对象是人民、是国族、是祖国，而不是其保护外壳——国家，也不是为其服务的政治机构——中央政权，这不是众所周知的道理吗？

从内涵上说，爱国主义与民族主义并不是水火不容的两种思想，而是相辅相成的关系，是一枚硬币的两面。无论是西方还是东方，"爱国主义"都是一种世代相传的情感。"祖国"，我们汉语是"祖先家园"之意，在欧洲语言中也是同样的意思。如西班牙语"祖国"（patria）一

---

① 奥利弗·齐默：《欧洲民族主义，1890—1940》，杨光译，袁晓红校，北京大学出版社2013年版，第3页。

词就源于"父亲"（padre）一词，英语"祖国"既叫 motherland（母亲的土地），也叫 fatherland（父亲的土地）。由此，欧洲人的"爱国主义"，也就叫 patriotism，意为"热爱父亲的土地"。作为一片土地的"祖国"，是一代一代传下来的遗产；黄河永远是黄河，没有古代与现代之分。作为一种情感的爱国主义，也没有古代与现代之分；21 世纪的我们，同样对"盘古开天地"心怀敬意。爱国主义是古来有之的情感，但随着现代国族的形成，它与民族主义（译为"国族主义"更恰当）也就难分难解了。爱祖国是爱国主义，爱国族就是国族主义。一个人爱祖国，不可能不爱他所属的国族。两位教授想区分爱国主义与民族主义的不同，但实际上也是把二者统一起来的。两位教授说要以爱国主义来增强各族人民对中华国族的认同，不就是把"中华祖国"与"中华国族"视为统一体了吗？

从实际生活中看，以爱国主义取代民族主义，也是不成立的，并不能取得预想的效果。分离主义者不认同中华国族，同样也不会认同中华祖国。分离主义者拿民族主义这种工具来解构中华国族，为的就是要建立自己单独的国家和祖国。在此情况下，对分离主义者讲中华爱国主义，能有什么效果，岂不是对牛弹琴吗？但是，这不影响两位教授继续自弹自唱。为此，他们还搬出 250 多年前的亚当·斯密为自己站台，援引老先生的两段感情性论述，把对国族的认同或不认同视为"道德情操"问题。

笔者不怀疑两位教授对国族认同所持的道德情操境界，但如果把国族认同纳入道德情操高尚与否的范畴，恐怕问题更大：1776 年，北美英裔移民不认同英国而独立，变成美利坚人了，这可用道德情操来衡量，说这些美利坚人都是一些没有道德情操的人？由远及近，照两位教授的逻辑推论，那数以亿计的当代国际移民包括几千万华人脱离祖国移居他国发展，他们也都是一些没有道德情操的人了？退一步说，即使我们把国族认同与爱国主义视为一种道德情操，两位教授将 250 多年前的亚当·斯密奉为楷模，也让人难以信服。亚当·斯密生活在自由主义和资本主义时代，英国更是君主制国家，既然两位教授以社会制度和效忠对象来区分爱国主义的古今不同，亚当·斯密的自由主义、资本主义与"忠君"的爱国主义，怎么又可成为今日社会主义的国人应该效仿的榜样了呢？

近代以来，"爱我中华"的爱国主义，在我国各族人民中间从来不是什么问题，它是"中国人民从此站立起来了"的精神支柱和力量源泉。中国没有被西方列强肢解征服，各族人民没有变成美洲印第安人任由他人宰割，以及后来抗日战争的胜利和帝国主义势力被驱逐出中国，都是中华各族人民团结爱国的证明和结果。当然，如同前文所言，近代中国也不乏分裂势力，但在各族人民的爱国主义洪流面前，最终都被冲进了历史的垃圾堆。现在，这些分裂势力虽然没有绝迹，并且还不断产生后继者，但他们的反历史行为，也终将被各族人民的爱国主义与中华民族认同所淹没。但是，分裂主义者并不会自动退出历史舞台，这需要我们要时刻绷紧反分裂斗争之弦。然而，我们的反分裂斗争不能搞错对象，不能有意无意地引向某个特定少数民族整体，认为分裂中华民族的民族主义在他们中间"潜滋暗长"，因此要以爱国主义来教育他们，不然中国就要分崩离析。这种建言纯粹是危言耸听、无的放矢。少数民族对中华祖国之爱，是经历史证明了的，现实也不可置疑。

（三）关于从文化社会方面来整合少数民族

"第二代民族政策转型"论者也明白，"国族—国家"建构和国族认同不是靠"道德情操"可解决的问题；于是，他们又提出政策推动措施，主张以核心文化来整合少数民族，并引用哈罗德·伊罗生的观点为自己的主张站台。伊罗生的原话是："'国家'（nation）的演进不像赫尔德所言是从文化到政治，而是从政治到文化。"[1]但我们的两位教授却发挥说："在近代民族国家兴起的过程中，实际上民族国家的建构不是'从文化到政治'的过程，而是'从政治到文化'的过程。"伊罗生说的是 nation 的"演进"，是长时段的视野；但我们的两位教授却将其改为"民族国家兴起"这个阶段，进而再缩小为"民族国家的建构"这一断面，这无疑是一种断章取义的手法。而就伊罗生本人的观点来说，它也不是科学的结论，而是一种伪设，吸引人眼球的效果有一点，但并无援引的价值。

---

[1] 哈罗德·伊罗生：《群氓之族》（*Idols of the Tribe— Group Identity and Political Change*），邓伯宸译，广西师范大学出版社 2008 年版，第 227 页。

如同前文所言，包括赫尔德在内的德意志民族主义思想家，强调的是德意志国族统一这一个案的文化基础，并没有将其推论到全世界，更没有轻视德意志"国族"的政治建构问题。赫尔德的田野是德意志，但伊罗生却将赫尔德的观点绝对化和普世化，说赫尔德认为"国族的演进是从文化到政治"，这首先就是对赫尔德观点的演绎和捏造；而利用非洲田野来批评赫尔德，这又是一种时空错位的论辩伎俩，完全背离了新闻记者写作时应该遵守的几个"W"原则。列宁说："社会生活现象极其复杂，随时都可以找到任何数量的例子或个别的材料来证实任何一个论点。"① 作为记者出身的伊罗生对思想家赫尔德的批评，至多也就属于这种情况，甚至只是记者职业的猎奇性报道和反向性追问的特点使然。

退一步说，如果认为国族的演进或形成"是从文化到政治"的观点有失偏颇的话，那么，反过来断言国族的演进或形成"是从政治到文化"，这也不是什么周到的观点，同样经不起推敲。国族的形成与建构不是作画，不是先画什么后画什么的问题。国族的产生就像一个生命如小鸡是怎么长成的一样。小鸡在孵化过程中是各种器官一起长（即使可见度快慢有别），国族的各种要件包括政治和文化的生成过程也是如此。如果像伊罗生和我们的两位"第二代民族政策转型"论者那样，说国族的演进和国族—国家的建构"不是'从文化到政治'的过程，而是'从政治到文化'的过程"，这就如同说小鸡的孵化过程"不是先长脑袋后长爪子，而是先长爪子后长脑袋"一样无聊；这种话语圈套，只能逗逗幼儿园小孩子玩，岂能煞有介事地作为学术观点和真理发现写成文章？！

两位教授引用伊罗生的话，目的不在对"国族—国家"现象进行学术探讨，而在于引出"以核心文化整合少数民族"这一政策建议。但是，两位教授并非是伊罗生的忠实信徒。伊罗生认为，随着民族国家的建立，"'民族'得到了一个最广泛的意义……象征着一种新的文化认同，在某种程度上取代了一个人所拥有的旧文化遗产，因此，不同民族

---

① 《列宁选集》第二卷，人民出版社1995年版，第578页。

的相互同化乃得以发生"。①两位教授在引用这段话时,把最后一句中的"相互同化",改成了"相互融合"! 这种改动,实无必要。相互同化与相互融合,没有什么区别,无须避讳"同化"二字,因为伊罗生说的是"相互"同化,而不是谁强制同化谁。但由伊罗生的上述观点,两位教授引申出"以核心文化整合少数民族",就是对伊罗生的不忠实了。国族建构要"以核心文化整合少数民族",与国族的演进是"从政治到文化"的过程,绝不是同一个意思。

撇开这些纯学理讨论,从政策操作的角度说,"以核心文化整合少数民族"这种建议,也问题多多。什么是"核心文化"?是多数民族的文化还是主流意识形态文化?两位教授没有明说,我们只能猜测二者都包括。若是以多数民族的文化来整合或同化少数民族,这是一种族裔中心主义思想,没有道义不说,也不是必须,实际上也行不通。即使是一个生活在原始状态的异文化群体,如果它不想改变自己的生存方式,对你的存在和整个社会也无碍无害,你就没有理由非得"拿着鞭子赶人上天堂"(列宁语)不可。你可以宣传你的"核心文化"之先进,但不可强迫人家接受,需要人家自愿认可才行。以多数民族的所谓"核心文化"来替代少数民族的文化,这样赤裸裸地宣扬民族同化主义,其结果只能是把人们的注意力引向基于文化差异的同化与反同化之争,而不是引向基于共同利益谋求"共同团结奋斗、共同繁荣发展"之路。

若"核心文化"指的是社会政治的主流意识形态文化,那也不宜强迫人们接受,也需要人们的自觉认可。我国一些少数民族的民主改革直到新中国成立十年后才开始,我国现行法律如《民族区域自治法》规定尊重少数民族的传统风俗,包括授予民族区域自治地方对国家一般法律、法令有"变通执行"的特别权力,道理和原因即在此。是的,民族文化肯定会随着时代发展而发展,但这种发展是渐进的"增量发展",而不是彻底的"除旧布新"。在谈到苏联各民族的文化建设时,斯大林说"形式是民族的,内容应是社会主义的",这是对"民族文化"发展和建设的片面认识。我们的两位教授也是如此。我国社会政治

---

① 哈罗德·伊罗生:《群氓之族:群体认同与政治变迁》(*Idols of the Tribe*: *Group Identity and Political Change*),邓伯宸译,广西师范大学出版社2008年版,第227页。

的"核心文化"是社会主义理论和价值观,但中国共产党对港、澳、台却采取"一国两制"的政策。这是从实际出发的真道理。国家对汉民族内部的观念差异都区别对待,两位教授有何理由对少数民族强行整合或同化呢?多民族国家要想处理好民族关系问题,最起码要承认和尊重不同民族的差异性存在,在此基础上探讨各民族和睦相处之道。此谓"求大同、存小异"是矣。全世界的多民族国家,现在都承认少数民族的差异性存在和集体认同,我国也是如此。在此大背景下,两位教授现在建议我国政府采取以同化少数民族为目标的政策和策略,岂不是在逆历史潮流而动?

为了同化和消除少数民族,"第二代民族政策转型"论者还想出了一个"从制度上引导族际通婚"的高招!怎么引导?难道要政府出台"异族通婚法"?异族男女间的婚恋嫁娶,也是政府要管和该管的事?拿什么来引导族际通婚?是奖励异族通婚男女呢,还是优待他们的子女?若要采取这样的政策,那就要先进行民族属性识别,这不是与两位教授要实现的理想——各民族间"相互分不清"的目标自相矛盾、南辕北辙了吗?再者说,有些民族的成员因风俗乃至饮食习惯而选择与同族人结婚,有的则不在意这些,难道政府要对二者给予不同的政策对待?此外,在十里八乡均是同族人的情况下,到哪儿去找一个异族人来结婚?要靠政府来拉郎配?为了给"第二代民族政策转型"找一些科目,我们的两位教授可谓费尽心机,竟想到要"从制度上引导族际通婚"。言下之意是:"第一代民族政策"忽略了这个如此重要的问题。实际上,在我国民族杂居地区和城市里,异族通婚十分普遍,不必政府鼓励,政府也不曾限制。异族通婚,完全是公民个人自由选择的事情,任何国家都不可能进行政策干预或引导。两位教授是国情研究者,中国的国情与特色问题,难道在民族关系的异族通婚方面也要体现出来,政府非要采取非同一般的政策不可?

更令人不可思议的是,两位教授还以"国际上衡量族际关系良好的标准要求两族之间通婚率达到10%",来反衬我国族际关系不够良好。我国汉族人口12亿多,10%就是1.2亿,这个数字与55个少数民族总人口差不多;这就是说,少数民族男女都得和汉族通婚,汉族与异族通婚率才能实现10%的"国际标准"!这是多么荒唐的事情!别说我国政府没有本领来"引导"和"要求"各民族按照这个异族通婚率进行婚配，就是请上帝来帮忙，我国也无法向这个"国际标准"靠拢！我们的国情研究者，研究国情后得出的结论是要与国际接轨，但实际上连起码的"国际"真实都未全面了解。这个国际标准来自哪里？它真的好使吗？墨西哥的印欧混血人占全国人口80%以上，美国的黑人绝大多数是黑白混血者，按这个国际标准说，墨西哥印第安人与欧裔、美国黑人和白人的族际关系岂止"良好"，该是"极好"了吧？但两国的族际关系真是这样的吗？像厄瓜多尔、秘鲁和玻利维亚，印第安人与西班牙裔混血者占全国人口的比例也都在50%以上，大大超过衡量族际关系良好的所谓通婚率"国际标准"了，但这三个国家印第安人问题的尖锐程度谁人不知、哪个不晓？这又该以什么量化的"国际标准"来解释呢？

"第二代民族政策转型"论者喜欢用计量经济学的方法来研究民族问题，并且利用很大篇幅加以论述。但经济学的量化指标对民族关系研究的适应范围极其有限；我们可以用民族地区经济发展指数来证明国家政策积极与否，但不能证明民族问题解决得如何，更不能得出少数民族不该再有什么意见的认定。西班牙的巴斯克地区和加泰罗尼亚地区，经济发展水平高于全国，但与中央的争吵更多，分离主义倾向更强；而经济发展相对落后的加利西亚，反倒没有那么多麻烦事。对此，经济学的视角无可奈何：我们既不能说经济先进是前两者麻烦多的肇因，也不能说经济落后是后者老实本分的缘由。民族关系的好坏主要是国家政策调节的问题，不是民族自身社会经济发展快慢的问题。新中国成立初期我国有些少数民族还处在刀耕火种的原始状态，也没有什么百分之几的异族通婚率，党和政府的民族工作却使他们心悦诚服，便是证明。

（四）关于"不给任何人声称是某一'地方民族利益'代表和领导者的机会"

如果说"第二代民族政策转型"论者的上述三个主意不着边际、可以一听了之的话，那对这第四个主意，我们就要认真对待了，因为它涉及民族问题的核心和最高表现——民族政治。而且，两位教授的建议并非做不到，在专制主义制度下完全可能变为国家政策，如佛朗哥统治时代的西班牙就是如此。但对少数民族采取专制主义的政策，不仅有百害而无一利，而且违背人世间的常理常情。

民族政治是以民族群体为行为主体的，如同任何社会群体一样，民族也需要自己的代言人和代言组织来表达集体利益诉求，参与国家的政治生活。如果不给任何人以这样的机会或代表地位，所谓的民族政治特别是民主有序的民族政治生活，也就无从谈起。但我们的两位教授与众不同，完全否定民族问题的政治属性，认为对民族问题可以"去政治化"；主张"要通过制度安排使族群（民族）问题非政治化"；"应善于采取'非政治化'的方法"来处理民族问题；"要善于和坚持把国内民族问题作为社会问题来依法处理，防止把族群（民族）问题做政治化的特殊处理"；"不允许任何族群（民族）声称是某一特定区域的族群（民族）利益、资源权利和治理权利的代表"。说出这些话，如不是神经错乱，至少是思维不正常的表现。民族利益需要政治制度来保障，民族问题需要政治机制来解决，而两位教授要避开政治，这纯粹是一种鸵鸟行为！

"第二代民族政策转型"论者的上述这些思想，恰是墨西哥前总统萨利纳斯执政时采取过的策略，但事实证明是行不通的。1994年元旦，恰帕斯州玛雅各族印第安人问题激化，发生了"萨帕塔民族解放军"起义事件。萨利纳斯政府一开始不承认这是民族问题，而是将其解释为"农民造反"，并拒绝与其和平谈判。这可谓是把民族问题作为社会问题来处理了，可谓不给任何人声称是本民族代表的机会了，可谓是采取了"非政治化"的方法。但这种欲盖弥彰的行为，并不能改变事件的性质，反而使萨利纳斯政府陷入了被动地位。随着事件的明朗化，在国内外舆论的压力下，萨利纳斯政府只好承认是民族问题，并与"萨帕塔民族解放军"的代表举行谈判，商讨政治解决办法。而这，并没有使墨西哥的天塌下来；经过多次协商，双方还是达成了一些共识，最直接的成果是停止了武装冲突。[①] 民族问题尽管敏感而复杂，但并不是解决不了的问题，不至于让人怕到不敢面对的地步。

---

① 参见朱伦《保障少数民族政治权利是民主政治制度建设的重要课题》，《拉丁美洲研究》1994年第2期；另见董经胜《玛雅人的后裔》，北京大学出版社2009年版。该书专门研究了这次玛雅人起义事件的原因、过程与善后。

从政治制度上来解决民族问题，是中国共产党一贯的主张，并由此确立了"民族区域自治制度"。如何看待这一制度？"第二代民族政策转型"论者将其与奥匈帝国和奥斯曼帝国的"民族自治"相比、与苏联和南斯拉夫的"民族联邦制"相比，认为它"使经济、社会、政治、文化问题都与民族身份、民族分界密切挂钩，使民族矛盾与地区矛盾一体化，从而使中央与地方的矛盾以民族为分界线、叠加强化线；一旦中央政权（联邦政权）权威不在，'这种联合就分崩离析，而每一个族群（民族）都将谋求政治独立'"。我国的民族区域自治制度是这样建立的吗？中国各民族间的混杂分布，谁有本事能把他们从地理上和行政上分隔开来？我国有55个少数民族，只有44个以聚居区为基础建立自治地方，而且多达155个。即使是分布地域广泛、居住相对集中的藏族，除了西藏自治区外，其他位于青海、甘肃、四川和云南的藏族聚居区则是建立自治州或自治县。这个事实，怎么能说中央与地方之间是"以民族为分界线"的呢？在中国，不仅是中央与地方之间的关系没有民族分界线，各民族间的关系也没有地方分界线。达赖集团的"大藏区"观念，纯属一种历史想象。我们的两位教授那样看"民族区域自治"地方，无异于在为达赖集团的观念进行不自觉的现实背书。

中国民族区域自治地方的建立，不是以民族为界限的，不是以哪个民族为单位的。自治的体现形式不是民族，而是地方；自治的主体是该地方的社会共同体，包括了各民族公民。自治的内涵也不是政治上的自治或自主，而是在行政和立法上由国家权力机关赋予一些特别权力和权限；这些特别权力或权限不是赋予哪个民族的，而是赋予代表各族人民的地方政府的。当然，由于这些自治地方是以少数民族聚居区为基础建立的，现实中的确有人产生了把该地方与某个少数民族联系起来的遐想，但这并不是多数人的认识。"第二代民族政策转型"论者所谓"不允许任何族群（民族）声称是某一特定区域的族群（民族）利益、资源权利和治理权利的代表"之论，纯属无中生有。我国有哪个少数民族以集体方式这样"声称"过？拿没有的事情来批判他人，这不是栽赃陷害吗？

至于说有些人声称是本地区本民族代表的问题，这是该民族认可不认可、法律承认不承认的程序问题，但不能由此说"不允许任何人声称"。关于民族利益的代表问题，民族政治学界的看法是：出身某个民族的人不一定代表该民族的利益，不是该民族的人也不一定不能代表该民族的利益；但民族利益需要有代表，而代表中应有该民族的人则是共识。这也是我国人民代表大会和政治协商会议为什么要强调少数民族代表比例，也是《民族区域自治法》为什么规定民族区域自治地方的政府首长应由出身少数民族的公民担任。民族政治民主是一个世界潮流，其中代表机制不可或缺。当然，不同国家民族政治民主的方式可以有不同，民族代表的选举方式可以有不同；但是，没有哪个国家规定在公共政治生活中少数民族不可以有自己的代表，不允许这个人或那个人来争当本民族的代表！

从民族工作实践的角度看，少数民族代表对处理民族关系和解决民族问题具有特别重要的作用。新中国成立之初，党和国家在少数民族聚居区的施政工作离不开少数民族头人的帮助，头人的工作做通了，事半功倍。20世纪80年代，随着包产到户政策的实行，土地纠纷在少数民族聚居区也时常发生，也离不开德高望重的少数民族头人出面解决。云南一位省政协副主席（在副省长任内负责民族事务）曾给笔者讲了这样一个故事：某乡一些瑶族群众与相邻民族群众争土地，已达到剑拔弩张的地步，当地政府无数次调解也无作用；这片土地在新中国成立前是一个瑶族世家的土地，瑶族群众现在要求政府判给本村，而对方村民则以土地改革已将这片土地划给该村为由，坚决不让；没有办法，乡政府便请来这个瑶族世家的后代（任县政协委员）做工作，他往瑶族群众面前一站说："哪里的土地是你们的？都是我家的！我家早就交给了共产党，由政府处理，你们争什么争！"就这短短几句话，问题解决了。我们能不承认这位瑶族政协委员在当地瑶族中有权威吗？你不承认，但瑶族承认；你不给他代表瑶族的机会，但他可以实际代表。

是的，随着时代发展和现代政治制度的建立，民族政治的复杂性已不是"头人"政治那么简单了，民族政治的组织方式要随之发展。但无论怎样发展，民族的主体性和代言人则是不变的常量。"第二代民族政策转型"论者无视和否定这一点，这是由他们的民族观决定的，自认为对民族可以"去身份"和"去政治"。而这种认识的背后，透露的则是对少数民族的不信任和对处理民族问题的不自信。两位教授对少数民族的看法，完全沿袭了"西番族种……为中国患尤剧"①的认识偏见，必欲去之而后快。但两位教授也应该知道，中原王朝对少数民族的日常治理政策是"安抚"，"修其教不易其俗，齐其政不易其宜"，以及"土流合治"。这种思想和政策，对边疆各族人民的中国认同和民族和睦发挥了至关重要的作用。当然，你可以说封建王朝是实力不济、鞭长莫及，不得不对一些番族实行"招安"政策。但现代中国的强大和统一，就可以随心所欲地剥夺少数民族的主体性，就可以不允许少数民族有代言人（实际政治的或思想舆论的）吗？这样做的道理何在？

两位教授确实有自己的道理，用他们自己的话说是："重中之重在通过制度安排来保障官员（当然是指少数民族出身的官员——笔者注）始终做维护国家安全统一的积极领导力量，防止其在政治大气候变化时成为分裂国家的领导力量。"请问两位教授：中国没有从制度上要求"官员"维护国家安全统一？如果有，"重中之重"的强调有什么意义？至于"防止"少数民族出身的官员"在政治大气候变化时成为分裂国家的领导力量"之论，如果"政治大气候变化"了，就不是你"防止"的事了！再说了，分裂不分裂，只是"官员"能决定的事吗？苏联解体，各加盟共和国不是经过"公民投票"的吗？加拿大魁北克独立不独立的问题，不也是公民投票决定的吗？两位教授眼里没有百姓，只有官员和精英。两位教授说南斯拉夫的存在全赖铁托的威信，铁托一走，南斯拉夫就解体了，充分证明了他们的这种英雄史观。普列汉诺夫的《论个人在历史上的作用》这本小册子，对领袖与群众的关系有很好的论述，不妨找来一读。

两位教授对少数民族的政治态度，不仅不符合社会主义中国的民族政策理念，连当代自由主义世界都会感到惊讶。加拿大人金利卡在讲到少数民族的集体政治权利时，就主张在国家相关权力机关中应安排少数民族的代表。1996年，墨西哥政府在与印第安人进行谈判后，也在国会里给印第安人安排了一定数量的席位。国家是各族人民的国家，国家管理当然也要由各族人民来共同管理。这就是所谓民族政治民主。如果说以前人们对民族平等的讨论多集中于社会、经济和文化领域的话，从

---

① （清）张廷玉等：《明史》卷三三〇，《西番诸卫》，中华书局1974年版，第8540页。

20世纪80年代末开始,民族政治民主则是国际学术界和国际社会最为关注和不断深入讨论的话题,并形成了这是一种集体人权的共识。这种共识导致联合国通过了一系列有关少数民族权利的文件,其中最著名的是2006年第61届联合国大会以143票赞成、4票反对、11票弃权的表决结果通过了《联合国土著人民权利宣言》。① 在世界各国普遍保障少数民族权利包括集体政治权利的情况下,两位教授却反其道而行之,这岂不是螳臂挡车之行吗?如果按照两位教授的建言去做,中国岂不是要成为不尊重文化多样性的国家?

六 国族—国家建构与族际整合

国族—国家是现代现象,其观念缘起于两个半世纪以前,其建立过程持续到20世纪末期,其间经历了5次大的浪潮。以北美独立战争、法国大革命和拉美独立战争为标志,形成了第一次浪潮;从1870年普法战争到1917年沙俄帝国被推翻,是第二次浪潮;第一次世界大战后产生了第三次浪潮;第二次世界大战后产生了第四次浪潮;冷战结束后产生了第五次浪潮。由此,人类社会的领土政治划分基本完成,形成了当今世界的近200个国族—国家格局。

国族—国家的理念基础是民族主义和自由主义思想,这两种思想的早期理论家追求国族—国家的人文同质性,但国族—国家的形成实际则与此相去甚远,由此导致了同化主义与分离主义之间的不解论辩与纷争。为协调二者,在自由主义世界,最早(1910年代)从墨西哥和拉美开始,产生了一种名为"国族一体化"或"国族整合"(national integration)的理论;该理论承认国族—国家内部的族类差异,但主张通过国家行为,以主体社会的思想价值观对落后的少数民族进行教育和改造,使之符合国家现代化发展的要求。这种国族整合理论在拉美国家流行了一个甲子之久,对第二次世界大战后亚非一些多种族、多民族、多部族、多语言、多文化的国家也有广泛的影响。

---

① "土著人民"(Indigenous Peoples)是一个有争议的概念,但在一些国家里他们是"少数民族"则无争议,尽管"少数民族"不能与"土著人民"画等号。

在自由主义世界，同样是在20世纪初，在美国还产生了一种名为"多元文化主义"（multiculturalism）的理论。该理论明谈文化多元，暗指文化载体——民族的独立性。但多元文化主义将民族视为铁板一块，不能解释民族间的交往导致文化嬗变与趋同现象，因而长期未被人们接受。然而，多元文化主义的明确反同化指向，则与20世纪70年代以后西方人文主义思想及文化多样性观点高涨的潮流契合，使其渐成为自由主义内部的一种重要声音。不过，多元文化主义包含文化价值绝对论与文化界限绝对化的思想，则给一些人借多元文化主义之名而不遵守社会一般规范留下了理由和空间；同时，多元文化主义理论的提出者希望不同民族和谐共存，但并没有提出和谐共存的规范保障和冲突解决机制，这往往导致其实践过程事与愿违，终于使西方社会现有不少人包括一些国家的政要公开否定多元文化主义。

基于多元文化主义理论暗含绝对区分"你们和我们"的思想不符合民族交往的实际，有时甚至成为一种观念藩篱阻碍族际关系的密切，西方思想界现在最重视的新思想是"跨文化主义"（interculturalism），如巴塞罗那自治大学在20世纪90年代就建立了"跨文化与跨民族研究中心"（Centro de Estudio Intercultural e Internacional）。在现代化背景下，特别是在同一个国家和社会制度下，跨文化现象是各族人民之间十分普遍的现象，包括跨文化人的大量产生和跨文化人群体的形成。跨文化主义对族际和文化间的交往问题，认识更为客观和中正。因此，2010年中央两次民族工作会议提出"促进民族交往、交流、交融"的意见，这是合乎时代潮流的正确意见。如何解读这个意见？笔者认为它是对民族关系问题的认识发展和深化，而不能像"第二代民族政策转型"论者那样，将其视为民族政策改弦更张的信号。我国现行的民族政策，也从来没有否定民族间的交往、交流、交融，现在只不过是明确提出来加以强调罢了。认识总是来源于对实践和事实的总结，尽管它可能是滞后的。

当然，"促进民族交往、交流、交融"的思想，在实践层面肯定伴随着对族际关系的能动性整合。在任何国家，"国族整合"都是时刻在进行和发生的事情，但整合什么、怎样整合，则有理念上的不同。"国族整合"可以有两种理论逻辑：一是基于强势民族及其文化优越感的整合，采取制度和行政手段，从政治、经济、社会和文化等方面，全面同化少数民族，最后促使少数民族的消失；二是尊重少数民族存在的整合，关注各民族的具体利益和共同利益，在各民族共同团结奋斗、共同繁荣发展、共同当家做主的过程中，实现各民族休戚与共（solidaridad）的目标。"第二代民族政策转型"论者的整合思想是前者，这是我国民族问题研究界对其多有批评的根本原因。①

"第二代民族政策转型"论者的国族整合理据，是对现代"国族—国家"统一要求的误读，是把早期民族主义思想家所主张的同质化（homogeneity）视为统一（unity）的唯一可能了。现代"国族—国家"形成与建构的世情与国情，都证明这种认识的不切实际。而且，中华"国族—国家"的形成与建构有自己的历史和现实情况，特别需要讲国情。中国的国情是什么？民族众多且各民族历史文化悠久。因此，同质化的"民族—国家"建构之路是走不通的。我国民族政策的发展与完善，不是如何去同化少数民族的问题，而是如何保障其合理权益，促其与全国平衡发展的问题。民族差异和民族认同是长期的现象，民族同化不是人力可为，不是政府要加速推动的事情。历史上的帝国消除不了民族差异，现代自由主义国家消除不了民族差异，社会主义国家一样也消除不了。

"第二代民族政策转型"论者的国族整合途径，是实行公民社会的公民权利平等，认为这可以淡化和消除少数民族的民族意识。但当今世界的事实并非如此。西方一些主要国家如加拿大、美国、巴西、墨西哥、法国、英国、西班牙、澳大利亚等，可谓是特别讲求公民社会建设和公民权利平等，但哪个国家敢说其少数民族的民族意识被淡化和消除了？说到我国的公民社会建设和公民权利平等，由于我国是一个发展中国家，如何以社会主义理念来缩小地区差距、城乡差距、贫富差距，以及规范和理顺政府与社会、官员与公民的关系，任重而道远。这些问题不解决，单把民族差异拿出来说，以为只讲公民权利平等就可以解决民族问题，这有多大可能？况且，公民社会建设和公民权利平等与不同民族的差异性存在，也并非是不可调和的矛盾，我们何至于对民族差异耿

---

① 参见金炳镐主编《评析"第二代民族政策"说》，中央民族大学出版社2013年版。

耿于怀!？

　　"第二代民族政策转型"论者的国族整合理由，是说我国反分裂形势严峻，分离主义势力使国家统一岌岌可危了。这种危言耸听的理由看似充分，但却是以伪设为前提的。中国的统一有两千多年的历史根基，近代西方殖民主义和帝国主义列强靠武力都分裂不了，国内现在有极少数人鼓噪分离主义，就能分裂了？分离主义势力是个麻烦，影响我国局部地区的社会政治稳定，但我们也不能夸大其能量，更不能将反分裂反恐怖斗争转为对某个少数民族的整体不信任，甚至认为他们的存在是滋生分离主义势力的土壤。台独分子八辈子都是汉族，难道能说汉族是滋生他们的土壤？对台独分子，若有人提出要去台湾汉族的汉族身份，要靠淡化他们的汉族意识以增强中华国族的意识来解决，这岂不是笑谈？

　　"第二代民族政策转型"论者的国族整合目的，说是为了实现中华民族的伟大复兴。话虽冠冕堂皇，但这也是一个伪问题。中华民族的伟大复兴，自近代以来就是各族人民的共同愿望和目标，并在这条道路上共同奋斗了一个半世纪之久，难道21世纪的中国各族人民不想为这个愿望和目标奋斗了？如不是，我们何至于无事找事，把民族差异视为中华民族复兴的消极因素非要消除不可？

　　总而言之，"第二代民族政策转型"论者旨在同化少数民族的国族整合建言，从理据、途径、理由到目的，都存在思想方法和认识论问题，不仅不具建设性，反而会引起人们的思想混乱；而如付诸实践，结果不仅会引起少数民族的强烈反弹，而且将使我国政府陷于不仁不义之地而遭到国际社会的非议。

　　"第二代民族政策转型"论者为什么会在当下的中国产生，并且还有一定的市场？对这个问题，我们需要拷问一下以民族问题研究为业的我们自己：我们的研究工作做得如何？立得住和立不住的东西有哪些？对国人的积极影响和消极影响有几多？比如，我们对民族政治主体和机制的解释似有似无，那何以批判民族事务的"去政治化"与"非政治化"之论？我们说"自主管理本民族本地区内部事务"，那怎样否定"藏人治藏"的"大藏区高度自治"之说？我们把民族主义污名化，那靠什么来建设中华民族—国家？我们把现代国家分为民族—国家和多民族国家，并说中国是后者，那就免不了有人质疑"中华民族"的概念。

我们就民族问题研究民族问题，从来不把民族问题放到社会主义公民社会建设下来认识，当有人把民族权利与公民权利对立起来并主张以后者取代前者时，我们的一些民族理论研究者就失去了批判的能力。我们忽视把中国民族问题放到世界民族问题之中来认识，不注意把我国包括民族区域自治制度在内的民族政策放到当今世界各国的民族政策中来比较，而是闭着眼睛说国情，但当有人以国外经验教训来警示我们的时候，我们的国情论者却是要么沉默不语，要么一概拒听。这叫作什么？不知世情者，不足以论国情！

（朱　伦）

参考文献

Abrahamian, Ervand, *A History of Modern Iran*, Cambridge, U. K. ; New York: Cambridge University Press, 2008.

Abrahamian, Ervand, *Iran Between Two Revolutions*, Princeton, New Jersey: Princeton University Press, 1982.

Ackerman, Bruce & Alstott, Anne, *The Stakeholding Society*, New Haven: Yale University Press, 1999.

Ades, Harry, *A Traveller's History of Egypt*, Arris Publishing Ltd. , 2007.

Allen, D. , *The Common Foreign and Security Policy for The European Union*, New York: Addison-Westley, 2000.

Allen, William; David, Edward&Muratoff, Paul, *Caucasian Battlefields: A History of the Wars on the Turco-Caucasian Border, 1828 – 1921*, Cambridge: Cambridge University Press, 1953.

Alter, Peter, *Nationaism*, London: Edward Arnold, 1989.

Ambrosio, T. , *Irrdentism, Ethnic Conflict and International Politics*, Westport: Praeger Publishers, 2001.

Anderson, Benedict, *Imagined Communities*, London: Verso, 1983.

Anderson, J. , *German Unification and The Union of Europe: Domestic Politics of Integration Policy*, Oxford: Oxford University Press, 1999.

Anthone, L. Alenh and James, E. Kort, *Richer and Poorer: The Structure of Inequality in Canada*, Toronto: James Lorimer Company Press, 1998.

Anthony D. Smith, *Chosen Peoples: Sacred Sources of National Identity*, Oxford University Press, 2003.

Arnull, A. , *The European Union and its Court of Justice*, Oxford: Oxford University Press, 2006.

Arts, W., Hagenaars, J. & Loek Halman, eds., *The Cultural Diversity of European Unity*, Leiden: Brill, 2003.

Au, K. H., *Literacy Instruction in Multicultural Settings*, New York: HarcourtBrace, 1993.

Axelrod, Robert, *The Evolution of Cooperation*, New York: Basic Books, 1984.

Ayers, W., To Teach: The Journey of a teacher, New York: Teachers College Press, 2001.

Aziz, Mahir, *The Kurds of Iraq: Ethnonationalism and National Identity in Iraqi Kurdistan*, London: Tauris Academic Studies, 2010.

Azurmendi, Joxe, *Historia, Arraza, Nazioa. Renan eta Nazionalismoaren Inguruko Topiko Batzuk*, Donostia: Elkar, 2014.

Bade, Klaus J., *EuropainBewegung: Migrationvomspaeten 18 Jahrhundertbis zur Gegenwa*, Muenchen: Verlage, 2002.

Balibar, E. & Wallerstein, I., *Race, Nation, Class: Ambiguous Identities*, London: Verso, 1991.

Banks, Marcus, *Ethnicity: Anthropological Constructions*, London: Routlege, 1996.

Banks, J. A. & McGee Banks, C. A. Eds., *Multicultural education: Issues andperspectives* (7th éd.), Hoboken, NJ: Wiley, 2010.

Banuazizi, Ali & Weiner, Myron, *The State, Religion, and Ethnic Politics: Afghanistan, Iran, and Pakistan*, Syracuse, N. Y.: Syracuse University Press, 1986.

Baranovsky, V., *Russia and Europe*, Oxford: Oxford University Press, 1997.

Barraclough, G., *European Unity in Thought and Action*, Oxford: Basil Blackwell, 1996.

Bath, B. H. S. van, *The Agrarian History of Western Europe, 500–1850 A. D.* London: Arnold, 1963.

Bauböck, Rainer, and Thomas Faist, *Diaspora and Transnationalism: Concepts, Theories and Methods*, Amsterdam: Amsterdam UP, 2010.

Bauman, Zigmund, *Modernity and the Holocaust*, Cambridge: Polity

Press, 1991.

Bendix, Reinhard, *Nation-building & Citizenship: Studies of Our Changing Social Order*, Reinhard Bendix, with a new introduction andbibliographic addendum by John Bendix, New Brunswick, NJ: Transaction, 1996.

Berlin, I. , "Nationalism: Past Neglect and Present Power", *Against the Current*, New York: Penguin, 1979.

Bhagwati, Jagdish, Chuman, K. & Aidan Joly, *We are Here Because You are There*, Manchester: Visual Migrant production, 2001.

Billig, M. , *Banal Nationalism*, Thousand Oaks-London-New Delhi: Sage Publications, 1995.

Biscop, S. , *The European Security Strategy: A Global Agenda for Positive Power*, Aldershot: Ashgate, 2005.

Blanning, T. C. W. , *The Culture of Power and the Power of Culture: Old Regime Europe 1660 – 1789*, Oxford University Press, 2003.

Bloch, Raymond, *The Origins of Rome*, New York, 1960.

Bonilla-Silva, E. , *Racism without Racists: Color-blind Racism and the Persistence Ofracial Inequality in the United States*, Lanham, MD: Rowman & Littlefield, 2003.

Breuilly, John, *Nationalism and the State* (2nd ed.) , Chicago: University of Chicago Press, 1994.

Briksen, Thomas H. , *Ethnicity and Nationalism*, London: Pluto Press, 1993.

Brittan, L. , *A Diet for Brussels: the Changing Face of Europe* (London: Little, Brown and Company, 2000.

Brubaker, Rogers, *Nationalism Reframed: Nationhood and the National Question in the New Europe*, Cambridge: Cambridge University Press, 1996.

Brubaker, Rogers, *Citizenship and Nationhood in France and Germany*, Harvard University Press, 1992.

Bruinessen, Martin, *Kurdish Ethno-Nationalism Versus Nation-Building States: Collected Articles*. Istanbul: Isis Press, 2000.

Buchanan, Allen, *Justice, Legitimacy, and Self Determination: Moral Foundations for International Law*, Oxford: Oxford University Press, 2004.

Burgess, Michael, *Federalism and European Union: the Building of Europe, 1950 - 2000*, New York: Routledge, 2000.

Burn, A. R., *Persia and the Greeks*, New York, 1962.

Burn, E. M. & Ralph, Phílip Lee, *World Civilizations: There History and Their Culture*, Vol. I, New York: W. W. Norton & Company Inc. , 1975.

Buzan, Ole Waever, Kelstrup, Morten, Barry & Lemaitre, Pierre, *Identity, Migration and the New Security Agenda in Europe*, New York: St. Martin Press, 1999.

Canovan, Margaret, *Nationhood and Political Theory*, Cheltenham, UK: Edward Elgar, 1996.

Carol, Harlow, *Accountability in European Union*, Oxford: Oxford University Press, 2002.

Carment, Acid; James, Patric & Taydas, Zeynep, *Who Intercenes? Ethnic Conflict and Interstate Crisis*, Columbus: The Ohio State University Press, 2006.

Carment, David & James, Patrick, *Wars in the Midst of Peace - the International Politics of Ethnic Conflict*, University of Pittsburgh Press, 2003.

Castle, Stephen, *Ethnicity and Globalization*, London: Sage, 2000.

Caygill, Howard, *Walter Benjamin: The Colour of Experience*, London: Routledge, 1998.

Cederman, Lars-Erik, *Emergent Actors in World Politics: How Statesand Nations Develop and Dissolve*, Princeton, NJ: Princeton University Press, 1997.

Chambers, M. , *Greek and Roman History*, Washington, 1965.

Chelkowski, Peter J. & Pranger, Robert J. , *Ideology and Power in the Middle East: Studies in Honor of George Lenczowski*, Durham: Duke University Press, 1988.

Christiano, T. , *The Rule of the Many: Fundamental Issues in Democratic Theory*, Boulder, Colo. : Westview, 1996.

Chubin, Shahram & Zabih, Sepehr, *The Foreign Relations of Iran: A Developing State in a Zone of Great-Power Conflict*, Berkeley: University of California Press, 1974.

Church, Clive H., *European Integration Theory in 1990s*, University of North London, 1996.

Cipolla, C. M., *Before the Industrial Revolution, European Society and Economy, 1000 - 1700*, New York, 1976.

Clark, W. K., *Waging Modern War*, New York: Public Affairs, 2001.

Clegg, N. & Hulten, van, *Reforming the European Parliament*, London: Foreign Policy Ceter, 2003.

Clots-Figueras, I., Masella P., *Education, Language and Identity*, Mimeo, 2010.

Cohen, Abner, *Custom and Politics in urban Africa*, Berkeley: Berleley University Press, 1969.

Cohen, Edward E., *The Athenian Nation*, Princeton: Princeton University, 2000.

Cohen, Steve, *No One Is Illegal: Asylum and Immigration Control, Past and Present*, Stoke on Trent: Trentham Books, 2003.

Coleman, James S., *Foundations of Social Theory*, Cambridge, MA: The Belknap Press of Harvard University Press, 1990.

Colley, Linda, *British Forging the Nation 1707 - 1837*, New Haven and London: Yale University Press, 1992.

Connor, Walker, Ethnonationalism: The Quest for Understanding. Princeton, New Jersey: Princeton University Press, 1994.

Coppieters, Bruno & Sakwa, Richard, eds., *Contextualizing Secession, Normative Studies in a Comparative Perspectives*, Oxford: Oxford University Press, 2003.

Cormick, G., Dale, N., Emond, P., Sigurdson, S. Glen & Stuart, Darry, *Building Consensus for a Sustainable Future: Putting Principles into Practice*, Ottawa: National Round Table on the Environment and the Economy, 1996.

Craig, P. & Bùrca, G., *EU Law, Text, Cases and Materials* (Oxford University Press, 2003.

Crane, Keith, Lal, Rollie & Martini, Jeffrey, *Iran's Political, Demographic, and Economic Vulnerabilities.* Santa Monica: RAND Corporation, 2008.

Crawford, J. , *The Creation of State in International Law*, Oxford: Clarendon Press, 2006.

Davies, N. , *Europe: A History*, London: Pimlico, 1996.

Davis, Ben, *Let's Go* 2003: *Turkey*, Macmillan, 2002.

Debruycker, Philip, ed. , *Regularisations of Illegal Immigrants in European Union*, Brussels: Bruylant, 2000.

Delanty, Gerard; Kumar, Krishan, eds. The Sage Handbook of Nations and Nationalism, London: Sage Publications, 2006.

Deutsch, Karl. , *Nationalism and Sociall Communication*, Cambridge, 1953 & 1956.

Deutsch, Karl, *Political Community at the International Level*, New York: Basic Books, 1954.

Douglas-Scott, S. , *Constitutional Law of European Union*, Harlow: Longman, 2002.

Dugrad, J. , ed. , *Secession and International Law*, *Conflict Avoidance-Regional Appraisals*, The Hague: T. M. C. Assert Press, 2003.

Dumbrell, Jone, *A Special Relationship: Anglo American Relations in the Cold War and After*, Macmillian, 2001.

Duvell, Franck, *Illgal Immigration in Europe Beyond Control*, New York: Macmillan, 2006.

Edgecomb, D , *A Fire in My Heart: Kurdish Tales*, Westport: Libraries Unlimited, 2007.

Ehrenberg, V. , *The Greek State*, New York: The Norton Library, 1964.

Eisenstadt, S. N. ed. , *The Decline of Empire*, Englewood Cliffs, N. J. : Prentice-Hall, 1967.

Elling, Rasmus Christian, *Minorities in Iran: Nationalism and Ethnicity after Khomeini.* New York: Palgrave Macmillan, 2013.

Entessar, Nader, *Kurdish Politics in the Middle East*, Lanham: Lexington Books, 2010.

Epstein, Joshua M. , and Robert Axtell, *Growing Artificial Societies*, Cambridge, MA: MIT Press, 1996.

Eriksen, Thomas Hylland, *Ethnicity and Nationalism Anthropological Perspectives*, London: Pluto Press, 1993.

Falkner, G., *EU Social Policy in 1990s: Towards a Corparatist Policy Community*, London: Rouledege, 1998.

Feagin, J. R., *Systemic Racism: A Theory of Oppression*, New York: Routledge, 2006.

Featherstone, Kevin & Radaelli, Claudio M. eds., *The Politics of Europeanization*, Oxford: Oxford University Press, 2003.

Fischer, Andreas F. & Straubhaar, Thomas, *Okonomische Intergration und Migration in Einem Gemeinsamen Markt*, Stuttgart: Paul haupt, 1994.

Fischer, J., *Oriens-Occidens-Europa: Begriff und Gedanke "Europa" in der späten Antike und frühen*, Mittelalter: Wiesbaden: Steiner, 1957.

Fleming, W., *Arts and Ideas*, New York, 1968.

Font, Joan, *Nogué iNacionalismo y Territorio*, Editorial Milenio, 1998.

Forsyth, A. & Furlong, A., *Socioeconomic Disadvantage and Access to Higher education*, Bristol: Policy Press, 2000.

Fuller, Lon L., *The Morality of Law*, Yale University Press, 1969.

Gat, Azar, *Nations: The Long History and Deep Roots of Political Ethnicity and Nationalism*, Cambridge: Cambridge University Press, 2013.

Geller, Armando., Seyed M. M. Rizi, and Maciej M. Latek, How Corruption Blunts Counternarcotic Policies in Afghanistan: AMultiagent Investigation, In *Social Computing*, 2011.

Gellner, Ernest, *Nations and Nationalism*, Oxford: Blackwell, 1990.

Gellner, Ernest, *Reason and Culture*, Oxford: Blackwell, 1992.

Gellner, Ernest, *Encounters with Nationalism*, Oxford: Blackwell, 1994.

Gellner, Ernest, *Conditions of Liberty*, London: Hamish Hamilton, 1994.

Geremek, Bronislaw, *The Common Roots Of Europe*, Polity Press, 1996.

Gewirtz, S., Ball, S. J., & Bowe, R., *Markets, choice and equity in education*, Buckingham: Open University Press, 1995.

Ghanea, Nazila, and Xanthaki, Alexandra, eds., *Minorities, Peoples and*

Self-Determination, Martinus Nijhoff/Brill Publishers, 2005.

Giddens, Anthony, *The third way: the renewal of social democracy*, Polity Press, 1998.

Ginsberg, R. H., *Foreign Policy Actions of European Community: the Politics of Scale*, London and Boulder, CO: Lynne Rienner, 1989.

Glazer, N. & Moynihan, Daniel P., *Beyond the Melting Pot: The Negros, Puerto Ricans, Jews, Italians and Irish of New York City*, Cambridge, MA: MIT Press, 1963.

Gonnella, Julia, *The Citadel of Aleppo: Description, History, Site Plan and Visitor Tour (Guidebook)*, Aga Khan Trust for Culture and the Syrian Directorate-General of Antiquities and Museums, 2008.

Gooch, G. P., *History and Historians in the Nineteenth Century*, London: Longman, 1952edn.

Gorard, S., Taylor, C. & Fitz, J., *Schools, markets and choice policies*, London: Routledge-Falmer. Gottlieb, Gidon (1993), *Nation Against State: A New Approach to Ethnic Conflicts and the Decline of Sovereignty*, New York: Council on Foreign Relations, 2003.

Gottlieb, Gidon, *Nation against State*, New York: Council on Foreign Relations Press, 1993.

Goulbourne, Harry, *Race and Ethnicity: Critical Concepts in Sociology*, London and New York: Routledge, 2001.

Grayling, A. C., *The Meaning of Things: Applying Philosophy to Life*, London: Weidenfeld & Nicolson, 2001.

Greenfeld, Liah, *Nationalism: Five Roads to Modernity*, Cambridge, Mass: Harvard University Press, 1992.

Griffin, Roger, *Fascism*, Oxford University Press, 1995.

Greenwood, H. Commpston, *Social Partnership in European Union*, New York: Palgrave Daunt, 2001.

Grosser, A., *The Western Alliance: European-American relations since 1945*, London: Macmillan, 1980.

Gross, Feliks, *The Civil and the Tribal State: the State, Ethnicity and the*

Multiethnic State, Greenwood Press, 1998.

Groot, G. R. de, *Towards a European Nationality Law*, Maastricht: University of Maastricht, 2003.

Gunter, Michael M., *The Kurds and the Future of Turkey*, Palgrave Macmillan, 1997.

Gurr, T. & Harff, Barbara, *Ethnic Conflict in World Politics*, Boulder Col.: Westview Press, 1994.

Habeeb, William Mark, Frankel, Rafael D. and Al-Oraibi, Mina, *The Middle East in Turmoil: Conflict, Revolution, and Change*, Santa Barbara: Greenwood Publishing Group, 2012.

Habermas, Jurgen, *Between Facts and Norms* (Cambridge: Polity, 1997).

Hachette, Nairn, Tom, *The Break-Up of Britain*, London: NLB, 1977.

Hall, Rodney Bruce, *National Collective Identity: Social Constructs and International Systems*, New York: Columbia University Press, 1999.

Halman, Leok, The European Value Study: A Third Wave, Source Book of the 1999/2000, *European Values Study Surveys*, Tilburg: Tilburg University, 2001.

Hannum, H., *Autonomy, Sovereignty, and Self-determination*, University of Pennsylvania Press, 1996.

Hardin, R., *One for All, The Logic of Group Conflict*, Princeton, NJ: Princeton University Press, 1985.

Harris, Nige, *Thinking the Unthinkable: the Immigration Myth Exposed*, London: I. L. Tauris, 2002.

Hartley, R., *Constitutional Problems in the European Union*, Hart Publishing, 2000.

Hass, Ernst, *The Uniting of Europe: Political, Social, and Economic Forces, 1950-1957*, Stanford: Stanford University Press, 1958.

Hass, Ernst B., *Nationalism, Liberalism, and Progress* (Vol. 1): *The Rise and Decline of Nationalism*, Cornell University Press, 1997.

Hastings, Adrian, *The Construction of Nationhood: Ethnicity, Religion and Nationalism*, Cambridge: Cambridge University Press, 1997.

Haywood, R. M., *The Myth of Rome's Fall*, Apollo, 1962.

Herbst, Jeffrey, *States and Power in Africa: Comparative Lessons inAuthority and Control*, Princeton, NJ: Princeton University Press, 2000.

Heywood, Andrew, *Political Theory: An Introduction (2nd ed.)*, London: Macmillan Press, 1999.

Heywood, Andrew, *Key Concepts in Politics*, London: Macmillan Press, 2000.

Hill, C. ed., *The Actors in Europe's Foreign Policy*, London: Routledge, 1996.

Hill, C. & Smith, M. eds., *The International Relations and the European Union*, Oxford and New York: Oxford University Press, 2005.

Hirschman, Albert O., *Exit, Voice and Loyalty: Responses to Decline in Firms, Organizations, and States*, Cambridge, Mass: Harvard University Press, 1970.

Hix, S., *The Political System of the European Union*, Bashingstoke: Macmillan, 1999.

Hix, Simon, *The Political System of European Union*, London: Palgrave, 2000.

Hobsbawn, Eric & Ranger, T. eds., *The Invention of Tradition*, Cambridge: Cambridge University Press, 1983.

Hobsbawn, Eric, *Nations and Nationalism Since 1780*, Cambridge; Cambridge University Press, 1990.

Hocking, B. & Spence, D. eds., *Foreign Ministries: in the European Union*, Basingstoke and New York: Palgrave, 2002.

Hoerder, Dirk, *Culture in Contact: World Migrations in the Second Millennium*, Burham and London: Duke University Press, 2002.

Hoffmann, Stanley, ed., *Conditions of World Orde*, New York, 1960.

Howard, Roger. *Iran in Crisis?: The Future of the Revolutionary Regime and the US Response*, London; New York: Zed Books, 2004.

Howard, Michael, *Empires, Nations and Wars*, The History Press Ltd Press, 2007.

Hutchinson, S. John & Smith, Anthony D. eds., *Ethnicity*, Oxford and New York: Oxford University Press, 1996.

Ignatieff, Michael, *Blood and Belonging*, London: BBC Books and Chatto and Windus, 1993.

Izady, Mehrdad, *The Kurds: A Concise Handbook*. Washington: Crane Russak, 1992.

Jahn, E. , Lemaitre P. &. O. Waever, *European Security: Problems of Research on non-military Aspects*, Copenhagen: Centre for Pease and Conflict Research, 1987.

James, Paul, *Globalism, Nationalism, Tribalism: Bringing Theory Back*, London: Sage Publications, 2006.

James, Paul, *Nation Formation: Towards a Theory of Abstract Community*, London: Sage Publications, 1996.

Jones, A. H. M. , *The Decline of Ancient World*, London: Longman, 1966.

Jones, Lindsay, Encyclopedia of religion, Macmillan Reference USA, 2005.

Jordan, Bill, & Düvell, Frank, *Migration: the Boundaries of Equality and Justice*, Cambridge: Polity, 2003.

Juwaideh, W. , *The Kurdish national movement: its origins and development*, Syracuse University Press, 2006.

Jusdanis, Gregory. The Necessary Nation, Princeton: Princeton University Press, 2001.

Kalyvas, Stathis N. , *The Logic of Violence in Civil War*, New York: Cambridge University Press, 2006.

Katzenstein, Peter J. ed. , *The Culture of National Security: Norms and Identity in World Politics*, New York: Cornell University Press, 1996.

Karolides, Nicholas J. , *Literature Suppressed on Political Grounds* (Rev. ed. ed.). New York: Infobase Pub, 2006.

Kasab, Reşat, *The Cambridge History of Turke*, Cambridge University Press, 2008.

Katzman, Kenneth, *Iraq: Post-Saddam Governance and Security*. New York: Nova Science Publishers, 2009.

Keohane, R. & Hoffmaned, S. , *The New European Community Decision-making and Institution on Change*, Westview Press, 1991.

Klause Bade, & Ledgal, J. , *Illegal Immigration in Europe: Experience and Challenges*, *Ortelius-lezing*, Antwerp: Antwerp University, 2003.

Knox, Robert, *The Race of Men: A Fragment*, Miami: Mnemosyne, 1969.

Kohn, Hans, *Nationalism: its Meaning and History*, New York: Van Nostrand Reinhold Company, 1965.

Kohn, Hans, *The Ideal of Nationalism: A Study of Its Origins and Background*, Macmillan, 1944.

Kreyenbroek, Philip G. , "Kurdish Written Literature", *Encyclopœdia Iranica*. New York: Columbia University, July 20, 2005.

Kreyenbroek, Philip G. , Sperl, Stefan, *The Kurds: A Contemporary Overview*, London, New York: Routledge, 1992.

Kymlicka, W. , *Contemporary Political Philosophy: an Introduction*, Second Edition, Oxford: Clarendon Press, 2002.

Kymlicka, W. , ed. , *The Rights of Minority Cultures*, Oxford: Oxford University Press, 1995.

Kymlicka, Will, *Multicultural Citizenship: A Liberal Theory of Minority Right*, New York: Oxford University Press, 2001.

Laqueur, Walter, Fascism: Past, Present, Future, Oxford University Press, 1997.

Leoussi, Athena S. , Miller, David, On Nationality, Oxford: Oxford University Press, 1995.

Lee, C. D. , Culture, Literacy, and Learning: Taking Bloom in the Midst of thewhirlwind, New York: Teachers College Press, 2007.

Lenaerts, K. & Nuffel, P. Van, *Europees Recht in Hoofdlijnen*, Maklu Antwerpen/apeldoorn, 2003.

Leonard, Krieger, *Kings and Philosophers 1689 – 1789*, London, 1971.

Lerche, Charles, & Said, Abdul, *Concepts of International Politics*, Prentice-Hall, 1970.

Levinson, David, *Ethnic Groups Worldwide: A Ready Reference Handbook*, Phoenix Arizona: The Oryx Press, 1998.

Levenson, J. R. , ed. , *Eyropean Expansion and the Counter-Example of A-*

sia, *1300 – 1600*, Englewood Ciffs, N. J.: Prentice-Hall, 1967.

Lévy, Jean-Philippe, *The Economic Life of the Ancient World*, Chicago: Chicago University, 1965.

Lewellen, Ted C., *Political Anthropology: An Introduction*, Westport, CT.: Bergin & Garvey, 1992.

Lindberg, Leon, *The* Political *Dynamics of European Economic Integration*, Stanford: Stanford University 1963.

Lundestad, Geir, *East, West, North, South — Major Developments in International Politics since* 1945, New York: Oxford University Press, 1999.

MacCormick, Neil, *The Scottish Debate: Essays on Scottish Nationalism*, London: OUP, 1970.

MacCormick, Neil, *Legal Right and Social Democracy*, Oxford: Clarendon Press, 1982.

MacCormick, N. with O. Weinberger (1986), *An Institutional Theory of Law*, Dordrecht: D. Reidel.

MacCormick, Neil, *Questioning Sovereignty: Law, State and Nation in the European Commonwealth*, Oxford University Press, 1999.

Malesevic, Sinisa, Nation-States and Nationalisms: Organization, Ideology and Solidarity. Cambridge [England]: Polity, 2013.

Malesevic, Sinisa, Identity As Ideology: Understanding Ethnicity and Nationalism, Basingstoke [England]: Palgrave Macmillan, 2006.

Manning, Patrick, *The African Diaspora: A History through Culture*, Columbia studies in international and global history. Columbia University Press, 2013.

Marchi, Scott, *Computational and Mathematical Modeling in theSocial Sciences*, New York: Cambridge University Press, 2005.

Massey, Douglas S., Arango, J., Hugo, G., Kouaouci, A., Pellegrino, A. & J. Taylor Edward, *Worlds in Motion: Understanding International Migration at the End of the Millennium*, Oxford: Cllarendon Press, 1998.

McClitock, Anne *Imperial Leather: Race, Gender, and Sexuality in Colonial Contest*, London: Routledge, 1995.

McKim, R. & McMahan, J., eds., *The Morality of Nationalism* (Oxford: Oxford University Press, 1997.

McNeill, W. H., *The Rise of the West*, Chicago: Chicago University, 1963.

Meyer, H. C., *Mitteleuropa in German Thought and Action, 1815 – 1945*, The Hague, 1955.

Miles T. Parker, and StephenMcCarroll, Understanding Anasazi Culture Changethrough, 2006.

Agent-based Modeling, In *Generative Social Science: Studies in Agent-based Computational Modeling*, edited by Joshua M. Epstein. Princeton, NJ: Princeton University Press.

Miller, D., *On Nationality*, Oxford: Oxford University Press, 1995.

Mikkeli, Heikki, *European Idea and an Identity*, London: Macmillan Press Ltd, 1998.

Miller, David, *On Nationality*, Oxford: Charendon Press, 1995.

Miscevic, N., ed., *Nationalism and Ethnic Conflict. Philosophical Perspectives*, La Salle and Chicago: Open Court, 2000.

Miscevic, Nenad. "Nationalism", *Stanford Encyclopedia of Philosophy*. Stanford University, 1 June 2010.

Miskimin, H. I., *The Economy of Early Renaissance Europe, 1300 – 1460*, Englewood Ciffs, N. J.: Prentice-Hall, 1969.

Mitrany, David, *The Functional Theory of Politics*, London: London School and Political Science, 1975.

Moore, M., ed., *National Self-Determination and Secession*, Oxford: Oxford University Press, 1998.

Moravcsik, Andrew, *The Choice for Europe: Social Purpose and State Power from Messina to Maastricht*, Ithaca: Cornell University Press, 1998.

Morgenthau, H. J., ed., *Politics among Nations: the Struggle for Power and Peace*, New York, Knopf, 1978.

Mosse, Geoge L., *Towards the Final Solution*, London: Dent, 1978.

Motyl, Alexander ed., *Encyclopedia of Nationalism*, Vol. I, New York: Academic Press, 2000.

Motyl, Alexander, ed., Encyclopedia of Nationalism, San Diego: Academic Press, 2001.

Mougenthau, Hans, *Politics Among Nations: Struggle for Power and Peace*, New York: Alfred Knopf, 1985.

Nell MacCormick, *Legal Right and Social Democracy*, Oxford: Clarendon Press, 1982.

Newman, Gerald, *The Rise of English Nationalism: A Cultural History, 1740 – 1830*, Palgrave Macmillan, 1997.

Noiriel, Gérard, *Population, immigration et identité national en France: XIX – XX Siècle*, 1992.

Norman, P., *The Accidental Constitution: The Story of the European Convention*, Brussels, 2003.

Nugent, Neill. *The Government and Politics ofthe European Union*, Palgrave, 2003.

Nuttall, Simon J., *European Foreign Policy*, Oxford: Oxford University Press, 2000.

Oberschall, Anthony, *Conflict and Peace Building Integration*, London: Unwin Hyman, 2007.

Özkirimli, Umut, Theories of Nationalism: A Critical Introduction (2nd ed.), New York: Palgrave Macmillan, 2010.

Pavkovic, Aleksander & Rander, Peter, *Creating New States: Theory and Practice of Secession*, Ashgate Poblishing Limited, 2007.

Pavkovic, Aleksander & Rander, Peter, eds., *The Way to Statehood, Secession and Globalization*, Hampshire: Ashgate Press, 2008.

Paterson, L. et al., *New Scotland, New Politics?* Edinburgh: Polygon, 2001.

Peterson J. & Sjursen, H., eds., *A Common Foreign Policy for Europe*, London: Routledge, 1998.

Peterson, John, & Shackleton, Michael, *The Institutions of European Union*, Oxford: Oxford University, 2006.

Petersen, William, *Ethnicity Counts*, New Brunswick and New Jersey:

Transaction Publishers, 1996.

Phlipps, E. D., *The Royal Hordes: Nomad Peoples of the Steppes*, London: Thames & Hudson, 1965.

Pinder, J., *The Building of European Union*, Oxford University Press, 1998.

Piperno, Flavia, *From Albania to Italy: Formation and Basic Features of a Binational Migration System*, Roma, 2002.

Pi-Sunyer, Oriol, ed., *The Limits of Integration: Ethnicity and Nationalism in Modern Europe*, The University of Massachussetts Department of Anthropology, 1971.

Posen, Barry R., The Security Dilemma and Ethnic Conflict. In *Ethnic Conflict and International Security*, edited by Michael E. Brown, Princeton, NJ: Princeton University Press, 1993.

Prosser, Tony, *The Limits of Competition Law-Market and Public Service*, Oxford University Press, 2005.

Radu, Michael, *Dangerous Neighborhood: Contemporary Issues in Turkey's Foreign Relations*. New Brunswick, N. J: Transaction Publishers, 2003.

Rees, W. R. *The Western European Union at the Crossroad*, Oxford and Boulder, CO: Westview Press, 1998.

Reding, V., & Solbes, Pedro Mira, *Key Data on Education In Europe*, Luxemburg: Office for Official Publications of the European Communities, 2000.

Reich, Norbert, with Goddard, C. & Ksenija Vasiljeva, *Understanding EU Law, Principles and Methods of Community Law*, Anterwerp: Intersentia, 2003.

Ricks, Thomas, *The Gamble: General David Petraeus and the American Military Adventure in Iraq, 2006–2008*, New York: Penguin, 2009.

Roehner, Bertelsen M., *Separarism and Integration, A Study in Analytical History*, Langman, Maryland: Rowman & Littlefield, 2002.

Rose, Arnold, *Migrants in Europe*, University of Minnesota, 1969.

Rosen, M. & Wolff, J., eds., *Political Thought*, Oxford: Oxford University Press, 1999.

Rose, R. , Understanding the United Kingdom, The Territorial Dimension in Government, London: Longman, 1982.

Roshwald, Aviel, *The Endurance of Nationalism: Ancient Roots and Modern Dilemmas* , Cambridge: Cambridge University Press, 2006.

Reynolds, Susan, *Kingdoms and Communities in Western Europe 900 – 1300*, Oxford, 1997.

Rostovtzev, M. I. , *Social and Ecnomic History of the Rome Empire*, New York, 1957.

Russett, Bruce M. *International Regions and the International System: A Study in Political Ecology*, Chicago: Rand & Mcnally & Copany, 1967.

Rustow, Dankwart, *"Nation" in the International Encyclopedia of the Social Sciences*, New York: Crpwell, Collerand Macmillan, 1968.

Sandholtz, Wayne & Sweet, Alec Stone, eds. , *European Integration and Supranational Governance*, Oxford University Press, 1998.

Scholes, Percy A. , *The Oxford Companion to Music (tenth Edition)*. Oxford University Press, 1970.

Scott, Peter, The Smith, M. eds. , *The International Relations and the European Union Globalization of Higher Education*, The Society for Research into Higher Education & Open University Press, 1998.

Scullard, H. H. , *The Etruscan Cities and Rome*, Ithaca, 1967.

Seton-Watson, Hugh, *Nation and State: An Enquiry the Origins of Nation and the Politics of Nationalism*, Boulder (Colo.): Westview Press, 1977.

Shapiro, I. & Kymlicka, W. eds. , *Ethnicity and Group Rights*, Nomos XXXIX, New York: New York University Press, 1997.

Shore, Cris, *Building Europe: The Cultural Politics of European Integration*, London: Routledge, 2000.

Sjuren, H. eds. , *A Common Foreign Policy for Europe*, London: Routledg, 1998.

Smith, A. , *National Identity*, London: Penguin, 1991.

Smith, A. , *Nations and Nationalismin a Global Era*, Cambridge:

Polity, 1995.

Smith, M. P. , & Feagin, J. , eds. , *The Bubbling Cauldron: Race, Ethnicity and the Urban Crisis*, Minneapolis: University of Minnesota, 1995.

Smith, K. E. , *European Foreign Policy in a Changing World*, Oxford and Malden, MA: Polity, 2003.

Snyder, Louis L. , Encyclopedia of Nationalism, New York: Paragon House, 1990.

Southern, R. W. , *The Making of Middle Age*, London: Hutchinson, 1953.

Spira, Thomas, ed. , *Nationalism and Ethnicity Terminologies: An Encyclopedic Dictionary and Research Guide*, Gulf Breeze, FL: Academic International Press, 1999.

Spradlin, L. K. , & Parsons, R. D. , *Diversity Matters: Understanding Diversity in Sschools*, Belmont, CA: Thomson Wadsworth, 2008.

Stalker, Peter, *Workers without Frontiers: the Impact of Globalization on International Migration* , London, Geneva: Lynne Rienner, ILO, 2000.

Steiner, H. , *An Essay on Rights*, Oxford: Blackwell, 1994.

Stringer P. & Robinson, G. , eds. , *Social Attitudes in Northern Ireland*, Belfast: Blackstaff, 1991.

Stoler, Ann Laurer, *Race and the Education of Desire: Foucault's History of Sexuality and Colonial Order of Things*, Durham, NC, and London: Duke University Press, 1995.

Sullivan, M. & Gunther, Gerald, *Constitutional Law*, New York: Foundation Press, 2001.

Symonolewicz, Konstantin Symons, *Nationalism-Movements*, Maplewood Press, 1970.

Tajfel, H. , *Human Groups and Social Categories*, Cambridge: Cambridge University Press, 1981.

Taylor, Charles, *Multiculturalism and The Politics of Recongnization*, Princeton: Princeton University Press, 1992.

Tamir, Y. , *Liberal Nationalism*, Princeton, NJ: Princeton University Press, 1993.

Theil, H. , *Statistical Decomposition Analysis*, Amsterdam: North Holland, 1972.

Thompson, E. P. , *Beyond the Cold War*, London: Merlin Press/ European Nuclear Disarmament, 1982.

Thompson, J. B. , *The Media and Modernity: Social Theory of Media*, Cambridge: Polity Press, 1995.

Tilly, Charles, *The Formation of Nation States in Western Europe*, Princeton, Princeton University Press, 1975.

Tipton, Beryl, *Conflict and Change*, London: Hutchinson, 1973.

Tishkov, Valery, *Ethnicity, Nationalism and Conflict in and after the Soviet Union: The Mind Aflame*, SAGE Publications Ltd. in association with United Nations Research Institute of Social Development, 1997.

Tivey, Leonard, *The Nation Stat*, New York: St Martin's Press, 1992.

Tivey, Leonard, ed. , *The Nation-State: The Formation of Modern Politic*, Oxford: Martin Robertson, 1981.

Todorov, Tzvetan, *On Human Diversity: Nationalism, Racism and Exoticism in French Thought* , Cambridge, MA: Harvard University Press, 1993.

Torsvik, P. ed. , *Mobilization, Center-Periphery Structures and Nation-Building: A Volume in Commemoration of Stein Rokkan*, Bergen: Universitetsforlager, 1981.

Toynbee, A. J. , *A Study of History*, Oxford University Press, 1961.

Turner, R. , *The Great Cultural Tradition*, New York: McGraw-Hill, 1941.

Twining, W. , ed. , *Issues of Self-Determination*, Aberdeen: Aberdeen University Press, 1991.

Urwin, D. W. , *The Community of Europe: a History of European Integration since* 1945, London: Longman, 1991.

Verhoeven, Amaryllis, *The European Union in Search of a Democratic and-Constitutional Theory*, TheHague: Kluwer Law International, 2002.

Viotti, Paul R. & Kaupi, Mark V. , *International Relations Theory: Realism, Pluralism and Globalism*, Boston: Allyn and Bacon, 1999.

Votruba, Martin, *Slovak Studies Program*, University of Pittsburgh, 2010.

Waever, O., Buzan, B., Kelstrup, M. & Pierre Lemaitre, *Identity, Migration and the New Security Agenda in Europe*, New York: St. Martin Press, 1999.

Wallace, W., *The Transformation of Western Europe*, London: The Royal Institute of International Affairs/Printer Publishers, 1990.

Wandycz, Piotr, *The Price of Freedom: A History of East Central Europe from the Middle Ages to the Present*, London, Routledge, 1992.

Warleigh, Alex, *Understanding European Union*, London and New York: Routledge, 2002.

Weindling, Paul, *Health, Race and German Politics Between national Unification and Nazism, 1870 – 1945*, Cambridge: Cambridge University Press, 1989.

Weidenfield, Werner, & Wessels, Wolfgang, *Europe from A to Z: Guide to European Integration*, European Documentation, European Commission, 1997.

Wellman, Christopher, *A Theory of Secession: The Case for Political Self-Determination*, Cambridge: Cambridge University Press, 2005.

White, Lynn T., *Medieval Technology and Social Change*, New York: Oxford University Press, 1962.

White, Lynn T., ed., *Transformation of the Roman World*, Berkeley, 1966.

Wilkinson, Steven, *Votes and Violence*, Cambridge, UK: Cambridge University Press, 2004.

Wilson, Kevin, & Dussen, Jan van der, *The History of the Idea of Europe*, London and New York: Routledge, 1999.

Wintle, Micheal, *Culture and Identity in Europe*, Oxford University Press, 1996.

Wyatt, D. & Dashwood, A., *European Law*, London: Sweet and Maxwell, 2000.

Tajfel, H. Human, *Groups and Social Categories*, Cambridge: Cambridge University Press, 1981.

Yodfat, Aryeh, *The Soviet Union and Revolutionary Iran*, New York: St. Martin's Press, 1984.

二 英文论文

Alesina A, La Ferrara E., "Ethnic Diversity and Economic Performance", *Journal of Economic Literature* 43 (3) 2005.

Allen, R., & Vignoles, A., "What should an index of school segregation measure?" *Oxford Review of Education*, (33) 2007.

Aspachs-Bracons O, Clots-Figueras I, Masella P, "Compulsory Language Educational Policiesand Identity Formation," *Journal of the European Economic Association*, 6 (2−3) 2008.

Avitabile C, Clots-Figueras I, Masella P., "The Effect of Birthright Citizenship on Parentalintegration Outcomes," *CSEF working paper*, No. 246, 2010.

Bannon A., Miguel E., Posner D., "Sources of Ethnic Identification in Africa," *Afrobarometer*, No. 44, 2004.

Bauer T., Lofstrom M., Zimmermann K. F., "Immigration policy, assimilation of immigrants and natives' sentiments towards immigrants: evidence from 12 OECD-countries," *Swedish Economic Policy Review*, 7 (2) 2000.

Baliba, Etienne, "Is There a Neo-racism?", in Etienne Baliba and Emmanuel Wallerstein (eds), *Race, Nation, Class: Ambiguous Identity*, London: Verso, 1998.

Bauer, M. W., "Reforming the European Commission: a (Missed?) Acdemic Opportunity", *European Integration Online Papers*, http://eiop.or.at/eiop/texte/2002-008.htm.

Berger, Suzanne, "Bretons, Basques, Scots, and other European Nations". *Journal of Interdisciplinary History*, (Summer), 1972.

Bennett, D. Scott, Governments, Civilians, and the Evolution of Insurgency: Modeling the Early Dynamics of Insurgencies, *Journal of Artificial Societies and Social Simulation*, 11 (4) 2008.

Berman, Eli, Jacob N. Shapiro, and Joseph H. Felter, CanHearts and Minds Be Bought? The Economics of Counterinsurgencyin Iraq, *Journal of Politi-*

cal Economy, 119 (4) 2006.

Bhavnani, Ravi, Ethnic Norms and Interethnic Violence: Accounting for Mass Participation in the Rwandan Genocide, *Journal of Peace Research*, 43 (6) 2011.

Bhagwati, Jagdish, "Borders Beyond Control", *Foreign Affairs*, 82 (1) 2000.

Bifulco, R., & Ladd, H. F., School Choice, Racial Segregation and Testscoregaps: Evidence from North Carolina's Charter School Program, *Journal of Policy Analysis and Management*, 26 (1) 2007.

Bischoff, K., School District Fragmentation and Racial Residential Segregation: How do boundaries matter? *Urban Affairs Review*, 44 (2) 2008.

Bisin A, Patacchini E, Verdier T, Zenou Y, Are Muslim Immigrants Different in Terms of Cultural Integration? *Journal of the European Economic Association*, 6 (2-3) 2008.

Bisin A, Patacchini E, Verdier T, Zenou Y, Bend it like Beckam': Identity, Socializationand Assimilation, *CEPR Discussion Paper*, No. 5662, 2006.

Bisin A, Verdier T, The Economic of Cultural Transmission and the Dynamics of preferences, *Journal of Economic Theory*, 97 (2) 2000.

Blacks, Hispanics, and Asians in 1990, *Social Science Research*, 28 (3).

Bohman, J., "Constitution Making and Democratic Innovation and the European Union and Transnational of Political Theory", in *European Journal of Political Theory*, 3 (3) 2004.

Bright, Arthur, "Baghdad's Sunni/Shiite Security Wall", *Christian Science Monitor*, April 20, 2007.

Brunner, et al. v., "The European Union Treaty", *Common Market Law Review*, (31), 1994.

Buchanan, James M., "The Domain of Constitutional Economics", *Constitutional Political Economy*, 1 (1) 1990.

Burgess, S., & Wilson, D., Ethnic Segregation in England's Schools, *Transactions of the Institute of Geographers*, NS, (30) 2005.

Carens, Joseph H., "Realistic and Idealistic Approaches in Ethics of Migration", *International Migration Review* 30 (1) 1996.

Casper, Gerhard, "The Karlsruhe Republic", *German Law Journal*, 2001.

Caselli F, Coleman W, On the Theory of Ethnic Conflict. , *NBER Working Paper*, No. W12125, 2006.

Cederman, Lars-Erik, "Articulating the Geo-Cultural Logic of Nationalist Insurgency", In *Order, Conflict, and Violence*, edited by Stathis Kalyvas, UK: Cambridge University Press, 2008.

Cederman, Lars-Erik, "Agent-Based Modeling in Political Science", *The Political Methodologist*, (10) 2001.

Cederman, Lars-Erik, "Modeling the Size of Wars: From BilliardBalls to Sandpiles", *American Political Science Review*, 97 (1) 2003.

Chalmers, Damian, "The Reconstitution of European Public Spheres", *European Law Journal*, 9 (2) 2003.

Chang, Howard, "Immigration and the Workplace: Immigration Restrictions as Employment Discrimination", *Chicago Kent Law Review*, 78 (1) 2003.

Chapman, Thomas, and Philip G. Roeder, "Partition as a Solution to Wars of Nationalism: The Importance of Institutions", *American Political Science Review*, 101 (4) 2007.

Charles, C. Z. , "The Dynamics of Racial Residential Segregation", *Annual Review of Sociology*, (29) 2003.

Charness, G, Rigotti L, Rustichini A. , "Individual Behavior and Group Membership", *American Economic Review*, 97 (4) 2007.

Chen, Y, Li S. X. , "Group Identity and Social Preferences", *American Economic Review*, 99 (1) 2009.

Chiswick, B. , Miller P. , "Language Skills and Earnings Among Legalized Aliens", *Journal of Population Economics*, 12 (1) 1999.

Chiswick, C. , "The Economic Determinants of Ethnic Assimilation", *Journal of Population Economics*, 22 (4) 2009.

Chowdry, H. , Crawford, C. , Dearden, L. , Goodman, A. & Vignoles, A. (2008), Widening participation in higher education: analysis using linked administrative data, *London*: *Institute for Fiscal Studies*, Retrieved, http: //www. ifs. org. uk/comms/r69. pdf.

Cioffi-Revilla, Claudio, and Mark Rouleau, An Agent-based Model of Politics, Environment, and Insurgency, *International Studies Review*, 12 (1) 2010.

Clotfelter, C. T., Ladd, H., & Vigdor, J., Federal Oversight, Local Control and the Specter of Resegregation in Southern Schools, *American Law and Economic Review*, 8 (2), 2006.

Collier, Paul, and Anke Hoeffler, Greed and Grievance in Civil War, *Oxford Economic Papers*, 56 (4) 2004.

Constant, A, Gataullina L., Zimmermann K. F., "Ethnosizing Immigrants", *Journal of Economic Behavior & Organization*, 69 (3) 2008.

Constant, A., Kahanec M., Zimmermann K. F., Attitudes towards Immigrants, other Integrationbarriers, and their Veracity, *International Journal of Manpower* (Emerald Group Publishing), 30 (1/2) 2009.

Cohen, R., "Ethnicity: Problem and Focus in Anthropology", *Annual Review of Anthropology* (7) 1978.

Coll, F. Requejo & Calvet, M. S. (2009), *Secession and Liberal Democracy*: *The Case of Basque Country*, Universitat Pompeu Fabra, Barcelona, Political Theory Working Paper, http: //www. baidu. com/link? url = 6SwetsbO0WrnXWT5vv1RS3Neak9vMReODWvvtnoWd_ xmQ4KpDe6znQwREm OEv_ tYG2_ LNLNxek 5FLP7tYRp6m UplC1 NGVUR5JrUFxGYufge.

Connolly, Mathew &Kennedy, P., "Must It Be the Rest Against the West?", *Atlantic Monthly* (12), 1994.

Connor, Walker, "Self-Determination: The New Phrase", *World Politics* 20 (Oct.) 1967.

Connor, Walker, "The Politics of Ethnonationalism", *Journal of International Affairs* (27) 1973.

Coleman, J. & Harding, S., "Citizenship, the Demands of Justice and the Moral Relevanceof Political Borders", in Warren Schwartz (ed.), *Justice in Immigration*, Cambridge: Cambridge University Press, 1995.

Cormick, Mc, "The English Constitution, the British State and the Scottish Anomaly", *Scottish Affairs, Special Issue, Understanding Constitutional Change*, Edinburgh, 1998.

Craig. , P. , "European Governance: Executive and Administrative Powers under the New Constitutional Settlement", *International Journal of Constitutional Law*, Issue. 2 and 3 (Vol. 3) 2005.

Christiansen, J. , "Social Construction and Integration", *Journal of European Public Policy*, 6 (4) 1999.

Croxford, L. , & Paterson, L. . "Trends in Social Class Segregation between Schools in England, Wales and Scotland since 1984", *Research Papers in Education*, (21) 2006.

Dalton, Russell J. & Eichenberg, Richard C. , "Citizen Support for Policy Integration", In *European Integration and Supranational Governance*, ed. Wayne Scandholtz and Alec Stone Sweet, Oxford: Oxford University Press, 1998.

Dustmann C. , Preston I. , Attitudes to Ethnic Minorities, Ethnic Context and Location Decisions, *The Economic Journal*, 111 (470) 2001.

Dean, Jeffrey S. , George J. Gumerman, Joshua M. Epstein, RobertAxtell, Alan C. Swedlund, Enterline, Andrew J. , and Michael Greig, Surge, Escalate, Withdraw, and Shinseki: Forecasting and Retro-Casting American-Force Strategies and Insurgency in Iraq, *International StudiesPerspectives*, 2007 (3).

Delcourt, Christine, "The Acquis Communautaire: Has the Concept Had Its Day?" *Common Market Law Review* (38), 2001.

De Benoist, Alain, "On Identity". *Telos*, 2004 (128).

Diamantopoulou, Anna, *The European Strategy and Social Model*, http://europa. eu. int/comm/dgs/employment_ social/speeches/010129ad. pdf.

Dijk, Teun A. van, "Elite discourse and racism", in Iris M. Zavala et al. (eds), *Approach to Discourse: Poetics and Psychiatry*, Amsterdam: John

Bejamins, 1987.

Dixson, A. D. , & Rousseau, C. K. , "And we are still not saved: Critical racetheory in education ten years later", *Race, Ethnicity and Education*, 2005, 5 (1).

Djacic, Slobodan, "Illegal Immigration Trends, Policies, and Economic Effects", in Slobodan Djacic (ed.), *International Migration: Trends, Policies, and Economic Impact* (London: Routledge, 2001), ch. 7.

Djacic, Slobodan, "Illegal Immigration and Resource Allocation", *International Economic Review* (38/1/1997).

Downey, J. & Thomas, K. , "Is There a European Public Sphere?" in *European Journal of Communication*, 21 (2) 2006.

Drake, Sara, "Twenty Years after Von Colson: The Impact of Indirect Effect on the Protec-tion of the Individual s Community Rights", *European Law Review*, 30 (3) 2005.

Dronkers, J. , van der Velden, R. , & Dunne, A. , "Why are Migrant Students better off Incertain Types of Educational Systems or Schools than in Others?" *European Educational Research Journal*, (11) 2012.

Dustmann C. , "The Social Assimilation of Immigrants", *Journal of Population Economics*, 9 (1) 1996.

Düvell, Frank, "Irregular Immigration in Four European Union Member States", in Frank Düvell (ed), *Illegal Immigration in Europe Beyond Control?* Macmillan, 2006.

Düvell, F. & Jordan, B. , "Immigration Control and the Management of Economic Migration in the United Kingdom: Oganisational Culture, Implementation, Enforcement and Identity Processes in Public Services", *Journal of Ethnic and Migration Studies*, 29 (2) 2003.

Düvel, Frank, "Globalization of Migration Control: a Tug -of-War between Restrictionists and Human Agency? " in Holger Henke, ed. , *Crossing Over: Comparing Recent Migration in Europe and United States*, Lanham: Lexington, 2004.

Dwyer, Peter, "Movements to Some Purpose? An Exploration of international

Retirement Migration in European Union", *Education and Ageing*, 15 (30) 2000.

Easterly W., Levine R., "Africa's Growth Tragedy: Policies and Ethnic Divisions", *The Quarterly Journal of Economics*, 112 (4) 1997.

Engberson, Godfried, "*Panopticum Europe and the Criminalisation of Undocumented Immigrants*", Paper presented to the 6th International Metropolis Conference, Rotterdam 26 – 30 November, 2001.

Epstein, Joshua M., Modeling Civil Violence: An Agent-based Computational, *Approach. Proceedings of the National Academy of Sciences USA*, 99 (3) 2002.

Esteban J., Ray D., "On the Measurement of Polarization", *Econometrica*, 62 (4) 1994.

Everts, S. & Keohane, D., "The European Convention and EU foreign policy: learning from failure", *Survival*, 45 (3) 2003.

Fearon J., Ethnic and cultural diversity by country, *Journal of Economic Growth*, 8 (2) 2003.

Fearon, James D., and David D. Laitin, Ethnicity, Insurgencyand Civil War, *American Political Science Review*, 97 (1) 2003.

Field, S., Kuczera, M., & Pont, B. (2007), *No more failures: Ten steps to equity in education*, http://www.oecd.org/document/54/0, 3343, en_ 2649_ 39263231_ 39676214_ 1_ 1_ 1_ 1, 00. html.

Fischer, C. S., Stockmayer, G., Stiles, J., & Hout, M., "Distinguishing the geo-graphic Levels and Social Dimensions of U. S. Metropolitan Segregation, 1960 – 2000", *Demography*, 41 (1) 2004.

Fischer, M. J., "The Relative Importance of Income and Race in Determining Residential Outcomes in U. S. Urban Areas, 1970 – 2000", *Urban Affairs Review*, 38 (5) 2003.

Fletcher, Maria, "EU Governance Techniques in the Creation of Common European Policy on Immigration and Asylum", 9 EPL, 2003.

Frankenberg, E., Lee, C., & Orfield, G.. *A multiracial society with segregatedschools: Are we losing the dream?* Cambridge, MA: Harvard University CivilRights Project, 2003.

Gambino, Ferruci, "Alcune aporie delle Migrazione Internazionali", "*aut aut*", 27 (5) 1996.

Gay, G., "Ethnic Pluralism in Social Studies Education: Where to from here?" *Social Education*, 44 (1) 1980.

Gay, G., "Similar Concerns, Different Perspectives of Social Studies and Multicultural Education", *Social Studies Review*, 48 (1) 2009.

Geller, Armando, and Shah Jamal Alam, "A Socio-Political and-Cultural Model of the War in Afghanistan", *International Studies Review*, 12 (1) 2010.

Georgiadis A., Manning A., "One Nation Under a Groove? Multiculturalism in Britain", *CEPR discussion paper*, No. 994, 2009.

Gibson, A., & Asthana, S., "What's in a number? Commentary on Gorard and Fitz's 'Investigating the determinants of segregation between schools'", *Research Papers in Education*, (15) 2000.

Glarbo, K., "Reconstructing a Common European Foreign Policy", in T. Christiansen K. E. Jogensen and A. Wiener (eds.), *The Social Construction of Europe*, London and Thousand Oaks, CA: Sage, 2001.

Goldstein, H., & Noden, P., "*Modelling Social Segregation*", Oxford Review of Education, (29) 2003.

Gorard, S., "What does an Index of School Segregation Measure? A Commentary on Allenand Vignoles", *Oxford Review of Education*, (33) 2007.

Gorard, S., "Does the Index of Segregation Matter? The Composition of Secondary Schools in England since 1996", *British Educational Research Journal*, (35) 2009.

Gorski, Philip S., "The Mosaic Moment: An Early Modernist Critique of the Modernist Theory of Nationalism", *American Journal of Sociolog*, 105 (5) 2000.

Guillaumin, Collette, "The Popular Press and Ethnic Pluralism: The Situation in France", *International Social Science Journal*, (22) 1971.

Gurrieri, Pippo, Emigrazione e liberazione sociale, Hamilton, Ragusa: Sicila Punto L. Bob & John Whalley, "Efficiency and Distributional Implications of Global Restrictions on Labour Mobility", *Journal of Development Economics*, (14) 1986.

Hammond, Ross, and Robert Axelrod, The Evolution of Ethnocentrism, *Journal of Conflict Resolution*, 50 (6) 2006.

Hendrix, Cullen, "Measuring State Capacity: The Oretical and Empirical Implications for the Study of Civil Conflict", *Journal of Peace Research*, Al (3) 2010.

Herbst, Jeffrey, "African Militaries and Rebellion: The Political Economy of Threat and Combat Effectiveness", *Journal of Peace Research*, 41 (3) 2004.

Héritier, Adrienne, "New Modes of Governance in Europe: Increasing Political Capacity and Policy Effectiveness?" in *The State of the European Union*, ed. Tanja A. Borzel and Rachel A. Cichowski, Oxford: Oxford University Press, 2003.

Hill, C., "Renationalizing or Regrouping? EU Foreign Policy since 11 September 2004", *Journal of Common Market Studies* (42/1/2004).

Hill, C., "The Capability-Expectation Gap, or Conceptualizing Europe's International Role", *Journal of Common Market Studies* (31/35/1993).

Hill C. & Wallace, W., "Introduction: Actors and Actions", in C. Hill (ed.), *The Actors in Europe's Foreign Policy*, London: Routledge, 1996.

Hoffman, S., "Obstinate or Obsolete? The Fate of the Nation-state and the Case of the Western Europe", in *Journal of the American Academy of Art and Sciences* (95/3, Summer, 1966).

Howell, Kerry E., "Developing Conceptualization of Europeanization: mixing Methodological Approaches", *Queen's Paper on Europeanization*, No. 3, 2004.

Hugo, Graeme "Migration as a Survival Strategy: the Family Dimension of Migration", in *United Nation Population Division*, *Population Distribution and Migration*, New York: United Nations, 1998.

Hurd, "D. Political Cooperation", *International Affairs* (57/3/1981).

James, D. R., & Taeuber, K. E., "Measures of Segregation", In N. B. Tuma (Ed.), *Socio-logical methodology*, San Francisco: Jossey-Bass, 1985.

Iceland, J., & Wilkes, R., "Does Socioeconomic Status Matter? Race, Class, and Residential Segregation", *Social Problems*, 53 (2) 2006.

Jeffery, Charlie, "Sub-National Mobilization and European Integration: Does it Make Any Difference", *Journal of Common Market Studies*, Vol. 38 (No. 1, 2000).

Joseph, Edward, and Michael E. O'Hanlon, "The Case for SoftPartition of Iraq", *Saban Center for Middle East Policy Analysis Papers*, 12 (Tune) 2007.

Kastoryano, Riva, "Transnational Participation and Citizenship: Immigrants in European Union", translated from French by Dominique, Cultures et Conflits 28 (Winter 1977).

Kaufmann, Chaim, "Possible and Impossible Solutions to Ethnic Civil Wars", *International Security*, 20 (4) 1996.

Khokhar, Monica, "Reforming Militant Madaris in Pakistan", *Studies in Conflict & Terrorism*, (30) 2007.

Krasner, Stephen D. "Rethinking the Sovereign State Model", *Review of International Studies*, 27 (2001).

Kubat, D. &Hoffmann, Hans-Joachim, "Migration: Towards a New Paradigm", *International Social Science Journal* (33/1981).

Ladson-Billings, G., "Just what is Critical Race Theory and what's it doing in a nice Field like Education?" *Qualitative Studies in Education*, 11 (1) 1998.

Lake, David., "Rational Extremism: Understanding Terrorisminthe Twenty-First Century", Dialogue-IO 1 (15) 2002.

Landfried, Christine, "Difference as a Potential for European Constitution Making", *European Law Journal* (Vol. 12, No. 6, November 2006).

Lenaert, Koen, "Constitutionalism and the Many Faces of Federalism", 38 *Am. J. Comp. L.* (1990).

Linz, Juan, "Easily State-Building and Late Peripheral Nationalisms against the State", in the UNESCO, *Conference on Nation-Building*, Normandy, August 1970.

Logan, J. R., Oakley, D., & Stowell, J., "School Segregation in Metropolitan Regions, 1970 – 2000: The Impacts of Policy Choices on Public Education", *American Journal of Sociology*, 113 (6) 2008.

Logan, J. R., Stults, B., & Farley, R., "Segregation of minorities in the metropolis: Two decades of change", *Demography*, 41 (1) 2004.

Lutz, B. F., "The End of Court-ordered Desegregation", *American EconomicJournal: Economic Policy*, 3 (2) 2011.

Londono, Ernesto, "In Baghdad, a Flimsy Outpost", *Washington Post*, March 22, 2007.

Lorimer, Douglas A. "Race, Science and Culture: Historical Continuities and Discontinuities, 1850 – 1814", in Shearer West, ed., *The Victorians and Race*, Aldersshot: Scolar Press, 1996.

Lustick, Ian S., Dan Miodownik, and Roy J. Eidelson, "Secessionism in Multicultural States: Does Sharing Power Prevent or Encourage it?" *American Political Science Review*, 98 (2) 2004.

Lyall, Jason, and Isaiah Wilson, "Rage Against the Machines: Explaining Outcomes in Counterinsurgency Wars", *International Organization*, 63 (1) 2009.

Mace, C. (2003), "Operation Artemis: mission improbable?" *European Security Review*, 18 (July), http://www.isis-europe.org.

Mancini, G. Federico, "Europe: The Case of Statehood", *ELJ*, (4): 1998.

Mann, Michael, "Nations States in Europe and other Continent", *Daedalus*, (122) 1993.

Martin, Philip L. & Taylor, E., "Managing Migration: the Role of Economic Policies", in Aristide Zolberg and Peter Benda, eds., *Global Migrants, Global Refugees: Problems and Solutio*, New York: Berghahn, 2001.

Massey, D. S., & Denton, N. A., "The Dimensions of Residential Segregation", *Social Forces*, (67) 1988.

Massey, D. S., & Fischer, M. J., "Does Rising Income Bring Integration? New Results for United States", *Annals of the American Academy of Political and Social Science*, 626 (1) 1999.

Matthews, Dylan, "How Important Was the Surge?" *The American Prospect Webzine*, July 28, 2008.

McCain, John, and Joe Lieberman, "The Surge Worked, Wall Street", *Journal Opinion*, January, 2008.

Mueller, John, "The Banality of 'Ethnic War'", *International Security*, 25 (1) 2000.

Muller, Edward, and Mitchell Seligson, "Inequality and Insurgency", *American Political Science Review*, 81 (2) 1987.

Moravcsik, Andrew, "Reassessing Legitimacy in the Europe-an Union", *Journal of Common Market Studies*, 40 (4) 2002.

Moravcsik, Andrew, "Despotisinin in Brussels? Misreading the European Union", Larry Siedentop's Democracy in Europe, in *Foreign Affairs*, May/June, 2001.

Moravcsik, A., "The European Constitutional Comprise and Neofunctionalist legacy", *Journal of European Public Policy*, 12/2 (2005).

Kandel E., Lazear E. P., "Peer Pressure and Partnerships", *Journal of Political Economy*, 100 (4) 1992.

Kreuger A., Pischke J. S., A Statistical Analysis of Crime Against Foreigners in Unified Germany, *Journal of Fluman Resources*, 32 (1) 1997.

Kuran T., Ethnic Norms and their Transformation through Reputational Cascades. *The Journal of Legal Studies*, 27 (2) 1998.

Kumm, Mattias, "The Jurisprudence of Constitutional Conflict: Constitutional Supremacyın Europe before and after the Consitutitonal Treaty", *European Law Journal*, 262 (3) 2005.

Lazear E., "Culture and Language", *Journal of Political Economy*, 107 (S6) 1999.

Lichter, Daniel T., "Integration or Fragmentation? Racial Diversity and the

American Future", *Demography*, 50 (2) 2013.

Li X. S., "Social Identities, Ethnic Diversity, and Tax Morale", *Public Finance Rev*, 38 (2) 2010.

Mauro P., "Corruption and Growth", *The Quarterly Journal of Economics*, 110 (3) 1995.

Manning A., Roy S., "Culture Clash or Culture Club? National Identity in Britain", *The Economic Journal*, 120 (542): F72 – F100, 2009.

Miguel E., "Tribe or Nation? Nation-building and Public Goods in Kenya Versus Tanzania", *World Politics*, 56 (3) 2004.

Montalvo J, Reynal M., "Ethnic Diversity and Economic Development", *Journal of Development Economics*, 76 (2) 2005.

Nielsen, K., "Cosmopolitanism, Universalism and Particularism in the age of Nationalism and Multiculturalism", in *Philosophical Exchange*, 29/1998 – 99.

Nye, J., Europe's Soft Power, in *Globalist*, May (3), 2004. http://www.globalpolicy.org/empire/analysis/2004/0503softpower.htm.

Odierno, Raymond T. (2008), The Surge in Iraq: One Year Later. Lecture on National Security and Defense, *The Heritage Foundation*, March 13, Available at http://www.heritage.org/Research/Lecture/The-Surge-in-Iraq-One-Year-Later. (Accessed April1, 2010.)

Olzak, Susan, Susanne Shanahan, and Elizabeth McEneaney, "Poverty, Segregation, and Race Riots: 1960 – 1993", *American Sociological Review*, 61 (4) 1996.

Person, P., "The Path of European Integration: A Institutionalist Analysis", *Comparative Political Stadies*, 29/2 1996. http://www.newhorizons.org/future/Creature_ the_ Future/crfut_ frontend. html.

Philip, Schlesinger, Changing Spaces of Political Communication: The Case of the European Union, *Political Communication*, 16 (3) 1999.

Pippa, Norris, "Global Governance and Cosmopolitan Citizens", in *Governance in a Globalizing World*, ed. Joseph S. Nye and John Donahue, Washington, DC: Brookings Institution Press, 2000.

Raffe, D. , & Croxford, L. , "One System or Four? Cross-border Applicationsand entries to Full-time undergraduate Courses in the UK since Devolution", *Higher Education Quarterly* 2013, forthcoming.

Reay, D. , David, M. E. , & Ball, S. , "Degrees of Choice: Social Class, Race and Gender in Higher Education", *Stoke-on-Trent: Trentham Books*, 2005.

Rodriguez, Nestor, "The Battle for the Border: Notes on Autonomous MigrationTransnational Communities and the State", *Social Justice*, 23 (3) 1996.

Rose, William, "The Security Dilemma and Ethnic Conflict: Some New Hypotheses", *Security Studies*, 9 (4) 2000.

Rothi, Despina et al. , "National Attachment and Patriotism in a European Nation: A British Study", *Political Psychology*, (26) 2005.

Rothwell, J. T. , & Massey, D. S. , "Density Zoning and Class Segregation in U. Smetropolitan Areas", *Social Science Quarterly*, 91 (5) 2010.

Saiderman, Stephen, "Ties Versus Institutions: Revising Foreign Interventions and Secessionist Movements", in *Canadian Journal of Political Science* 2007.

Salih, Ruba, "Moroccan Migrant Woman: Transnationalism, Nation-state and Gender", *Journal for Ethnic and Migration Studies* 27/4/2001.

Sambanis, Nicholas, "Partition as a Solution to Ethnic War", *World Politics*, (52) 2000.

Sandholtz, Waye, & Zysman, John, "Recasting the European Bargain", *World Politic*, (42) 1989.

Sbragia, A. , "The European Community: a balancing act", *Publius*, (123) 1993.

Schelling, Thomas C. , "Dynamic Models of Segregation", *Journal of Mathematical Sociology*, (1) 1971.

Sassatelli, M. , "Imagined Europe: The Shaping of a European Cultural Identity through EU Cultural Policy", *European Journal of Social Theory*, 5

(4) 2002.

Siegel, David A., "Social Networks and Collective Action", *American Journal of Political Science*, 53 (1) 2009.

Shresthha, Nanda R., "The International Policies and Migration Behaviour: a Selective Review", *World Development*, 15 (3) 1987.

Smith, Anthony D., "The Nation: Real or Imagined? in Edward Mortimer and Robert Fine", *People, Nation & State: The Meaning of Ethnicity & Nationalism*, London and New York: L. B. Tauris Publishers, 1999.

Smith, Michael E., "Towards a Theory of EU Foreign Policy Making: Multi-level Governance, Domestic Politics and National Adaptation to Europe's Common Foreign and Security Policy", *Journal of European Public Policy*, (4) 2004.

Sorens, Jason, "Globalization, Secessionism, and Autonomy", *Electoral Studies*, (23) 2004.

Spence, D., "The Evolution Role of Foreign Ministries in the Conduct of European affairs", in B. Hocking and D. Spence (eds.), *Foreign Ministries in the European Union*, Basingstoke and New York: Palgrave, 2002.

Stanley, Hoffman, "European Process at Atlantic Crosspurposes", in *Journal of Common Market Studies*, 3 (2) 1965.

Stepan, Nancy Leys (1994), "Race and gender: The Analogy of Science", in David. T. Goldberg (ed), *Anatomy of Racism* (Minneapolis: University of Minneapolis Press, ch. 3.

Szymanski, M. & Smith, M. E., "Coherence and Conditionality in European Foreign Policy", *Journal of Common Market Studies*, 43 (1) 2005.

Timberlake, J. M., & Iceland, J., "Change in racial and ethnic residentialinequality in American cities, 1970 – 2000", *City & Community*, 6 (4) 2007.

Triandafyllidou, Anna, "Immigration Policy Implementation in Italy: Organisational Culture, Identity Practice and Labour Market Control", *Journal of Ethnic and Migration Studies*, 29 (2) 2003.

Twining, W., "Beyond the Sovereign State", *Modern Law Review*

(56) 1993.

Twining, W., "What Place for Nationalism in the Modern World", in *Hume Papers on Public Policy*, (2) 1994.

Twining, W., Twining, W., "The Maastricht-Urteil: Sovereignty Now", *European Law Journal*, (1) 1995.

Urdal, Henrik, "A Clash of Generations? Youth Bulges and Political Violence", *International Studies Quarterly*, 50 (3) 2006.

Veen, A. Maurits van der, "Determinants of European Identity: A Preliminary Investigation Using Eurobarometer Data", http://www.isanet.org/noarchive/vanderveen.html.

Velychenko, Stephen, "Ukrainia Anticolonialist Thought in Comparative Perspective", Ab Imperio (4) October 2012.

Vertovec, Steven, Berlin Multikulti: Germany, "foreigners" and "world-openness", *New Community*, 22 (3) 1996.

Vesterdorp, "The Community Court System Ten Years from Now and Beyond: Challenges and Possibilities", *ELRev*, 2003.

Weiler, J. & Haltern, U. & Mayer, F., "European Democracy and Its Critique", in *The Crisis of Representation in Europe*, ed., Jack Hayward, London: Frank Cass, 1995.

Weiler, J. H. H., "Europe: The Case Against The Case for Statehood", 4 *ELJ*, 1998.

Wieviorka, Michel, "Is Multiculturalism the Solution?" *Ethnic and Racial Studies*, 21 (5) 1998.

Wolczuk, Kataryna, *History, Europe and the "National Idea"*, Routledge, Taylor & Francis Group, 28 (Number 4 / December 1) 2000.

Walker, N., "The EU and WTO: Constitutionalism in the European Union", in *The EU and WTO*, Hart Publishing, 2001.

Waever, O., "Culture and identity in the Baltic Sea Region", in P. Joenniemi (ed.), *Cooperation in Baltic Sea Region: needs and prospects*, New York: Taylor and Francis, 1992.

三　中文著作

费孝通：《中华民族多元一体格局》，中央民族大学出版社 2001 年版。
费孝通：《民族研究文集》，民族出版社 1988 年版。
杨堃：《民族学概论》，中国社会科学出版社 1984 年版。
郝时远：《帝国霸权与巴尔干"火药桶"——从南斯拉夫的历史解读科索沃的现实》，社会科学文献出版社 1999 年版。
郝时远：《中国的民族与民族问题——论中国共产党解决民族问题的理论与实践》，江西人民出版社 1996 年版。
朱伦：《民族共治——民族政治学的新命题》，中国社会科学出版社 2012 年版。
郝时远、朱伦主编：《世界民族》（八卷本），中国社会科学出版社 2013 年版。
王希恩：《全球化中的民族过程》，社会科学文献出版社 2009 年版。
王希恩：《问题与和谐——中国民族问题寻解》，中国社会科学出版社 2012 年版。
郝时远、阮西湖主编：《当代世界民族问题与民族政策》，四川民族出版社 1994 年版。
张海洋：《中国的多元文化与中国人的认同》，民族出版社 2006 年版。
俞可平：《全球化与国家主权》，社会科学文献出版社 2001 年版。
徐迅：《民族主义》，中国社会科学出版社 2005 年版。
汪晖、陈燕谷：《文化与公共性》，上海三联书店 1998 年版。
宁骚：《民族与国家》，北京大学出版社 1995 年版。
李林、李西霞、［瑞士］丽狄娅·R. 芭斯塔·弗莱纳主编：《少数人的权利》，社会科学文献出版社 2010 年版。
青觉：《马克思主义民族观的形成与发展》，民族出版社 2004 年版。
严庆：《冲突与整合：民族政治关系模式研究》，社会科学文献出版社 2011 年版。
关凯：《族群政治》，中央民族大学出版社 2007 年版。
王逸舟：《恐怖主义溯源》，社会科学文献出版社 2002 年版。
马大正：《国家利益高于一切》，新疆人民出版社 2002 年版。

王联:《世界民族主义论》,北京大学出版社 2002 年版。

郑信哲、周竞红主编:《民族主义思潮与国族建构》,社会科学文献出版社 2014 年版。

金宜久主编:《当代宗教与极端主义》,中国社会科学出版社 2008 年版。

张家栋:《全球化时代的恐怖主义及其治理》,上海三联书店 2007 年版。

房宁、王炳权:《论民族主义思潮》,高等教育出版社 2004 年版。

潘志平主编:《民族自决还是民族分裂》,新疆人民出版社 1999 年版。

陈衍德:《对抗、适应与融合——东南亚的民族主义与族际关系》,岳麓书社 2004 年版。

中国现代国际关系研究所主编:《国际恐怖主义组织与反恐怖斗争年鉴》,时事出版社 2004 年版。

江宜桦:《自由主义、民族主义与国家认同》,扬智文化事业股份有限公司 1998 年版。

陈鸿瑜:《政治发展理论》,桂冠图书股份有限公司 1987 年版。

石之瑜:《后现代的国家认同》,世界书局 1995 年版。

张瑞才:《民族自治地方行政生态研究》,云南大学出版社 1999 年版。

姚大志:《何谓正义:当代西方政治哲学研究》,人民出版社 2007 年版。

李宏图:《西欧近代民族主义思潮研究——从启蒙运动到拿破仑时代》,上海社会科学出版社 1997 年版。

苏国勋等:《全球化——文化冲突与共生》,社会科学文献出版社 2006 年版。

贾英健:《全球化背景下的民族国家研究》,中国社会科学出版社 2005 年版。

高鉴国:《加拿大文化与现代化》,辽海出版社 1999 年版。

阮西湖:《加拿大民族志》,中国社会科学出版社 2004 年版。

阮西湖、王丽芝:《加拿大与加拿大人》,中国社会科学出版社 1990 年版。

阮西湖、王丽芝:《加拿大与加拿大人(二)》,中国工人出版社 1991

年版。

阮西湖主编：《加拿大与加拿大人（三）》，中国工人出版社1994年版。

阮西湖：《20世界后半叶世界民族关系探析》，民族出版社2004年版。

陈林华主编：《加拿大大探索》，吉林大学出版社1992年版。

陈国贵、丹尼丝赫丽：《挣脱枷锁——加拿大华人反种族百年史》，中国社会科学出版社1996年版。

刘军：《列国志——加拿大》，社会科学文献出版社2005年版。

王丽芝：《加拿大移民史初探》，中国社会科学出版社1990年版。

《马克思恩格斯选集》（1—4卷），人民出版社1995年版。

王彩波：《个人权利与社会正义——西方当代政治学名著导论》，中国社会科学出版社2007年版。

周光辉：《论公共权力的合法性》，吉林省出版集团有限责任公司2007年版。

王惠岩：《政治学原理》，高等教育出版社1999年版。

王浦劬：《政治学基础》，北京大学出版社1995年版。

周平：《民族政治学》，高等教育出版社2003年版。

周平：《民族政治学导论》，中国社会科学出版社2001年版。

周星：《民族政治学》，中国社会科学出版社1993年版。

张小劲、景跃进：《比较政治学导论》，中国人民大学出版社2008年版。

宁骚：《民族与国家——民族关系与民族政策的国际比较》，北京大学出版社1995年版。

马戎：《民族社会学——社会学的族群关系研究》，北京大学出版社2004年版。

马戎：《民族与社会发展》，民族出版社2001年版。

马戎：《西方民族社会学的理论与方法》，天津人民出版社1997年版。

马戎、周星主编：《21世纪：文化自觉与跨文化对话（一）》，北京大学出版社2001年版。

常士訚主编：《异中求和——当代西方多元文化主义政治思想研究》，人民出版社2009年版。

常士訚：《政治现代性的解构：后现代多元主义政治思想分析》，天津人民出版社 2001 年版。

四 中文论文

郝时远:《民族分裂主义与恐怖主义》,《民族研究》2002 年第 1 期。

朱伦:《民族共治论:对当代多民族国家族际政治事实的认识》,《中国社会科学》(中文版) 2001 年第 2 期。

王希恩:《批判、借助和吸纳——对马克思主义经典作家关于民族主义论述的再认识》,《民族研究》2007 年第 5 期。

陈建樾:《国族观念与现代国家的建构:基于近代中国的考察》,《云南民族大学学报》(哲学社会科学版) 2011 年第 5 期。

陈联璧:《民族自决权新议》,《民族研究》2001 年第 6 期。

朱毓朝:《国际法和国际政治中的分离主义》,《国际政治科学》2005 年第 2 期。

范可:《全球化时代的公民意识与认同政治》,《云南民族大学学报》2009 年第 3 期。

朱毓朝、茹东燕:《当代国际关系中的民族问题》,《世界民族》2004 年第 5 期。

张红:《全球化语境下的国家主权和民族自决权》,《兰州学刊》2008 年第 2 期。

张新平:《中亚五国民族和睦政策形成的因素分析》,《俄罗斯中亚东欧研究》2004 年第 4 期。

宋燕波:《民族分离主义思潮及其对国家安全的影响》,《现代国际关系》2001 年第 4 期。

张友国:《亚文化、民族认同与民族分离主义》,《西南大学学报》(社会科学版) 2007 年第 4 期。

林凤升:《再评 90 年代世界民族分离主义》,《世界经济与政治》2000 年第 6 期。

杨勉:《当代世界的民族分离主义》,《现代国际关系》2000 年第 8 期。

丁诗传、葛汉文:《对冷战后民族分离主义运动的几点思考》,《现代国际关系》2000 年第 11 期。

李一平:《亚齐民族分离主义运动述评》,《世界历史》2006 年第 4 期。

施雪琴：《战后东南亚民族分离主义运动评述》，《世界历史》2002 年第 6 期。

周燮藩：《恐怖主义与宗教问题》，《西亚非洲》2002 年第 1 期。

张建军：《近二十年民族分离主义研究述评》，《西南民族大学学报》（人文社会科学版）2011 年第 2 期。

魏光明：《当代民族主义的类型学分析》，《中南民族学院学报》（人文社会科学版）2001 年第 2 期。

谭宏庆：《民族、民族主义与民族分离——对冷战后民族主义的思考》，《现代国际关系》2001 年第 9 期。

刘向文、王惠敏：《俄罗斯维护联邦统一的理论和实践》，《东欧中亚研究》1999 年第 2 期。

余民才：《科索沃"独立"的国际法透视》，《现代国际关系》2008 年第 5 期。

尚伟：《列宁的"民族自决权"理论及其意义》，《马克思主义研究》2011 年第 12 期。

彭萍萍：《民族主义与苏联解体》，《当代世界与社会主义》2003 年第 5 期。

李朋：《苏联民族政策失误刍议》，《西伯利亚研究》2004 年第 4 期。

王志国，邓晓艳：《中亚地区恐怖主义的产生原因及其对策研究》，《太平洋学报》2010 年第 4 期。

方华平：《试论冷战后的民族分离主义》，《国际政治研究》1995 年第 3 期。

熊文驰：《民族主义、民族国家与正当性问题》，《国际观察》2011 年第 3 期。

刘胜湘：《国家安全观的终结？新安全观质疑》，《欧洲》2004 年第 1 期。

陈浩淼：《伊斯兰极端主义概念阐释》，《俄罗斯中亚东欧研究》2006 年第 2 期。

邢玉春：《国家主权的基础地位及其面临的挑战》，《国际问题研究》2003 年第 6 期。

王志娟、潘志平：《"双泛"与"三个主义"——兼论新疆周边的安全形势》,《西北民族研究》2005 年第 4 期。

李捷、王婷婷:《"藏独"、"疆独"国际化路经研究》,《关系民族研究》2010 年第 2 期。

许利平:《东南亚伊斯兰极端主义势力及其影响》,《当代亚太》2004 年第 5 期。

俞可平:《论全球化与国家主权》,《马克思主义研究》2004 年第 1 期。

张寅:《西方保守主义政治思想的二维性存在——理论意识和实践意识的视角分析》,《学术探索》2010 年第 6 期。

常士闻:《西方多元文化主义争论、内在逻辑及其局限》,《政治学研究》2006 年第 1 期。

常士闻:《民族和谐与融合:实现民族团结与政治一体的关键——兼析多元文化主义理论》,《天津社会科学》2007 年第 2 期。

蔡英文:《认同与政治:一种理论之反省》,《政治科学论丛》1997 年第 8 期。

陈建樾:《多元一体:多民族国家内部的族际整合与合法性》,《中央民族大学学报》2003 年第 5 期。

贺金瑞、燕继荣:《论从民族认同到国家认同》,《中央民族大学学报》2008 年第 3 期。

李素华:《政治认同的辨析》,《当代亚太》2005 年第 12 期。

李晶:《西方多元文化主义政策评析》,《马克思主义与现实》2006 年第 6 期。

马戎:《试论"族群"意识》,《西北民族研究》2003 年第 3 期。

马戎:《理解民族关系的新思路——少数族群问题的"去政治化"》,《北京大学学报》2004 年 11 月。

马戎:《世界各国民族关系类型特征浅析》,《社会科学战线》2008 年第 1 期。

幕良泽、高秉雄:《现代国家构建:多维视角的述评》,《南京社会科学》2007 年第 1 期。

南刚志、季丽新:《加拿大政治文化的主流与暗礁》,《当代世界与社会主义》2004 年第 2 期。

马德普、柴宝勇:《多民族国家与民主之间的张力》,《政治学研究》

2005 年第 3 期。

潘蛟:《"族群"与民族概念的互补还是颠覆》,《云南民族大学学报》2009 年 1 月。

庞金友:《族群身份与国家认同:多元文化主义与自由主义的当代论争》,《浙江社会科学》2007 年第 4 期。

庞金友:《身份、差异与认同:当代多元文化主义的公民观》,《教学与研究》2010 年第 2 期。

阮西湖:《加拿大多元文化主义政策的制定和发展》,《社会科学战线》1989 年第 1 期。

阮西湖、刘晓丹:《加拿大的土著民族》,《世界民族》2006 年第 1 期。

肖滨:《两种公民身份与国家认同的双元结构》,《武汉大学学报》2010 年 1 月。

肖滨:《民族主义的三种导向——从吉登斯民族主义的论述出发》,《开放时代》2007 年第 6 期。

沈桂萍:《民族问题的核心是国家认同问题》,《中央社会主义学院学报》2010 年第 4 期。

沈桂萍:《对多民族国家一体化建构若干问题的思考》,《中央社会主义学院学报》2004 年 6 月。

沈桂萍:《民族问题的核心是国家认同问题》,《中央社会主义学院学报》2010 年 4 月。

施兴和:《加拿大民族政策的嬗变》,《世界民族》2002 年第 1 期。

王彩波:《亨廷顿的政治发展理论及其发展文化观》,《吉林大学学报》(社会科学版)1999 年第 3 期。

王彩波:《论制度化政治整合》,《吉林大学学报》(社会科学版)2003 年第 4 期。

王缉恩:《民族与民族主义》,《欧洲》1993 年第 5 期。

王丽芝:《神话与现实——对加拿大多元文化主义政策的再思考》,《世界民族》1995 年第 1 期。

吴江梅、朱毓朝:《加拿大原住民自治政府:联邦主义下制度建构与政治文化相背离的困境》,《民族研究》2003 年第 4 期。

王鉴、万明钢:《多元文化与民族认同》,《广西民族研究》2004 年第

2 期。
徐勇：《现代国家建构中的非均衡性和自主性分析》，《华中师范大学学报》2003 年 9 月。
徐勇：《"回归国家"与现代国家的建构》，《东南学术》2006 年第 4 期。
徐丹：《二战后加拿大新种族主义的态势剖析》，《世界民族》2005 年第 6 期。
杨洪贵：《文化多样性及其处理模式》，《贵州社会科学》2007 年第 1 期。
杨洪贵：《多元文化主义的产生与发展探析》，《学术论坛》2007 年第 2 期。
杨雪冬：《论现代合法性及其实现》，《中国人民大学学报》2007 年第 3 期。
周光辉：《社会持续发展需要理性化的公共权威》，《吉林大学社会科学学报》1995 年第 2 期。
周平：《民族政策的价值取向及我国民族政策价值取向的调整》，《学术探索》2002 年第 6 期。

五 中文译著

[德] 康德：《历史理性批判文集》，何兆武译，商务印书馆 1991 年版。
[美] 约翰·米尔斯海默：《大国政治的悲剧》，王义桅、唐小松译，上海人民出版社 2003 年版。
[美] 亚历山大·温特：《国际社会的政治理论》，秦亚青译，上海人民出版社 2000 年版。
[英] 特德·C. 卢埃林：《政治人类学导论》，朱伦译，中央民族大学出版社 2009 年版。
[俄] 瓦利里·季什科夫：《民族主义及冲突：炽热的头脑》，姜德顺译，中央民族大学出版社 2009 年版。
[英] 爱德华·莫迪默、罗伯特·法恩主编：《人民，民族，国家——族性与民族主义的含义》，刘泓、黄海慧译，中央民族大学出版社 2009 年版。
[西] 胡安·诺格：《民族主义与领土》，徐鹤林、朱伦译，中央民族大

学出版社 2009 年版。

［美］戴维·莱文森：《世界各国的族群》，葛公尚、于红译，中央民族大学出版社 2009 年版。

［英］休·希顿·沃森：《民族与国家》，吴洪英、黄群译，中央民族大学出版社 2009 年版。

［加］威尔·金利卡：《多元文化的公民身份》，马莉、张昌耀译，中央民族大学出版社 2009 年版。

［德］尤尔根·哈贝马斯：《包容他者》，曹卫东译，上海人民出版社 2002 年版。

［法］费尔南·布罗代尔：《资本主义论丛》，张慧君、顾良译，中央编译出版社 1997 年版。

［美］伊曼纽尔·沃勒斯坦：《沃勒斯坦精粹》，黄光耀、洪霞翻译，南京大学出版社 2003 年版。

［美］曼瑟尔·奥尔森：《集体行动的逻辑》，陈郁等译，上海三联书店 1995 年版。

［英］齐格蒙特·鲍曼：《全球化：人类的后果》，郭国良译，商务印书馆 2001 年版。

俞可平主编：《全球化：全球化治理》（译文集），中国社会科学科学文献出版社 2002 年版。

［英］边沁：《道德与立法原理导论》，时殷弘译，商务印书馆 2012 年版。

［美］罗伯特·杰维斯：《国际政治中的知觉与错误知觉》，秦亚青译，世界知识出版社 2003 年版。

［美］布赞：《人、国家与恐惧》，闫健、李剑译，中央编译出版社 2009 年版。

［澳］罗伯特·希斯：《危机管理》，王成等译，中信出版社 2001 年版。

［美］塞缪尔·亨廷顿：《文明的冲突与世界秩序的重建》，周琪等译，新华出版社 2002 年版。

［英］罗宾·科恩、保罗·肯尼迪：《全球社会学》，文军译，社会科学文献出版社 2001 年版。

［英］安东尼·史密斯：《全球化时代的民族与民族主义》，龚维斌译，

中央编译出版社 2002 年版。

［英］以赛亚·柏林：《反潮流——观念史论文集》，冯克利译，译林出版社 2002 年版。

［英］齐格蒙特·鲍曼：《共同体》，欧阳景根译，江苏人民出版社 2007 年版。

［美］哈罗德·伊罗生：《群氓之族——群体认同与政治变迁》，邓伯宸译，广西师范大学出版社 2008 年版。

［美］特瑞·伊格尔顿：《文化的观念》，方杰译，南京大学出版社 2003 年版。

［法］阿兰·图海纳：《我们能否共存？——既彼此平等又互有差异》，狄玉明等译，商务印书馆 2003 年版。

［法］让·马克·夸克：《合法性与政治》，佟心平、王远飞译，中央编译出版社 2002 年版。

［英］约翰·汤姆林森：《全球化与文化》，郭英剑译，南京大学出版社 2002 年版。

［英］罗兰·罗伯森：《全球化——社会理论和全球文化》，梁光严译，上海人民出版社 2000 年版。

［美］约瑟夫·奈：《软力量——世界政坛成功之道》，吴晓辉、钱程译，东方出版社 2005 年版。

［美］弗朗西斯·福山：《国家构建世纪的国家治理与世界秩序》，黄胜强、许铭原译，中国社会科学出版社 2007 年版。

［美］科恩：《论民主》，聂崇信、朱秀贤译，商务印书馆 1988 年版。

［美］彼得·布劳：《不平等与异质性》，王春光等译，中国社会科学出版社 1991 年版。

［美］卡尔·博格斯：《政治的终结》，陈家刚译，社会科学文献出版社 2001 年版。

［美］曼纽尔·卡斯特：《认同的力量》，曹荣湘译，社会科学文献出版社 2006 年版。

［英］以赛亚·柏林：《自由论》，胡传胜译，译林出版社 2003 年版。

［美］马克·里拉、罗纳德·德沃金等编：《以赛亚·伯林的遗产》，刘擎、殷莹译，新星出版社 2006 年版。

［加］詹姆斯·塔利：《陌生的多样性——歧异时代的宪政主义》，黄俊龙译，上海译文出版社 2005 年版。

［古希腊］亚里士多德：《尼各马科伦理学》，苗力田译，中国社会科学出版社 1999 年版。

［法］孟德斯鸠：《论法的精神》，张雁深译，商务印书馆 1963 年版。

［美］鲁思·本尼迪克特：《菊与刀》，吕万和、熊达云、王智新译，商务印书馆 1990 年版。

［美］奥利维尔·如恩斯：《为什么 20 世纪是美国世纪》，闫循华等译，新华出版社 2002 年版。

［英］汤林森：《文化帝国主义》，冯建三译，上海人民出版社 1999 年版。

［美］爱德华·W. 萨义德：《文化与帝国主义》，李琨译，生活·读书·新知三联书店 2003 年版。

［英］E. B. 泰勒：《原始文化》，连树声译，上海文艺出版社 1992 年版。

林善浪：《中国核心竞争力问题报告——21 世纪中国发展问题报告丛书》，中国发展出版社 2005 年版。

联合国教科文组织：《世界文化报告——文化的多样性、冲突与多元共存（2000）》，关世杰等译，北京大学出版社 2002 年版。

联合国教科文组织、世界文化与发展委员会编：《文化多样性与人类全面发展——世界文化与发展委员会报告》，张玉国译，广东人民出版社 2006 年版。

［美］伊恩·罗伯逊：《社会学》，黄育馥译，商务印书馆 1990 年版。

［美］安东尼·奥罗姆：《政治社会学导论》，张华青、何俊志等译，上海人民出版社 2006 年版。

［美］马丁·N. 麦格：《族群社会学》（第六版），祖力亚提·司马义译，华夏出版社 2007 年版。

［英］厄内斯特·盖尔纳：《民族与民族主义》，韩红译，中央编译出版社 2002 年版。

［以色列］耶尔·塔米尔：《自由主义的民族主义》，陶东风译，上海人民出版社 2005 年版。

[美] 斯塔夫里阿诺斯：《全球通史》，吴象婴、梁赤民译，上海社会科学院出版社 1999 年版。

[英] 埃里克·霍布斯鲍姆：《民族与民族主义》，李金梅译，上海人民出版社 2000 年版。

[美] 本尼迪克特·安德森：《想象的共同体：民族主义的起源与散布》，吴叡人译，上海人民出版社 2003 年版。

[英] 安东尼·吉登斯：《现代性与自我认同》，赵旭东、方文译，生活·读书·新知三联书店 1998 年版。

[英] 安东尼·吉登斯：《民族—国家与暴力》，胡宗泽、赵力涛译，生活·读书·新知三联书店 1998 年版。

[英] 安东尼·吉登斯：《第三条道路：社会民主主义的复兴》，郑戈译，生活·读书·新知三联书店 2000 年版。

[英] 安东尼·吉登斯：《现代性的后果》，田禾译，译林出版社 2000 年版。

[英] 安东尼·吉登斯：《现代性——吉登斯访谈录》，尹宏毅译，新华出版社 2001 年版。

[英] T. H. 马歇尔、安东尼·吉登斯等著，郭忠华、刘训练编：《公民身份与社会阶级》，江苏人民出版社 2008 年版。

[英] 安东尼·D. 史密斯：《全球化时代的民族与民族主义》，龚维斌、良警宇译，中央编译出版社 2002 年版。

[英] 安东尼·D. 史密斯：《民族主义》，叶江译，上海人民出版社 2006 年版。

[美] 乔纳森·弗里德曼：《文化认同与全球性过程》，郭建如译，商务印书馆 2003 年版。

[美] 塞缪尔·亨廷顿：《变化社会中的政治秩序》，王冠华等译，生活·读书·新知三联书店 1989 年版。

[美] 塞缪尔·亨廷顿：《我们是谁？——美国国家特性面临的挑战》，程克雄译，新华出版社 2005 年版。

[美] 加布里埃尔·A. 阿尔蒙德、小 G. 宾厄姆·鲍威尔：《比较政治学：体系、过程和政策》，曹沛霖等译，上海译文出版社 1987 年版。

[美] 戴维·伊斯顿：《政治生活的系统分析》，王浦劬译，华夏出版社

1999年版。

［英］C. W. 沃特森：《多元文化主义》，叶兴艺译，吉林人民出版社2005年版。

［加］威尔·金里卡：《当代政治哲学》，刘莘译，上海三联书店2004年版。

［加］威尔·金里卡：《少数的权利：民主主义、多元文化主义和公民》，邓红风译，上海世纪出版集团2005年版。

［加］威尔·金里卡：《自由主义、社群与文化》，应奇、葛水林译，上海世纪出版集团2005年版。

［加］威尔·金里卡：《多元文化的公民身份——一种自由主义的少数群体权力理论》，马莉、张昌耀译，中央民族大学出版社2009年版。

［英］莫迪默法恩主编：《人民·民族·国家——族性与民族主义的含义》，刘泓、黄海慧译，中央民族大学出版社2009年版。

［美］菲利克斯·格罗斯：《公民与国家—民族、部族和族属身份》，王建娥、魏强译，新华出版社2003年版。

［英］阿克顿：《自由与权力》，侯建、范亚峰译，商务印书馆2001年版。

［美］西摩·马丁·李普赛特：《政治人——政治的社会基础》，张绍宗译，上海人民出版社1997年版。

［意］巴蒂斯塔·维柯：《新科学》，朱光潜译，商务印书馆1989年版。

［英］以赛亚·柏林：《反潮流——观念史论文集》，冯克利译，译林出版社2002年版。

［英］齐格蒙特·鲍曼：《共同体》，欧阳景根译，江苏人民出版社2007年版。

［美］哈罗德·伊罗生：《群氓之族——群体认同与政治变迁》，邓伯宸译，广西师范大学出版社2008年版。

［美］特瑞·伊格尔顿：《文化的观念》，方杰译，南京大学出版社2003年版。

［美］福朗西斯·福山：《历史的终结及最后之人》，黄胜强、许铭原译，中国社会科学出版社2003年版。

［美］科恩：《论民主》，聂崇信、朱秀贤译，商务印书馆1988年版。

［美］彼得·布劳：《不平等与异质性》，王春光等译，中国社会科学出版社1991年版。

［美］卡尔·博格斯：《政治的终结》，陈家刚译，社会科学文献出版社2001年版。

［美］曼纽尔·卡斯特：《认同的力量》（第二版），曹荣湘译，社会科学文献出版社2006年版。

［美］罗伯特·A. 达尔：《多元主义民主的困境》，尤正明译，求实出版社1989年版。

［美］罗伯特·A. 达尔：《现代政治分析》，王沪宁、陈峰译，上海译文出版社1987年版。

［美］查尔斯·泰勒：《自我的根源——现代认同的形成》，韩震等译，译林出版社2001年版。

［加］查尔斯·泰勒：《承认的政治》，董之林、陈燕谷译，载汪晖、陈燕谷主编《文化与公共性》，生活·读书·新知三联书店2005年版。

［美］约翰·罗尔斯：《正义论》，何怀宏等译，中国社会科学出版社1988年版。

［美］迈克尔·J. 桑德尔：《自由主义与正义的局限》，万俊人等译，译林出版社2001年版。

［美］迈克尔·沃尔泽：《正义诸领域——为多元主义与平等一辩》，褚松燕译，译林出版社2002年版。

［美］迈克尔·沃尔泽：《论宽容》，袁建华译，上海人民出版社2000年版。

［英］亚当·斯威夫特：《政治哲学导论》，萧韶译，江苏人民出版社2006年版。

［德］尤尔根·哈贝马斯等：《全球化与政治》，王学东等译，中央编译出版社2000年版。

［德］尤尔根·哈贝马斯：《后民族结构》，曹卫东译，上海人民出版社2002年版。

［德］尤尔根·哈贝马斯：《包容他者》，曹卫东译，上海人民出版社2002年版。

［德］马克斯·韦伯：《学术与政治》，冯克利译，生活·读书·新知三

联书店 1998 年版。

［德］马克斯·韦伯：《经济与社会》，林荣远译，商务印书馆 1998 年版。

［德］卡尔·施密特：《政治的浪漫派》，冯克利、刘锋译，上海人民出版社、社会科学文献出版社 2006 年版。